KB162014

World Book 234

Михаил Афанасьевич Булгаков

МАСТЕР И МАРГАРИТА / СОБАЧЬЕ СЕРДЦЕ

거장과 마르가리타/개의 심장

미하일 불가코프/노현우 옮김

동서문화사

디자인 : 동서랑 미술팀

거장과 마르가리타/개의 심장

차례

개의 심장

Мастер и Маргарита
거장과 마르가리타

"……그래서 결국, 당신은 누구란 말인가?"
"나는 영원히 '악'을 바라며 영원히 '선'을 이루는 힘의 일부이지요."
괴테《파우스트》

제1장
낯선 자들과는 절대 이야기를 나누지 마라

어느 무더운 봄날 해질 즈음 파트리아르흐 연못가에 두 남자가 나타났다. 한 사람은 마흔쯤 되어 보이는 나이에 옅은 회색 여름 양복을 입고 있었으며, 키가 작고, 짙은 갈색 머리에 몸집이 퉁퉁한 대머리였다. 한 손에 기품이 느껴지는 중절모를 들고 선 그는 깔끔하게 면도한 얼굴에 커다란 검은 뿔테 안경을 쓰고 있었다. 또 한 사람은 어깨가 넓고 붉은 머리가 덥수룩한 젊은 사람으로, 체크무늬 캡을 한껏 뒤로 젖힌 채, 웨스턴셔츠*1와 구겨진 흰 바지를 입고, 검정 운동화를 신었다.

첫째 사람은 다름 아닌 미하일 알렉산드로비치 베를리오즈, 그는 두툼한 문학잡지 편집장이자, 마솔리트라는 모스크바에서 잘 알려진 가장 큰 문학협회 회장이었다. 그의 젊은 동행인은 베즈돔니라는 필명으로 글을 쓰는 시인 이반 니콜라예비치 포니 레프였다.

이제 초록빛으로 물들기 시작한 보리수 그늘로 들어선 두 작가는 누가 먼저랄 것도 없이 '맥주와 음료'라는 간판을 걸고 알록달록하게 꾸며진 가판대 앞으로 걸음을 재촉했다.

그 무서운 오월 저녁의 첫 번째 이상한 점을 이제 짚고 넘어가야겠다. 가판대 앞은 물론이고, 말라야 브론나야 거리를 따라 이어지는 가로수 길 어디에도 사람들 모습은 보이지 않았다. 숨을 내쉬는 것조차 힘든 그 시간, 모스크바를 뜨겁게 달구던 태양이 마른 안개에 싸여 사도바야 원형도로 뒤 어디론가 사라져버린 그 시간, 보리수 아래로 다가오는 사람은 누구 하나 보이지 않았다. 벤치에 앉아 쉬고 있는 사람도 하나 없었다. 다시 말해 가로수 길은 텅 비어 있었다.

---

*1 미국 서부 카우보이들이 즐겨 입던 셔츠, 데님 등으로 만들어진 실용적인 것으로 산 모양의 요크나 W형 포켓의 플랜, 에플렛(견장) 스티치 워크 등이 특징이다.

"나르잔 하나 주시오." 베를리오즈가 말했다.

"없어요." 가판대 안의 여자는 왠지 좀 퉁명스럽게 말했다.

"맥주는 있습니까?" 베즈돔니가 갈라지는 목소리로 물었다.

"맥주는 저녁에 와요." 여자가 대답했다.

"그럼 뭐가 있소?" 베를리오즈가 다시 물었다.

"살구 주스요, 그것도 미지근한 것밖에 없어요." 여자가 말했다.

"그거라도 좋으니 주시오!"

노란 거품이 잔뜩 일어난 살구 주스에서는 이발소 냄새가 났다. 주스를 마신 두 작가는 곧바로 딸꾹질을 하기 시작했고, 계산을 마치자 브론나야를 뒤로하고 연못이 내려다보이는 벤치에 앉았다.

이때, 두 번째로 이상한 일이 일어났다. 그 일은 베를리오즈에게만 일어났다. 갑자기 딸꾹질이 멎고, 심장이 쿵 내려앉았더니 어디론가 사라져버린 것이다. 심장은 되돌아 왔지만, 둔탁한 아픔이 깊이 박혀 있음이 느껴졌다. 그뿐만이 아니었다. 그는 아무 이유 없는 공포에 사로잡혀, 지금 당장 뒤도 돌아보지 않고 파트리아르흐에서 도망치고 싶다는 생각에 휩싸였다.

베를리오즈는 자신을 공포로 몰아넣은 것이 무엇인지 알지 못한 채 침울하게 주위를 둘러보았다. 창백하게 질린 그는 손수건으로 이마를 훔쳤다. '내가 왜 이러지? 이런 적이 없었는데…… 심장이 안 좋은가…… 너무 무리를 한 거야…… 그래, 모두 악마한테나 던져버리고 키슬로보츠크로 갈 때가 됐어…….'

바로 그때 베를리오즈 앞에 뜨거운 열기가 뭉치기 시작하더니, 아주 이상하게 생긴 투명한 시민을 빚어냈다. 머리에 기수(騎手) 모자를 쓴 그는 공기로 만든 짧은 체크무늬 재킷을 입고 있었으며, 키가 2미터는 넘을 것 같았다. 하지만 어깨가 좁고 무서울 정도로 깡말랐으며, 그 인상은, 이 점을 주목하시길, 사람을 깔보는 분위기를 띠고 있었다.

베를리오즈는 이런 기이한 현상을 익숙하게 받아들일 만한 삶을 살아 온 사람이 아니었다. 그는 더욱 창백해진 얼굴로, 눈을 휘둥그레 뜬 채 생각했다. '있을 수 없는 일이야…… !'

그러나 그 있을 수 없는 일이 일어나고 말았다. 뿐만 아니라, 투명하고 길쭉한 몸을 가진 그는 발을 땅에 디디지 않은 채로 그의 앞에서 몸을 좌우로 흔들어대고 있었다.

공포에 사로잡힌 베를리오즈는 눈을 감아버렸다. 그가 다시 눈을 떴을 때, 모든 것은 끝나 있었다. 신기루는 사라졌고, 체크무늬 사내도 사라졌으며, 묵직한 바늘도 그의 심장에서 떨어져 나갔다.

"악마의 장난인가!" 편집장이 흥분하며 말했다. "이반, 나는 지금 더위를 먹고 쓰러질 뻔했네. 헛것까지 다 보고⋯⋯."

그는 웃어보려 했지만, 눈은 여전히 불안에 흔들리고 있었고, 손도 떨리고 있었다. 하지만 그는 점점 안정을 찾아갔고 손수건으로 부채질을 하며, 아무렇지도 않은 듯 말을 꺼냈다. "자아, 그럼⋯⋯" 살구 주스 때문에 중단되었던 이야기가 다시 시작되었다.

그 이야기는 뒷날 알려진 대로 예수 그리스도에 관한 것이었다. 편집장은 얼마 전 다음호 잡지에 실을 반(反)종교적 서사시를 시인에게 부탁했었다. 이반 니콜라예비치는 빠르게 시를 완성했지만 편집장은 그 서사시가 전혀 만족스럽지 않았다. 베즈돔니가 서사시의 중심인물, 예수를 아주 어둡게 묘사했으나, 편집장은 시 전체를 다시 써야 한다고 생각했다. 그래서 편집장은 지금 시인의 근본적인 오류를 깨우쳐주기 위해 예수에 대한 강의 같은 것을 하고 있었다.

이반 니콜라예비치가 무엇을 잘못한 것인지, 표현력 같은 재능의 문제였는지, 아니면 주제를 전혀 이해하지 못한 것인지 꼬집어 말하기는 어렵다. 다만 분명한 것은 그의 작품 속에서 예수가 실제 존재했던 인물처럼 너무 생생하게 그려져 있었다는 점이었다. 물론 온갖 부정적인 특징들을 지닌 예수이기는 했지만 말이다.

베를리오즈에게 중요한 것은 예수가 어떤 인물이었는지가 아니었다. 그는 예수가 형편없는 인물이었는지 훌륭한 인물이었는지에 대해서 언급하지 않았다. 다만 예수라는 인물은 결코 세상에 존재하지 않으며, 그에 대한 이야기는 모두 어디에나 있을 법한 허구에 지나지 않는다는 것을 증명하고자 했다.

편집장은 책도 많이 읽고 아는 것도 많은 사람이었다. 그는 이야기를 하며 고대 역사가에 대해 언급했는데, 그들은 하나같이 예수의 존재에 대해 한 마디도 하지 않은 이들이었다. 이를테면 그 유명한 알렉산드리아의 필론[2]과 빛나는 교양의 소유자 플라비우스 요세푸스*3를 아주 적절하게 거론했을 뿐만 아니라 당당하게 자신의 식견을 과시하기도 했다. 또 타키투스의《연대기》15권 44장에 나오는 예수 처형 이야기는 나중에 사람들이 지어서 끼워 넣은 것이라는 점도 알려주었다.

편집장이 해주는 이야기들이 모두 새롭기만 했던 시인은 반짝이는 초록빛 눈을 미하일 알렉산드로비치에게 고정시킨 채 열심히 그의 말에 귀를 기울였다. 그리고 가끔씩 딸꾹질을 하면서 작은 소리로 살구 주스에 대한 욕을 퍼부었다.

"동방의 종교 중에," 베를리오즈가 말했다. "처녀가 신을 낳지 않았다는 종교는 하나도 없네. 기독교인들은 새로운 것을 생각해낸 것이 아니라, 다른 종교들과 똑같은 방식으로 그들의 예수를 만들어낸 거지. 사실은 세상에 존재한 적도 없는데 말이지. 바로 이런 점을 강조해야 하네……."

텅 빈 가로수 길에 베를리오즈의 높은 테너 음성이 울려 퍼졌다. 미하일 알렉산드로비치는 진정한 교육을 받은 사람만이 좌절하지 않고 헤쳐갈 수 있는 현학의 숲에 들어섰다. 이에 시인은 하늘과 땅의 아들이자 자비로운 이집트의 오시리스와 페니키아인들의 신 타무즈, 마르두크, 그리고 그렇게 유명하지는 않지만, 언젠가 멕시코 아스텍인들이 숭배했던 무시무시한 신 비즐리푸츨리에 대한 흥미롭고 유익한 사실들을 알 수 있게 되었다.

미하일 알렉산드로비치가 아스텍인들이 비즐리푸츨리 상(像)을 어떻게 반죽해서 만들었는지 시인에게 설명해주려던 바로 그 순간 가로수 길에 처음으로 사람이 나타났다.

나중에, 사실 그때는 이미 모든 것이 늦어버린 뒤였지만, 여러 기관에서 그에 대한 보고서를 작성했다. 그 보고서들을 비교해보면 정말이지 놀라지 않을 수가 없다. 한 보고서에는 그 사람이 키가 작고, 금니에, 오른발을 절고 있었다고 씌어 있었다. 그런데 다른 보고서에는 그 사람의 키가 굉장히 컸고, 이에 백금을 씌웠으며 왼발을 절고 있었다고 되어 있었다. 그런가 하

---

*2 Philōn ho Alexandreios : 유대인 필론이라고도 한다. 헬레니즘 시대 대표적인 유대 철학자이며 최초의 산학자이다. 그리스철학과 유대인의 유일신 신앙의 융합을 꾀했다. 고대 그리스도교 신학, 철학 사상의 형성과 뒷날의 신플라톤 주의까지 큰 영향을 미쳤다.

*3 Flavius Josephus : 1세기 제정 로마시대의 유대인 출신 정치가·역사가이다.

면 특이할 만한 점은 아무것도 없었다고 간략하게 전하는 보고서도 있었다.

분명히 말해두지만, 그 보고서들은 아무짝에도 쓸모없는 것들이었다.

무엇보다도 그 보고서에 묘사된 자는 어느 쪽 다리도 절지 않았으며, 그의 키는 크지도 작지도 않았다. 이도 왼쪽은 백금, 오른쪽은 금이 씌워져 있었다. 고급 회색 양복을 입고, 외국에서 산 것으로 보이는 회색 구두를 신은 그는, 한쪽 귀 위로 멋지게 구부러진 회색 베레모를 쓰고, 푸들 머리 모양의 검은 손잡이가 달린 지팡이를 겨드랑이에 끼고 있었다. 나이는 마흔이 좀 넘어 보였고, 입은 어딘가 비뚤어진 것 같았다. 얼굴은 말끔히 면도를 하고 있었으며, 머리는 갈색이었다. 오른쪽 눈은 검은색인데 어째서인지, 왼쪽 눈은 초록색이었다. 검은색 눈썹은 한쪽이 다른 쪽보다 올라가 있었다. 한마디로, 그는 외국인이었다.

편집장과 시인이 앉아 있는 벤치 옆을 지나던 그 외국인은 두 사람을 힐끔 쳐다보고 걸음을 멈추더니 갑자기 그들에게서 두 걸음 떨어진 옆 벤치에 앉았다.

'독일인이군……' 베를리오즈는 생각했다.

'영국사람이야……' 베즈돔니가 생각했다. '덥지도 않나. 장갑까지 끼고.'

외국인은 연못을 사방으로 둘러싸고 있는 높은 건물들을 바라보았다. 그는 이곳에 처음 왔으며, 흥미를 갖고 있음이 분명했다.

그는 미하일 알렉산드로비치에게서 영원히 떠날 것만 같았던 태양이 눈부시게 비추고 있는 건물들 위층에 시선을 멈추었다. 잠시 후 초저녁 어둠이 내리기 시작하는 아래쪽 창으로 시선을 옮긴 그는 왠지 비웃는 듯한 미소를 지으며 가늘게 눈을 뜨더니, 지팡이 손잡이 위에 손을 올려놓고 그 위에 턱을 괴었다.

"이반, 자네는 말야," 베를리오즈가 말했다. "아주 훌륭하게, 풍자적으로 잘 묘사했어. 신의 아들, 예수가 탄생하는 장면은 특히. 그런데 문제는 예수가 나타나기 전에도 페니키아의 아도니스[*4]나 프리기아의 아티스, [*5] 페르시아의 미트라[*6] 같은 신의 아들들이 줄줄이 태어났다는 점이야. 말하자면,

---

[*4] adônis: 그리신화의 미청년.

[*5] Attis: 그리스·로마 신화에 나오는 프리기아의 미소년. 키벨레는 청년이 된 아티스를 사랑하여 다른 여자와 결혼하지 못하도록 그를 정신착란에 빠뜨려, 그는 스스로 거세하고 죽었다고 한다.

그 어떤 신의 아들도 태어나지 않았고, 그들 중 누구도 존재하지 않았다는 거지. 예수 또한 마찬가지고. 그러니까 자네는 예수의 탄생이나 동방박사들의 도착 같은 게 아니라, 그 소문들이 얼마나 터무니없는 것인지를 묘사해야 하는 거야. 그런데 자네가 쓴 걸 보면, 정말로 예수가 존재했었다고 하는 것 같다니까!"

베즈돔니는 딸꾹질을 멎게 하려고 숨을 멈춰 보았지만 그는 더 고통스럽고 큰 딸꾹질이 나오고 말았다. 그때 갑자기 외국인이 일어나 다가오는 것을 보고 베를리오즈는 말을 멈추었다.

깜짝 놀란 두 사람은 그를 쳐다보았다.

"실례합니다." 억양은 외부인다웠지만 그는 더듬거림 없이 말하기 시작했다. "초면에 실례인 줄은 알지만…… 두 분의 학문적인 대화가 너무 흥미로워서……."

외국인은 정중하게 베레모를 벗었다. 작가들도 일어나 인사를 하지 않을 수 없었다.

'아니야, 프랑스 사람인 것 같아……' 베를리오즈는 생각했다.

'폴란드 사람인가……?' 베즈돔니가 생각했다.

여기서 꼭 짚고 넘어가야 할 게 있다. 외국인은 첫마디부터 시인에게 혐오감을 주었으나 베를리오즈는 오히려 그가 마음에 들었다. 아니, 마음에 들었다기보다는…… 뭐라고 할까…… 흥미를 느꼈다고나 할까.

"잠깐 앉아도 되겠습니까?" 그가 정중하게 부탁하자 두 사람은 얼떨결에 조금씩 자리를 좁혀 만들어 주었다. 외국인은 그 틈에 끼어 앉으며, 문제의 대화에 끼어들었다.

"혹시 제가 잘못 들은 게 아니라면 예수가 세상에 존재하지 않는다는 이야기를 하시는 거 같은데 맞아요?" 외국인은 초록색 왼쪽 눈으로 베를리오즈를 바라보며 물었다.

"예, 제대로 들으셨습니다." 베를리오즈가 정중하게 대답했다. "그런 이야기를 했었죠."

＊6 Mitra : 고대 아리아인(인도·이란인)의 남신으로 빛·진실·맹약을 지배한다. 기원전 15세기 '리그베다'에서 최초의 기록을 찾아볼 수 있다. 아케메네스 왕조·아르사케스 왕조·사산 왕조 등에서 왕조의 수호신으로 숭배되었으며 특히 페르시아인 사이에서 인기가 좋았다.

"아, 정말 흥미롭군요!" 외국인은 탄성을 질렀다.

'이자가 원하는 게 뭐지?' 베즈돔니는 그렇게 생각하면서 얼굴을 찌푸렸다.

"그래서 당신은 이분의 생각에 찬성했습니까?" 낯선 사람이 이번에는 오른쪽으로 몸을 돌려 베즈돔니에게 물었다.

"백 퍼센트!"(점잖은 척 비유적인 표현을 좋아하는) 베즈돔니가 단호하게 대답했다.

"놀랍군요!" 난데없이 대화에 끼어든 불청객이 탄성을 질렀다. 그리고 무엇 때문인지 조심스레 주위를 살피고는 가뜩이나 낮은 목소리를 더욱 내리깔면서 말했다. "이것저것 자꾸 물어봐서 죄송합니다만, 그렇다면 당신들은 신을 믿지 않는단 말입니까?" 그는 눈을 동그랗게 뜨며 덧붙였다. "맹세컨대, 어느 누구에게도 말하지 않겠습니다."

"그렇습니다. 우리는 신을 믿지 않습니다." 외국인의 놀라는 모습에 엷은 미소를 지으며 베를리오즈가 말했다. "그리고 이런 이야기는 마음껏 하셔도 좋습니다."

외국인은 벤치 등받이에 기대며, 호기심에 거의 비명이라도 지를 듯이 물었다.

"당신들은 무신론자입니까?"

"그렇습니다. 우리는 무신론자입니다." 베를리오즈는 미소 지으며 대답했고 화가 난 베즈돔니는 손으로 중얼거렸다. '정말 끈질긴 외국인이로군!'

"오, 정말 놀랍군요!" 놀란 외국인은 탄성을 지르며 두 작가를 번갈아 쳐다보았다.

"우리나라에서 무신론은 전혀 놀랄 것이 못 됩니다." 베를리오즈는 외교관이라도 된 듯 정중하게 말했다. "이 나라 사람들은 대부분 오래전부터 하느님에 대한 이야기를 믿지 않고 있습니다."

외국인은 뜻밖의 행동을 했다. 갑자기 자리에서 벌떡 일어나 편집장의 손을 덥석 잡은 것이다.

"진심으로 당신에게 감사드립니다!"

"대체 뭐가 감사하다는 겁니까?" 베즈돔니가 눈을 껌뻑이며 물었다.

"여행객인 저에게 무척 중요하고, 또 대단히 흥미로운 정보를 주셨기 때문입니다." 괴상한 외국인은 의미심장하게 손가락을 들어올리며 설명했다.

그 중요한 정보는 여행자에게 정말 강한 인상을 준 것 같았다. 그는 놀란 눈으로 주위 건물들을 다시 한 번 둘러보았다. 마치 창문 너머로 무신론자를 보게 되지나 않을까 조심하는 모습이었다.

'아니야, 영국인은 아니야⋯⋯.' 베를리오즈는 생각했다. 그러나 베즈돔니는 다른 생각을 하고 있었다. '어디서 배웠기에 러시아말을 저렇게 잘하는 거지? 그게 더 궁금하군!' 그는 다시 눈살을 찌푸렸다.

"그런데 한 가지 질문을 드려도 되겠습니까?" 뭔가 걱정스러운 듯 골똘히 생각에 잠겨 있던 외국인 손님이 다시 말을 이었다. "그렇다면 하느님의 존재에 대한 증거들은 어떻게 되는 거지요? 아시겠지만, 다섯 가지 증거가 있지 않습니까?"

"이런!" 베를리오즈는 안타깝다는 듯이 대답했다. "그 증거들 중 쓸 만한 것은 하나도 없습니다. 게다가 인류는 벌써 오래전에 그 증거들을 기억에서 지워버렸습니다. 다시 말해 이성의 영역에서 하느님의 존재를 증명한다는 것은 절대 불가능한 일이라는 것이지요."

"브라보!" 외국인이 탄성을 질렀다. "브라보! 당신은 그 시끄러운 노인 임마누엘[7]의 생각을 그대로 반복하고 계시는군요. 하지만 정말 재미있는 건 이겁니다. 그 다섯 가지 증거를 모두 깨끗이 뒤엎었지만, 마치 자신을 비웃기라도 하듯이 스스로 여섯 번째 증거를 내세우지 않았습니까!"

"칸트의 증거도," 교양 있는 편집장이 엷은 미소를 지으며 반박했다. "그렇게 믿을 만한 것이 못 됩니다. 실터가 이 문제에 대한 칸트의 고찰은 노예들만 만족시킬 뿐이라고 말한 것도 다 그럴 만한 이유가 있었던 것이지요. 슈트라우스는 그 증거를 그냥 비웃었습니다."

베를리오즈는 그렇게 말하면서 조금 이상하다는 생각이 들었다. '그런데 이 사람은 대체 누구지? 어떻게 이렇게 러시아어를 잘할 수 있는 거지?'

"그따위 증거들을 갖다 대다니, 그 칸트라는 작자는 당장 체포해 솔로프키[8]에서 한 삼 년쯤 썩어봐야 돼!" 이반 니콜라예비치가 느닷없이 말을 내

＊7 임마누엘 칸트를 말한다. 독일 철학자 칸트는 모든 이론은 이성에 입각한다고 했으며, 종교 역시 이성의 한계 안에 있다고 했다.

＊8 러시아의 수용소. 16세기 6개 성으로 이루진 솔로프키군도 그곳에 건립되었던 솔로프키 요새 수도원이었다. 1920년대 수용소로 바뀌었다.

뱉었다.

"이반!" 당황한 베를리오즈가 속삭였다.

하지만 칸트를 솔로프키로 보내자는 제안에 외국인은 조금도 놀라지 않았다. 오히려 환호성을 지르기까지 했다.

"그렇습니다, 바로 그거예요." 그는 외쳤다. 베를리오즈를 쳐다보는 그의 초록빛 왼쪽 눈이 빛나기 시작했다. "거기가 바로 그 사람 자리지요! 저도 아침을 먹으면서 그분께 말씀드렸었답니다. '교수님, 뭐 상관은 없습니다만, 아무래도 앞뒤가 안 맞는 것 같아서 말이죠! 현명하신 생각이긴 한데, 영 못 알아 먹겠더란 말입니다. 비웃음거리가 될 거라고요.'"

베를리오즈는 놀라서 눈을 휘둥그레 뜨며 생각했다. '아침 식사를 하며……칸트에게……? 이게 지금 무슨 헛소리야?'

"하지만," 외지에서 온 사람은 베를리오즈가 놀라는 것에는 아랑곳하지 않고, 시인을 바라보며 말을 이었다. "그를 솔로프키로 보내는 것은 불가능합니다. 그는 이미 백 년이 넘게 솔로프키보다 훨씬 먼 곳에서 지내고 있으니까요. 무슨 수를 써도 그를 그곳에서 데리고 나올 수는 없습니다. 절대로!"

"아깝군요!" 싸움꾼인 시인이 말했다.

"저도 아쉽습니다." 낯선 자는 눈빛을 빛내며 말을 계속했다. "하지만 저를 불안하게 하는 문제는 따로 있습니다. 만일 신이 없다면, 누가 인간의 삶과 이 땅 위의 모든 질서를 다스리지요?"

"인간이 직접 하지요." 사실, 그렇게 단순하다고는 할 수 없는 그 질문에 베즈돔니는 화를 내듯 언성을 높였다.

"죄송합니다만." 낯선 사람은 부드럽게 말을 받았다. "그러려면 일정 기간, 그러니까 어느 정도 시간을 두고 정확한 계획을 세워야 합니다. 그런데 우스울 정도로 짧은 시간, 한 천 년이라고 해두지요 그 짧은 기간에 대한 계획을 세울 능력도 없을 뿐만 아니라, 당장 자신의 내일도 책임질 수 없는 인간이 어떻게 모든 질서를 주관할 수 있다는 말입니까? 그리고 실제로," 낯선 사람은 베를리오즈 쪽으로 몸을 돌렸다. "생각해보십시오. 예를 들어 당신이 당신 자신과 다른 사람들의 삶을 주관하고 질서를 잡으려고 하는데, 갑자기 당신의…… 음…… 그러니까…… 폐에 종양이……." 외국인은 폐종양이란 단어를 생각해낸 것이 만족스러웠는지, 달콤하게 미소 지었다. "바로 그

종양이," 그는 고양이처럼 눈을 가늘게 뜨고 종양이라는 단어를 반복했다. "당신의 지배를 단번에 끝내버리는 겁니다! 그렇게 되면 당신은 자신의 운명 외에는 관심이 없어질 것입니다. 친척들은 당신에게 거짓말을 하기 시작하겠죠. 당신은 뭔가 잘못되었다는 것을 느끼면서, 학식이 높은 의사들, 돌팔이 약장수, 때로는 점쟁이들한테까지 달려갈 것입니다. 의사나 약장수, 그리고 점쟁이도 아무 소용없다는 건 당신도 잘 알고 계실 겁니다. 그리고 이 모든 일은 비극으로 끝납니다. 얼마 전까지만 해도 세상을 다스린다고 생각했던 사람이 꼼짝없이 나무관 속에 누워 있게 되는 겁니다. 그렇게 누워 있는 사람이 아무 쓸모가 없어진 것을 깨달은 주위 사람들은 그를 불에 태워버리겠죠. 더 나쁜 경우도 있습니다. 지금 막 키슬로보츠크로 떠나려고 했던 사람이," 외국인은 베를리오즈를 향해 눈을 찡긋해 보였다. "별것도 아닌 그 일조차 할 수 없게 되는 경우가 있습니다. 갑자기 발을 헛디뎌서 미끄러지고, 전차 밑에 깔리기 때문이지요! 과연 이것이 사람이 스스로를 다스린 결과라 할 수 있을까요? 누군가 전혀 다른 존재가 그의 삶을 주관하고 있다고 생각하는 게 옳지 않을까요?" 낯선 사람은 이상한 웃음을 터뜨렸다.

베를리오즈는 종양과 전차에 대한 불쾌한 이야기들을 주의 깊게 듣고 있었다. 어쩐지 불안해지기 시작했다. '외국인이 아니야…… 이자는 외국인이 아니야……' 그는 생각했다. '정말 이상한 사람이다……도대체 어떤 자일까……?'

"담배 생각이 나시는 것 같은데, 그렇죠?" 낯선 사람이 뜬금없이 베즈돔니를 돌아보며 말했다. "어떤 담배를 좋아하십니까?"

"담배를 종류별로 가지고 다니기라도 하는 모양이죠?" 마침 담배가 떨어진 시인이 뚱한 목소리로 물었다.

"어떤 걸 좋아하십니까?" 낯선 사람이 다시 물었다. "그럼 나샤 마르카로 주시오." 베즈돔니가 가시 돋친 목소리로 대답했다. 낯선 사람은 바로 주머니에서 담배 케이스를 꺼내 베즈돔니에게 내밀었다.

"나샤 마르카입니다."

편집장과 시인은 깜짝 놀랐다. 그러나 그의 담배 케이스에 정말 나샤 마르카가 들어 있었기 때문이 아니라, 담배 케이스 때문이었다. 순금으로 만들어진 그 담배 케이스는 어마어마하게 컸고, 케이스를 여는 순간 뚜껑 위의 삼각형 다이아몬드가 푸르고 흰 빛을 내뿜었다.

여기서 두 작가는 저마다 다른 생각을 했다. 베를리오즈는 '아니야, 외국인이다!' 생각했고, 베즈돔니는 '제길, 악마한테 잡혀가도 시원찮을 놈……!'이라고 생각했다.

시인과 담배 케이스 주인은 담배를 피워 물었고, 담배를 피우지 않는 베를리오즈는 사양했다.

'저자에게 이렇게 반박해야 한다.' 베를리오즈는 속으로 생각했다. '그렇습니다. 인간은 죽습니다. 그 점에 대해선 누구도 반박하지 않고 논쟁을 벌이지도 않습니다. 하지만 문제는……'

그러나 그가 입을 열기도 전에 외국인이 먼저 말을 시작해 버렸다.

"그렇습니다. 인간은 죽습니다. 그러나 그 사실만으로 그렇게 불행하다고는 할 수 없겠지요. 문제는 인간이 때로 갑자기 죽음을 맞이한다는 데 있습니다. 이것이 문제의 핵심입니다! 인간들은 오늘 저녁 자신이 뭘 하게 될지조차 모르니까요."

'문제 제기 방식하고는……' 베를리오즈는 이렇게 생각하며 반박했다.

"글쎄, 그건 좀 과장이 아닐까요? 저는 적어도 오늘 저녁 일 정도는 분명하게 말할 수 있습니다. 그야 물론 브론나야 거리에서 머리 위로 벽돌이 떨어진다면……."

"벽돌은 아무 이유 없이," 낯선 사람은 단호하게 말을 끊었다. "누군가의 머리 위에 떨어지지 않습니다. 특히 당신에겐 절대 그런 일이 없을 테니 안심하셔도 좋습니다. 제가 보증하죠. 당신은 다른 죽음을 맞이하게 될 테니까요."

"그럼 당신은 내가 어떻게 죽게 될지 알고 있다는 겁니까?" 베를리오즈는 빈정거리듯 묻고 있었지만, 자신도 모르게 그 어이없는 대화에 끌려 들어가고 있었다. "나한테 그걸 말해 주실 수 있습니까?"

"물론이지요." 낯선 자가 대답했다. 그는 베를리오즈에게 옷을 맞춰주기라도 하려는 듯, 눈으로 그를 가늠하며 들릴 듯 말 듯 중얼거렸다. "하나, 둘…… 두 번째 집에 수성이…… 달은 떠났고…… 여섯은 불행…… 저녁은 일곱……." 그는 큰 소리로 즐겁게 선언했다. "당신은 목이 잘릴 것입니다!"

도무지 거리낌이라고는 없는 낯선 사람에게 베즈돔니는 적의에 찬 눈을 부릅떴고, 베를리오즈는 일그러진 미소를 지으며 물었다.

"누구한테요? 적입니까? 아니면 외국의 간섭자들?"

"아닙니다." 상대가 대답했다. "러시아 여인, 여성청년 공산당원입니다."

"음……." 낯선 사람의 농담에 기분이 상한 베를리오즈가 웅얼거리듯 말했다. "죄송하지만, 그건 좀 믿기 어렵군요."

"저도 죄송하게 생각합니다." 외국인이 말했다. "하지만 그렇게 될 겁니다. 혹시 비밀이 아니라면, 오늘 저녁에 무엇을 할 예정인지 말씀해 주실 수 있겠습니까?

"비밀이랄 게 뭐가 있겠습니까. 난 지금 사도바야 거리에 있는 집에 잠시 들를 겁니다. 그리고 저녁 열 시에 마솔리트에서 회의가 있는데, 제가 의장을 맡기로 되어 있습니다."

"아니, 절대 그렇게 되지는 않을 겁니다." 외국인은 단호하게 부정했다.

"그건 왜죠?"

"왜냐하면," 외국인은 눈을 가늘게 뜨고 저녁의 한기를 예감한 검은 새들이 소리 없이 날고 있는 하늘을 바라보며 대답했다. "안누시카가 벌써 해바라기 기름을 샀고, 그 기름을 쏟았기 때문입니다. 그러니 회의는 없을 것입니다."

당연한 얘기지만, 그 순간 보리수 아래에 침묵이 흘렀다.

"실례지만," 한동안 말을 잇지 못하고 있던 베를리오즈가 계속해서 황당한 소리만 지껄여대는 외국인에게 말했다. "갑자기 왜 해바라기 기름이…… 그리고 안누시카라니요?"

"거기서 왜 해바라기 기름 얘기가 나온 건지, 그건 내가 말해주지요." 갑자기 베즈돔니가 말을 시작했다. 제멋대로 대화에 끼어든 자에게 전쟁을 선포하기로 작정한 것이 분명했다. "당신 정신병원에 갔다 온 적 있죠?"

"이반……!" 미하일 알렉산드로비치가 작은 소리로 외쳤다.

그러나 외국인은 조금도 화를 내지 않았으며, 오히려 아주 유쾌하게 웃음을 터뜨렸다.

"있었지요, 있었어. 그것도 여러 번!" 그는 웃으면서, 그리고 웃음기 없는 한쪽 눈을 시인에게서 떼지 않은 채 큰 소리로 말했다. "제가 어딘들 가

보지 않은 데가 있겠습니까! 다만 정신분열증이 어떤 병인지 교수에게 물어볼 시간이 없었다는 게 아쉬울 뿐입니다. 그러니 당신이 교수에게 물어봐주시겠습니까, 이반 니콜라예비치!"

"내 이름은 어떻게 알았죠?"

"이런. 이반 니콜라예비치, 당신을 모르는 사람이 어디 있겠습니까?" 외국인은 주머니에서 어제 날짜 〈문학신문〉을 꺼냈고, 이반 니콜라예비치는 그 신문 제1면에 실린 자신의 사진과 시를 보았다. 어제까지만 해도 그를 기쁘게 했던 영광과 인기의 증거가 지금은 조금도 시인을 기쁘게 하지 못했다.

"죄송합니다만," 시인은 어두운 얼굴로 다시 입을 열었다. "잠시만 실례해도 괜찮겠습니까? 동료와 몇 마디 이야기를 나누고 싶습니다만."

"아, 그러시죠!" 낯선 사람이 소리를 높여 말했다. "여기 보리수 아래는 아주 쾌적하니까요. 전 서둘러야 할 일도 없고."

"이것 봐요, 미샤," 시인은 베를리오즈를 옆으로 잡아당기며 속삭였다. "저자는 절대 외국인 여행자가 아니에요. 저자는 스파이예요. 망명했던 러시아인이 돌아온 게 분명하다고요. 신분증을 가지고 있는지 물어보세요. 저러다 도망치면……."

"그럴까?" 베를리오즈는 불안하게 속삭였다. 그리고 생각했다. '이반 말이 맞아…….'

"제 말이 맞다니까요." 시인은 그의 귀에 대고 씩씩거렸다. "뭔가 캐내려고 멍청한 척하는 거예요. 러시아말 하는 거 들으셨잖아요." 시인은 곁눈질로 힐끔대며 낯선 자가 도망치지 않도록 감시했다. "가요, 붙잡아둬야 해요, 저러다 도망쳐 버리면……."

시인은 베를리오즈의 팔을 잡아 벤치로 끌고 갔다.

낯선 사람은 자리에 앉아 있지 않았다. 그는 짙은 회색 가죽으로 만든 작은 수첩과 고급 종이로 만들어진 빳빳한 봉투와 명함을 들고 벤치 옆에 서 있었다.

"죄송합니다. 논쟁에 빠져 제 소개를 잊었군요. 여기 제 명함과 여권, 자문을 위해 모스크바로 와달라는 초청장입니다." 낯선 사람은 날카로운 눈빛으로 두 작가를 바라보며 진지하게 말했다.

두 사람은 당황했다. '제길, 다 들어버렸군…….' 베를리오즈는 생각했다.

그리고 정중한 태도로 신분증까지 보여줄 필요는 없다는 뜻을 전했다. 외국인이 신분증을 편집장에게 내밀고 있는 동안 시인은 명함에서 외국 글자로 인쇄된 '교수'라는 단어와 성(姓)의 첫 글자, V자 두 개가 겹쳐진 W자를 볼 수 있었다.

"이렇게 만나뵙게 되어 정말 반갑습니다." 편집장이 당황하며 어물거리는 사이 외국인은 신분증을 다시 주머니 속에 집어넣었다.

세 사람의 관계는 회복되었고, 그들은 다시 자리에 앉았다.

"자문위원으로 초청 받아 오셨다고 하셨나요, 교수님?" 베를리오즈가 물었다.

"예, 그렇습니다."

"독일인이십니까?" 베즈돔니가 물었다.

"저 말입니까?" 교수가 되물었다. 그러고는 잠시 생각에 잠겼다가 말을 이었다. "예, 뭐 독일인이라고 해두죠······."

"러시아어를 아주 잘하시는군요." 베즈돔니가 말했다.

"아, 저는 여러 나라의 말을 할 줄 압니다. 아주 많은 언어를 알고 있지요." 교수가 대답했다.

"무얼 전공하셨나요?" 베를리오즈가 물었다.

"제 전공은 흑마술입니다."

'어쩐지······ !' 미하일 알렉산드로비치는 그제야 수수께끼가 풀린 듯했다.

"그렇다면······ 우리나라에 초대되신 것도 그 일과 관계된 것이겠군요?" 더듬거리며 그가 물었다.

"예, 그 일로 초대를 받았습니다. 교수가 설명했다. "이곳 국립도서관에서 10세기 흑마술사 오리야크 제르베르의 자필 문서 원본이 발견되었다고 합니다. 그래서 제가 그 원고를 검토해봐야 합니다. 저는 그 문서를 확인할 수 있는 유일한 전문가거든요."

"아하! 그럼 역사학자시로군요?" 베를리오즈가 이제야 마음이 놓인다는 듯 존경을 표하며 물었다.

"예, 역사학자입니다." 학자가 대답했다. 그리고 난데없이 이렇게 덧붙였다. "오늘 저녁 파트리아르흐에서 흥미로운 사건이 일어날 것입니다!"

편집장과 시인은 또 다시 크게 놀랐으나 교수는 아랑곳하지 않고 그 두 사람을 가까이 오게 한 뒤, 작은 소리로 속삭였다.

"사실은 말이죠, 예수는 존재했습니다."

"저, 교수님," 베를리오즈는 억지로 미소를 지으며 말했다. "저희는 교수님의 학식을 존중합니다. 하지만 그 문제에 관해서는 다른 시각을 갖고 있습니다."

"여기에 시각 같은 건 필요 없습니다." 이상한 교수가 대답했다. "그는 존재했다. 그 뿐입니다."

"그래도 무슨 증거가 있어야……." 베를리오즈가 다시 말을 이었다.

"아무 증거도 필요 없습니다." 교수는 그의 말을 잘라버리고는 낮은 목소리로 말하기 시작했다. 그의 말투에서 더 이상 외국인 억양이 느껴지지 않았다. "모든 것은 아주 간단합니다. 춘월(春月) 니산*9 14일 이른 아침, 발을 끄는 기병 특유의 걸음걸이로, 핏빛 안감의 흰 망토를 입은……."

---

*9 유대력(曆) 1월. 태양력으로 3월에서 4월을 말한다.

제2장
본디오 빌라도

봄의 니산 달*¹ 14일 이른 아침이었다. 핏빛 안감을 댄 흰 망토를 입은 유대 총독 본디오 빌라도가 기병 특유의 묵직한 발걸음으로 혜롯왕 궁전의 두 날개벽 사이 지붕 덮인 주랑으로 걸어나왔다.

총독은 세상에서 장미 기름 냄새를 가장 싫어했다. 동이 틀 즈음 그 냄새가 총독을 따라다니기 시작하더니, 이제는 모든 게 불길한 하루를 예고하고 있었다. 정원의 측백나무와 종려나무에서 장미향이 풍겨 나오고 호위대의 가죽 군장과 땀 냄새에도 그 저주스러운 장미냄새가 뒤섞이는 듯했다. 총독과 함께 예르샬라임에 도착한 제12번개군단 제1보병대가 머물고 있는 궁전 뒤쪽 별채에서 가느다란 연기가 피어올라 정원 위쪽 테라스를 거쳐 주랑으로 흘러들어왔다. 백인대(百人隊) 취사병들이 아침 식사를 준비하기 시작했음을 알리는 매운 연기에도 느끼한 장미냄새가 섞여들었다.

'오, 신들이여, 신들이여, 왜 저를 벌하시나이까……? 그래, 틀림없이 그거다. 그게 또 시작된 거야. 이겨낼 수 없는 끔찍한 병……. 편두통이다. 머리 반쪽이 쪼개지는 것만 같군……. 이 병은 벗어날 길도, 나을 방법도 없다…… 머리를 움직이지 말아보자…….'

분수대 옆 모자이크 바닥에는 벌써 팔걸이의자가 준비되어 있었다. 총독은 아무에게도 눈길을 주지 않고 의자로 가서 앉았다. 총독이 한 손을 옆으로 내밀자 서기관이 그 위에 공손히 양피지 두루마리를 올려놓았다. 총독은 고통으로 얼굴을 일그러뜨리며 양피지에 적힌 내용을 흘기듯 대충 훑어보았다. 양피지를 서기관에게 돌려주며 힘겹게 입을 열었다.

"갈릴리*²에서 온 미결수라고? 영주에게 이 사건을 전달했나?"

---

*¹ 니산(NISAN) 달은 성서에 등장하는 유대력으로 태양력에서는 3, 4월에 해당한다.
*² 팔레스타인 북부 지방. 중심지는 나사렛으로 예수의 고향이다.

"예, 총독님." 서기관이 대답했다.

"그쪽은 뭐라 하던가?"

"이 사건에 대한 판결을 거부했습니다. 시네드리온*³이 내린 사형 판결은 총독님의 승인을 받도록 되어 있습니다." 서기관이 설명했다.

총독은 뺨에 경련을 일으키고는 조용히 말했다.

"피고를 데려와."

이 말이 떨어지기가 무섭게 병사 둘이 정원 테라스에서 주랑 아래 발코니로 스물일곱 살쯤 되어 보이는 한 사내를 끌고 들어와 총독의 의자 앞에 세웠다. 사내는 다 낡아 누더기가 된 하늘색 키톤*⁴을 입고 있었다. 머리와 이마에 가죽 끈으로 동여맨 흰 붕대를 감은 채 두 손은 등 뒤로 묶여 있었다. 왼쪽 눈 밑에 커다란 멍 자국이 있었으며 입가에는 피가 엉겨 붙은 상처가 나 있다. 끌려온 사내는 불안과 호기심이 섞인 눈으로 총독을 지긋이 바라보았다.

잠시 아무 말도 하지 않던 총독이 아람어로 조용히 물었다.

"그래, 네가 민중들에게 예르샬라임 성전을 파괴하도록 부추긴 자인가?"

총독은 돌처럼 미동도 없이 앉아 있었다. 단어들을 내뱉을 때마다 그의 입술이 아주 조금씩 움직일 뿐이었다. 총독이 돌처럼 굳어 있었던 건 지옥과도 같은 고통으로 타 들어가는 머리를 움직이기가 두려웠기 때문이었다.

손이 묶인 사내가 조금 앞으로 걸어나와 말하기 시작했다.

"선량한 분이시여! 제 말을 믿어주십시오……."

그러나 총독은 전과 다름없이 조금도 움직이지 않고, 목소리도 전혀 높이지 않은 채로 그의 말을 끊었다.

"선량한 사람이라는 건 나를 두고 하는 말인가? 잘못 알고 있군. 예르샬라임 사람들은 모두 내가 광포한 괴물이라 쑤군대고 있지. 그건 전적으로 맞는 말이다." 총독은 또한 억양 없는 말투로 덧붙였다. "백인대 대장 쥐잡이꾼을 들라 하라."

쥐잡이꾼이라는 별명을 가진 제1백인대 대장 마르크가 총독 앞에 서자, 사람들은 발코니가 어두워졌다고 느꼈다. 쥐잡이꾼은 군단에서 가장 키가

---

*3 고대 유대 민족의 최고의회.

*4 그리스 전통 의상으로 위 아래가 이어진 옷.

큰 병사보다도 머리 하나가 더 컸고, 그의 어깨는 아직 높이 떠오르지 않은 태양을 완전히 가릴 만큼 넓었다.

총독은 백인대 대장에게 라틴어로 말했다.

"죄인이 나를 선량한 사람이라 부르고 있다. 저자를 잠시 데리고 나가 나와 이야기할 때는 어떻게 말해야 하는지 가르쳐줘라. 불구로 만들지는 말고."

꼼짝도 하지 않는 총독 말고는 모두가 죄수에게 따라오라 손짓하는 쥐잡이꾼 마르크를 눈으로 좇았다.

마르크는 어디서나 사람들의 시선을 끌었다. 그의 큰 키 때문만이 아니라 언젠가 게르만 인들의 곤봉에 얻어맞아 코가 뭉개졌기 때문이었다. 그를 처음 보는 사람들은 그의 흉측하게 일그러진 얼굴을 유심히 쳐다보곤 했다.

마르크의 무거운 장화가 모자이크 바닥을 두드리는 소리가 났다. 결박된 자는 소리없이 그의 뒤를 따라갔다. 그 순간 완전한 침묵이 주랑으로 소리없이 찾아왔다. 발코니 옆 정원 테라스에서 비둘기들이 구구거리는 소리와 분수대 물이 그 뜻을 알 수 없는 기분 좋은 노래를 부르는 소리가 들려왔다.

총독은 일어나 물줄기 아래에 관자놀이를 댄 채 감각이 마비될 때까지 그대로 서 있고 싶었다. 하지만 그렇게 한다 해도 아무 소용없으리라는 걸 그는 알고 있었다.

죄수를 정원으로 데리고 나간 쥐잡이꾼은 청동 동상 발치에 서 있는 병사의 손에서 채찍을 뺏어 들었다. 그는 채찍을 휘둘러 죄수의 어깨를 내리쳤다. 백인대 대장의 동작은 애쓰는 기색 없이 태연하고 가벼웠다. 그러나 손이 묶인 자는 마치 다리가 잘려나간 것처럼 순식간에 땅으로 무너져내렸다. 숨은 헐떡거리고 얼굴의 핏기가 가셨으며 눈의 초점을 잃어버렸다.

마르크는 왼손으로 빈 자루를 들어 올리듯 쓰러진 사내를 가볍게 공중으로 들어 일으켜 세웠다. 그는 비음 섞인 어눌한 아람어로 말했다.

"로마 총독은 헤게몬*5이라고 불러야 한다. 다른 말로 불러선 안 된다. 똑바로 서라. 내 말을 알아들었나? 아니면 더 맞아야 하겠나?"

죄수는 휘청거렸다. 하지만 곧 몸을 가눌 수 있게 되었고 얼굴색도 돌아왔

---

*5 hegemon : 라틴어로 인도자, 지도자, 군주, 통치자 등을 뜻한다.

다. 그는 숨을 고르며 쉰 목소리로 대답했다.

"알아들었소. 때리지 마시오."

잠시 뒤 그는 다시 총독 앞에 서 있었다.

병색이 짙은 탁한 목소리가 울려왔다.

"이름은?"

"제 이름 말인가요?" 죄수는 서둘러 대답했다. 더 이상 그의 노여움을 사지 않도록 분명하게 대답할 준비가 되어 있음을 온몸으로 나타내고 있었다.

총독은 크지 않은 목소리로 말했다.

"내 이름은 내가 알고 있다. 실제보다 더 어리석게 보이려고 애쓰지 마라. 네 이름."

"예슈아*6." 죄수는 재빨리 대답했다.

"다른 이름은 없나?"

"하─노츠리*7."

"태어난 곳은?"

"가말라 시." 죄수는 자신의 오른편 북쪽 어딘가 먼 곳에 가말라라는 도시가 있음을 고갯짓으로 가리키며 말했다.

"혈통은?"

"잘 모르겠습니다." 죄수가 생기를 띠며 대답했다. "저는 부모님을 기억하지 못합니다. 아버지는 시리아 사람이었다고 하던데……."

"사는 곳은 어디인가?"

"머물러 사는 집은 없습니다." 죄수가 부끄러운 듯 말했다. "이 도시 저 도시를 여행하고 있습니다."

"그런 걸 한마디로 부랑자라 하지." 총독은 그렇게 말하고 나서 다시 물었다. "친척들은 있나?"

"아무도 없습니다. 저는 혼자입니다."

"글을 읽을 수 있나?"

"예."

"아람어 말고 어떤 말을 할 줄 알지?"

---

*6 히브리어 또는 아람어로 예수를 이르는 말. 예수는 그리스어 이름이다.
*7 나사렛 사람이라는 뜻. 작품 속에서 거장이 해석한 예수 그리스도이다.

"그리스어를 압니다."

부어오른 눈꺼풀을 들어 올리고, 고통으로 흐려진 한쪽 눈이 죄수를 응시했다. 다른 쪽 눈은 여전히 감겨 있었다.

빌라도는 그리스어로 말하기 시작했다.

"그래, 네가 성전을 파괴할 목적으로 민중들을 선동했다고?"

죄수는 다시 생기를 띠었다. 그 눈은 더 이상 두려움을 드러내지 않았다. 그도 그리스어로 말하기 시작했다.

"저는, 선량······" 순간, 하지 말아야 할 말을 내뱉을 뻔한 그의 눈에 공포가 어른거렸다. "헤게몬. 저는 한 번도 성전을 파괴하려 한 적도, 그런 무의미한 행동을 하도록 누군가를 선동한 적도 없습니다."

낮은 탁자 앞에 쭈그리고 앉아 죄수의 진술을 기록하던 서기관의 얼굴에 놀라움이 스쳤다. 그는 잠시 고개를 들었으나 이내 다시 양피지 쪽으로 숙였다.

"축제를 맞아 온갖 부류의 수많은 사람들이 이 도시로 흘러 들어오고 있다. 그중에는 마술사, 점성가, 예언자, 그리고 살인자들도 있지." 총독의 말투는 단조로웠다. "거짓말쟁이들도 있고. 너 같은 거짓말쟁이들 말이다. 성전 파괴를 선동했다고 분명히 적혀 있다. 사람들도 그렇게 말한다."

"그 선량한 사람들은," 죄수가 그렇게 말하고는 서둘러 '헤게몬'을 덧붙였다. 그는 말을 이었다. "배운 것이 없어 제 말을 잘못 이해했을 뿐입니다. 저도 이런 착각이 아주 오래 갈 것 같아 걱정이 되기 시작했습니다. 이건 모두 그가 저를 따라다니며 제 말을 사실과 다르게 기록했기 때문입니다."

침묵이 흘렀다. 병색을 띤 두 눈이 죄수를 힘겹게 바라보았다.

"다시 한 번 말하겠다. 이게 마지막이다. 미치광이 흉내는 그만둬라. 날강도 같은 놈." 빌라도의 말투는 여전히 단조롭고 부드러웠다. "너에 대한 기록이 많지는 않지만 네 목을 매달기에는 이것만으로도 충분하다."

"아닙니다. 그렇지 않습니다, 헤게몬." 죄수는 어떻게든 자신의 말을 믿게 하고자 온 몸에 힘을 주어 말했다. "한 남자가 양피지를 들고 찾아와서는 언제 어디서나 끊임없이 뭔가를 써댔습니다. 한번은 제가 그 양피지를 보고 얼마나 놀랐는지 모릅니다. 거기 쓰여 있는 것들 가운데 어느 하나도 제가 말한 게 아니었습니다. 저는 그에게 부탁했습니다. '제발 그 양피지를 태워 주시오!' 하지만 그는 제 손에서 양피지를 빼앗더니 달아나버렸습니다."

"누굴 말하는 것이냐?" 빌라도는 귀찮다는 듯 물으며 손으로 관자놀이를 문질렀다.

"레비 마트웨이*8입니다." 죄수는 기꺼이 설명했다. "그는 세리(稅吏)였는데 벳바게*9의 어느 길에서 처음 만났습니다. 길 모퉁이에 무화과 과수원이 있던 곳이었죠. 거기서 그와 이야기를 나누었습니다. 처음에는 저를 아주 싫어했습니다. 저를 개라고 부르면서 모욕했죠." 죄수는 옅은 웃음을 지었다. "저는 그런 말에 화가 날 만큼 그 짐승을 나쁘게 생각하고 있지는 않습니다만……."

서기관은 받아쓰기를 멈추고는 놀란 시선을 죄수가 아닌, 총독에게로 슬며시 던졌다.

"…… 하지만 그는 제 이야기를 들으면서 태도를 누그러뜨렸습니다." 예슈아는 말을 계속했다. "결국 돈을 길에 내던지며 저와 함께 다니겠다고 했지요……."

빌라도는 누런 이를 드러내어 한쪽 입꼬리를 올려 웃음 지었다. 그가 서기관 쪽으로 몸을 돌리며 말했다.

"오, 예르샬라임이여! 별 이상한 소리를 다 듣겠구나! 들었느냐? 세리가 돈을 길에 내던졌다는구나!"

서기관은 뭐라고 대답해야 할지 몰랐으나 빌라도의 미소를 따라해야겠다고 생각했다.

"그는 이제 돈이 싫어졌다고 했습니다." 예슈아는 레비 마트웨이의 이상한 행동을 설명하며 덧붙였다. "그때부터 그는 제 길동무가 되었습니다."

총독은 여전히 이를 드러낸 채 죄수를 바라보다, 멀리 오른편 아래에 펼쳐진 마상 경기장 기마상들 위로 어김없이 떠오르고 있는 태양을 응시했다. 지긋지긋한 고통 속에서 문득 이런 생각이 떠올랐다. 무엇보다 간단한 방법은 이 이상한 강도를 발코니에서 쫓아내는 것이다. 그러려면 '이자를 매달아라.' 단 두 마디면 된다. 호위대도 물리고 궁전으로 들어가 방 안을 어둡게 하도록 명령하는 거다. 침상에 쓰러져서 냉수를 가져오게 한 다음 애처로운 목소

---

*8 복음서를 쓴 마태오를 가리키지만 러시아어로는 '마트웨이'라 부른다.
*9 Bethpage : 예루살렘 가까이에 있는 감람산(올리브산) 동쪽 무화과의 고장.

리로 애견(愛犬) 반가를 불러 편두통을 호소하는 게 최고다. 그때 갑자기 독(毒)에 대한 생각이 총독의 아픈 머릿속을 유혹하듯 스쳐갔다.

그는 흐릿한 눈으로 죄수를 바라보았다. 잠시 아무 말이 없었다. 예르샬라임 아침의 무자비한 태양 아래 매질을 당해 얼굴이 추하게 일그러진 죄수가 왜 자신 앞에 서 있는 것인지, 또 어떤 쓸데없는 질문들을 그에게 던져야 하는지 어떻게는 생각해내려 했다.

"레비 마트웨이라고?" 병자가 쉰 목소리로 묻고는 눈을 감았다.

"그렇습니다. 레비 마트웨이입니다." 그를 괴롭히는 새된 목소리가 들려왔다.

"어쨌든 네가 장터 군중들에게 성전에 대해 이야기를 한 것은 사실이 아니냐?"

이어 대답하는 사내의 목소리가 빌라도의 관자놀이를 찌르는 듯했다. 이루 말할 수 없이 고통스러웠다. 목소리가 말했다.

"헤게몬, 저는 낡은 신앙의 성전은 무너지고 새로운 진리의 성전이 세워질 것이라고 말했습니다. 조금이라도 더 쉽게 이해하도록 그렇게 이야기한 겁니다."

"부랑자여, 너는 어찌하여 네가 알지도 못하는 진리를 말하며 장터 군중들을 혼란케 하는 것이냐? 진리란 무엇이냐?"

그때 총독은 생각했다. '오, 나의 신들이여! 나는 재판에 불필요한 것을 묻고 있다…… 나의 이성은 더 이상 내 말을 듣지 않는구나…….' 또 다시 그의 눈앞에 검은 액체가 담긴 잔이 어른거렸다. '나에게 독약을, 독약을……….'

그는 다시 목소리를 들었다.

"진리는 무엇보다도 당신 머리가 아프고, 나약하게도 그 고통이 죽음을 생각나게 할 만큼 격렬하다는 것에 있습니다. 당신은 나와 이야기를 나눌 기력이 없을 뿐만 아니라 나를 쳐다보는 것조차 힘들어합니다. 저는 지금 제 의지와 상관없이 당신의 잔혹한 고문자가 되어 버렸고, 그 사실이 저를 슬프게 합니다. 당신은 그 무엇도 생각할 수 없으며, 아마도 당신이 유일하게 애착을 가지고 있는 존재, 즉 당신의 개가 이곳으로 오기만을 바라고 있을 것입니다. 하지만 당신의 고통은 이제 끝날 겁니다. 머리도 맑아질 것입니다."

서기관은 죄수의 말을 받아 적다 말고 죄수를 향해 눈을 휘둥그레 떴다.

　빌라도는 고통스런 눈을 들어 죄수를 바라보았다. 이제 태양이 마상경기장 위로 꽤 높이 떠 있어 그 빛이 주랑으로 새어 들어왔다. 예슈아가 자신의 닳아빠진 샌들로 기어드는 햇살을 피하는 모습을 보았다.

　총독은 의자에서 일어나 두 손으로 머리를 감싸쥐었다. 말끔하게 면도를 한 그의 누런 얼굴에 공포가 떠올랐다. 그러나 이내 공포를 억누르고 다시 의자에 앉았다.

　죄수는 이야기를 계속했지만 서기관은 더 이상 아무 말도 받아 적지 않았다. 그저 거위처럼 목을 길게 빼고 한마디도 놓치지 않으려 애쓸 뿐이었다.

　"자, 보십시오. 모든 것이 끝났습니다." 죄수가 부드러운 눈빛으로 빌라도를 바라보며 말했다. "저도 무척 기쁩니다. 헤게몬, 잠시 궁을 떠나 이 근처 어디든, 옐레온 언덕 위 정원에 나가 산책이라도 하시기를 권하고 싶습니다. 천둥이 치고 비가 내릴 것입니다……" 죄수는 몸을 돌려 태양을 향해 눈을 찌푸렸다. "……좀더 있다가, 저녁 무렵에요. 산책은 당신에게 큰 도움이 될 것입니다. 원하신다면 저도 함께 가드리겠습니다. 지금 새로운 생각이 하나 떠올랐는데, 당신도 흥미롭게 여기실 듯합니다. 기꺼이 그 생각들을 당신과 나누겠습니다. 당신은 무척 현명한 사람인 것 같거든요."

　서기관은 얼굴이 사색이 되어 두루마리를 바닥에 떨어뜨렸다.

　"진짜 문제는," 결박된 자는 누구에게도 방해받지 않고 말을 이어 나갔다. "당신이 너무나도 폐쇄적이라 사람들에 대한 믿음을 완전히 잃어버렸다는 데 있습니다. 당신도 동의하시겠지만, 모든 애착을 개 한 마리에 쏟아서는 안 됩니다. 헤게몬, 당신의 삶은 가난합니다." 이 말과 함께 그는 미소를 지어 보였다.

　서기관은 이제 자신의 귀를 믿어야 할지 말아야 할지, 그 한 가지만을 생각했다. 아무래도 믿어야 했다. 그는 이 죄수가 저지른, 지금껏 본 적도 들은 적도 없는 무례함에 대해 성마른 총독의 노여움이 어떤 괴팍한 형식으로 터져나올지 상상해보려 애썼다. 그러나 총독을 아주 잘 알고 있었음에도 서기관은 그것을 상상해낼 수가 없었다.

　그때 총독의 탁하고 갈라진 목소리가 울렸다. 라틴어였다.

　"그의 손을 풀어줘라."

호위병 하나가 창을 바닥에 두드려 다른 병사에게 맡기고는 죄수에게로 다가가 밧줄을 풀었다. 서기관은 두루마리를 주워 들고, 한동안 아무것도 받아쓰지 말고, 절대 놀라지도 않으리라 결심했다.

"사실대로 말하라." 빌라도는 그리스어로 조용히 물었다. "너는 대단한 의사인가 보지?"

"아닙니다, 총독님. 저는 의사가 아닙니다." 비틀려서 검붉게 부어 오른 손목을 기쁜 듯 문지르며 죄수가 말했다.

빌라도는 눈썹을 잔뜩 찌푸리며 죄수를 뚫어지게 노려보았다. 그 눈에는 이미 흐릿함은 가시고 모든 사람들이 익히 알고 있는 불꽃이 번득였다.

"내가 물었던가?" 빌라도가 말했다. "너는 라틴어도 할 줄 안다고 했나?"

"예, 할 줄 압니다." 죄수가 말했다.

빌라도의 누르스름한 뺨에 홍조가 떠올랐다. 그가 라틴어로 물었다.

"내가 개를 부르고 싶어한다는 걸 어떻게 알았지?"

"그건 아주 간단합니다." 죄수도 라틴어로 대답했다. "당신은 손으로 허공을 어루만졌습니다." 죄수는 빌라도의 손짓을 되풀이했다. "마치 개를 쓰다듬어주고 싶어 하는 것처럼, 그리고 입술이……."

"좋다." 빌라도가 말했다.

두 사람은 잠시 아무 말도 하지 않았다. 이윽고 빌라도가 그리스어로 질문을 던졌다.

"그래, 의사라고 했나?"

"아니오, 그렇지 않습니다." 죄수는 분명하게 대답했다. "제 말을 믿어주십시오. 전 의사가 아닙니다."

"그래, 좋다. 비밀로 하고 싶다면 그렇게 하라. 이 사건과는 아무 상관없으니까. 그래, 네 말은 성전을 부수고…… 불을 지르거나 다른 어떤 방식으로든 성전을 파괴하도록 선동하지 않았다는 말이지?"

"헤게몬, 다시 말씀드리지만, 저는 절대 누구에게도 그런 짓을 하라고 부추기지 않았습니다. 제가 그렇게 어리석은 사람으로 보이십니까?"

"오, 그래. 넌 어리석은 자로 보이진 않는다." 총독은 조용히 답하고는 어쩐지 으스스한 미소를 띠었다. "그렇다면, 그런 일은 없었다고 맹세하라."

"제가 무엇을 걸고 맹세하길 바라십니까?" 결박에서 풀려난 자가 한결 활기를 띠며 물었다.

"글쎄, 네 목숨을 걸고라도." 총독이 말했다. "바로 지금이 네 목숨을 걸고 맹세할 때지. 지금 네 목숨은 실오라기 하나에 매달려 있으니까."

"혹시 그것을 붙잡아 매단 것이 당신이라고 생각하는 건 아니겠지요, 헤게몬?" 죄수가 물었다. "만약 그렇다면 완전히 잘못 알고 계신 겁니다."

빌라도는 몸을 움찔거리더니 분명치 않은 소리로 말했다.

"나는 그 실오라기를 끊을 수 있다."

"그게 바로 잘못 알고 계신 것입니다." 환하게 미소를 지은 죄수는 손으로 태양을 가리면서 말했다. "그 실오라기를 끊을 수 있는 것은 오로지 그것을 매신 분, 한 분뿐이라는 사실은 당신도 동의하시겠죠?"

"그래, 그래." 빌라도가 웃으며 말했다. "이제 나는 예르샬라임의 할 일 없는 얼간이들이 줄을 지어 네 뒤를 따라다녔으리라는 걸 의심하지 않는다. 누가 네 혀를 붙잡아 매달았는지 모르지만 잘도 달려 있구나. 그렇다면 말해 봐라. 너를 예언자라도 되는 것처럼 환호하는 천민들 무리에 둘러싸인 네가 나귀를 타고 수사문을 거쳐 예르샬라임에 나타났다는 게 사실인가?" 총독은 양피지 두루마리를 가리켰다.

죄수는 이해할 수 없다는 듯 총독을 바라보았다.

"제게 나귀 같은 건 없습니다, 헤게몬." 그가 말했다. "수사문을 거쳐 예르샬라임으로 온 것은 맞습니다. 하지만 저는 걸어서 왔고 제 곁에는 레비 마트베이 한 사람뿐이었습니다. 그리고 아무도 저한테 무어라 소리치지 않았습니다. 그때 예르샬라임에서 저를 아는 사람은 아무도 없었으니까요."

"그렇다면 너는 그자들." 빌라도는 죄수에게서 눈을 떼지 않은 채로 말을 이었다. "디스마스와 게스티스 그리고 바르-라반이라는 사람들을 아는가?"

"저는 그 선량한 사람들을 모릅니다." 죄수가 대답했다.

"정말인가?"

"정말입니다."

"그럼 묻겠다. 너는 왜 언제나 '선량한 사람들'이라는 말을 쓰느냐? 그러니까 너는 모든 사람들을 그렇게 부르는가?"

"그렇습니다." 죄수가 대답했다. "이 세상에 악한 사람은 없습니다."

"그건 처음 듣는 얘기로군." 빌라도가 엷은 미소를 지으며 말했다. "하긴,

어쩌면 내가 인생을 아직 많이 모를 수도 있지……! 이제 받아쓰지 않아도 좋다." 그는 어차피 아무것도 쓰고 있지 않은 서기관에게 지시하더니 계속해서 죄수에게 물었다. "그 얘기는 그리스인들의 책에서 읽은 건가?"

"아닙니다. 제 스스로 터득했습니다."

"그래서 넌 그걸 설교하고 다니는 것이냐?"

"그렇습니다."

"그렇다면 예를 들어 백인대 대장 마르크는 어떠냐? 저자는 쥐잡이꾼이라는 별명을 갖고 있는데 그도 선량한 사람인가?"

"그렇습니다." 죄수가 말했다. "그가 불행한 사람인 건 사실입니다. 선량한 사람들이 그의 모습을 추하게 만든 다음부터 잔인하고 냉혹해진 겁니다. 누가 저런 상처를 입힌 건지 궁금하군요."

"그건 내가 기꺼이 알려주지." 빌라도가 말했다. "내가 그 증인이니까. 선량한 사람들이 그에게 덤벼들었지. 개들이 곰에게 달려들 듯이 말이야. 게르만인들이 그의 목에, 가슴에, 다리에 달려 들었다. 보병 중대는 완전히 포위되어 있었고, 내가 지휘하던 기병대가 옆쪽에서 치고 들어가지 않았더라면, 철학자여, 너는 저 쥐잡이꾼과 이야기를 나눌 수 없었을 것이다. 처녀계곡이디스타비조 전투에서 있던 일이지."

"제가 그와 잠시 이야기를 나눌 수 있다면," 죄수가 꿈꾸듯 말했다. "그는 아주 많이 달라질 것입니다."

"내가 보기엔." 빌라도가 말했다. "네가 군단의 장교나 병사들 누군가와 이야기를 나누려 한다면 군단 사령관이 너를 달가워하지 않겠지. 하지만 다행히도 그런 일은 일어나지 않을 거다. 내가 먼저 그 달갑지 않은 일에 주의를 줄 테니까."

그때 주랑으로 제비 한 마리가 쏜살같이 날아 들어왔다. 황금빛 천장을 한 바퀴 돌고 내려온 제비는 뾰족한 날개로 벽감(壁龕)*10에 세워둔 청동 동상 얼굴을 스치듯 날아 주랑 기둥 뒤로 사라졌다. 그곳에 둥지를 틀 모양이었다.

제비가 그러는 사이 맑고 가벼워진 총독의 머릿속에 이런 생각들이 차례

---

*10 장식을 위해 벽면을 오목하게 파서 만든 공간. 등잔이나 조각품 따위를 세워둔다.

로 떠올랐다. 헤게몬은 하—노츠리라는 별명을 가진 떠돌이 철학자 예슈아의 사건을 검토해보았으나 범죄를 입증할 만한 사실들이 발견되지 않았다. 특히 얼마 전 예르샬라임에서 벌어진 불온한 움직임과 예슈아의 행동 사이에 아무런 연관도 찾을 수 없었다. 떠돌이 철학자는 정신 이상으로 밝혀졌다. 따라서 총독은 소(小) 시네드리온이 내린 하—노츠리의 사형 선고를 승인하지 않는다. 그러나 하—노츠리의 무분별한 공상적 설교가 예르샬라임에 불온한 정서를 낳을 수도 있으니, 총독은 예슈아를 예르샬라임에서 추방하고 지중해에 있는 스트라톤 카에사리아, 즉 총독의 관저가 있는 곳에 가두는 금고형에 처한다.

이제 서기관에게 받아 적게 하는 일만 남았다.

헤게몬의 머리 바로 위에서 제비가 날개를 푸드득거렸다. 제비는 분수대쪽으로 날아들었다가 밖으로 날아가 버렸다. 총독은 눈을 들어 죄수를 바라보았다. 그 옆에서 먼지 기둥이 피어올랐다.

"저자에 대한 기록은 이게 다인가?" 빌라도가 서기관에게 물었다.

"안타깝게도 그렇지 않습니다." 서기관은 전혀 뜻밖의 대답을 하며 다른 양피지 한 꾸러미를 내밀었다.

"또 뭐가 있다는 거야?" 빌라도가 얼굴을 찌푸리며 물었다.

건네받은 문서를 읽고 나서 그는 얼굴색을 확 바꾸었다. 검은 피가 한꺼번에 목과 얼굴로 치솟는 듯했다. 아니면 뭔가 다른 일이 일어났는지도 모르겠다. 그의 피부는 노란빛을 잃고 암갈색으로 변했으며 두 눈은 움푹 꺼져들어간 듯했다.

아무래도 관자놀이로 몰려 고동치는 피가 시각에 이상을 일으킨 모양이었다. 그의 눈앞에 있던 죄수의 머리가 어디론가 사라지고 그 자리에 갑자기 다른 사람의 머리가 나타났다. 군데군데 벗겨진 머리에는 이가 빠진 황금관이 씌워져 있고 살가죽을 파고든 이마 위 둥근 상처에는 연고가 덧발라져 있었다. 이가 빠져 오므라든 입에 아랫입술은 변덕스럽게 처졌다. 빌라도에게는 발코니의 장밋빛 둥근 기둥들과 멀리 정원 아래쪽 예르샬라임의 지붕들이 사라지고 주위의 모든 것들이 카프리 정원의 짙은 녹음 속으로 가라앉아 버린 듯했다. 청각에도 이상한 일이 벌어졌다. 멀리서 나팔 소리가 위협하듯 낮게 울리더니 비음 섞인 목소리가 말을 늘이며 오만하게 말하는 게 아주 또

렷하게 들렸다. '황제 모독 행위에 대한 법률······.'

짤막하고 기이한 상념들이 총독의 머릿속을 두서없이 스쳐 지나갔다. '파멸이다······!' '이제 다 끝났다······!' 그런 상념들 사이로 얼토당토 않게 불멸에 대한 생각이 떠올랐는데 그 생각은 웬지 참을 수 없는 쓸쓸함을 불러일으켰다.

빌라도는 있는 힘을 다해 환영을 몰아내고 발코니로 시선을 돌렸다. 그러자 그의 앞에 다시 죄수의 두 눈이 나타났다.

"하−노츠리는 들어라." 총독은 어딘지 이상한 눈빛으로 예슈아를 바라보며 말을 시작했다. 총독의 표정은 단호했으나 눈은 불안으로 가득 차 있었다. "위대한 카이사르*¹¹에 대해 뭔가 말한 적이 있느냐? 대답하라! 말했는가? ······아니면······ 말하지······ 않았는가?" 빌라도는 법정에 어울리지 않게 '않았는가'라는 단어를 길게 늘이면서 죄수에게 어떤 생각을 전하고 싶은 듯 예슈아를 응시했다.

"진실을 말하는 것은 쉽고 기분 좋은 일입니다." 죄수가 말했다.

"진실을 말하는 것이 네게 기분 좋은 일인지 아닌지는." 빌라도가 억눌린 듯 악에 받친 목소리로 대꾸했다. "내 알 바가 아니다. 그러나 너는 진실을 말해야 한다. 단, 고통스러운 죽음을 원하지 않는다면 한마디 한마디를 잘 생각해서 해야 할 것이다."

그때 유대 총독에게 무슨 일이 일어났는지는 아무도 모른다. 그는 햇빛을 가리려는 듯 손을 들어올렸고 그 손을 방패삼아 죄인에게 뭔가를 암시하는 눈길을 보냈다.

"그럼," 그가 말했다. "이 질문에 대답해보라. 너는 키리아트*¹²에서 온 유다라는 자를 알고 있느냐? 그자에게 황제에 대한 말을, 혹시 말을 했다면, 무슨 말을 했느냐?"

"그 일은 이렇게 된 것입니다." 죄수는 기다렸다는 듯 거침없이 이야기했다. "엊그제 저녁 성전 옆에서 키리아트 마을에서 온 유다라는 젊은이를 만

---

*11 본디 카이사르는 로마 공화정 말기 율리우스 카이사르의 이름으로 가문(성씨)의 이름이었다. 영어로는 시저(Caesar), 독일어 카이저(Kaiser), 러시아어 차르(czar)로 모두 황제를 가리킨다.

*12 유다의 출신지 가리옷을 말한다.

났습니다. 저를 아랫마을 자기 집에 초대하여 대접해주었지요……."

"그자도 선량한 사람이었겠지?" 빌라도가 물었다. 그의 눈 속에서 악마의 불꽃이 타올랐다.

"무척 선량하고 호기심이 많은 사람이었습니다." 죄수가 말했다. "그는 제 생각에 아주 큰 관심을 보이며 정성스럽게 저를 맞아주었습니다……."

"촛불들도 켜두었고……." 빌라도는 거의 입을 벌리지 않고 죄수와 같은 말투로 웅얼거렸다. 그의 두 눈은 희미하게 반짝거렸다.

"그렇습니다." 예슈아는 총독이 뭐든 다 알고 있다는 점에 조금 놀라며 말을 계속했다. "그리고 국가 권력에 대한 제 생각을 들려달라 부탁했습니다. 그는 그 문제에 대단히 관심이 많았습니다."

"그래서 뭐라고 했지?" 빌라도가 물었다. "아니면 무슨 말을 했는지 기억이 나지 않는다고 할 텐가?" 빌라도의 말투에는 이미 절망이 스며 있었다.

"주로 이런 말을 했습니다." 죄수가 말했다. "모든 권력은 인간에 대한 폭력이며 황제의 권력은 물론 다른 어떤 권력도 존재하지 않는 시대가 올 것이며 인간은 그 어떤 권력도 필요 없는 진리와 정의의 왕국으로 들어서게 되리라고 말했습니다."

"계속하라!"

"그뿐입니다." 죄수가 말했다. "그때 사람들이 뛰어 들어와서 저를 붙잡아 감옥으로 끌고 갔으니까요."

서기관은 한마디도 빠트리지 않으려 애를 쓰며 재빨리 양피지에 그의 진술을 써 넣었다.

"이 세상에 티베리우스 황제의 권력만큼 위대하고 아름다운 권력은 전에 없었고 지금도 없으며 앞으로도 없을 것이다!" 빌라도의 갈라지고 병든 목소리가 울려 퍼졌다.

총독은 무슨 이유에선지 증오에 찬 시선으로 서기관과 호위대를 노려보았다.

"게다가 그 문제는 너 같은 미치광이 범법자가 판단할 일이 아니다!" 빌라도가 외쳤다. "호위대는 발코니에서 물러가라!" 그리고 서기관을 돌아보며 덧붙였다. "죄인과 단둘이 있고 싶다. 이건 국가적인 사안이다."

창을 들어 보인 호위대는 징이 박힌 칼리가*[13]가 바닥을 울리는 규칙적인 소리를 내며 정원으로 물러갔다. 서기관도 호위대를 따라 밖으로 나갔다.

한동안 발코니에는 분수대 물이 재잘거리는 소리가 흐를 뿐이었다. 빌라도는 기세 좋게 솟구쳐 올랐다가 곡선을 그리며 흩어지는 잔물결을 바라보았다.

죄수가 먼저 말문을 열었다.

"제가 키리아트에서 온 그 젊은이와 이야기를 나눈 탓에 뭔가 안 좋은 일이 벌어진 거로군요. 헤게몬, 그에게 불행한 일이 일어나리라는 예감이 듭니다. 저는 그 사람이 무척 불쌍합니다."

"내 생각엔," 총독이 묘한 웃음을 지으며 대답했다. "네가 불쌍히 여겨야 할 사람이 따로 있다. 그는 가리옷의 유다보다 훨씬 더 불행해질 것이다……! 그래, 냉혹하고 철저한 고문자 쥐잡이꾼 마르크와……." 총독은 예슈아의 흉측하게 일그러진 얼굴을 가리켰다. "네 포교를 이유로 너를 그렇게 구타한 자들, 공범들과 함께 병사 넷을 살해한 강도 디스마스와 게스타스 그리고 더러운 배반자 유다까지, 그들도 모두 선량한 사람들이라는 건가?"

"그렇습니다." 죄수가 말했다.

"그리고 진리의 왕국이 나타날 것이고?"

"나타납니다, 헤게몬." 예슈아는 확신에 찬 목소리로 대답했다.

"절대 나타나지 않을 것이다!" 빌라도가 갑자기 무섭게 소리쳤다. 예슈아가 깜짝 놀라 뒤로 물러설 정도였다. 몇 년 전 처녀 계곡에서 빌라도는 이 목소리로 기마대 병사들에게 외쳤다. '저들을 쳐라! 저들을 쳐라! 거인 쥐잡이꾼이 위험하다!' 빌라도는 부대를 지휘하느라 갈라진 목소리를 더욱 높여 정원까지 들리도록 쩌렁쩌렁하게 외쳤다. "범죄자! 범죄자! 범죄자!"

그는 목소리를 낮추고 물었다.

"예슈아 하-노츠리, 너는 어떤 신을 믿는가?"

"신은 오직 한 분뿐이십니다." 예슈아가 대답했다. "저는 그분을 믿습니다."

"그럼 그에게 기도하라! 간절히 기도하라! 하긴 그런다고 해도……" 빌라도의 목소리가 가라앉았다. "도움이 되지는 않을 것이다. 아내는 있나?"

---

*13 caliga : 로마 병사가 신었던 신발. 밑창이 두텁고 복사뼈까지 덮으며 가죽끈이 달려 있다.

빌라도는 자신에게 무슨 일이 일어나고 있는지 알지 못한 채, 왠지 구슬프게 물었다.

"없습니다. 저는 혼자입니다."

"역겨운 도시……" 왠지 모르게 문득 총독이 중얼거렸다. 마치 한기라도 느낀 듯 어깨를 부르르 떨었고 손이라도 씻는 것처럼 두 손을 비볐다. "네가 가리옷의 유다와 만나기 전에 네 목이 떨어졌더라면 차라리 나았을 것을."

"헤게몬, 저를 풀어주실 순 없겠습니까?" 죄수가 뜻밖의 요청을 해 왔다. 불안으로 가득한 목소리였다. "사람들이 제 목숨을 노리고 있다는 건 알고 있습니다."

빌라도는 얼굴을 일그러트리고 핏발 선 눈으로 예슈아를 바라보며 말했다.

"불쌍한 놈, 너는 지금 그따위 말을 지껄인 놈을 로마 총독이 풀어주리라 생각하느냐? 오, 신들이여, 신들이여! 아니면 내가 너를 대신하여 그 자리에 앉아 주기라도 할 것 같은가? 나는 네 사상 따위 인정하지 않는다! 명심해라. 지금 이 순간부터 한마디라도 내뱉거나 누구와 이야기를 나눈다면, 내가 너를 가만 두지 않으리라! 다시 한 번 말하겠다. 함부로 입을 놀리지 마라!"

"헤게몬……."

"닥쳐라!" 빌라도가 외쳤다. 그는 분노로 가득찬 눈길로 또다시 발코니에 날아든 제비를 좇았다. "이리 들라!" 빌라도가 소리쳤다.

서기관과 호위대가 제자리로 돌아오자 빌라도는 소 시네드리온 회의에서 죄인 예슈아 하—노츠리에게 내린 사형 선고를 승인한다고 선언했다. 서기관은 빌라도의 말을 받아 적었다.

1분 뒤 총독 앞에는 쥐잡이꾼 마르크가 서 있었다. 총독은 그에게 죄인을 비밀호위대장에게 넘기고 다음의 명령 사항을 전달하도록 지시했다. 예슈아 하—노츠리를 다른 죄수들과 떨어뜨려 놓을 것. 또한 비밀호위부대에서는 어떤 경우라도 예슈아와 말을 섞거나 그의 질문에 대답해서는 안되며 이를 어길 시 엄벌에 처할 것 등이었다.

마르크의 신호에 따라 호위대는 예슈아를 에워싼 뒤 발코니에서 끌고 나갔다.

얼마 뒤 총독 앞에 투구를 쓰고 아마빛 수염을 기른 잘생긴 남자가 나타났다. 투구 꼭대기에 독수리 깃털을 달고 가슴에서는 황금빛 사자 머리가 번쩍였다. 마찬가지로 황금빛 작은 글귀가 새겨진 검대(劍帶)를 찼다. 밑창을 세 겹으로 단 칼리가는 끈이 무릎까지 올라왔으며 왼쪽 어깨에 진홍빛 망토를 걸쳤다. 그는 로마군단을 지휘하는 군단장이었다.

총독은 그에게 세바스티아*14 보병대가 지금 어디에 있는지 물었다. 군단장은 세바스티아 보병들이 죄인들에 대한 판결이 공표될 마상 경기장 앞 광장을 봉쇄하고 있다고 보고했다.

총독은 군단장에게 로마 보병대에서 백인대 2개 부대를 차출하도록 명령했다. 쥐잡이꾼이 지휘하는 1개 부대는 골고타 언덕으로 출발할 때 죄인들과 사형 집행에 필요한 물건들을 싣고 갈 마차 및 사형집행인들을 호송해야 한다. 또한 도착하는 대로 산정상의 경비 부대에 합류한다. 나머지 1개 부대는 지금 바로 골고타 언덕으로 보내 신속하게 저지선을 치도록 한다. 총독은 이들을 지원할 목적으로, 다시 말해 산의 경비를 위해 시리아 기병대를 예비 부대로 출발시킬 것을 군단장에게 지시했다.

군단장이 발코니를 떠나자 총독은 서기관에게 시네드리온 의장과 의원 둘 그리고 예르샬라임 성전수비대 대장을 궁으로 초대하라 명했다. 이어 그들과의 회의에 앞서 시네드리온 의장과 따로 이야기를 나눌 수 있도록 시간을 만들라고 덧붙였다.

총독의 명령은 신속하고 정확하게 수행되었다. 그리고 며칠 동안 예르샬라임을 태워버리기라도 할 듯 격렬하게 내리쬐던 태양이 정점에 채 이르기도 전이었다. 정원 위쪽 테라스 계단을 지키는 두 마리의 흰 대리석 사자 앞에서 총독은 시네드리온 의장직을 맡고 있는 유대 제사장 요세프 카이파를 만났다.

정원은 조용했다. 총독은 주랑을 벗어나 코끼리다리처럼 거대한 종려나무들이 늘어선 정원 위쪽 테라스로 나왔다. 태양이 내리쬐는 테라스에서는 총독이 증오해 마지않는 예르샬라임이 한눈에 내려다 보였다. 구름다리와 요새들, 그리고 무엇보다도, 지붕 대신 황금빛 용 비늘을 얹은, 묘사하기도 어

---

*14 세바스테. 사마리아를 뜻한다.

려운 대리석 덩어리—예르샬라임 성전—가 펼쳐졌다. 총독은 그 예민한 귀로 멀리 아래쪽에서 들려오는 소리들을 감지해냈다. 궁전 정원의 아래쪽 테라스들과 도시의 광장을 가르는 돌벽 밑에서 낮게 술렁대는 소리가 들려왔고 그 위로 약하고 가느다란 신음이 고함 소리에 뒤섞여 이따금씩 터져나왔다.

총독은 그 아래 광장에 최근의 소요들로 흥분한 예르샬라임 주민들이 벌써 수많은 무리를 이루고 모여 있음을 알 수 있었다. 그들이 초조하게 판결을 기다리고 있으며 불안감에 사로잡힌 물장수들이 주인들 틈에서 시끄럽게 소리를 질러대고 있다는 것도 알았다.

총독은 무자비한 폭염을 피하고자 발코니 안으로 들어가는 게 어떻겠느냐고 제사장에게 권했지만, 카이파는 축일 전야에 그럴 수는 없다며 정중하게 거절했다. 빌라도는 듬성듬성해진 머리에 두건을 뒤집어쓰고 이야기를 나누기 시작했다. 대화는 그리스어로 진행되었다.

빌라도는 예슈아 하—노츠리 사건을 검토했으며 사형 선고를 승인했다고 말했다.

이렇게 오늘 디스마스, 게스타스, 바르—라반의 세 강도와 예슈아 하—노츠리는 사형 집행이 이루어질 예정이었다. 황제에 대항하는 민중 폭동을 사주한 디스마스와 게스파스는 로마 병력과 대치하다 잡혔으므로 총독 관할에 속한다. 따라서 그들에 대해서는 이 자리에서 이야기할 필요가 없다. 나머지 바르—라반과 하—노츠리는 지방 병력에 의해 체포되어 시네드리온에서 재판을 받았다. 법과 관습에 따라, 오늘 시작되는 유월절을 맞이하여 두 범죄자들 가운데 한 사람은 풀어주어야 한다.

총독은 시네드리온이 누구를 풀어줄 것인지 알고 싶다. 바르—라반인가? 아니면 하—노츠리인가?

카이파는 질문을 이해했다는 뜻으로 고개를 숙여 보이고는 대답했다. "시네드리온은 바르—라반을 풀어주시기를 청하는 바입니다." 총독은 제사장이 그렇게 대답하리라는 것을 알고 있었다. 그러나 제 역할에 충실하기 위해서는 그 대답에 몹시 놀랐다는 표정을 보여주어야 했다.

빌라도는 그것을 너무나도 능숙하게 해냈다. 거만한 얼굴의 눈썹을 치켜올리고 놀란 표정으로 제사장의 눈을 똑바로 쳐다보았다.

"솔직히 예상 밖이오." 총독이 부드럽게 말했다. "뭔가 착오가 있는 건 아닌지요?"

빌라도는 자신의 입장을 설명했다. 로마 정부는 이 지역 유대교 성직자의 권한을 조금도 침해할 생각이 없다. 그 점은 제사장도 잘 알고 있을 것이다. 하지만 이 문제만큼은 착오가 있음이 분명하다. 그리고 물론 로마 정부는 그 착오를 바로잡는 데 관심을 가지고 있다.

사실 바르─라반과 하─노츠리의 죄는 그 무겁고 가벼움을 비교조차 할 수 없다. 하─노츠리, 정신이상자가 분명한 그자가 터무니없는 말로 예르샬라임과 다른 몇몇 지역에서 군중들을 혼란에 빠트리는 죄를 지었다면 바르─라반의 죄는 그보다 훨씬 무겁다. 그는 폭동을 직접 선동했을 뿐만 아니라 체포 과정에서 경비대를 죽이기까지 했다. 바르─라반은 하─노츠리와는 비교도 할 수 없을 만큼 매우 위험하다.

이 모든 점을 감안하여 총독은 제사장에게 시네드리온의 결정을 재고하고 두 죄인 중 덜 위험한 자는 풀어주기를 요청한다. 물론 덜 위험한 자는 하─노츠리이다. 어떻게 생각하시는지……?

카이파는 작지만 단호한 목소리로 말했다. 시네드리온은 이번 사안을 면밀히 검토했다. 다시 말하지만 바르─라반을 풀어주고자 한다.

"그렇소? 내가 이렇게 부탁을 하는데도? 로마 정부를 대변하는 자의 부탁이오. 제사장, 세 번째로 다시 묻겠소."

"세 번째로 말씀드리겠습니다. 우리는 바르─라반을 사면하겠습니다." 카이파가 조용히 말했다.

모든 것이 끝났다. 더 이상 이야기할 게 아무것도 없다. 하─노츠리는 영원히 떠났다. 이제 총독의 무섭고 지독한 고통을 치유해줄 사람은 없으리라. 죽음 말고는 벗어날 방법이 없다. 그런데 지금 빌라도를 덮친 것은 그 생각이 아니었다. 발코니에 나왔을 때부터 그를 덮쳐왔던 까닭 모를 쓸쓸함이 그의 온몸을 휩쓸고 지나갔다. 총독은 그 쓸쓸함이 어디에서 온 것인지 이해하려 했지만, 이유는 기묘했다. 분명하지는 않지만 죄수와 못 다한 이야기가 있는 것만 같은 아니 어쩌면 아직 다 듣지 못한 말이 있는 듯한 기분이 들었다.

빌라도는 그 생각을 떨쳐버리려 했다. 생각은 찾아왔을 때처럼 순식간에 날아가 버렸다. 생각이 사라진 뒤에도 쓸쓸함은 설명되지 않은 채로 남아 있었다. 그때 다른 생각이 번개처럼 빛나더니 사라져버렸다. '불멸…… 불멸이다…….' 그런데 누구의 불멸이란 말인가? 총독은 그 답을 알 수 없었다. 수수께끼 같은 불멸에 대한 생각은 뜨겁게 내리쬐는 태양 아래에서도 그를 오싹하게 만들었다.

"좋소." 빌라도가 말했다. "그럼 그렇게 하시오."

고개를 돌려 주위를 둘러보자 눈앞은 놀랄 만큼 달라져 있었다. 흐드러지게 피어 있던 장미 덤불이 사라지고 위층 테라스 주위의 측백나무와 석류나무도, 녹음 속에 서 있던 흰 동상과 심지어 그 녹음마저도 사라져버리고 없었다. 그 대신 검붉은 덩어리 같은 것이 흘러들었다. 그 속에서 수초들이 흔들리며 어디론가 떠내려가고 그 소용돌이에 빌라도도 함께 휩쓸렸다. 지금 그의 목을 조르고 그를 불길 속으로 몰아넣으며 휩쓸리게 하는 것은 세상에서 가장 끔찍한 분노, 무력함에서 비롯한 분노였다.

"답답하군." 빌라도가 중얼거렸다. "숨이 막힐 것 같아!"

그는 차갑고 축축해진 손으로 망토 깃의 버클을 잡아 뜯었다. 버클이 모래 위로 떨어졌다.

"오늘은 날이 후덥지근하군요. 어디선가 비가 내리고 천둥이 치고 있을 겁니다." 붉게 달아오른 총독의 얼굴에서 눈을 떼지 않은 채 카이파가 말했다. 그는 앞으로 닥쳐올 모든 고통들을 예감한 듯했다. '아아, 올해 니산 달은 얼마나 끔찍한지!'

"아니오." 빌라도가 말했다. "후덥지근해서가 아니라 당신과 있기 때문이오, 카이파." 빌라도는 눈을 가늘게 뜨고 미소를 지으며 덧붙였다. "조심하는 게 좋을 거요, 제사장."

제사장의 검은 눈동자가 반짝였다. 조금 전 총독 못지않게 놀란 표정이었다.

"총독, 그게 무슨 말씀이시죠?" 카이파는 거만하면서도 침착하게 말했다. "당신 스스로 승인한 판결을 가지고 이제 와서 나를 협박하시는 겁니까? 그런 거요? 무릇 로마 총독은 말을 내뱉기 전에 단어를 가려서 쓸 줄 안다고 생각해 왔습니다만. 누가 우리 얘기를 듣기라도 하면 어쩌시렵니까, 헤게몬?"

빌라도는 몹시 피곤한 듯한 눈으로 제사장을 쳐다보았다. 그러고는 이를 드러내며 미소를 지었다.

"무슨 소리를 하는 거요, 제사장! 지금 이곳에서 누가 우리 얘기를 들을 수 있단 말이오? 내가 오늘 사형 선고를 받은 실성한 젊은 부랑자 놈처럼 보이시오? 카이파, 내가 어린애요? 내가 지금 어디에서 무슨 말을 하는지쯤 은 알고 있소. 정원 경비는 철통 같소. 궁도 마찬가지요. 쥐새끼 한 마리 기 어 들어올 틈도 없소. 생쥐뿐만 아니라 그 뭐라더라…… 키리아트에서 온 그자라 해도 절대 들어오지 못할 거요. 제사장, 그자를 아시오? 그래…… 만약 그런 자가 이곳으로 숨어 들었다면 제 신세를 몹시 한탄했을 거요. 이 점에 대해서만큼은 물론 당신도 동의하겠지요? 그런데 한 가지 더, 당신이 알아야 할 게 있소. 제사장, 당신에게 앞으로 평온은 없을 것이오! 당신에 게도, 당신의 민족에게도." 빌라도는 멀리 성전이 반짝반짝 빛나는 오른쪽 높은 곳을 가리켰다. 황금 창(槍)의 기사(騎士), 나 본디오 빌라도의 말을 명심하시오!"

"압니다. 알고말고요!" 검은 수염의 카이파가 두려운 기색도 없이 대답했 다. 그의 눈이 반짝거렸다. 손을 하늘로 들어올리더니 말을 잇는다. "유대 민족은 당신이 얼마나 자신들을 증오하는지, 얼마나 많은 고통을 주려 하는 지 잘 압니다. 그러나 당신은 결코 우리를 파멸시키지 못할 겁니다! 하느님 이 우리를 보호하시니까요! 그분께서 우리 기도를 듣고 계십니다. 전능하신 카이사르께서도 우리에게 귀 기울이시고 파괴자 빌라도의 박해로부터 우리 를 지켜주실 것입니다!"

"오, 아니오!" 빌라도가 소리쳤다. 말을 할수록 점점 더 마음이 편안해졌 다. 이제 더이상 연기할 필요도, 단어를 가릴 필요도 없었다. "당신은 황제 에게 나에 대한 불평을 너무 많이 해왔소. 이젠 내 차례요, 카이파! 이제 곧 나의 전령이 떠날 것이오. 안티오크*15나 로마 총독에게로가 아니라 카프 리에 계신 황제 폐하께 바로 고할 거요. 당신이 예르샬라임의 극악무도한 역 도들을 어떻게 싸고돌며 살려주었는지를 말이오. 당신들을 위해 사용하려 했건만. 그때가 되면 예르샬라임은 솔로몬 연못물을 마시지 못할 것이오!

---

*15 Antioch : 고대 시리아의 수도.

그래, 물이 아닌 것을 마시게 될 거요! 똑똑히 기억해두시오. 난 당신들 때문에 황제의 이름이 새겨진 방패를 벽에서 떼어냈소. 당신들 때문에 군대를 움직여야 했고, 이렇게 직접 여기까지 와서 당신들이 저지르는 짓거리를 봐야 했소! 내 말을 새겨들으시오, 제사장. 예르샬라임은 이제 1개 보병대를 보는 걸로 끝나지 않을 거요. 절대로! 도시 성벽 아래로 풀 미나타 군단이 모두 집결하고, 아랍 기마대가 도착할 것이오. 당신은 쓰라린 울음과 신음 소리를 듣게 되겠지! 그때야말로 당신이 살려 준 바르—라반을 떠올리고 평화를 설교하던 철학자를 죽음으로 몬 것을 후회하게 될 거요!"

제사장의 얼굴이 온통 붉어지고 두 눈은 활활 타올랐다. 그는 총독이 그랬던 것처럼 이를 드러내며 미소를 짓고는 말했다.

"총독, 지금 하는 말을 정말로 믿으십니까?

아니, 그렇지 않을 겁니다! 평화가 아니지요. 민중을 현혹하는 그자가 우리 예르샬라임에 가져온 건 절대로 평화가 아닙니다. 황금 창의 기사인 당신이야말로 그 점을 잘 알고 계시겠지요. 당신이 그를 풀어주고 싶어하는 이유는 그가 민중을 선동하고 신앙을 모독하여 유대 민족을 로마의 검 아래 바치도록 하기 위함이 아닙니까! 하지만 유대 제사장인 내가 살아 있는 한 신앙을 욕보이도록 놔두지 않을 것이며 우리 민족을 보호할 겁니다! 빌라도, 저 소리가 들리시오?" 카이파는 위협적으로 한 손을 쳐들었다. "자, 들어보시오, 총독!"

카이파는 말을 멈추었다. 총독은 다시 헤롯 대왕의 정원을 둘러싼 성벽 바로 아래까지 밀려들어온 파도 소리 같은 웅성거림을 들었다. 웅성거림은 총독의 발치로, 얼굴로 치고 올라왔다. 그리고 등 뒤의 궁전 날개벽 너머로는 불안한 나팔 소리와 수백 명의 무거운 발소리, 쇠붙이가 철거덕거리는 소리가 들려왔다. 로마 보병대가 총독의 명령에 따라 처형에 앞서 폭동 주도자들과 강도들이 두려워하는 처형 전 행진을 시작하려는 것이었다.

"들립니까, 총독?" 제사장이 조용히 다시 물었다. "과연 이 모든 것을." 제사장이 두 손을 들어올리자 검은 두건이 머리에서 흘러내렸다. "그저 도둑에 불과한 바르—라반이 일으켰다고 하시겠소?"

총독은 손등으로 축축하고 차가운 이마를 닦아낸 뒤 바닥을 내려다보았다. 그러고는 눈을 찡그리며 하늘을 바라보았다. 둥근 화염 덩어리가 바로 그의 머리 위에서 이글거렸다. 카이파의 그림자는 사자 꼬리 부근에서 완전히 움츠러들어 있었다. 총독은 조용하고 무심하게 말했다.

"정오가 다 되었군. 우리가 너무 이야기에 빠져 있었던 것 같소. 이제 일을 진행시켜야지요."

총독은 세련된 말로 제사장에게 양해를 구했다. 총독은 마지막으로 남은 짧은 회의를 위해 사람들을 불러 모으고, 사형 집행과 관련된 일을 한 가지 더 처리하고 올 테니 목련나무 그늘 아래 벤치에 앉아 잠시 기다려줄 것을 부탁했다.

카이파는 한 손을 가슴에 대고 정중하게 고개를 숙였다. 빌라도는 그를 정원에 남겨둔 채 발코니로 돌아갔다. 그는 자신을 기다리던 서기관에게 로마 군단장과 보병대 그리고 사령관, 정원 아래쪽 분수가 있는 둥근 정자에서 부름을 기다리는 시네드리온의 두 의원과 성전수비대 대장을 정원으로 데려오도록 명령했다. 빌라도는 자신도 곧 정원으로 나가겠다고 덧붙이고는 궁전 안쪽으로 사라졌다.

서기관이 회의를 소집하는 동안 총독은 검은 휘장으로 태양빛을 가린 어두운 방에서 한 사내를 만났다. 방으로 햇살이 비쳐 들어올 위험이 전혀 없었음에도 그는 두건으로 얼굴을 반쯤 가리고 있었다. 만남은 대단히 짧았다. 총독은 낮은 목소리로 몇 마디 던지자 그는 물러갔다. 총독은 주랑을 지나 정원으로 나갔다.

그가 만나고자 했던 사람들이 모두 모인 자리에서 총독은 예슈아 하―노츠리의 사형 선고를 승인한다고 냉담하게 되풀이했다. 죄인들 중에 누구를 살려주는 게 좋을지, 그는 시네드리온 의원들에게 정식으로 물었다. 바르―라반이라는 대답을 듣고 총독이 말했다.

"좋습니다." 총독은 그 자리에서 시네드리온 의원들의 대답을 서기관에게 기록하도록 했다. 그는 서기관이 모래에서 주워 건네준 버클을 손에 움켜쥔 채 엄숙하게 말했다. "시간이 되었소!"

그 자리에 있던 사람들 모두 널찍한 대리석 계단을 내려가기 시작했다. 계단 옆에는 현기증을 일으킬 것만 같은 향내를 내뿜는 장미 넝쿨이 벽을 만들고 있었다. 사람들은 궁전 벽을 따라 아래로, 아래로 내려갔다. 평평하게 닦인 광장으로 통하는 문쪽을 계속해서 나아갔다. 광장 끝에서는 예르샬라임

마상 경기장의 조각상들과 둥근 기둥들이 보였다.

그들이 정원에서 광장으로 나와 그곳 한가운데 우뚝 선 거대한 석조 연단으로 올라섰을 때 빌라도는 거의 감다시피 한 가늘게 뜬 눈으로 주위를 둘러보며 상황을 살폈다. 지금 막 지나온 곳, 즉 궁전 벽과 연단 사이의 공간은 비어 있었으나 자기 앞에 펼쳐진 광장은 볼 수 없었다. 군중들로 메워져 있었기 때문이다. 세 겹으로 방어선을 치고 있는 왼쪽의 세바스티아 병사들과 오른쪽 이투리아 예비보병대 병사들의 저지가 없었더라면, 군중들은 연단과 텅빈 공간까지 밀고 올라왔을 것이다.

빌라도는 손아귀에 있던 버클을 자신도 모르게 꽉 움켜쥐고 눈을 찌푸린 채 연단으로 올라섰다. 총독은 햇빛에 눈이 부셔서 눈을 찌푸린 게 아니었다. 절대로 그래서가 아니었다! 이제 그에 이어서 사형 선고를 받은 자들이 연단으로 끌어 올려질 게 뻔했다. 빌라도는 왠지 죄수들을 보고 싶지 않았다.

모여든 군중들이 이룬 바다 위로 우뚝 솟은 연단에, 진홍빛 안감을 댄 순백의 망토가 나타났다. 함성의 파도가 밀려와 눈을 가늘게 뜬 빌라도의 귀를 쳤다. '와아─아─아……' 멀리 마상 경기장 근처 어딘가에서 작게 일어난 함성의 파도는 우레처럼 커졌다. 그렇게 몇 초를 넘실거리다 잦아든다. '나를 보았군.' 총독은 생각했다. 함성은 아주 사그라지지 못하고 갑자기 다시 커졌다. 너울거리며 더 높이 치솟는다. 바다의 큰 파도가 물거품을 일으키듯 두 번째 함성 속에 휘파람 소리와 우레가 휘몰아치는 가운데 여기저기서 터져나오는 여자들의 신음을 똑똑히 알아들을 수 있었다. '죄수들을 연단 위로 끌고 온 모양이군…….' 빌라도는 생각했다. '저 소리는 군중들이 앞으로 밀려가면서 짓밟힌 여자들이 내는 비명소리야.'

그는 잠시 기다렸다. 군중들이 그들 안에 쌓아둔 것을 모두 토해 내기 전에는, 어떤 힘으로도 그들을 잠재울 수 없음을 그는 잘 알고 있었다.

그 순간이 다가왔을 때 총독은 오른손을 치켜들어 군중들의 마지막 웅성거림을 말끔히 씻어냈다.

빌라도는 뜨거운 공기를 가슴속에 한껏 들이마시고는 외치기 시작했다. 갈라진 그의 목소리가 수천 명의 머리 위로 울려 퍼졌다.

"황제 카이사르의 이름으로……!"

그러자 쇳소리가 섞인 절도 있는 외침이 몇 번이나 귓가를 내리쳤다. 보병대 병사들이 창과 깃발을 치켜들며 무섭게 고함을 질렀던 것이다.

"카이사르 만세!"

빌라도는 고개를 들어 태양을 똑바로 쳐다보았다. 눈꺼풀 아래로 초록빛 불꽃이 일어나 뇌로 옮겨 붙었다. 쉰 목소리의 아람어 단어들이 군중들 위로 날아올랐다.

"살인과 폭동 교사, 법과 신앙을 모독한 죄로 예르샬라임에서 체포된 네 명의 죄인들에게 기둥에 매달리는 치욕스러운 형벌이 선고되었다! 골고타 언덕에서 형이 집행될 것이다! 죄인들의 이름은 디스마스, 게스타스, 바르−라반, 하−노츠리다. 그들이 여기 너희 앞에 있다!"

빌라도는 손으로 오른쪽을 가리켰다. 그는 죄인들을 쳐다보지 않았지만 그들이 있어야 할 자리에 있음을 알고 있었다.

군중들은 놀람인지 안도감인지 모를 긴 웅성거림으로 답했다. 그들이 다시 조용해지자 빌라도는 말을 계속했다.

"그러나 처형되는 자는 세 명뿐이다. 법과 관습에 따라 유월절을 기념하며 소 시네드리온이 선택하고 로마 정부가 승인한 한 죄인에게는 관대하신 카이사르께서 그 비천한 목숨을 돌려주실 것이다!"

빌라도가 그렇게 외치자 웅성거림이 잦아들고 그 자리에 거대한 침묵이 찾아들었다. 이제 한숨 소리도, 작은 속삭임 하나도 귓가에 들려오지 않았다. 주위의 모든 것들이 사라져버린 듯한 순간이 찾아왔다. 증오스런 도시는 죽고 오직 빌라도 혼자만이 내리쬐는 뙤약볕에 뜨겁게 달아오른 채 고개를 하늘로 치켜들고 서 있다. 빌라도는 정적을 좀더 붙잡고 있었다. 그러고는 다시 외치기 시작했다.

"이제 너희 앞에 자유를 되찾을 자의 이름은……"

그는 이름을 부르기 전에 한 번 더 말을 멈추고 필요한 사안을 모두 말했는지 생각해 보았다. 그 행운의 이름을 부르면 죽어버린 도시가 되살아나고, 앞으로 어떤 말도 들리지 않게 되리라는 것을 알고 있었기 때문이다.

'다 끝난 건가?' 빌라도는 소리를 내지 않은 채 자신에게 속삭였다. '그래, 이게 다. 이제 이름을!'

숨죽인 도시로 '르' 소리를 길게 울리며 외쳤다.

"바르—라반!"

그때 머리 위에서 굉음과 함께 태양이 폭발하며 그의 귓속으로 불꽃을 쏟아붓는 듯했다. 그 불길 속에는 울부짖음과 고함, 비명, 웃음소리와 휘파람 소리가 미친 듯이 날뛰었다.

빌라도는 몸을 돌려 층계가 있는 단상 뒤쪽으로 걸어갔다. 그는 발을 헛디디지 않기 위해 발아래 바둑판 모양으로 깔아놓은 색색의 돌 말고는 아무것도 보지 않았다. 지금 등 뒤에서 동전과 야자열매들이 우박처럼 연단으로 날아들고 으르렁대는 군중들은 서로 밀치며 어떻게든 자기 눈으로 기적을 보기 위해 앞사람의 어깨 위로 기어오르고 있음을 그는 알고 있었다. 그들은 죽음의 손아귀에서 벗어난 자를 보고 싶어했다! 로마 병사들이 밧줄을 풀어주면서 심문을 받는 동안 비틀린 팔에 본의 아니게 끔찍한 고통을 일으키는 것을, 죄수가 얼굴을 찡그리고 신음하면서도 아무 의미 없는 미치광이 웃음을 흘리는 모습을 보고 싶어했다.

또한 빌라도는 알고 있었다. 호위대가 두 팔이 묶여 있는 죄수 셋을 옆쪽 계단으로 데려가고 있음을. 그들은 도시 밖 서쪽의 골고타 언덕으로 통하는 길에 들어서게 되리라. 빌라도는 단상 끝에 이르러 이제 안전하다, 이곳에서는 사형수들을 볼 수 없다, 깨닫고 나서야 눈을 떴다.

잦아들기 시작한 군중들의 신음소리에 포고자들의 날카로운 고함 소리가 섞여 들려왔다. 몇몇은 아람어로, 다른 몇몇은 그리스어로 총독이 연단에서 외쳤던 말들을 되풀이했다. 멀리서 빠르게 다가오는 기마대의 말발굽 소리와 짧고 즐겁게 터지는 나팔소리가 귓가에 울려퍼졌다. 그리고 장터에서 마상경기장 광장으로 이어지는 거리의 건물들 지붕에서 귀청을 찢는 듯한 소년들의 휘파람 소리와 '길을 비켜라!' 외치는 목소리가 들렸다.

사람들이 들어오지 못하게 비워둔 광장 한쪽에 작은 깃발을 들고 혼자 서 있던 병사가 불안하게 깃발을 흔들어댔다. 총독과 로마군단장, 서기관, 호위대가 멈춰섰다.

기병대는 점점 더 속도를 높이면서 광장으로 달려 나갔다. 무리 지은 군중들을 피해 광장을 가로지른 그들은 포도넝쿨이 우거진 돌담 아래 골목길을 따라 최대한 빨리 골고타 언덕으로 달려가고 있었다.

소년처럼 작고 혼혈처럼 피부가 검은 시리아인 기병대 사령관이 질주해

들어왔다. 빌라도 가까이 다가온 그는 뭐라고 날카롭게 소리를 지르며 칼집에서 칼을 뽑아 들었다. 땀에 흠뻑 젖은 사나운 그의 검은 말이 갑자기 뒷걸음질을 치며 앞발을 치켜 올렸다. 사령관은 칼을 칼집에 찔러 넣고, 채찍으로 말의 목을 내리쳐 발걸음을 고른 뒤 전속력으로 골목을 내달렸다. 기병들이 그 뒤를 따라 삼열 종대로 먼지 구름 속을 달려 나갔다. 대나무로 만든 가벼운 창끝이 뛰놀았으며, 흰 터번 아래 더욱 검어 보이는 얼굴들이 유쾌하게 번쩍이는 이를 드러내며 총독 옆을 지나쳐 갔다.

기병대는 하늘 높이 먼지 구름을 일으키며 골목으로 달려 들어갔고, 마지막으로 병사 하나가 태양빛에 반짝이는 나팔을 등에 메고 빌라도 앞을 지나갔다.

빌라도는 손으로 먼지를 가리고는 자신도 모르게 얼굴을 찡그리면서 궁전 정원의 문으로 계속 걸어갔다. 그를 따라 군단장과 서기관 그리고 호위대도 움직였다.

그때가 오전 열 시 즈음이었다.

제3장
일곱 번째 증거

"예. 그때가 아침 열 시쯤이었습니다, 존경하는 이반 니콜라예비치." 교수가 말했다.

시인은 막 잠에서 깨어난 사람처럼 얼굴을 손으로 문질렀다. 파트리아르흐 호수는 이미 저녁이 되어 있었다.

연못은 검게 물들고 그 위로 미끄러지듯 작은 배 하나가 떠다녔다. 노가 찰싹거리는 소리 그리고 작은 배에 탄 여인의 낮은 웃음소리가 들려왔다. 가로수 길 벤치에 사람들 모습이 보였다. 하지만 이 모든 것은 우리 세 친구들이 이야기를 나누고 있는 사각형 모양으로 이어진 거리가 아닌, 다른 세 면에서 일어나는 일들이었다.

모스크바의 하늘은 마치 색이 바랜 듯했고, 높이 떠오른 보름달은 뚜렷하게 그 모습을 드러내고 있었다. 하지만 아직은 황금빛이 아닌 흰빛이었다. 숨 쉬기가 훨씬 편해졌고 보리수 아래에서 울리는 목소리도 저녁 공기 속에서 훨씬 부드럽게 들려왔다.

'뭐야, 지금까지 저자가 다 떠들어댄 거였어? 내가 왜 그걸 눈치채지 못했지? 벌써 저녁이 다 됐잖아! 혹시 저자가 이야기한 게 아니라, 내가 깜빡 잠들어서, 꿈을 꾼 건 아닐까?' 베즈돔니가 놀라며 생각했다.

하지만 교수가 이야기한 것이라 생각해야 했다. 그렇지 않으면 베를리오즈도 같은 꿈을 꾸었다고 해야 할 테니까. 베를리오즈는 외국인 얼굴을 주의 깊게 살피면서 말했다.

"당신 이야기는 정말 흥미롭군요, 교수님. 복음서 이야기와는 전혀 다르지만 말입니다."

"이런," 교수는 짐짓 겸손한 웃음을 지으며 말했다. "다른 사람이라면 몰라도 당신은 알고 계실 줄 알았는데. 복음서에 적힌 것 중 실제 일어난 일은 단 하나도 없습니다. 그러니 우리가 복음서를 역사적 근거로 인용하고자 한다면……." 교수는 다시 빙긋 웃어 보였지만 베를리오즈는 말문이 막혀버렸다. 그의 말은 브론나야 거리를 따라 파트리아르흐 연못으로 오며 자신이 베즈돔니에게 했던 말과 토씨 하나 다르지 않았기 때문이다.

"그야 그렇지요." 베를리오즈가 대답했다. "하지만 당신이 지금 한 이야기도, 그게 실제로 일어났다는 것을 증명할 수 있는 사람은 없지 않을까 싶은데요."

"오, 그렇지 않습니다! 증명할 수 있는 사람이 있습니다!" 정확하지 않은 발음으로 시작된 교수의 말은 확신으로 가득 차 있었다. 그리고 그는 갑자기 무슨 비밀 이야기라도 하려는 듯 그들에게 자기 쪽으로 가까이 오라고 손짓했다.

두 사람은 양 옆에서 몸을 구부리고 얼굴을 가까이 가져가 그의 말에 귀 기울였다. 교수는 이야기를 시작했지만 어쩐 일인지 나왔다 들어갔다 하는 그의 외국식 발음은 완전히 사라져 있었다.

"사실은……." 교수는 겁에 질린 듯 주위를 둘러보고 속삭이기 시작했다. "제가 전부 목격했습니다. 본디오 빌라도가 있던 발코니에도 있었고, 그가 카이파와 이야기를 나눌 때도 저는 그 정원에 있었습니다. 물론 단상에도 있었지요. 하지만 아무도 모르게, 말하자면 인코그니토로 갔던 거지요. 그러니까 이 이야긴 절대 아무에게도 하시면 안 됩니다. 극비사항이니까요……! 쉿!"

순간 침묵이 흘렀고 베를리오즈의 얼굴은 창백해졌다.

"당신은…… 그러니까 모스크바에 온 지 얼마나 되셨습니까?" 베를리오즈가 떨리는 목소리로 물었다.

"전 지금 막 도착했습니다." 반쯤 정신이 나간 표정으로 교수가 대답했고 그제야 두 사람은 교수의 눈을 제대로 보아야겠다는 생각이 들었다. 그리고 그의 초록빛 왼쪽 눈은 완전히 광기에 차 있고, 오른쪽 눈은 공허하고 검게 죽어 있음을 확인할 수 있었다.

'이제야 전부 알겠군!' 베를리오즈는 머릿속이 온통 뒤죽박죽이 된 채로 생각했다. '독일에서 미치광이가 하나 온 거야. 아니면 파트리아르흐에 와서 미쳤거나. 정말 큰일이군!'

그렇다. 이제 모든 것이 분명해졌다. 이미 고인이 된 철학자 칸트와의 말도 안 되는 아침 식사도, 해바라기씨 기름과 안누시카에 대한 황당한 이야기도, 머리가 잘릴 것이라는 예언도. 이것 말고 다른 모든 이야기들까지도. 교수는 미친 것이다.

베를리오즈는 이제 어떻게 해야 할지를 생각했다. 그는 벤치 등받이 쪽으로 몸을 젖히고, 교수의 등 뒤에서 베즈돔니에게 눈짓을 했다. '가만 있어. 저 사람 말에 반박하지 말게.' 하지만 흥분한 시인은 그의 눈짓을 이해하지 못했다.

"그렇습니다. 예, 그렇지요." 베를리오즈는 흥분을 억누르지 못한 목소리로 말했다. "하긴, 그러고 보니 모두 가능한 얘기군요……! 다 있을 수 있는 얘기들입니다. 본디오 빌라도도, 발코니도, 다른 얘기들도 모두…… 그런데 교수님은 모스크바에 혼자 오셨습니까? 아니면 아내분과 함께?"

"혼자 왔습니다. 혼자, 난 언제나 혼자입니다." 교수가 씁쓸한 표정으로 대답했다.

"그럼 짐은 어디에 두셨나요, 교수님?" 베를리오즈가 아첨 섞인 목소리로 물었다. "메트로폴? 어디에 묵고 계십니까?"

"저 말입니까? 아무 데도 안 묵어요." 미치광이 독일인이 우울하고 광기 어린 초록색 눈으로 파트리아르흐 연못을 둘러보았다.

"뭐라고요? 그렇다면…… 어디서 지내실 생각이시죠?"

"당신 아파트에서요." 미치광이가 난데없이 뻔뻔스럽게 대답하고 한쪽 눈을 찡긋했다.

"저는…… 저로서는 정말 기쁜 일이지만……." 베를리오즈가 더듬거렸다. "하지만, 그게, 저희 집은 지내기가 아무래도 좀 불편하실 텐데…… 메트로폴에 좋은 방들이 있지 않습니까. 그곳은 일급 호텔이니까요……."

"그럼 악마도 없습니까?" 환자가 갑자기 이반 니콜라예비치에게 재미있다는 듯 물었다.

"악마도 물론……."

"대꾸하지 마!" 베를리오즈는 교수의 등 뒤에서 몸을 젖히고 잔뜩 찌푸린 얼굴로 입술만 움직이며 속삭였다.

"악마 같은 건 없습니다!" 정신 나간 이야기에 이성을 잃은 이반 니콜라예비치는 엉겁결에 해서는 안 될 말을 입 밖에 내고 말았다. "이런 빌어먹을! 정신 나간 소리 좀 그만 하시오!"

미치광이가 갑자기 크게 웃어대자 머리 위 보리수에 앉아 있던 참새가 푸드득 날아가 버렸다.

"이거 정말 재미있는데요." 온몸을 들썩이고 웃으며 교수가 말했다. "당신은 무슨 말을 하든, 그런 건 절대로 없다고 하시는군요!" 갑자기 웃음을 멈춘 그는, 정신병에 자주 보이는 증상, 기분이 정반대로 돌변하는 증상을 보였다. 그는 불쾌한 듯 화를 내며 소리쳤다. "그렇다면 악마 같은 건 존재하지 않는다는 겁니까?"

"진정하십시오, 교수님. 진정하세요. 진정하세요." 베를리오즈는 혹시라도 정신병자를 흥분시키게 될까 걱정하면서 작은 소리로 말했다. "여기서 잠시 베즈돔니와 앉아 계십시오. 제가 얼른 가서 전화를 하고 오겠습니다. 그런 다음에 저희가 교수님을 원하시는 곳으로 모시겠습니다. 교수님은 이곳 지리도 잘 모르시니까⋯⋯."

베를리오즈의 계획이 상식적으로 옳다는 사실을 인정해주어야 한다. 가장 가까운 공중전화로 달려가, 외국에서 온 자문위원이라는 자가, 분명 비정상적인 상태로 파트리아르흐 연못가에 앉아 있다는 사실을 외국인 관리국에 보고해야 했다. 다시 말해서, 어떻게든 조치를 취해야 했다. 그러지 않으면 뭔가 좋지 않은 일이 일어날 수 있다.

"전화요? 정 그러시다면 전화하십시오." 환자는 서글프게 동의하더니 갑자기 다시 흥분을 하며 부탁했다. "하지만 헤어지기 전에 다시 한 번 부탁드리겠습니다. 제발 악마가 존재한다는 것만은 믿어주십시오! 그 이상은 바라지 않겠습니다. 일곱 번째 증거는 바로 거기에 있다는 것을, 그리고 그게 가장 믿을 만한 증거라는 걸 아셔야 합니다! 이제 곧 당신 앞에 그 증거가 드러나게 될 겁니다."

"좋습니다, 좋아요." 베를리오즈는 짐짓 상냥한 척하며 말했다. 그리고 그 미치광이 독일인을 지키고 있어야 한다는 생각에 웃지도 못하고 낙담해 있는 시인에게 눈짓을 하고는, 브론나야와 예르몰 라옙스키 골목의 교차로에 있는 파트리아르흐 입구로 달려갔다.

그 순간 교수는 갑자기 병이 다 나아 정신이 돌아온 것처럼 보였다.

"미하일 알렉산드로비치!" 교수가 베를리오즈 뒤에 대고 소리쳤다.

베를리오즈는 흠칫하며 돌아보았다. 하지만 자신의 이름 정도는 신문을 통해 충분히 알 수 있으리라는 생각에 마음을 가라앉혔다. 그 순간 교수가 두 손을 나팔 모양으로 모아 입에 대고 소리쳤다.

"지금 당장 키예프에 있는 당신 고모부님께 전보를 칠까요?"

베를리오즈의 얼굴이 다시 일그러졌다. 대체 저 미치광이가 키예프에 고모부가 있다는 걸 어떻게 알았지? 분명히 그에 관해서는 어떤 신문에도 실리지 않았을 텐데. 어, 그렇다면 설마 베즈돔니 말이 맞는 게 아닐까? 그렇다면 그 서류들은 다 위조한 것이었단 말인가? 아, 정말 도무지 알 수 없는 인물이다…… 전화를 해야 해, 전화를! 지금 당장 전화를 해야 한다! 그럼 바로 정체가 드러날 거야!

베를리오즈는 더 이상 아무 말도 듣지 않고 계속 달렸다.

그리고 바로 그때 브론나야로 이어지는 출구 바로 앞 벤치에서 한 시민이 편집장을 보고 일어섰다. 그는 태양이 아직 남아 있던 오후의 후덥지근한 공기가 빚어낸 바로 그 남자였다. 다만 지금 그는 공기가 아닌 평범한 몸뚱이를 가지고 있었다. 베를리오즈는 어스름 속에서도 닭털 같은 그의 콧수염과 반쯤 취해 빈정거리는 듯한 작은 눈, 지저분한 흰 양말이 보일 만큼 치켜 올라간 체크무늬 바지까지 똑똑히 알아볼 수 있었다.

미하일 알렉산드로비치는 엉겁결에 몇 걸음 뒤로 물러섰다. 하지만 이건 말도 안 되는 우연의 일치일 뿐이며, 지금은 이런 일에 신경쓸 겨를이 없다는 생각으로 마음을 진정시켰다.

"회전문을 찾으십니까?" 체크무늬의 괴짜가 갈라지는 테너 음성으로 물었다. "이쪽입니다! 이쪽으로 곧장 가시면 됩니다. 길을 알려드렸으니…… 이 전직 성가대 지휘자의 갱생을 위해…… 술 한 잔만 할 수 있게 도와주십시오!" 그 괴상한 인물은 얼굴을 찡그리며 손을 번쩍 들어 쓰고 있던 승마 모자를 벗었다.

베를리오즈는 전직 지휘자의 구걸이나 쓸데없는 조언은 들은 체도 않고 달려가 회전문을 밀었다. 그리고 레일 위로 발을 내디디려는 순간, 붉은빛과 흰빛이 그의 얼굴에 번쩍였다. '전차 주의!' 유리표시판에 불이 들어온 것이다.

그 순간 예르몰라옙스키 골목에서 브론나야 거리에 새로 놓인 선로를 따라 전차가 쏜살같이 달려왔다. 굽은 선로를 돌아 마침내 정면으로 모습을 드러낸 전차는 갑자기 실내등을 환하게 켜고 경적을 울리며 전속력으로 달려왔다.

　조심성이 많은 베를리오즈는 안전한 곳에 서 있었지만, 아예 회전문 뒤로 물러서야겠다는 생각에 손을 다시 가로대에 올리더니, 한 발자국 뒤로 물러섰다. 그런데 바로 그때 손이 미끄러지며 균형을 잃은 그는 마치 빙판 위에 서처럼 선로로 난 경사진 자갈길로 한쪽 발이 제멋대로 미끄러지더니 다른 쪽 발은 공중으로 솟구쳤다. 베를리오즈는 레일 위로 던져졌다.

　베를리오즈는 무엇이든 붙잡으려고 버둥거리면서 위를 향한 채 나자빠졌고 자갈 더미에 뒤통수를 살짝 부딪쳤다. 그 순간 하늘 높이 황금빛으로 물든 달이 보였다. 하지만 달이 오른쪽에 있는지 왼쪽에 있는지는 이미 분간할 수 없었다. 그는 몸을 돌려 다리를 배 쪽으로 재빨리 끌어 당겼다. 그리고 고개를 돌려 자신을 향해 무서운 속도로 달려오는 여자 운전사의 하얗게 질린 얼굴과 그녀의 빨간 완장을 보았다. 베를리오즈는 비명을 지르지 않았지만, 그를 둘러싸고 있던 거리에는 절망으로 가득 찬 여자들의 비명 소리가 울려 퍼졌다. 여자 운전사가 힘껏 제동기를 잡아당기며 전차를 급히 세우자 전차가 순간적으로 튀어 올랐고, 차창 유리들이 와장창 소리를 내며 사방으로 흩어졌다. 바로 그때 베를리오즈의 머릿속에서 누군가 절망적으로 소리를 질렀다. '어떻게 이럴 수가…….' 그리고 다시 한 번, 마지막으로 빛이 반짝였다. 하지만 달빛은 이미 조각조각 흩어졌고 잠시 뒤 완전히 캄캄해졌다.

　전차가 베를리오즈를 덮쳤고, 파트리아르흐 가로수 길 담장 아래 경사진 자갈 더미 위로 검고 둥근 물체가 내던져졌다. 물체는 경사면을 굴러 브론나야의 자갈 더미 위로 다시 굴러갔다.

　그것은 잘려나간 베를리오즈의 머리였다.

제4장
추격

공포에 질린 여자들 비명 소리가 잦아들고 귀청을 찢는 듯한 경찰의 호루라기 소리도 잠잠해졌으며 구급차 두 대가 다녀갔다. 한 대는 머리 없는 몸과 떨어진 머리를 싣고 시체안치소로 갔고, 다른 한 대는 유리 파편에 다친 미모의 여자 운전사를 싣고 갔다. 흰 앞치마를 두른 청소부들이 유리 조각을 치우고, 모래로 피 웅덩이를 덮었다. 하지만 이반 니콜라예비치는 회전문까지 가지도 못하고 벤치에 주저앉아 꼼짝도 할 수 없었다.

그는 몇 번이나 일어서려 했지만 다리가 말을 듣지 않았다. 온 몸이 마비된 것 같았다.

시인은 첫 번째 비명 소리가 들리자마자 회전문으로 뛰어갔고, 인도 위로 굴러 떨어지는 머리를 보았다. 그 광경에 정신이 아득해진 시인은 벤치에 주저앉아 피가 맺힐 정도로 자기 팔을 깨물었다. 미친 독일인 따위는 잊어버린 채 한 가지만을 이해해 보고자 했다. 어떻게 이런 일이 벌어질 수 있는가, 조금 전까지만 해도 베를리오즈와 이야기를 하고 있었는데, 불과 몇 분 사이에 머리가……

흥분한 사람들이 가로수 길을 따라 뭐라고 소리치며 시인 옆을 지나갔지만, 이반 니콜라예비치에게는 그들 말이 들리지 않았다.

그러다 난데없이 그의 옆에 두 여인이 나타났다. 코가 오뚝하고 머리에 아무것도 쓰지 않은 여자는 시인의 귓가에 대고 말하듯 다른 여자에게 외쳤다.

"안누시카, 역시 우리 안누시카였어! 사도바야에서 나오다가! 이게 다 그 여자 짓이라니까! 식료품점에서 1리터들이 해바라기씨 기름을 사 가지고 가다가 회전문에 부딪혀서 깨뜨린 거야! 치마가 기름투성이가 됐다고…… 얼마나 투덜대던지! 아까 그 불쌍한 남자는 분명히 거기서 미끄러져 선로 위로 떨어졌을 거야……"

시끄럽게 떠들어대는 여자의 말 중 한 단어가 이반 니콜라예비치의 혼란스러운 머릿속에 꽂혀 들었다. '안누시카…….'

"안누시카…… 안누시카……?" 시인은 불안하게 주위를 둘러보며 중얼거렸다. "잠깐, 잠깐만……."

'안누시카'라는 단어는 '해바라기씨 기름'이라는 단어와 연결되었고 그 다음은 무엇 때문인지 '본디오 빌라도'로 이어졌다. 시인은 빌라도를 제쳐두고 안누시카에서부터 연결고리를 찾기 시작했다. 그러자 그 고리는 아주 빠르게 연결되었고, 그것은 바로 미치광이 교수에게로 이어졌다.

이럴 수가! 그래, 안누시카가 기름을 쏟아서 회의는 열리지 않을 거라고, 그자가 말했어. 오, 세상에, 이제 회의는 열리지 않을 거야! 그뿐이 아니야. 그는 분명히 여자가 베를리오즈의 목을 자르게 될 거라고 말했어! 그래, 맞아, 맞아! 운전사가 여자였어! 그런데 대체 어떻게?

그 비밀스러운 자문위원이 베를리오즈의 끔찍한 죽음을 미리 정확하게 알고 있었다는 것은 조금도 의심할 여지가 없었다. 이때 두 가지 생각이 시인의 머리를 스쳤다. '그는 절대 미친 사람이 아니다! 왜 그런 바보 같은 생각을 했을까!' 다른 하나는 '그렇다면 그자가 모든 일을 뒤에서 조종한 건 아닐까?' 하는 것이었다.

하지만 어떻게 그럴 수가 있단 말인가?

"아니야, 아니야! 분명히 뭔가 있어!"

이반 니콜라예비치는 있는 힘을 다해 벤치에서 일어나 교수와 이야기를 나누던 곳으로 달려갔다. 다행히 그는 아직 떠나지 않고 그 자리에 있었다.

브론나야 거리에는 벌써 가로등이 켜지고, 파트리아르흐 위로 황금빛 달이 빛나고 있었다. 늘 그렇듯이, 속임수를 감추고 있는 듯한 달빛 속에서 그 교수는 지팡이가 아닌 장검을 겨드랑이에 끼고 있는 것처럼 보였다.

조금 전까지만 해도 이반 니콜라예비치가 앉아 있던 자리에는 교활한 성가대 지휘자였던 것 같은 남자가 앉아 있었다. 그는 한쪽 알이 없고, 나머지 한쪽은 금이 가서 아무짝에도 쓸모없어 보이는 코안경을 코에 걸치고 있었다. 그리고 그 코안경 때문에 체크무늬 남자는 베를리오즈에게 선로로 난 길을 가르쳐주던 때보다 더 혐오스럽게 보였다.

이반은 가슴 한편이 서늘해지는 것을 느끼면서 교수에게 다가갔다. 그리

고 그의 얼굴을 뚫어져라 바라보았지만, 이전에도 지금도 그에게 어떤 정신
착란의 증상도 없음을 확신할 수 있었다.

"자, 이제 다 털어놓으시오. 당신 대체 누구요?" 이반이 숨죽인 소리로
물었다.

외국인은 미간을 찌푸리며, 마치 시인을 처음 보는 것처럼 쳐다보고는 기
분이 상한 듯 대답했다.

"모릅니다…… 러시아 말은……."

"이분은 러시아 말을 모르십니다!" 성가대 지휘자가 벤치에서 일어나 끼
어들었다. 누가 외국인의 말을 통역해달라고 부탁한 것도 아닌데 말이다.

"수작 부리지 마!" 이반은 위협하듯 말했다. 그는 명치끝이 차가워지는
걸 느꼈다. "조금 전까지만 해도 러시아어를 아주 잘했잖아. 당신은 독일인
도, 교수도 아니야! 이 살인자! 스파이! 신분증을 보여!" 이반이 사납게
소리쳤다.

수수께끼의 교수는 혐오스럽다는 듯, 안 그래도 비뚤어진 입을 비쭉이며
어깨를 움츠렸다.

"당신!" 역겨운 성가대 지휘자가 다시 끼어들었다. "왜 그렇게 외국인 여
행객을 귀찮게 하는 겁니까? 자꾸 그러시면 엄중한 처벌이 내려질 겁니다!"
그러는 사이 수상쩍은 교수는 오만한 얼굴로 몸을 돌려 이반에게서 멀어져
갔다.

순간 이반은 눈앞이 아득해짐을 느꼈다. 그는 가쁜 숨을 몰아쉬며 성가대
지휘자에게 말했다.

"이보시오, 범인을 붙잡게 도와주시오! 당신은 그럴 의무가 있소!"

그러자 성가대 지휘자는 필요 이상으로 생기를 띠며 벌떡 일어나 소리쳤
다.

"범인이라고요? 어디 있습니까? 외국인 범죄자인가요?" 성가대 지휘자의
작은 눈이 재미있다는 듯 이리저리 움직였다. "저 사람인가요? 저자가 범인
이라면, 먼저 '사람 살려!' 소리를 질러야 합니다. 안 그러면 도망쳐 버릴 겁
니다. 자, 같이 한번 해봅시다! 하나, 둘, 셋!" 성가대 지휘자는 입을 크게
벌렸다.

당황한 이반은 허풍쟁이 성가대 지휘자의 말에 따라 소리를 질렀다. "사

람 살려!" 하지만 성가대 지휘자는 이반을 부추기기만 했을 뿐 자신은 아무 소리도 내지 않았다.

이반의 목 쉰 외침은 그리 좋은 결과를 가져다주지 않았다. 옆을 지나가던 젊은 두 여자가 그에게서 멀찌감치 비켜섰고, "취했나 봐!" 말하는 소리가 들려왔다.

"당신, 저자하고 한 패지?" 있는 대로 화가 난 이반이 소리를 질렀다. "지금 날 갖고 장난치는 거야? 저리 비켜!"

이반이 오른쪽으로 달려 나가려 하자, 성가대 지휘자도 오른쪽으로 움직였다. 그리고 이반이 왼쪽으로 움직이자 그 파렴치한도 왼쪽으로 몸을 돌렸다.

"날 방해할 셈인가?" 이반은 야수처럼 고함을 쳤다. "네 놈도 경찰에 넘겨버릴 테다!"

이반은 그 비열한의 소매를 붙잡으려 했으나 허공을 허우적대기만 할 뿐, 아무것도 잡지 못했다. 그는 땅속으로 꺼져버린 것처럼 사라져버렸다.

'아' 짧게 외친 이반이 먼 곳을 쳐다보자 정체를 알 수 없는 그 가증스러운 교수가 보였다. 그는 벌써 파트리아르흐 골목으로 나가는 출구 앞에 서있었다. 게다가 그는 혼자가 아니었다. 수상하기 짝이 없는 성가대 지휘자가 함께 있었다. 뿐만 아니라 어디서 나타났는지, 돼지 같이 커다란 몸집에, 숯 또는 까마귀처럼 시커멓고, 용맹한 기병대 병사처럼 콧수염을 기른 고양이가 세 번째로 합류해 있었다. 셋은 파트리아르흐 골목으로 들어서고 있었으며, 고양이는 뒷다리로 서서 걸어가고 있었다.

이반은 악당들 뒤를 쫓았다. 하지만 그들을 도무지 따라잡을 수 없을 것 같았다.

셋은 순식간에 골목을 벗어나 어느새 스피리도놉카에 들어섰다. 이반이 아무리 빨리 걸어도 악당들과의 거리는 조금도 좁혀지지 않았다. 시인은 어느새 한적한 스피리도놉카를 지나 니키츠키예 보로타에 이르렀고 상황은 더욱 나빠졌다. 그곳은 이미 사람들로 온통 붐비고 있었고, 이반은 지나가던 사람들과 부딪혀 욕을 먹었다. 그뿐 아니라 악당 패거리는 강도들이 즐겨 쓰는 수법에 따라 뿔뿔이 흩어져 도망치려 하고 있었다.

성가대 지휘자는 아르바트 광장으로 가는 버스에 민첩하게 올라타고는 미꾸라지처럼 빠져나가버렸다. 목표물을 하나 잃은 이반은 온 신경을 고양이에 집중했다. 이 이상한 고양이가 정류장에 서 있던 전동차 맨 앞칸 승강대로 다가가자 여자 승객은 비명을 질렀다. 고양이는 뻔뻔스럽게 여자를 밀쳐내고는 난간에 매달려 환기를 위해 열어놓은 창으로 차장에게 십 코페이카 동전을 내려고 했다.

고양이의 행동에 놀란 이반은 식료품 가게 앞 모퉁이에서 얼어붙은 듯 멈춰섰다. 하지만 잠시 뒤 고양이보다 더 그를 놀라게 한 것은 여차장의 행동이었다. 전차에 오르는 고양이를 보자마자 그녀는 화가 나서 몸서리 치며 소리를 질러댔다.

"고양이는 안 돼! 고양이를 데리고 타면 안 된다니까! 저리 가! 당장 내리지 않으면 경찰을 부를 거야!"

차장이나 승객들을 놀라게 한 것은 사건의 본질이 아니었다. 고양이가 전차를 타려 했다는 건 그렇다 치고, 그 고양이는 차비까지 내려 하지 않았는가!

그 고양이는 차비를 낼 수 있을 뿐만 아니라, 규칙을 잘 지키도록 교육받은 동물임이 분명했다. 차장의 호통에 고양이는 승강대에서 내려 십 코페이카 동전으로 수염을 문지르며 정류장의자에 앉았다. 고양이는 비록 전차에서 쫓겨나긴 했지만 차장이 줄을 잡아당기고 전차가 움직이기 시작하자, 꼭 전차를 타야 하는 사람이라면 누구나 할 법한 행동을 했다. 객차 세 량이 모두 지나갈 때까지 기다렸다가 마지막 연결판 위로 뛰어올라 관처럼 튀어나온 부분을 발바닥으로 꽉 붙잡았고, 그렇게 십 코페이카를 절약한 채 떠나가버렸다.

뻔뻔스러운 고양이에게 정신이 팔려서 이반은 하마터면 가장 중요한 인물, 교수를 놓칠 뻔했다. 하지만 다행히 교수는 아직 완전히 모습을 감추지 못하고 있었다. 이반은 볼샤야 니키츠카야, 또는 게르첸 거리라고 부르는 거리 입구에서 군중 속에 섞여 있는 회색 베레모를 발견했다. 그리고 눈 깜짝할 사이에 이반도 그곳에 가 있었다. 하지만 이번에도 교수를 붙잡지는 못했다. 시인은 행인들을 밀치며 거의 뛰다시피 쫓아갔지만, 단 일 센티미터도 교수에게 다가갈 수 없었다.

혼란에 빠진 이반을 더욱 놀라게 한 것은 추격 속도가 초자연적으로 빠르다는 것이었다. 니키츠키예 보로타를 지난 지 이십 초도 지나지 않아, 이반 니콜라예비치는 벌써 아르바트 광장의 불빛들에 눈이 멀 지경이었다. 몇 초가 더 지나자, 경사진 보도가 깔린 어두컴컴한 골목길이 나왔고, 이반 니콜라예비치는 넘어져 무릎을 다치고 말았다. 그리고 다시 불빛이 환한 크로폿킨 거리의 대로변 그다음엔 골목길, 그다음엔 오스토젠카, 그리고 다시 음침하고 지저분하며 조명이 거의 없는 골목에 들어섰다. 바로 그곳에서 이반 니콜라예비치는 그토록 쫓던 인물을 결국 놓치고 말았다. 교수가 사라져버린 것이다.

이반 니콜라예비치는 당황했다. 하지만 이내 정신을 차렸다. 교수는 반드시 13번지에 나타나게 되어 있으며, 분명 47호 아파트에 있으리라는 예감이 들었기 때문이었다.

출구로 들어간 이반 니콜라예비치는 바로 2층으로 뛰어올라가 47호를 찾았고, 다급하게 초인종을 눌러댔다. 잠시 뒤 다섯 살쯤 된 여자아이가 문을 열어주더니 아무것도 묻지 않은 채 어디론가 사라졌다.

시커멓게 먼지가 낀 높은 천장 아래로, 작은 탄소 전구가 넓은 현관을 비추고 있었다. 현관은 오랫동안 치우지 않은 채, 완전히 방치된 상태였다. 벽에는 바퀴 없는 자전거가 매달려 있고, 그 아래에는 뚜껑에 쇠를 씌운 커다란 나무 궤짝이 있었으며, 옷걸이 위 선반에는 귀덮개가 달린 겨울 털모자가 놓여 있었는데 기다란 귀덮개는 선반 아래로 내려와 있었다. 문 뒤에선가 라디오에서 흘러나오는 굵직한 남자 목소리가 화가 난 듯 시구(詩句)를 외치는 게 들려왔다.

이반 니콜라예비치는 그 낯선 상황에도 전혀 당황하지 않고, '분명히 욕실에 숨어 있을 거야' 생각하며 곧장 복도를 따라 걸어갔다. 복도는 어두웠고, 이반은 몇 차례 벽에 부딪히고 나서야 문아래에 희미하게 불빛이 새어나오는 것을 보았다. 손잡이를 더듬어 슬쩍 잡아당기자 딸깍 문고리가 벗겨지면서, 이반은 마침내 욕실로 들어갔다. 이반은 자신이 운이 좋다고 생각했다.

하지만 그건 그가 바라던 운이 아니었다! 축축한 열기에 휩싸인 이반은 연기를 내는 석탄 보일러의 희미한 불빛을 통해 벽에 걸린 커다란 물통들과 에나멜이 벗겨져 시커먼 얼룩투성이가 된 욕조를 볼 수 있었다. 욕조 안에는 나체의 여자가 온몸에 비누칠을 하고, 스펀지를 손에 든 채 서 있었다. 그녀는 근시인 듯 눈을 찡그리며 이반을 쳐다보았고, 지옥 같은 불빛 속에서 이반을 다른 남자로 착각한 듯 작지만 들뜬 목소리로 말했다.

"키류시카! 무슨 짓이에요! 정신 나갔어요?…… 표도르 이바노비치가 곧 돌아올 거예요. 당장 여기서 나가요!" 그리고 이반에게 스펀지를 흔들어댔다.

뭔가 착오가 있는 게 분명했다. 그리고 잘못은 물론 이반 니콜라예비치에게 있었다. 하지만 그는 자신의 잘못을 인정하고 싶지 않았기에 오히려 비난하듯 소리치고 말았다. "방탕한 여자 같으니…… !" 그 순간 어떻게 된 일인지 그는 부엌으로 가 있었다. 부엌에는 아무도 없었고, 침침한 어둠 속에 열 개쯤 되는 불 꺼진 버너가 소리 없이 화덕 위에 놓여 있었다. 오로지 한 줄기 달빛만, 몇 년이나 닦지 않아 잔뜩 먼지가 낀 창으로 새어 들어왔다. 그 빛은 먼지와 거미줄 속에 방치된 채 걸려 있는 성화(聖畵)와 그 뒤로 혼례 양초 두 개가 비어져 나와 있는 한쪽 구석을 희미하게 비추고 있었다. 커다란 성화 아래에는 작은 종이에 그린 성화가 핀에 꽂혀 있었다.

그때 이반이 어떤 생각에 사로잡혔는지는 아무도 모른다. 어쨌든 그는 뒷문으로 도망치기 전에 양초 하나와, 벽에 꽂힌 종이 성화를 떼어 같이 들었다. 그는 초와 성화를 들고 뭔가 중얼거리면서, 조금 전 욕실에서 있었던 일을 생각하니 부끄럽기도 하고, 그 뻔뻔스러운 키류시카란 자는 대체 누구인지, 귀덮개가 달린 흉측한 털모자의 주인이 혹시 그자가 아닌지 생각하며 그 미지의 아파트를 나왔다.

인적 없는 음울한 골목에서 시인은 도망자를 찾아 주위를 둘러보았으나 어디에도 보이지 않았다. 그러자 이반은 확신에 찬 음성으로 스스로에게 말했다.

"그래, 분명히 모스크바 강에 있을 거야! 전진, 앞으로!"

왜 다른 곳도 아닌 모스크바 강에 교수가 있으리라 생각했는지, 이쯤에서 누군가 이반 니콜라예비치에게 이유를 물어봐야 했지만 안타깝게도 물어볼 수 있는 사람은 아무도 없었다. 기분 나쁜 골목은 그야말로 텅 비어 있었다.

얼마 지나지 않아 이반 니콜라예비치는 모스크바 강가에 있는 원형 극장 대리석 계단 위에 서 있었다.

이반은 옷을 벗어 옆에 앉아 있는 수염이 텁수룩하고 인상이 좋은 사내에게 맡겼다. 궐련을 말아 피우는 사내 옆에는 넝마가 된 흰 셔츠와 뒤축이 다 닳아 너덜너덜해진 신발이 놓여 있었다. 이반은 팔을 휘둘러 준비 운동을 한 뒤 제비처럼 두 팔을 벌려 물속으로 뛰어들었다. 물은 숨이 막힐 만큼 차가웠고, 어쩌면 다시 물 위로 올라가지 못할지도 모른다는 생각이 뇌리를 스쳤다. 하지만 이반 니콜라예비치는 물 위로 올라왔고, 겁에 질려 눈을 둥그렇게 뜨고 거칠게 숨을 몰아쉬면서, 강가 가로등 불빛들이 만들어낸 어지러운 무늬 사이로 석유 냄새가 나는 검은 물속을 헤엄치기 시작했다.

잠시 후 물에 젖은 이반이 몸을 떨며 옷을 맡겨둔 사내가 앉아 있던 계단 위로 올라갔다. 하지만 그땐 이미 그의 옷도, 텁석부리 사내도 사라지고 없었다. 옷을 벗어놓았던 자리에는 줄무늬 속바지와 넝마가 된 셔츠, 양초와 성화, 그리고 성냥갑만 남아 있었다. 분풀이할 상대도 없이 잔뜩 화가 난 이반은 멀리 누군가를 향해 주먹질을 해보이고는 남겨진 옷을 입었다.

그때 두 가지 생각이 그를 불안하게 만들었다. 첫 번째는 한시도 마솔리트 회원증 없이 다닌 적이 없었는데 마솔리트 회원증이 사라졌다는 것이다. 두 번째는 이런 꼴로 붙잡히지 않고, 모스크바를 돌아다닐 수 있을까 하는 것이었다. 속바지라도 입었으니…… 사실 누가 어떻게 하고 다니든 무슨 상관이란 말인가. 그래도 괜히 트집을 잡고 놔주지 않을 수도 있다.

이반은 어쩌면 여름 바지처럼 보일 수 있겠다는 생각에 속바지의 복사뼈 옆에 채워져 있던 단추들을 뜯어냈다. 그리고 성화와 양초, 성냥을 집어 들고 그곳을 떠나며 중얼거렸다.

"그리보예도프로 가자! 놈은 분명 거기에 있을 거야."

도시는 이미 저녁의 일상 속으로 들어가 있었다. 철커덕거리는 쇠사슬 소리와 함께 트럭들이 먼지 속을 내달렸고, 트럭 짐칸에 쌓아둔 포대 위에는 남자들이 배를 드러내고 누워 있었다. 창문은 모두 열려 있었고, 창마다 오렌지색 갓을 씌운 램프가 켜져 있었다. 그리고 모든 창과 문들, 쪽문과 지붕, 다락, 지하실, 정원에서 오페라 〈예브게니 오네긴〉*1의 폴로네즈가 거칠게 터져나오고 있었다.

---

*1 푸시킨 소설을 원작으로 1877~1878년에 작곡된 차이코프스키의 오페라 전 3막으로 구성된 이 작품은 '운명'을 주제로 하며 무소륵스키의 '보리스 고두노프'와 함께 러시아에서 가장 인기 있는 오페라로 손꼽힌다.

이반 니콜라예비치의 걱정은 완전히 적중했다. 지나던 사람들은 모두 그를 쳐다보았고, 킥킥거리며 돌아보았다. 그래서 그는 큰길을 포기하고 골목으로만 다니기로 했다. 골목에서는 사람들이 그렇게 집요하지도 않고, 바지로 보이기를 완고하게 거부하는 속바지에 대해 이것저것 캐물으려 맨발의 사내에게 다가올 가능성도 훨씬 적었다.

이반은 즉시 그 결심을 실천에 옮겨, 비밀스러운 그물망처럼 얽혀 있는 아르바트 뒷골목으로 들어섰다. 담벼락에 바짝 붙어 겁에 질린 눈으로 옆을 돌아보거나 수시로 주위를 살피면서, 때로 건물 입구에 몸을 숨기고, 신호등이 있는 교차로와 외교관 저택의 세련된 문을 피해가면서 골목 안으로 더 깊숙이 들어갔다.

그 힘든 길을 가는 내내 어디서고 튀어나오는 오케스트라 선율과 반주에 맞춰 타티야나에 대한 사랑을 노래하는 둔중한 베이스 음성은 왠지 그를 고통스럽게 했다.

제5장
그리보예도프에서 일어난 일

가로수 길에 위치한 오래된 크림색 2층집은 초라한 정원 안쪽 깊숙이 자리 잡고 있었는데 조각 장식이 달린 철제 울타리가 정원과 인도를 갈라놓고 있었다. 집 앞의 작은 뜰에는 아스팔트가 깔려 있었고, 겨울이면 그 위로 삽이 꽂힌 작은 눈 언덕이 만들어졌으며, 여름이면 차양이 드리워진 근사한 야외 레스토랑으로 모습을 바꾸곤 했다.

작가 알렉산드르 세르게예비치 그리보예도프의 숙모가 옛날에 이 집의 주인이었다고 해서 사람들은 이곳을 '그리보예도프의 집'이라 불렀다. 글쎄, 정말로 이곳이 그 숙모의 집이었는지 우리로서는 정확히 알 수가 없다. 그리보예도프한테 그런 숙모가 있다는 말은 듣지 못했던 것 같은데…… 어쨌든 사람들은 그 집을 그렇게 불렀다. 게다가, 모스크바의 한 허풍쟁이는 바로 저 2층, 둥근 기둥이 세워진 원형홀에서 그 유명한 작가 그리보예도프가 소파에 앉아 있는 자신의 숙모에게 《지혜의 슬픔》 한 구절을 읽어주곤 했다며 떠들어대기도 했다. 하긴 누가 알겠는가, 그런 건 악마나 알 수 있는 일이다. 어쩌면 읽어주었는지도 모르지만 그런 건 전혀 중요치 않다!

중요한 것은 비운의 미하일 알렉산드로비치 베를리오즈가 파트리아르흐 호에 나타날 때까지 회장으로 있던 바로 그 마솔리트가 이 집의 소유주라는 것이다.

마솔리트 회원들을 비롯해 그 집을 '그리보예도프의 집'이라 부르는 사람은 없었다. 모두들 그냥 '그리보예도프'라고만 했다. 이를테면, '어제 그리보예도프에서 두 시간이나 앉아 있다 왔지.' '그래서 어떻게 됐나?' '한 달짜리 얄타 휴가를 따냈지.' '대단한데!' '베를리오즈한테 가봐, 오늘 4시부터 5시까지 그리보예도프에 있을 거야.' 뭐 이런 식이었다.

마솔리트는 더할 나위 없이 훌륭하고 안락하게 그리보예프를 차지하고 있어, 그보다 더 좋은 곳은 상상할 수 없을 정도였다. 그리보예도프에는 2층으로 통하는 좁은 벽에 마솔리트 회원들의 단체사진과 개인 사진들이 걸려 있었다. 그리보예도프를 방문하는 사람들은 싫든 좋든 각종 스포츠 모임 안내문들과 함께 그 사진들을 가장 먼저 마주할 수밖에 없었다.

2층 첫 번째 방문에는 '낚시—휴가부서'라 적힌 큼직한 글씨와 함께 낚싯대에 걸린 잉어가 그려진 커다란 팻말이 있다.

2호실 문 앞에는 무슨 뜻인지 잘 이해가 되지 않는 다음과 같은 문구가 적혀 있다. '당일치기 창작여행*¹ 궁금한 사항은 M.V. 포들로지나야에게.'

그 다음 방문 앞에는 짧지만, 도무지 무슨 뜻인지 알 수 없는 팻말이 걸려 있다. '페렐리기노.' 우연히 그리보예도프를 찾은 방문자들은 숙모 집의 호두나무 방문을 꾸미고 있는 팻말들로 어리둥절해질 것이다. '원고용지 신청은 포클랩키나에게' '회계. 단막극 작가 개별 정산 등등' ······.

그리고 아래층 수위실에서 시작되는 긴 줄을 헤치고 나오면, 사람들이 쉴 새 없이 서로 밀치며 들어가고 있는 문앞에 '주거 문의'라는 팻말이 걸려 있는 것을 볼 수 있다.

'주거 문의' 맞은편에는 깎아지른 듯한 절벽을 배경으로 부르카를 입은 기병이 어깨에 소총을 메고 말을 타고 있는 그림이 그려진 화려한 현수막이 펼쳐져 있다. 그 아래쪽에는 종려나무들과 발코니가 그려져 있었는데, 발코니에는 앞머리가 곱실한 젊은 남자가 손에 만년필을 쥐고 생기 있는 눈빛으로 어딘가 높은 곳을 바라보며 앉아 있다. 그리고 다음과 같은 문구가 적혀 있다. '내용만점의 창작 휴가, 2주(단편, 중편)에서 1년(장편, 3부작)까지. 얄타, 수우수, 보로보예, 치힛지리, 마힌자우리, 레닌그라드(겨울 궁전).' 이 문앞에도 역시 사람들이 줄을 서 있었지만 그렇게 길지는 않고 한 150명 정도였다.

계속해서 '마솔리트 이사회' '수납계 2, 3, 4, 5번 창구' '편집 위원회' '마솔리트 회장실' '당구장' 등등 각종 부서들이 그리보예도프 집의 변덕스럽게 구부러진 복도가 층계를 따라 이어져 있다. 마지막으로 숙모가 천재적인 조카의 희극을 즐겼다는, 둥근 기둥이 늘어선 원형홀이 나온다.

---

*1 소재발굴을 위한 작가 협회 주관의 단체여행. 주로 당일치기로 1930년대에 유행했다.

그리보예도프를 방문한 사람이라면 누구나(물론 둔한 사람이 아니라면) 그 행운아들, 즉 마솔리트 회원들이 얼마나 멋진 삶을 즐기고 있는지를 바로 알 수 있었고 옹졸한 질투심에 시달리기 시작했다. 그러면서 자신에게 문학적 재능을 주지 않은 하늘에 쓸쓸한 책망의 말을 던진다. 타고난 재능 없이 마솔리트의 회원증(모스크바 사람이라면 고급 가죽 냄새가 나고 굵은 금빛 테가 둘러진 그 회원증을 모르는 사람은 없을 것이다)을 손에 넣는다는 건 상상도 할 수 없기 때문이다.

이런 질투심을 변호해줄 사람이 누가 있겠는가? 그것은 저속한 범주에 속하는 감정이다. 하지만 방문자의 입장에도 서봐야 한다. 위층에서 본 것이 다가 아니기 때문이다. 그건 정말 일부에 불과하다. 숙모의 저택 아래층은 전부 레스토랑이 차지하고 있었는데 얼마나 멋진 곳이었는지! 단언컨대 그 레스토랑은 모스크바 최고의 레스토랑이었다. 그 레스토랑이 아시리아식 갈기를 단 연보랏빛 말들이 그려진 둥근 천장이 있는 두 개의 커다란 홀이 있기 때문만도 아니고, 테이블마다 레이스 달린 갓을 씌운 램프가 놓여 있기 때문만도 아니며, 길을 지나던 사람 누구나가 들어올 수 있는 데가 아니라는 사실 때문만도 아니었다. 그리보예도프의 레스토랑이 모스크바 최고인 것은 음식 재료의 질이 다른 레스토랑과는 비교할 수 없을 만큼 앞서 있었고, 그런 훌륭한 음식을 결코 부담 없는, 저렴한 가격으로 내놓고 있기 때문이었다.

그러고 보면 진실하기 그지없는 이 글을 쓰고 있는 작가가 언젠가 그리보예도프의 철제 울타리 근처에서 들은 이런 대화도 전혀 놀랄 만한 것이 아니다.

"암브로시, 자네 오늘 저녁 어디서 먹을 건가?"

"이봐 포카, 그걸 질문이라고 하나, 당연히 여기서 먹어야지! 아르치발트 아르치발도비치가 오늘 메뉴는 농어로 만든 오 나튀렐*2이라고 나한테 살짝 귀띔해주었거든. 최고의 요리지!"

"암브로시, 자넨 정말 인생을 즐길 줄 아는군!" 비쩍 마르고 궁색한 차림에, 목에 부스럼이나 있는 포카가 한숨을 내쉬면서 금발과 붉은 입술, 거대한 몸집, 그리고 볼에 통통하게 살이 오른 시인 암브로시에게 말했다.

---

*2 au naturel : 양념을 적게 하여 간단히 조리하는 음식.

"즐길 줄 알고 모르고가 어디 있어," 암브로시가 말을 받았다. "인간답게 살고 싶은 건 아주 기본적인 욕구라고. 농어는 콜로세움에서도 먹을 수 있다고 말하고 싶은 거지, 포카? 하지만 콜로세움에서는 농어 요리 일인분이면 13루블 15코페이카나 한다고. 하지만 여기서는 5루블 50코페이카면 되지! 게다가 콜로세움 농어들은 잡은 지 적어도 사흘은 된 것들이야. 어디 그뿐인가, 콜로세움에서는 극장 앞 골목을 지나다가 난데없이 뛰어 들어온 젊은 놈이 던진 포도송이에 얼굴을 맞지 않으리란 보장도 없다고. 싫어, 난 콜로세움은 결사 반대야!" 미식가 암브로시는 가로수 길 전체가 떠나가도록 소리를 질렀다. "포카, 날 설득하려고 하지 마!"

"설득하려는 게 아니야, 암브로시." 포카가 기어들어가는 목소리로 말했다. "저녁은 집에서도 먹을 수 있다는 얘기지."

"천만의 말씀." 암브로시는 나팔이라도 불듯 떠들어댔다. "공동 부엌에서 냄비에다 농어 오 나튀렐을 만들어보겠다고 기를 쓰는 자네 부인이 떠오르는군! 히히히……! 오 르부아르,*3 포카!" 하더니 암브로시는 콧노래를 흥얼거리며 차양이 드리워진 베란다로 서둘러 가 버렸다.

정말이지, 어휴…… 그래, 그런 일도 있었지……! 모스크바에 오래 산 노인들은 그 유명한 그리보예도프를 기억할 것이다! 삶은 농어 요리라! 그건 제일 싼 음식이었지! 하지만 친애하는 암브로시 철갑상어는 어떤가, 반짝이는 은색 접시에 담긴 철갑상어, 살을 얇게 바르고 신선한 캐비아와 왕새우를 곁들인 철갑상어 요리 말이야! 작은 접시에 담긴 버섯 퓌레와 달걀 앙코코트는 또 어떤가? 개똥지빠귀 필레는 마음에 들지 않으셨나? 트뤼프를 곁들인 것도? 제노바식 메추라기 요리는 어떠신가? 9루블 50코페이카면 되는데! 그래, 재즈도 있었지. 서비스는 또 얼마나 좋았던가! 가족들은 모두 별장으로 떠나고 없는데, 시급한 문학 업무에 붙잡혀 도시에 혼자 남아 있던 7월, 포도나무 넝쿨 그늘 아래 베란다에 앉아 새하얀 식탁보 위에 춤추는 황금빛 햇살을 감상하며 먹는 프랭타니에 수프는 어떤가? 기억나나, 암브로시? 하긴 물어볼 필요도 없지! 자네의 그 입술만 봐도 알겠네. 농어나 연어 따위가 다 뭐란 말인가! 하지만 황새, 도요새, 계절의 진미 누른도요, 메추

---

*3 Au revoir : 프랑스어로 '안녕' '또 봐'라는 뜻.

라기, 마도요는 어떤가? 목젖을 타고 흐르는 나르잔 소다수는?! 아, 이제 그만두자, 너무 옆길로 빠진 것 같다! 독자여, 나를 따르라⋯⋯!

베를리오즈가 파트리아르흐 호에서 목숨을 잃은 그날 밤 10시 30분, 그리보예도프 위층에 불이 켜져 있는 방은 단 하나뿐이었다. 그 방에 회의를 위해 모인 열두 명의 문인들이 미하일 알렉산드로비치를 애타게 기다리고 있었다.

그곳은 마솔리트 운영위원회 사무실이었다. 의자나 책상 위에 앉아 있는 사람들은 물론, 두 개의 창턱에 걸터앉아 있는 사람들까지도 무더운 공기에 괴로워하고 있었다. 창은 열려 있었지만, 바람 한 점 들어오지 않았다. 낮 동안 아스팔트에 축적된 열기를 모스크바가 내뿜고 있었던 것이다. 밤이 된다 해도 사정이 나아질 리 없었다. 레스토랑 주방이 자리 잡고 있는 숙모의 집 지하실에서 양파 냄새가 풍겨왔다. 다들 갈증이 났고, 신경이 예민해져 있었으며 잔뜩 화가 나 있었다.

소설가 베스쿠드니코프(그는 말이 없고, 흠잡을 데 없는 옷차림에 신중하고 속을 알 수 없는 눈을 한 남자였다)가 회중시계를 꺼냈다. 바늘은 11시를 향하고 있었다. 베스쿠드니코프는 손가락으로 숫자판을 툭툭 치더니, 옆에 있는 시인 드부브랏스키에게 시계를 보여 주었다. 드부브랏스키는 책상 위에 앉아 고무를 댄 노란 구두를 신은 발을 앞뒤로 흔들며 지루함을 달래고 있었다.

"정말이지, 이건." 드부브랏스키가 툴툴거렸다.

"클랴지마에 푹 빠져 있는 게 분명해." 나스타시야 루키니시나 네프레메노바가 굵은 목소리로 그의 말을 받았다. 그녀는 모스크바 상인의 딸로 어려서 고아가 되었지만, 작가가 되어 '키잡이 조르주'라는 필명으로 해양 전쟁 단편을 쓰고 있었다.

"한마디 하겠습니다!" 대중적인 단막극을 쓰는 작가 자그리보프가 대담하게 말했다. "찜통 같은 더위 속에 이렇게 앉아 있지 말고, 당장이라도 발코니에 나가 기분 좋게 차라도 마시는 게 어떻습니까? 회의는 10시부터 아니었나요?"

"지금쯤이면 클랴지마는 한창 좋을 때죠." 클랴지마 강변에 있는 작가들의 별장촌 페렐리기노가 모두의 약점이라는 것을 아는 키잡이 조르주가 사람들을 부추겼다. "지금쯤이면 분명 꾀꼬리들이 노래를 부르고 있을 거예요. 난 왠지 도시를 벗어나야 일이 훨씬 잘 되던데. 특히 봄에요."

"바세도병*4을 앓고 있는 아내를 그 천국 같은 곳에 보내주려고 벌써 삼 년째 돈을 들이붓고 있는데, 좀처럼 좋은 소식이 없군요." 단편 소설작가 이 예로님 포프리힌이 씁쓸하고 독기 어린 목소리로 말했다.

"다 운에 달린 거요." 창턱에 앉아 있던 비평가 아밥코프가 신음하듯 말했다.

키잡이 조르주의 작은 두 눈이 기쁨으로 반짝였다. 그녀는 콘트랄토*5 목소리를 부드럽게 하며 말했다.

"질투해 봐야 무슨 소용이 있겠어요. 별장은 다해야 스물두 채밖에 안 되잖아요. 지금 일곱 채를 더 짓고 있긴 하지만, 우리 마솔리트 회원들은 3000명이나 되니까요."

"3111명입니다." 구석에서 누군가가 끼어들었다.

"그러니까요." 키잡이가 말을 이었다. "그러니 어쩌겠어요? 당연히 제일 재능이 있는 사람들이 별장을 차지하는 거겠죠……"

"장군들이 차지하겠지!" 시나리오 작가 글루하레프가 못마땅하다는 듯한 말투로 말다툼에 끼어들었다.

그러자 베스쿠드니코프가 나오지도 않는 하품을 억지로 하면서 방을 나갔다.

"누구는 페렐리기노에 방을 다섯 개나 차지하고 말이야." 나가는 베스쿠드니코프의 뒤통수에 대고 글루하레프가 말했다.

"라브로비치는 혼자서 방을 여섯 개나 쓰고 있어." 데니스킨이 소리쳤다.

"게다가 주방은 떡갈나무로 아주 도배를 했더라고!"

"이거 봐요, 지금 그런 게 문제가 아니오." 다시 아밥코프가 낮은 목소리로 말을 받았다. "벌써 11시 반이라 게 문제지."

방 안이 점점 소란스러워지더니 한바탕 소동이라도 일어날 기세였다. 누군가 그 못마땅한 페렐리기노에 전화를 걸어보기로 했다. 그런데 어쩌다보니 라브로비치의 별장과 연결되었는데, 그가 강가에 나가고 없음을 알게 되자, 모두들 실망감에 맥이 빠져 버렸다. 그들은 시험삼아 내선 930번을 돌

---

*4 갑상선 항진증의 대표적 질환. 여성에게 많이 발생한다.

*5 Contralto : 여성(女聲) 중세 교회음악에서는 여성이 금지되어 있었기 때문에 테너보다 높은 성 역도 남성이 불렀으며 이를 콘트랄토라 하였다.

려 순수문학위원회로 전화를 걸어보기도 했지만 그곳 또한 아무도 없었다.

"전화 한 통화쯤 해줄 수도 있잖아!" 데니스킨과 글루하레프, 크반트가 소리쳤다.

아, 하지만 그들의 외침은 아무 소용없는 짓이었다. 미하일 알렉산드로비치는 어디에도 전화를 할 수가 없었다. 그리보예도프에서 아주 멀리 떨어진, 천 와트짜리 램프들이 불을 밝히고 있는 횅뎅그렁한 홀 안에 놓인 세 개의 아연 탁자 위에는 바로 얼마 전까지만 해도 미하일 알렉산드로비치의 형상이었던 것들이 놓여 있었다.

첫 번째 탁자 위에는 한쪽 팔이 부러지고, 가슴은 완전히 으스러진 채 피가 말라붙어 있는 몸뚱이가 놓여 있었고, 두 번째 탁자 위에는 앞니가 다 부서진 채 강렬한 불빛에도 아랑곳하지 않고 눈을 부릅뜨고 있는 머리가 놓여 있었으며, 세 번째 탁자 위에는 엉겨붙은 피로 뻣뻣해진 넝마 조각들이 쌓여 있었다.

목이 잘린 시체 옆에는 법의학 교수, 병리해부학자와 그의 조수, 해부실 주임과 수사기관 관계자들, 그리고 베를리오즈의 병든 아내에게 전화를 받고 불려나온, 마솔리트 부회장인 작가 젤디빈이 서 있었다.

젤디빈은 수사기관 관계자들과 함께 자신을 마중왔던 차를 타고 고인의 아파트에 들러(그때가 자정이 다 되어서였다) 고인의 서류들을 정리한 뒤, 시체 안치소로 향했다.

그리고 지금 고인의 유해 앞에 서서 어떻게 하는 것이 좋을지 의논하고 있었다. 잘린 머리를 목에 꿰매 붙일 것인가. 아니면 검은 천으로 턱 밑까지 단단히 감싸서 그리보예도프 홀에 안치할 것인가.

그렇다. 미하일 알렉산드로비치는 어디에도 전화할 수 없었다. 데니스킨과 글루하레프, 크반트와 베스쿠드니코프는 공연히 흥분해서 소리를 질러댔던 것이다. 자정이 가까워지자 위층에 있던 열두 명의 문인들은 모두 레스토랑으로 내려갔다. 거기서 사람들은 다시 한 번 마음속으로 미하일 알렉산드로비치에게 욕설을 퍼부었다. 테라스의 테이블은 이미 다른 손님들로 자리가 다 차 있어서 그들은 할 수 없이 아름답긴 하지만 덥고 답답한 홀에서 식사를 해야 했기 때문이었다.

그리고 정확히 자정이 되자, 다른 홀에서 굉음이 터져나오더니 무언가가 흥분해 날뛰기 시작했다. 그 순간 한 남자의 가느다란 목소리가 음악에 맞춰 절망적으로 소리쳤다. "할렐루야!" 그 유명한 그리보예도프의 재즈 밴드 연주가 시작된 것이다. 땀으로 흥건해진 얼굴들이 갑자기 빛나 보이기 시작했고, 천장에 그려진 말들이 움직이는 것 같았으며, 램프의 불빛도 더 밝아진 것 같았다. 이윽고, 쇠사슬에서 풀려나기라도 한 듯, 두 홀 안에 있던 사람들이 춤을 추기 시작하자, 얼마 안 있어 테라스에 있는 사람들도 춤을 추기 시작했다.

글루하레프는 여류 시인 타마라 폴루메시츠와 춤을 추었고, 크반트도 춤을 추었으며, 소설가 주코포프는 노란 드레스를 입은 여배우와 춤을 추기 시작했다. 드라군스키와 체르닥치도 춤을 추었고, 키가 작은 데니스킨은 거구의 여인, 키잡이 조르주와 함께, 미녀 건축가 세메이키나는 흰색 아마포 바지를 입은 모르는 남자에게 꽉 안긴 채 춤을 추었다. 회원들도 초대받은 손님들도, 모스크바 사람들도 타지에서 온 사람들도, 크론시타트에서 온 작가 요한과 로스토프에서 온 비타 쿱티크(영화감독인 듯한 이 사람은 한쪽 뺨에 온통 연보랏빛 버짐이 피어 있었다)도 춤을 추었고, 마솔리트 시(詩) 분과의 가장 대표적인 문인들, 즉 파비아노프, 보고훌스키, 슬랏키, 시피 치킨, 아델피나 즈댜크도 춤을 추었으며, 권투선수처럼 머리를 짧게 자르고 어깨에 솜을 잔뜩 집어넣은 옷을 입은, 직업을 알 수 없는 젊은이들도 춤을 추었고, 턱수염을 기른 중년 남자(그의 수염에는 녹색 파조각이 달려 있었다)는 구겨져서 주름이 간 오렌지색 비단 드레스를 입은 핏기 없는 창백한 얼굴의 비실비실한 여자와 춤을 추었다.

땀에 흠뻑 젖은 웨이터들이 사람들의 머리 위로 맥주잔을 나르면서 쉰 목소리로 원망스럽게 외쳤다. "실례하겠습니다, 손님!" 어디선가 확성기에 대고 누군가에게 명령하는 목소리가 울려 퍼졌다. "카르스키 하나! 주브릭 둘! 플랴키 고스포다르스키예!" 가느다란 목소리는 노래를 끝냈는지, 외쳐대고 있었다. "할렐루야!" 재즈밴드의 황금빛 심벌즈가 울리는 소리는 접시닦이들이 경사면을 통해 식기들을 부엌으로 미끄러뜨려서 부딪히는 소리에 가려졌다. 한마디로 지옥이었다.

그리고 자정이 되면, 그 지옥에 유령이 나타나곤 했다. 뾰족한 턱수염에 검은 눈의 잘생긴 남자가 연미복을 입고, 테라스에 나타나 황제처럼 권위 있는 시선으로 자신의 영토를 내려다보았다. 신비주의를 신봉하는 자들의 말에 따르면, 그 미남자가 연미복이 아닌 다른 옷을 입고 다니던 시절이 있었다고 한다. 그 시절, 그는 권총 두 자루를 찔러 넣은 두툼한 가죽 벨트를 차고, 갈까마귀의 깃털처럼 새카만 머리에 새빨간 실크 두건을 두르고 다녔으며, 그가 지휘하는 해적선은 해골과 뼈다귀가 그려진 죽음의 검은 깃발을 달고 카리브 해를 누볐다고 한다.

아니, 그렇지 않다! 그것은 신비주의자들의 거짓말에 불과하다. 카리브 해 같은 것은 이 세상에 존재하지 않으며, 그 위를 무적의 해적들이 항해한 적도, 군함이 그들의 뒤를 쫓은 적도, 파도 위에 대포 연기가 깔린 적도 없다. 그런 건 지금도, 과거에도 존재하지 않았다! 존재하는 것은 저 말라비틀어진 보리수나무와 철제 울타리, 그 건너편에 있는 가로수 길뿐이다…… 그리고 컵에 든 얼음이 녹아내리고, 옆 테이블에는 충혈된 황소같은 누군가의 눈이 보인다. 끔찍한, 아주 끔찍한 모습으로…… 오, 신들이여, 나의 신들이여, 나에게 독약, 독약을……!

한 테이블에서 누군가 갑자기 외쳤다. '베를리오즈!' 누군가 재즈밴드에다 대고 주먹이라도 날린 것처럼, 재즈는 힘을 잃고 조용해졌다. "뭐라고? 뭐? 뭐? 그게 무슨 소리야?" "베를리오즈가!" 여기저기서 사람들이 벌떡 일어나 울부짖기 시작했다……

그렇다. 미하일 알렉산드로비치에 대한 끔찍한 소식은 거대한 슬픔의 파도를 일으켰다. 어떤 이가 온갖 수선을 떨며, 지금 당장 단체로 전보를 보내야 한다고 소리쳤다.

하지만 우리는 다음과 같은 질문을 하지 않을 수 없다. 무슨 전보를 어디로 보낸다는 말인가? 또, 그것은 무엇을 위한 것인가? 고무장갑을 낀 해부실 주임의 손에, 찌그러진 뒤통수가 더 짓눌려지고, 교수가 휘어진 바늘로 꿰매고 있는 목의 주인에게 전보가 도대체 무슨 소용이란 말인가? 그는 죽었고, 그에겐 어떤 전보도 필요치 않다. 모두 끝난 것이다. 더 이상 전신국 업무를 과중하게 만들지 말자.

그렇다, 그는 죽었다……. 하지만 우리는 이렇게 살아 있지 않은가!

커다란 슬픔의 파도가 몰아쳐 한 동안 지속되었으나 차츰 잦아들기 시작했다. 어떤 사람은 벌써 자기 테이블로 돌아가, 처음에는 사람들 눈에 띄지 않게, 그러나 나중에는 공공연하게 보드카를 마시고 안주도 집어먹었다. 사실, 치킨 커틀릿을 다 식어 못 먹게 만들 필요가 있을까? 우리가 무슨 수로 미하일 알렉산드로비치를 도울 수 있단 말인가? 배를 곯는 것으로? 하지만 우리는 살아 있지 않은가!

사람들은 피아노 뚜껑을 닫아 열쇠를 채웠고, 재즈밴드도 흩어졌으며, 몇몇 기자들은 추도 기사를 쓰기 위해 그곳을 떠났다. 시체안치소에서 젤디빈이 도착했다는 소식이 알려졌다. 젤디빈이 위층 고인의 사무실에 있다고 하자 그가 베를리오즈를 대신하게 될 거라는 소문이 퍼져나갔다. 젤디빈은 레스토랑에 있던 열두 명의 간부회원들을 소집했다. 그들은 베를리오즈의 사무실에서 회의를 열어, 둥근 기둥이 늘어서 있는 그리보예도프 홀을 장례식에 걸맞게 장식할 것과, 시체안치소에서 시신을 어떻게 옮겨올 것인지, 유해는 공개할 것인지 등등, 이 가슴 아픈 사건과 관련된 긴급 사안들을 논의했다.

한편 레스토랑은 평소와 다름없는 밤을 보내고 있었다. 레스토랑의 손님들에게 베를리오즈의 죽음보다도 훨씬 더 큰 충격을 준, 그 기이한 사건이 일어나지만 않았더라면, 그 밤은 레스토랑이 문을 닫을 때까지, 그러니까 새벽 4시까지 계속되었을 것이다.

가장 먼저 흥분하기 시작한 것은 그리보예도프의 집 입구에서 손님을 기다리고 있던 마부들이었다. 한 명이 마부석에서 일어나 소리쳤다.

"어이, 저것 좀 봐!"

그가 소리치자마자 어디서 나타났는지, 철제 울타리 근처에서 작은 불빛이 반짝이더니 점점 테라스 쪽으로 다가왔다. 테이블에 앉아 있던 사람들이 몸을 일으켜 불빛을 자세히 관찰하자 불빛과 함께 하얀 유령이 레스토랑 쪽으로 다가오고 있는 것이 아닌가. 유령이 넝쿨을 말아 올린 격자 울타리 가까이 다가오자, 사람들은 하나같이 눈을 휘둥그렇게 뜨고 철갑상어 고기 조각이 꽂힌 포크를 손에 든 채 그대로 굳어버렸다. 그때 마침 담배를 피우려고 레스토랑 외투 보관실에서 정원으로 나가 있던 수위가 담배를 밟아 끄고, 레스토랑에 접근하려는 유령을 막기 위해 달려들었다. 하지만 무슨 이유에서인지 갑자기 멈춰 서서 바보 같은 미소만 지었다.

그렇게 유령은 격자 울타리 사이를 지나 테라스로 들어왔다. 그제야 다들 그것은 유령이 아니라 유명한 시인, 이반 니콜라예비치 베즈돔니라는 것을 깨달았다.

　그 시인은 맨발에 구멍난 흰 셔츠를 입고, 가슴에는 다 닳아 알아볼 수 없게 된 이름 모를 성자가 그려진 종이 성화가 핀에 꽂혀 있었으며, 하얀 줄무늬 속바지를 입고 있었다. 손에는 불을 붙인 결혼식용 양초를 들고, 오른쪽 뺨에는 생긴 지 얼마 안 된 긁힌 자국들이 있었다. 그 순간 테라스를 뒤덮은 침묵의 깊이는 가늠하기조차 어려운 것이었다. 웨이터 하나가 멍하니 서 있는 바람에 들고 있던 잔이 기울어져 맥주가 바닥으로 흘러내리는 것이 보였다.

　시인은 초를 머리 위로 올리더니 큰 소리로 말했다.

　"잘 있었나, 친구들!" 그러고는 바로 옆 테이블 아래를 들여다보더니, 슬픈 목소리로 탄식을 내뱉었다. "아니야, 여기도 없어!"

　두 사람의 목소리가 들려왔다. 먼저 저음의 목소리가 차갑게 말했다.

　"갈 데까지 다 갔군. 알코올 중독이야."

　이어 겁에 질린 여자의 목소리가 말했다.

　"세상에, 경찰은 어떻게 저런 꼴로 거리를 돌아다니는 사람을 내버려뒀을까?"

　이 말을 들은 이반 니콜라예비치가 대답했다.

　"붙잡힐 뻔했지요. 그것도 두 번씩이나. 스카테르트니 골목에서 한 번, 그리고 바로 이 앞 브론나야 골목에서. 그래서 급하게 담을 뛰어넘다가 여기 이렇게 뺨을 긁힌 겁니다!" 이반 니콜라예비치는 다시 초를 치켜들고 소리쳤다. "문학으로 맺어진 형제 여러분! (그의 쉰 목소리는 기운찼고, 점점 더 열정적이 되었다.) 제 얘길 들어주십시오! 그가 나타났습니다! 지금 당장 그를 잡아야 합니다. 그렇지 않으면, 상상도 하지 못할 엄청난 재앙을 일으킬 것입니다!"

　"뭐, 뭐라고? 지금 뭐라고 하는 거야? 누가 나타났다고?" 사방에서 목소리들이 터져나왔다.

　"자문위원 말입니다!" 이반이 대답했다. "그 자문위원이 파트리아르흐에서 미샤 베를리오즈를 죽였습니다."

　그러자 홀 안쪽에 있던 사람들이 테라스로 몰려나와 이반이 들고 있는 양초 불빛 주위로 모여들었다.

　"잠깐, 잠깐만. 좀 더 자세히 말씀해 주세요." 이반 니콜라예비치의 귓가에 조용하고 정중한 목소리가 들려왔다. "무슨 뜻입니까, 죽였다니요? 누가 베를리오즈를 죽였다는 말이오?"

"외국 자문 교수, 그자는 첩자요!" 주위를 둘러보며 이반이 대답했다.

"그자의 이름이 뭡니까?" 이반의 귓가에 조용히 묻는 목소리가 들려왔다.

"바로 그겁니다, 이름!" 이반이 침울하게 외쳤다. "그의 이름만이라도 알 수 있다면! 명함에 이름이 찍혀 있었는데 제대로 보지 못했어요. 첫 글자가 'ㅂ'이었던 것은 기억합니다. 'ㅂ'으로 시작하는 이름이에요! 'ㅂ'으로 시작하는 이름이 뭐가 있지?" 이반은 한손으로 이마를 짚으며 자신에게 묻더니 중얼거리기 시작했다. "베, 베, 베…… 바…… 보…… 바그너? 바그네르? 바그네르? 베그네르? 빈테르?" 잔뜩 긴장한 이반의 머리카락이 곤두서는 느낌이 들기 시작했다.

"불프?" 한 여자가 안타까운 듯 소리쳤다. 그러자 이반은 벌컥 화를 냈다.

"멍청하긴!" 그는 눈으로 여자를 찾으며 소리쳤다. "여기서 불프가 왜 나옵니까? 불프는 아무 상관도 없어요! 보, 보…… 안 되겠어! 도저히 기억이 안 납니다! 어쨌든 여러분, 지금 당장 경찰에 전화해서 기관총을 장착한 오토바이 다섯 대를 보내 교수를 잡도록 해야 합니다. 그리고 패거리가 두 놈 더 있다는 사실도 잊지 말고 꼭 전해주십시오. 마른 체구에 체크무늬 옷을 입고…… 금이 간 코안경…… 그리고 고양이, 까맣고 뚱뚱한 놈이요. 난 그동안 그리보예도프를 뒤져볼 테니까…… 확실합니다, 그자는 지금 여기에 있어요!"

흥분한 이반은 몰려든 사람들을 밀쳐내고, 촛농이 떨어지는 양초를 휘두르며 테이블 아래를 살펴보기 시작했다. 그때 누군가 외쳤다. "의사를 불러!" 이반 앞에 보기좋게 살이 쪄 기름지고 상냥한 얼굴에, 매끈하게 면도를 하고 뿔테 안경을 쓴 누군가가 나타났다.

"베즈돔니." 그가 근엄한 목소리로 입을 열었다. "진정하시오! 당신은 우리가 그토록 사랑했던 미하일 알렉산드로비치…… 아니, 그냥 미샤 베를리오즈라고 합시다, 그의 죽음에 이성을 잃었소…… 우리 모두 그 점을 충분히 이해합니다. 당신에겐 안정이 필요해요. 침실로 데려다 줄 테니 가서 모두 잊어버리고……."

"당신!" 이반은 이를 드러내며 그의 말을 가로막았다. "교수를 붙잡아야 한다는 말 못 들었어? 그런데도 나한테 그따위 소리를 해! 이 저능아 같으니!"

"베즈돔니 동무, 그만 하십시오." 빨갛게 달아오른 얼굴이 뒤로 물러서며 말했다. 그는 벌써 이 일에 끼어든 것을 후회하고 있었다.

"아니, 다른 사람이라면 몰라도, 당신한테는 그만두지 못하겠어." 이반 니콜라예비치가 적의 어린 목소리로 나직하게 말했다.

그의 얼굴이 경련으로 일그러졌다. 그는 오른손에 쥐고 있던 초를 재빨리 왼손으로 옮겨 쥐더니 팔을 크게 휘둘러 동정하듯 바라보는 그의 뺨을 후려쳤다.

그제야 사람들은 이반을 말려야 한다는 사실을 깨달았는지 그에게 달려들었다. 촛불이 꺼지고 떨어진 안경이 짓밟혀 순식간에 박살나 버렸다. 이반은 큰 소리로 무시무시하게 괴성을 질렀는데, 그 소리는 가로수 길까지 울려 행인들의 주의를 끌 정도였다. 그는 자신을 방어하기 시작했다. 테이블 위의 접시들이 떨어져 깨지는 소리가 울려퍼지고 여자들은 비명을 질렀다.

웨이터들이 수건으로 시인을 묶고 있는 동안, 외투 보관실에서는 해적두목과 수위 사이에 다음과 같은 대화가 오가고 있었다.

"그가 속바지만 입고 있는 걸 못 봤나?" 해적이 차갑게 물었다.

"하지만 아르치발트 아르치발도비치," 수위가 겁에 질린 목소리로 대답했다. "그분은 마솔리트 회원이신데, 제가 어떻게 막을 수가 있겠습니까?"

"그가 속바지만 입고 있는 걸 못 봤느냐고?" 해적이 다시 물었다.

"용서해 주십시오. 아르치발트 아르치발도비치," 수위는 얼굴이 시뻘게져 말했다. "하지만 제가 뭘 어떻게 할 수 있겠습니까? 테라스에 숙녀분들도 앉아 계시고……."

"이 일은 숙녀분들과는 아무 상관 없소." 해적은 말 그대로 수위를 태워버릴 듯한 눈빛으로 쏘아보며 말했다. "경찰들과 상관있겠지! 속옷만 입은 사람이 모스크바 거리를 돌아다닐 수 있는 경우는 단 한 가지, 경찰과 동행할 때뿐이오. 그것도 경찰서로 갈 때만 가능해! 적어도 자네가 수위라면, 그런 사람을 발견했을 때 어떻게 해야 하는지 알고 있어야 했어. 항상 호루라기를 불었어야 했다는 말이야. 저 소리가 들리나? 지금 테라스에서 무슨 일이 벌어지고 있는지?"

반쯤 정신이 나가 있던 수위의 귀에 그제야 테라스에서 흘러나오는 외침들과 그릇 깨지는 소리, 여자들의 비명 소리가 들려왔다.

  "이 일을 어떻게 책임질 텐가?" 해적이 물었다.

  수위의 얼굴은 티푸스에 걸린 사람처럼 창백해졌고, 눈은 죽은 사람처럼 생기를 잃어갔다. 그에게는 가르마를 탄 해적의 검은 머리가 불꽃 같은 비단에 덮여 있는 것처럼 보였다. 풀 먹인 와이셔츠와 연미복이 사라지고, 가죽벨트 뒤로 권총 손잡이가 나타났다. 수위는 자기 머리가 눈앞에 보이는 돛대에 매달려 있는 모습을 상상했다. 축 내밀어진 혀와 어깨 위로 힘없이 머리를 떨구고 있는 자신의 모습이 똑똑히 보였고 뱃머리 뒤로 부서지는 파도 소리까지 들려왔다. 힘이 빠진 수위의 무릎이 꺾였다. 그러나 그를 가엾게 여긴 해적이 날카로운 시선을 거두었다.

  "조심해라, 니콜라이! 이번이 마지막이다. 우리 레스토랑에 당신 같은 수위는 필요 없다. 교회 문지기 노릇이나 하든가." 이 말과 함께 두목은 분명하고 신속하게 명령을 내렸다. "식기실에 있는 판텔레이를 불러. 경찰도 부르고 조서를 작성해. 차를 대기시켜라. 정신병원으로 보낸다." 그리고 덧붙였다. "호루라기를 불어!"

  15분 뒤, 레스토랑에 있던 사람들뿐만 아니라, 가로수 길에 나와 있던 사람들, 그리고 레스토랑 공원에 인접한 집들의 창가에 있던 사람들은 몹시 놀란 표정으로 판텔레이와 수위, 경찰, 웨이터, 시인 류힌이 포대기에 인형을 싸듯 동여맨 젊은 남자를 그리보예도프에서 끌고 나오는 것을 보고 있었다. 그 남자는 눈물 흘리며, 류힌에게 침을 뱉더니 가로수 길이 떠나가도록 외쳤다.

  "짐승만도 못한 놈들······! 사람도 아니다!"

  험상궂게 생긴 트럭 운전사가 시동을 걸었다. 옆에 있던 마부가 연보랏빛 고삐로 말의 궁둥이를 내려치며 소리쳤다.

  "이 경주마를 타십시오! 정신병원이라면 전에 손님을 모셔다드린 적이 있습니다!"

  주위에 모여든 많은 사람들은 난생처음 보는 사건으로 웅성대고 있었다. 한마디로 혐오스럽고 추잡하며 사람들을 자극하는 스캔들이 일어난 것이다. 그 스캔들은 불쌍한 이반 니콜라예비치와 경찰, 판텔레이, 류힌을 태운 트럭이 그리보예도프 정문 밖으로 사라지고나서야 끝이 났다.

제6장
예고된 정신분열증

모스크바 외곽 강변에 새로 세워진 유명한 정신병원 진찰실로 뾰족한 턱수염에 흰 가운을 입은 사람이 들어온 것은 새벽 한 시 반이었다. 그때까지 남자 간호사 세 명이 침대 위에 앉아 있는 이반 니콜라예비치에게서 눈을 떼지 않고 있었다. 그리고 심하게 동요하고 있는 시인 류힌도 보였다. 침대 한쪽에는 이반 니콜라예비치를 묶었던 수건들이 쌓여 있다. 이제 이반의 손과 발은 자유로웠다.

진찰실로 들어온 남자를 보고 창백해진 류힌이 기침을 하고는 조심스럽게 입을 열었다.

"안녕하십니까, 박사님."

의사는 류힌에게 고개를 슬쩍 숙였다. 그러나 인사를 하면서도, 그는 이반 니콜라예비치를 쳐다보고 있었다. 이반 니콜라예비치는 악에 받친 얼굴로 눈을 치켜뜬 채, 의사가 들어오건 말건 꼼짝도 하지 않았다.

"박사님, 저……" 류힌이 잔뜩 겁에 질린 눈으로 이반 니콜라예비치를 돌아보며 왜인지 목소리를 낮춰 말했다. "이분은 유명한 시인 이반 베즈돔니입니다…… 보시면 아시겠지만…… 저희 생각에는 알코올중독인 것 같습니다……."

"술을 많이 마십니까?" 의사가 작은 목소리로 물었다.

"아닙니다. 좋아하긴 했지만, 그 정도는 아니었는데……."

"바퀴벌레나 쥐, 악마, 장난치는 개들을 잡으려고 한 적은 없으십니까?"

"없습니다." 류힌은 몸을 흠칫 떨며 대답했다. "어제도, 오늘 아침에도 만났는데 완전히 정상이었습니다."

"그런데 왜 속바지만 입고 있는 거죠? 자고 있는 분을 데려오신 겁니까?"

"그게, 그러니까 이 차림으로 레스토랑에 들어 왔습니다……."

"아, 그렇군요." 의사는 아주 만족스럽다는 듯 말했다. "저 상처는 어쩌다 생긴 거지요? 누구와 싸웠나요?"

"담장에서 떨어졌다고 합니다. 그리고 레스토랑에서 어떤 사람을 때리기도 했고…… 또 다른 사람도……."

"그랬군요, 그랬어. 음." 의사는 이반에게 몸을 돌려 말을 걸었다. "안녕하세요!"

"안녕하시오, 돌팔이 의사양반!" 이반은 적의에 가득찬 목소리로 크게 대답했다.

류힌은 창피해서 점잖은 의사를 제대로 쳐다볼 수 없었다. 하지만 정작 의사는 조금도 기분 나빠하지 않았다. 익숙한 듯 안경을 벗더니 민첩하게 가운 자락을 살짝 들어 올려 바지 뒷주머니에 집어넣고, 다시 이반에게 물었다.

"나이가 어떻게 되시죠?"

"모두 꺼져버려. 악마한테나 가보라고!" 이반은 거칠게 소리치고 몸을 홱 돌려버렸다.

"왜 그렇게 화를 내시죠? 제가 무슨 기분 나쁜 말이라도 했습니까?"

"스물세 살이오." 이반이 흥분하며 말했다. "당신들 다 고발할 거요. 특히 너, 이 쓰레기 같은 놈!" 이반은 류힌을 돌아보았다.

"그런데 뭘로 고발하시려는 거죠?"

"멀쩡한 사람을 잡아다가 강제로 정신병원에 처넣었잖소!" 분노로 가득찬 이반이 대답했다.

그 말에 류힌은 이반을 쳐다보았다. 등골이 오싹해졌다. 정말로 그의 눈에 광기라고는 조금도 보이지 않았다. 그리보예도프에서 보았던 흐리멍덩한 두 눈은 어느새 평소처럼 맑은 눈으로 돌아와 있었다.

'이럴 수가!' 류힌은 놀라며 생각했다. '정말 멀쩡하잖아? 이런 빌어먹을! 어쩌자고 우리가 저 사람을 여기로 끌고 온 거지? 정상이야. 정상, 얼굴을 조금 긁힌 것뿐이라고…….'

"당신이 지금 와 계신 곳은," 다리가 번쩍거리고 등받이가 없는 흰 의자에 앉으며 의사가 침착하게 말했다. "정신병원이 아니라, 병원입니다. 만일 당신이 이곳에 계실 이유가 없다면, 당신을 여기에 붙잡아둘 사람은 아무도 없습니다."

이반 니콜라예비치는 여전히 미심쩍은 눈으로 그를 흘깃거리면서 중얼거렸다.

"순 백치 같은 놈들만 보이더니 이제야 제대로 된 사람이 하나 나타났군. 그 중에 제일 멍청하고, 무능력한 놈이 사시카지!"

"무능력한 사시카라니, 그게 누구죠?" 의사가 물었다.

"류힌, 바로 저 인간이죠!" 이반은 더러워진 손가락으로 류힌을 가리켰다.

화가 난 류힌의 얼굴이 붉어졌다.

'고맙다는 소리는 못할망정!' 류힌은 씁쓸하게 생각했다. '그래, 불쌍하다고 생각한 내 잘못이지!'

"머릿속은 영락없는 부농(富農) 자식이면서," 류힌이 어떤 자인지 몹시 폭로하고 싶었던 듯 이반 니콜라예비치는 말을 이었다. "프롤레타리아 탈을 쓴 부농 자식. 저 위선적인 얼굴을 좀 보시오. 저자가 노동절에 맞춰 시라고 써들고 온 게 어떤 건지 아십니까! 헤—헤—헤…… '높이 뛰어올라라!' '들어 올려라!'…… 하지만 저자의 머릿속을 들여다보고, 무슨 생각을 하고 있는지 안다면…… 깜짝 놀랄 겁니다!" 이반 니콜라예비치는 악의에 찬 웃음을 터뜨렸다.

류힌은 숨을 쉬기가 힘들었다. 은혜를 원수로 갚는다더니, 그는 시뻘게진 얼굴로 생각했다. 자신이 친절을 베푼 사람은 악질적인 적(敵)이었던 것이다. 하지만 그는 아무것도 할 수 없었다. 정신병자와 말싸움할 수는 없는 노릇 아닌가!

"그런데 당신을 왜 여기로 데려온 걸까요?" 베즈돔니의 폭로를 듣고 있던 의사가 물었다.

"저 멍청이들은 악마가 잡아가야 합니다! 한꺼번에 달려들어, 더러운 넝마로 날 묶더니 트럭에 싣고, 이리로 끌고 왔습니다!"

"궁금한 게 있습니다. 왜 속옷만 입고 레스토랑에 들어가신 거죠?"

"그건 이상할 게 하나도 없어요." 이반이 대답했다. "수영 좀 하려고 모스크바 강에 갔었습니다. 그런데 어떤 놈이 이 누더기만 남겨놓고 내 옷을 훔쳐가버린 겁니다! 벌거벗고 모스크바를 돌아다닐 수는 없잖습니까! 그래서 이거라도 입은 겁니다. 아무튼 빨리 레스토랑으로, 그리보예도프로 가야 했으니까요."

의사가 질문을 하듯 류힌을 쳐다보았다. 그러자 류힌은 얼굴을 찌푸리고 중얼거렸다.

"레스토랑 이름이 그리보예도프입니다."

"아하," 의사가 말했다. "그런데 거기엔 왜 그렇게 바삐 가신 거죠? 무슨 일이라도 있었나요?"

"자문위원을 잡으려고요." 대답을 하며 이반 니콜라예비치는 조심스럽게 주위를 둘러보았다.

"무슨 자문위원을 말씀하시는 거죠?"

"당신, 베를리오즈를 아시오?" 이반이 의미심장한 표정으로 물었다.

"그…… 작곡가 말씀이신가요?" 이반의 얼굴이 일그러졌다.

"여기서 작곡가 얘기가 왜 나옵니까? 아, 그렇지…… 아니, 아닙니다! 그 작곡가와 성(姓)이 같은 미하일 베를리오즈 말입니다."

류힌은 아무 말도 하고 싶지 않았지만, 설명해주어야 했다.

"마솔리트 회장 베를리오즈가 오늘 저녁 파트리아르흐에서 전차에 치어 죽었습니다."

"엉터리 같은 말 하지 마! 아무것도 모르는 주제에!" 이반은 류힌에게 화를 냈다. "그 자리에 있었던 건 네가 아니라 나였어! 그자가 베를리오즈를 치이게 한 거야!"

"밀었다는 말씀이신가요?"

"밀었냐고요?" 이반은 말이 통하지 않자 화를 내며 소리를 질렀다. "밀고 자시고 할 것도 없어요! 그가 생각만 하면, 모든 일이 이루어집니다! 그는 베를리오즈가 전차에 치일 것도 다 알고 있었단 말입니다!"

"당신 말고, 그 자문위원을 본 사람이 또 있나요?"

"안타깝게도, 나와 베를리오즈밖에 없소."

"그렇군요. 그래서 당신은 그 살인자를 붙잡기 위해 어떤 방법을 쓰셨죠?" 여기서 의사는 몸을 돌려 흰 가운을 입고 책상 앞에 앉아 있는 여자에게 눈길을 보냈다. 여자는 종이를 꺼내 빈칸을 채우기 시작했다.

"이것저것 했지요. 부엌에서 양초를 가져와서……."

"이것 말씀이십니까?" 여자가 마주한 책상 위에 성상(聖像) 그림과 함께 놓여 있는 찌그러진 초를 가리키며 의사가 물었다.

"맞습니다. 그리고……"

"성상 그림은 왜 가져가신 거죠?"

"그건, 성상이……" 이반의 얼굴이 빨개졌다. "그자들은 성상 그림을 보고 가장 두려워하더군요." 그는 다시 손가락으로 류힌을 가리켰다. "그러니까 그 자문위원은, 그자는…… 솔직히 말씀드리죠…… 악마와 무언가 관계가 있는 것 같습니다…… 그러니 평범한 방법으로는 잡을 수가 없습니다."

남자 간호사들은 왠지 두 손을 바지 봉합선에 맞춰 내려붙인 채, 이반에게서 눈을 떼지 않고 있었다.

"분명합니다." 이반이 말을 계속했다. "악마와 한 패거리가 틀림없어요! 그는 본디오 빌라도와 직접 이야기를 나누기도 했습니다. 왜 날 그런 눈으로 쳐다보시는 겁니까! 거짓말이 아니에요! 다 봤어요. 발코니도 야자수도. 그는 본디오 빌라도와 함께 있었어요. 확실합니다."

"음, 그래서……."

"그래서 성상 그림을 가슴에 꽂고 달려가는데……"

그때 갑자기 시계가 두 번 울렸다.

"뭐야!" 이반은 비명을 지르며 의자에서 벌떡 일어났다. "벌써 두 시잖아. 당신들 때문에 시간만 허비했군! 실례지만, 전화는 어디 있습니까?"

"걸게 해드려." 의사가 간호사들에게 명령했다.

이반은 달려들 듯 수화기를 붙잡았다. 여자가 작은 소리로 류힌에게 물었다.

"저분 결혼은 하셨나요?"

"아닙니다." 류힌이 놀라며 대답했다.

"노동조합원이고요?"

"예."

"경찰서죠?" 이반이 수화기에 소리쳤다. "경찰서죠? 당직을 서고 계신 분입니까? 외국인 자문위원을 체포할 수 있도록, 당장 기관총이 달린 모터사이클 다섯 대를 준비해주십시오. 네? 제가 있는 곳으로 오시면, 함께 가겠습니다…… 저는 시인 베즈돔니이고, 여긴 정신병원입니다…… 이곳 주소가 어떻게 되지요?" 베즈돔니는 수화기를 손으로 가리고, 의사에게 속삭이듯 물었다. 그리고 수화기에 대고 다시 버럭 소리를 질렀다. "여보세요? 여보세요…… ! 이런 빌어먹을!" 이반은 갑자기 으르렁대며 수화기를 벽에 내동댕이쳤다. 그런 다음 의사 쪽으로 돌아서서 악수를 청하며 메마른 목소리로 인사한 뒤, 밖으로 나가려 했다. "안녕히 계시오."

"실례지만, 지금 어디로 가시려는 겁니까?" 의사는 이반의 눈을 들여다보며 말했다. "이 늦은 밤 속옷만 입고…… 몸도 안 좋아 보이는데, 그냥 여기 계시지요!"

"비켜주시오." 이반은 문을 지키고 선 간호사들에게 말했다. "비켜주시오, 날 막을 셈이오?" 시인이 무서운 목소리로 외쳐댔다.

류힌은 몸을 떨었고 여자는 테이블 버튼을 눌렀다. 그러자 유리판 위로 번쩍이는 작은 상자와 주사기용 앰풀이 튀어나왔다.

"아, 그럴 셈이었군! 이 악마 같은 놈들!" 이반은 쫓기는 짐승처럼 거칠게 주위를 둘러보며 말했다. "좋소! 잘들 계시오!" 그리고 블라인드가 쳐진 창문을 향해 머리부터 달려들었다.

꽤 큰 소리가 울렸다. 하지만 블라인드 뒤 유리는 금도 가지 않았고, 이반 니콜라예비치는 간호사들 손에 붙잡혔다. 그는 씩씩대며 간호사들을 물어뜯으려 하며, 악을 쓰고 소리를 질러댔다.

"무슨 유리를 끼워놓은 거냐……! 봐! 이거 봐……!"

의사의 손에서 주사기가 번쩍였다. 여자는 능숙한 솜씨로 낡은 셔츠 소매를 찢고 여자답지 않은 강한 힘으로 팔을 잡았다. 에테르*1 냄새가 퍼졌고, 네 사람의 손아귀에서 이반은 꼼짝도 하지 못했다. 민첩한 의사는 그 순간을 놓치지 않고, 이반의 팔에 바늘을 꽂았다. 간호사들은 몇 초인가 이반을 더 붙들고 있다가 의자에 앉혔다.

"이 나쁜 놈들!" 이반은 소리를 지르며 튕기듯 의자에서 일어서려 했지만, 다시 앉혀졌다. 사람들이 그를 놓아주자 다시 일어섰지만, 이번에는 스스로 주저앉고 말았다. 거칠게 주위를 둘러보며 한동안 아무 말도 하지 않고 있던 그가 갑자기 하품을 하더니, 악의에 찬 미소를 지었다.

"결국 가두고 마는군." 그는 말했다. 그리고 다시 한 번 하품을 하고는 그

---

*1 에틸에테르나 메틸에테르 등과 같이 'R-O-R'의 일반식으로 표시되는 화합물의 총칭. 유기물질 용매나 의약용 마취제로 이용된다.

대로 자리에 드러누워 베개 위에 머리를 올려놓고, 아이처럼 주먹을 뺨 아래로 가져갔다. 그리고 잠에 취한 목소리로 조용히 중얼거렸다. "좋아, 좋다고……" 당신들은 이 모든 일에 대가를 치르게 될 거야. 난 경고했어. 그러니 이제 마음대로들 하라고……! 지금 내가 신경 쓰이는 건 본디오 빌라도니까 …… 빌라도……." 그리고 그는 눈을 감았다.

"목욕시키고, 독방 117호에 넣어. 경비 붙이고." 의사는 안경을 쓰며 지시 사항을 전달했다. 류힌은 다시 몸을 떨었다. 하얀 문이 소리 없이 열리고, 그 뒤로 푸른 야광등이 비치는 복도가 보였다. 그 복도에서 작은 고무바퀴가 달린 간이침대가 들어왔다. 조용해진 이반이 그 위로 옮겨지자 침대는 다시 복도로 밀려나갔고 문이 닫혔다.

"박사님," 잔뜩 긴장해 있던 류힌이 작은 소리로 물었다. "그럼 정말로 어디가 아픈 건가요?"

"아, 그렇습니다." 의사가 대답했다.

"어떤 병이죠?" 류힌은 조심스럽게 물었다.

피곤해진 의사는 류힌을 한 번 바라보고는 시큰둥하게 대답했다.

"흥분…… 환각…… 아무래도 이 경우는…… 정신분열증으로 봐야 할 것 같습니다. 알코올 중독 증세도 있고……."

류힌은 박사의 말을 하나도 이해하지 못했지만, 이반 니콜라예비치의 상태가 아주 좋지 않다는 것만은 짐작할 수 있었다. 그는 한숨을 내쉬며 다시 물었다.

"계속 무슨 자문위원 얘기를 하던데, 그건 뭐죠?"

"누군가를 본 것 같습니다. 그가 환자의 불안정한 상상력을 자극한 것이지요. 환각을 본 것일 수도 있고……."

몇 분 뒤, 트럭은 류힌을 태우고 모스크바로 가고 있었다. 날이 밝아오자 아직 꺼지지 않은 도로의 가로등 불빛들이 불필요해지며 불쾌한 느낌까지 주었다. 운전사는 밤이 끝나버린 것에 화를 냈고, 연신 급회전을 해가며 전 속력으로 차를 몰았다.

그렇게 숲은 뒤로 물러나 어딘가로 사라지고, 강물 또한 멀어져갔다. 그리고 트럭 앞으로 다양한 풍경이 펼쳐졌다. 경비초소가 세워진 울타리와 장작더미들, 높이 세워진 말뚝과 기둥들, 그 위로 얽어매어진 전선들, 여기저기 쌓여 있는 쇄석 더미들, 운하가 줄무늬를 그리고 있는 대지, 이제 저 모퉁이를 돌면 바로 모스크바가 달려들 것이다.

류힌이 깔고 앉은 통나무가 자꾸 그를 흔들고 떠밀며, 그에게서 빠져 나가려 했다. 먼저 버스를 타고 떠난 경찰과 판텔레이가 던져 놓은 레스토랑의 수건들이 짐칸 여기저기서 나뒹굴고 있었다. 류힌은 수건들을 주워 모으려 애를 쓰다 왠지 울화통이 터지는 걸 느꼈다. '악마한테나 줘버리라지! 줍겠다고 버둥대는 내가 바보지……!' 류힌은 수건들을 걷어차 버리더니, 더는 쳐다보지도 않았다.

차를 타고 오는 내내 그의 기분은 완전히 엉망이었다. 병자들의 집을 찾아간 것이 그에게 깊은 흔적을 남긴 것이 분명했다. 류힌은 자신을 괴롭히고 있는 것이 무엇인지 알고 싶었다. 아직도 눈에 어른거리는 푸른 등이 켜진 복도 때문일까? 이성을 잃는 것보다 더 큰 불행은 없다는 생각 때문에? 그래, 그래, 물론 그런 이유도 있다. 하지만 그건 다들 하는 생각이 아닌가. 무언가 더 있다. 도대체 무엇일까? 그렇다, 그건 모욕이었다. 그래, 베즈돔니가 내 얼굴에 뱉은 모욕적인 말들 때문이다. 문제는 그 말들이 모욕적이었다는 것이 아니라, 그 속에 진실이 담겨 있다는 데 있었다.

시인은 더 이상 주위를 돌아보지 않았다. 끊임없이 흔들리고 있는, 지저분한 바닥을 응시하고 자책하며 중얼거렸다.

그래, 시(詩)…… 벌써 서른두 살이다! 앞으로 어떻게 될 것인가? 앞으로도 일 년에 몇 편씩 시를 쓸 것이다. 늙을 때까지? 맞다. 늙어 꼬부라질 때까지. 시는 무엇을 가져다주는 걸까? 명성? '헛소리! 나를 속이지는 말자. 엉터리 시를 쓰는 사람에게는 결코 명성이 따라오지 않는다. 내 시들은 왜 엉터리일까? 그래, 그는 진실을 말했다!' 류힌은 스스로에게 냉정하게 말했다. '자신이 쓴 것조차 나는 믿지 않고 있는 것이다……!'

날카로워진 신경이 폭발하며 온몸으로 퍼져 나갔고, 시인은 비틀거렸다. 바닥이 더 이상 흔들리지 않았다. 류힌은 고개를 들었다. 이미 모스크바에 도착해 있었다. 그는 모스크바 위로 밝아오는 새벽과 황금빛 구름, 자신이 탄 트럭이 가로수 길 앞 교차로에 늘어선 차들 사이에 갇혀 멈춰 있는 것을 보았다. 가까이 있는 받침대 위 동상*²이, 고개를 약간 수그린 채 무심히 가로수 길을 바라보고 있었다.

병든 시인의 머릿속에 이상한 생각들이 불쑥 터져나왔다. '그야말로*³ 진정 행복한 시인의 표상이구나…….' 류힌은 갑자기 짐칸에서 벌떡 일어나 주먹을 들어올리더니 아무 죄도 없는 동상을 공격하기 시작했다. '저자의 인생은 어떤 길을 걸어도, 무슨 일이 생겨도 모든 것이 그에게 유리하게 돌아갔다. 모든 것이 그에게 명성을 안겨주었다! 하지만 그가 뭘 했단 말인가? 납득할 수 없다……. '휘몰아치는 바람은 안개로*⁴…….' 이 말이 뭐가 특별하단 말인가? 이해할 수 없다……! 운이다, 운이 좋았던 것이다!' 시인이 난데없이 독기 어린 결론을 내렸을 때, 발아래로 트럭이 움직이는 게 느껴졌다. '그 장교가 저자의 허벅지를 쏘고 불멸의 명성을 준 것이다…….'

늘어선 차들이 움직이기 시작했다. 완전히 병자가 되어버린 듯한 그는 늙어 보이기까지 했다. 2분도 지나지 않아 시인은 그리보예도프 베란다로 들어갔지만 베란다는 이미 비어 있었다. 한쪽 구석에 슬슬 자리를 정리하려는 몇몇 사람들이 있었는데, 그 안에 낯익은 얼굴이 보였다. 터키모자*⁵를 쓰고 아브라우*⁶ 와인 잔을 든 채, 들떠 있는 그는 사회자였다.

---

*2 푸시킨 상. 러시아 예술광장에 있는 푸시킨 동상을 가리킨다.

*3 푸시킨을 가리킨다. 푸시킨은 러시아의 시인·작가 극작가이다. 바이런에 심취하여 반역적 로맨티시즘의 걸작 〈카프카즈의 포로〉〈바흐치사라이의 생〉〈집시의 무리〉 등의 서정시와, 러시아 리얼리즘 문학을 창도한 〈청동의 기사〉〈벨카나의 이야기〉〈대위의 딸〉 등을 남겼다.

*4 푸시킨의 시 '겨울저녁'의 한 구절이다

겨울저녁—푸시킨

휘몰아치는 바람은 하늘을 안개로 뒤덮고,
눈보라는 회오리바람에 말려 소용돌이치네.
때로는, 짐승처럼 울부짖고,
때로는, 다 낡은 초가지붕을
들들 볶으며 못살게 굴더니,
해질녘에 찾아든 나그네처럼
우리집 들창을 탁탁 두드리네.

*5 Turkish cap/페즈(fez) : 크라운의 중심에 길고 검은 비단실 술이 늘어져 있는 사다리꼴의 빨간 펠트 모자. 시리아인·팔레스타인인·알바니아인들이 많이 썼으며, 술 없이 여성용 모자로도 쓴다. 모로코의 페스(Fex)라는 도시에서 유래한 명칭이다.

*6 흑해 연안 노보로시스크에 있는 샴페인과 와인의 산지. 러시아의 '보르도' 같은 곳이라 볼 수 있다. 작품에서는 이 지역에서 생산된 술을 지칭하는 것으로 보인다.

수건을 잔뜩 안고 들어온 류힌을 아르치발트 아르치발도비치가 친절하게 맞아주는 순간, 드디어 류힌은 그 저주받은 넝마 더미에서 벗어날 수 있었다. 그가 병원과 트럭 위에서 그토록 지치지 않았더라면, 세세한 이야기를 덧붙여가며 병원에서 있었던 일들을 신나게 이야기하고 있었을 것이다. 하지만 그는 지금 그럴 기분이 아니었다. 게다가 아무리 그가 보는 눈이 없다고는 해도 트럭에서 양심의 가책을 받고 나서 다시 해적을 날카롭게 바라보니 사실 베즈돔니의 운명에는 전혀 관심이 없음을 알 수 있었다. 그는 베즈돔니에 대해 이것저것 질문을 하며 '저런, 세상에! 안타깝군요!' 안됐다는 듯 소리치기만 할 뿐, 조금도 그를 가엾게 여기지 않고 있었다. '훌륭해! 사실이 그렇지!' 류힌은 냉소와 자학이 뒤섞인 적의를 품으며 생각했다. 그리고 정신분열증에 대한 얘기를 하다 말고 말했다.

"아르치발트 아르치발도비치, 보드카 좀……."

해적은 동정하는 표정을 지으며 속삭였다.

"이해합니다…… 잠시만……." 그리고 웨이터에게 손짓을 했다.

십오 분 뒤 완전히 혼자가 된 류힌은 생선 접시 위로 몸을 숙인 채 웅크리고 앉아 이제 자신의 삶은 되돌릴 수 없으며, 그저 잊어버릴 수 있을 뿐이라는 사실을 깨달았다. 그는 보드카를 한 잔, 또 한 잔을 들이켰다.

남들은 신나게 먹고 마시며 보낸 밤을 시인은 망쳐버렸지만, 이미 그 밤을 되돌릴 수 없음을 알고 있었다. 그 밤이 돌이킬 수 없이 사라져버렸다는 사실을 깨닫기 위해서는 램프에서 고개를 들고 하늘을 쳐다보는 것만으로도 충분했다. 웨이터들이 분주하게 오가며 테이블보를 걷어내고 있었다. 베란다 옆을 뛰어다니는 고양이들에게서도 아침의 얼굴이 보였다. 하루가 걷잡을 수 없이 시인을 덮치려 하고 있었다.

제7장
불길한 아파트

"스툐파! 당장 일어나지 않으면 총살하겠다!" 만일 그날 아침, 누가 스테판 리호데예프에게 이렇게 말했다면, 스툐파는 들릴 듯 말듯 다 죽어가는 목소리로 대답했을 것이다. "쏴라 쏴, 마음대로 하라고, 그래도 난 안 일어나."

그는 일어나기는커녕, 눈을 뜰 수조차 없었다. 눈을 뜨면 곧장 번개가 내리쳐 그의 머리를 조각낼 것 같았다. 머릿속에서는 커다란 종이 울려대고, 감긴 눈과 눈꺼풀 사이로 초록빛 불꽃에 휩싸인 갈색 반점들이 떠다니고 있었다. 게다가 속이 메스꺼웠고, 그 메스꺼움은 끈질기게 달라붙는 축음기 소리와 관련이 있는 것 같았다.

스툐파는 뭔가를 기억해내려 했지만 기억나는 거라곤 하나밖에 없었다. 어제 어딘지 알 수 없는 곳에서 냅킨을 들고 어떤 부인에게 키스를 하려 했고, 다음 날 정오에 그녀의 집으로 가겠노라 약속을 했다. 그 부인은 거절했다. "안 돼요, 안 돼. 난 내일 집에 없을 거예요!" 하지만 스툐파는 고집을 피웠다. "간다면 가는 거요!"

그 부인이 누구였는지, 지금이 몇 시인지, 몇 월 며칠인지 스툐파는 도무지 알 수가 없었다. 더욱 나쁜 것은 자신이 지금 어디에 있는지 알 수 없다는 것이었다. 스툐파는 이것만이라도 알아내려고 애쓰며, 들러붙은 왼쪽 눈꺼풀을 겨우 떼어냈다. 어스름 속에서 뭔가 희미하게 빛을 뿜고 있었다. 스툐파는 그것이 거울이며, 자신은 침대, 전에 보석상 부인 소유였던 자기 침대 위에 누워 있음을 깨달았다.

이제 설명을 좀 해보자. 바리에테 극장의 지배인 스테판 리호데예프는 그날 아침 사도바야 거리에 있는 6층 자기 아파트에서 눈을 떴다. 고(故) 베를리오즈와 반씩 함께 쓰고 있는 커다란 아파트는 'ㄷ'자 모양으로 되어 있었다.

여기서 다음 사실을 말해두어야겠다. 50호 아파트에는 이미 오래전부터 악명까지는 아니지만 좀 이상한 평판을 얻고 있었다. 이 년 전, 아파트는 보석상을 하는 미망인, 드 푸제레 부인의 소유였다. 쉰 살가량의 점잖고 사업수완이 좋은 안나 프란체브나 드 푸제레 부인은 다섯 개의 방 중 세 개를 두 하숙인에게 빌려주었다. 성(姓)이 벨로무트인가 하는 사람과 이젠 사라진 성을 쓰던 사람이었다.

그리고 그때부터 아파트에 이상한 사건들이 일어났다. 아파트 주민들이 흔적도 없이 사라지기 시작한 것이다.

어느 휴일엔가 경찰이 아파트에 나타나 두 번째 하숙인을 불렀다(그의 성은 이제 없어졌다). 그리고 확인할 것이 있으니, 경찰서로 함께 가주어야겠다고 했다. 하숙인은 안나 프란체브나의 집에서 오랫동안 일해 온 충실한 가정부 안피사에게, 만약 자신을 찾는 전화가 오면 10분 뒤에 돌아올 거라고 해달라는 부탁을 했다. 그리고 흰 장갑을 낀 정중한 경찰과 함께 나갔다. 하지만 그는 십 분 뒤에 돌아오지 않았을 뿐만 아니라, 그 뒤로도 영영 돌아오지 않았다. 더 놀라운 것은 그와 함께 경찰관도 사라졌다는 사실이다.

그러자 신앙심이 깊은, 아니, 사실 미신을 잘 믿었던 안피사는 당황한 안나 프란체브나에게 달려갔다. 이것은 마술이 분명하며, 자신은 누가 그 하숙인과 경찰을 끌고 갔는지 알고 있지만 밤에는 이야기하고 싶지 않다고 했다.

잘 알려져 있다시피, 마술은 한 번 시작되면 무슨 수를 써도 멈출 수 없는 법이다. 두 번째 하숙인 벨로무트가 사라진 것은 분명 월요일이었다. 수요일에도 상황은 달라지지 않은 채 그는 행방불명이 되어버렸다. 수요일 아침, 여느 때와 다름없이 차가 와서 그를 직장까지 태워갔지만 아무도 그를 다시 집으로 데려오지 않았으며, 차도 돌아오지 않았다.

벨로무트 부인의 슬픔과 두려움은 이루 말할 수 없었다. 하지만 그 슬픔도, 두려움도 오래 가지는 않았다. 무엇 때문인지 황급히 별장으로 떠났다가 벨로무트가 사라진 날 밤, 안피사와 함께 돌아온 안나 프란체브나는 더 이상 벨로무트 부인을 볼 수 없었다. 그뿐만이 아니었다. 벨로무트 부부가 썼던 두 방문이 모두 봉인되어 있었다!

그렇게 이틀이 지나고 사흘째가 되던 날, 내내 불면증에 시달리던 안나 프란체브나는 황급히 다시 별장으로 떠났다……. 그녀가 돌아오지 않았다는 것은 말할 필요도 없다.

혼자 남겨진 안피사는 한참을 울다 새벽 2시가 다 되어서야 잠자리에 들었다. 그리고 그녀에게 무슨 일이 일어났는지는 알 수 없다. 다만, 같은 건물 주민들 말에 따르면, 50호에서 밤새 뭔가 두드리는 소리가 들렸고, 새벽까지 온 방에 불이 켜져 있었다고 한다. 아침이 되자 안피사도 사라지고 말았다!

사라져버린 사람들과 그 저주받은 아파트에 대한 온갖 소문들이 오랫동안 그 건물에서 끊이지 않았다. 이를테면, 신앙심이 깊던 안피사가 안나 프란체브나의 스물다섯 개 커다란 다이아몬드가 들어 있는 영양 가죽 주머니를 비쩍 마른 가슴에 품고 나갔다거나, 안나 프란체브나가 황급히 떠난 그 별장의 땔감을 쌓아두던 창고에서 그와 똑같은 다이아몬드가 셀 수 없이 발견되었고, 그 속에 차르의 초상화가 그려진 금화도 있었다는 등의 이야기들 말이다. 글쎄 정말로 그런 일이 있었는지는 확실하지 않다.

어찌 되었든 아파트가 봉인된 채 비어 있었던 것은 일주일뿐이었고, 고인이 된 베를리오즈와 그의 부인, 그리고 앞서 말한 스툐파가 역시 부인과 함께 그 아파트로 이사를 왔다. 그리고 그 저주받은 아파트에 들어오자마자, 그들에게도 자연스럽게 악마만이 알 수 있는 일들이 벌어지기 시작했다. 한 달 사이에 두 부인이 사라져버렸다. 하지만 그녀들이 아무 흔적도 없이 사라진 것은 아니었다. 베를리오즈 부인에 대해서는 그녀가 하리코프에서 어떤 발레 연출가와 함께 있는 것을 보았다는 이야기가, 스툐파 부인의 경우 보제돔카에서 발견되었다는 이야기가 돌기도 했다. 사람들의 말에 따르면, 바리에테 극장 지배인이, 다시는 사도바야 거리에 나타나지 않는다는 조건으로, 자신의 수많은 지인들을 동원하여 아내에게 그 방을 얻어주었다는데…….

어쨌든 스툐파는 신음소리를 냈다. 가정부 그루냐를 불러 피라미돈을 갖다달라고 하려 했지만, 아무래도 그루냐가 피라미돈을 챙겨놨을 것 같지 않았다. 그래서 그는 베를리오즈에게 도움을 청하기 위해 거의 신음에 가까운 소리로 그를 불렀다. "미샤…… 미샤……." 하지만 다들 짐작하시다시피, 대답은 없었다. 아파트는 완전한 정적에 휩싸여 있었다.

발가락을 옴지락거리던 스툐파는 자신이 양말을 신은 채 누워 있다는 것을 알았다. 바지를 입고 있는지 확인하기 위해 떨리는 손으로 허벅지를 만져 보았지만, 알 수 없었다. 마침내 자신은 혼자 내버려졌으며, 도와줄 사람은 아무도 없음을 깨닫고 어떻게 해서든 일어나기로 결심했다.

스툐파는 풀로 붙여놓은 것 같은 눈꺼풀을 간신히 들어 올렸다. 샤방으로 뻗친 머리, 검고 뻣뻣한 털로 뒤덮인 통통 부은 얼굴에 쪼그라든 눈, 깃이 달린 더러운 셔츠에 넥타이, 그리고 속바지에 양말만 신은 사람이 거울에 비쳤다.

거울에 비친 그의 옆에 검은 옷에 검은 베레모를 쓰고 있는 낯선 사람이 보였다.

스툐파는 침대에서 일어나 앉아, 충혈된 눈을 가능한 한 크게 뜨고 낯선 사람을 바라보았다.

먼저 침묵을 깬 것은 낯선 사람이었다. 낯선 사람은 외국 억양이 섞이고 묵직하게 가라앉은 목소리로 말했다.

"안녕하십니까, 친애하는 스테판 보그다노비치!"

잠깐 침묵이 흘렀다. 그리고 스툐파가 간신히 힘을 다해 입을 열었다.

"무슨 일이죠?" 스툐파는 자신의 목소리에 깜짝 놀랐다. '무슨'이라는 단어는 보이 소프라노로, '일'은 베이스로 울렸고, '이죠'는 거의 소리가 나지 않았다.

낯선 사람은 친근한 미소를 지으며, 뚜껑에 삼각 다이아몬드가 새겨진 커다란 금시계를 꺼내 종소리를 11번 울리고는 말했다.

"11시! 정확히 한 시간 동안 당신이 깨어나기를 기다리고 있었습니다. 10시까지 오라고 하셨죠. 그래서 제가 왔습니다!"

스툐파는 침대 옆 의자 위에 있는 바지를 더듬거리며 작게 말했다.

"실례……." 그는 바지를 입고 나서 갈라지는 목소리로 물었다. "성함이 어떻게 되시지요?"

스툐파는 말을 하기가 힘들었다. 말 한마디를 할 때마다 누가 옆에서 그의 머리를 바늘로 콕콕 찌르는 것 같았다.

"아니, 뭐라고요? 제 이름까지 잊어버리신 겁니까?" 낯선 사람이 미소를 지었다.

"죄송합니다……." 술이 덜 깼는지 새로운 증상이 나타나는 것 같아 그는 작게 중얼거렸다. 침대 옆 바닥이 갑자기 어디론가 사라져 버리고, 자신은 그대로 고꾸라져 지옥에 있는 악마의 어머니에게 떨어져버릴 듯한 기분이 들었다.

"친애하는 스테판 보그다노비치," 방문객은 날카로운 미소를 지으며 말했다. "피라미돈 따위는 도움이 되지 않을 겁니다. '같은 것이 같은 것을 치료한다'는 오래된 지혜를 따르십시오. 당신이 정신 차릴 수 있는 방법은 맵고 뜨거운 안주와 보드카 두 잔밖에 없습니다."

스툐파는 영리한 사람이었다. 아무리 몸이 좋지 않아도 이런 꼴을 보였으니 모두 인정할 수밖에 없다는 것을 알고 있었다.

"솔직히 말해서," 그는 혀를 겨우 움직이며 입을 열었다. "어제 제가 좀……."

"됐습니다!" 방문자는 의자에 앉은 채 구석으로 갔다.

스툐파는 눈을 크게 뜨고 작은 탁자 위 쟁반을 보았다. 쟁반 위에는 가지런히 썰어놓은 흰 빵과 소금에 절인 캐비아가 담긴 작은 컵, 버터에 살짝 구운 버섯을 담은 접시와 스튜 냄비에 담긴 무언가, 마지막으로 보석상 부인이 쓰던 커다란 유리병에 보드카가 담겨 있었다. 스툐파를 제일 놀라게 한 것은 차가운 물방울이 맺혀 있는 유리병이었다. 그도 그럴것이, 유리병은 얼음을 가득 채운 용기에 보관되어 있었다. 한마디로 모든 것이 완벽하게 준비되었다.

낯선 사람은 스툐파의 놀라움이 병적인 단계로 나아가도록 내버려두지 않았다. 그는 능숙한 솜씨로 보드카 한 잔을 따라 스툐파에게 내밀었다.

"당신은?" 스툐파가 갈라지는 목소리로 말했다.

"좋지요!"

스툐파는 떨리는 손으로 잔을 들어 입술에 갖다 댔고, 낯선 사람은 단숨에 술잔을 들이켰다. 캐비아를 오물거리던 스툐파가 쥐어짜듯 말했다.

"안주도…… 드시지요."

"감사합니다만, 저는 안주는 절대 먹지 않습니다." 낯선 사람은 대답하고, 두 번째 잔을 따랐다. 스튜 냄비 안에는 토마토소스를 얹은 소시지가 들어 있었다.

마침내 눈앞의 저주스러운 녹색 점들이 사라지고 말이 제대로 나오기 시작했으며, 무엇보다도 기억이 돌아왔다. 어제 단막극 작가 후스토프는 스툐파를 택시에 태워 스호드냐에 있는 후스토프의 별장으로 데려갔었다. 그들은 메트로폴 앞에서 택시를 잡았고, 어떤 배우가…… 휴대용 축음기를 들고 함께 있었다는 것도 기억이 났다. 그래, 맞다, 별장이었다! 그 축음기 때문에 개들이 짖어댔었다. 다만 스툐파가 키스를 하려 했던 부인이 누구였는지는 여전히 기억나지 않았다…… 그게 누군지 악마나 알겠지…… 라디오 방송국에서 일한다고 했던 것 같기도 하고, 아닌 것 같기도 하고.

어제 하루가 이런 식으로 조금씩 밝혀졌다. 그러나 지금 스툐파는 바로 오늘, 특히 보드카와 안주까지 들고 침실에 나타난 이 낯선 사람이 궁금했다. 이걸 밝혀낼 수 있다면 좋을 텐데!

"자, 어떻습니까, 이제 제 이름이 기억나시겠지요?"

하지만 스툐파는 부끄러운 듯 미소를 지으며 양팔을 벌릴 뿐이었다.

"세상에! 아무래도 보드카에 포트와인까지 마신 모양이군요! 이런, 어떻게 그럴 수가 있습니까!"

"그 일은 우리끼리만 아는 걸로 해주셨으면 합니다." 스툐파가 비위를 맞추려는 듯이 말했다.

"그야 물론이지요! 하지만 후스토프에 대해서는 약속할 수 없을 것 같습니다."

"후스토프도 아십니까?"

"어제 당신 사무실에서 잠깐 보았지요. 얼핏 보기는 했지만, 비열한 싸움꾼에 기회주의자, 아부꾼이라는 건 알겠더군요."

'맞는 말이군!' 후스토프를 너무나도 정확하고 간단명료하게 정의한 것에 놀라며 스툐파가 생각했다.

그렇게 어제 하루가 조각조각 맞춰지고 있었지만 바리에테 극장 지배인은 여전히 마음 한구석이 불안했다. 어제 기억에 크고 검은 구멍이 뻥 뚫려 있었다. 아무리 생각해 봐도 스툐파는 어제 사무실에서 베레모를 쓴 이 낯선 사내를 본 기억이 없다.

"흑마술 교수 볼란드입니다." 스툐파가 곤란해 하는 것을 보고 방문객이 진지하게 말했다. 그리고 모든 것을 순서대로 설명했다.

그는 어제 낮에 외국에서 모스크바로 왔다. 그리고 곧바로 스툐파를 찾아가 바리에테 극장에서의 공연을 제안했다. 스툐파는 모스크바 공연위원회와 통화를 한 뒤 이에 동의했으며(스툐파는 얼굴이 창백해졌고, 눈을 껌뻑거리기 시작했다), 일곱 차례 공연을 하기로 계약서에 서명을 하고(스툐파는 입을 벌렸다), 세부사항들을 확인하기 위해 오늘 아침 10시 볼란드가 찾아오기로 했다…… 그래서 볼란드가 온 것이다. 여기 도착했을 때, 가정부 그루냐가 그를 맞아주었다. 그루냐는 지금 막 왔다면서 자신은 출퇴근하는 사람이고 베를리오즈가 집에 없음을 알려주었다. 그리고 스테판 보그다노비치를 만나고 싶다면 직접 침실로 들어가 보라고 했다. 스테판 보그다노비치가 너무 깊이 잠들어 있어서, 자신은 그를 깨울 수 없다는 것이다. 스테판 보그다노비치의 상태를 본 예술가는 그루냐를 시켜 가까운 식료품 가게에서 보드카와 안주를, 약국에서 얼음을 사오도록 하고……

"돈은 제가 드리겠습니다." 스툐파는 완전히 기가 죽어 기어 들어가는 목소리로 말하고는 지갑을 찾기 시작했다.

"무슨 소리를 하시는 겁니까!" 객연가는 펄쩍 뛰며 더 들으려고도 하지 않았다.

그렇다면 보드카와 안주는 설명이 되었다. 하지만 스툐파는 여전히 상태가 영 좋지 않아 보였다. 그는 계약에 대해서 아무것도 기억나지 않았음은 물론 어제 볼란드를 본 적도 없었다. 후스토프는 확실히 왔었다. 하지만 볼란드는 없었다.

"계약서를 좀 볼 수 있을까요?" 스툐파가 조용히 부탁했다.

"물론이죠, 물론입니다……."

계약서를 본 스툐파는 굳어버렸다. 모든 것이 완벽했다. 무엇보다도 휘갈겨 쓴 스툐파 자신의 서명이 있다! 그리고 그 옆에는 일곱 차례의 공연에 대한 대가로 예술인 볼란드에게 삼만 오천 루블을 지불할 것이며, 만 루블을 선금으로 내줄 것을 승인하는 경리부장 림스키의 비뚜름한 서명도 있었다. 뿐만 아니라, 만 루블을 받았다는 볼란드의 영수증까지 있는 게 아닌가!

'도대체 어떻게 된 거지?' 불쌍한 스툐파의 머리가 빙빙 돌았다. 빌어먹을 기억력 감퇴가 시작된 건가? 하지만 계약서까지 보여달라고 해놓고 계속 놀란 표정을 짓고 있는 건 무례한 짓이다. 스툐파는 손님에게 양해를 구한 뒤, 양말만 신고 전화기가 있는 현관으로 달려갔다. 그리고 달려가면서 부엌에 소리쳤다.

"그루냐!"

하지만 아무도 대답하지 않았다. 스툡파는 현관 옆에 있는 베를리오즈 서재 문을 쳐다보았다. 그리고 말 그대로 굳어버렸다. 손잡이가 밀랍으로 커다랗게 봉인되어 있었던 것이다. '안녕하신가!' 스툡파의 머릿속에 누군가의 거친 목소리가 울렸다. '이건 시작에 불과하다네!' 그 순간 스툡파의 생각은 두 갈래 길을 달렸다. 하지만 파국이 오면 언제나 그렇듯이, 어느 쪽도 악마나 알 수 있는 곳을 향했다. 스툡파의 머릿속은 뒤죽박죽이 되어버렸다. 검은 베레모를 쓴 악마 같은 남자에 차가운 보드카, 믿기 어려운 계약서, 그것도 모자라 문에 봉인까지! 베를리오즈가 뭔가 사고를 쳤다는 말인가? 아니, 그건 당치도 않다. 그 말을 믿는 사람은 아무도 없을 것이다! 하지만 봉인이 이렇게 눈앞에 있지 않은가! 그렇다면…….

바로 그때 얼마 전 그가 잡지에 실어달라며 미하일 알렉산드로비치에게 억지로 떠맡겼던 논문에 대한 그다지 유쾌하지 못한 기억이 스툡파의 머릿속을 스쳐갔다. 우리끼리 얘기지만, 그게 정말 말도 안 되는 논문이었다! 아무짝에도 쓸모없는, 게다가 돈도 얼마 받지 못했고…….

논문에 대한 기억에 이어, 그게 4월 24일 저녁이었던가, 식당에서 미하일 알렉산드로비치와 저녁을 먹으며 나누었던 다소 께름칙한 대화도 떠올랐다. 사실 엄밀히 말해서, 그렇게 께름칙한 대화를 나눈 것도 아니었다(스툡파가 그런 말을 했을 리도 없다). 하지만 불필요한 주제였던 것만은 사실이다. 시민들이여, 그런 대화는 아예 시작도 하지 말아야 한다. 물론 봉인되기 전까지야, 그런 대화가 아무것도 아닌 것으로 여겨질 수 있겠지만, 이렇게 봉인을 하고 나면…….

'아, 베를리오즈, 베를리오즈!' 스툡파의 머릿속이 부글부글 끓기 시작했다. '이렇게 될 줄 누가 알았겠는가!'

하지만 계속해서 슬퍼하고 있을 수만은 없었다. 스툡파는 바리에테 경리부장 림스키의 사무실로 전화를 걸었다. 스툡파는 미묘한 입장이었다. 무엇보다, 계약서를 다 보았는데도 스툡파가 또 계약을 확인했다는 사실이 외국인의 기분을 망칠 수도 있었고, 경리부장과 이야기를 나누는 것도 쉬운 일은 아니었다. '내가 어제 흑마술 교수와 삼만 오천 루블짜리 계약을 맺었던가?'

이렇게 물어볼 수도 없는 노릇이고, 절대 이렇게 물어서는 안 된다!

"네!" 수화기로 림스키의 날카롭고 불쾌한 음성이 들려왔다.

"여보세요, 그리고리 다닐로비치," 스툐파는 아주 작게 말하기 시작했다. "리호데예프인데, 무슨 일인가 하면…… 흠…… 흠…… 지금 내 방에 그 사람…… 그러니까…… 예술인 볼란드가 와 있는데…… 그래서…… 내가 묻고 싶은 건 말이지, 오늘 저녁 공연 건은 잘되어가고 있는지……?"

"아, 흑마술이요?" 수화기 너머로 림스키가 말해왔다. "포스터가 곧 나올 겁니다."

"그렇군," 스툐파가 풀이 죽은 목소리로 말했다. "그래, 그럼 있다 보세……."

"지금 바로 오실 겁니까?" 림스키가 물었다.

"삼십 분 뒤에 가지." 스툐파가 대답했다. 그리고 수화기를 내려놓고, 뜨거워진 머리를 두 손으로 움켜잡았다. 아, 이 무슨 끔찍한 일이란 말인가? 시민 여러분, 기억이 어떻게 된 거야? 응?

그러나 더 이상 현관에서 지체할 수는 없었다. 스툐파는 재빨리 계획을 세웠다. 먼저 무슨 수를 쓰든 자신의 이 어이없는 건망증을 감춰야 한다. 그리고 지금 당장 외국인에게 교묘한 질문을 던져 그가 오늘 바리에테에서 보여주려는 것이 무언지 어떻게든 알아내야 한다.

이런 생각을 하며 스툐파는 전화기에서 돌아섰다. 그때 게으른 그루냐가 오랫동안 닦지 않은 현관 거울 속에 아주 이상하게 생긴, 그러니까 이파리 없는 줄기처럼 길쭉하고, 코안경까지 걸친 기괴한 사람을 똑똑히 보았다(아, 이반 니콜라예비치가 이 자리에 있었다면! 그라면 이 사람이 누군지 바로 알아봤을 텐데!). 거울 속 사나이는 곧 사라졌다. 스툐파는 불안한 표정으로 현관 안쪽을 자세히 들여다보다가 다시 한 번 비틀거렸다. 이번엔 거울 속에 아주 건강해 보이는 검은 고양이가 나타났다가, 그 또한 사라져 버렸다.

스툐파는 심장이 멎어버린 듯 휘청거렸다.

'이건 또 뭐야?' 그는 생각했다. '내가 미쳐버린 건가? 저것들은 다 어디서 나타난 거지?' 현관을 둘러본 그는 겁에 질려 소리쳤다.

"그루냐! 여기 웬 고양이가 어슬렁거리는데? 어디서 데려온 거지? 그 사람은 또 누구고?"

"걱정하지 마십시오, 스테판 보그다노비치." 그루냐가 아닌 침실에 있는 손님 목소리였다. "그 고양이는 제가 데려왔습니다. 안심하십시오. 그리고 그루냐는 없습니다. 제가 보로네시로 보냈습니다. 당신이 휴가를 주지 않는다고 불평하더군요."

너무나도 난데없고, 어이없는 말에, 스툐파는 자신이 잘못 들은 것이라고 생각했다. 완전히 혼란에 빠진 스툐파는 빠른 걸음으로 침실로 달려갔다가 문턱에서 다시 몸이 굳어버렸다. 머리카락이 곤두서는 느낌이 들더니, 이마에는 작은 땀방울이 맺혔다.

침실에 있던 손님은 이미 혼자가 아니었다. 옆 안락의자에 현관에서 보았던 남자가 앉아 있었다. 이번에는 그의 모습이 분명하게 보였다. 듬성듬성 난 콧수염에 코안경 한쪽 유리알이 반짝였고, 한쪽은 유리알이 아예 없었다. 하지만 침실에는 더 끔찍한 것도 있었다. 보석상 부인이 쓰던 푹신한 의자 위에 지극히 편안하게 앉아 있는 세 번째 인물, 끔찍하리만치 커다란 검은 고양이가 한 발로 보드카 잔을, 다른 발로는 양념을 한 버섯을 찍은 포크를 쥐고 있었다.

안 그래도 희미했던 침실 불빛이 눈앞에서 꺼져 가기 시작했다. '그래, 사람이 이렇게 미치는 거구나!' 그는 생각하며 문가 기둥을 붙잡았다.

"놀라신 것 같군요, 친애하는 스테판 보그다노비치." 이를 덜덜 떨고 있는 스툐파에게 볼란드가 말을 걸었다. "하지만 놀라실 것 없습니다. 이쪽은 제 수행원들입니다."

그 순간 고양이가 보드카를 들이켰고, 스툐파의 손이 기둥 아래로 미끄러졌다.

"제 수행원들이 머물 곳이 필요합니다." 볼란드가 말을 이었다. "그래서 말인데, 우리 중 이 아파트에 필요없는 사람이 하나 있는 것 같군요. 내 생각에 그건 바로 당신인 것 같소!"

"저 사람들, 저 사람들입니다!" 길쭉한 체크무늬 사내가 스툐파를 복수형으로 부르며 염소가 우는 것 같은 소리를 냈다. "요즘 저자들은 아주 더러운 짓을 하고 있습니다. 매일같이 술만 퍼마시고 지위를 이용해 여자들과 관계나 가지고, 일은 하나도 안하고. 뭐, 원래 할 줄 아는 게 없긴 하죠. 맡은 일이 뭔지도 모르고, 높으신 분들 눈이나 속이고 있으니 말입니다!"

"쓸데없이 공무용자동차나 몰고 다니고!" 버섯을 우물거리던 고양이가 불만을 터트렸다.

그때 네 번째이자 마지막 인물이 아파트에 나타났고, 이미 바닥을 기다시피 하고 있던 스툐파는 힘빠진 손으로 문기둥을 더듬거렸다.

벽에 걸린 거울에서 작은 사내가 걸어나왔다. 작은 키에 이상할 만큼 어깨가 넓고, 중산모를 쓰고 있었으며, 입 밖으로 튀어나온 송곳니는 흉측한 외모를 더욱 끔찍하게 만들고 있었다. 게다가 그의 머리카락은 활활 타오르는 붉은색이었다.

"난," 새로운 인물이 대화에 끼어들었다. "저런 자가 어떻게 극장지배인이 되었는지 도대체 이해할 수가 없어." 붉은 머리는 코맹맹이 소리를 더욱 높이며 말했다. "저자가 지배인이면, 난 주교(主敎)님이다!"

"넌 주교같지는 않아, 아자젤로." 고양이가 접시에 소시지를 올려놓으며 말했다.

"내 말이 그 말이야." 붉은 머리가 코맹맹이 소리로 대답하고는 볼란드 쪽을 돌아보며 정중하게 덧붙였다. "메시르, 이자를 모스크바에서 지옥으로 내던져버려도 되겠습니까?"

"캬악!" 갑자기 고양이가 털을 곤두세우며 으르렁거렸다. 그 순간 침실이 빙빙 돌기 시작하면서 스툐파는 문기둥에 머리를 세게 부딪쳤다. 그리고 의식을 잃으며 생각했다. '이렇게 죽는구나……'

하지만 그는 죽지 않았다. 슬그머니 눈을 떠본 그는 자신이 웬 바위 비슷한 것 위에 앉아 있음을 깨달았다. 주위에서 웅성대는 소리가 들려왔다. 마침내 눈을 뜬 그는 그것이 바다에서 나는 소리였으며, 파도가 발 바로 아래까지 밀려오고 있는 것을 알아차렸다. 그는 방파제 끝에 앉아 있었다. 머리 위로 푸른 하늘이 빛나고, 그의 뒤에 있는 산 위로 백색도시가 보였다.

이럴 때 어떻게 행동해야 할지 몰랐던 스툐파는 후들거리는 다리를 일으켜 세워 방파제를 따라 해안으로 걸어갔다.

방파제 위에는 한 남자가 서서 담배를 피우며 바다에 침을 뱉고 있었다. 그는 거친 눈빛으로 스툐파를 돌아보더니 침 뱉기를 멈췄다.

그 순간 스툐파는 난데없는 행동을 했다. 처음 보는 흡연자 앞에 무릎을 꿇으며 이렇게 말했다.

"제발 말씀해주십시오. 여기가 도대체 어디지요?"

"뭐야!" 냉정한 흡연자가 말했다.

"전 술주정뱅이가 아닙니다." 스툐파가 쉰 목소리로 말했다. "저에게 이상한 일이 일어나서…… 병에 걸렸습니다…… 여기가 어디죠? 무슨 도시입니까?"

"야, 얄타요……."

스툐파는 가는 한숨소리와 함께 픽 쓰러지며 뜨겁게 달구어진 방파제에 머리를 부딪쳤다. 그는 그렇게 의식을 잃었다.

제8장
교수와 시인 대결

스툐파가 얄타에서 의식을 잃은 그때, 그러니까 오전 11시 30분쯤 이반 니콜라예비치 베즈돔니는 깊고 오랜 잠에서 깨어났다. 그는 잠시 자신이 어떻게 이 낯선 방에 들어왔는지 생각해보았다. 벽은 모두 하얗고, 침대 옆에는 빛나는 금속으로 만들어진 특이한 테이블이 있었으며, 흰 블라인드 뒤로 햇살이 느껴졌다.

이반은 머리를 흔들어보았다. 머리는 아프지 않았다. 그리고 자신이 병원에 있음을 기억해냈다. 이어 베를리오즈의 죽음이 떠올랐지만, 오늘은 그 생각도 이반에게 큰 충격을 주지는 못했다. 충분한 수면을 취한 이반 니콜라예비치는 좀더 침착해졌고, 명확하게 사고할 수 있었다. 이반은 얼마 동안 깨끗하고 부드러우며 편안한 스프링 침대에 꼼짝 않고 누워 있다가 문득 옆에 버튼이 있다는 사실을 알아냈다. 쓸데없이 이것저것 만져보는 버릇이 있는 이반은 버튼을 눌렀다. 무슨 소리가 나거나, 누가 들어오리라 생각했던 것과 달리 전혀 다른 일이 벌어졌다.

'음료'라고 써 있는 침대 발치의 불투명한 긴 원통에 불이 들어왔다. 잠시 멈춰 있던 원통이 다시 돌더니 '간호사'라는 글씨가 나왔다. 이반은 이 신기한 원통에 놀랐다. 그러는 사이 글씨는 '의사호출'로 바뀌었다.

"흐음……" 이반은 이 원통을 어떻게 다뤄야 할지 몰랐다. 우연히, '수간호사'라는 단어에서 버튼을 두 번 눌렀다. 원통이 이에 답하듯 낮은 벨소리를 내며 멈췄고, 불도 꺼졌다. 그리고 깨끗한 흰 가운을 입은 뚱뚱하고 인상 좋은 여자가 방으로 들어와 이반에게 인사를 건넸다.

"안녕하세요?"

이반은 대답하지 않았다. 지금 이 상황에 인사가 어울리지 않는다고 생각했기 때문이었다. 멀쩡한 사람을 병원에 가둬놓고, 그게 당연한 일인 것처럼 행동하고 있지 않은가!

그래도 여자는 상냥한 표정을 잃지 않고, 버튼을 눌러 블라인드를 올렸다. 그러자 바닥까지 이어진 가는 창살 사이로 햇빛이 방 안에 쏟아져 들어왔다. 창살 뒤로 발코니가 있었고, 그 너머에 굽이진 강둑이, 건너편 기슭에는 상쾌한 소나무 숲이 펼쳐져 있었다.

"씻으시죠." 여자가 말했다. 그녀가 팔을 뻗자 팔 아래로 벽이 갈라지며, 그 뒤로 욕실과 훌륭한 시설이 갖추어진 화장실이 나타났다.

여자와 이야기를 하지 않기로 작정한 이반이었지만, 번쩍이는 수도꼭지에서 세차게 흘러나와 욕조로 떨어지는 물줄기를 보자 자신도 모르게 말이 튀어나왔다.

"이런! 메트로폴호텔 같군!"

"아니죠." 여자가 자랑스럽게 대답했다. "훨씬 낫지요. 이런 시설을 갖춘 곳은 외국에도 없답니다. 학자들과 의사들이 우리 병원을 둘러보러 일부러 찾아올 정도지요. 외국인 관광객들도 매일같이 다녀간답니다."

'외국인 관광객'이라는 말을 듣자 어제 그 자문위원이 떠올랐다. 이반은 얼굴을 찌푸리고 눈을 치뜨며 말했다.

"외국인 관광객…… 외국인 관광객이라면 다들 사족을 못 쓰는군! 개중에는 별의별 인간들이 다 있는데 말이야. 어제 내가 만난 그 작자만 해도 아주 대단했지!"

그리고 이반은 본디오 빌라도 얘기까지 하려 했다. 하지만 이 여자에게 얘기해봐야 아무 소용이 없고, 어차피 자신을 도와줄 수 없다는 생각에 아무 말도 하지 않았다.

이반 니콜라예비치가 씻고 나오자 목욕 뒤에 남자한테 필요한 것들, 깔끔하게 다려진 셔츠와 속바지, 양말이 주어졌다. 그 뿐만이 아니었다. 여자는 옷장문을 열고 그 안을 가리키며 물었다.

"뭘 입으시겠어요, 가운? 아니면 파자마?"

자신의 의지와 상관없이 새로운 환경에 내던져진 이반은 너무나도 천연덕스러운 여자의 태도에 손뼉이라도 칠 지경이었다. 하지만 그는 말 없이 새빨간 파자마를 손가락으로 가리켰다.

이반 니콜라예비치는 조용하고 텅빈 복도를 따라 어마어마하게 큰 방으로 끌려 들어갔다. 놀라운 시설을 갖춘 이 건물의 모든 것을 빈정대기로 작정한 이반은 방에 들어서면서 '조리 공장'이라는 이름을 붙였다.

거기에는 그럴 만한 이유가 있다. 방에는 니켈을 입혀 번쩍거리는 기구들이 든 유리장과 선반들이 늘어서 있었다. 아주 복잡하게 생긴 팔걸이의자들과 반짝이는 갓을 씌워놓은 배가 불룩한 램프들, 작고 목이 좁은 유리병, 가스램프와 전선들, 그리고 도무지 용도를 알 수 없는 도구들도 놓여 있었다.

방에서 이반을 맞은 것은 여자 둘과 남자 하나로, 세 사람 모두 흰옷을 입고 있었다. 그들은 먼저 이반을 구석 작은 책상 앞으로 데려가, 그에게서 뭔가를 캐내려 했다.

이반은 자신이 처한 상황에 대해 생각하기 시작했다. 그의 앞에는 세 갈래 길이 있었다. 그중에서는 첫 번째 길이 가장 매력적이었다. 저 램프들과 복잡하게 생긴 물건들을 죄다 깨부숴 악마에게나 줘버림으로써 아무 이유없이 그를 붙잡아두는 것에 항의하는 것이다. 하지만 오늘의 이반은 어제의 이반과 달랐다. 첫 번째 방법은 아무래도 문제가 있어 보였다. 무엇보다 저들이 자신을 난폭한 미치광이라고 확신할 것이다. 그래서 이반은 첫 번째 길을 포기했다. 두 번째는 바로 자문위원과 본디오 빌라도에 대한 이야기를 하는 것이다. 그러나 어제의 경험으로 보건대, 아무도 그 이야기를 믿지 않거나 왜곡할 것이 분명하다. 이반은 두 번째 길도 버리고, 세 번째 길을 선택하기로 했다. 오만한 침묵에 잠기는 것이다.

하지만 세 번째 방법 역시 완벽히 실행되지는 못했다. 이반은 그의 의지와 상관없이, 물론 인상을 찌푸리고 짧긴 했지만, 잇단 질문에 대답을 할 수밖에 없었다. 정신을 차리고 보니, 그들은 이반에게서 과거에 대한 모든 것들, 십오 년 전 어떻게 성홍열을 앓았는가 하는 것까지 죄다 알아내고 있었다. 흰옷을 입은 여자가 이반에 대한 이야기로 종이 한 장을 다 채우고 뒷장으로 넘겼다. 그리고 이번에는 이반의 친척들에 대한 질문을 시작했다. 누가, 언제, 왜 죽었는지, 술을 마시지 않았는지, 성병을 앓지 않았는지 등 지루하고 따분한 이야기가 계속되었다. 그리고 마지막으로, 어제 파트리아르흐 호에서 일어났던 일에 대해 말해달라고 했다. 하지만 그들은 귀찮게 물고 늘어지지도 않았고, 본디오 빌라도 이야기에도 놀라지 않았다.

그런 다음 여자가 남자에게 이반을 넘겼고, 남자는 여자와 다르게 아무것도 묻지 않았다. 이반의 체온과 맥박을 재고, 작은 램프로 비추어 이반의 눈을 살폈다. 그러고 나자 다른 여자가 남자를 돕기 위해 다가왔다. 그들은 뭔가를 이반의 등에 아프지 않게 찔렀으며, 가슴에 작은 망치 손잡이로 뭘 그리기도 하고, 망치로 무릎을 두드려 이반의 다리가 튀어 오르게 하고, 손가락을 바늘로 찔러 피를 뽑고, 팔꿈치를 찌르고, 팔에 고무 팔찌 같은 것을 끼우기도 하고…….

이반은 씁쓸한 미소를 지으며, 어쩌다가 일이 이렇게 어리석고 이상하게 되어버렸는지 생각했다. 생각 해보라! 정체를 알 수 없는 자문위원 때문에 벌어질 위험을 모두에게 알리고 싶어서 그를 붙잡으려 했을 뿐이다. 그런데 그는 이 수수께끼 같은 방에 들어와 볼로그다에서 술만 퍼마셨던 표도르 삼촌에 대한 쓸데없는 얘기까지 늘어놓고 있었다. 정말 참을 수 없이 어리석은 일이다!

마침내 그들은 이반을 풀어주었다. 이반은 다시 자기 방으로 돌려보내졌고, 그곳에서 커피 한 잔과 반숙 계란 두 개, 버터와 흰 빵을 받았다.

제공된 음식을 모두 먹고 난 이반은 이 기관의 높은 사람이 올 때까지 기다리다 그에게 자신의 말을 경청할 것과 공정한 판단을 해주기를 요구하기로 결심했다.

기다렸던 사람은 의외로 빨리, 아침을 다 먹자마자 나타났다. 갑자기 이반의 방문이 열리고, 방 안으로 흰 가운을 입은 사람들이 여럿 들어왔다. 무리 제일 앞에는 배우처럼 말끔하게 면도를 하고, 상냥하면서도 날카로운 눈매와 정중한 매너를 지닌 마흔다섯 살 가량의 한 남자가 있었다. 수행원들은 하나같이 그에게 존경을 표하면서 그의 말이라면 한마디도 놓치지 않겠다는 표정을 하고 있었고, 그래서 그의 등장은 장엄하기까지 했다. 이반은 생각했다. '꼭 본디오 빌라도 같군!'

그는 높은 사람이 분명했다. 그가 등받이 없는 의자에 앉았고, 나머지는 모두 서 있었다.

"스트라빈스키 박사입니다." 자리에 앉은 사람이 이반에게 자신을 소개하며 친절한 눈빛으로 그를 바라보았다.

"여기 있습니다. 알렉산드르 니콜라예비치." 깔끔하게 정돈된 짧은 턱수염의 사내가 조용히 말하면서 정리해놓은 이반의 차트를 전달했다.

'잘도 짜맞췄군!' 이반은 생각했다. 높은 사람은 익숙하게 차트를 훑으며 "흐음, 흐음……." 중얼거릴 뿐이었다. 그리고 수행원들과 알아들을 수 없는 말 몇 마디를 주고받았다.

'라틴어로 이야기를 하는군, 빌라도처럼…….' 이반은 슬퍼하며 생각했다. 그때 한 단어를 듣고 그가 움찔했다. '정신분열증' 어제 그 빌어먹을 외국인이 파트리아르흐 호에서 말했던 단어였다. 그 단어를 오늘 여기서 스트라빈스키 교수가 되풀이하고 있었다.

'이렇게 될 줄 알고 있었던 거야!' 이반은 불안해 하며 생각했다.

박사는 주위 사람들이 무슨 말을 하든, 모든 것에 흔쾌히 동의하고 기뻐하며 '좋아, 좋아……' 말하는 습관이 있는 것 같았다.

"좋아!" 스트라빈스키는 누군가에게 차트를 돌려주고는 이반에게 물었다. "시인이시라고요?"

"시인이오." 이반은 우울하게 대답했다. 그는 태어나 처음으로 갑자기 시에 대한 혐오감을 느꼈고, 머릿속에 떠오른 자신의 시들이 불쾌하게 느껴졌다.

얼굴을 찌푸리며 이번에는 그가 스트라빈스키에게 물었다.

"당신은 교수시지요?"

스트라빈스키는 이 질문에 친절하고 정중하게 고개를 끄덕였다.

"당신이 여기 원장입니까?" 이반이 계속 물었다.

스트라빈스키는 이 질문에도 고개를 끄덕였다.

"원장님과 할 얘기가 있습니다." 이반 니콜라예비치는 의미심장하게 말했다.

"저도 그러려고 왔습니다." 스트라빈스키가 말을 받았다.

"사람들이," 이반은 때가 왔음을 느끼고 말을 시작했다. "다들 저를 미친 사람 취급하기만 하고, 아무도 내 얘기를 들으려 하지 않습니다……!"

"오, 그렇지 않습니다. 우리는 당신의 이야기를 아주 주의 깊게 들을 겁니다." 스트라빈스키는 진지하게 달래듯 말했다. "또 어떤 경우에도 당신을 정신병자 취급하는 일은 없습니다."

"그럼 제 말 좀 들어 주시오. 어제 저녁 파트리아르흐 호에서 정체를 알 수 없는 남자를 만났습니다. 외국인인지 아닌지, 아무튼 그는 베를리오즈의 죽음을 미리 알고 있었고, 본디오 빌라도를 직접 만났다고 했습니다."

수행원들은 아무 말 없이 꼼짝 않고 시인의 말을 들었다.

"빌라도? 예수 그리스도 시대에 살았던 그 빌라도 말입니까?" 이반을 향해 눈을 가늘게 뜨며 스트라빈스키가 물었다.

"바로 그 사람입니다."

"아하," 스트라빈스키가 말했다. "그리고 그 베를리오즈는 전차에 깔려 죽었고요?"

"어제 바로 제 앞에서, 파트리아르흐 호에서 전차에 치었습니다. 그런데 그 수수께끼 같은 남자가……."

"본디오 빌라도와 알고 지낸다는 사람 말입니까?" 이해력이 아주 뛰어난 스트라빈스키가 물었다.

"그렇습니다." 이반은 계속 스트라빈스키를 관찰하면서 분명하게 말했다. "그는 안누시카가 해바라기 기름을 쏟을 거라고 미리 말해주었습니다……베를리오즈는 안누시카가 해바라기 기름을 쏟은 바로 그 자리에서 미끄러졌고요! 어떻습니까?" 자신의 이야기가 아주 커다란 효과를 불러 일으키리라 기대한 이반은 의미심장하게 물었다.

하지만 기대한 반응은 나타나지 않았고, 스트라빈스키는 지극히 단순한 질문을 던졌다.

"안누시카가 누구지요?"

이 질문에 이반은 실망했다. 그의 얼굴이 경련으로 일그러졌다.

"안누시카는 전혀 중요하지 않습니다." 그는 신경질을 냈다. "그게 누군지 악마나 알겠지요. 사도바야에 사는 어떤 멍청한 여자일 뿐입니다. 중요한 건, 그 일이 벌어지기 전에, 아시겠습니까, 그자가 해바라기 기름에 대해 이미 알고 있었다는 겁니다! 제 말 이해하시겠습니까?"

"잘 이해하고 있습니다." 스트라빈스키가 진지하게 대답했다. 그리고 시인의 무릎을 살짝 건드리며 덧붙였다. "흥분하지 말고, 계속 이야기해보십시오."

"계속하죠." 쓰라린 경험을 통해 냉정을 유지하는 것만이 자신에게 도움이 됨을 안 이반은 스트라빈스키와 같은 어조로 말하려고 애썼다. "자기가 자문위원이라고 거짓말한 그 무서운 남자는 어떤 비상한 힘을 지니고 있습니다…… 아무리 열심히 쫓아가도 그를 따라잡을 수 없었습니다. 그리고 일행이 두 명 더 있는데, 아주 특이한 자들입니다. 깨진 안경을 낀 껑다리와 어마어마하게 큰 고양이, 그 고양이는 혼자 전차를 탔습니다. 그뿐 아니라," 누구도 말을 끊지 않자 이반은 점점 더 흥분해서 확신에 찬 어조로 이야기했다. "그자는 본디오 빌라도가 있던 발코니에도 있었습니다. 이 점은 의심의 여지가 없습니다. 이게 무엇을 뜻하겠습니까? 예? 당장 그자를 체포해야 합니다. 그렇지 않으면 그는 정말 끔찍한 재앙을 불러일으킬 겁니다."

"그래서 당신이 직접 그를 체포하려는 거군요? 제가 제대로 이해하고 있습니까?" 스트라빈스키가 물었다.

'똑똑한 사람이야.' 이반은 생각했다. '드물기는 하지만 인텔리 중에 똑똑한 사람이 있다는 건 인정해야 돼. 그건 부정할 수 없어.' 그리고 이반은 대답했다.

"바로 그겁니다! 생각해보십시오, 어떻게 그러지 않을 수 있겠습니까! 그런데 날 강제로 여기에 붙잡아놓고, 눈에 불을 비추고, 목욕을 시키고, 표도르 삼촌에 대한 거나 캐내고……! 그분은 이미 이 세상 사람이 아닙니다! 당장 나를 풀어주시오!"

"그렇군요, 좋아요, 좋습니다!" 스트라빈스키가 대답했다. "이제 모든 것이 분명해졌습니다. 건강한 사람을 병원에 붙잡아두는 게 무슨 의미가 있겠습니까? 좋습니다. 당장 당신을 여기서 내보내드리겠습니다. 당신이 저에게, 당신은 정상이라고 말씀해주신다면 말입니다. 증명하려 하지 말고, 그냥 말해보십시오. 당신은 정상입니까?"

순간 완벽하게 침묵이 흘렀다. 아침에 이반의 시중을 들었던 뚱뚱한 여자 간호사가 깊은 존경의 눈빛으로 교수를 쳐다보았고, 이반도 다시 한 번 생각했다. '정말 똑똑한 사람이다.'

이반은 교수의 제안이 무척 마음에 들었다. 하지만 그는 대답하기 앞서 이마를 찡그리며 신중하게, 아주 신중하게 생각했다. 그리고 마침내 분명하게 말했다.

"난 정상입니다."

"좋습니다." 스트라빈스키는 안심한 듯 말했다. "그렇다면 논리적으로 이야기해봅시다. 어제 당신이 한 행동들을 한번 볼까요." 그가 고개를 돌리자

한 수행원이 그에게 이반의 차트를 건네주었다. "당신은 어제 본디오 빌라도와 아는 사이라는 낯선 사람을 잡기 위해 다음과 같이 행동했습니다." 스트라빈스키는 리스트와 이반을 번갈아 쳐다보면서 긴 손가락을 하나씩 꼽기 시작했다. "당신은 가슴에 작은 성화를 달았습니다. 그렇죠?"

"그렇습니다." 이반은 음울한 표정으로 동의했다.

"담에서 미끄러져 얼굴을 다쳤고요, 맞죠? 손에 촛불을 들고, 속옷 바람으로 레스토랑에 들어가 누군가를 때렸습니다. 사람들이 당신을 묶어서 여기로 데려 왔고, 당신은 경찰에 전화를 걸어 기관총을 보내달라고 했습니다. 그리고 창문으로 뛰어내리려 하셨죠. 맞지요? 이제 질문을 드리겠습니다. 이런 식으로 행동해서 누군가를 잡거나 체포할 수 있다고 생각하십니까? 당신이 정상이라면, 그렇지 않다고 대답하실 겁니다. 여기서 나가고 싶다고 하셨지요? 좋습니다. 그런데 한 가지 여쭤봐도 될까요? 여기서 나가면 어디로 가실 건가요?"

"그야 물론 경찰서지요." 이반은 말했다. 하지만 그는 전처럼 확신에 차 있지 않았으며, 교수의 시선에 조금 당황하고 있었다.

"이곳을 나가서 곧장 말씀입니까?" "네."

"집에 들르지 않고요?" 스트라빈스키가 재빨리 물었다.

"그럴 시간이 어디 있습니까? 집에 들르는 동안, 그자가 도망쳐버리고 말텐데!"

"그렇군요. 그럼 경찰서에 가서서 맨 먼저 무슨 얘기를 하실 거죠?"

"본디오 빌라도 얘기지요." 이반 니콜라예비치는 대답했다. 그 순간 그의 두 눈이 음울한 안개로 뒤덮였다.

"아하, 알겠습니다!" 어쩔 수 없다는 듯 스트라빈스키가 소리쳤다. 그리고 짧은 턱수염을 기른 사람에게 지시했다. "표도르 바실리예비치, 베즈돔니 씨를 퇴원시켜 드리시오. 그 방은 꼭 비워둬야 합니다. 침대 시트도 바꿀 필요 없습니다. 두 시간 뒤에 다시 오실 테니까. 자," 그는 시인을 돌아보며 말했다. "저는 당신의 성공을 빌어드리지 않겠습니다. 당신이 성공하리란 생각이 전혀 들지 않거든요. 그럼 또 뵙죠!" 그가 자리에서 일어났다. 수행원들도 따라 움직이기 시작했다.

"무슨 근거로 내가 다시 돌아온다고 말하는 거죠?" 이반이 불안하게 물었다.

스트라빈스키는 그 질문을 기다렸다는 듯 도로 자리에 앉으며 말했다.

"당신은 속바지만 입고 경찰서로 가서, 본디오 빌라도를 개인적으로 안다는 사람과 만난 이야기를 할 테니까요. 당신은 즉시 돌려보내질 겁니다. 바로 이 방으로요."

"속바지 얘기가 왜 나옵니까?" 이반은 불안하게 주위를 둘러보면서 물었다.

"문제는 본디오 빌라도지요. 하지만 속바지도 마찬가지입니다. 지금 입고 계신 그 옷은 국가소유니, 우리는 그 옷을 돌려받고, 당신 물건을 드릴 겁니다. 그런데 당신은 속바지만 입고 여기 오셨지요. 집에 들를 생각은 절대 없다고 하셨고, 제가 그렇게 암시를 드렸는데도 말입니다. 그다음엔 빌라도 얘기를 하실 테고…… 뭐가 더 필요하겠습니까!"

그때 이반 니콜라예비치에게 이상한 일이 일어났다. 갑자기 그의 의지가 산산조각 나버리고, 자신은 나약한 인간이니 충고가 필요하다는 생각이 들었다.

"그럼 어떻게 해야 하죠?" 기어들어가는 목소리로 그가 물었다.

"그래요, 좋습니다!" 스트라빈스키가 맞장구를 쳤다. "아주 현명한 질문입니다. 자, 이제 제가 당신에게 벌어졌던 일을 설명해 드리겠습니다. 당신은 어제 어떤 사람 때문에 많이 놀랐습니다. 그는 본디오 빌라도와 다른 여러 이야기들로 당신을 아주 혼란스럽게 만들었죠. 그래서 신경이 잔뜩 예민해지고, 병적인 흥분 상태에 놓인 당신은 본디오 빌라도에 대한 이야기를 하며 도시를 돌아다녔습니다. 당신이 정신병자처럼 보인 것은 자연스러운 일입니다. 지금 당신을 구해줄 수 있는 것은 단 한 가지, 충분한 안정뿐입니다. 당신은 반드시 여기 계셔야 합니다."

"하지만 그자를 잡아야 합니다!" 애원하듯 이반이 외쳤다.

"좋습니다. 하지만 왜 당신이 직접 뛰어다녀야 하지요? 그자의 모든 혐의와 죄를 서면으로 밝히세요. 적절한 곳에 진정서를 제출하는 것보다 간단한 방법은 없습니다. 당신 생각처럼 그가 범죄자라면, 아주 빨리 모든 것이 밝혀질 겁니다. 단, 한 가지 조건이 있습니다. 머리에 무리가 가지 않도록 하고, 되도록이면 본디오 빌라도에 대해 생각하지 마십시오. 세상에는 온갖 이야기를 하는 사람들이 있습니다! 하지만 모두 믿어서는 안 됩니다."

"알겠습니다!" 이반이 단호하게 말했다. "종이와 펜을 주십시오."

"종이하고 짧은 연필을 하나 드려요." 스트라빈스키가 뚱뚱한 여자 간호사에게 지시했다. 그리고 이반에게 말했다. "하지만 오늘은 쓰시지 않는 게 좋습니다."

"안 됩니다. 오늘, 꼭 오늘 써야 합니다." 이반이 흥분하며 소리쳤다.

"좋습니다. 하지만 뇌를 혹사시키지는 마십시오. 오늘 안되면, 내일 하면 되니까요."

"그자가 도망친단 말입니다!"

"아닙니다." 스트라빈스키가 확신하며 반박했다. "그자는 아무 데도 가지 않습니다. 제가 보장하죠. 그리고 여기에서 저희는 가능한 모든 방법을 동원하여 당신을 도와드릴 것입니다. 그 도움 없이 당신은 아무것도 할 수 없음을 기억하셔야 합니다. 제 목소리 들리십니까?" 갑자기 의미심장한 질문을 던지며 스트라빈스키는 이반 니콜라예비치의 두 손을 잡았다. 그는 이반 니콜라예비치의 손을 잡고, 이반의 눈을 한참 동안 들여다보며 반복해 말했다. "이곳에서 당신을 도와드릴 겁니다…… 제 말이 들리십니까……? 이곳에서 당신을 도와드릴 겁니다…… 이제 편안해질 겁니다. 이곳은 조용하고, 모든 것이 편안합니다…… 이곳에서 당신을 도와드릴 겁니다……."

이반 니콜라예비치는 자기도 모르게 하품을 했고, 표정이 부드러워졌다.

"예, 그래요." 그는 조용히 말했다.

"그래요, 아주 좋습니다!" 스트라빈스키는 그의 방식대로 이야기를 끝내고 일어섰다. "그럼, 이만!" 그는 이반의 손을 꼭 잡았고, 나가면서 짧은 턱수염을 기른 사람에게 말했다. "좋아, 산소 체크하고…… 목욕도."

잠시 뒤 이반 앞에는 스트라빈스키도, 수행원들도 없었다. 창살 뒤로 즐거운 봄의 숲이 한낮의 태양 아래 아름답게 비치고, 그 앞에는 강물이 반짝거리며 흐르고 있었다.

제9장
코로비예프의 장난

고(故) 베를리오즈가 살았던 모스크바 사도바야 거리 302−2번지의 주민 조합장 니카노르 이바노비치 보소이는 수요일 밤부터 지독하게 바빴다.

우리가 이미 알고 있듯이, 수요일 밤 열두 시, 젤디빈과 위원회가 찾아와 니카노르 이바노비치를 불러내 베를리오즈의 죽음을 알리고, 그와 함께 50호로 향했다.

그곳에서 고인의 원고와 물건을 봉인하는 작업이 이루어졌다. 낮에만 오는 가정부 그루냐도, 경박한 스테판 보그다노비치도 없었다. 위원회는 니카노르 이바노비치에게 고인의 원고는 조사를 위해 자신들이 가져갈 것이며, 고인이 쓰던 방 세 개(한때 보석상 부인의 소유였던 서재와 거실, 식당)는 주민 조합 관할로 이관하고, 다른 물건들은 조사반의 지시가 있을 때까지 그대로 놔둘 것을 통보했다.

베를리오즈가 죽었다는 소식은 그야말로 초자연적인 속도로 건물에 퍼졌다. 목요일 아침 일곱 시부터 보소이에게 전화를 걸어대고, 고인의 거주 면적을 요구하는 신청서를 들고 찾아오기 시작했다. 그 뒤 두 시간 동안 니카노르 이바노비치는 이런 신청서 서른두 통을 접수해야 했다.

신청서에는 온갖 애원과 협박, 비방, 고발 등의 내용이 담겨 있었다. 이 밖에도 수리는 자신의 돈으로 하겠다는 약속이나, 너무 좁고 더 이상 강도들과 한집에 살 수 없다는 불평들이 담긴 내용도 있었다. 예술적 필력으로 양복 주머니에 넣어두었던 만두가 감쪽같이 사라져버린 31호 만두털이 사건을 기가 막히게 묘사한 것도 있었고, 자살로 생을 마치겠다는 두 건의 협박과 비밀 임신에 대한 고백도 한 건 있었다.

사람들은 니카노르 이바노비치를 아파트 현관으로 불러내 소매를 붙잡고 뭔가를 속삭였고, 눈을 찡긋이며, 보답은 꼭 하겠다는 약속을 하기도 했다.

이런 고문은 낮 1시까지 계속되었다. 참다 못한 니카노르 이바노비치가 아파트를 박차고 나와 정문 앞 관리실로 달아났지만 그곳 역시 그를 기다리는 사람들로 가득해 그는 다시 도망쳐야 했다. 아스팔트가 깔린 앞마당을 지나 그의 뒤를 쫓아오던 사람들을 간신히 따돌린 니카노르 이바노비치는 여섯 번째 현관으로 숨어들었고, 5층으로 올라갔다. 흉흉한 50호가 있는 바로 그 층이었다.

뚱뚱한 니카노르 이바노비치는 층계참에서 숨을 고르고 초인종을 눌렀다. 하지만 문을 열어주는 사람은 아무도 없었다. 그는 다시 한 번, 또 다시 한 번 초인종을 누르며 낮게 욕을 하기 시작했다. 그래도 문이 열리지 않자 결국 인내의 한계에 달한 니카노르 이바노비치는 주머니에서 주민 조합 소유인 열쇠 꾸러미를 꺼내 힘 있는*1 손으로 문을 열고 들어갔다.

"이봐요, 가정부!" 니카노르 이바노비치는 어둑어둑한 현관에 서서 소리를 질렀다. "그 가정부 이름이 뭐였지? 그루냐였나? 거기 아무도 없소?"

아무도 대답이 없었다.

니카노르 이바노비치는 서류가방에서 접이식 자를 꺼내 서재 문을 봉인에서*2 해방시키고 안으로 들어갔다. 들어가자마자 깜짝 놀란 그는 문 앞에 멈춰 서서 몸을 떨어야 했다.

고인의 책상에 처음 보는 사람이 앉아 있던 것이다. 승마 모자에 코안경을 끼고 체크무늬 양복을 입은 비쩍 마르고 길쭉한…… 바로 그 남자였다.

"당신은 대체 누구요?" 놀란 니카노르 이바노비치가 물었다.

"아! 니카노르 이바노비치!" 난데없이 나타난 남자가 갈라지는 테너로 소리를 질렀다. 그는 벌떡 일어나 갑자기, 반강제로 조합장과 악수를 하며 그를 반겼다. 하지만 니카노르 이바노비치는 그 인사가 조금도 반갑지 않았다.

"실례지만," 그는 의심스럽다는 듯 물었다. "당신은 누구십니까? 공적인 일로 오신 겁니까?"

"이런, 이런, 니카노르 이바노비치!" 낯선 사람은 매우 친근하게 큰 소리로 말했다. "공적이면 어떻고 사적이면 또 어떻습니까? 모든 것은 그 대상을 어떤 관점에서 바라보느냐에 달려 있는 것입니다. 다시 말해서, 모든 것

---

*1 공산당 선전 문구로 널리 쓰이던 표현. 원래 문구에서는 노동자의 손을 뜻한다.
*2 역시 공산당 선전 문구를 패러디한 표현.

은 불안정하고 상대적이라는 거지요. 오늘은 내가 사적으로 왔지만, 내일은 공적으로 오게 될지 누가 알겠습니까! 그 반대가 될 수도 있고요. 다 그런 것 아니겠습니까!"

이런 논리는 주민 조합장을 조금도 만족시키지 못했다. 천성적으로 의심이 많은 그는 지금 자기 앞에서 헛소리를 늘어놓는 이 남자는 절대 공무를 맡고 있는 사람이 아니라, 그저 구경하러 온 사람이라는 결론을 내렸다.

"그래서 대체 누구라는 겁니까? 당신 이름이 뭐야?" 조합장은 낯선 사람을 점점 더 엄격하게 다그치며, 위협적으로 다가섰다.

"제 이름은," 그는 조합장의 단호한 태도에 조금도 당황하지 않았다. "코로비예프라고 해두지요. 뭣 좀 드시지 않겠습니까, 니카노르 이바노비치? 격식 차릴 필요 뭐 있습니까! 안 그래요?"

"이 봐요!" 이미 화가 날 대로 나 있는 니카노르 이바노비치가 말했다. "지금 여기서 먹는 얘기가 왜 나와! (이런 말을 하는 것이 유쾌한 일은 아니지만, 사실 니카노르 이바노비치는 천성적으로 성격이 좀 난폭한 편이었다) 고인의 방에 들어가는 건 금지되어 있다는 걸 몰라? 지금 대체 뭘 하고 있는 거야?"

"당신도 좀 앉으시지요, 니카노르 이바노비치." 조금도 당황하지 않은 남자는 계속 떠들고 의자를 권하며 그의 비위를 맞추기 시작했다.

완전히 폭발 직전이 된 니카노르 이바노비치는 의자를 밀쳐내고 고함을 질렀다.

"당신 도대체 누구냐니까?"

"저로 말씀드릴 것 같으면 이 아파트에 거주하고 있는 외국분의 통역을 맡고 있는 사람입니다." 코로비예프라는 사내는 이렇게 자신을 소개하더니, 지저분한 붉은 구두의 뒤축을 부딪치며 경례까지 했다.

니카노르 이바노비치는 입이 쩍 벌어졌다. 이 아파트에 통역관까지 데리고 있는 외국인이 있었다니, 날벼락 같은 이야기였다. 그는 설명을 요구했다.

통역관은 기꺼이 설명을 해주었다. 외국에서 온 아티스트 볼란드 씨는 바리에테 극장지배인 스테판 보그다노비치 리호데예프로부터 객연 기간 동안, 한 일주일쯤 자신의 아파트에서 지내는 게 어떻겠느냐는 정중한 초대를 받았다고 한다. 리호데예프는 어제 자신이 얄타에 다녀오는 동안 그 외국인에게 임시 거주허가를 내달라는 부탁이 담긴 편지를 주었다는 것이다.

"난 아무것도 받은 게 없는데." 조합장이 놀라며 말했다.

"그 서류가방을 한번 잘 찾아보시지요, 니카노르 이바노비치." 코로비예프가 달콤한 목소리로 제안하듯 말했다.

니카노르 이바노비치는 어깨를 으쓱하고 가방을 열자 그 안에서 리호데예프의 편지가 나왔다.

"내가 왜 이걸 잊어버리고 있었지?" 니카노르 이바노비치가 이미 열려 있는 편지봉투를 멍하니 바라보며 중얼거렸다.

"그럴 수도 있죠. 그럴 수도 있는 거예요, 니카노르 이바노비치!" 코로비예프는 지치지도 않고 떠들어댔다. "깜빡하기도 하고, 멍하기도 하고, 다 과로에 고혈압 때문이죠! 친애하는 니카노르 이바노비치, 사실 저도 엄청난 실수쟁이랍니다. 언제 한 번 술이라도 하면서 제 실수담을 들려드리죠. 당신은 아마 웃겨서 뒤집어질 겁니다!"

"리호데예프는 얄타에 언제 간다고 합니까?"

"이미 갔죠, 간 지가 언젠대요!" 통역관은 소리치듯 말했다. "지금쯤 정신없이 돌아다니고 있을 겁니다! 어디에 있는지는 악마만이 알겠죠!" 말을 마친 통역관은 풍차처럼 팔을 돌렸다.

니카노르 이바노비치는 직접 그 외국인을 만나봐야겠다고 했지만 통역관은 불가능하다며 거절했다. 지금 대단히 바쁘십니다. 고양이 훈련으로.

"원하신다면, 고양이는 보여드릴 수 있습니다만." 코로비예프가 제안했다.

이번에는 니카노르 이바노비치가 거절했다. 그러자 통역관은 조합장에게 예기치 못한, 그러나 매우 흥미로운 제안을 했다.

볼란드 씨는 호텔에서 지내는 걸 굉장히 싫어하신다. 넓은 곳에서 사는 데 익숙해져 있기 때문이다. 그러니 볼란드가 모스크바에서 객연을 하는 일주일 동안 주민조합에서 그에게 50호 아파트 전체를, 다시 말해 고인의 방까지 모두 빌려주는 것이 어떤지?

"주인은 이미 고인이 됐으니 상관없지 않습니까." 코로비예프가 메마른 목소리로 소곤거렸다. "당신도 동의하겠지요, 니카노르 이바노비치. 죽은 사람에게 이 아파트가 무슨 소용이 있겠습니까?"

니카노르 이바노비치는 조금 당혹스럽다는 듯 반박했다. 외국인들은 메트로폴에 묵게 되어 있으며 일반 아파트에 머무는 정부는 없다.

"말씀드리지 않았습니까, 아주 까다로운 사람이라고!" 코로비예프가 소곤거렸다. "절대로 싫답니다! 호텔을 싫어한다니까요! 나도 저 외국인 관광객들은 아주 지긋지긋하다고요!" 코로비예프는 힘줄이 불거져 나온 자신의 목을 손가락으로 찔러대며 친한 척 불평을 늘어놓았다. "아주 죽을 지경이라니까요! 막무가내로 들어와서는 스파이 짓이나 하고 다니질 않나, 온갖 변덕으로 사람을 못살게 굴지를 않나, 이것도 싫다, 저것도 싫다……! 하지만 니카노르 이바노비치, 당신네 조합에는 최고의 돈벌이로 아주 이득이 되는 일일 겁니다. 돈에는 인색하지 않은 분이거든요." 코로비예프는 주위를 둘러보고, 조합장의 귀에 속삭였다. "엄청난 부자십니다!"

이는 분명히 현실적인 목적이 있는, 꽤 믿을 만한 제안이었다. 하지만 통역관의 말투와 옷차림, 그리고 아무짝에도 쓸모 없는, 혐오스러운 코안경이 왠지 그를 믿음직하지 못한 사람으로 보이게 했다. 이런 명확하지 않은 무언가가 조합장의 마음을 괴롭혔지만, 결국 그는 제안을 받아들이기로 했다. 사실 주민 조합은 상당한 적자에 시달리고 있었다. 가을까지 난방에 필요한 석유를 구입해야 하는데, 돈을 구할 방법이 없었다. 외국인 관광객의 돈이 있으면, 어떻게든 어려운 고비는 넘길 수 있을지도 모른다. 하지만 매사 신중하고 사무적인 니카노르 이바노비치는 이런 문제는 먼저 외국인 관광객 사무국의 동의가 필요하다고 했다.

"물론이죠!" 코로비예프가 목소리를 높였다. "동의 없이 무슨 일을 어떻게 일을 하겠습니까! 당연히 그렇게 하셔야죠! 자, 전화는 여기 있습니다. 니카노르 이바노비치, 잘 상의해 보세요! 돈에 대해서는 아무 걱정 마시고요." 그는 전화가 있는 현관으로 조합장을 데려가며 귓속말로 덧붙였다. "저분만큼 낼 수 있는 사람은 아무도 없을 겁니다! 니스에 있는 저분의 빌라를 보셨어야 했는데! 내년 여름에라도 해외로 나가시게 되거든, 꼭 들러 보십시오. 악 소리가 절로 나올 겁니다!"

외국인 관광객 사무국과의 상담은 조합장도 깜짝 놀랄 만큼 빠르게 진행되었다. 사무국에서는 이미 볼란드 씨가 리호데예프의 아파트에서 지내려 한다는 사실을 알고도 아무런 제재도 하지 않고 있었다.

"그것 참 잘됐군요!" 코로비예프는 외치듯 큰 소리로 말했다.

코로비예프가 쉴 새 없이 소리를 질러대는 통에 어리둥절해진 조합장은 주민조합이 50호 아파트를 일주일 동안 예술가 볼란드에게 빌려주는 것에 동의함을 밝혔다. 그리고 그 대가로…… 니카노르 이바노비치는 잠시 머뭇거리더니 말했다.

"하루에 500루블입니다."

코로비예프가 결정적으로 조합장을 놀라게 한 것은 바로 여기서부터였다. 무거울 것 같은 고양이가 가볍게 점프하는 소리가 들려오는 침실 쪽으로 눈을 찡긋하더니, 코로비예프는 쉰 목소리로 말했다.

"그럼 일주일에 3,500인가요?"

'니카노르 이바노비치, 욕심이 지나치시군요!' 니카노르 이바노비치는 그가 이렇게 말하리라 생각했다. 그러나 코로비예프는 전혀 예상 밖의 말을 했다.

"고작 그걸 값이라고 부르시는 겁니까! 적어도 다섯 장은 달라고 하세요. 주실 겁니다."

망연한 니카노르 이바노비치는 쓴웃음을 지으며 자신도 모르는 사이에 고인의 책상으로 다가갔다. 매우 빠르고 능숙하게 계약서 두 장을 완성한 코로비예프는 날듯이 침실로 달려갔다 돌아왔다. 두 장의 계약서에는 어느새 멋들어진 외국인의 서명이 적혀 있었다. 조합장도 계약서에 서명했다. 코로비예프는 수령증을 요구했다. 그 다섯 장에 대한.

"니카노르 이바노비치, 숫자가 아니라 글자로 써주세요. 글자로……! 5,000루블이라고……." 그는 이 진지한 거래에 어울리지 않게 구령을 붙여가며 새 지폐 다발을 세어 조합장 앞에 내려 놓았다.

"아인, 츠바이, 드라이!!"

'돈은 한 푼을 받더라도 반드시 확인을 해야 한다' '자기 눈으로 확인하기 전에는 아무도 믿지 마라', 코로비예프가 늘어놓는 재치있는 경구를 들으며 니카노르 이바노비치는 돈을 확인했다.

돈을 다 확인한 조합장은 임시거주허가를 내기 위해 코로비예프에게 외국인 여권을 받아 계약서, 돈과 함께 서류가방에 넣었다. 그는 뭔가 잠시 망설이더니, 우물쭈물하며 공연 초대권을 부탁했다.

"왜 안 되겠습니까!" 코로비예프가 포효하듯 외쳤다. "몇 장이 필요하십니까, 니카노르 이바노비치, 열두 장? 열다섯 장?"

당황한 조합장은 자신과 아내 펠라게야 안토노브나의 것 두 장만 있으면 된다고 했다.

코로비예프는 노트를 꺼내더니, 첫째 줄 초대권 두 장을 순식간에 만들어 냈다. 그는 왼손으로 니카노르 이바노비치에게 초대권을 능란하게 찔러주며 오른손으로는 조합장의 다른 손에 뭔가 두툼하고 빳빳한 지폐 다발을 쥐어주었다. 자신의 손을 힐끗 쳐다본 니카노르 이바노비치는 시뻘게진 얼굴로 그것을 거절하려 했다.

"이러시면 안 됩니다……." 그가 어물거리며 말했다.

"그런 말씀 마십시오." 코로비예프가 속삭였다. "우리는 안 되지만, 외국인들은 다 이렇게 합니다. 안 받으시면 그분을 모욕하시는 게 됩니다. 니카노르 이바노비치, 그런 건 곤란하지 않겠습니까. 당신도 이렇게 애써 주셨는데……

"이런 건 사무국에서 엄격하게 감시합니다." 조합장은 꺼질 듯이 작은 목소리로 속삭이더니 주위를 살펴보았다.

"여기 어디 보는 사람이라도 있습니까?" 코로비예프는 다른 쪽 귀에 속삭였다. "아무도 없지 않습니까? 안 그래요?"

나중에 조합장이 주장한 바에 따르면, 바로 그 순간 기적이 일어났다. 지폐다발이 저절로 그의 서류가방 안으로 기어 들어간 것이다. 잠시 뒤 조합장은 어쩐지 녹초가 되어 계단 앞에 서 있었다. 그의 머릿속에는 온갖 생각들이 소용돌이 치고 있었다. 니스에 있는 별장과 훈련된 고양이, 목격자는 정말 없었던 것인가 하는 의문, 초대권을 보고 기뻐할 펠라게야 안토노브나 등등. 연관되어 있는 생각들은 아니었지만, 어쨌거나 대체로 기분 좋은 것들이었다. 하지만 그와 동시에 마음속 깊은 곳 어딘가에서 작은 바늘 같은 것이 조합장을 콕콕 찌르고 있었다. 그것은 불안의 바늘이었다. 뿐만 아니라, 계단으로 나오고서야 한 대 얻어맞은 것처럼, 한 가지 생각이 조합장을 사로잡았다. '그런데 그 통역관은 어떻게 서재로 들어간 거지? 문에 봉인이 되어 있었을 텐데! 내가, 이 니카노르 이바노비치가 어떻게 그걸 물어보지 않았던 거지?' 조합장은 잠시 순한 양처럼 멍하니 계단을 쳐다보았다. 하지만 잠시 뒤 그는 괜히 문제를 복잡하게 만들지 말자고 결심했다.

그렇게 조합장이 아파트를 떠나자마자, 침실에서 낮은 목소리가 울렸다.

"저 니카노르 이바노비치인가 하는 남자는 마음에 안 드는군. 교활한 사기꾼이다. 저자가 더 이상 이곳에 나타나지 않게 할 수 없을까?"

"메시르,*3 명령만 내려주십시오⋯⋯!" 어디선가 코로비예프의 대답이 들려왔다. 쉬거나 갈라지지 않은 깨끗하고 낭랑한 목소리였다.

그 저주받을 통역관은 바로 현관으로 나와 전화 다이얼을 돌렸고, 어째서인지 거의 울먹이는 목소리로 말하기 시작했다.

"여보세요! 이 사실을 알려드리는 게 시민의 의무일 것 같아서요. 사도바야 302-2번지 저희 주민 조합장, 니카노르 이바노비치 보소이가 외환 투기를 하고 있습니다. 지금 그의 아파트 35호 화장실 환기통에 신문으로 싼 400달러가 들어 있습니다. 저는 말씀드린 건물 11호에 사는 주민 티모페이 크바스초프라고 합니다. 하지만 제 이름은 비밀로 해주시기 바랍니다. 말씀드린 조합장이 복수를 할까 두렵습니다."

그는 수화기를 내려놓았다. 이 악당놈!

그 뒤 50호 아파트에서 무슨 일이 일어났는지는 알려져 있지 않다. 하지만 니카노르 이바노비치에게 벌어진 일은 아주 잘 알려져 있다. 그는 자기 집 화장실에 들어가 문을 걸어 잠그고, 서류가방에서 통역관이 싸준 지폐 다발을 꺼냈다. 400달러를 확인한 니카노르 이바노비치는 지폐다발을 신문지로 잘 싸서 환풍구에 밀어 넣었다.

오 분 뒤 조합장은 자기 집 식탁에 앉아 식사를 하고 있었다. 부인이 파가 송송 뿌려진 청어회 한 접시를 부엌에서 들고 나왔고, 니카노르 이바노비치는 작은 유리잔에 보드카를 따라 한 잔, 그리고 또 한 잔을 따라 마시며 포크로 청어 세 점을 집었⋯⋯ 그 순간 초인종이 울렸다. 펠라게야 안토노브나는 김이 모락모락 나는 냄비를 들여오고 있었고, 막 끓인 보르시*4 속에 세상 그 어떤 음식보다 맛있는 골수*5 요리가 들어 있음을 한눈에 알 수 있

---

*3 프랑스어. 각하. 귀하. 나리.

*4 Borshch : 러시아식 수프. 사탕무를 주재료로 고기·채소 따위를 넣고 걸쭉하게 끓여 사워크림(Sour Cream)을 끼얹어 먹는다.

*5 Bone Marrow Dish : 뼈를 통째로 잘라서 굽거나 골수를 긁어내 따로 요리하여 먹는다.

었다.

니카노르 이바노비치는 군침을 삼키며 개처럼 으르렁댔다.

"빌어먹을! 제발 그만 좀 해달라고! 도대체 뭘 먹을 수가 없다니까. 아무도 들여보내지 마. 나 찾으면 없다고 해. 또 그 아파트 얘기면, 쓸데없는 소린 그만 하라고 하고. 일주일 뒤에 회의를 열 테니까……."

부인은 현관으로 뛰어나갔고, 니카노르 이바노비치는 보글거리는 호수에서 세로로 잘린 뼈를 국자로 건지고 있었다. 그때 왠지 창백해진 얼굴의 펠라게야 안토노브나가 두 남자와 함께 식당으로 들어왔다. 니카노르 이바노비치는 새파랗게 질린 얼굴로 자리에서 일어났다.

"화장실이 어딥니까?" 먼저 들어온 남자가 신경이 곤두선 채로 물었다. 그는 어깨에 옆단추가 달린 흰 셔츠를 입고 있었다.

그때 식탁 위로 뭔가 툭하고 떨어졌다(니카노르 이바노비치가 국자를 떨어뜨린 것이었다).

"여기, 이쪽이에요." 펠라게야 안토노브나가 서둘러 대답했다.

그들은 곧바로 복도로 향했다.

"저, 무슨 일입니까?" 그들 뒤를 쫓아가며 니카노르 이바노비치가 기어들어가는 소리로 물었다. "우리 집엔 아무것도 없는데…… 실례지만…… 신분증은 가지고……."

먼저 들어온 사내가 걸어가면서 니카노르 이바노비치에게 신분증을 보여 주었고, 뒤따라 들어온 사내는 화장실 의자에 올라서서 환풍구에 손을 넣고 있었다. 니카노르 이바노비치는 눈앞이 캄캄해졌다. 신문에 싸인 지폐다발이 나왔다. 그런데 어떻게 된 일인지, 꾸러미 안에 있는 것은 달러가 아니었다. 파란색도 초록색도 아닌 종이에 웬 노인이 그려져 있는 처음 보는 돈이었다. 하지만 니카노르 이바노비치는 모든 게 흐릿하기만 할 뿐 뚜렷이 볼 수 없었다. 그의 눈앞에는 무슨 반점 같은 것들이 떠다니고 있었다.

"환기통 속에 달러라……." 첫 번째 남자가 생각에 잠겨 중얼거리더니 부드럽고 정중하게 물었다. "당신 게 맞죠?"

"아닙니다!" 니카노르 이바노비치가 무서운 목소리로 대답했다. "적들이 던져 넣고 간 겁니다!"

"그럴 수도 있겠지요." 첫 번째 남자는 동의했다. 그리고 부드럽게 한 마디 덧붙였다. "어쨌든 나머지도 내놓으셔야겠습니다."

"없습니다, 없어요! 하늘에 맹세코, 난 저런 건 만져본 적도 없단 말입니다!" 조합장은 절망적으로 외쳤다.

그는 서랍장으로 달려가 요란하게 서랍을 열고, 서류가방을 꺼내며 두서없이 소리쳤다.

"여기 계약서가…… 그 통역관놈이 던져 놓고 간 겁니다…… 코로비예프…… 코안경을 쓴!"

그는 서류가방을 열고 그 안을 들여다보았다. 손을 집어넣고 안을 뒤져 보았지만 곧 새파란 얼굴로 서류가방을 보르시 냄비 위에 떨어뜨리고 말았다. 가방에는 아무것도 없었다. 스툐파의 편지도, 계약서도, 외국인의 여권도, 돈도, 초대권도. 한 마디로 접이식 자 외에는 아무것도 없었다.

"여러분!" 조합장은 미친 듯이 외치기 시작했다. "그놈들을 잡아주십시오! 이 건물에 악마가 있습니다!"

이때 펠라게야 안토노브나가 무슨 생각을 했는지는 알 수 없다. 그녀는 두 손을 모으고 외쳤다.

"자백해요, 이바니치! *6 자백하면 조금이라도 형량이 줄어들 거예요!"

눈에 핏발이 선 니카노르 이바노비치는 아내의 머리 위로 주먹을 치켜 올리며 쉰 목소리로 소리쳤다.

"빌어먹을, 이 멍청한 여편네!"

그는 의자에 맥없이 주저앉고 말았다. 아무래도 피할 수 없는 운명에 굴복하기로 한 듯했다.

그때 층계참에서는 티모페이 콘드라티예비치 크바스초프가 호기심에 아파트 열쇠 구멍에 귀를 대기도 했다가 눈을 대기도 하며 몸이 달아 있었다.

오 분 뒤 마당에 나와 있던 그 건물의 주민들은 조합장이 두 남자와 함께 건물 정문으로 걸어가고 있는 것을 보았다. 사람들 말에 따르면, 니카노르 이바노비치는 얼굴도 못 알아볼 만큼 사색이 되어 비틀대고 있었고, 술에 취한 사람처럼 뭔가 중얼거렸다고 한다.

다시 한 시간이 지나고 11호 아파트에 낯선 남자가 나타났다. 티모페이 콘드라티예비치가 숨넘어가도록 다른 주민들에게 조합장이 어떻게 체포되었

---

*6 이바노비치 애칭 (미하일이 미샤인 것처럼).

는지를 신나게 이야기하고 있던 그때였다. 낯선 남자는 부엌에 있던 티모페이 콘드라티예비치를 손가락으로 불러내 현관에서 무언가를 이야기하더니, 함께 사라져 버렸다.

제10장
얄타에서 온 소식

니카노르 이바노비치에게 불행이 닥쳐오고 있던 바로 그 시간 302−2번지에서 그리 멀지 않고, 같은 사도바야 거리 바리에테 극장 경리부장 림스키의 사무실에 두 사람이 앉아 있었다. 바로 림스키와 바리에테 총무부장 바레누하였다.

극장 2층에 자리한 커다란 사무실에는 사도바야 쪽으로 창문 두 개가, 책상에 앉아 있는 경리부장 뒤에도 바리에테 여름 정원 쪽으로 창문 한 개가 나 있었다. 정원에는 음료 가판대와 사격장 그리고 야외무대가 있었다. 사무실에는 책상 말고도 벽에 걸렸던 오래된 포스터 뭉치들과 물병이 놓인 작은 테이블, 그리고 안락의자 네 개가 있었고, 한쪽 구석 받침대 위에는 오래되어 먼지가 부옇게 쌓인 무대 모형물이 놓여 있었다. 물론, 이런 것들뿐만 아니라 책상 바로 옆 림스키 오른쪽에 자그마하고 칠이 벗겨져 세월의 흐름이 느껴지는 금고도 있었다.

책상에 앉아 있는 림스키는 아침부터 썩 기분이 좋지 않았다. 바레누하는 힘이 넘치고 생기가 있었지만 왠지 좀 불안해 보였고 그 에너지를 쏟을 곳이 없었다.

지금 바레누하는 초대권을 구하려는 사람들을 피해 경리부장이 있는 사무실에 숨어 있었다. 그들은 그의 삶을 어지럽히는 독이 되는 존재들이었으며 특히 프로그램이 바뀌는 낮에는 그 정도가 더욱 심했다. 오늘이 바로 그날이었다.

전화가 울리기 무섭게 바레누하는 수화기를 들고 거짓말을 했다.

"누구? 바레누하요? 지금 없습니다. 극장에 안 계세요. 나가셨습니다."

"리호데예프한테 한 번 더 전화해봐." 림스키가 짜증 섞인 목소리로 말했다.

"집에 없다니까요. 제가 벌써 카르포프를 보내봤어요. 아파트엔 아무도 없습니다."

"빌어먹을, 도대체 어떻게 된 거야. 악마나 알 법한 일이군 그래!" 림스키는 계산기를 두드리며 거칠게 투덜거렸다.

그때 문이 열리고, 객석 안내원이 막 찍어낸 듯한 두툼한 추가 포스터 뭉치를 내밀었다. 녹색 바탕에 굵은 붉은색 글씨가 인쇄된 포스터였다.

바리에테 극장 특별 공연
볼란드 교수
흑마술과 그 완전한 폭로
오늘부터 매일 공연합니다

바레누하는 무대 모형 위에 포스터를 붙여 놓고, 몇 발자국 물러나 만족스럽게 바라보았다. 그는 객석 안내원에게 남은 포스터를 모두 붙이라고 지시했다.

"좋은데요, 눈에 아주 잘 띄겠어요." 객석 안내원이 나가자 바레누하가 말했다.

"난 이번 일은 정말 마음에 안 들어." 림스키가 뿔테안경 너머 독기 어린 눈으로 포스터를 노려보며 투덜거렸다. "어떻게 저런 공연을 허락한 건지, 이해할 수가 없다고!"

"그런 말씀 마세요, 그리고리 다닐로비치. 이건 아주 기가 막힌 기획이라고요. 비법 폭로라는 포인트가 있잖아요."

"몰라, 난 모르겠어. 포인트는 무슨. 이따위 짓거리나 생각해내고 있으니! 그 마술사란 작자를 소개라도 해줬으면 또 몰라. 자넨 만나 봤나? 빌어먹을, 어디서 또 그런 작자를 찾아낸 건지 악마나 알 법한 일이군 그래!"

바레누하도 림스키도 그 마술사의 얼굴조차 보지 못했다. 어제 스툡파는 이미 만들어진 계약서 초본을 들고 (림스키의 표현에 따르면, '미친 사람처럼') 경리부장의 방으로 뛰어 들어와 그 자리에서 정서하더니 돈을 내놓으라고 했다. 그리고 마술사는 흔적도 없이 사라졌으며, 스툡파를 제외하고 그를 만나본 사람은 아무도 없었다.

림스키는 시계를 꺼냈다. 시계바늘이 2시 5분을 가리키고 있는 것을 보자 림스키는 화가 치밀어 올랐다. 더는 못 참겠다! 리호데예프는 11시쯤 전화를 해서 30분 뒤에 오겠다고 했었다. 그런데 그 시간에 오지 않았을 뿐 아니라, 아파트에서도 사라져버린 것이다!

"이래서야 일이 죄다 마비되잖아!" 림스키는 결재 받지 못한 서류 더미를 뒤적이며 으르렁댔다.

"혹시 베를리오즈처럼 전차에 치인 건 아니겠죠?" 바레누하는 수화기를 귀에 갖다 대며 말했다. 수화기에선 절망적인 신호음이 낮게 이어지고 있다.

"차라리 그랬으면 좋겠다……." 림스키는 들릴 듯 말 듯 중얼거렸다.

그때 짧은 제복 상의에 제모를 쓰고, 검은 치마에 단화를 신은 한 여자가 사무실로 들어왔다. 여자는 허리에 차고 있던 작은 가방에서 작고 하얀 사각형의 봉투와 수첩을 꺼내며 물었다.

"여기가 바리에테 맞죠? 긴급 전보입니다. 서명해주세요."

바레누하는 여자의 수첩에 뭔지 알아볼 수 없는 글씨를 휘갈기더니 여자가 나가고 문이 채 닫히기도 전에 봉투를 뜯었다.

전보를 다 읽은 그는 눈을 껌뻑이며 림스키에게 건네주었다.

전보의 내용은 다음과 같았다.

'얄타에서 모스크바 바리에테로. 오늘 11시 반 형사수사국에 나이트가운에 바지를 입은 맨발의 검은 머리 사내 출현. 바리에테 지배인 리호데예프라고 주장함. 정신이상자로 추정. 리호데예프 지배인 소재 확인 뒤 연락 요망. 얄타 수사국.'

"빌어먹을, 이건 또 뭐야!" 림스키가 소리를 지르며 한 마디 덧붙였다. "또 말도 안 되는 일이 일어났군 그래!"

"가짜 드미트리*1예요." 하고는 바레누하가 수화기에 대고 말했다. "전신국이죠? 긴급 전보 요청합니다. 청구서는 바리에테로 보내주시고…… 예, 내용은 '얄타 수사국 앞으로…… 지배인 리호데예프 모스크바에 있음. 경리

---

*1 러시아 황제 이반 4세의 아들 드미트리가 보리스 고두노프의 부하에게 살해된 뒤 그가 살아 있다는 소문이 퍼져 드미트리를 사칭하는 자가 세 번 나타난 일이 있었다. 그 뒤 러시아에서는 다른 이의 이름을 사칭하는 사람을 가리켜 '가짜 드미트리'라는 표현을 쓰게 되었다.

부장 림스키'……."

바레누하는 얄타의 자칭 지배인 소식에도 아랑곳하지 않고, 다시 전화를 걸어 스툐파를 찾기 시작했다. 그리고 당연한 얘기지만, 스툐파는 어디서도 찾을 수가 없었다.

바레누하가 수화기를 들고 또 어디에 전화를 해야 하나 생각하고 있을 때, 전보를 가져왔던 여자가 다시 들어와 바레누하에게 또 다른 봉투를 내밀었다. 서둘러 봉투를 뜯어 내용을 확인한 바레누하가 휘파람을 불었다.

"또 뭐야?" 신경이 잔뜩 날카로워진 림스키가 움찔대며 물었다. 바레누하는 말 없이 그에게 전보를 내밀었고, 경리부장은 다음과 같은 단어들이 적혀 있는 것을 보았다. '제발 믿어주시오. 볼란드의 최면술로 얄타에 던져짐. 신원 확인 뒤 수사국으로 긴급 전보 바람. 리호데예프.'

림스키와 바레누하는 머리를 맞대고 전보를 다시 읽었다. 그리고 말없이 서로를 쳐다보았다.

"이봐요!" 여자가 갑자기 화를 냈다. "서명을 먼저 해주셔야죠. 그 다음에 입을 다물든 말든 마음대로 하시고! 난 배달을 가야 한단 말이에요."

바레누하는 전보에서 눈을 떼지 않은 채 비뚜름하게 서명을 했고, 여자는 다시 사라졌다.

"11시 좀 넘어서 통화했다고 하셨죠?" 당혹스럽다는 듯 총무부장이 물었다.

"기가 막히는군, 상대를 못하겠어!" 흥분한 림스키가 날카롭게 소리를 질렀다. "통화를 했든 안 했든, 어떻게 그 사람이 지금 얄타에 있을 수가 있어! 말도 안 되는 소리야!"

"술에 취한 거예요……." 바레누하가 말했다.

"누가 취했다는 거야?" 림스키가 물었다. 두 사람은 다시 얼굴을 마주보았다.

얄타에서 전보를 보낸 사람이 사기꾼이나 정신병자라는 데에는 의심할 여지가 없었다. 그래도 이건 뭔가 이상하다. 도대체 어떻게 얄타에 있는 사기꾼이 바로 어제 모스크바에 도착한 볼란드를 알고 있단 말인가? 어떻게 리호데예프와 볼란드의 관계를 알았느냐는 말이다!

"'최면술…….'" 바레누하가 전보에 적힌 단어를 다시 읽었다. "이 사람은 어떻게 볼란드를 알았을까요?" 그는 눈을 껌뻑이다가 갑자기 단호하게 소리쳤다. "아냐, 설마, 말도 안 돼. 말도 안 돼. 말도 안 된다고!"

"그 사람 숙소가 어디지? 그 빌어먹을 볼란드 말이야. 악마가 잡아가도 시원찮을 놈." 림스키가 물었다.

바레누하는 바로 외국인 관광객 사무국에 전화를 걸었다. 놀랍게도 볼란드는 리호데예프의 아파트에 머물고 있었고, 그 사실을 전해들은 림스키는 경악했다. 리호데예프의 아파트로 전화를 건 바레누하는 수화기 속에서 울리는 낮은 신호음을 한참 동안 듣고 있었다. 신호음 사이 저 멀리 어딘가에서 무겁고 어두운 노래 소리가 들려왔다. '……절벽 끝, 나의 안식처……' 바레누하는 라디오 극장과 혼선된 것이라고 생각했다.

"전화를 안 받는데요." 바레누하가 수화기를 내려놓으며 말했다. "한 번 더 걸어……."

바레누하는 그 말을 끝까지 하지 못했다. 문앞에 다시 그 여자가 나타난 것이다. 두 사람이 벌떡 일어나 그녀에게 다가가자 여자는 가방에서 흰색이 아닌 검은 종이 한 장을 꺼냈다.

"이거 점점 재밌어지는데." 바레누하는 서둘러 나가는 여자를 눈으로 쫓으며 들릴 듯 말 듯한 목소리로 중얼거렸다. 림스키가 먼저 전보를 손에 들었다.

어두운 인화지에 검게 찍힌 글씨가 분명하게 보였다.

'증거. 나의 필적. 내 서명 확인 뒤 긴급 전보 요망. 볼란드를 비밀리에 감시할 것. 리호데예프.'

20여 년 동안 극장에서 일해온 바레누하는 웬만한 일은 다 겪어본 사람이었다. 하지만 그는 지금 어떤 장막 같은 것이 그의 이성을 가로막고 있는 듯한 느낌이 들었다. 진부하고, 아무 의미 없는 한 마디 말 외에는 아무것도 할 수 없었다.

"있을 수 없는 일이야!"

하지만 림스키는 달랐다. 그는 일어나 문을 열고, 문 앞의 의자에 앉아 있는 급사(急使)에게 소리를 질렀다.

"우체부 말고는 아무도 들여보내지 마!" 말을 마친 뒤 림스키는 문을 잠갔다.

책상에서 서류철을 꺼낸 그는 굵고 비스듬한 전보 글씨와 스툐파가 결재한 서류, 그리고 잔뜩 멋을 부린 그의 서명을 꼼꼼히 비교하기 시작했다. 바레누하는 책상에 온몸을 기댄 채로 림스키의 뺨에 뜨거운 입김을 내뱉고 있었다.

"그의 글씨가 맞아." 확인을 마친 경리부장이 단호하게 말했고, 바레누하가 그의 말을 메아리처럼 따라했다.

"맞네요."

림스키의 얼굴을 들여다본 총무부장은 그 급격한 변화에 깜짝 놀라고 말았다. 안 그래도 마른 편이었던 경리부장은 잠깐 사이에 더 마르고 늙어버린 것 같았다. 뿔테 안경 속의 두 눈은 예의 날카로움을 잃은 채, 불안과 정체 모를 슬픔에 일렁이고 있었다.

바레누하는 크게 놀란 사람들이 할 수 있는 모든 행동을 했다. 사무실을 뛰어다니고, 십자가에 못 박힌 사람처럼 두 손을 치켜들었으며, 유리병의 누런 물을 가득 따라 마시더니 소리를 질렀다.

"모르겠어! 모르겠어! 모ー르ー겠ー다ー고!"

림스키는 창밖을 바라보며 뭔가 골똘히 생각하고 있었다. 경리부장은 무척 난감한 상황에 처해 있었다. 지금 당장 이 자리에서 비상식적인 이 현상들을 상식적으로 설명해야 했다.

경리부장은 눈살을 찌푸리며, 나이트가운을 입고 맨발로 11시 반 즈음 초고속 비행기를 타고 있는 스툐파를, 그리고 역시 11시 반에 양말만 신고 얄타 공항에 서 있는 스툐파를 상상해 보았다…… 빌어먹을, 악마가 아니고서야 어떻게 된 일인지 알게 뭐야!

그럼 오늘 그의 아파트에서 자신과 통화를 한 것은 스툐파가 아니었다는 말인가? 아니다, 그건 분명 스툐파였다! 그가 스툐파의 목소리를 못 알아들을 리가 있는가! 오늘 자신과 통화한 것이 스툐파가 아니었다고 해도, 그 말도 안 되는 계약서를 들고 사무실까지 와서는 특유의 경박함으로 화를 돋운 게 바로 어제 저녁 아니었나. 그런데 어떻게 극장에 한마디도 없이 얄타에 갈 수 있단 말인가? 어제저녁 떠났다고 해도 오늘 낮에 도착하지는 못했을 것이다. 아니 도착할 수 있나?

"얄타까지 몇 킬로미터나 되지?" 림스키가 물었다.

바레누하는 날뛰던 것을 멈추고 소리쳤다.

"저도 생각해봤어요! 벌써 생각해봤다고요! 세바스토폴까지 기차로 1500 킬로미터 정도예요. 거기서 얄타까지 가려면 80킬로미터는 더 가야 돼요. 물론 비행기로 간다면 덜 걸리겠지만."

흐음…… 그래…… 기차 얘긴 꺼낼 필요도 없다. 그럼 또 뭐가 있지? 전투기? 누가, 대체 어떤 전투기가 신발도 신지 않은 스툐파를 태워 준다는 말인가? 왜? 그럼 얄타에 도착해서 신발을 벗었나? 역시 왜? 신발을 신고 있었다고 하더라도 그를 전투기에 태워주지는 않았을 것이다! 전투기는 지금 아무 상관이 없다. 분명히 11시 반에 수사국에 나타났다고 적혀 있었다. 모스크바에서 통화한 시간이…… 분명히…… 림스키의 눈앞에 시계 문자판이 떠올랐다…… 그는 시곗바늘 위치를 기억해냈다. 세상에! 11시 20분이었다. 그렇다면 어떻게 된 거지? 전화를 끊자마자 스툐파가 공항으로 달려가서, 5분 만에 (사실, 이것도 말이 안 된다) 비행기를 탔다고 치자. 그럼 그때 출발한 비행기가 5분 만에 1000킬로미터 이상을 날아갔다는 말인가? 시속 12,000킬로라고! 있을 수 없는 일이다. 다시 말해서 그는 얄타에 있을 수 없다.

그럼 또 뭐가 남아 있지? 최면술? 사람을 1000킬로미터 밖으로 날려버리는 최면술 따위, 세상에 없다! 그렇다면 스툐파는 자기가 얄타에 있다고 착각을 하고 있는 것은 아닐까? 스툐파는 그렇다 쳐도 얄타 수사국까지 착각을 하고 있다? 아니, 아니다, 그럴 리가 없어……! 그렇다면 전보는 어디서 보낸 거지?

경리부장의 얼굴은 말 그대로 무시무시했다. 그때 문손잡이가 돌아가며 누군가 밖에서 문을 잡아당기고 있는 것이 보였고, 급사가 절박하게 외치는 소리가 들려왔다.

"안 돼요! 못 들어갑니다! 죽어도 안 돼! 회의 중이시란 말입니다!"

림스키는 겨우 자신을 추스르고 수화기를 들었다.

"급한 전화입니다. 얄타로 연결 부탁드립니다."

'과연!' 바레누하가 속으로 탄성을 질렀다.

하지만 전화는 연결되지 않았다. 림스키는 수화기를 내려 놓았다.

"얄타 전화선이 고장났나보군. 그런데 꼭 누가 일부러 한 짓 같단 말이지."

이 전화선 고장은 왠지 그를 몹시 불안하게 했고, 그는 다시 생각에 잠겼다. 한 동안 생각에 잠겨 있던 그는 한 손으로 다시 수화기를 잡고, 다른 손으로 자신이 하는 말을 적기 시작했다.

"긴급 전보 부탁합니다. 바리에테입니다. 예. 얄타로. 형사수사국입니다. 예. '오늘 11시 30분경 리호데예프가 모스크바에서 나와 통화했다. 마침표. 그 뒤 사무실에 나타나지 않았고, 전화로도 그를 찾지 못하고 있다. 마침표. 필적은 본인 것이 맞다. 마침표. 마술사 감시 건은 동의하겠다. 경리부장 림스키.'"

'역시 림스키 씨!' 바레누하가 생각했다. 하지만 그 생각은 그리 오래가지 않았다. 그의 머릿속에 한 가지 생각이 떠올랐기 때문이다. '바보 같긴! 그가 얄타에 있을 리가 없잖아!'

림스키는 도착한 전보들과 자신이 보낸 전보의 사본을 모두 봉투에 넣고 봉한 뒤, 그 위에 몇 마디 적어, 바레누하에게 건네며 말했다.

"이반 사벨리예비치, 지금 이걸 좀 직접 갖다주게, 당장 그쪽에서 조사하라고 하는 게 낫겠어."

'이번에야말로 과연 림스키 씨군!' 바레누하는 이렇게 생각하며 봉투를 서류가방에 넣었다. 그는 혹시나 하는 마음으로 다시 스툐파의 아파트로 전화를 걸었다. 잠시 귀를 기울이더니 통화가 됐는지 환한 표정으로 눈을 찡긋해 보였다. 림스키가 목을 쭉 내밀었다.

"마술사 볼란드 씨 계십니까?" 바레누하가 상냥하게 물었다.

"지금 바쁘십니다," 수화기에서 갈라지는 목소리가 대답했다. "누구시라고 전해드릴까요?"

"바리에테 총무부장 바레누하입니다."

"이반 사벨리예비치?" 수화기에서 반갑다는 듯 소리쳤다. "당신 목소리를 듣게 되다니, 정말 반갑습니다! 어떻게, 건강하시죠?"

"감사합니다." 바레누하가 어리둥절하게 대답했다. "죄송합니다만 누구신지?"

"조수입니다. 조수이자 통역관인 코로비예프라고 합니다." 수화기가 날카로운 쇳소리를 냈다. "필요하실 때, 언제든 불러만 주십시오. 친애하는 이반 사벨리예비치! 편하게 부탁하시면 됩니다. 그런데 무슨 일이십니까?"

"죄송합니다만, 스테판 보그다노비치 리호데예프는 지금 댁에 안 계신가요?"

"아, 이런, 지금 안 계십니다!" 수화기가 소리쳤다. "외출 중이십니다."

"어디로 가셨죠?"

"교외로 드라이브 가셨습니다."

"뭐…… 뭐라고요? 드…… 드라이브요……? 그래서 언제 돌아오신다고 하셨죠?

"그냥 바람 좀 쐬고 돌아오겠다고만 하시던데요."

"그랬군요……." 바레누하가 망연자실하여 말했다. "메르시. 므슈 볼란드께 오늘 공연은 세 번째로 잡혀 있다고 전해주십시오."

"알겠습니다. 그렇게 하죠. 반드시. 지금 바로. 틀림없이 전해드리겠습니다." 수화기가 중간중간 끊어지며 소리를 냈다.

"그럼, 안녕히 계십시오." 바레누하가 놀라면서 말했다.

"부디," 수화기는 계속해서 말했다. "앞으로도 잘 부탁드립니다! 성공을! 행운을! 완전한 행복을! 빌겠습니다! 그럼 안녕히!"

"이것 보라고요! 내가 뭐라고 했습니까!" 총무부장이 흥분하며 소리쳤다. "얄타는 무슨 얄타, 시외로 드라이브 나갔답니다!"

"그게 사실이면," 경리부장은 화가 나 창백해진 얼굴로 말했다. "이건 정말 입에 담기도 싫은 더러운 짓거리야!"

그 순간 총무부장이 벌떡 일어서더니 림스키가 몸을 흠칫거릴 만큼 크게 외쳤다.

"생각났다! 생각났어요! 얼마 전 푸시키노에 '양고기 필로시키*2를 파는 터키 식당이 새로 생겼어요! 그 가게 이름이 '얄타'예요. 이제 알겠어요! 거기서 술을 마시고 전보를 친 거예요!"

"해도 해도 너무하는군." 볼에 가벼운 경련을 일으키며 림스키가 대답했다. 그의 눈에는 감출 수 없는 강한 적의가 불타고 있었다. "이번 일은 대가를 톡톡히 치르게 될 거다……!" 그러고는 갑자기 멈칫 하더니 다시 중얼거렸다. "그런데 형사수사국은 왜……."

---

*2 빵이나 파이 반죽으로 껍질에 각종 고기 소를 넣고 오븐에 구운 러시아 전통 요리.

"다 헛소리예요! 그 사람이 다 지어낸 거라고요." 다혈질인 총무부장은 림스키의 말을 끊어버리고는 다시 물었다. "그런데 이 서류는 어떻게 할까요? 갖다 줄까요?"

"당연하지." 림스키가 대답했다.

이때 다시 문이 열리고, 예의 그 여자가 들어왔다……. '그 여자다!' 림스키는 왠지 우울해졌다. 두 사람은 일어나 우편배달부를 맞았다.

이번 전보에는 이렇게 적혀 있었다.

'신원 확인 감사. 즉시 수사국 내 이름으로 500루블 송금 바람. 내일 모스크바로 출발. 리호데예프.'

"제정신인가……." 바레누하가 작은 소리로 말했다.

림스키는 열쇠를 짤랑거리며 금고에서 돈을 꺼내 500루블을 확인한 뒤, 벨을 울려 급사에게 주고 그를 전신국으로 보냈다.

"저기요, 그리고리 다닐로비치," 바레누하는 보고도 믿지 못하겠다는 듯 우물거렸다. "제 생각엔 쓸데없는 짓을 하시는 것 같은데요."

"돈은 다시 돌아올 거야." 림스키가 조용히 말했다. "그 인간은 이번 피크닉의 대가를 톡톡히 치르게 될 테고." 그리고 바레누하의 서류가방을 가리키며 덧붙였다. "이반 사벨리예비치, 꾸물대지 말고 어서 가."

바레누하는 가방을 들고 사무실을 나왔다.

그는 아래층으로 내려가 매표소 앞에 길게 늘어선 줄을 보았다. 매표소 직원은 추가로 찍은 포스터를 본 관객들이 벌떼처럼 몰려들어 한 시간 뒤면 매진이 될 것 같다고 했다. 그는 특별석과 제일 좋은 자리의 표 서른 장을 절대 팔면 안 된다고 매표원에게 당부를 해놓고는 초대권을 달라고 달려드는 사람들을 피해 사무실로 뛰어 들어갔다. 모자를 가져가기 위해서였다. 그때 전화벨이 울리기 시작했다.

"여보세요!" 바레누하가 소리쳤다.

"이반 사벨리예비치?" 수화기가 아주 기분 나쁜 콧소리로 물었다.

"지금 없습니다!" 바레누하는 이렇게 소리치려 했으나 수화기가 그의 말을 가로막았다.

"까불지 마, 이반 사벨리예비치. 잘 들어. 그 전보 아무 데도 가져갈 생각하지 마. 누구한테 보여줄 생각도 하지 말고."

"당신 누구야?" 바레누하는 사나운 짐승처럼 으르렁댔다. "당신이야말로 이런 장난치는 거 아니야! 누구 짓인지 금방 알아낼 수 있다고! 당신 전화 번호가 몇 번이야?"

"바레누하," 여전히 기분 나쁜 그 목소리가 대답했다. "러시아 말 못 알아 듣나? 그 전보, 아무 데도 가져가지 말라고 했다."

"뭐야, 한번 해보자는 거야?" 총무부장은 흥분하며 소리쳤다. "당신, 조심해! 내가 가만두지 않을 테니!" 계속해서 뭔가 위협적인 말을 외쳐대던 총무부장이 곧 입을 다물었다. 수화기 너머 그의 말을 듣고 있는 사람이 아무도 없는 것 같았기 때문이었다.

그 순간 갑자기 사무실 안이 어두워지기 시작했다. 바레누하는 서둘러 사무실에서 나와 문을 쾅 닫고 옆문을 통해 여름 정원으로 달려 나갔다.

흥분한 탓인지, 총무부장은 힘이 넘쳐나는 것 같았다. 그 불쾌한 통화 이후 그는 불량배들이 못된 장난을 치고 있으며, 그 장난이 리호데예프 실종과 무관하지 않다는 확신이 들었다. 악당들의 정체를 밝히고야 말겠다는 의욕으로 넘쳐 그는 숨이 막힐 지경이었고, 이상하게도 무언가 달콤한 예감 같은 것이 들기도 했다. 이는 누군가에게 아주 굉장한 소식을 전하며 주목의 대상이 되고자 할 때 흔히 있는 일이다.

정원으로 나가자 총무부장의 얼굴로 훅 하고 바람이 불어와 길을 막고, 경고라도 하듯 그의 눈에 모래를 뿌렸다. 금방이라도 유리창이 떨어져 날아갈 것처럼 2층 창틀이 덜컹거렸고, 단풍나무와 보리수나무도 스산한 소리를 내며 흔들렸다. 주위가 어두워지고 공기도 차가워졌다. 총무부장이 눈을 비비자, 노란 배의(가운데가 노란) 먹구름이 모스크바 하늘에 낮게 내려앉고 있는 모습이 보였다. 멀리서 천둥이 낮게 우르릉 대는 소리가 들려왔다.

갈 길이 바쁘긴 했지만, 바레누하는 잠시 여름용 야외 화장실에 들르기로 했다. 수리공이 전구에 망을 씌워놓았는지 가는 길에 확인해봐야겠다는 생각이 들었던 것이다.

바레누하는 사격장을 지나 라일락이 우거진 하늘색 화장실 건물로 달려갔다. 수리공은 성실한 사람임이 분명했다. 남자 화장실 지붕 아래 전구에 철망이 씌워져 있었다. 총무부장은 소나기가 내릴 것 같은 어둠 속에서도 연필과 목탄으로 그려진 벽의 낙서들에 더 기분이 상했다.

"이건 또 무슨……!" 그 순간 뒤에서 갑자기 가르릉거리는 소리가 들려왔다.

"이반 사벨리예비치, 당신인가?"

바레누하는 흠칫 몸을 떨고 뒤를 돌아보았다. 키는 크지 않지만 뚱뚱한 몸집에 어딘지 고양이처럼 생긴 남자가 서 있었다.

"그렇소만." 바레누하는 적의를 품고 대꾸했다.

"반갑습니다. 아주 반가워요." 고양이처럼 생긴 뚱보가 가늘고 날카로운 목소리로 인사하더니 갑자기 몸을 돌려 바레누하의 뺨을 후려쳤다. 총무부장의 머리에서 벗겨진 모자는 변기 구멍 속으로 흔적도 없이 사라져버렸다.

뚱보의 공격으로 한순간 화장실 전체가 번쩍 빛나더니 천둥이 쳤다. 잠시 후 다시 한 번 빛이 번쩍이더니 총무부장 앞에 또 다른 남자가 나타났다. 키는 작지만 운동선수처럼 떡 벌어진 어깨에, 머리는 타오르듯 빨갛고, 한쪽 눈은 백내장에 걸린 듯했으며, 입 밖으로 아래 송곳니가 비어져 나와 있는 남자였다. 왼손잡이가 분명한 이 두 번째 남자가 총무부장의 다른 뺨을 후려치자, 그에 답하듯 다시 천둥이 치고, 화장실 나무 지붕 위로 폭우가 쏟아졌다.

"왜 이러시는 겁니까, 동……."*3 거의 실성하다시피 한 총무부장이 기어들어가는 소리로 중얼거렸다. 하지만 공중화장실에서 사람을 덮친 악당들에게 '동무들'이라는 말은 전혀 어울리지 않는다는 생각에 "시민……"*4이라고 바스라질 것 같은 목소리로 중얼거렸다. 그리고 '시민'이라는 말도 역시 저들에게는 어울리지 않는다는 생각을 하는 순간, 강렬한 세 번째 타격(둘 중 누구의 것인지는 알 수 없었다)이 날아왔다. 코피가 터져나와 그의 셔츠를 적시기 시작했다.

"기생충 같은 놈, 그 가방에 뭐가 들었지?" 고양이를 닮은 자가 갈라지는 소리로 외쳤다. "전보? 아무 데도 가져가지 말라고 전화로 경고했을 텐데? 경고했어, 안 했어? 내가 묻고 있잖아!"

---

*3 원문에서는 '친구', '동무'를 뜻하는 'Товарищ[타와리시치]'라는 단어가 쓰였다. 구소련 시대 이 단어는 '-씨'나 영어권 'Mr-'처럼 일반적인 존칭으로 통용되었다.

*4 원문에서는 '시민(일반적으로 남성)' 또는 '공민(公民)'을 가리키는 'Гражданин[그라즈다닌]'이라는 단어가 쓰였다.

"경고…… 했습…… 하셨지요……." 총무부장은 숨을 헐떡이며 대답했다.

"그런데 가져가려 했다 이거지? 가방 이리 내놔!" 벌레 같은 놈, 두 번째 남자가 전화에서 들었던 콧소리로 외쳤다. 그리고 덜덜 떨고 있는 바레누하의 손에서 가방을 낚아챘다.

두 남자는 총무부장을 끌고 정원을 나와 사도바야 거리로 달려갔다. 소나기가 미친 듯이 몰아쳤고, 빗물이 굉음을 내며 하수구로 쏟아져 들어갔다. 사방에서 거품이 일고 물줄기가 솟구쳤으며, 홈통을 넘쳐난 물이 지붕에서 흘러 내려 거리는 온통 물바다가 되었다. 살아 있는 모든 것이 사도바야에서 씻겨 내려갔고, 이반 사벨리예비치를 구해줄 사람은 아무도 없었다. 그들은 번쩍이는 번갯빛 아래 혼탁한 강을 뛰어넘어 반쯤 넋이 나간 총무부장을 눈 깜빡할 사이에 302-2번지까지 끌고 왔다. 건물 안에는 신발과 긴 양말을 손에 쥔 맨발의 두 여자가 벽에 바짝 기대서 있는 아치문 아래로 날듯이 뛰어 들어갔다. 그들은 여섯 번째 현관으로 달려가 실성하다시피 한 바레누하를 5층까지 끌어올린 뒤, 그도 잘 알고 있는 스테판 리호데예프 아파트의 어두침침한 현관 바닥으로 내동댕이쳤다.

두 남자는 사라졌고, 대신 실오라기 하나 걸치지 않은 나체의 여자가 현관에 나타났다. 여자는 붉은머리에 도깨비불 같이 타오르는 눈을 하고 있었다.

자신에게 일어났던 그 어떤 일보다도 무시무시한 뭔가가 일어나고 있음을 직감한 바레누하는 신음 소리를 내며 벽으로 물러섰다. 여자가 총무부장 앞으로 바싹 다가와 그의 어깨 위에 손을 올려놓았다. 바레누하는 머리카락이 곤두섰다. 흠뻑 젖은 차가운 셔츠 사이로 느껴지는 여자의 손이 얼음장보다도 더 차가웠기 때문이었다.

"키스해드릴게요." 여자는 부드럽게 말하며, 빛나는 두 눈으로 그의 눈을 똑바로 마주 보았다. 그 순간 바레누하는 정신을 잃어 여자의 키스를 느끼지 못했다.

제11장
이반의 분열

한 시간 전만 해도 오월의 태양이 밝게 비추던 강 건너 소나무 숲이 조금씩 어두워지면서 경계가 흐려지더니, 이내 어둠 속에 녹아들었다.

창밖에는 비가 거대한 장막처럼 몰아치고 있었다. 하늘에서는 가느다란 실들이 끊임없이 불길을 내뿜으며 하늘을 갈라놓았고 위협하듯 흔들리는 불빛들이 병실을 가득 채웠다.

이반은 거품을 일으키고 있는 탁한 강물을 바라보며 침대에 앉아 조용히 울고 있었다. 천둥이 울릴 때마다 애처롭게 비명을 지르며 두 손으로 얼굴을 가렸다. 이반이 쓴 종이들이 바닥에 흩어져 있었다. 비바람이 들이치며 종이를 사방으로 흩어놓았다.

시인은 공포의 자문위원에 대해 진술서를 작성하려 했지만 그런 노력은 아무 소용이 없었다. 프라스코비야 표도로브나라는 이름의 뚱뚱한 여간호사에게 몽당연필과 종이를 받자마자 시인은 익숙한 놀림으로 손을 비비며 서둘러 작은 탁자에 앉았다. 첫 문장은 제법 기세 좋게 쓸 수 있었다.

'경찰서 귀중. 마솔리트 회원 이반 니콜라예비치 베즈돔니. 진술서. 어제 저녁 고(故) M.A. 베를리오즈와 파트리아르흐 연못에 갔습니다……'

여기까지 쓰자 시인은 생각이 막히고 말았다. '고(故)'라는 단어 때문이었다. 여기서부터 이미 말이 안 된다. 고인과 함께 가다니? 죽은 사람이 어떻게 걸어 다닌단 말인가! 이래서야 정신병자 취급을 받게 될 것이다!

이렇게 생각한 이반 니콜라예비치는 문장을 고쳐 쓰기 시작했다. '나중에 고인이 된 M.A. 베를리오즈와 함께……' 하지만 이 문장도 작가를 만족시키지 못했다. 그는 세 번째 수정을 했지만 앞의 두 문장보다 더 형편없는 문장이 나오고 말았다. '……전차에 치인 베를리오즈와 함께……' 게다가 그는 전혀 유명하지도 않은 동명의 작곡가가 자꾸 걸려서 한 마디 덧붙이기까지

했다. '……작곡가가 아닌……'

두 베를리오즈와 한참을 씨름한 끝에 이반은 결국 까만 줄을 그어 썼던 것을 다 지워버렸다. 단번에 읽는 사람의 주의를 끌 수 있게 강렬한 장면부터 시작하기로 했다. 고양이가 전차에 올라타는 장면부터 시작해, 잘려나간 머리 이야기로 돌아갔다. 잘린 머리와 자문위원의 예언은 이반을 본디오 빌라도에 대한 생각으로 이끌었다. 그는 글을 좀더 설득력 있게 하기 위해 총독이 핏빛 안감을 댄 흰 망토를 입고 헤롯왕의 정원 주랑으로 나오는 부분부터 빠짐없이 쓰기로 했다.

이반은 진술서 작성에 전념했다. 썼던 것을 다시 고치고 새 단어들을 집어넣었으며, 본디오 빌라도와 뒷다리로 서 있는 고양이를 그려보기도 했다. 하지만 그림은 도움이 되지 않았고, 진술서는 점점 더 혼란스럽고 이해할 수 없는 글이 되어버렸다.

멀리서 습기를 잔뜩 머금은 먹구름이 위협하듯 나타나 소나무 숲을 덮어버리고, 바람이 불기 시작했다. 이반은 힘이 빠져 자신이 진술서를 제대로 쓰지 못하리란 생각이 들었다. 그는 바람에 날리는 종잇조각들을 붙잡으려고도 하지 않았다. 이반은 조용히, 그리고 비통하게 울기 시작했다.

소나기가 내리기 시작하자 마음씨 착한 간호사 프라스코비야 표도로브나가 시인을 찾아왔다. 시인이 울고 있는 모습을 본 그녀는 안쓰러워하며 번개에 놀라지 않도록 커튼을 쳐주고, 바닥에 흩어진 종이들을 주워들고 의사한테 달려갔다.

의사가 와서 이반의 팔에 주사를 놔주면서, 더 이상 울지 않아도 된다고, 모든 것은 지나가고 변하게 될 테니 이제 다 잊게 될 것이라고 말해주었다.

의사의 말은 옳았다. 강 건너 소나무 숲은 곧 전과 같아졌다. 전처럼 깨끗해진 짙푸른 하늘 아래 숲은 작은 나무 한 그루까지 선명하게 모습을 드러냈으며, 강은 잔잔해졌다. 주사를 맞자마자 이반의 마음속에서 우울함이 사라지고, 그는 편안하게 누워 하늘에 걸린 무지개를 바라보고 있었다.

무지개가 녹아 사라지는 것도, 하늘이 파랗던 빛을 잃고 슬픔을 머금는 것도, 숲이 검게 변하는 것도 눈치 채지 못한 채, 그는 저녁까지 누워 있었다.

뜨거운 우유를 마시고 다시 자리에 누운 이반은 자신의 생각이 바뀐 것이 스스로도 놀라웠다. 그 저주받은 고양이는 기억에서 점차 희미해졌고, 잘린 머리도 더 이상 무섭지 않았다. 그 머리에 대한 생각을 그만두자 이반은 병원에 있는 것도 그렇게 나쁘지는 않다는 생각을 하기 시작했다. 스트라빈스키는 똑똑하고 박식한 사람이고 그런 사람과 알게 된 것은 아주 기분 좋은 일이었다. 게다가 소나기가 지나가고 나서인지, 저녁 공기도 달콤하고, 상쾌하지 않은가.

불행은 잠들려 했다. 조용한 복도에서 흰 전구가 꺼지고, 규정에 따라 약한 빛을 내는 야간용 푸른 등에 불이 들어왔다. 문밖에서, 고무 매트를 깔아놓은 복도 위를 조심스럽게 걷는 간호사들의 발소리도 점점 줄어들었다.

이반은 달콤한 나른함에 빠져 누워 있었다. 천장에서 부드러운 빛을 뿜어내는, 갓을 씌운 작은 램프를 바라보기도 하고, 검은 숲 뒤로 떠오른 달을 바라보기도 하며, 그는 자신과 대화를 나누기 시작했다.

"베를리오즈가 전차에 치었다고 내가 왜 그렇게 흥분했을까?" 시인은 가만히 생각해보았다. "그가 죽든, 말든 아무 상관 없잖아! 내가 그에 대해 대부나 장인쯤 되는 것도 아니고! 내가 그의 뭘 안다는 거야. 아는 거라고는 고작 그가 대머리였고, 끔찍할 정도로 말을 잘한다는 것뿐이지. 게다가," 이반은 누군가를 향해 말을 계속했다. "한번 생각해봅시다. 여러분, 내가 왜 한쪽 눈이 텅 비고 새카만 수수께끼 같은 자문위원에 마술사인 교수 때문에 그렇게 날뛰었을까요? 그를 잡겠다고, 속바지에 촛불까지 들고 말이죠. 대체 뭣 때문에 그런 추격전을 벌이고, 레스토랑에서 그 난동까지 피운 걸까요?"

"어이, 이봐." 갑자기 그의 내부도, 귓가도 아닌 어딘가에서 예전의 이반이 새로운 이반에게 단호하게 말했다.

"그자는 베를리오즈의 머리가 잘려나갈 것이라는 걸 미리 알고 있었어! 그런데 어떻게 흥분하지 않을 수 있겠는가?"

"지금 무슨 얘기를 하고 있는 겁니까?" 새로운 이반이 예전의 늙은 이반에게 반박했다. "뭔가 석연치 않은 점이 있다는 건 애들이라도 알 수 있네. 그가 비범하고 수수께끼 같은 인물이라는 건 백 퍼센트 확실하지. 하지만 여기서 중요한 것은 그게 아니야! 그는 본디오 빌라도와 개인적으로 알고 있다고 했어. 이보다 더 흥미로운 얘기가 또 어디 있겠나? 파트리아르흐에서 그런 바보 같은 소동을 벌일 게 아니라, 빌라도와 체포된 하―노츠리에게 그 뒤 무슨 일이 있었는지 정중하게 물어보는 게 낫지 않았을까? 그런데 나는! 악마나 알 법한 일을 시작해 버렸어! 물론, 편집장이 깔려 죽은 것도 큰 사건이지! 하지만 그렇다고 그 잡지가 폐간되기라도 하나? 그래서 어떻게 하겠다는 거지? 모든 인간은 죽게 되어 있어. 그가 말했던 것처럼 갑자기 죽기도 하지. 그렇다면 명복이나 빌어줘야 하지 않겠어! 곧 새로운 편집장이 들어올 거야. 이전 편집장보다 말주변이 더 좋을지 누가 알겠어."

잠시 졸고 있던 새로운 이반이 다시 늙은 이반에게 독살스럽게 물었다.

"그럼 나는 대체 어떤 인간이 되는 거지?"

"멍청이지!" 어딘가에서 두 이반 중 누구도 아닌 낮은 목소리가 딱 잘라 말했다. 그 목소리는 자문위원의 목소리와 놀랄 만큼 비슷했다.

자신을 '멍청이'라 부르는데도 이반은 왠지 기분이 전혀 나쁘지 않았다. 오히려 그는 그 말에 놀란 표정으로 기분 좋은 미소를 지었고, 말없이 얕은 잠에 빠져들었다. 꿈이 살며시 이반에게 다가왔다. 코끼리 다리처럼 거대한 뿌리를 내린 야자나무가 눈앞에 어른거렸고, 고양이가 옆을 지나가기도 했다. 그러나 무섭지 않은 활발한 고양이었고 이반이 막 꿈속으로 빠져들려는 순간, 소리 없이 격자창이 열리면서 정체를 알 수 없는 형체가 발코니 앞에 나타났다. 달빛을 피해 서서, 위협하듯 이반에게 손가락을 흔들어 보였다.

이반은 전혀 놀라는 기색 없이 침대에서 일어나 앉아 발코니에 서 있는 남자를 보았다. 그 남자는 손가락을 입술에 갖다 대며 속삭였다.

"쉿!"

제12장
흑마술과 그 비밀

구멍난 누런 중산모에 서양 배처럼 생긴 커다란 딸기코, 체크무늬 바지에 에나멜 구두를 신은 작은 체구의 사내가 바퀴가 두 개 달린 평범해 보이는 자전거를 타고 바리에테 극장의 무대로 나왔다. 그는 폭스트롯*¹에 맞춰 무대를 한 바퀴 돌고는, "얍" 하는 외침과 함께 자전거 뒷바퀴로 멈추어섰다. 그러고는 뒷바퀴 하나로 무대 위를 돌다가 자전거 위에서 물구나무를 서기도 하고, 자전거를 탄 상태에서 교묘하게 앞바퀴를 분리해서 무대 뒤로 굴려 보내고는 두 손으로 페달을 돌리면서 바퀴 하나로 무대 위를 돌았다.

이어 몸에 딱 달라붙는 상의에 은빛 별이 촘촘히 박힌 미니스커트를 입은 통통한 금발머리 여자가 안장이 높이 달린 외발 자전거를 타고 무대에 나와 원을 그리며 돌기 시작했다. 여자가 들어오자 작은 체구의 남자는 소리쳐 인사하며 그녀를 반기더니 한쪽 발로 머리에 쓰고 있던 중산모를 벗었다.

마지막으로 여덟 살쯤 되어 보이는 체구에 노인의 얼굴을 한 꼬마가 커다란 자동차 경적이 달린 아주 작은 이륜차를 타고 들어와 어른들 사이를 돌아다녔다.

몇 차례 원을 그린 곡예사들이 긴장감 되는 오케스트라 북소리에 맞춰 무대 앞 끝까지 돌진하자, 맨 앞줄에 앉아 있던 관객들이 비명을 지르며 몸을 뒤로 젖혔다. 자전거에 탄 세 명의 곡예사가 오케스트라 박스로 굴러 떨어질 것이라 생각했기 때문이다.

하지만 연주자들 머리 위로 당장이라도 미끄러져 떨어질 것 같은 그 순간, 자전거들은 멈춰 섰다. 곡예사들은 "합!" 하고 외치더니 자전거에서 뛰어내려 인사했다. 금발의 여자는 관객들에게 키스를 날렸고, 꼬마는 우스꽝스러운 경적 소리를 냈다.

---

*1 1910년대 초 미국에서 생겨난 비교적 빠른 템포의 사교춤곡.

박수소리가 건물을 뒤흔들었고, 무대 양쪽에서 하늘색 막이 닫히면서 자전거 곡예사들의 모습은 사라졌다. 문 앞에 '출구'라고 쓰인 초록색 등이 꺼지자, 둥근 천장 아래 늘어진 곡예용 그네 사이로 태양처럼 커다랗고 하얀 공 모양 조명등에 불이 들어왔다. 공연 전의 마지막 휴식 시간인 것이다.

그날 저녁, 줄리 가족의 기적 같은 자전거 묘기에 아무 흥미도 느끼지 못한 사람은 그리고리 다닐로비치 림스키 한 사람뿐이었다. 그는 홀로 사무실에 앉아 얇은 입술을 깨물고 있었다. 얼굴에 자꾸만 경련이 일어났다. 리호데예프가 실종된 데 이어 사무장 바레누하가 사라진 것이다. 이건 정말 예상치 못한 일이었다.

림스키는 바레누하가 어디로 갔는지는 알고 있었다. 그런데 그곳으로 간 그는…… 돌아오지 않았다! 림스키는 어깨를 움츠리며 자신에게 속삭였다.

"도대체 왜?"

이상한 일은 또 있었다. 경리부장처럼 실무적인 사람이면 당연히 바레누하를 보낸 곳으로 전화를 걸어 무슨 일이 생긴 것인지 물어보는 것만큼 쉬운 일은 없을 텐데, 그런 그가 밤 열 시가 다 되도록 전화를 하지 않고 있었다.

10시가 되자 림스키는 마음을 가다듬고 억지로 수화기를 들었지만, 이번엔 전화가 불통이었다. 급사의 보고에 따르면, 건물 안의 모든 전화가 불통이라는 것이었다. 물론 유쾌한 일은 아니지만, 그렇다고 절대 있을 수 없는 일이라고 할 수도 없었다. 어째서인지 경리부장은 이 일로 의지가 결정적으로 꺾이는 한편 전화가 모두 불통이 되어버렸다는 사실을 기뻐하기도 했다. 반드시 전화를 해야 한다는 압박감이 사라졌기 때문이다.

경리부장의 머리 위로 휴식 시간을 알려주었던 빨간 램프에 갑자기 불이 들어와 깜빡이기 시작하자 급사가 들어와 외국인 마술사의 도착을 알렸다. 경리부장은 어쩐지 얼굴에 경련을 일어나는 것 같았다. 먹구름보다 더 어두워진 얼굴로 그는 객원 출연자를 맞기 위해 분장실로 향했다. 접대할 사람이 그 외에는 아무도 없었기 때문이었다.

분장실로 이어지는 복도에는 이미 공연 시작을 알리는 벨소리가 울리고 있었음에도, 호기심 많은 사람들이 이런저런 구실을 대며 분장실 안을 기웃거리고 있었다. 그중에는 울긋불긋한 가운에 터번을 두른 마술사와 니트와 재킷을 입은 롤러스케이트 선수, 얼굴에 하얀 분칠을 한 재담꾼과 분장사도 있었다.

마침내 도착한 유명인사는 섬세하게 바느질 된, 이제껏 본 적 없는 긴 연미복을 입고, 얼굴 윗부분 절반을 검은 가면으로 가리고 있어 모두를 놀라게 했다. 하지만 무엇보다 놀라운 것은 흑마술사의 두 수행원, 금이 간 코안경에 체크무늬 옷을 입은 날씬하고 키 큰 남자와 살찐 검은 고양이였다. 분장실에 뒷발로 걸어 들어온 그 고양이는 갓을 씌우지 않은 분장용 전구 불빛에 눈을 가느다랗게 뜨며 너무나도 천연덕스럽게 소파에 앉았다.

림스키는 미소를 지어보려 했지만, 그 때문에 오히려 더 어색하고 적의에 찬 얼굴이 되어버렸다. 그는 고양이 옆에 말 없이 앉아 있는 마술사에게 고개 여 인사했다. 두 사람 다 악수는 청하지 않았다. 그러자 체크무늬 남자가 먼저 '그의 조수'라며 스스럼없이 자신을 소개했다. 이런 상황은 경리부장을 놀라게 했고, 또 기분 나쁘게 하기도 했다. 계약서에 조수에 대한 얘기는 전혀 없었기 때문이었다.

그리고리 다닐로비치는 일부러 더 냉담한 말투로, 자기 머리 위로 몸을 바짝 기울이고 있는 그 체크무늬 남자에게 마술사가 쓸 소품들은 어디 있는지 물었다.

"천상의 다이아몬드처럼 소중하고, 또 소중하신 우리 부장님," 마술사의 조수가 갈라지는 목소리로 대답했다. "우리의 소품은 언제나 우리와 함께 있지요. 자, 여기! 아인(하나), 츠바이(둘), 드라이(셋)!" 그리고 울퉁불퉁한 손가락을 림스키의 눈앞에서 살짝 돌리더니 갑자기 고양이의 한쪽 귀에서 체인이 달린 림스키의 금시계를 꺼집어냈다. 그 시계는 조금 전까지만 해도 단추가 채워진 경리부장의 양복 조끼 주머니에, 그것도 단춧구멍에 꿰어진 채로 들어 있던 것이었다.

림스키는 자기도 모르게 배를 움켜쥐었고, 옆에 있던 사람들도 놀라 아, 하는 탄성을 내뱉었으며, 입구에서 들여다보고 있던 분장사도 감탄의 탄성을 질렀다.

"당신 시계인가요? 자, 받으시지요." 체크무늬 남자는 다정하게 미소 지으며 말했다. 더러운 손바닥 위에 놓인 시계를 어리둥절해 하는 림스키에게 건네주었다.

"저런 사람하곤 같이 전차에 타면 안 돼." 재담꾼이 재미있다는 듯 작은 소리로 분장사에게 소곤거렸다.

그러나 시계를 이용한 마술보다 더 기가 막힌 재주를 보여준 것은 고양이였다. 소파에서 일어난 고양이는 뒷발로 거울 아래 작은 탁자까지 걸어가더니 앞발로 물병의 코르크 마개를 따서 컵에 물을 따라 마시고는 다시 마개를 닫아 분장용 수건으로 수염을 닦았다.

지켜보던 사람들은 탄성을 지르지도 못한 채 입만 떡 벌려야 했다. 넋을 잃고 바라보던 분장사가 속삭였다.

"우와, 최고다!"

그때 세 번째 벨이 울리기 시작했고, 앞으로 보게 될 흥미진진한 마술에 대한 기대에 부푼 사람들은 흥분을 가라앉히지 못하며 분장실을 떠났다.

1분 뒤, 객석의 불이 꺼지고, 무대 앞 조명이 켜지더니 무대의 막 아래쪽을 붉게 비추었다. 조명을 받은 막의 주름 사이에서, 말끔하게 면도한 얼굴에 구깃구깃한 연미복과 지저분한 셔츠를 입은 뚱뚱한 남자가 어린 아이처럼 해맑은 미소를 지으며 관객들 앞에 나타났다. 그는 모스크바 사람이라면 누구나 아는 사회자 조르주 벤갈스키였다.

"자, 관객 여러분," 벤갈스키는 천진난만한 미소를 지으며 말하기 시작했다. "이제 여러분께 소개해드릴 분은……" 벤갈스키는 갑자기 말을 끊더니 말투를 바꾸었다. "이런 3부가 시작되면서 관객들이 더 늘어난 것 같군요. 오늘 우리 극장에 모스크바 시민의 절반은 모이신 것 같습니다! 며칠 전 만난 친구에게 제가 말했지요. '자네는 왜 우리 극장에 오지 않나? 어제는 이 도시 사람들 중 절반이 구경하러 왔었는데.' 그랬더니 친구가 그러더군요. '난 나머지 절반에 살거든!'" 벤갈스키는 폭발적인 웃음소리가 터져나오길 기대하며 잠시 말을 멈추었지만 아무도 웃지 않았다. 그는 다시 말을 이었다. "…… 자, 이제부터 외국에서 오신 유명한 아티스트 므슈 볼란드의 흑마술 공연이 있겠습니다! 이미 다들 알고 계시겠지만," 벤갈스키는 모든 걸 다 알고 있다는 듯한 미소를 지어 보였다. "흑마술이라는 것은 이 세상에 존재하지 않습니다. 미신일 뿐이죠. 마에스트로 볼란드는 고도의 기술을 습득하신 것일 뿐입니다. 그 사실을 오늘 공연에서 가장 흥미로운 부분, 다시 말해 그 기술의 비밀을 밝힘으로써 확실히 알 수 있을 것입니다. 자, 이제 우리 모두 흑마술의 놀라운 기술과 그 비밀이 낱낱이 밝혀지기를 기대하며 볼란드 씨를 무대 위로 모시겠습니다!"

장황한 말들을 실컷 늘어놓은 뒤, 벤갈스키는 두 손을 맞잡고, 자신의 등 뒤에 있는 막을 향해 환영하듯 두 손을 모아 흔들었다. 그러자 막이 조용히 양쪽으로 갈라졌다.

마술사와 체크무늬 옷을 입은 꺽다리 조수, 그리고 뒷발로 걸어 들어오는 고양이의 등장은 순식간에 관객들의 마음을 사로잡았다.

"의자." 볼란드가 작은 목소리로 지시했다. 그러자 순간 어디서 나왔는지 알 수 없지만 무대 위에 안락의자가 나타났고, 마술사는 그 의자에 앉았다. "말해 보게, 친애하는 파고트." 볼란드가 체크무늬 광대에게 물었다. 그 광대에겐 코로비요프라는 이름 말고도 다른 이름이 또 있는 것 같았다. "네 생각엔, 모스크바 사람들이 많이 변한 것 같은가?"

마술사는 허공에서 나타난 의자에 놀라 조용해진 객석을 가만히 바라보았다.

"그렇습니다, 메시르." 파고트─코로비요프가 작은 목소리로 대답했다.

"그래, 시민들은 많이 변했어…… 겉모습이 말이야. 도시도 마찬가지지. 옷차림은 말할 것도 없고, 그걸…… 뭐라고 하더라…… 전차나 자동차가 나타나고……"

"버스도요." 파고트가 정중하게 덧붙였다.

관객들은 그들의 대화가 마술공연에 앞선 서곡이라 생각하며, 주의 깊게 듣고 있었다. 무대 양옆으로 곡예사들과 무대 일꾼들이 모여들어 있었고, 그 사이로 창백하게 굳어진 림스키의 얼굴도 보였다.

무대 한쪽에서 대기하고 있던 벤갈스키가 뭔가 이상하다는 듯한 표정을 짓기 시작한 것은 바로 그때였다. 그는 눈썹을 살짝 치켜 올리더니 잠시 대화가 끊긴 틈을 타서 입을 놀리기 시작했다.

"외국에서 오신 마술사께서 눈부신 기술적 성장을 이룬 모스크바 시민들에게 감탄을 표하고 계십니다." 그러더니 벤갈스키는 1층 객석과 2층 객석을 향해 차례로 미소를 지어 보였다.

볼란드와 파고트, 고양이가 사회자 쪽으로 고개를 돌렸다.

"내가 감탄을 했던가?" 마술사가 파고트에게 물었다.

"전혀 아닙니다, 메시르. 메시르께서는 감탄하신 적이 없으십니다." 파고트가 대답했다.

"그럼 저 사람은 무슨 말을 하는 거지?"

"아무 말이나 내뱉은 것뿐입니다!" 체크무늬 조수가 극장 전체가 울리도록 낭랑한 목소리로 말했다. 그리고 벤갈스키를 향해 덧붙였다. "축하합니다, 당신은 거짓말쟁이로군요!"

위층에서 웃음소리가 터져나왔고 벤갈스키는 몸을 떨며 두 눈을 부릅떴다.

"물론, 내가 관심이 있는 건 버스나 전화 같은 그런……."

"기계들!" 체크무늬 조수가 속삭였다.

"그래, 바로 그거야. 고맙네." 마술사는 묵직한 저음으로 천천히 말했다. "하지만 그보다 훨씬 더 중요한 것, 과연 이 사람들의 내면도 변했을까 하는 문제이지."

"그렇습니다, 주인님. 그것이 가장 중요한 문제입니다."

무대 양 옆에서 구경하던 사람들은 서로의 얼굴을 쳐다보며 어깨를 으쓱거렸다. 벤갈스키는 얼굴이 빨개진 채 서 있었고, 림스키는 창백해졌다. 하지만 사람들이 불안해하기 시작한 것을 눈치 채기라도 한 듯, 마술사가 말했다.

"그건 그렇고 우리가 말을 너무 많이 한 것 같군. 파고트, 관객들이 지루해하기 시작했네. 맛보기로 간단한 것부터 한번 시작해보지."

관객들이 안도한 듯 웅성거리기 시작했고, 파고트와 고양이가 풋라이트를 따라 양쪽으로 벌려 섰다. 파고트가 손가락을 딱하고 울리며 기세좋게 소리쳤다.

"셋, 넷!" 호쾌한 외침과 함께 그는 허공에서 카드 한 벌을 섞은 뒤 길게 이어진 끈을 날리듯 고양이에게 던져주었다. 고양이가 카드들을 받았다가 다시 던져주자, 파고트는 한 마리 비단뱀처럼 날아오는 카드를 새끼 새처럼 입을 벌려 한 장, 한 장 받아 삼켰다.

고양이가 오른쪽 뒷발을 뒤로 빼며 고개 숙여 인사하자, 우레와 같은 박수가 터져나왔다.

"최고야! 정말 최고야!" 무대 뒤에서도 사람들이 환호성을 질러댔다.

그때 파고트가 손가락으로 1층 객석을 가리키며 말했다.

"존경하는 관객 여러분, 지금 그 카드는 일곱 번째 줄에 앉아 계신 파르쳅스 써키의 지갑 속에 들어 있습니다. 좀더 정확히 말씀드리자면, 이혼한 부인인 젤코바 시민에게 지불할 양육비 건으로 법원에서 날아온 소환장과 3루블짜리 지폐 사이에 들어 있지요."

1층 객석이 웅성거리더니 사람들이 하나둘 자리에서 일어나기 시작했다. 마침내 파르쳅스키라는 이름의 남자가 너무나 놀란 나머지 얼굴이 새빨개진 채 지갑에서 카드 한 벌을 꺼내더니, 어찌할 바를 몰라 하다 공중으로 팔을 치켜들었다.

"그 카드는 기념으로 간직하십시오!" 파고트가 큰 소리로 말했다. "어제 저녁 식사자리에서, 포커가 없었다면 모스크바에서의 삶은 정말 견딜 수 없었을 것이라고 하지 않으셨습니까?"

"낡은 수법이야." 2층 객석에서 누군가 말했다. "1층에 앉은 저 사람도 한 패야."

"그렇게 생각하십니까?" 소리가 나는 2층 객석을 향해 눈을 가늘게 뜨며 파고트가 소리쳤다. "그렇다면 당신도 우리와 한패시군요. 당신 주머니에도 카드 한 벌이 들어 있으니까요!"

위층에서 웅성대던 사람들 사이에서 탄성과 함께 기쁨에 찬 목소리가 들려왔다.

"정말이야! 이 사람도 있어! 여기, 여기…… 아니, 잠깐! 이건 10루블짜리 지폐잖아!'

1층 관객들이 고개를 돌려 올려다보았다. 위층 객석에서 흥분한 사람이 자기 주머니에서 지폐 뭉치를 꺼내들고 있었다. 지폐는 은행에서 바로 나온 것처럼 묶여 있었고, 그 위에는 '1000루블'이라 적혀 있었다.

옆자리에 앉아 있던 사람들이 그에게 달려들었고, 그는 놀라서 손톱으로 종잇장을 긁어보고 있었다. 진짜 돈인지, 아니면 미술용 가짜 돈인지 확인하고 싶었던 것이다.

"세상에 진짜야! 진짜 돈이야!" 위층에서 기쁨에 찬 고함소리가 울려 퍼졌다.

"나한테도 그 카드마술을 해줘요." 1층 중간 즈음에 앉은 뚱뚱보가 해맑은 얼굴로 부탁했다.

"아베크 플레지르!" 파고트가 대답했다. "하지만 당신 한 분만 하실 이유는 없지요! 모든 분들이 적극적으로 참여하시게 될 것입니다!" 그리고 손짓했다. "자, 모두 위를 보세요……! 하나!" 그의 손에는 권총이 들려 있고, 그는 소리쳤다. "둘!" 권총이 위로 치켜 올라갔고, 그가 다시 한 번 소리쳤다. "셋!" 순간 번쩍이는 빛과 함께 탕! 하는 소리가 나더니 둥근 천장에서 하얀 지폐들이 곡예용 그물 사이로 객석 위에 떨어지기 시작했다.

지폐들이 팔랑이며 사방으로 흩어져 위층 객석을 뒤덮고 오케스트라 박스, 그리고 무대 위로 떨어졌다. 몇 분 뒤 돈의 비는 점점 더 거세졌고 관객들은 돈을 붙잡으려고 손을 뻗치기 시작했다.

수많은 손이 허공으로 치켜 올라갔고, 관객들은 지폐를 들어 무대 조명에 비추어보며 투명 표식을 확인했다. 냄새 또한 의심할 여지가 없었다. 그것은 지금 막 찍어낸 돈에서 나는, 그 어떤 향기와도 비교할 수 없는 향기로운 냄새였다. 처음에는 축제와 같은 기쁨이, 잠시 뒤에는 경악이 온 극장을 사로잡았다. 여기저기에서 "10루블이다, 10루블!" 하는 소리가 울려 퍼졌고, "아 아!" 하는 탄성과 함께 기쁨에 찬 웃음소리가 들려왔다. 어떤 사람은 통로를 기어 다니며 의자 밑을 더듬는가 하면, 이리저리 팔랑이며 떨어지는 지폐들을 잡으려고 의자 위에 올라서 있는 사람들도 많았다.

경찰들의 얼굴에 당황한 표정이 어리기 시작했고, 곡예사들은 이제 아무 생각 없이 무대 앞으로 튀어나오기 시작했다.

그때 2층 특별석에서 누군가 소리쳤다. "지금 뭐 하는 거야? 그건 내 거야! 나한테 날아 왔다고!" 또 다른 목소리도 들려왔다.

"밀지 마, 자꾸 그러면 나도 밀어버릴 테다!" 그리고 갑자기 철썩 따귀를 치는 소리가 들리더니, 곧바로 2층 특별석에 경찰 모자가 나타나 누군가를 끌고 나갔다.

극장 안은 점점 더 흥분에 휩싸였다. 만약 파고트가 휘파람을 불어 돈의 비를 멈추게 하지 않았다면, 사태가 어떻게 끝났을지 모르는 일이다.

두 젊은이가 의미심장하고 즐거워하는 듯한 시선을 주고받더니 자리에서 일어나 곧장 식당으로 향했다. 극장 안은 여전히 소란스러웠고, 관객들의 눈은 흥분으로 반짝이고 있었다. 정말이지, 벤갈스키가 정신을 차리지 않았다면, 이 모든 것이 어떻게 끝났을지 알 수 없다. 벤갈스키는 어떻게든 정신을 차려 보고자 습관처럼 두 손을 비비며 어느 때보다도 크고 낭랑한 목소리로 말했다.

"여러분, 우리는 지금 흔히 말하는 집단 최면의 한 예를 목격한 것입니다. 아주 완벽한 과학 실험이었습니다. 그 어떤 기적이나 마술도 존재하지 않는다는 것을 이보다 더 훌륭하게 증명할 수는 없을 겁니다. 자, 그럼 이제 마에스트로 볼란드에게 이 실험의 비밀을 밝혀주실 것을 부탁해 보기로 하죠. 여러분께서는 이제부터 돈처럼 생긴 이 종잇조각들이 처음 나타났을 때처럼 갑자기 사라지는 것을 보시게 될 겁니다."

그러고 나서 그가 박수를 치기 시작했지만 박수치는 사람은 오로지 그 한 명뿐이었다. 그는 확신에 찬 미소를 짓고 있었지만 눈에는 아무런 확신도 없었으며 오히려 애원하는 듯한 얼굴을 하고 있었다.

관객들은 벤갈스키의 말이 마음에 들지 않았다. 찬물을 끼얹은 듯한 침묵이 찾아왔고, 그것을 깨뜨린 것은 체크무늬 파고트였다.

"이것도 거짓말의 한 예입니다." 파고트는 염소처럼 높은 테너 목소리로 소리쳤다. "여러분, 지폐는 진짜입니다!"

"브라보!" 위층 객석 어딘가에서 날카로운 베이스 목소리가 울렸다.

"그런데 저 사람 말입니다." 파고트가 벤갈스키를 가리키며 말했다. "정말이지, 전 질렸습니다. 누가 물어본 것도 아닌데, 공연히 끼어들어 거짓말까지 하면서 공연을 망치고 있군요! 저자를 어떻게 하면 좋을까요?"

"목을 잘라버리시오!" 2층 객석에서 누군가 잔인하게 말했다.

"지금 뭐라고 하셨죠? 뭐라고요?" 파고트는 그 무서운 제안에 바로 반응을 보였다. "목을 잘라버리라고 하셨나요? 좋은 생각입니다! 베헤모트!" 그는 고양이에게 소리쳤다. "목을 잘라버려! 아인스, 츠바이, 드라이!"

그리고 이제껏 본 적 없는 놀라운 일이 벌어졌다. 검은 고양이가 털을 온통 곤두세우고 소름끼치는 울음소리를 내더니, 몸을 잔뜩 움츠렸다가 표범처럼 벤갈스키의 가슴에 달려들었다. 그리고 다시 머리 위로 뛰어 올라 가르릉 대며 북슬북슬한 발로 사회자의 듬성듬성한 머리털을 움켜쥐었다. 고양이는 거칠게 포효하며 그의 머리를 두 번 돌리더니 살찐 목에서 머리를 떼어내버렸다.

극장 안에 있던 2500여 명의 입에서 동시에 비명이 터져나왔다. 끊어진 목의 동맥에서 피가 분수처럼 솟구쳐 나와 셔츠의 가슴과 연미복을 적셨다. 머리를 잃은 몸의 다리가 잠시 휘청대더니 바닥에 털썩 주저앉았다. 객석에서 여자들의 히스테릭한 비명 소리가 터져나왔다. 고양이가 잘린 머리를 파고트에게 넘겨주자 파고트는 머리카락을 움켜쥔 손을 들어올려 관객들에게 머리를 보여주었다. 그러자 잘린 머리가 극장이 떠나가도록 필사적인 목소리로 외쳤다.

"의사를 불러줘!"

"또 그런 헛소리를 지껄일 텐가?" 파고트가 울부짖는 머리에게 위협하듯 물었다.

"다시는 그러지 않겠습니다!" 머리가 쉰 목소리로 말했다.

"제발! 제발 용서해 주세요!" 웅성거리는 소음을 뚫고 여자의 목소리가 터져나왔다. 마술사는 그 목소리가 난 박스석 쪽으로 고개를 돌렸다.

"여러분, 이자를 용서해주란 말씀이신가요?" 파고트가 객석을 향해 물었다.

"용서해주세요! 용서해줘요!" 띄엄띄엄 울리던 여자들의 목소리는 곧 남자들의 목소리와 합쳐져 합창이 되었다.

"어떻게 할까요, 메시르?" 파고트가 가면 쓴 마술사에게 물었다.

"어쩌겠나," 그는 깊은 생각에 잠긴 듯 대답했다. "저들 역시 똑같은 인간이야. 돈에 집착하긴 하지만, 하긴, 언제나 그랬었지…… 인간이란 종족은 돈을 좋아하지. 무엇으로 만들어졌든 말이네, 가죽으로 만들어진 것이든, 종이로 만들어진 것이든, 청동이든 금이든. 정말이지, 천박한 자들이야…… 하지만…… 때로는 자비심이 그들의 마음을 울리기도 하지…… 평범한 사람들이야…… 대부분이 예전 그대로군…… 집 문제가 그들을 망쳐 놓았을 뿐……." 이어서 큰 소리로 명령을 내렸다. "머리를 도로 붙여라."

고양이가 신중하게 머리를 목 위에 올리자 머리는 떨어져 나간 적이 없었다는 듯 정확하게 제자리에 들어앉았다. 게다가 목에는 상처 하나 남지 않았고 고양이가 벤갈스키의 연미복과 셔츠의 가슴팍을 발로 털어내자 핏자국도 감쪽같이 사라졌다. 파고트는 바닥에 주저앉아 있는 벤갈스키를 일으켜 세워 연미복 주머니에 10루블짜리 지폐다발을 쑤셔 넣더니 그를 무대 뒤로 내쫓았다.

"자, 이제 그만 사라져주시지! 당신이 없는 편이 훨씬 더 재미있으니까."

사회자는 정신 나간 사람처럼 멍하니 주위를 둘러보며 비틀대며 소화전이 있는 곳까지 겨우 다가갔지만 상태는 더욱 나빠졌다. 갑자기 애처로운 비명을 지르기 시작한 것이다.

"내 머리, 내 머리!"

림스키가 다른 사람과 함께 그에게 달려갔다. 사회자는 눈물을 흘리며, 무언가를 붙잡으려는 듯이 허공에 두 손을 저으며 중얼거렸다.

"제 머리를 돌려주십시오! 제 머리를 돌려주세요! 아파트를 주겠소, 그림도 다 가져가세요, 그러니 머리만, 제 머리만 돌려주십시오!"

급사가 의사를 부르러 뛰어갔다. 사람들이 벤갈스키를 분장실 소파에 눕히려 했지만, 그는 저항하며 난폭하게 사람들을 뿌리쳤다. 구급차를 불러야 했다. 가엾은 사회자가 실려 나가자 림스키는 다시 무대로 달려갔다. 그때 무대에서는 새로운 기적이 일어나고 있었다. 같은 시간, 또는 그보다 조금 앞서, 마술사가 그의 빛바랜 안락의자와 함께 무대에서 사라졌음에도, 관객들은 그런 사실을 전혀 눈치 채지 못하고 있었다. 무대 위에서 파고트가 펼치고 있는 놀랍고 신기한 일들에 정신이 팔려 있었던 것이다.

괴로워하는 사회자를 쫓아버린 파고트가 관객들에게 선언했다.

"자, 이제 귀찮은 인간도 사라져 버렸으니 숙녀분들을 위한 가게를 열어볼까요!"

그러자 순간, 무대 바닥이 페르시아 양탄자로 덮이더니, 양쪽 가장자리에 초록색 형광등이 달린 거대한 거울들과 그 사이사이로 진열장들이 무대 위에 나타났다. 파리에서 금방 날아온 듯한 진열장 속의 알록달록한 최신 유행 드레스들을 본 관객들은 놀라움과 기쁨의 비명을 질렀다. 하지만 뿐만이 아니었다. 또 다른 진열장에는 작은 깃털이 달린 모자, 깃털 없는 모자, 버클 달린 모자, 버클이 없는 모자 등 수백 개의 숙녀용 모자들과 검은색, 흰색, 노란색 등 여러 색상의 비단, 스웨이드로 만들어진 끈 달린 구두와 보석 박힌 구두 등, 수백 켤레의 구두가 반짝이고 있었다. 또한 구두들 사이에는 각종 향수병들과 양 가죽, 스웨이드, 실크로 만든 핸드백들이 산더미처럼 쌓여 있었고, 입체적으로 세공한 금으로 된 가늘고 기다란 립스틱 케이스들도 쌓여 있었다.

그리고 어디서 나타났는지도 모르는 빨강 머리의 여인이(목에 난 묘한 상처만 아니었다면, 정말 완벽하다고 할 수 있다) 검은 이브닝드레스를 입고 진열장 앞에 서서 주인인 양 미소 짓고 있었다.

파고트는 달콤한 미소를 지으며 낡은 드레스와 구두를 자신의 회사가 파리에서 들여온 의상과 구두로 완전 무상으로 교환해주겠다고 선언했다. 그리고 핸드백과 그 외의 물건들 역시 교환해주겠다는 말도 잊지 않았다.

그러자 고양이가 뒷발을 붙여 가볍게 인사를 하더니, 앞발로는 문을 열어주는 수위 같은 제스처를 취했다.

여인이 약간 목이 쉰 듯하면서도 달콤한 목소리로 뭔가를 읊조리기 시작했다. 발음이 분명치 않아 잘 알아들을 수 없었지만, 1층 객석에 앉은 여인들의 표정으로 미루어 보건대 그 내용은 무척이나 매혹적인 것 같았다.

"겔랑, 샤넬 넘버 파이브, 미치코, 나르시스 누아르, 이브닝드레스, 칵테일 파티드레스······."

파고트는 굽실거렸고, 고양이는 고개 숙여 인사했으며, 여인은 유리 진열장을 하나하나 열어 보였다.

"자, 어서 오십시오!" 파고트가 큰 소리로 외쳤다. "체면 차리실 것 없습니다! 불편하게 생각하지 마십시오!"

관객들은 동요하기 시작했지만, 선뜻 무대로 나가는 사람은 아무도 없었다. 마침내 1층 객석 10번째 줄에 앉아 있던 갈색머리 여인이 일어섰다. 여인은 누가 뭐라던 상관없다는 듯 미소 지으며 구석 계단을 따라 무대 위로 올라갔다.

"브라보!" 파고트가 소리쳤다. "첫 번째 고객이 오셨군요. 환영합니다! 베헤모트, 의자! 자, 마담, 구두부터 시작하시죠!"

여인이 의자에 앉자, 파고트가 그녀 앞에 깔린 양탄자 위로 산더미 같은 구두를 쏟아 부었다. 갈색머리 여인은 신고 있던 오른쪽 구두를 벗고, 연보랏빛 구두를 신었다. 그리고 양탄자 위를 걸어보더니 뒤축을 살펴보았다.

"좀 끼는 것 같지 않나요?" 여자가 골똘히 생각하며 물었다. 그러자 파고트는 화난 사람처럼 목소리를 높였다.

"아니 그 무슨 말씀을, 전혀 그렇지 않습니다!" 이어 고양이도 날카롭게 그르렁거렸다.

"므슈, 이걸로 하겠어요." 갈색머리 여인이 나머지 구두 한쪽을 마저 신으며 고상하게 말했다.

그녀의 낡은 구두는 뒤로 내던져졌고, 빨강 머리 여인과 파고트의 안내를 받으며 막 뒤로 사라졌는데 파고트의 손에는 최신 유행하는 스타일의 드레스 몇 벌이 옷걸이채 들려 있었다. 고양이는 여기저기 뛰어다니며 조수 노릇을 하고 있었고, 자신이 얼마나 중요한 존재인지를 보여주기 위해 목에 줄자까지 걸고 있었다.

잠시 뒤, 새 드레스를 입은 갈색머리 여인이 막 뒤에서 걸어 나오자 1층 객석 관객들은 모두 숨을 죽인 채, 그 모습을 바라보았다. 깜짝 놀랄 만큼 아름다워진 그 대담한 여인은 거울 앞에 서서 드러난 어깨를 움직이며 목덜미의 머리카락을 매만졌고, 자신의 뒷모습을 보기 위해 몸을 틀기도 했다.

"이건 저희 회사에서 기념으로 드리는 선물입니다. 받아주십시오."

파고트가 향수병이 든 뚜껑 열린 작은 상자를 갈색머리 여인에게 내밀었다.

"메르시." 여인은 새침하게 대답하고는 무대 옆 계단을 따라 1층 객석으로 향했다. 그녀가 지나갈 때마다 관객들은 자리에서 일어나 그 상자를 손으로 만져보았다.

그리고 바로 그 순간 억눌려 있던 욕구가 일제히 터져나왔다. 사방에서 여자들이 무대 위로 달려들기 시작한 것이다. 흥분에 들뜬 대화와 웃음소리, 한숨 소리에 섞여 한 남자의 목소리가 들려왔다. "어딜 나간다는 거야! 안 돼, 허락할 수 없어!" 이어지는 여자의 목소리 "잘난 척은, 소시민 같으니! 팔 놔!" 여자들은 막 뒤로 몰려가서 입고 있던 헌 드레스를 벗어던지고, 새 드레스를 입고 나왔다. 황금빛으로 번쩍이는 다리의 의자마다 여자들이 줄줄이 앉아 새 구두를 신은 발로 양탄자를 밟아보고 있었다. 파고트는 아예 무릎을 꿇고 앉아 금속으로 된 구두 주걱을 쉴 새 없이 놀렸고 고양이는 산더미처럼 쌓인 핸드백과 구두에 깔려 헐떡이며 진열장과 의자 사이를 휘젓고 다녔다. 목에 상처가 난 여자는 금세 어디론가 사라졌으며, 이제 완전히 프랑스어로만 말하기 시작했다. 그런데 놀랍게도 여자들은 그녀가 말을 제대로 하지 않아도 그녀의 말을 모두 알아들었다. 프랑스어라고는 한마디도 모르던 여자들까지 말이다.

갑자기 한 남자가 무대 위에 나타나 모두를 놀라게 했다. 그는 자신의 부인이 독감에 걸렸으니 자기가 대신 물건들을 받고 싶다고 말했다. 그는 자신이 결혼한 사람이라는 것을 증명하기 위해 여권을 보여줄 준비까지 되어 있었다. 이 자상한 남편의 말에 극장 안은 웃음바다가 되었고, 파고트는 여권 같은 건 필요 없다고 큰 소리로 떠들어대면서 실크 스타킹 두 켤레를 그에게 건네주었다. 고양이는 작은 립스틱케이스를 덤으로 얹어주기도 했다.

뒤늦게 몇몇 여인들이 무대로 달려 나갔고, 무대에서는 무도회용 드레스나 용무늬가 그려진 잠옷, 또는 깔끔한 나들이옷을 입고 한쪽 눈이 가려질 만큼 모자를 깊이 눌러 쓴 행복한 표정의 여인들이 계속해서 쏟아져 나왔다.

그때 파고트가 이제 시간도 늦었으니, 정확히 1분 뒤 가게 문을 닫고 내일 저녁에 다시 열겠다고 하자, 믿어지지 않을 만큼 큰 혼란이 일어났다. 여자들은 신어보지도 않고 잽싸게 구두를 낚아챘다. 돌풍처럼 무대 뒤로 달려 들어가, 입고 있던 옷을 죄다 벗어던지고, 손에 걸리는 대로 커다란 꽃무늬가 그려진 실크 가운과 향수케이스 두 개를 챙긴 여인도 있었다.

정확히 1분 뒤 총성이 울리자, 거울들과 진열장, 의자들이 사라졌고 양탄자와 가림막도 허공 속으로 연기처럼 사라져버렸다. 마지막으로 산더미 같이 쌓인 낡은 드레스와 구두들이 사라지고 나자, 무대는 다시 벌거벗은 것처럼 텅 비어버렸다.

그때 새로운 등장인물이 나타났다.

2층 두 번째 박스석에서 성량이 풍부하고 울림이 좋은, 고집스러운 느낌의 바리톤 목소리가 들려왔다.

"마술사님, 이제 당신들이 보여준 마술들, 특히 돈을 가지고 한 그 마술에 대해 어떻게 한 것인지 관객들에게 밝혀주셨으면 하오. 그리고 사회자도 다시 무대로 불러주면 좋겠소. 관객들은 그가 어떻게 되었는지 무척 궁금해하고 있소."

바리톤 목소리의 주인은 다름 아닌, 오늘 저녁 공연의 특별손님인 모스크바극장 음향 위원회 의장 아르카디 아폴로노비치 셈플레야로프였다.

아르카디 아폴로노비치는 두 여인과 함께 2층 박스석에 자리잡고 있었다. 한 여인은 최신 유행의 값비싼 드레스를 입은 중년의 부인이었고, 다른 한 여인은 젊은 미인으로 몹시 수수한 차림을 하고 있었다. 첫 번째 여인은 보고서가 작성되면 밝혀질 테지만 아르카디 아폴로노비치의 부인이었고, 두 번째 여인은 그의 먼 친척으로, 얼마 전 사라토프에서 올라와 아르카디 아폴로노비치 부부와 한 집에서 살고 있는 촉망받는 신인 여배우였다.

"파르동! *² "지금 여기서 밝힐 것은 아무것도 없습니다. 모든 것이 명백하니까요." 파고트가 말했다.

"아니, 미안하지만, 반드시 밝혀주셔야겠소. 그렇지 않으면 여러분이 보여준 멋진 공연이 아주 좋지 않은 인상을 남기게 될 것이오. 관객들도 모두 설명을 바라고 있소."

"관객 여러분은," 무례한 광대가 뻔뻔스럽게 셈플레야로프의 말을 가로막았다. "궁금해하시지 않는 것 같습니다만? 아르카디 아폴로노비치, 존경해 마지 않는 당신의 제안을 받아들여 제가 비밀을 하나 알려 드리도록 하겠습니다. 그런데 그 전에 아주 작은 마술을 하나 보여드려도 될까요?"

"물론이오." 아르카디 아폴로노비치는 양보하듯이 거만하게 대답했다. "단, 비밀을 반드시 밝혀주셔야 하오!"

"물론이죠. 잘 알겠습니다. 자, 그럼, 질문을 하나 하겠습니다. 아르카디 아폴로노비치, 어제 저녁 어디에 계셨지요?"

이 갑작스럽고 무례한 질문에 아르카디 아폴로노비치의 얼굴색이 변했다. 그것도 아주 심하게.

"아르카디 아폴로노비치는 어제 저녁에 음향위원회 회의가 있어서 거기 다녀오셨어요." 아르카디 아폴로노비치의 아내가 아주 거만하게 말했다. "하지만 그게 이 마술과 무슨 상관이 있다는 건지 모르겠군요."

"위, 마담!" 파고트가 인정했다. "모르시는 게 당연합니다. 회의 건은 부인께서 완전히 잘못 알고 계신 것 같군요. 조금 전에 말씀하신 회의, 어제 그런 회의는 있지도 않았습니다만, 어쨌든 그 회의에 참석하기 위해 집을 나온 아르카디 아폴로노비치는 치스티에 프루디 거리에 있는 음향위원회 건물 앞에서 기사를 돌려보냈습니다. (그러자 극장 전체가 조용해졌다.) 그리고 버스를 타고 옐로홉스카야 거리에 있는 유랑 극단 여배우 밀리차 안드레예브나 포코바티코의 집을 방문해, 네 시간가량 머무셨습니다."

"아!" 찬물을 끼얹은 듯한 정적 속에서 누군가의 고통스러운 탄식이 흘러

─────────────────────

*2 Pardon : 프랑스어로 '죄송합니다'라는 뜻.

나왔다.

아르카디 아폴로노비치의 젊은 친척이 갑자기 나지막하면서도 섬뜩한 웃음소리를 내기 시작했다.

"이제 알겠군!" 그녀가 외쳤다. "하긴 벌써 오래 전부터 의심스럽긴 했지만……. 그 형편없는 여자가 어떻게 루이자 역을 따낸 건지, 이제 알겠어."

그러더니 갑자기 짧고 굵직한 연보라색 양산을 휘둘러 아르카디 아폴로노비치의 머리를 내리쳤다.

그러자 비열한 파고트, 그러니까 코로비예프가 소리쳤다.

"존경하는 관객 여러분, 바로 이것이 아르카디 아폴로노비치가 그처럼 집요하게 밝혀달라고 하신 바로 그 비밀 중의 하나입니다!"

"못된 것, 네가 뭔데 감히 이 사람을 건드리는 거야?" 2층 박스석에서 아르카디 아폴로노비치의 아내가 거대한 몸을 일으키며 위협적으로 말했다.

그러자 그 젊은 친척은 다시 한 번 악마 같은 웃음을 터뜨렸다.

"내가 아니면," 그녀가 깔깔거리며 대답했다. "그럼 누가 건드려도 된다는 거지!" 다시 한 번 아르카디 아폴로노비치의 머리를 양산으로 때리는 소리가 울려 퍼졌다.

"경찰! 이 여자를 당장 체포하세요!" 셈플레야로프의 아내는 사람들의 간담이 서늘해질 만큼 무시무시한 소리로 외쳤다.

그때 고양이가 무대 앞 조명 쪽으로 펄쩍 뛰어오르더니, 난데없이 사람의 목소리로 온 극장이 울리도록 소리지르기 시작했다.

"공연은 끝났습니다! 마에스트로! 행진곡 하나 부탁해요!!"

얼이 빠진 지휘자는 자기가 무엇을 하고 있는지도 모르는 채 지휘봉을 휘둘렀다. 그러자 오케스트라는 연주도 굉음도 아닌, 고양이의 혐오스러운 표현을 빌리자면 아무도 들어본 적이 없을 것 같은 이상한 행진곡 비슷한 소리를 내기 시작했다.

순간 언젠가 별이 반짝이는 남쪽 하늘 아래 카페에서 들었던 것 같은, 그 뜻은 도무지 알 수 없지만, 호기 넘치던 행진곡의 가사가 떠올랐다.

각하께서는
집에서 기르는 새들을 좋아하셨지

예쁜 처녀들도
보살펴주셨고!!!

아니 어쩌면 이런 가사가 아니라 전혀 고상치 못한 가사였는지도 모르겠다. 어쨌든 중요한 것은 그게 아니다. 중요한 것은 이 일이 있은 뒤, 바리에테 극장에서 바벨탑 이야기와도 같은 대혼란이 시작되었다는 것이다. 셈플레야로프가 앉아 있던 2층 박스석으로 경찰이 달려갔고, 호기심이 많은 사람들이 난간으로 기어올라왔으며, 지옥에서 터져나오는 것 같은 웃음소리와 광포한 외침들이 들려왔다. 그 소리들은 다시 오케스트라가 울리는 심벌즈의 황금빛 울림 속에 묻혔다.

그리고 무대는 갑자기 텅 비었다. 사기꾼 파고트도 뻔뻔스러운 고양이 베헤모트도 허공 속에 녹아 사라져버렸다. 낡은 안락의자에 앉아 있던 마술사가 사라졌던 것처럼.

제13장
주인공의 등장

"쉬─잇!"

그 낯선 남자는 이반에게 손가락을 들어보이며 속삭였다.

이반은 침대에서 다리를 내리고 소리가 나는 쪽을 가만히 쳐다보았다. 검은 머리에 깨끗하게 면도를 한 남자가 발코니에 서서 조심스레 방 안을 둘러보고 있었다. 그는 날카로운 코에 불안해 보이는 눈을 하고 이마 위로 머리카락을 늘어뜨리고 있었는데, 나이는 서른여덟쯤 되어 보였다.

이반이 혼자 있음을 확인하고도 잠시 귀를 기울이고 있던 비밀스러운 방문객은 마침내 용기를 내 안으로 들어왔다. 이반은 그제야 그가 환자복을 입고 있다는 것을 알아차렸다. 그는 맨발에 슬리퍼를 신고 있었으며, 어깨에는 갈색 가운을 걸치고 있었다.

방문객은 이반에게 눈을 찡긋하고는 열쇠 꾸러미를 감추더니 속삭이듯 작은 목소리로 물었다. "잠깐 앉아도 될까요?" 이반이 고개를 끄덕이자 그는 팔걸이의자로 가 앉았다.

"여기는 어떻게 들어오셨죠?" 이반은 힘줄이 불거져 나온 손가락의 위협에 복종하듯 작은 목소리로 물었다. "발코니의 격자창은 자물쇠로 잠겨 있었을 텐데요?"

"잠겨 있었지요." 손님이 말했다. "프라스코비야 표도로브나는 사람이 아주 좋긴 한데, 부주의한 게 흠이지요. 한 달 전쯤 그녀의 열쇠 꾸러미를 슬쩍했습니다. 그래서 이렇게 공동 발코니에 드나들 수 있게 된 거죠. 공동 발코니가 이층 전체를 빙 둘러 이어져 있어서 이렇게 이따금씩 이웃을 방문하는 겁니다."

"발코니로 나갈 수 있다면 여기서 도망칠 수도 있을 텐데…… 아니면 여기가 너무 높은가요?" 이반이 관심을 보였다.

"아니오." 손님이 단호하게 말했다. "내가 여기서 도망칠 수 없는 건 높아서가 아니라 도망쳐도 갈 곳이 없기 때문이오." 그리고 잠시 말을 멈추었다가 덧붙였다. "어쨌든 같이 좀 앉아 있어도 되겠소?"

"그러시죠." 이반은 몹시 불안해 보이는 방문객의 갈색 눈동자를 들여다보며 대답했다.

"저기……" 손님이 갑자기 불안해 하며 말했다. "그런데 당신, 난폭한 사람은 아니겠죠? 저는 시끄러운 소리나 소동, 폭력 같은 것들을 견디지 못합니다. 특히 사람들의 비명 소리는 고통의 비명이든, 분노나 다른 어떤 비명이든 간에 말이오. 내가 안심할 수 있도록 말해주시오. 당신은 난폭한 사람은 아니죠?"

"어제 레스토랑에서 어떤 놈의 상판을 한 대 갈겨주었습니다." 전과 달라진 시인이 용감하게 실토했다.

"이유는?" 손님이 추궁했다.

"사실 그럴 만한 이유도 없었소." 이반은 부끄러워하며 대답했다.

"어떻게 그런 짓을……" 손님이 이반을 책망하더니 덧붙여 말했다. "게다가 그걸 뭐라고 표현하셨죠? 상판을 한 대 갈겼다고 했습니까? 그러니까 당신은 인간에게 있는 것이 상판인지 얼굴인지도 모르고 있는 겁니다. 분명히 얼굴이었을 텐데, 그런데 주먹으로…… 안 됩니다. 앞으로 그런 짓은 하지 마십시오, 절대로."

이반에게 훈계를 한 뒤 손님이 물었다.

"직업은?"

"시인입니다." 이반은 마지못해 대답했다.

방문객은 실망한 목소리로 외쳤다.

"아, 난 왜 이리 운이 없는 걸까!" 하지만 곧 진정이 된 듯 사과하며 다시 물었다. "이름은?"

"베즈돔니."

"이런, 이런……." 손님은 얼굴을 찌푸렸다.

"왜 그러시죠? 제 시가 마음에 안 드십니까?" 호기심이 발동한 이반이 물었다.

"끔찍할 정도로."

"어떤 시를 읽으셨는데요?"

"아무것도! 난 당신의 시는 한 편도 읽지 않았소!" 방문객이 신경질적으로 목소리를 높였다.

"그런데 어째서 그런 말씀을 하시는 겁니까?"

"어째서라니요?" 손님이 말했다. "내가 다른 시인들의 시는 읽어본 적이 없었던 것 같소? 하지만 굉장히 훌륭한 작품일지도 모르겠군요. 좋습니다. 그럼 믿어보기로 하지요. 당신이 직접 말해보십시오. 당신의 시는 훌륭합니까?"

"끔찍하지요!" 이반은 갑자기 대담하고 솔직하게 대답했다.

"앞으로는 쓰지 마십시오!" 손님이 애원하듯 부탁했다.

"약속합니다. 맹세하겠습니다!" 이반이 엄숙하게 말했다.

두 사람은 악수로 맹세를 확인했다. 그때 복도에서 발소리와 목소리가 희미하게 들려왔다.

"쉿." 손님이 속삭이더니 발코니로 뛰어나가 밖에서 격자창을 닫았다.

프라스코비야 표도로브나가 병실에 들어와 주위를 살피고는 이반의 기분이 어떤지, 불을 켜놓고 자고 싶은지 아니면 어둡게 하고 자고 싶은지를 물었다. 이반은 불을 그대로 켜두어 달라고 부탁했고, 프라스코비야 표도로브나는 환자에게 잘 자라는 인사와 함께 밖으로 나갔다. 주위가 조용해지자 손님이 다시 들어왔다.

그는 속삭이듯 작은 목소리로 119호실에 불그스레한 얼굴의 뚱뚱한 환자가 새로 들어왔는데, 그 신참이 환기구에 들어 있는 외국 돈에 대해 끊임없이 중얼거리면서 사도바야 거리에 부정한 기운이 살고 있다고 우겨대고 있음을 알려주었다.

"푸시킨에게 온갖 욕을 해대면서 계속해서 '쿠롤레소프, 앙코르, 앙코르!' 하고 소리친다오." 손님은 불안한 듯 몸을 떨며 말했다. 하지만 잠시 뒤 안정을 되찾은 듯 의자에 앉아 "뭐 하느님이 함께하시길 빌어야지." 하고는 이반과의 대화를 계속했다. "그런데 당신은 어쩌다 여기 들어오게 된 거요?"

"본디오 빌라도 때문입니다." 이반이 우울하게 바닥을 내려다보며 대답했다.

"뭐요?" 손님이 순간 조심성을 잃고 소리쳤다. 그리고는 황급히 손으로 자기 입을 막았다. "어떻게 이런 우연이! 부탁이오! 어찌된 일인지 얘기해주시오! 제발!"

왠지 이 낯선 사람을 믿을 수 있을 것 같은 기분이 든 이반은, 처음에는 머뭇거리며 경계하기도 했지만, 곧 아무 망설임 없이 어제 파트리아르흐 호에서 있었던 일을 이야기하기 시작했다. 이반 니콜라예비치는 이 비밀스러운 열쇠 도둑에게서 진정한 청취자의 모습을 보았다! 손님은 이반을 정신병자 취급하지 않았고, 그가 하는 말 하나하나에 굉장한 관심을 보였으며, 이야기가 전개될수록 흠뻑 취해 나중에는 완전히 넋을 잃고 말았다. 흥분한 그는 수시로 이반의 말을 끊으며 이렇게 소리치기도 했다.

"그래서? 그 다음은? 계속해요, 계속. 그리고 모든 성인의 이름을 걸고 부탁드리겠소. 아무것도 빠트리지 말아요!"

이반은 아무것도 빠트리지 않았다. 이젠 그도 이야기하는 것이 어렵지 않았다. 이야기는 점점 흘러가 본디오 빌라도가 핏빛 안감을 댄 흰 망토를 입고 발코니로 나오는 순간에 이르렀다.

그러자 손님이 기도하듯 두 손을 모으고 속삭였다.

"오, 내가 생각했던 대로야! 오, 모두 생각했던 그대로야!"

베를리오즈의 끔찍한 죽음 이야기를 듣던 그가 갑자기 적의로 불타오르는 눈빛으로 수수께끼 같은 말을 했다.

"그 자리에 베를리오즈가 아니라 비평가 라툰스키나, 작가 므스치슬라프 라브로비치가 있었어야 했는데." 그리고 몹시 흥분한 채로, 하지만 낮은 목소리로 외쳤다. "계속하시오!"

고양이가 여차장에게 차비를 낸 부분에서 손님은 무척 재미있어 했다. 자신의 이야기가 성공한 것에 흥분한 이반이 10코페이카짜리 동전으로 수염을 문지르는 고양이를 흉내 내면서 몸을 웅크렸다가 펄쩍 뛰자, 그 모습을 본 손님은 소리를 내지 않고 웃느라 숨이 넘어갈 지경이었다.

"그래서 이렇게," 그리보예도프에서 있었던 일을 이야기하고 나자 우울해진 이반이 얼굴을 찌푸리며 말을 맺었다. "여기 오게 된 겁니다."

손님은 동정하듯 시인의 어깨에 손을 올리며 말했다.

"가엾은 시인! 하지만 모두 당신 잘못입니다. 그에게 그렇게 격의없이 무례하게 굴지 말았어야 했습니다. 당신은 그 대가를 치르는 거요. 그래도 비교적 가여운 대가로 끝나는 것에 감사해야 할 것입니다."

"그런데 그 사람은 대체 누구죠?" 이반이 흥분으로 주먹을 떨며 물었다.

손님은 이반을 가만히 쳐다보았다. 그리고 대답 대신 다음과 같은 질문을 던졌다.

"흥분하지 않을 자신 있습니까? 여기에 있는 우리들은 모두 희망이 없는 사람들입니다…… 의사를 부르고, 주사를 놓고, 그런 소란은 일어나지 않겠지요?"

"그러지 않을 겁니다, 절대로!" 이반이 힘주어 말했다. "말해주세요. 그 자는 누굽니까?"

"좋습니다." 손님이 대답했다. 그리고 한마디 한마디에 힘 주며 말했다. "어제 당신이 파트리아르흐 호에서 만난 자는 악마입니다."

이반은 약속한 대로 흥분하지 않았다. 하지만 역시 무척 당혹스러워했다.

"그럴 리 없소! 그런 건 존재하지 않아!"

"아니요! 다른 사람이라면 몰라도, 당신은 그렇게 말해선 안 돼요. 당신은 그자에게 당한 첫 번째 사람입니다. 그리고 이렇게 당신은 정신병원에 앉아 있습니다. 그런데도 계속 그가 존재하지 않는다고 하다니, 참으로 이상하지 않습니까!"

말문이 막힌 이반은 입을 다물었다.

"당신이 그를 묘사하기 시작한 순간, 나는 당신이 어제 누구와 대화하는 영광을 누린 것인지 바로 알아차릴 수 있었습니다. 하지만 내가 정말 놀란 건 베를리오즈입니다! 당신이야 물론, 순진한 사람이니까." 여기서 손님은 다시 한 번 사과했다. "하지만 내가 아는 베를리오즈는 그래도 보고 들은 게 좀 있는 사람이란 말이오! 그 교수의 말 몇 마디에 내 모든 의심은 사라졌습니다. 어떻게 그를 알아보지 못할 수가 있습니까! 더욱이 당신은…… 다시 한 번 실례를 무릅쓰고 말씀드리오만 내 짐작이 틀리지 않다면, 당신은 아무 교육도 받은 적이 없을 겁니다, 그렇죠?"

"그렇습니다." 완전 딴 사람이 된 이반이 인정했다.

"그럼 그렇지…… 심지어 당신이 묘사한 그 얼굴도…… 서로 다른 눈동자 색깔과, 눈썹도 못 알아본 거였어요! 실례지만, 혹시 오페라 《파우스트》도 본 적이 없소?"

이반은 몹시 당황하면서, 새빨개진 얼굴로 얄타에 있는 요양원에 갔던 일에 대해 중얼거리기 시작했다.

"그래요, 그래…… 그럴 것이라 생각했소. 놀랄 일도 아니죠! 하지만 다시 한 번 말해두지만, 내가 놀란 건 베를리오즈입니다…… 그는 책을 많이 읽었을 뿐 아니라 아주 교활한 사람입니다. 굳이 그를 변호하자면, 볼란드는 그보다 더 교활한 사람의 눈도 속일 수가 있을 겁니다."

"뭐라고요?" 이번에는 이반이 목소리를 높였다.

"조용!"

이반은 자기 이마를 손바닥으로 때리고는 쉰 목소리로 씩씩거렸다.

"알겠다, 이제 알겠어요. 그의 명함에 'W'자가 새겨져 있었소. 아아, 바로 그거였어!" 충격에 빠진 이반은 한동안 말없이 격자창 너머로 떠오르고 있는 달을 가만히 바라보았다. 그러고는 다시 말을 이었다. "그럼 그가 정말 본디오 빌라도의 궁에 있었을지도 모른다는 겁니까? 그러니까 그때 이미 태어났다는 거죠? 그런데도 사람들은 나를 미치광이 취급하다니!" 분개한 이반이 문을 가리키며 말했다.

손님의 입가에 씁쓸한 주름이 만들어졌다.

"우리 진실을 똑바로 봅시다." 손님은 구름 사이로 움직이는 달을 향해 얼굴을 돌렸다. "아무리 발버둥쳐 봤자 당신도 나도 미치광이라는 걸 인정해야 합니다! 내 말을 들으시오. 그가 당신에게 충격을 주었고, 당신은 혼란에 빠져 머리가 이상해졌습니다. 물론 당신에겐 그럴 만한 이유가 있었죠. 어쨌든 당신이 이야기한 것은 분명히 현실에서 일어난 일이오. 하지만 너무나 기괴한 일이라 천재적인 정신과 의사 스트라빈스키조차 당신 말을 믿지 못했던 것뿐입니다. 그에게 진찰받았죠? (이반이 고개를 끄덕였다.) 당신과 대화를 나누던 자는 빌라도와 함께 있었습니다. 칸트와 식사도 했었고, 지금은 모스크바에 온 겁니다."

"그리고 그가 이곳에서 무슨 일을 꾸미는지는 악마나 알겠지요! 어떻게든 그를 잡아야 하지 않겠습니까?" 완전히 확신에 찬 것은 아니었지만 새로운 이반 속에 아직 완전히 죽지 않은 예전의 이반이 고개를 들었다.

"벌써 한 번 시도해보지 않았소, 그것으로 충분합니다." 손님이 빈정거리듯 말했다. "난 다른 사람들에게도 시도해보라고 권하진 않을 겁니다. 그가 뭔가 꾸미고 있다는 것은 분명합니다. 하지만 당신이 걱정할 일은 아니겠죠. 아, 아! 하지만 정말 참을 수 없는 건 그를 만난 게 내가 아니라 당신이라는 거요! 모든 것이 다 타버리고 재로 변해 버린다 해도, 그를 만나기 위해서라면 프라스코비야 표도로브나의 열쇠 꾸러미라도 내놓겠소. 그것 말고는 가진 게 아무것도 없으니까. 나는 거지니까!"

"그런데 당신은 왜 그를 만나야 하죠?"

손님은 한 동안 우울하게 앉아 있었다. 괴로운 듯 몸을 떨면서. 그리고 마침내 입을 열었다.

"정말 이상한 얘기 같지만, 내가 여기 갇혀 있게 된 것도 당신과 마찬가지로, 바로 그 본디오 빌라도 때문이오." 손님은 겁에 질린 눈으로 주위를 둘러보고 말했다. "실은 1년쯤 전에 나는 빌라도에 관한 소설을 썼습니다."

"작가십니까?" 시인이 관심을 보이며 물었다.

손님은 어두워진 얼굴로 이반을 향해 위협적으로 주먹을 휘둘러 보이고는 말했다.

"난 거장(Master)이오." 그의 표정이 엄숙해졌다. 그는 가운 주머니에서 잔뜩 손때가 묻은 검은 모자를 꺼냈다. 모자에는 노란 비단실로 'M' 자가 수놓아져 있었다. 그는 자신이 거장이라는 사실을 증명하기라도 하듯 모자를 쓰고, 이반에게 자신의 옆모습과 앞모습을 차례로 보여주더니 비밀스럽게 덧붙였다. "그녀가 손수 글자를 수놓아 주었소."

"그런데 성함이 어떻게 되십니까?"

"이제 내게 이름 같은 건 없소." 알 수 없는 손님은 어둡고 비굴한 어조로 대답했다. "나는 이름을 버렸습니다. 인생의 모두를 버린 것처럼. 그 애긴 그만둡시다."

"그럼 소설 얘기라도 해주십시오." 이반이 위로하듯 정중하게 부탁했다.

"그러지요. 나의 삶은, 정말이지 평범치 않았소." 방문객이 이야기를 시작했다.

……역사학을 전공한 그는 2년 전까지만 해도 모스크바에 있는 박물관에서 일하고 있었고 그 일 외에 번역을 하기도 했다……

"어떤 언어를?" 궁금해진 이반이 물었다.

"나는 우리말 말고도 5개국어를 합니다." 손님이 대답했다. "영어, 프랑스어, 독일어, 라틴어, 그리고 그리스어, 이탈리아어도 조금 읽을 줄 알지요."

"대단하군요!" 이반은 부러운 듯 소리 죽여 말했다.

역사학자는 혼자 살고 있었다. 가족도 친척도 없었고, 모스크바에는 아는 사람도 거의 없었다. 그런 그가 어느 날 10만 루블이란 돈을 손에 쥐게 되었다.

"내가 얼마나 놀랐을지 생각해 보시오." 검은 모자를 쓴 손님이 속삭였다. "빨래 바구니를 뒤적이다 그 속에서 신문에 난 똑같은 번호가 적혀 있는 채권*1을 발견한 것입니다! 박물관에서 받은 것이었지요."

이반의 수수께끼 같은 손님은 그렇게 10만 루블로 가장 먼저 책을 사고 자신이 살던 마스니츠카야 거리에서 벗어났다……

"아아, 정말 끔찍한 곳이었죠!" 그는 낮게 신음했다.

……그리고 개인 건축업자에게서 아르바트 거리 가까운 골목에 조그만 정원이 딸린 작은 집의 지하 방 두 개를 빌렸다. 그런 다음 박물관 일은 그만두고, 본디오 빌라도에 대한 소설을 쓰기 시작했다……

"아, 그때가 내 인생의 황금기였지!" 그가 눈을 반짝이며 속삭였다. "완전히 나만의 공간이었습니다. 현관은 물론, 물이 나오는 세면대도 있었지요." 무엇 때문인지 그는 이 부분을 아주 자랑스럽게 강조했다. "쪽문으로 이어지는 작은 길 위로 조그마한 창문들도 있었습니다. 건너편으로 서너 발자국 떨어진 담 아래에는 라일락과 보리수, 단풍나무가 있었지요. 아, 아, 아! 겨울이면 그 작은 창밖으로 가끔씩 누군가의 검은 발이 보였고, 뽀드득하고 눈이 밟히는 소리가 들리기도 했습니다. 벽난로에서는 언제나 장작이 활활 타오르고 있었죠! 그런데 갑자기 봄이 찾아왔고, 흐린 유리창 사이로 헐벗었다가 차차 초록빛을 띠기 시작하는 라일락 나무가 보였습니다. 그리고 그때, 그러니까 지난봄에 10만 루블을 얻은 것보다 훨씬 더 환상적인 일이 일어났습니다. 당신도 동의할 겁니다. 10만 루블이 얼마나 큰돈인지!"

"물론이죠." 가만히 귀를 기울이고 있던 이반이 맞장구쳤다.

"난 창문을 열고 작은 방에 앉아 있었습니다. 정말이지 아주 작은 방이었죠." 손님은 두 팔을 벌려 보이며 방의 크기를 가늠해 보았다. "여기에 소파가 있고, 맞은편에 소파가 하나 더 있고, 그 사이에는 작은 탁자가 있었습니

---

*1 소비에트 시대에는 화폐 경제가 원활하지 못해 화폐대신 이름뿐인 채권을 주기도 했다.

다. 탁자 위엔 밤에 쓰는 예쁜 램프가 놓여 있었고, 창가에는 쌓아 놓은 책들이, 그리고 그 앞에는 작은 책상이 있었지요. 그리고 큰 방, 아, 그 방은 정말 넓었어요. 아마 14m²는 되었을 겁니다. 그 방은 온통 책으로 가득 차 있었고 난로도 있었지요. 아, 얼마나 멋진 곳이었는지! 말로 표현할 수 없는 라일락 향기! 지쳐 있던 머리가 점점 가벼워졌고, 빌라도는 끝을 향해 달려가고 있었습니다……."

"붉은 안감을 댄 흰 망토! 알고 있습니다!" 이반이 큰소리로 말했다. "바로 그렇소! 빌라도는 그렇게 결말을 향해 달려가고 있었습니다. 난 소설의 마지막 말이 '……유대의 제5대 총독 기사 본디오 빌라도였다'가 되리라는 것을 이미 알고 있었소. 물론 산책을 하기도 했습니다. 멋진 옷도 있었지요, 10만 루블은 정말 큰돈이었으니까. 저렴한 레스토랑에서 식사를 하기도 했었습니다. 아르바트에 아주 근사한 레스토랑이 하나 있었는데, 지금도 있는지 모르겠군요."

이때 손님은 갑자기 눈을 크게 뜨더니 달을 바라보며 작은 목소리로 말을 이어갔다.

"그녀는 혐오스럽고 불길한 노란 꽃을 두 손으로 들고 있었어요. 그 꽃의 이름은 악마밖에 모를 겁니다. 어쨌든 모스크바에서 처음 보는 꽃이었소. 그 꽃은 그녀의 까만 봄 외투 위에서 무척 도드라져 보였습니다. 노란 꽃을 들고 있었으니까요! 좋지 않은 색이죠. 그녀는 트베르스카야 거리에서 골목길로 접어들더니, 뒤를 돌아보았습니다. 트베르스카야 거리를 아시오? 그 거리를 따라 수많은 사람들이 걸어 다니고 있었습니다. 하지만 맹세코 그녀는 나만을 바라보았습니다. 불안하고 고통스러워하는 듯한 눈빛이었죠. 그 순간 나를 놀라게 한 것은 그녀의 아름다움이 아니라, 그녀의 눈 속에 담긴 아주 특별한 누구도 본 적이 없을 고독이었습니다!

나는 그 노란 신호를 따라 골목길로 들어가 그녀의 뒤를 따라갔습니다. 구불구불 지루하게 이어진 골목길을 말 없이 걸었죠. 나는 이쪽, 그리고 그녀는 다른 한쪽으로 갈라져서. 상상해보십시오, 그 골목길에는 아무도 없었습니다. 나는 괴로웠습니다. 그녀에게 반드시 말을 걸어야 한다고 생각했기 때문이었죠. 말 한마디 붙여보지 못한 채 그녀가 가버리자, 그렇게 영영 보지 못하게 될 것 같아 불안했습니다.

그런데, 상상이 가십니까? 갑자기 그녀가 내게 말을 걸어왔습니다.

'제 꽃이 마음에 드시나요?'

나는 지금도 그녀의 목소리를 똑똑히 기억합니다. 아주 낮고 허스키한 목소리였습니다. 바보 같은 얘기지만, 그 순간 그녀의 목소리가 온 골목길을 뒤흔들고, 지저분한 누런 담벽에 부딪쳐 메아리가 울리는 것만 같았습니다. 나는 재빨리 그녀 곁으로 다가가서 말했습니다.

'아니요.'

그녀는 놀란 눈으로 나를 쳐다보았습니다. 그 순간 나는 전혀 예상치 못한 사실을, 그러니까 이 여인을 내 삶과 전부를 바쳐 사랑해 왔다는 것을 깨달은 거요. 정말 이상하지 않소? 당신은 내가 미쳤다고 말하고 싶죠?"

"절대 그렇지 않습니다. 제발 계속 이야기해주세요!" 이반이 외쳤다.

손님은 이야기를 계속했다.

"그녀는 놀란 눈으로 나를 쳐다보았습니다. 그러고는 이렇게 물었소.

'꽃을 싫어하시나 보군요?'

그녀의 목소리에서 적의가 느껴지는 것 같았습니다. 나는 그녀와 나란히 서서 발을 맞추려고 애를 쓰면서 걸었습니다. 그리고 정말 놀랍게도, 그런 자신이 조금도 부끄럽지 않았소.

'아니요, 꽃은 좋아합니다. 하지만 그런 꽃은 좋아하지 않습니다.' 내가 말했소.

'그럼 어떤 꽃을 좋아하세요?'

'전 장미를 좋아합니다.'

나는 곧 내가 한 말을 후회했습니다. 그녀가 죄송하다는 듯 웃으며, 들고 있던 꽃을 도랑에 던져버렸거든요. 당황한 나는 꽃을 주워 그녀에게 내밀었지만 그녀는 엷은 미소를 지으며 밀어냈습니다. 그래서 내가 꽃을 들고 가게 되었지요.

그렇게 우리는 한참을 말 없이 걸었습니다. 그러다가 그녀가 내 팔에 안긴 꽃을 낚아채 차도에 버리더니 목이 긴 검은 장갑을 낀 손을 내 손에 포갰고, 그렇게 우리는 나란히 걸었습니다."

"그리고 어떻게 됐죠?" 이반이 말했다. "한 가지도 빼놓지 말고 다 말해주시오!"

"그다음엔 어떻게 됐습니까?" 손님이 물었다. "그 다음은 당신도 상상할 수 있을 겁니다." 손님은 순간 흘러내린 눈물을 오른쪽 소매로 닦았다. 그리고 말을 이었다. "사랑이 나타났습니다. 땅속에서 솟아난 살인마가 우리에게 달려든 것처럼 말이오. 번개처럼, 핀란드 칼처럼! 하긴 나중에 그녀는 그렇지 않다고 말하기도 했지만. 그녀는 우리가 한 번도 보지 못했던 아주 오래전부터 서로 사랑하고 있었다고 했습니다. 그녀가 다른 남자와 사는 동안에도…… 나도 그때 거기서…… 한 여자와…… 이름이 뭐였더라……."

"누구요?" 베즈돔니가 물었다.

"그게, 그러니까…… 음…… 그 여자는……." 손님이 손가락으로 팍 소리를 냈다.

"아내가 있었군요?"

"그래요, 그래서 이렇게 손가락으로 소리를 낸 겁니다…… 아내 이름은…… 바렌카…… 마네치카…… 아니, 바렌카였어요…… 줄무늬 원피스를 입고, 박물관에서…… 모르겠소, 기억이 나지 않는군요.

그녀가 말했소. 그날 노란 꽃을 들고 나온 건 이번에야말로 내가 자기를 찾아 낼 수 있게 하기 위해서였다고. 만일 내가 그녀를 알아보지 못했다면, 독을 마시고 자살할 생각이었다고. 그만큼 그녀의 삶은 공허했다고.

그렇소. 사랑이 순식간에 우리 둘을 덮쳐버린 겁니다. 바로 그날 한 시간 뒤, 정처없이 걷던 우리가 강가에 있는 크레믈 성벽에 도달한 순간 나는 이미 그것을 깨달았습니다.

우리는 마치 어제 헤어진 사람들처럼, 아주 오래전부터 서로를 잘 알고 있던 사람들처럼 이야기를 나누었습니다. 우리는 다음 날도 모스크바 강가에서 만나기로 약속했고, 정말로 다시 만났습니다. 5월의 태양이 우리를 비추고 있었지요. 그리고 머지않아 그녀는 아무도 모르는 나의 아내가 되었습니다.

그녀는 매일같이 나를 찾아 왔고, 난 아침부터 그녀를 기다렸습니다. 나는 그녀를 만난다는 기대감에 책상 위의 물건들을 이리저리 옮겨놓곤 했지요. 그녀가 오기 10분 전부터는 작은 창가에 앉아 낡은 쪽문에서 들려오는 소리에 귀를 기울이기 시작합니다. 참 희한한 일이죠. 그녀를 만나기 전까지 우리 집 정원으로 누가 들어오는 일은 거의 없었습니다. 아니, 아무도 들어온 적이 없었지요. 하지만 이젠 도시 전체가 그 작은 정원으로 달려들어올 것만 같았습니다. 쪽문이 삐걱거리는 소리에 내 가슴은 쿵쾅거리기 시작하는 겁니다. 상상해 보십시오. 고개를 들면 얼굴 높이의 작은 창 너머로 어김없이 누군가의 더러운 장화가 보이는 겁니다. 한번은 칼 가는 사람이 들어온 거였더군요. 세상에, 우리 주택에 사는 사람 중 대체 누가 그에게 볼일이 있다는 말이오? 뭘 갈겠다고? 무슨 칼을?

그녀가 그 쪽문으로 들어오는 것은 하루에 한 번뿐이었지만, 그때까지 내 심장은 적어도 천번은 넘게 뛰었습니다. 거짓말이 아니오. 마침내 그녀가 올 시간이 되어 시곗바늘이 정오를 가리키면 심장은 더 빨리 뛰기 시작하는 겁니다. 그리고 덜컹거리는 소리는커녕, 거의 아무런 소리도 없이 버클로 조여진 검은 가죽 리본 장식이 달린 구두가 창 밖에 나타날 때까지, 내 심장은 계속해서 쿵쾅거리는 거죠.

그녀는 가끔씩 장난을 치기도 했습니다. 두 번째 창가에 서서 구두 끝으로 유리창을 톡톡 두드리는 거죠. 그러면 나는 재빨리 창문 앞으로 갑니다. 하지만 이미 구두는 사라지고 난 뒤죠. 빛을 가리고 있던 검은 실크 드레스도 사라지고. 그러면 난 그녀에게 문을 열어주러 달려갑니다.

우리의 관계를 알고 있는 사람은 아무도 없었습니다. 어떻게 그런 일이 가능할 수 있느냐고 하시겠지만, 맹세할 수 있습니다. 그녀의 남편도, 그녀가 알고 지내는 다른 사람들도 우리의 관계를 몰랐습니다. 물론 내가 사는 지하실이 있던, 그 낡은 주택에 사는 사람들 중에 어떤 여인이 내 집을 오가는 것을 본 사람도 있었을 테지만 그녀의 이름을 아는 사람은 아무도 없었습니다."

"그런데 그녀는 대체 누굽니까?" 사랑 이야기에 완전히 빠져든 이반이 물었다.

손님은 그건 절대 누구에게도 이야기할 수 없다는 듯 손을 내저었다. 그리고 이야기를 계속했다.

이반은 거장과 그 미지의 여인이 절대 헤어질 수 없을 만큼 서로 깊고 굳게 사랑하게 되었다는 것을 알게 되었다. 이반은 이제 라일락과 담장 때문에 늘 어두침침한 지하 방 두 개를 선명하게 떠올릴 수 있었다. 붉은빛이 도는 낡은 가구와 책상, 그 위는 30분마다 시간을 알려주는 시계, 칠을 입힌 마루와 검게 그을린 천장까지 가득 쌓아올린 책들, 그리고 벽난로까지.

이반은 손님과 그 비밀스러운 아내가 처음 만난 순간부터 트베르스카야 거리에서 마주친 것은 운명이었으며, 두 사람은 오직 서로를 위해 태어난 존재라는 결론을 내렸음을 알게 되었다.

이반은 손님의 이야기를 통해 이 연인들이 하루를 어떻게 보냈는지도 알게 되었다. 여인은 집에 오면 제일 먼저 앞치마를 두르고 세면대가 있는 (가엾은 병자는 어째서인지 그 세면대를 무척 자랑스러워했다.) 작은 현관 쪽 나무 탁자 위의 석유곤로에 불을 붙였다. 그리고 아침을 준비했고, 큰 방에 있는 타원형 테이블에 올려놓았다. 5월의 거대한 빗줄기가 그들의 마지막 은신처를 덮칠 듯 위협하고, 흐릿한 창밖, 정원 바닥의 통로를 따라 빗물이 요란한 소리를 내며 흘러갈 때면, 연인들은 벽난로에 불을 피우고 감자를 구웠다. 모락모락 김이 올라오는 시꺼먼 감자 껍질은 손가락을 숯 검둥이로 만들었다. 그의 지하방에서 웃음소리가 들렸고, 비가 그치고 나면 정원의 나무들은 빗줄기에 부러진 작은 나뭇가지들과 하얀 꽃잎들을 떨어뜨렸다.

우기가 끝나고 무더운 여름이 오자, 꽃병에는 두 연인이 그토록 좋아하고 또 오랫동안 기다려 왔던, 장미가 꽂혔다. 자신을 거장이라 소개한 그 남자는 열정적으로 소설을 써내려갔고, 그 소설은 미지의 여인까지 사로잡아버렸다.

"솔직히 말하면 가끔 그녀가 이야기에 너무 빠져들어 소설을 질투한 적도 있었지요." 달빛 아래 발코니에서 나타난 밤 손님이 이반에게 속삭이듯 말했다.

손톱을 뾰족하게 다듬은 가느다란 손가락을 머리카락 속에 찔러 넣은 채, 그녀는 그가 쓴 소설을 몇 번이고 다시 읽었고 다 읽은 뒤에는 이 모자를 만들어 주었다. 가끔 아래쪽 선반에 웅크리고 앉거나 의자 위에 올라서서 책장에 꽂힌 몇 백권이나 되는 먼지투성이 책들을 걸레로 닦아내곤 했다. 그녀는 소설이 그에게 명성을 가져다주리라 믿었고, 그를 재촉했으며, 마침내 거장이라고 부르기 시작했다. 그녀는 이미 정해진 유대의 제5대 총독에 대한 마지막 문장이 나오기를 애타게 기다렸고, 마음에 드는 구절이 나오면 큰소리로 노래하듯이 하나하나 반복해서 읽었다. 그리고 그 소설 속에 자신의 삶이 들어 있다고 말하곤 했다.

8월이 되자 소설은 완성되었고, 어떤 이름 모를 타자수에게 넘겨졌다. 그녀는 다섯 부를 쳐주었다. 마침내 이 비밀스러운 은신처를 벗어나, 세상으로 나아갈 때가 되었다.

"그래서 나는 소설을 품에 안고 세상으로 나왔습니다. 그리고 그 순간 나의 삶은 끝났습니다." 거장은 작은 목소리로 속삭이듯 말하더니 고개를 숙였다. 노란색으로 'M'이라 수놓인 검은 모자가 잠시 애처롭게 흔들렸다. 이야기는 점점 두서없는 내용으로 흘러갔다. 한 가지 분명하게 알 수 있었던 건 이반의 손님에게 큰 재앙이 일어났다는 것이었다.

"문단에 발을 들여놓은 것은 그때가 처음이었지만, 모든 게 끝나버리고, 파멸이 눈앞에 닥쳐온 지금도 그때 생각만 하면 치가 떨립니다!" 거장은 낮고 무거운 목소리로 속삭이고는 한 팔을 치켜들었다. "그래요, 그가 나를 엉망으로 만들어 놓았습니다. 아, 얼마나 끔찍했던지!"

"누가 말입니까?" 이반은 흥분한 손님의 말을 중단시키지 않을까 걱정하면서 들릴 듯 말 듯 작은 목소리로 물었다.

"편집장 말이오, 그 편집장 얘기를 하는 겁니다. 그렇소, 그가 내 소설을 읽은 겁니다. 그는 마침내 얼굴이 커다란 종기로 잔뜩 부어오른 듯한 눈으로 나를 쳐다보았습니다. 한 구석을 힐끔거리고는 난감하다는 듯 소리 죽여 킥킥거리는 소리가 들리기까지 했소. 그리고 이유없이 원고를 구기거나 헛기침을 하기도 했습니다. 그러더니 정말 말도 안 되는 질문들을 해대는 겁니다. 정작 소설에 대해서는 아무 말도 하지 않고, 내가 누구고 어디서 왔는지, 소설을 쓰기 시작한 지는 얼마나 되었는지, 왜 이제까지 나에 대해 들어본 적이 전혀 없는지를 물었습니다. 그러고는 정말이지 얼토당토 않는 질문을 던졌습니다. 도대체 이런 이상한 주제로 소설을 써보라고 한 게 누구냐고 말이죠!

그에게 완전히 질려버린 나는 그래서 소설을 출판해주겠다는 것인지, 말겠다는 것인지 그것만 말해달라고 했습니다.

그러자 그는 갑자기 당황하면서 우물거리기 시작했고, 이 문제는 자기 혼자 결정할 수 없으니, 편집위원회 사람들, 비평가 리툰스키와 아리만, 작가 므스치슬라프 라브로비치에게도 보여 주어야 한다고 했습니다. 그러더니 2주 뒤 다시 오라고 하더군요.

그래서 2주 뒤에 다시 찾아갔더니 어떤 젊은 여자가 맞아주더군요. 끊임없이 거짓말을 해대는 바람에 눈이 사시가 되어버린 여자였습니다."

"랍숀니코바예요. 편집부 비서지요." 이반이 미소 지으며 말했다. 이반은 그의 손님이 그처럼 분개하며 묘사하고 있는 세계를 잘 알고 있었다.

"그럴지도 모르죠." 손님이 통명스럽게 말했다. "어쨌든 그 여자한테서 손때가 잔뜩 묻고 완전히 너덜너덜해진 내 소설을 돌려받았습니다. 랍숀니코바는 나와 눈을 마주치지 않으려고 애쓰면서, 편집부는 앞으로 2년간 출판할 작품들이 확정되어 있기 때문에 내 소설은 그녀의 표현대로 '물 건너갔다'고 알려 주었소."

"그 뒤에 기억나는 건 없습니까?" 거장은 관자놀이를 문지르며 중얼거렸다. "표지 위에 흩어져 있던 빨간 꽃잎들, 그리고 나의 연인의 눈. 그래요, 그 눈은 기억합니다."

손님의 이야기는 점점 요점을 잃어갔고, 중간중간 끊어지는 부분이 많아졌다. 그는 옆으로 들이치는 빗줄기와 절망에 잠긴 지하 은신처에 대해, 그리고 또 다른 어딘가를 떠돌아다녔던 일에 대해 이야기했다. 그는 자신을 그 같은 투쟁 속으로 밀어넣은 그녀를 결코 원망하지 않는다고, 그건 절대 그녀의 잘못이 아니라며 낮게 힘주어 말했다.

이반이 들은 바에 따르면, 예기치 못한 이상한 일이 벌어진 것은 그 다음이었다. 어느 날, 신문을 펼친 우리의 주인공이 비평가 아리만이 쓴 '적(敵)의 기습'이라는 기사를 보게 된 것이다. 그 기사에서 아리만은 그가, 그러니까 우리의 주인공이 예수 그리스도를 옹호하는 글을 출판계에 퍼뜨리려 하고 있다고, 사람들에게 경고하고 있었다.

"아, 기억납니다, 기억나요!" 이반이 소리쳤다. "하지만 당신 이름은 잊어버린 겁니까?"

"다시 말하지만, 그 얘기는 그만둡시다. 더 이상 나에게 이름 같은 건 없습니다." 손님이 말했다. "그리고 문제는 그게 아닙니다. 그다음 날 다른 신문에 므스치슬라프 라브로비치의 이름으로 또 다른 기사가 나왔습니다. 거기서 그는 빌라도 숭배와 그것을 출판계에 잠입시키려 하는(그 저주스러운 단어가 또 나오다니!) 성상화가를 처단할 것을, 그것도 아주 철저히 처단할 것을 제안했소.

귀에 익숙지 않은 '빌라도 숭배'라는 말에 난 온몸이 굳어버리는 것 같았습니다. 그리고 또 다른 신문을 펼쳐보았습니다. 거기에는 두 개의 기사가 실려 있었소. 하나는 라툰스키가 쓴 것이었고, 다른 하나는 'M. Z'라는 이니셜이 적혀 있는 기사였소. 분명히 말해두지만, 아리만과 라브로비치가 쓴 것은 라툰스키가 쓴 기사에 비하면 장난으로 여겨질 정도였습니다. 라툰스키의 기사 제목이 '전투적인 교회파'였다는 것만 봐도 충분히 짐작이 가시겠죠. 나는 나에 대한 그 기사를 읽는데 너무 열중한 나머지 그녀가 젖은 우산과 신문을 움켜쥐고 내 앞에 서 있는 것도 알아차리지 못했습니다(문 잠그는 것을 잊고 있던 겁니다). 그녀의 눈은 분노로 타올랐고, 손은 차갑게 떨리고 있었습니다. 그녀는 내게 달려들어 키스를 퍼붓고는, 한 손으로 탁자를 내리치며 쉰 목소리로 말했습니다. 라툰스키를 독살해 버리겠다고."

이반은 당황해 낮게 신음할 뿐 아무 말도 하지 못했다.

"아무 기쁨도 없는 우울한 가을이 시작되었고," 손님은 계속해서 이야기했다. "뼈아픈 소설의 실패는 영혼을 도려낸 듯 나를 고통스럽게 했습니다. 난 더 이상 아무것도 할 수 없었습니다. 다만 그녀를 만나기 위해 살아갈 뿐이었죠. 바로 그 무렵 내게 어떤 변화가 찾아왔습니다. 스트라빈스키였다면 그게 무슨 증상인지 이미 오래 전에 바로 알아차렸을 겁니다. 하지만 그거야 악마나 알 수 있는 일이죠. 우울한 기운이 나를 덮치더니, 어떤 예감 같은 것이 들기 시작한 겁니다. 그 후로도 기사는 끊임없이 쏟아져 나왔소. 처음에는 그냥 웃어 넘겼습니다. 하지만 기사가 계속 늘어나면서 내 반응도 점점 달라졌소. 두 번째 단계는 놀라움이었습니다. 위협적이고 확신에 찬 어조에도 불구하고, 그 기사들이 한 줄 한 줄 속에서 지독한 허위와 망설임이 느껴졌던 것입니다. 나는 그 기사를 쓴 사람들이 정작 하고 싶은 말을 하지 못하고 있고, 바로 그러한 사실이 그들을 미칠 듯한 분노로 끌고 가고 있다는 생각이 들었습니다. 그리고 나는 그 생각에서 벗어날 수가 없었습니다. 그리고 세 번째 단계, 공포가 찾아왔습니다. 아니, 그건 기사들에 대한 공포가 아니었습니다. 그건 다른 것, 그 기사나 소설하고는 아무 상관없는 것들에 대한 두려움이었습니다. 이를테면, 나는 어둠이 무서워졌습니다. 정신질환의 단계가 찾아온 거죠. 특히 잠 들려할 때면 차갑고 흐물흐물한 커다란 문어가 촉수를 움직이며 내 심장을 향해 기어오는 것 같은 느낌이 들곤 했습니다.

나는 불을 켜두지 않고는 잠을 잘 수가 없었지요.

　내가 사랑하는 여인도 많이 변했습니다. 물론, 나는 문어 애기 같은 건 하지 않았습니다. 하지만 그녀는 나에게 뭔가 좋지 않은 일이 벌어지고 있다는 것을 알아차리고 있었죠. 그녀는 야위어 갔고, 창백해진 얼굴은 더 이상 웃지 않았습니다. 그녀는 소설의 일부를 출판해보라고 권했던 자신을 용서해 달라고, 계속해서 그 말만을 반복했습니다. 그리고 모든 걸 다 던져 버리고 10만 루블 중 남은 돈을 몽땅 털어서 남쪽으로, 흑해로 여행을 떠나라고 했습니다.

　그녀는 대단히 고집을 부렸고 나는 말다툼을 피하기 위해(그때 뭔가가 절대 흑해로 떠날 수 없을 거라고 내게 속삭이고 있었습니다) 조만간 그렇게 하겠다고 약속했습니다. 하지만 그녀는 자기가 직접 차표를 사다주겠다고 했습니다. 그래서 나는 있는 돈 전부를, 그러니까 거의 10만 루블이 되는 돈을 그녀에게 주었습니다.

　'왜 이렇게 많이 줘요?' 그녀는 놀라 물었습니다.

　나는 도둑이 들지 모르니까 내가 떠날 때까지 돈을 좀 맡아달라고 했습니다. 그녀는 돈을 받아 가방에 넣고 나에게 키스하면서 말했습니다. 나를 이런 상태로 혼자 내버려두느니 차라리 죽는 게 마음 편할 거라고, 하지만 숙명처럼 자신을 기다리고 있는 사람들이 있으니 내일 다시 오겠다고. 그리고 부디 아무것도 두려워하지 말라고, 거의 애원하듯 당부했습니다.

　그때가 10월 중순, 황혼이 질 무렵이었습니다. 그녀는 떠났고, 나는 소파에 누워 램프를 켜지 않은 채 잠이 들었습니다. 그러다 가슴에 커다란 문어가 올라와 있는 것 같은 기분이 들어 잠에서 깼습니다. 나는 두 손으로 어둠을 더듬어 간신히 램프에 불을 붙였습니다. 회중시계를 보니 새벽 2시를 가리키고 있었죠. 병색을 느끼며 잠든 나는 깨어나 보니 이미 환자가 되어 있었습니다. 갑자기 가을의 지독한 어둠이 유리창을 부수고 방 안으로 흘러들어 오는 것만 같았고, 잉크병 속에 빠진 것처럼 숨이 막혀왔습니다. 자리에서 겨우 몸을 일으켜 세웠지만, 이미 내 몸 하나도 제대로 추스르지 못하게 되어 있었소. 나는 비명을 질렀고, 아무에게라도, 위층에 사는 집주인에게라도 도망쳐야 한다고 생각했습니다. 미친 사람처럼 나 자신과 싸웠소. 간신히 벽난로까지 다가가, 장작에 불을 지폈지요. 장작이 불꽃을 내며 타들어가는 소리가 들리자 마음이 좀 편안해지는 것 같았습니다. 현관으로 달려가 불을 켜고, 백포도주병을 찾아 뚜껑을 열고 병째 마시기 시작했습니다. 그러자 공포가 조금 가라앉는 것 같더군요. 적어도 집주인에게로 달려가지 않고 벽난로 앞으로 돌아가 앉을 만큼은 말입니다. 나는 벽난로의 작은 문을 열었습니다. 그러자 열기가 얼굴과 손을 덮쳤습니다. 나는 이렇게 속삭였소.

'나한테 무서운 일이 벌어진 것 같아…… 어서 내게 와줘, 내게, 어서……!'

하지만 아무도 와주지 않았소. 벽난로에서는 요란한 소리를 내며 불길이 타오르고 있었고, 창밖으로 비가 내리치고 있었습니다. 그때 마지막 사건이 벌어졌습니다. 나는 서랍에서 두툼한 소설 사본들과 원고를 꺼내 태우기 시작했습니다. 원고를 태우는 것은 정말 어려운 일이었소. 작은 글씨들로 빽빽이 채워진 그 종이들은 순순히 불에 타려고 하지 않았습니다. 나는 손톱이 다 부러지도록 종이를 갈기갈기 찢어 장작 사이에 쑤셔넣고 부집게로 뒤적였습니다. 재가 나를 향해 달려들고, 불길에 숨이 막혔지만, 나는 지지 않고 싸웠습니다. 그리고 완강하게 버티던 소설도 결국 죽어갔습니다. 낯익은 단어들이 눈앞에 어른거렸고, 노란 그을음이 거침없이 피어올랐지만 단어들은 그 위로도 스며 나왔소. 그 단어들은 시커멓게 변해버린 종이들을, 내가 사납게 부집게로 부숴버리고 나서야 사라졌습니다.

그때 누군가 창밖을 지나가는 소리가 들렸습니다. 심장은 두근거리기 시작했고, 마지막 종이 한 장을 불길 속에 던져 넣고, 문을 열기 위해 뛰어갔습니다. 벽돌로 된 계단이 지하에서 정원 문까지 이어져 있었지요. 나는 비틀거리며 문으로 달려가 조용히 물었습니다.

'누구요?'

그러자 목소리가, 그녀의 목소리가 나에게 대답했습니다.

'나예요…….'

나는 내가 어떻게 도어체인을 풀고 잠긴 문을 열었는지 기억나지 않습니다. 문이 열리자마자 그녀가 나에게 매달리듯 쓰러졌습니다. 온몸이 젖어, 뺨은 눈물로 범벅이 되고, 머리는 헝클어진 채 떨면서 말입니다. 나는 이 말밖에 할 수 없었소.

'당신…… 정말 당신이오……?' 내 목소리는 갈라졌습니다. 그리고 우리는 아래층으로 내려갔지요. 그녀는 현관에서 외투를 벗었고, 우리는 서둘러 큰 방으로 들어갔습니다. 그녀는 낮게 비명을 지르며, 벽난로 가장 아래쪽에 남아 타오르고 있던 종이 뭉치를 맨손으로 꺼내 바닥으로 던졌습니다. 그러자 연기가 방 안을 가득 채웠습니다. 나는 발로 밟아 불을 껐고, 그녀는 소파 위에 쓰러져 하염없이 흐느껴 울기 시작했습니다.

그녀가 울음을 그치고 나서 나는 말했습니다.

'난 이 소설이 증오스럽고 이제는 겁이 나오. 난 병에 걸렸소. 너무 두려워.'

그녀는 몸을 일으키며 말했습니다.

'오, 하느님, 당신이 병에 걸리다니. 왜, 왜죠? 내가 당신을 구해줄게요, 내가 구해주겠어요. 도대체 무슨 일이에요?'

나는 연기와 눈물로 부어오른 그녀의 눈을 바라보았습니다. 그리고 차가운 손이 내 이마를 어루만지는 것을 느꼈습니다.

'내가 당신을 낫게 해줄 거예요. 내가 낫게 해 주겠어요.' 그녀는 내 어깨에 기대면서 말했습니다. '당신은 다시 소설을 쓸 거예요. 어째서 난 사본 한 부를 따로 보관해두지 않았을까!'

그녀는 안타까움에 이를 드러내며 뭔가 알아들을 수 없는 말을 중얼거렸습니다. 그러고는 입술을 굳게 다물고, 타다 남은 종이들을 모으기 시작했죠. 소설 중간쯤 되는 부분이었는데, 어느 장이었는지는 기억나지 않습니다. 그녀는 꼼꼼하게 추려 모은 잔해를 종이로 싼 다음 끈으로 묶었습니다. 뭔가 굳은 결심을 하고 자신을 억누르고 있는 것 같았습니다. 그녀는 포도주를 달라고 하더니 잔을 비운 뒤 침착하게 말했습니다.

'거짓말에 대한 대가를 이렇게 치르게 되는군요. 난 이제 더 이상 거짓말은 하고 싶지 않아요. 이제부터라도 당신과 함께 있을 수 있어요. 하지만 이런 식은 싫어요. 한밤중에 도망친 여자로 남편의 기억 속에 남고 싶지 않아요. 그 사람은 나한테 단 한 번도 나쁜 짓을 한 적 없는데…… 그이는 갑자기 불려나갔어요. 공장에 불이 났대요. 하지만 곧 돌아올 거예요. 내일 아침에 그 사람한테 모든 걸 털어놓겠어요. 다른 남자를 사랑한다고 말하겠어요. 그리고 당신에게로 돌아오면 우린 영원히 함께 있을 수 있어요. 그러니 대답해 줘요. 당신도 그걸 원하나요?'

'가엾은 사람, 가엾은 내 사랑.' 나는 그녀에게 말했습니다. '당신이 그런 짓을 하게 내버려둘 수는 없소. 나와 함께 있으면 좋지 않아요. 당신이 나와 함께 파멸해가는 것을 원치 않소.'

'그뿐이에요?' 그녀는 가까이 다가와 내 눈을 들여다보며 물었습니다.

'그뿐이오.'

그녀는 갑자기 생기를 띠며 내 목에 팔을 감고는 기대어 안긴 채 말했습니다.

'난 당신과 함께 파멸하겠어요. 내일 아침이면 난 당신과 함께 있을 거예요.'

현관에서 비춰 들어오던 한 줄기 빛, 그 빛줄기 속에 흐트러진 머리카락, 그녀의 베레모와, 결의로 가득찬 두 눈, 그리고 문턱에 서 있던 검은 실루엣과 하얀 꾸러미, 그것이 내가 기억하는 내 삶의 마지막 조각들입니다.

'당신을 바래다주고 싶지만 혼자서 집에 다시 돌아올 기운이 날 것 같지가 않소. 난 두려워요.'

'두려워하지 말아요. 몇 시간만 참으면 돼요. 내일 아침에는 내가 당신과 함께 있을 거예요.'

그것이 내가 들은 그녀의 마지막 말이었습니다…… 쉿!" 환자는 갑자기 말을 멈추고, 손가락을 들어 올렸다. "오늘은 몹시 불안한 달밤이로군요."

그는 발코니로 가서 숨었다. 이반은 복도 위로 바퀴가 굴러가는 소리와 누군가 흐느껴 우는 소리, 아니 가냘프게 비명을 지르는 듯한 소리를 들었다.

주위가 잠잠해지자 손님은 다시 돌아와 120호실에도 새로운 환자가 들어왔음을 알려주었다. 새로 들어온 누군가가, 계속해서 자기 머리를 돌려달라며 애원하더라는 것이었다. 두 사람은 불안한 듯 잠시 아무 말도 하지 않았다. 하지만 곧 진정되자 끊어졌던 이야기로 다시 돌아갔다. 손님이 입을 열었다. 손님 말대로 그날은 매우 불안한 밤이었다. 다시 복도에서 목소리가 들려온 것이다. 그러자 손님은 이반의 귀에 대고 작은 목소리로 속삭이기 시작했다. 처음 몇 마디를 빼면 손님의 말을 알아들은 이는 시인뿐이었다.

"그녀가 나를 떠나고 15분쯤 지나자 누군가 내 창문을 두드렸습니다……
……."

환자가 이반의 귀에 대고 속삭인 이야기가 이반을 무척 흥분시킨 것이 분명했다. 그의 얼굴은 경련하고 있었고 눈은 공포와 분노로 빛나기 시작했다. 이반의 손님은 이미 발코니에서 멀어져버린 달을 손가락으로 가리켰다. 밖에서 들려오던 소리가 완전히 멎자, 손님은 이반에게서 물러나 조금 큰 소리로 말했다.

"그렇게 해서 1월 중순 어느 밤, 전과 같은 그 외투를, 하지만 단추는 모두 떨어져 있었죠. 어쨌든 나는 그 외투를 입고 추위에 떨며 나의 작은 정원에 웅크리고 있었습니다. 뒤에는 눈더미에 덮인 라일락 나무들이 있었고, 발밑으로는 가려진 커튼 사이로 희미하게 불빛이 새어나오는 내 방의 작은 창문이 보였습니다. 나는 첫 번째 창문으로 다가가 몸을 숙여 귀를 기울였습니다. 방안에서 축음기 소리가 들려왔습니다. 다른 소리는 아무것도 들리지 않았고, 커튼에 가려져 아무것도 보이지 않았습니다. 그렇게 잠시 서 있다가 쪽문을 열고 골목으로 나가자 눈보라가 휘날리고 있더군요. 그때 어디선가 개 한마리가 나타나더니 내 다리에 달려들었고, 놀란 나는 부리나케 길 반대편으로 도망쳤습니다. 이제는 영원한 동반자가 되어버린 추위와 공포가 나를 지독한 흥분 상태로 몰아넣었습니다. 아무데도 갈 곳이 없었습니다. 내가 할 수 있는 가장 간단한 일은 골목을 지나가는 전차에 몸을 던지는 것이었습니다. 마침 멀리서 환하게 불을 밝히고 달려오는 성에 낀 차량이 보였고, 차가운 공기를 가르며 울려 퍼지는 혐오스러운 쇳소리도 들려왔습니다. 하지만 친애하는 이웃이여. 문제는 공포가 내 몸의 모든 세포 하나하나를 지배하고 있었다는 것이었습니다. 개가 무서웠던 것처럼 나는 전차도 무서웠습니다. 그래요, 이 건물에서 나보다 더 지독한 병을 앓고 있는 사람은 없을 겁니다. 절대로."

"하지만 그녀에게 알릴 수도 있었을 텐데." 이반은 가엾은 환자에게 동정심을 느끼며 말했다. "그 여자가 당신 돈을 가지고 있지 않소? 잘 보관하고 있겠죠?"

"물론 잘 보관하고 있을 겁니다. 그런데 당신은 아무래도 내 말을 이해하지 못하는 것 같군요. 아니, 어쩌면 예전에는 있었던, 뭔가를 설명하는 능력을 내가 잃어버렸는지도 모르지요. 상관없습니다. 어차피 그런 건 이제 아무 도움이 되지 않으니까. 그녀 앞에," 손님은 경건한 눈빛으로 밤의 짙은 어둠을 바라보며 말했다. "정신병원에서 온 편지가 놓여 있는 것을 생각해보세요, 이 주소로 편지를 보낼 수 있을 것 같습니까? 정신병원에? 농담이겠죠! 그녀를 얼마나 더 불행하게 만들려고? 아니, 나는 그럴 수 없습니다."

이반은 그의 말에 반박할 수 없었다. 그저 말없이 손님을 동정하며 그의 불행에 가슴 아파할 뿐이었다. 손님은 고통스럽게 과거를 회상하며 검은 모자를 쓴 고개를 끄덕이더니 이렇게 말했다.

"가엾은 여인…… 하지만 나한테는 희망이 있어요. 그녀가 나를 잊어버렸으리라는……."

"하지만 병이 나을 수도 있지 않습니까……." 이반이 조심스럽게 말했다.

"내 병은 고칠 수 없습니다." 손님이 평온한 목소리로 말했다. "스트라빈스키는 나를 예전 생활로 돌려놓겠다고 하지만 나는 믿지 않습니다. 그는 인간적인 사람이라 나를 위로해주고 싶어 하는 것일 뿐입니다. 물론 지금은 훨씬 나아졌다는 건 부정하지 않겠습니다. 그래요, 그런데 내가 어디까지 얘기했죠? 혹독한 추위, 무섭게 달려오는 전차들…… 나는 그즈음 이 병원이 문을 열었다는 것을 알고 있었습니다. 그리고 이곳으로 오기 위해 걸어서 도시를 가로질렀습니다. 미친 짓이었죠! 시외에서 얼어 죽을 뻔했지만 우연히 구조받았지요. 트럭 한 대가 고장 나서 길가에 세워져 있었던 겁니다. 도시에서 한 4킬로미터쯤 떨어진 곳이었을 겁니다. 나는 운전사에게 다가갔습니다. 놀랍게도 트럭 기사는 나를 불쌍히 여겨주었고, 마침 차도 이곳으로 오던 길이어서 그 차를 얻어 탈 수 있었습니다. 왼쪽 발가락이 동상에 걸렸지만 그것도 곧 나았지요. 그렇게 이곳에서 지낸 지 넉 달째입니다. 이곳에서 지내는 것도 그렇게 나쁘지는 않습니다. 친애하는 이웃이여. 이곳에서는 정말이지, 무슨 거창한 계획 같은 걸 세울 필요가 없습니다! 예전에 나는 지구를 돌아보고 싶어했지요. 하지만 보시다시피 그럴 운명이 아니었던 겁니다. 그래서 이렇게 지구의 아주 작은 부분만을 바라보고 있는 것이죠……. 이게 지구에서 가장 좋은 부분이 아니라는 것은 압니다. 하지만 방금 전에도 말했듯 여기에 있는 것도 그렇게 나쁘지만은 않습니다. 이제 여름이 오면, 프라스코비야 표도로브나가 약속한 대로 발코니에 담쟁이 넝쿨이 감겨 올라가기 시작할 겁니다. 열쇠는 내가 갈 수 있는 곳을 넓혀 주었습니다. 밤이면 달이 떠오를 테고, 아, 벌써 져버렸군요! 공기도 신선해졌고, 자정을 넘어서고 있습니다. 이제 그만 가봐야겠군요."

"잠깐만, 예슈아와 빌라도는 그 뒤 어떻게 되었는지 얘기해주십시오." 이반이 부탁했다. "제발, 정말 알고 싶습니다."

"아, 안 돼요, 그건 안 됩니다." 손님은 병적으로 몸을 떨면서 대답했다. "난 내 소설을 떠올리면 몸서리가 쳐져요. 그건 파트리아르흐 호에서 만난 당신 지인이 나보다 더 잘 얘기해줄 겁니다. 말상대가 되어 줘서 고맙소. 또 만납시다."

그리고 이반이 정신을 차리기도 전에 격자창이 작은 쇳소리를 내며 닫히더니 손님은 사라졌다.

제14장
수탉에게 영광을!

　신경이 있는 대로 날카로워진 림스키는 조서 작성이 다 끝나기도 전에 사무실로 달려가 책상 앞에 앉았다. 그리고 핏발 선 눈으로 앞에 놓인 마법의 10루블짜리 지폐를 바라보았다. 경리부장은 이성이 점점 마비되어감을 느꼈다. 밖에서 웅성거리는 소리가 들렸다. 관객들이 썰물처럼 바리에테 건물을 빠져나가고 있었다. 그 순간 극도로 예민해진 경리부장 귀에 갑자기 경찰 호루라기 소리가 날카롭게 들려왔다. 경찰이 좋은 일로 호루라기를 불 리가 없다. 그런데 그 불길한 호루라기 소리가 한 번 더 울려왔고, 이어 더 위협적이고, 더 길게 울리는 다른 호루라기 소리가 들려왔다. 그리고 잠시 뒤 깔깔대는 웃음소리와 놀려대는 외침까지 합세했다. 경리부장은 거리에서 또 뭔가 혐오스럽고 추잡한 소동이 벌어졌음을 직감했다. 그 일이, 아무리 부정하려 해도 흑마술사와 그의 조수들이 벌인 끔찍한 공연과 밀접한 관계가 있다는 것도 함께 말이다. 경리부장의 예리한 직감은 조금도 틀리지 않았다.

　사도바야 거리 쪽으로 난 창 밖을 내다본 순간, 그는 얼굴을 일그러트렸고 악에 받친 듯 씩씩거리며 말했다.

　"내 저럴 줄 알았어!"

　대낮처럼 환하게 불을 밝힌 가로등 아래, 슬립에 보라색 속바지만 입은 여인이 인도에 서 있었다. 그 여인은 모자도 쓰고 손에는 양산도 들고 있었다.

　당황하여 어쩔 줄을 몰라 하며 주저앉았다가, 다시 도망치려고 하는 여인 주위로 사람들이 잔뜩 모여 깔깔대는 모습이 보였다. 경리부장은 그 웃음소리에 등골이 오싹해졌다. 여인 옆에는 여름 외투를 벗으려고 몸부림치는 남자가 너무 흥분한 탓에 팔이 소매에 걸려 버둥거리고 있었다.

　비명 소리와 광포한 웃음소리는 다른 쪽, 그러니까 왼쪽 출구에서도 들려왔다. 그곳으로 고개를 돌린 그리고리 다닐로비치는 장밋빛 속옷을 입은 또 다른 여인을 보았다. 그 여인은 도로에서 인도로 뛰어 올라와 현관에 숨으려 했지만 건물에서 쏟아져 나오는 관객들이 그녀 앞을 가로막았다. 화려한 옷에 대한 욕망 때문에 비열한 파고트에게 속아 넘어간 경솔함에 대가를 치른 불쌍한 그녀는 이제 쥐구멍이라도 있으면 들어가고 싶은 심정뿐이었다. 경관이 호루라기 소리로 허공을 가르며 가엾은 여인에게 달려갔고, 모자를 쓴 젊은이들은 신이 나서 그 뒤를 따랐다. 깔깔거리는 웃음소리의 정체는 바로 그들이었다.

비쩍 마르고 콧수염을 기른 마부가 먼저 벌거벗은 첫 번째 여자에게 달려가 뼈만 남은 늙은 말을 채찍으로 치며 여자 앞에 세웠다. 콧수염 난 얼굴은 환하게 기쁨의 미소를 짓고 있었다.

림스키는 주먹으로 자신의 머리를 쥐어박고, 침을 뱉고는 창가에서 물러섰다.

그는 거리에서 들려오는 소리에 귀를 기울이며 한동안 책상 앞에 앉아 있었다. 사방에서 울리는 호루라기 소리가 정점에 도달하는가 싶더니, 잠시 뒤 수그러들기 시작했다. 림스키가 예상했던 추악한 사건은 놀랍게도 빨리 정리되었다.

이제 움직여야 할 때가 왔다. 책임자로서 쓴 잔을 마셔야 할 때가 온 것이다. 3부 공연이 진행되는 동안 전화는 고쳐져 있었다. 전화를 걸어 상황을 보고한 뒤, 도움을 청하고, 적당히 꾸며 모든 책임을 리호데예프에게 뒤집어씌워서 자신은 어떻게든 빠져나와야 한다. 그리고 또…… 아, 빌어먹을!

초조해진 경리부장은 전화기에 손을 올려놓았다 내려놓기를 반복했다. 그때 쥐 죽은 듯 고요하던 사무실 정적을 깨고 갑자기 전화가, 그것도 경리부장 바로 코앞에서 울리기 시작했다. 경리부장은 흠칫 놀라 온몸에 소름이 돋았다. '내가 정말 신경이 예민해진 모양이군.' 그는 이렇게 생각하며 수화기를 들었다. 하지만 바로 수화기에서 물러난 그의 얼굴이 백짓장보다 더 하얘져 있었다. 수화기에서 애교 섞인 방탕한 여자 목소리가 나지막이 속삭였다.

"림스키, 아무 데도 전화하지 마. 그렇지 않으면 좋지 않은 일이 생길 거야……."

수화기 속 목소리는 곧 사라졌다. 경리부장은 등골이 오싹해짐을 느끼며 수화기를 내려놓았다. 그리고 등 뒤의 창을 돌아보았다. 아직은 잎사귀가 성긴 초록빛 단풍나무 가지 사이로 투명한 구름 속을 빠르게 흘러가는 달이 보였다. 림스키는 무엇 때문인지 나뭇가지에서 시선을 떼지 못했고, 한참을 바라보는 사이에 점점 더 강한 공포가 그를 사로잡았다.

가까스로 정신을 차린 경리부장은 마침내 달빛이 비치는 창가에서 몸을 돌려 자리에서 일어났다. 이제 어디론가 전화를 건다는 것은 생각조차 할 수 없었다. 지금 경리부장은 오로지 한 가지, 어떻게든 빨리 이 극장에서 나가야 한다는 생각으로 가득했다.

그는 귀를 기울여보았다. 극장 건물에는 침묵만이 감돌았다. 림스키는 벌써 오래전부터 2층에 남아 있는 사람이 자신밖에 없음을 알게 되었고, 그 사실에 생각이 미친 그는 어린아이처럼 주체할 수 없는 공포에 휩싸였다. 텅빈 복도를 지나 홀로 계단을 내려가야 한다고 생각하니 온 몸이 후들거렸다. 그는 열병이라도 걸린 듯 책상 위에 놓여 있는 최면술로 만든 10루블짜리 지폐를 움켜쥐고는 서류가방에 쑤셔 넣었다. 그리고 조금이라도 용기를 내보려고 헛기침을 했다. 하지만 기침 소리마저 겁에 질린 듯 약하게 갈라져 나왔다.

사무실 문틈으로 갑자기 썩은 냄새를 풍기며 습기가 흘러들어오는 것 같았다. 경리부장 등으로 한기가 스치더니 그 순간 난데없이 벽시계가 자정을 알리기 시작했다. 심지어 시계 소리조차 경리부장의 간담을 서늘하게 했다. 하지만 그의 심장이 결정적으로 내려앉은 것은 문 열쇠 구멍에서 슬며시 열쇠 돌아가는 소리가 들렸을 때였다. 식은땀에 축축해진 두 손으로 서류가방을 품에 안은 경리부장은, 열쇠구멍의 저 덜컥거리는 소리가 조금만 더 계속되면 참지 못하고 비명을 질러버릴 것만 같았다.

마침내 누군가의 노력에 굴복하여 문이 열리고, 바레누하가 소리 없이 사무실로 들어왔다. 다리에 힘이 풀려버린 림스키는 털썩 의자에 주저앉았다. 그리고 숨을 한번 크게 몰아쉬고는 마치 비위를 맞추기라도 하려는 듯 미소를 지으며 작은 소리로 말했다.

"세상에, 내가 얼마나 놀랐는지 아나……."

정말 누구라도 깜짝 놀랄 갑작스러운 등장이었다. 하지만 모든 것이 뒤엉켜 있는 이 사건에서 작은 실마리 하나라도 잡게 된 림스키는 그렇게라도 그가 나타나준 것이 너무나도 기뻤다.

"자, 어떻게 된 일인지 말해봐! 어서! 어서!" 림스키는 그 실마리를 놓치지 않으려는 듯 쉬어 갈라지는 목소리로 물었다. "어떻게 된 거야?"

"죄송합니다." 바레누하는 문을 닫으며 겨우 알아들을 수 있을 정도로 낮은 목소리로 대답했다. "벌써 나가신 줄 알았습니다."

그러고는 모자를 벗지 않은 채로 책상 맞은편 안락의자에 가서 앉았다.

바레누하의 대답은 뭔가 석연치 않았다. 세계 어느 관측소의 지진계와도 견줄 수 있을 만큼 예리한 경리부장은 이를 바로 눈치챘다. 무슨 소린지? 벌써 나간 줄 알았다며 왜 사무실로 왔을까? 자기 사무실도 있으면서 말이다. 이상한 점은 또 있었다. 어떤 출입구로 들어오든 야간 경비원과 반드시 마주쳤을 텐데 경비원들은 모두 그리고리 다닐로비치가 아직 사무실에 있음을 알고 있었다.

하지만 경리부장은 그 이상한 점들에 대해 집요하게 추궁하지 않았다. 그럴 겨를이 없었다.

"왜 전화를 안 했나? 얄타 건은 어떻게 됐어?"

"제가 말했던 대로예요." 총무부장은 이가 아파 고통스럽다는 듯 입술로 소리를 내고는 대답했다. "푸시키노에 있는 술집에서 찾아냈어요."

"뭐, 푸시키노? 거긴 모스크바 근교잖아? 어떻게 얄타에서 전보가 온 거지?"

"얄타는 무슨 얄타, 악마한테나 잡혀가라고 해요! 푸시키노 전신국 직원한테 술을 진탕 먹여놓고 둘이서 장난을 친 거예요. 얄타 소인이 찍힌 전보를 보낸 것도 다 장난 친 거죠."

"아하…… 그렇군…… 그래, 알겠어……" 림스키는 말한다기보다는 노래를 부르는 것 같았다. 두 눈에 노란빛이 번득였고, 머릿속에는 스툐파가 치욕스럽게 직장에서 해고되는, 실로 통쾌한 그림이 그려졌다. 이제 해방이다! 경리부장이 그토록 기다리던 해방이 온 것이다! 리호데예프라는 인간과 그로 인한 고생은 이제 다 끝났다! 아니 어쩌면 스테판 보그다노비치는 해임보다도 더 나쁜 어떤 일을 당하게 될지도 모른다…… "좀더 자세히 얘기 해봐!" 림스키는 문진으로 책상을 톡톡 두드리며 말했다.

바레누하가 자세한 사정을 설명하기 시작했다. 경리부장이 지시한 곳에 가자, 사람들은 그를 맞이하고 그의 말을 아주 주의 깊게 들어 주었다. 물론 아무도 스툐파가 얄타에 가 있으리라고는 생각지 않았다. 리호데예프는 푸시키노의 '얄타'에 있을 거라는 바레누하 생각에 그 자리에서 모두가 동의했다.

"그래서 그는 지금 어디 있지?" 흥분한 경리부장이 총무부장의 말을 잘랐다.

"어디긴 어디겠어요. 당연히 알코올 중독자 요양소지." 총무부장이 차갑게 미소를 지으며 대답했다.

"그래, 그거야! 바로 그거야!"

바레누하는 이야기를 계속했다. 이야기가 계속됨에 따라 리호데예프의 뻔뻔스럽고 추악한 행동들이 너무도 선명하게 경리부장 눈앞에 펼쳐졌다. 이어지는 고리들은 앞 고리보다 더 추악했다. 푸시키노 전신국 앞 잔디밭에서 한가롭게 울려 퍼지는 아코디언 소리에 맞춰 전신국 직원과 부둥켜안고 술에 취해 춤을 추고, 공포에 질려 비명을 지르는 여자들을 쫓아다니고, 얄타 레스토랑 종업원과 싸움을 하려 들고, 그 얄타 바닥에 파를 마구 내던지고, 백포도주 '아이-다닐' 여덟 병을 깨부수고, 자신을 태우려 하지 않는 택시 기사의 미터기를 고장 내고, 그 난동을 말리려는 사람들을 체포해버리겠다며 위협하고…… 한마디로 정말 끔찍했다!

스툐파는 모스크바 연극계에서도 유명한 인물이었다. 그가 그다지 훌륭한 사람이 아니라는 것은 모두가 아는 사실이다. 하지만 아무리 그렇다 해도 총무부장이 이야기한 것은 지나친 데가 있었다. 맞다, 지나치다. 그것도 아주 많이……

림스키의 날카로운 시선이 책상 너머 총무부장의 얼굴 속으로 파고드는 듯했다. 이야기가 계속될수록 그 눈은 점점 더 어두워졌다. 총무부장이 늘어놓는 그 혐오스러운 이야기의 장면 하나하나가 더 생생하고 화려해질수록 경리부장은 그 이야기를 점점 더 믿을 수가 없었다. 이야기가 스툐파를 모스크바로 불러들이기 위해 보낸 사람들에 대한 온갖 행패에 이르렀을 때, 경리부장은 자정이 다 되어 돌아온 총무부장이 한 이야기가 모두 거짓말임을 확신하게 되었다! 처음부터 끝까지 다 거짓말이다.

바레누하는 푸시키노로 가지 않았고 스툐파 또한 푸시키노에 가지 않았다. 술에 취한 전신국 직원도 없었고, 술집 유리가 박살나지도 않았으며, 스툐파를 밧줄로 묶지도 않았다…… 그런 일은 전혀 일어나지 않았다.

총무부장이 거짓말을 하고 있다는 것을 확신하자, 발끝에서부터 온몸으로 공포가 밀려왔다. 경리부장은 축축한 말라리아 기운이 바닥에 퍼져가는 것 같다는 느낌이 들었다. 총무부장은 왠지 좀 이상한 모습으로, 그러니까 책상 위 램프가 만들어내는 푸른 그림자 안에 몸을 숨기려는 듯 램프 불빛을 신문으로 교묘하게 가리면서 안락의자에 웅크리고 있었다. 경리부장은 그런 그에게서 한 순간도 눈을 떼지 않았다. 그리고 한 가지만을 생각했다. 이 모든 것들이 도대체 무엇을 뜻하는 걸까? 뒤늦게 돌아온 총무부장이 아무도 없는 이 고요한 건물에서 저렇게 뻔뻔스럽게 거짓말을 하는 이유가 뭘까? 그리고 무엇인지는 알 수 없지만 끔찍한 위험이 다가오고 있다는 예감이 경리부장 머리를 어지럽히기 시작했다. 총무부장의 거짓말과 얼굴을 신문으로 가린 채 눈속임 하는 것을 모르는 척하며 경리부장은 그의 얼굴을 주의 깊게 살펴보았다. 그는 이미 바레누하가 떠벌이는 말을 거의 듣고 있지 않았다. 푸시키노에서의 기행들에 대한 알 수 없는 거짓말보다 더 이해하기 어려운 무언가가 있었다. 그것은 바로 총무부장의 외모와 태도에 나타난 변화들이었다.

얼굴을 가리기 위해 오리 주둥이 같은 야구모자 챙을 눈 위까지 눌러쓰고, 신문을 한 면씩 넘겨도……. 경리부장은 그의 오른쪽 뺨, 코 바로 옆에 난 커다란 멍 자국을 볼 수 있었다. 뿐만 아니라 평소 그렇게 혈색이 좋던 총무부장 얼굴은 분필처럼 탁하고 창백한 빛을 띠었으며, 이렇게 후덥지근한 밤에 무엇 때문인지 줄무늬가 들어간 낡은 스카프를 목에 칭칭 감고 있었다. 게다가 전에는 없던, 뭔가를 빨아들이듯 입맛을 다시는 혐오스러운 버릇과 낮고 거칠어진 목소리, 교활하면서도 비겁한 눈빛까지, 이반 사벨리예비치 바레누하는 정말 알아볼 수 없을 정도로 변해 있었다.

그리고 경리부장을 극도로 불안하게 하는 무언가가 더 있었다. 하지만 머리를 쥐어짜고, 아무리 주의 깊게 바레누하를 살펴봐도, 그 불안의 정체를 알 수 없었다. 다만 한 가지 분명한 것은 총무부장과 저 익숙한 의자 사이에 왠지 부자연스럽고 알 수 없는 뭔가가 있다는 것이었다.

"그래서 결국 강제로 차에 태웠죠." 바레누하는 멍 자국을 손바닥으로 가리고 신문지 너머를 힐긋거리며 낮은 목소리로 말했다.

그때 림스키가 갑자기 한쪽 팔을 뻗더니, 거의 기계처럼 책상 위를 손가락으로 두드리다가, 손을 펴 슬쩍 비상벨 단추를 눌렀다. 그리고는 온몸이 굳어져버렸다. 텅 빈 건물에 날카로운 벨소리가 울려 퍼져야 했다. 하지만 벨소리는 울리지 않았고, 단추는 맥없이 책상의 상판 속으로 들어가버렸다. 비상벨이 고장 난 것이다.

경리부장의 술수는 바레누하의 눈을 피해가지 못했다. 바레누하가 얼굴을 찡그리는 순간 그의 눈에 명백한 적의의 불꽃이 번득였다.

"왜 벨을 누른 거죠?"

"그냥 나도 모르게……." 경리부장은 어물거리며 손을 치웠다. 그리고 이번에는 다소 걱정하는 투로 물었다. "자네 얼굴에 그건 뭔가?"

"차가 갑자기 도는 바람에 손잡이에 부딪혔어요." 바레누하가 눈을 피하면서 대답했다.

'거짓말이다!' 경리부장은 속으로 외쳤다. 그러다 갑자기 눈을 동그랗게 뜨고 완전히 실성한 사람처럼 안락의자 등받이를 뚫어져라 쳐다보았다.

안락의자 뒤쪽 바닥에 그림자 두 개가 엇갈려 있었다. 하나는 짙은 검은색이고, 다른 하나는 흐릿한 회색이다. 의자 등받이와 가느다란 의자 다리 그림자는 바닥에 또렷하게 드러났지만 그림자 등받이 위에 있어야 할 바레누하의 머리도, 의자 다리 아래에 있어야 할 다리도 보이지 않았다.

'그림자가 없어!' 림스키는 속으로 절망적인 소리를 질렀다. 그의 온몸이 덜덜 떨리기 시작했다.

바레누하는 넋 나간 림스키의 시선을 따라 의자 등받이 뒤를 힐끗 쳐다보고 정체가 들켰다는 사실을 알아차렸다. 그는 의자에서 일어나(경리부장도 그와 동시에 일어섰다) 서류가방을 두 손으로 움켜쥐며 책상에서 한 걸음 물러섰다.

"빌어먹을, 눈치 챘군! 언제나 눈치가 빨랐지." 바레누하가 경리부장을 마주보고 악의에 찬 미소를 지으며 말했다. 그러고는 난데없이 문 쪽으로 뛰어가더니 자물쇠 버튼을 아래로 돌려 재빨리 문을 잠갔다. 경리부장은 정원으로 난 창 쪽으로 물러나면서 절망적으로 주위를 둘러보다가 달빛이 흘러넘치는 창에 얼굴을 바짝 갖다 댄 나체 여인의 얼굴을 보았다. 그녀는 팔을 작은 환기창 안으로 넣어 창문 아래 빗장을 열려고 기를 쓰고 있었다. 위쪽 빗장은 이미 열려 있었다.

림스키는 책상 위 램프 불빛이 꺼져가고 책상이 기울어지는 듯했다. 얼음을 뒤집어쓴 듯 온몸에 한기가 느껴졌다. 하지만 다행히 정신을 차렸고 기절하지도 않았다. 그는 소리도 지르지 못하고 온 힘을 다해 꺼져가는 목소리로 중얼거리듯 말했다.

"사람 살려……."

바레누하가 문을 막아서며 그 앞에서 펄쩍 뛰어 오르자 좌우로 흔들리던 그의 몸은 한참을 허공에 떠 있었다. 그는 갈고리처럼 구부러진 손가락을 림스키 쪽에 휘두르며 씩씩거리는 입술로 뭔가를 빨아들이는 소리를 내고는 창에 있는 여자에게 눈짓을 했다.

여자는 서두르기 시작했다. 그녀는 붉은 머리를 환기창 안으로 밀어넣고 손을 한껏 뻗었으며, 손톱으로 아래쪽 빗장을 긁으며 창틀을 흔들기 시작했다. 여자의 팔은 고무줄 같이 점점 길게 늘어나더니 시체처럼 초록빛으로 덮여갔다. 마침내 시체의 초록색 손가락이 빗장 꼭지를 움켜쥐고 돌리자 창문이 열리기 시작했다. 림스키는 가느다란 비명을 지르고 벽에 붙어 선 채, 서류가방을 방패처럼 앞으로 내밀었다. 그는 자신의 최후가 왔음을 깨달았다.

마침내 창문이 활짝 열리더니 신선한 밤공기와 보리수나무 향기 대신 지하실의 음습한 냄새가 방 안으로 훅 밀려들어왔다. 여자 시체는 벌써 창턱까지 몸을 들이밀었고, 림스키는 그녀 가슴께의 썩은 반점을 분명히 보았다.

바로 그때 공원에서 전혀 예상치 못했던 기쁨에 찬 수탉 울음소리가 들려왔다. 서커스에 나오는 새들을 기르는 사격장 뒤 낮은 건물에서 들려오는 소리였다. 잘 조련되어 목청이 좋은 수탉은 나팔을 불듯, 동쪽에서 모스크바로 새벽이 다가오고 있음을 알렸다.

여자는 분노로 얼굴을 일그러뜨리며 거칠게 욕설을 퍼부어댔고, 문 앞에 떠 있던 바레누하는 비명을 지르며 바닥으로 내동댕이쳐졌다.

다시 한 번 수탉 울음소리가 울리자 여자는 이를 갈았고, 그녀의 붉은 머리카락이 위로 솟구쳤다. 세 번째 울음소리와 함께 여자는 몸을 돌려 그대로 창밖으로 날아갔다. 바닥에 내동댕이쳐진 바레누하도 다시 공중으로 뛰어올라, 하늘을 나는 큐피드처럼 수평으로 몸을 띄우고는 천천히 책상 앞을 지나 창밖으로 날아갔다.

눈처럼 하얗게 머리가 센 노인이(그 노인은 바로 얼마 전까지만 해도 림스키였다) 문으로 달려가 문고리를 풀고 나와 캄캄한 복도를 내달렸다. 층계참에 다다른 그는 두려움에 신음하며 스위치를 더듬어 찾았고, 잠시 뒤 계단에 불이 환하게 들어왔다. 노인은 온몸을 떨며 비틀비틀 계단을 내려갔고, 그러다 갑자기 계단 한가운데서 고꾸라졌다. 위에서 바레누하가 그를 덮치는 듯했기 때문이다.

마침내 아래층까지 뛰어 내려온 림스키는 매표소 앞 의자에서 자고 있는 경비원을 보았다. 림스키는 살금살금 그의 옆을 지나 미끄러지듯 정문을 빠져나갔다. 거리로 나오니 마음이 조금 가벼워졌다. 머리를 만져보고 사무실에 모자를 두고 왔다는 사실을 알 만큼 정신도 돌아왔다.

물론 모자를 가지러 다시 돌아가지는 않았다. 그는 숨을 헐떡이며 큰길을 건너 불그스름한 불빛이 희미하게 보이는 영화관 앞 모퉁이로 달려갔다. 1분 뒤 그는 벌써 그 불빛 옆에 서 있었다. 택시를 새치기할 사람은 아무도 없었다.

"레닌그라드 행 급행열차를 타야 하니 역으로 갑시다, 빨리. 차비는 넉넉히 드리겠소." 노인은 힘겹게 숨을 몰아쉬며 가슴을 부여잡고 말했다.

"이건 차고로 들어가는 차예요." 운전사는 불만스럽게 대답을 하더니 몸을 돌렸다.

림스키는 서류가방에서 500루블을 꺼내 열려 있던 앞 창문을 통해 운전사에게 건넸다.

잠시 뒤 택시는 덜컹대며 사도바야 원형도로를 따라 바람처럼 달렸다. 림스키는 뒷좌석에 앉아 용수철처럼 들썩거리면서 룸미러를 통해 기분이 좋아진 운전사의 눈과 넋 나간 자신의 눈을 번갈아 바라보았다.

역에 도착하고 차에서 뛰어내린 림스키는 하얀 에이프런에 배지를 단 사람을 보자마자 소리쳤다.

"일등 객실, 한 명, 30루블 주겠소." 그는 서둘러 말을 끊고, 서류가방에서 지폐를 꺼냈다. "일등석이 없으면, 이등석이라도, 그것도 안 되면 삼등석이라도."

배지를 단 사람은 전광판 시계를 한 번 쳐다보고는 림스키 손에서 돈을 낚아챘다.

5분 뒤 기차역의 둥근 유리 천장 아래를 빠져나온 급행열차는 어둠 속으로 완전히 사라져갔다. 그 열차와 함께 림스키도 사라졌다.

제15장
니카노르 이바노비치의 꿈

119호 병실로 들어온 불그스레한 얼굴의 뚱뚱한 남자가 니카노르 이바노비치 보소이라는 사실을 추측하기란 그리 어려운 일이 아니다.

그는 바로 스트라빈스키 교수에게 보내지지 않고 잠시 다른 장소에 머물러야 했다.

그 다른 장소에 대한 기억은 니카노르 이바노비치에게 거의 남아 있지 않다. 거기에 있던 책상과 책장, 그리고 소파를 기억할 뿐이다.

그곳에서 흥분과 충혈로 눈앞이 다소 흐려진 니카노르 이바노비치와의 대화가 시도되었다. 하지만 그 대화는 어딘지 좀 이상하고 뒤죽박죽이었다. 아니 좀더 정확히 말해 대화 자체가 이루어지지 않았다.

니카노르 이바노비치가 받은 첫 번째 질문은 이러했다.

"니카노르 이바노비치 보소이, 당신이 사도바야 302-2번지 주민 조합장입니까?"

이 질문에 니카노르 이바노비치는 섬뜩한 웃음을 지으며 다음과 같이 대답했다.

"내가 니카노르요, 당연하지, 니카노르! 그런데 빌어먹을, 조합장은 무슨 조합장!"

"그게 무슨 소리죠?" 심문자가 눈을 찡그리며 니카노르 이바노비치에게 물었다.

"그래," 그는 대답했다. "만약 내가 정말 주민 조합장이었다면, 그자가 악마라는 걸 대번에 알아봤어야 했어! 안 그렇소? 코안경엔 금이 가 있고…… 완전히 걸레 같은 걸 입고…… 대체 어떻게 그런 자가 외국인 통역사가 될 수 있냔 말이오!"

"지금 누구 얘길 하는 겁니까?" 심문자가 니카노르 이바노비치에게 계속해서 물었다.

"코로비예프!" 니카노르 이바노비치가 소리쳤다. "50호에 그자가 죽 치고 있었습니다! 받아쓰세요, 코로비예프. 당장 그자를 체포해야 합니다! 적으십시오. 6번 출입구, 거기 그자가 있습니다."

"외화는 어디서 났습니까?" 심문자가 진지하게 물었다.

"하느님은 진실하세요, 하느님은 전능하십니다." 니카노르 이바노비치는 말했다. "그분은 다 보고 계시죠. 그분께서 보시는 곳이 곧 제가 갈 길입니다. 저는 외화를 쥐어본 적도 없고, 외화가 대체 어떻게 생긴 건지도 모릅니다! 제 허물은 모두 주께서 심판하실 겁니다." 니카노르 이바노비치는 셔츠 단추를 채웠다 풀기도 하고 성호를 긋기도 하면서 간절하게 말했다. "돈을 받았습니다, 받았어요! 하지만 내가 받은 건 우리 소비에트 돈이었습니다! 돈을 받고 입주권을 내준 건 부정하지 않겠습니다. 그랬어요. 주민 조합 간사 프롤레즈네프도 대단한 놈이죠, 보통이 아니에요! 솔직히 주민 조합에 있는 놈들은 죄다 도둑놈들이지요. 하지만 외화는 받은 적이 없습니다!"

어리석은 짓 하지 말고, 달러가 어떻게 환기통에 들어 있는지 그것만 얘기하라는 호통 소리에 니카노르 이바노비치는 무릎을 꿇고, 마치 쪽마루 한쪽을 집어삼키기라도 할 듯 입을 벌리며 고개를 절레절레 흔들었다.

"원하신다면," 그리고 도무지 알아들을 수 없는 얘기를 지껄이기 시작했다. "제 말을 증명하기 위해서라면, 뭐든지 하겠습니다. 흙이라도 먹겠습니다. 저는 안 받았습니다! 코로비예프는 악마예요!"

인내에는 한계가 있는 법이다. 테이블 건너편에선 이미 언성이 높아졌고, 알아듣게 얘기하는 게 좋을 거라며 니카노르 이바노비치에게 넌지시 암시를 주기도 했다.

바로 그때 무릎을 꿇고 있던 니카노르 이바노비치가 벌떡 일어나 소파가 있는 방이 떠나가도록 괴성을 질렀다.

"저기 있다! 저기 책장 뒤에! 저기서 낄낄거리고 있어! 저 코안경…… 잡아라! 여기 성수를 뿌려!"

니카노르 이바노비치의 얼굴에서 핏기가 사라졌다. 그는 온몸을 떨면서 허공에 십자가를 그었고, 문으로 달려갔다가 돌아와 기도문 같은 것을 외우

다가, 결국에는 도저히 알아들을 수 없는 말들을 쏟아내기 시작했다.

대화가 불가능하다는 것이 명백해진 니카노르 이바노비치는 끌려 나가 독방으로 보내졌다. 어느 정도 얌전해진 그는 기도를 하거나 눈물을 흘리곤 했다.

물론 사도바야로 사람들을 보내 50호 아파트에 대한 수색도 이루어졌다. 하지만 코로비예프라는 사람은 흔적조차 찾을 수 없었고 그 건물의 어느 누구도 코로비예프라는 자를 본 적도 없고 알지도 못했다. 고인이 된 베를리오즈와 얄타로 떠난 리호데예프가 살던 아파트는 텅 비어 있었고, 서재에는 아무도 건드리지 않은 봉인이 책장마다 얌전히 붙어 있었다. 이것을 가지고 그들은 사도바야를 떠났다. 이때 아연실색하고 의기소침해진 주민 조합 간사 프롤레즈네프도 함께 떠났다.

저녁이 되자 니카노르 이바노비치는 스트라빈스키 병원으로 이송되었다. 그는 병원에서도 몹시 소란을 피워 스트라빈스키 처방에 따라 주사를 맞아야 했다. 119호실로 보내진 니카노르 이바노비치는 자정이 넘어서야 잠이 들었고, 간간이 고통으로 괴로워하는 신음소리를 냈다.

하지만 시간이 지남에 따라 그는 점점 편안하게 잠 속으로 빠져들었다. 몸을 뒤척이거나 신음 소리를 내지 않았고, 호흡 또한 편안하고 고르게 되어 더 이상 사람들이 그를 지켜보지 않아도 되었다.

그렇게 사람들이 떠나자 이번에는 꿈이 니카노르 이바노비치를 찾아왔다. 물론 그것은 오늘 겪은 경험에서 나온 꿈이었다. 황금 나팔을 든 사람들이 그의 앞에 나타나며 꿈은 시작되었다. 매우 엄숙한 표정의 그들은 니카노르 이바노비치를 래커 칠이 된 커다란 문 앞으로 데려가 환영 연주를 해주었다. 그리고 잠시 뒤 하늘에서 유쾌하고 굵직한 베이스 음성이 쩌렁쩌렁 울려왔다.

"어서 오십시오, 니카노르 이바노비치! 이제 외화를 내놓으시지요!"

깜짝 놀란 니카노르 이바노비치는 머리 위에 있는 검은 확성기를 바라보았다.

잠시 뒤 어떻게 된 일인지 그는 극장 객석에 앉아 있었다. 황금빛 천장 아래 크리스털 샹들리에가 번쩍이고, 벽마다 켕케식 램프*1가 환하게 불을 밝히고 있었다. 규모는 크진 않아도 돈 많은 극장들이 그러하듯 안에 있어야 할 것들은 모두 있었다. 무대는 벨벳 막이 드리워져 있었는데 그 진홍빛 막에는 10루블짜리 금화들이 별처럼 수놓여 있었다. 프롬프터 박스와 심지어 관객까지 있었다.

니카노르 이바노비치는 관객들이 모두 남자이고, 하나같이 수염을 기르고 있어 놀랐다. 게다가 의자가 없어서 관객들이 모두 먼지 한 점 없는 매끈한 바닥에 앉아 있는 것도 놀라웠다.

이 낯설고도 거대한 군중 속에서 당황하며 잠시 안절부절못하던 니카노르 이바노비치는 붉은 수염이 덥수룩한 건장한 사내와 창백한 얼굴에 수염이 덥수룩한 시민 사이를 비집고 들어가 다른 사람들처럼 쪽마루에 다리를 접고 앉았다. 앉아 있는 사람들은 아무도 새로 온 관객에게 신경쓰지 않았다.

그때 부드러운 종소리가 들리더니, 객석 불이 꺼지고 막이 열리며 조명이 켜진 무대가 나타났다. 무대 위에는 안락의자와 황금 종이 놓인 작은 탁자가 놓여 있었고, 그 뒤로는 검은색의 두툼한 벨벳 배경막이 드리워져 있었다.

무대 뒤에서 턱시도를 입은 아티스트가 나왔다. 말끔하게 면도를 하고 머리는 가르마를 타서 넘긴 그는 이목구비가 아주 반듯한 젊은이였다. 객석의 관중들이 생기를 띠며 일제히 무대를 바라보았다. 아티스트는 프롬프터 박스 앞으로 다가와 손을 비볐다.

"다들 앉으셨습니까?" 아티스트가 부드러운 바리톤으로 질문을 던지며 객석을 향해 미소를 지었다.

"앉았습니다. 앉았습니다." 객석에서 테너와 베이스가 합창으로 대답했다.

"흐음……" 아티스트는 뭔가 생각에 잠긴 듯한 표정으로 말했다. "정말 이해할 수 없군요. 여러분은 지겹지도 않으십니까? 다른 사람들은 지금 거리를 걸으며 따뜻한 봄 햇살을 즐기고 있는데, 이 답답한 객석 바닥에 죽치고 앉아 계시니 말이죠! 공연이 그렇게도 재미있으십니까? 하긴 취향은 모두 다른 법이니까." 아티스트는 철학적으로 말을 맺었다.

---

*1 1784년 스위스 물리학자 에메 아르강이 발명한 아르강 램프를 말한다. 속이 빈 원통 모양에 심지를 꼬아 넣었으며 그을음을 제거하면서 밝기와 지속력을 높인 이 램프는 프랑스인 친구 켕케가 아이디어를 훔쳐 양철공 랑쥐의 도움을 받아 먼저 완성시켜버렸다. 완성 뒤 이 램프는 프랑스 화학자 라부아지에의 보증을 받아 켕케의 이름으로 발표되어 코미디 프랑세즈(세계 최초로 설립된 국립극장)에 첫선을 보였고 그 뒤부터 아르강 램프보다는 '켕케식 램프'로 불리게 되었다. 그러나 개발자 아르강을 인정하여 '아르강 램프'라 표기되는 경우도 많다.

그는 곧 목소리와 말투를 바꿔 유쾌하고 낭랑한 목소리로 선언했다.

"자, 다음 순서는 주민 조합장이시며, 식이요법계 대표이신 니카노르 이바노비치 보소이입니다. 니카노르 이바노비치를 이 자리로 모시겠습니다!"

아티스트의 소개에 관객들이 일제히 박수로 답했다. 놀란 니카노르 이바노비치는 눈이 휘둥그레졌고, 앉아 있는 사람들 사이에서 그를 눈으로 찾아낸 사회자는 한 손으로 조명빛을 가리면서, 무대 위로 올라오라며 손가락을 살짝 움직였다. 그리고 어떻게 된 건지, 니카노르 이바노비치는 벌써 무대 위에 올라가 있었다. 색색의 조명이 아래쪽과 정면에서 그의 눈을 찌르자 관객들이 앉아 있는 객석은 금세 어둠 속으로 사라졌다.

"자, 니카노르 이바노비치, 우리에게 모범을 보여주시지요." 젊은 아티스트는 진심어린 목소리로 말했다. "외화를 내놓으세요."

정적이 찾아왔다. 니카노르 이바노비치는 숨을 한 번 가다듬고 나서 작은 소리로 말했다.

"하늘에 맹세코……."

하지만 그는 말을 끝까지 할 수 없었다. 그 순간 객석 전체에서 믿지 못하겠다는 듯 불만에 찬 고함 소리가 터져 나왔기 때문이었다. 니카노르 이바노비치는 당황하며 입을 다물었다.

"그러니까," 진행자가 말을 시작했다. "하늘에 맹세코, 외화를 가지고 있지 않다는 말씀이시죠?" 그리고 동정어린 눈빛으로 니카노르 이바노비치를 바라보았다.

"그렇습니다, 전 없습니다." 니카노르 이바노비치가 대답했다. "그렇군요." 아티스트가 말을 받았다. "그렇다면, 다소 무례한 질문일지 모르겠습니다만 당신 아파트 화장실에서 발견된 400달러는 어떻게 된 거죠, 그 아파트에 사는 사람은 당신과 당신 부인뿐인데?"

"마술이었겠지!" 어두운 객석에서 누군가 빈정대듯 말했다.

"맞습니다, 그건 마술입니다." 니카노르 이바노비치는 아티스트도, 어두운 객석도 아닌 어딘가에 대고 소심하게 대답했다. 그리고 설명했다. "악마가, 그 체크무늬 통역관이 슬쩍 놓고 간 겁니다."

그러자 또다시 객석에서 불신의 야유가 터져나왔다. 잠시 뒤 객석이 조용해지자 아티스트가 말했다.

"이건 무슨 라 퐁텐 우화*²를 듣고 있는 것 같군요! 400달러를 슬쩍 놓고 갔다고요! 자, 여기 계신 분들은 모두 불법 외화 소지자들입니다. 제가 전문가인 여러분께 묻겠습니다. 그게 가능한 일입니까?"

"우린 불법 외화 소지자가 아니오." 극장 여기저기서 모욕감에 찬 목소리들이 울렸다. "그런 건 말도 안 되는 얘기요."

"전적으로 동의합니다." 아티스트가 단호하게 말했다. "그럼 여러분께 묻겠습니다. 슬쩍 놓고 갈 수 있는 것들은 어떤 게 있을까요?"

"갓난아이!" 객석에서 누군가 외쳤다.

"바로 맞히셨습니다." 진행자가 말했다. "갓난아이, 익명의 편지, 광고지, 시한폭탄, 이것 말고도 많이 있지요. 하지만 400달러를 몰래 갖다 버리는 사람은 아무도 없습니다. 그런 바보는 세상에 없으니까요." 그리고 니카노르 이바노비치를 바라보며 아티스트는 질책하듯 슬픔에 찬 목소리로 덧붙였다. "실망입니다. 니카노르 이바노비치! 기대했었는데 말이죠. 어쨌든 당신 공연은 실패로군요."

니카노르 이바노비치를 비난하는 휘파람이 객석에 퍼졌다.

"저 사람이야말로 불법 외화 소지자요!" 객석 여기저기에서 고함 소리가 울렸다. "저런 인간들 때문에 우리가 아무 죄도 없이 이 고생을 하는 겁니다!"

"그를 욕하지 마십시오." 사회자가 부드럽게 말했다. "그는 참회하게 될 겁니다." 그리고 눈물이 그렁그렁한 파란 눈으로 니카노르 이바노비치를 쳐다보며 덧붙였다. "자, 니카노르 이바노비치, 자리로 돌아가시지요."

아티스트는 종을 울리며 큰 소리로 선언했다.

"자, 휴식 시간입니다, 이 불한당들아!"

난데없는 공연 참가에 당황한 니카노르 이바노비치는 어느새 바닥 자기

---

*2 라 퐁텐(Jean de La Fontaine) : 17세기 프랑스 시인이자 우화작가. 세 번에 걸쳐 12권(약 240편)에 달하는 우화시(寓話詩/Fables)를 발표했다. 예지와 교묘한 화술로 폭력을 제압한 고대의 노예 이솝에 대한 공감과 우화라는 장르에 대한 흥미에서 출발하여 이솝·동양 우화를 비롯한 다양한 소재를 독창적 수법으로 다루어 서정적인 풍자했다. 대화·콩트풍(風) 등 모든 패턴을 이용하여 자유시 형식으로 완성된 시구(詩句)는 음악성은 물론 동물을 의인화하여 인간희극을 부각시키는 절묘성 등까지, 누구도 따라할 수 없는 독창적인 장르를 완성시켰다. 오늘날에도 어린 이들에게까지 친숙한 프랑스 유일의 우화작가로 알려져 있다.

자리로 돌아와 있었다. 이때 그의 꿈속에서 객석은 완전히 어둠에 덮이고, 주위를 둘러싼 벽에 붉은 글씨가 불길처럼 솟아올랐다. '외화를 내놓으시오!' 잠시 뒤 다시 막이 열리고, 사회자가 다음 공연자를 소개했다.

"여러분! 이번에는 세르게이 게라르도비치 둔칠을 무대 위로 모시겠습니다."

무대에 오른 둔칠은 점잖게 생겼지만 수염을 오랫동안 깎지 않은 쉰 살 쯤 되어 보이는 남자였다.

"세르게이 게라르도비치," 사회자가 그에게 말했다. "남은 외화 반납을 끈질기게 거부하시면서, 벌써 한 달 반째 여기 앉아 계시는군요. 조국이 이렇게 외화를 필요로 하는 때에 당신에겐 아무 소용도 없는 외화를 왜 그렇게 고집하시는 거죠? 당신은 인텔리이고 이 모든 사실을 아주 잘 이해하고 계실 텐데도, 저희를 찾아오려 하지 않으셨습니다."

"유감이지만, 내가 할 수 있는 건 아무것도 없소. 나한텐 더 이상 외화가 없거든요." 둔칠이 단호하게 대답했다.

"그래도 보석은 좀 가지고 계시지 않습니까?" 아티스트가 물었다.

"보석도 없소."

아티스트는 실망스럽다는 듯 고개를 숙였다. 그리고 잠시 뭔가를 생각하는가 싶더니 손뼉을 쳤다. 그러자 무대 옆에서 최신 유행 의상, 다시 말해 옷깃 없는 외투에 작은 모자를 쓴 중년 여인이 무대 앞으로 걸어나왔다. 여인은 불안한 표정을 지었지만, 둔칠은 눈썹 하나 까딱하지 않은 채 그녀를 바라보았다.

"이 부인은 누구시죠?" 공연 진행자가 둔칠에게 물었다.

"내 아내요." 둔칠이 당당하게 대답하며 부인의 긴 목을 노려보았다.

"마담 둔칠, 저희가 당신을 이곳까지 오시게 한 것은," 사회자는 부인 쪽을 돌아보며 말했다. "한 가지 질문드리고 싶은 것이 있어서입니다. 혹시 당신 남편께 외화가 더 있지 않습니까?"

"저 사람은 그때 모두 내놓았어요." 마담 둔칠이 불안해 하며 대답했다.

"그렇군요." 아티스트가 말했다. "그렇다고 하시면 그런 거겠지요. 정말 다 내놓으셨다면, 지금 당장이라도 세르게이 게타르도비치를 보내드려야지요, 안 그렇습니까! 세르게이 게라르도비치, 이제 극장에서 나가셔도 좋습니다." 아티스트는 차르*3처럼 근엄한 자세를 취했다.

둔칠은 아무렇지도 않은 듯 당당하게 돌아서서 무대 끝으로 걸어 나갔다.

"잠깐만!" 사회자가 그를 불러 세웠다. "작별 인사로 저희 프로그램 중 하나를 더 보여드리고 싶은데요." 그리고 다시 손뼉을 쳤다.

그러자 무대 뒤편에 있던 검은 막이 열리면서 무도회복을 입은 젊은 미녀가 손에 금빛 쟁반을 들고 무대 앞으로 걸어나왔다. 쟁반에는 리본으로 장식한 두툼한 꾸러미와 보석이 박힌 목걸이가 놓여 있었으며, 그 목걸이에서 푸른빛과 노란빛, 그리고 붉은빛이 사방으로 퍼져 나왔다.

둔칠은 멈칫하며 한 발자국 뒤로 물러섰고, 순간 그의 얼굴이 백짓장처럼 하얘졌다. 객석은 쥐 죽은 듯 조용해졌다.

"18,000달러와 순금 4만 달러짜리 목걸이." 아티스트는 엄숙하게 공표했다. "세르게이 게라르도비치가 하리코프에 있는 자신의 정부 이다 헤르클라노브나 보르스의 집에 보관하고 있던 것들입니다. 여러분들이 보고 계시는 이분이 바로 이다 헤르쿨라노브나 보르스 양으로, 개인에게는 전혀 쓸모없는 이 보석들을 찾아내는 데 친절하게 협조해 주셨습니다. 대단히 고맙습니다, 이다 헤르쿨라노브나."

아름다운 그녀가 살짝 미소를 짓자 하얀 이가 드러났고 기다란 속눈썹이 미세하게 떨렸다.

"그 점잖은 가면 아래," 아티스트는 둔칠을 향해 말했다. "탐욕스러운 착취자와 뻔뻔한 사기꾼, 거짓말쟁이가 감추어져 있었군요. 당신은 한 달 반동안 그 어리석은 고집으로 우리 모두를 지치게 했습니다. 이제 집으로 돌아가십시오. 당신 부인이 만들어줄 지옥이 당신이 받게 될 벌입니다."

둔칠은 비틀거리며 금방이라도 쓰러질 듯했다. 하지만 친절한 누군가의 손이 그를 붙잡았고, 동시에 막이 내리며 무대 위에 있던 사람들을 모두 감

---

*3 tsar : 슬라브계(系) 여러 국가의 군주 칭호. 어원은 라틴어의 '카이제르'이다. 중세의 슬라브계 여러 문헌에서는 일반적으로 국왕을 의미하고, 공식적으로는 917년 불가리아에서, 1346년 세르비아에서 군주의 칭호가 되었다. 러시아에서는 이반 3세가 다른 칭호와 함께 병용하는 형식으로 쓰기 시작하여 1547년의 이반 4세 대관(戴冠) 때 정식 칭호가 되었다. 1721년 표트르 1세가 원로원으로부터 '모든 러시아의 황제(임페라토르)'의 칭호를 받은 이후에는 이것이 러시아 군주의 정식 명칭이 되었으나 '차르'는 이와 병용해서 혁명 때까지 러시아 황제의 관습적인 칭호로서 러시아 내외에서 사용되었다.

취버렸다.

　격렬한 박수 소리가 객석이 떠나가도록 울렸고, 니카노르 이바노비치는 그 소리에 샹들리에 불꽃들이 튀어 오르는 것 같았다. 잠시 뒤 다시 막이 올랐을 때, 무대에 아티스트 말고는 아무도 없었다. 그는 다시 한 번 터져나오는 박수갈채를 받으면서 머리 숙여 인사하고 말했다.

　"여러분은 지금 둔칠이라는 인물을 통해 어리석은 자의 전형적인 모습을 보셨습니다. 제가 어제도 말씀드렸다시피 외화를 숨겨두는 것은 무의미한 짓입니다. 다시 한 번 여러분께 분명히 말씀드리지만, 외화는 그 어떤 상황에서도, 누구도 사용할 수 없습니다. 둔칠만 해도 그렇습니다. 그는 충분히 봉급을 받고 있으며 더 필요한 것도 없습니다. 좋은 아파트와 아내, 그리고 아름다운 애인이 있죠. 그런데 어떻습니까! 외화와 보석을 내놓고 아무 탈 없이 조용히 평화롭게 살았으면 좋았을 것을, 자신의 탐욕과 어리석음을 만인 앞에 폭로하고 결국 크나큰 가정 불화까지 겪게 되었습니다. 자, 이제 누가 내놓으시겠습니까? 원하는 분 없으십니까? 그렇다면 다음 순서로, 우리 프로그램을 위해 특별히 초대한, 뛰어난 연기력으로 유명하신 아티스트 쿠롤레소프 사바 포타포비치께서 시인 푸시킨의 《인색한 기사》*⁴ 중 일부를 상연해주시겠습니다."

　곧이어 소개받은 쿠롤레소프가 무대에 등장했다. 건장한 체격의 그 사내는 깨끗이 면도한 얼굴에 연미복을 입고 흰 넥타이를 매고 있었다.

　그는 아무런 서두 없이 한 표정으로 눈썹을 치켜 올리더니 황금 종을 흘끔거리면서 부자연스러운 목소리로 말을 시작했다.

　"젊은 난봉꾼이 교활한 탕녀와의 만남을 기다리듯……."

　이어 쿠롤레소프는 자신에 대한 좋지 않은 이야기들을 많이 했다. 니카노르 이바노비치는, 예전에 어떤 불행한 미망인이 비를 맞으며 쿠롤레소프 앞에 무릎을 꿇고 통곡했지만 아티스트의 무정한 심장을 울리지 못했다는 그

＊4 푸시킨(Aleksandr Sergeevich Pushkin)의 Skupoi rytsari : 푸시킨이 1830년 보르지노 마을에서 발표한 소비극(小悲劇) 4편 중 한편. 소비극은 《인색한 기사 Skupoi rytsari》《모차르트와 살리에리 Motsart i Salieri》《돌의 손님 Kamennyi gosti》《질병 때의 주연(酒宴) Pir vovremya chumy》으로 이루어져 있다. 이중에서도 〈인색한 기사〉는 인색한 아버지와 돈을 쓰고 싶은 아들의 다툼을 그리며 돈 앞에서 무너지는 부자간의 관계와 기사로서의 명예를 가감없이 그려낸 작품이라 할 수 있다.

의 고백을 들었다.

니카노르 이바노비치는 이 꿈을 꾸기 전까지 시인 푸시킨의 작품에 대해서 전혀 아는 바가 없었다. 하지만 푸시킨이라는 시인은 아주 잘 알고 있었으며, 하루에도 몇 번씩 다음과 같은 말을 내뱉곤 했다. '그럼 푸시킨이 방세를 내겠소?' 아니면, '계단 전구를 푸시킨이 빼갔다는 말이오?' '석유는 푸시킨이 사오는 거겠지?'

이제 그의 작품 하나를 접하게 된 니카노르 이바노비치는 왠지 우울해졌고, 아버지를 잃은 아이를 데리고, 빗속에 무릎을 꿇고 있는 미망인을 상상했다. 그리고 자기도 모르게 생각했다. '저 쿠롤레소프 정말 못돼먹은 인간이로군!'

한편 쿠롤레소프는 점점 목소리를 높여 참회를 계속하더니 마침내 니카노르 이바노비치를 완전히 혼란에 빠트리고 말았다. 갑자기 그가 무대에 없는 누군가에게 말을 걸더니, 있지도 않은 사람 대신 자기가 대답을 하고, 자신을 '군주'라고 불렀다가, '남작'이라고 하기도 하고, '아버지'라고 했다가, '당신,' '너'로 부르기도 했기 때문이었다.

결국 니카노르 이바노비치가 이해한 것은 한 가지, 그 아티스트가 "열쇠! 내 열쇠!" 외치며 바닥에 나동그라지더니 거친 숨소리를 내며 조심스럽게 넥타이를 풀고 죽었다는 것이었다.

잠시 뒤 죽었던 쿠롤레소프는 다시 일어나 연미복 바지에 묻은 먼지를 털어내고 가식적인 미소를 지으며 인사를 했고, 드문드문 새어나오는 박수 소리를 들으며 무대를 내려갔다. 이번에는 사회자가 말했다.

"여러분은 사바 포타포비치가 훌륭하게 공연해주신 《인색한 기사》를 감상하셨습니다. 저 기사는 장난꾸러기 요정들이 달려와 큰 즐거움을 가져다주기를 기대했습니다. 하지만 보시다시피, 그런 일은 전혀 일어나지 않았습니다. 어떤 요정도 그에게 달려가지 않았고, 뮤즈들은 그를 경배하지 않았으며, 그는 궁전도 세우질 못했습니다. 오히려 아주 추악하게 생을 마쳤지요. 외화와 보석이 든 자신의 가방 위에서 심장마비를 일으켜 저 세상으로 간 겁니다. 경고하겠습니다. 만약 여러분이 외화를 내놓지 않는다면, 이보다 더 끔찍하진 않더라도, 이와 비슷한 어떤 일이 여러분에게 일어날 겁니다!"

푸시킨 시가 강한 인상을 준 것인지, 아니면 사회자의 신문하는 듯한 말 때문이었는지, 객석에서 갑자기 겁을 먹은 듯한 목소리가 들려왔다.

"외화를 내놓겠습니다."

"무대로 나와주시겠습니까?" 어두운 객석을 쳐다보며 사회자가 정중하게 권했다. 이어 키가 작은 금발의 시민이 무대 위로 나타났다. 얼굴로 보아 적어도 3주는 면도를 하지 않은 듯했다.

"실례지만, 성함이 어떻게 되시죠?" 사회자가 물었다.

"니콜라이 카납킨입니다." 무대에 등장한 사람이 부끄러운 듯 대답했다.

"아! 정말 반갑습니다, 카납킨 씨. 그래 어떻게 하시겠다고요?"

"내놓겠습니다." 카납킨이 작은 소리로 말했다.

"얼마나요?"

"천 달러하고 금화 200루블."

"브라보! 그게 가지고 있는 전부인가요?"

공연 진행자는 카납킨 눈을 똑바로 쳐다보았다. 니카노르 이바노비치는 그의 눈에서 어떤 빛이 뿜어져 나와 뢴트겐 광선처럼 카납킨을 투과하는 것 같아 보였다. 객석에서는 숨소리조차 들리지 않았다.

"믿겠습니다!" 이윽고 아티스트는 함성을 질렀고, 눈빛을 거뒀다. "당신 말을 믿겠습니다! 눈은 거짓말을 하지 않으니까요. 제가 여러 차례 말씀드린 바 있지만, 여러분이 실수를 하는 근본적인 이유는 사람의 시선이 주는 의미를 과소평가하기 때문이지요. 혀는 진실을 감출 수 있어도, 눈은 절대 그렇지 않다는 사실을 아셔야 합니다! 예상치 못한 질문을 받고 전혀 긴장하지 않더라도, 1초 만에 정신을 가다듬고 진실을 숨기기 위해 무슨 말을 해야 할지 알고 있다 해도, 눈 하나 깜빡하지 않고 그럴싸하게 둘러댄다 해도 말입니다. 불행히도 마음속 깊은 곳에서 뜻밖의 질문으로 불안해진 진실은 순간적으로 두 눈에 나타나게 됩니다. 그렇게 되면 모든 것이 끝나는 거지요. 진실은 밝혀지고, 여러분 속내는 간파되는 겁니다!"

너무나도 설득력 있는 연설을 열정적으로 마친 아티스트는 다정한 목소리로 카납킨에게 물었다.

"어디에 감춰두셨죠?"

"프레치스텐카에 있는 포로호브니코바 숙모 댁에…….."

"아! 그러니까…… 잠깐만…… 클라브디야 일리이니치나 댁에 말입니까?"

"예."

"아하, 그랬군요, 그랬어, 그랬어요! 작은 독립주택이지요? 맞은편에 작은 정원이 있는? 오, 세상에, 알아요, 아는 집입니다! 그런데 그 집 어디에다 두셨죠?"

"지하실에 있는, 아이넴*5 사탕 상자 속에……."

아티스트는 기가 막힌다는 듯 손뼉을 쳤다.

"세상에 어떻게 그럴 수가?" 그는 탄식하며 말했다. "거기 그렇게 두면 습기가 차서 곰팡이가 생기지 않습니까! 어떻게 이런 사람들에게 외화를 맡길 수 있겠습니까? 안 그렇습니까? 세상에, 완전히 어린애나 마찬가지로군요!"

카납킨은 자신이 잘못해서 돈을 못쓰게 만들었다는 사실을 깨닫고, 부스스한 머리를 떨구었다.

"돈은," 계속해서 아티스트가 말했다. "국가은행처럼 특수 건조 장치와 경비 시설이 갖추어진 장소에 보관하셔야 합니다. 절대로 숙모 댁 지하실 같은 곳에 두면 안 됩니다. 그런 곳에 두면 쥐들이 돈을 못 쓰게 만들 수도 있단 말입니다! 카납킨 씨, 정말 부끄러운 줄 아셔야 합니다! 당신은 성인 아닙니까, 성인."

카납킨은 쥐구멍에라도 숨고 싶은 마음에 손가락으로 양복 가장자리만 쥐어뜯었다.

"됐습니다." 아티스트는 조금 부드러워졌다. "다 지난 일을 자꾸 들먹거리는 건……" 그러더니 전혀 예기치 못한 말을 덧붙였다. "그건 그렇고…… 한번에 처리하려면…… 그러니까 차가 쓸데없이 왔다 갔다 하지 않도록…… 그 숙모님도 좀 가지고 계시겠죠?"

얘기가 이렇게 돌아가리라고는 예상치 못한 카납킨은 가슴이 덜컥 내려앉았고, 극장에는 침묵이 찾아왔다.

"이런, 카납킨 씨." 사회자는 질책하는 듯하면서도 애교 섞인 말투로 이야

---

*5 독일인 페르디난드 테오도르 폰 아이넴이 1850년 모스크바에 설립한 과자 회사. 1918년 공산 혁명 당시 국유화되어 1922년 '붉은 10월'로 회사이름이 바뀜. 본문에서는 혁명 전 명칭을 사용하여 부르주아 계급과의 연관성을 암시함.

기했다. "방금 칭찬 해드린 참인데 이러시면 어떡합니까! 시작을 하셨으면 끝장을 보셔야죠! 이게 뭡니까, 카납킨! 제가 조금 전에 눈 얘기를 했었지요. 눈을 보니 숙모님한테도 있는 게 분명한데, 왜 쓸데없이 우리를 괴롭히시는 겁니까?"

"있습니다!" 카납킨이 용감하게 외쳤다.

"브라보!" 사회자가 소리쳤다.

"브라보!" 객석에선 굉음이 울려 퍼졌다.

이윽고 객석이 조용해지자 사회자는 카납킨에게 축하 인사를 건네고, 악수를 나눈 뒤, 차를 타고 시내에 있는 집에 다녀올 것을 권했다. 그리고 무대 뒤에 있는 누군가에게 같이 가서 숙모 집에 들러 여성극장 프로그램에 참석시킬 것을 지시했다.

"참, 하나 더 묻겠습니다. 숙모님이 돈을 어디에 숨겼는지는 얘기해주지 않으시던가요?" 카납킨에게 담배를 권하고 친절하게 불까지 붙여주면서 사회자가 물었다. 카납킨은 담배를 피우면서 왠지 애수에 찬 미소를 지었다.

"알겠습니다. 믿겠습니다." 아티스트는 한숨을 내쉬며 말을 이었다. "그 늙은 구두쇠 할망구는 조카는커녕 악마한테도 말해주지 않을 겁니다. 뭐 어쩌겠습니까. 그래도 그녀의 인간적인 감정을 불러일으키도록 해봐야죠. 어쩌면 그 고리대금업자의 영혼이 아직 다 썩지 않았을지도 모르니까. 자, 그럼 안녕히 가십시오, 카납킨 씨!"

그리고 행복한 카납킨은 떠났다. 아티스트는 외화 반납을 원하는 사람이 더 없는지 물었지만, 객석은 조용했다.

"정말 이상한 사람들이로군!" 아티스트는 어깨를 으쓱하며 말했고, 막이 내려와 그를 가렸다.

조명등이 꺼지고 잠시 어둠이 이어졌다. 어둠 속 멀리서 날카롭게 긴장된 테너 목소리가 들려왔다.

"저기 황금이 산처럼 쌓여 있네. 그 황금은 내 것이라오."

그 뒤 어딘가에서 박수 소리가 두 차례 희미하게 들려왔다.

"여성극장에서 누가 외화를 내놓은 모양이군." 난데없이 니카노르 이바노비치 옆에 앉아 있던 붉은 수염의 사내가 말했다. 한숨을 내쉬며 덧붙였다. "아, 거위들만 아니었어도……! 리아노조보에 싸움거위를 기르고 있거든요

······ 내가 없으면, 죽어버릴까 봐 그게 걱정이라오. 싸움은 잘하지만, 연약하기도 해서 잘 돌봐줘야 되는데······ 아, 거위들만 아니라면! 난 푸시킨 따위에 겁먹진 않는다고요." 그러고는 또 숨을 내쉬었다.

그때 객석이 환하게 밝아졌다. 니카노르 이바노비치는 모든 입구의 문들이 열리면서 흰 모자를 쓴 요리사들이 국자를 손에 들고 객석으로 쏟아져 들어오는 꿈을 꾸기 시작했다. 요리사들은 수프가 담긴 커다란 나무통과 얇게 썬 흑빵이 실린 상자를 끌고 들어왔다. 관객들은 생기를 띠었고, 신이 난 요리사들은 연극광들 사이를 바쁘게 오가며 오목한 접시에 수프를 따라주고 빵을 나누어주었다.

"여러분, 식사하십시오. 그리고 외화를 내놓으세요! 왜 쓸데없이 여기 앉아 계시는 겁니까? 이 말라빠진 흑빵이 그렇게도 좋습니까! 집에 가서 술도 한잔 하면서 제대로 드시면 얼마나 좋습니까!" 요리사들이 소리쳤다.

"이봐요, 당신은 왜 여기 죽치고 앉아 계실까?" 뚱뚱하고 목 혈색이 좋은 요리사가 양배추 이파리 하나가 덩그러니 떠 있는 대접을 내밀며 니카노르 이바노비치에게 말했다.

"없어요! 없다니까! 난 없어요! 정말 없단 말입니다!" 니카노르 이바노비치가 섬뜩하게 소리를 질렀다.

"없다고?" 갑자기 요리사가 목소리를 낮게 깔며 질책하듯 소리쳤다. "없다고요?" 이번엔 여자처럼 상냥한 목소리로 물었다. "없어요, 그래요, 없어요." 그를 달래듯 중얼거리던 요리사는 어느새 간호사 프라스코비야 표도로브나로 변해 있었다.

프라스코비야 표도로브나는 꿈을 꾸면서 신음하고 있는 니카노르 이바노비치의 어깨를 다정하게 흔들었다. 요리사들은 흐물거리며 녹아 사라지고 막이 드리워진 극장도 어디론가 사라져버렸다. 니카노르 이바노비치는 눈물이 그렁그렁한 눈으로 병실과 흰 가운을 입은 두 사람을 쳐다보았다. 똑같이 흰 옷을 입고 있긴 하지만, 그들은 말도 안 되는 충고를 늘어놓던 무례한 요리사들이 아니었다. 의사와 아까 봤던 프라스코비야 표도로브나였고 그녀는 대접이 아닌 작은 접시를 손에 들고 있었으며, 거즈를 깐 접시 위에는 주사기가 놓여 있었다.

"대체 왜 이러는 겁니까." 니카노르 이바노비치는 주사를 맞는 동안 슬프게 말했다. "난 정말 없어요, 없다고요! 푸시킨이나 다 내놓으라고 하세요. 난 정말로 없단 말입니다!"

"그래요, 알았어요." 마음 좋은 프라스코비야 표도로브나가 그를 진정시켰다. "없으면 됐어요, 아무도 뭐라고 하지 않을 거예요."

주사를 맞고 나자 니카노르 이바노비치는 마음이 조금 편안해졌다. 그리고 아무 꿈도 꾸지 않고 잠에 빠져들었다.

하지만 그의 고함 소리로 인해 불안은 120호와 118호 병실로 옮겨갔다. 120호 환자는 잠에서 깨어 자신의 머리를 찾기 시작했고, 118호에서는 이름 없는 거장이 안정을 잃고 슬픔에 빠져 손을 꺾은 채, 달을 바라보며 인생의 쓰라린 마지막 가을밤과 지하실 문 아래로 들어오던 한 줄기 빛, 그리고 형클어진 머리카락을 회상했다.

불안은 118호를 나와 발코니를 타고 이반에게로 옮겨갔다. 그는 잠에서 깨어 울기 시작했다.

하지만 의사가 불안에 빠진 사람들 모두에게 서둘러 주사를 놓았고, 그들은 다시 잠에 빠져들었다. 가장 늦게 잠든 사람은 이반이었고 그때는 벌써 강 위로 날이 밝아 있었다. 약 기운이 온몸에 퍼지자, 평온함이 파도처럼 덮쳐왔다. 몸이 가벼워지고, 졸음이 훈풍처럼 머리를 어루만졌다. 그는 잠이 들었다. 잠들기 전에 들은 마지막 소리는 이른 아침 숲에서 지저귀는 새 소리였다. 하지만 새들은 곧 조용해졌고, 그는 꿈을 꾸기 시작했다. 태양은 이미 골고다 언덕 너머로 기울었고, 산은 이중 포위선으로 둘러싸여 있었다……

제16장
처형

태양은 이미 골고다 언덕 너머로 기울고, 산은 이중 포위선으로 둘러싸여 있었다.

정오 무렵 총독의 길을 횡단한 기병대는 헤브론 성문을 향해 달려갔다. 길은 그들을 위해 미리 정비되어 있었다. 카파도키아 보병대 병사들이 군중들과 나귀, 낙타들을 한쪽으로 밀어냈다. 기병대는 하늘로 하얀 먼지 기둥을 일으키며 교차로까지 전속력으로 달려갔다. 그곳에서 베들레헴으로 이어지는 남쪽 길과 야파로 이어지는 북서쪽 길로 갈라졌고, 기병대는 북서쪽 길을 따라 달렸다. 카파도키아 병사들이 다시 한 번 길 양끝으로 흩어져, 축제를 위해 예르샬라임으로 가는 카라반*1을 길 가장자리로 밀어냈다. 순례자들은 줄무늬 임시 천막을 풀밭 위에 그대로 펼쳐놓은 채, 카파도키아 병사들 뒤로 물러섰다. 기병대는 일 킬로미터쯤 지나 번개군단 제2보병대를 추월했고, 거기서 일 킬로미터를 더 달려 골고다 언덕 기슭에 도달했다. 그곳에서 기병대는 말에서 내렸다. 사령관은 기병대를 여러 소대로 나누었고, 병사들은 야파 길에서 산으로 이어진 비탈길 하나만을 남겨두고, 그 나지막한 언덕 기슭을 완전히 둘러쌌다.

잠시 뒤 기병대에 이어 도착한 제2보병대는 한 층 더 올라가 관(冠)처럼 산을 에워쌌다.

마지막으로 쥐잡이꾼 마르크가 지휘하는 백인대(百人隊)가 도착했다. 백인대는 길 양끝으로 줄을 지어 행진했고, 그 사이로 죄수 세 명이 비밀경호대 호송을 받으며 수레에 실려 갔다. 죄수들은 목에 흰 판자를 걸고 수레에 실려 갔으며, 그 판자에는 아람어와 그리스어로 '강도이며 반역자'라고 적혀

---

*1 사막이나 초원과 같이 교통이 발달하지 않은 지방에서 낙타나 말에 짐을 싣고 떼를 지어 먼 곳으로 다니면서 특산물을 교역하는 상인의 집단.

있었다.

죄수들을 태운 수레 뒤로는, 깨끗하게 다듬어지고 가로대가 달린 기둥들과 밧줄, 삽과 물통, 도끼를 싣고 수레들이 따라가고 있었다. 이 수레에는 여섯 명의 사형 집행인이 타고 있었다. 그 뒤를 백인대 대장 마르크와 예르살라임 성전수비대 대장, 궁의 어두운 방에서 빌라도와 잠시 이야기를 나누었던 두건을 쓴 사내가 말을 타고 따라갔다.

행렬은 병사들로 둘러싸여 접근이 불가능했지만, 구경거리를 놓치고 싶지 않은 2천여 명의 호기심 많은 사람들이 지옥 같은 더위에도 아랑곳하지 않고 벌써부터 그 뒤를 따라가고 있었다.

시내에서 따라 온 이 호기심 많은 사람들의 행렬에 이제 호기심 많은 순례자들까지 합세했다. 그들은 별다른 저지 없이 행렬 끝에 받아들여졌다. 그렇게 늘어난 행렬은 종대를 수행하며 정오 무렵 빌라도가 했던 말을 반복하여 외치는 전령관들의 날카로운 고함 소리에 맞춰 조금씩 골고다 언덕으로 걸음을 옮겼다.

기병대는 아무 제지 없이 사람들을 산 중턱까지 올라가도록 내버려두었지만, 제2보병대는 사형 집행과 관계된 사람들만 위로 올려 보내고, 남은 군중들은 재빨리 언덕 주위로 흩어지게 했다. 그렇게 흩어진 군중들은 위쪽 보병대 포위선과 아래쪽 기병대 포위선 그 중간에 자리를 잡았다. 이제 군중은 보병대 대열 사이로 사형 집행을 볼 수 있었다.

그렇게 행렬이 산 위로 올라가는 데 세 시간이 넘게 걸렸고, 태양은 이미 골고다 언덕 너머로 기울어져 있었다. 하지만 더위는 아직도 참을 수 없을 만큼 지독했고, 이중 포위선을 두른 병사들은 더위에 지치고 지루한 기다림에 괴로워했다. 그리고 세 죄수가 가능한 빨리 처형되기를 진심으로 바라면서 마음속으로 그들을 저주하고 있었다.

언덕 아래 입구에서는 키가 작은 기병대 사령관이 땀으로 온통 흥건해진 이마에 흰 튜닉 아래로 검은 등을 드러내며 수시로 제1소대 앞에 있는 가죽 물통 앞으로 다가가 손으로 물을 떠 마셨고 머리에 쓴 터번을 물에 적셨다. 그렇게 조금이나마 더위를 식힌 기병대 사령관은 제자리로 돌아와 정상으로 이어진 먼짓길을 앞뒤로 서성거리기 시작했다. 그의 긴 칼이 가죽 끈을 맨 장화에 부딪히며 소리를 냈다. 사령관은 병사들에게 인내의 모범을 보여주고 싶었다. 하지만 더위에 지친 병사들을 동정하여 땅에 창을 꽂아 기둥을 만들고 거기에 흰 캔버스 천을 씌워 피라미드 모양의 천막을 만들도록 허락했다. 시리아인들은 그 임시 막사 아래서 무자비하게 내리쬐는 햇빛을 피했다. 물통들은 순식간에 텅 비었고, 병사들은 소대별로 돌아가며 산 아래 골짜기로 물을 길러 갔다. 골짜기의 바싹 마른 뽕나무의 성긴 그늘 아래에는 탁한 개울 하나가 지독한 더위를 견뎌내며 근근이 물줄기를 이어가고 있었다. 또한 그곳에서는 말 심부름꾼들이 변변치 못한 그늘을 의지하며 이제 얌전해진 말을 붙잡고 서서 지루해하고 있었다.

　병사들의 고통과 죄수들을 향해 퍼붓는 욕설은 이해할 만한 것이었다.

　총독은 그가 증오하는 도시 예르샬라임에서 사형을 집행할 경우 폭동이 일어날 것을 우려했지만, 다행히도 그런 일은 일어나지 않았다. 사형 집행이 시작되고 4시간이 지나자, 모든 예상을 뒤엎고 두 포위선, 즉 정상의 보병대와 산중턱의 기병대 사이에는 단 한 사람도 남아 있지 않았다. 모든 것을 태워버릴 듯 내리쬐는 태양이 군중을 예르샬라임으로 쫓아버린 것이다. 로마 백인대 2개 중대 뒤에 남은 것은 어쩌다 그 언덕까지 오게 되었는지 알 수 없는 주인 없는 개 두 마리뿐이었다. 하지만 더위는 그 개들까지도 녹초로 만들었다. 개들은 혀를 내밀고 힘겹게 숨을 몰아쉬며 곁을 지나가는 초록색 등의 도마뱀들에도 아랑곳하지 않은 채 누워 있었다. 그 도마뱀들이야말로 태양을 두려워하지 않고 뜨겁게 달아오른 바위들과 땅을 휘감은, 커다란 가시가 달린 식물들 사이를 휘젓고 다니는 유일한 생물이었다.

　군대로 넘쳐나는 예르샬라임에서도, 포위선을 두른 이 언덕에서도 사형수 탈취에 대한 시도는 없었고 군중은 모두 시내로 돌아갔다. 사실 이 처형에 흥미로울 것이라곤 아무것도 없었으며, 성 안에서는 벌써 유월절 대제의 전야를 준비하고 있었기 때문이었다.

　한편 산 중턱 위쪽에 있는 로마 보병대는 기병대보다 더 고통스러웠다. 백인대 대장 쥐잡이가 병사들에게 허락한 것이라고는 단 한 가지, 투구를 벗고 물에 적신 흰 두건을 뒤집어쓰는 것뿐이었으며, 창을 들고 흐트러짐 없이 서 있게 했다. 쥐잡이 또한 다른 병사들처럼 흰 두건을 뒤집어쓰고 있었지만, 그는 물을 적시지 않은 마른 두건을 쓰고 있었고, 은을 입힌 사자 머리를 상의에서 떼어내지도 않았으며, 정강이받이나 검, 단도도 풀지 않은 채 사형 집행인들 주위를 서성이고 있었다. 태양이 백인대 대장의 머리 위로 곧바로 내리찍었지만 그에게 아무런 해도 입히지 않았다. 하지만 결코 사자 머리에 시선을 돌려서는 안 되었다. 그렇게 했다면, 태양빛을 받아 이글거리는 은의 강렬한 빛이 그 눈을 태워버렸을 것이다.

흉측한 쥐잡이 얼굴에는 피곤함도 불만도 드러나지 않았다. 거구인 백인대 대장은 하루 종일, 밤새도록, 하루 더, 다시 말해서, 필요하다면 얼마든지 걸어다닐 수 있을 것처럼 보였다. 그는 청동 장식이 붙은 무거운 벨트에 손을 얹고, 기둥에 매달린 죄수와 경비를 선 병사들을 번갈아 쳐다보면서, 그리고 세월에 하얗게 바랜 사람 뼈나 작은 부싯돌 조각을 보풀이 인 군화 앞코로 무심하게 차내면서 계속해서 걷고 있었다.

기둥에서 멀지 않은 곳에는 두건을 쓴 사내가 세발의자에 편안한 모습으로 앉아 있었으며, 지루한 듯 이따금씩 나뭇가지로 모래를 쑤셔대곤 했다.

군단의 포위선 뒤에 아무도 없었다는 말이 정확한 표현은 아니었다. 사람들 눈에 띄지 않았을 뿐, 그곳에 있던 사람이 한 명 있었다. 그는 눈앞에 산으로 오르는 길이 펼쳐져 사형 집행을 구경하기에 좋은 쪽이 아니라, 북쪽에, 경사가 완만하지도 않고, 다가가기도 힘들며, 울퉁불퉁하고, 벼랑과 갈라진 틈이 있는 곳에, 하늘이 저주한 메마른 땅 뒤로 좁은 틈에 매달려 시든 무화과나무가 생명을 잇고자 애쓰는 곳에 자리를 잡고 있었다.

처형 관계자가 아닌 유일한 구경꾼은 그늘 하나 없는 무화과나무 아래 자리를 잡고 처음부터, 그러니까 벌써 4시간째 바위 위에 그렇게 앉아 있었다. 정말이지 그는 사형 집행을 보기에 가장 좋은 자리가 아니라 가장 나쁜 자리를 선택한 것이다. 하지만 그 자리에서도 기둥들이 보였고, 포위선 너머 백인대 대장의 가슴에서 번들거리는 두 반점도 보였다. 어쩌면 사람들 눈에 띄지 않고, 누구에게도 방해받고 싶지 않은 그 사내에게는 분명 그 자리로도 충분했을 것이다.

하지만 4시간 전, 그러니까 사형 집행이 시작될 무렵 그는 지금과는 전혀 다르게 움직이기 시작했고, 쉽게 눈에 띄었다. 그가 태도를 바꾸어 홀로 서 있는 이유도 아마 그 때문일 것이다.

그가 처음으로, 이곳에 나타난 것은 이미 행렬이 포위선 너머 언덕 정상으로 들어섰을 때였다. 그는 숨을 헐떡거리며 계속 뛰어, 언덕 위로 올라갔다.

사람들을 밀치고 나아가던 그는 다른 사람들과 마찬가지로 자기 앞에도 포위선이 둘러쳐져 있는 것을 보았다. 하지만 그는 성난 고함 소리에도 아랑곳하지 않고, 병사들 사이를 뚫고 이미 수레에서 사형수들을 끌어내리는 처형장소로 비집고 들어가려 했다. 그러자 뭉툭한 창자루 끝으로 가슴팍을 세게 두들겨 맞고 비명을 지르며 병사들에게서 튕겨져 물러났다. 그가 지른 비명은 아픔이 아닌 절망 때문이었다. 그는 물리적인 아픔을 느끼지 못하는 사람처럼 무감각하고 흐릿한 시선으로 자신을 내리친 로마 병사를 쳐다보았다.

기침을 하면서 숨을 헐떡이고 가슴을 부여잡은 그는 언덕 주위를 한 바퀴 뛰어돌았다. 북쪽 포위선을 뚫고 들어갈 수 있는 틈을 찾기 위해서였다. 하지만 병사들이 둘러싼 포위선은 이미 빈틈이 없었다. 슬픔으로 얼굴을 일그러뜨린 그는 벌써 기둥까지 다 내려놓은 수레들이 있는 쪽으로 달려가려 했으나 포기할 수밖에 없었다. 그런 시도를 했다가는 바로 체포되고 말 것이다. 체포되는 건 그의 계획에 어긋나는 일이었다.

그래서 그는 안전하게 아무도 방해하지 않는 비좁은 협곡 사이로 들어간 것이다.

검은 수염을 기르고, 수면부족과 태양빛으로 눈이 짓무른 남자는 바위에 앉아 탄식했다. 그는 오랜 방랑 생활로 누더기가 된, 한때는 하늘색이었으나 이제는 지저분한 회색으로 변한 탈릿*²을 열어젖혔다. 창에 맞아 멍이 들고 지저분한 땀이 흘러내리는 가슴을 드러내며 한숨을 쉬기도 했고, 참을 수 없는 고통에 하늘을 올려다보기도 했다. 그리고 곧 다가올 향연을 기다리는 듯 벌써부터 저 높이 커다란 원을 그리며 날고 있는 독수리 세 마리를 눈으로 쫓았다. 또 희망이 사라져버린 시선을 누런 땅에 고정시키며 반쯤 뭉개진 죽은 개의 두개골과 그 주변을 맴도는 도마뱀들을 바라보기도 했다.

이따금 중얼거리는 말은 그의 고통이 얼마나 크고 깊은지를 알려주었다.

"아, 난 왜 이렇게 어리석을까!" 마음의 고통에 빠진 그는 바위에 앉아 몸을 흔들고, 검게 그을린 가슴을 할퀴며 손톱으로 중얼거렸다. "멍청이, 생각이라고는 없는 여자 같은 놈, 겁쟁이! 난 썩은 고깃덩어리야, 인간도 아냐!"

---

*2 tallith : 유대인 남자가 아침 기도 때 어깨에 걸치는 숄.

말을 멈춘 그는 고개를 떨구었다. 그리고 나무로 만든 물통에서 미지근한 물을 따라 마시고 다시 기운을 차린 그는 탈릿 안쪽에 감춰둔 칼을 움켜쥐기도 하고, 작은 막대와 먹물이 든 호리병을 앞의 바위 위에 놓여 있는 양피지 조각과 함께 집어들기도 했다.

　양피지에는 이런 글귀들이 휘갈겨져 있었다.

　'시간은 흐르고 나, 레위 마트베이는 골고다 언덕에 있다. 그러나 아직 죽음은 없다!'

　이어지는 글귀는 이러했다.

　'태양이 기울고 있다. 그러나 죽음은 없다.'

　이제, 절망에 빠진 레위 마트베이가 뾰족한 막대로 다음과 같이 적었다.

　'신이시여! 왜 그에게 분노하시는 겁니까? 차라리 그에게 죽음을 내려 주십시오.' 글을 쓴 그는 메마른 눈으로 흐느꼈고, 다시 손톱으로 가슴을 쥐어뜯었다.

　예슈아와 자신을 덮친 무서운 불운, 너무나 큰 실수를 저질렀다는 생각이 레위를 절망케 했다. 엊그제 저녁 예슈아와 레위는 예르샬라임 교외의 베다니에서 예슈아의 설교를 무척 마음에 들어 한 채소밭지기 집에 초대를 받았다. 두 손님은 오전 내내 주인을 도와 채소밭에서 일을 했고, 저녁에 날이 선선해지면 예르샬라임으로 돌아갈 작정이었다. 그러다 예슈아가 갑자기 몹시 서두르며 시내에 급한 볼일이 있다고 말하고는 정오 무렵 혼자 떠났다. 바로 여기에 레위 마트베이의 첫 번째 실수가 있었다. 왜, 왜 그를 혼자 보냈단 말인가!

　마트베이는 저녁에도 예르샬라임으로 갈 수 없었다. 갑자기 뭔가 알 수 없는 무서운 열병이 그를 덮친 것이다. 온몸이 덜덜 떨리고 불같은 열이 그의 몸을 감쌌다. 그는 이를 딱딱 부딪혀가며, 쉴 새 없이 마실 것을 찾았다. 그런 상태로는 아무 데도 갈 수 없었다. 그는 채소밭지기의 헛간에서 말에게 씌우는 담요 위에 쓰러져 금요일 새벽까지 그렇게 누워 있었다. 금요일이 되자 열병은 그를 덮칠 때 그랬던 것처럼 갑자기 레위를 놓아주었다. 아직 기운이 없었고, 다리는 여전히 떨렸지만, 알 수 없는 불길한 예감이 들어 주인과 작별 인사를 나누고 예르샬라임으로 향했다. 거기서 그는 자신의 예감이 틀리지 않았음을 알게 되었다. 재앙이 벌어졌다. 총독이 광장에서 선고문을 낭독할 때, 레위는 군중 속에서 그 소리를 듣고 있었다.

사형수들이 산으로 실려 가는 동안 레위 마트베이는 호기심 많은 군중 속에 섞여 병사들이 쳐놓은 포위선을 따라 달려갔다. 예슈아에게 어떻게든 몰래 신호를 보내 자신이, 여기 그와 함께 있다는 것을, 마지막 길까지 그를 버리지 않았다는 것을, 그리고 죽음이 가능한 한 빨리 예슈아에게 찾아오기를 빌고 있음을 알리고 싶었다. 하지만 예슈아는 자신이 실려가는 저 먼 곳을 바라볼 뿐 당연히 레위는 보지 못했다.

그리고 행렬이 500미터쯤 이동했을 때, 포위선 앞 군중 사이에서 이리저리 떠밀리던 마트베이에게 단순하지만 기발한 생각이 떠올랐다. 타고난 성급함은 왜 좀더 빨리 그 생각을 하지 못했는지 스스로에게 욕을 퍼붓게 했다. 병사들은 느슨한 행렬을 이루고 걸어갔다. 그들 사이에는 드문드문 빈 공간이 있었다. 잘 계산해서 대담하게 뛰어든다면 몸을 숙이고 재빨리, 아주 정확하게 두 로마 병사 사이를 지나서 수레까지 뚫고 들어가, 그 위에 올라탈 수 있다. 그러면 예슈아를 고통에서 구할 수 있다.

칼로 예슈아의 등을 찌르는 것은 한순간이면 충분하다. 그리고 그에게 외치는 거다. '예슈아! 내가 당신을 구원하고 함께 가겠소! 나, 마트베이는 당신의 충실하고 유일한 사도요!'

만일 신께서 자유로운 순간을 더 허락하신다면, 자신도 기둥에서의 죽음을 면하고 자결할 수 있을 것이다. 하지만 세리*3였던 레위는 마지막 것에는 관심이 없었다. 자신이 어떻게 죽든 아무 상관도 없었다. 그가 원하는 것은 단 한 가지, 살면서 그 누구에게도 해를 끼친 적이 없는 예슈아가 잔혹한 고통에서 벗어나는 것뿐이었다.

계획은 정말 좋은데 한 가지 문제가 있다면 레위에게 칼이 없다는 것이다. 돈 또한 한 푼도 없었다.

레위는 그런 자신에게 있는 대로 화를 내며 군중 속을 뚫고 나와 다시 시내로 뛰어갔다. 뜨거워진 그의 머릿속에는 오로지 열병과도 같은 생각만이 날뛰고 있었다. 지금 당장 무슨 수를 써서라도 시내에서 칼을 구해 행렬을 따라잡아야 한다.

---

*3 세금 징수 일을 맡아보는 관리.

그는 거머리처럼 도시에 달라붙은 카라반의 북새통을 뚫고 마침내 성문 앞에 도착했다. 그리고 그 왼쪽에 빵을 파는 작은 가게가 문을 연 것을 보았다. 뜨겁게 달구어진 길을 달려오느라 숨을 헐떡이면서도 마음을 가다듬고 아주 침착하게 가게 안으로 들어갔다. 그리고 좌판 뒤에 서 있는 주인에게 인사를 하고는 선반 위에 있는 둥글고 큰 빵을 꺼내달라고 부탁했다. 그는 왠지 그 빵이 가장 마음에 들었다. 가게 주인이 몸을 돌린 사이 좌판에서 면도날처럼 날카롭고 긴 빵칼(그보다 더 좋은 것은 없을 듯했다)을 슬쩍 집어들고는 재빨리 가게에서 뛰쳐나왔다.

몇 분 뒤 그는 다시 야파로 가는 길 위에 섰다. 하지만 행렬은 이미 보이지 않았다. 그는 달리기 시작했다. 때때로 먼지 구덩이에 쓰러져 숨을 가다듬느라 꼼짝 않고 누워 있어야 했다. 누워 있는 그는 노새를 타고, 또는 걸어서 예르살라임으로 가는 사람들을 놀라게 했다. 그는 누운 채로 가슴에서뿐만 아니라, 머릿속과 귓가에서도 심장이 뛰는 소리를 들었다. 잠시 숨을 고른 그는 벌떡 일어나 다시 달리기 시작했다. 하지만 달리는 속도는 점점 더 느려졌고, 마침내 그가 멀리서 먼지를 일으키는 긴 행렬을 보았을 때, 행렬은 이미 산기슭에 다다라 있었다.

"오, 하느님⋯⋯." 자신이 늦었다는 것을 깨달은 레위의 입에서 신음 소리가 흘러나왔다. 그는 너무 늦게 도착했다.

사형 집행 4시간째에 이르러 레위의 고통은 정점에 이르렀고, 그는 광포한 분노에 휩싸였다. 앉아 있던 바위에서 일어나 이제 아무 소용이 없어진 훔친 칼을 땅바닥에 내동댕이쳤고, 한쪽 발로 물통을 밟아 자신이 먹을 물을 쏟아버렸으며, 머리에 쓰고 있던 카피에*4를 벗어던지고 성긴 머리카락을 쥐어뜯으며 스스로를 욕하기 시작했다.

그는 알 수 없는 말로 자신을 저주했다. 울부짖으며 침을 뱉었고, 자신 같은 멍청이를 세상에 태어나게 한 부모를 원망했다.

그러나 욕설과 비난은 아무 효과도 없고, 그렇게 해서는 내리쬐는 저 태양 아래 그 무엇도 바꿀 수 없음을 깨달았다. 그는 메마른 주먹을 움켜쥐고 두 눈을 꼭 감은 채, 지중해로 그림자를 길게 늘이며 조금씩 기우는 하늘의 태

---

*4 일반적으로 무명으로 만든 아라비아의 전통적인 머리장식. 쉬마그, 거트라, 하타, 마사다 등으로 불린다. 건조기후 지역(특히 중동)에서 태양빛과 모래바람을 막기 위해 사용한다.

양을 향해 주먹을 치켜 올렸다. 그리고 신에게 지금 당장 기적을 일으켜줄 것을 요구했다. 그는 지금 예슈아에게 죽음을 내려줄 것을 신에게 요구했다.

눈을 뜬 그는 백인대장 가슴 위에 타오르던 반점이 사라진 것 말고는 언덕 위에 아무런 변화도 일어나지 않았음을 깨달았다. 태양은 예르샬라임을 바라보는 사형수들 등에 빛을 던지고 있었다. 이때 레위가 소리쳤다.

"신이여, 당신을 저주하나이다!"

그는 쉬어 갈라진 목소리로 신의 부당함을 분명히 알았노라, 이제 더 이상 신을 믿지 않겠노라, 외쳤다.

"당신은 귀머거리야!" 레위는 고래고래 소리쳤다. "귀머거리가 아니라면 내 말을 듣자마자 그를 죽였을 거야!"

레위는 눈을 질끈 감고 하늘에서 다른 누구도 아닌 자신에게 불꽃이 떨어지기를 기다렸다. 하지만 그런 일은 일어나지 않았다. 레위는 눈을 감은 채 하늘에 대고 계속 비난과 독설을 퍼부어댔다. 그는 완전히 실망하고, 세상에는 다른 신과 종교도 있노라 소리쳤다. 그렇다, 다른 신이라면, 절대로, 무슨 일이 있어도 절대로 예슈아와 같은 남자를 저 처형대에서 태양에 불타 죽도록 버려두지는 않을 것이다.

"내가 잘못 알았던 거야!" 완전히 쉬어버린 목소리로 레위가 외쳤다. "당신은 악의 신이야! 아니면 사원 향로에서 나는 연기에 눈이 멀어버린 건가? 당신 귀는 사제들의 나팔 소리 말고는 아무 소리도 듣지 못하는 건가? 당신은 전능한 신이 아니야. 당신은 사악한 신이야. 당신을 저주해, 강도들의 신이여! 강도들의 비호자이자 영혼이여."

바로 그때 전직 세리의 얼굴에 훅 바람이 불어왔고, 발 아래서 뭔가 흔들리기 시작했다. 다시 한 번 바람이 불어오고, 눈을 뜬 레위는 그의 저주 때문인지, 아니면 다른 어떤 이유에서인지 눈앞의 모든 것들이 변해 있음을 보았다. 태양은 매일 저녁 잠기던 바다까지 이르지 못한 채 사라졌다. 서쪽 하늘을 따라 뇌우를 품은 먹구름이 태양을 집어삼키며 무섭게 다가오고 있었다. 먹구름의 끄트머리에는 이미 흰 거품이 피어올랐고, 시커먼 습기를 품은 불룩한 배는 누런빛을 띠고 있었다. 먹구름이 그르릉거렸고, 이따금 실처럼 가느다란 빗줄기를 쏟아냈다. 갑자기 일어난 바람에 몰려온 먼지기둥이 야파 길과 물이 없는 히놈 계곡 위로, 순례자들의 천막 위로 날아다녔다.

레위는 더 이상 아무 말도 하지 않은 채, 당장 예르샬라임을 뒤덮을 이 뇌우가 불쌍한 예슈아의 운명에 어떤 변화를 가져다줄 수 있을지 알아내려 했다. 그리고 먹구름을 갈라놓고 있는 가느다란 빛을 바라보며 번개가 예슈아의 기둥을 내려치게 해달라고 기도했다. 아직 먹구름이 집어삼키지 않은, 독수리들이 뇌우를 피하려고 날아가고 있는 맑은 하늘을 바라보면서 레위는 좀더 기다리지 못하고 미친 듯이 저주를 퍼부은 것을 후회했다. 이제 신은 그의 말을 들어주지 않을 것이다.

레위는 언덕 아래로 시선을 돌려 기병대가 흩어져 있는 곳을 바라보았다. 그곳에서도 많은 변화가 일어나고 있었다. 높은 곳에 서 있던 레위는 병사들이 허둥대며 땅에 꽂혀 있던 창을 뽑고 망토를 뒤집어쓰는 모습을, 말 심부름꾼들이 검은 말들의 고삐를 잡고 서둘러 길가로 달려가는 것을 똑똑히 볼 수 있었다. 군대가 떠날 준비를 하고 있는 게 분명했다. 레위는 얼굴로 날아드는 먼지를 한 손으로 가리고 침을 뱉으면서, 기병대가 떠난다는 것이 무엇을 의미하는지를 알아내려 애썼다. 시선을 올리자, 거기서 붉은 군용 클라미스*5를 걸치고 처형장으로 올라가는 사람이 보였다. 드디어 종말이 온다는 기쁜 예감에 전직 세리의 가슴 한편이 서늘해졌다.

강도들의 고통이 다섯 시간째에 이르렀을 때, 산으로 올라간 사람은 부관과 함께 예르샬라임에서 달려온 보병대 사령관이었다. 쥐잡이 명령에 따라 군인들은 봉쇄선을 풀었고, 백인대 대장은 호민관에게 경례를 했다. 호민관은 쥐잡이를 한쪽으로 데려가 뭔가를 속삭였다. 백인대 대장은 다시 경례를 하더니 기둥 아래 돌 위에 모여 앉은 사형 집행인들에게 다가갔다. 호민관은 세발의자에 앉아 있는 자에게 발걸음을 옮겼고, 앉아 있던 자는 정중하게 일어서서 호민관을 맞이했다. 호민관은 그에게도 크지 않은 목소리로 뭔가를 이야기하더니 두 사람은 기둥 쪽으로 걸어갔다. 성전수비대 대장도 그들과 같이 걸어갔다.

쥐잡이는 기둥 옆 바닥에 놓여 있는 더러운 넝마 조각들을 혐오스러운 듯 곁눈질로 내려다보았다. 그 넝마는 조금 전까지만 해도 죄인들이 입고 있던 옷으로, 사형 집행인들도 가져가기를 거부한 물건이었다. 쥐잡이는 형 집행

---

*5 고대 그리스에서 병사나 젊은이가 착용했던 겉옷. 장방형 모직물 천을 어깨나 등, 목에서 브로치로 여미는 것.

인들 중 두 사람을 불러 명령했다.

"따라와!"

가장 가까이 있는 기둥에서 목쉰 소리로 부르는, 뜻을 알 수 없는 노래가 들려왔다. 처형 네 시간째에 이르러 파리 떼와 태양으로 이성을 잃어버린 게스타스가 기둥에 매달린 채 포도에 대한 노래를 조용히 부르고 있었다. 그는 노래를 부르면서 이따금씩 두건을 두른 머리를 끄덕였으며, 그때마다 파리 떼는 천천히 그의 얼굴에서 날아올랐다가 다시 내려앉곤 했다.

두 번째 기둥에 매달린 디스마스는 두 사람보다 더 괴로워했다. 의식이 계속해서 그를 붙들고 있기 때문이었다. 그는 귀가 어깨에 닿도록 자꾸만 고개를 좌우로 흔들어댔다.

예슈아는 이 두 사람보다는 운이 좋았다. 그는 한 시간이 채 지나기도 전에 의식을 잃기 시작하더니, 얼마 지나지 않아 터번이 풀어지고 고개를 떨어뜨린 채 실신해 버렸다. 그러자 파리와 등에들이 그에게 달라붙어 그를 완전히 뒤덮어서 그의 얼굴은 스멀대는 검은 가면 아래로 사라졌다. 어느새 몸집이 큰 등에들이 사타구니와 배, 겨드랑이 아래까지 들러붙어 다 드러난 누런 몸을 빨아댔다.

두건을 쓴 사람의 지시에 따라 한 형리가 창을 집어 들었고, 다른 형리는 물통과 해면을 들고 기둥 아래로 다가갔다. 첫 번째 형리가 창을 들어 기둥 가로대까지 밧줄로 당겨 묶은 예슈아의 한쪽 팔을, 그리고 잠시 뒤 나머지 한쪽 팔을 툭툭 쳤다. 갈비뼈가 튀어나온 몸이 움찔거렸다. 형리가 다시 한 번 창끝으로 배를 건드리자 예슈아는 고개를 들었고, 파리들이 웅웅거리며 날아갔다. 그리고 매달린 자의 얼굴, 파리와 등에에 물어 뜯겨 눈을 제대로 뜰 수 없을 만큼 퉁퉁 붓고, 알아볼 수 없게 되어버린 얼굴이 나타났다.

하-노츠리는 겨우 눈꺼풀을 들어올려 아래를 내려다보았다. 맑던 그의 눈은 이제 멍하니 흐려져 있었다.

"하-노츠리!" 형리가 말했다.

하-노츠리는 부어오른 입술을 움직여 강도처럼 쉰 목소리로 대답했다.

"뭘 원하시오? 내게 왜 왔소?"

"마셔라!" 형리가 말했다. 그리고 물을 적신 해면을 창끝에 걸어 예슈아의 입술에 갖다 댔다. 그의 눈이 기쁨으로 반짝였고, 그는 해면으로 머리를 기울여 게걸스럽게 물기를 빨아먹기 시작했다. 옆 기둥에서 디스마스의 목소리가 들렸다.

"불공평해! 나도 저자와 똑같은 강도란 말야!"

디스마스는 버둥거려보았지만 꼼짝도 할 수 없었다. 횡목에 걸린 밧줄이 그의 팔을 붙잡고 있었던 것이다. 그는 배를 내밀고 손톱으로 횡목 끝을 할퀴며 예슈아의 기둥 쪽으로 머리를 돌렸다. 디스마스 눈은 적의로 불타오르고 있었다.

먹구름처럼 일어난 먼지가 사형장을 뒤덮으며 순식간에 주위가 어두워졌다. 흙먼지가 걷히자 백인대 대장이 소리쳤다.

"두 번째 죄수는 입 닥쳐라!"

디스마스는 입을 다물었다. 해면에서 고개를 돌린 예슈아는 상냥하고 설득력 있게 말해 보려 했지만 그의 의지와는 달리 거친 목소리가 나오고 말았다. 그는 형리에게 부탁했다.

"저 사람도 마시게 해 주시오."

주위는 점점 더 어두워졌다. 하늘의 반을 뒤덮은 먹구름은 이미 예르샬라임을 향해 달려가고 있었으며, 하얀 거품이 이는 구름들이 검은 습기와 먹구름을 앞지르고 있었다. 언덕 위에서 섬광이 번쩍이고 천둥이 내리쳤다. 형리는 창에서 해면을 떼어냈다.

"자비로우신 헤게몬을 찬미하라!" 엄숙하게 중얼거린 형리는 조용히 예슈아의 심장을 창으로 찔렀다. 예슈아는 몸을 움찔거렸고, 작은 소리로 말했다.

"헤게몬……."

피가 그의 복부를 따라 흘러내리고, 아래턱이 경련을 일으키더니 결국 고개가 떨구어졌다.

두 번째 천둥소리가 울렸을 때 형리는 벌써 디스마스에게 입을 축이게 하고 똑같은 말과 함께 그를 죽였다.

"헤게몬을 찬미하라!"

이성을 잃은 게스타스는 형리가 옆에 나타나자 놀라 소리를 질러댔지만, 해면이 그의 입술에 닿자 화가 난 듯 뭐라고 지껄이고는 이빨로 해면을 물어뜯었다. 그리고 잠시 뒤 그의 몸도 밧줄이 허락하는 만큼 늘어졌다.

두건을 쓴 사람은 형리와 백인대 대장의 뒤를 따라 걸었고, 그 뒤에는 성전수비대 대장이 따라갔다. 두건을 쓴 사람은 첫 번째 기둥 아래 멈춰 서서 피투성이가 된 예슈아를 주의 깊게 살펴보았고, 하얀 손으로 발바닥을 건드려보고는 일행에게 말했다.

"죽었군."

똑같은 일이 나머지 두 기둥 아래서도 반복되었다.

백인대 대장에게 신호를 보내고 돌아선 호민관은 성전수비대 대장과 두건을 쓴 사람과 함께 언덕 아래로 내려갔다. 어둠이 내려앉고 번개가 검은 하늘을 갈라놓았다. 하늘이 갑자기 불길을 뿜어댔다. '철수하라!' 백인대 대장의 고함 소리도 천둥소리에 묻혀버렸다. 병사들은 기다렸다는 듯 투구를 쓰고 언덕에서 뛰어 내려갔다.

어둠이 예르샬라임을 뒤덮었다.

갑자기 퍼붓기 시작한 폭우는 백인대 병사들을 언덕길 한가운데에 묶어버렸다. 빗물이 무섭게 퍼부어, 병사들이 아래로 뛰어 내려갔을 때에는 이미 급류가 그들 뒤로 바짝 따라붙은 뒤였다. 병사들은 진창이 된 흙길 위에 미끄러져 넘어지면서 서둘러 평평한 길로 달려갔고, 기병대 역시 물에 흠뻑 젖은 채 물보라 속에 거의 보이지 않게 된 길을 따라 예르샬라임으로 돌아갔다. 몇 분이 지나자 천둥과 빗물과 번개가 뒤섞여 연기가 피어오르는 언덕 위에는 단 한 사람만이 남아 있었다.

그는 훔친 보람이 있게 된 칼을 들고 진흙 구덩이들을 헤치고, 무엇이든 잡히는 대로 붙잡고, 때로 기다시피 하면서 기둥이 있는 곳까지 열심히 달려갔다. 그의 모습이 칠흑 같은 어둠 속으로 사라졌다가 번쩍이는 빛과 함께 돌아오곤 했다.

발목까지 차 오른 물길을 헤쳐가며 기둥 앞에 겨우 도착한 그는 잔뜩 물을 먹어 무거워진 탈릿을 벗어던지고 예슈아의 발밑에 주저앉았다. 그는 종아리에 묶인 밧줄을 잘라내고, 아래쪽 횡목 위로 기어 올라가 예슈아를 부둥켜안았다. 위쪽 횡목에 묶여 있던 팔을 풀었다. 물에 젖은 예슈아의 벌거벗은 몸이 레위를 덮쳐 그들은 함께 땅 위로 고꾸라졌다. 겨우 몸을 일으킨 레비는 예수아의 시신을 어깨에 짊어지고 가려다 무슨 생각이 들었는지 멈추어 섰다. 그는 고개가 젖혀지고 팔이 늘어진 몸뚱이를 물이 흥건한 땅 위에 내려놓고, 다시 진창을 허우적거리며 나머지 두 기둥이 있는 곳으로 달려갔다. 다른 기둥에서도 밧줄을 잘라내자 두 구의 시체가 땅 위로 떨어졌다.

잠시 뒤 언덕꼭대기에는 두 구의 시체와 세 개의 빈 기둥만이 남았다. 빗물이 시체들을 때리면서 주위를 휘감았다.

그때 언덕 위에는 레위도 예슈아의 시체도 이미 사라지고 없었다.

제17장
불안한 하루

금요일 아침, 그러니까 그 저주스런 마술 공연 다음 날, 바리에테 극장에 출근한 모든 임직원들—경리부 계장 바실리 스테파노비치 라스토치킨과 수납계원 두 명, 타이피스트 세 명, 창구 여직원 두 명, 급사들과 좌석 안내원들, 청소부까지—은 하나 같이 자리를 지키지 않고 있었다. 그들은 모두 사도바야 거리쪽 창가에 앉아 바리에테 극장 앞에서 벌어지는 일을 구경하고 있었다. 극장 건물 외벽을 두 줄로 늘어선 수천 명이 넘는 사람들의 꼬리가 쿠드린스카야 광장까지 이어져 있었다. 맨 앞에는 모스크바 연극계에서 잘 알려진 20여 명의 암표상들이 서 있었다.

줄을 선 사람들은 몹시 흥분해 있어 옆을 지나가는 사람들의 주의를 끌었다. 그들은 어제의, 도저히 믿기지 않는 흑마술 공연에 대해 열띤 이야기들을 주고받느라 정신이 없었다. 그 이야기들은 어제 공연을 보지 못한 경리부 계장 바실리 스테파노비치를 지독한 혼란에 빠뜨렸다. 좌석안내원들은 그 유명한 공연이 끝나고 여자들이 숙녀답지 못한 차림으로 거리를 뛰어다녔다는 둥 도무지 말도 안 되는 이야기들을 늘어놓았다. 겸손하고 조용한 바실리 스테파노비치는 미심쩍고 기묘한 이야기들을 듣고 눈을 껌뻑일 뿐, 어떤 조치를 취해야 할지 도무지 알 수가 없었다. 그러나 무슨 수는 써야 했다. 이제 그가 바리에테에서 가장 높은 사람이기 때문이다.

오전 10시가 되자 표를 사러 몰려든 사람들의 줄은 더욱 길어져 경찰에까지 알려졌다. 질서 유지를 위해 순찰 경관과 기마 경관이 신속하게 파견되었다. 그러나 1킬로미터 가까이 뱀처럼 길게 늘어선 줄은 이미 그 자체로 굉장한 볼거리가 되어 사도바야 거리를 경악과 흥분 속으로 몰아넣었다.

바리에테 극장 안도 좋은 상황은 아니었다. 리호데예프의 사무실과 림스키의 사무실, 경리과, 매표소, 그리고 바레누하의 사무실에서 이른 아침부터 전화벨이 쉬지 않고 울려댔다. 처음에는 바실리 스테파노비치가 전화를 받다가, 다음에는 매표소의 여직원이, 그 다음엔 좌석안내원들이 전화를 받아 우물쭈물 대답을 하기도 했지만, 결국 모두가 전화 받기를 포기해 버렸다. 리호데예프와 바레누하, 림스키가 어디에 있느냐는 질문에 대답할 말이 없었기 때문이다. '리호데예프는 집에 있다'며 따돌려보려고도 했으나 집에 전화했더니 리호데예프가 바리에테에 있다더라는 대답이 돌아왔다.

한번은 흥분한 여성이 전화를 걸어와 림스키를 바꿔달라고 하기에 림스키 부인에게 전화 해보라고 했더니, 수화기는 울음을 터뜨리며 자기가 림스키 부인인데 림스키가 어디에 있는지 도무지 찾을 수가 없다는 것이다. 뭔가 말도 안 되는 일이 벌어지기 시작했음에 틀림없었다. 청소부는 경리부장 사무실에서 본 것들을 극장 사람들에게 떠들고 다녔다. 아침에 청소를 하러 경리부장 사무실에 들어갔더니, 문은 활짝 열려 있고 불도 켜져 있는 데다 정원으로 난 창문은 박살이 나 있었으며 안락의자는 바닥에 뒹굴고 사람은 아무도 없더라는 이야기였다.

10시가 넘자 림스키 부인이 바리에테로 쳐들어왔다. 그녀는 팔을 휘두르며 대성통곡을 했다. 당황한 바실리 스테파노비치는 무슨 말을 해야 좋을지 알 수가 없었다. 10시 반에는 경찰이 왔다. 경찰은 먼저 지극히 이성적인 질문을 했다.

"여러분, 지금 여기서 무슨 일이 일어나고 있는 겁니까? 대체 어떻게 된 거죠?"

직원들은 얼굴이 하얗게 질려 있는 바실리 스테파노비치를 앞으로 떠밀고 자신들은 뒤로 물러섰다. 모든 것을 있는 그대로 이야기해야 했다. 바리에테 관리 책임자들인 극장장과 경리부장, 총무부장이 사라져 버렸는데 어디로 갔는지 도무지 알 수가 없다. 사회자는 어제 공연이 끝난 뒤 정신병원으로 보내졌다. 한마디로 어제의 공연은 온갖 추문을 일으킨 끔찍한 공연이었음을 고백해야 했다.

경찰들은 울부짖는 림스키 부인을 진정시켜 집으로 돌려보냈다. 그들은 무엇보다 경리부장 사무실이 어떤 상태로 발견되었는가에 대한 청소부의 이야기에 큰 관심을 보였다. 직원들에게는 자리로 돌아가 일을 하라는 지시가 내려졌다. 잠시 뒤 수사관들이 뾰족한 귀에 근육이 잘 붙은, 아주 영리해 보이는 눈빛을 가진 잿빛 개 한 마리와 함께 바리에테에 나타났다. 바리에테 직원들은 이 개가 바로 그 유명한 투즈부벤*[1]이라고 소곤거렸다. 사실 그 말이 맞았다. 투즈부벤의 행동에 모두 놀랐다. 투즈부벤은 경리부장 사무실로 들어가자마자 무시무시한 누런 송곳니를 드러내며 으르렁거리기 시작했다. 잠시 배를 깔고 엎드리는가 싶더니 어쩐지 우수어린 표정으로, 그러나 눈은 매섭게 빛내면서 깨진 창 쪽으로 기어갔다. 마침내 공포를 이겨낸 투즈부벤은 갑자기 창턱으로 뛰어올라 뾰족한 주둥이를 치켜들고 화가 난 듯 거칠게 짖어댔다. 개는 도무지 창가를 떠나려 하지 않았다. 끊임없이 짖어대며 몸을 떨었고 창밖으로 뛰어내리려고까지 했다.

사람들이 개를 사무실에서 끌어내 현관에 풀어놓자 개는 현관 정문을 통해 거리로 달려 나가 뒤따르는 사람들을 택시 정류장으로 이끌었다. 거기서 개는 자신이 쫓던 냄새의 흔적을 놓쳐 버렸다. 수사관들은 투즈부벤을 도로 데려갔다.

수사관은 바레누하의 사무실에 자리를 잡고 어제 공연에서 벌어진 일들을 목격한 바리에테 직원들을 차례로 불렀다. 수사는 한 걸음 내디딜 때마다 예기치 못한 난관에 부딪혔다. 실마리가 계속 손에서 빠져나갔다.

포스터 같은 게 있었던가? 있었다. 그런데 밤사이 새 포스터를 그 위에 붙여버려서 지금은 한 장도 남아 있지 않다. 단 한 장도! 그 마술사라는 자는 어디서 데려온 것인가? 누가 알겠는가. 그 마술사도 계약서 같은 걸 썼겠지?

"그랬을 겁니다." 불안한 듯한 바실리 스테파노비치가 대답했다.

"계약을 했다면 경리를 거쳐야 하지 않나요?"

"반드시 그래야지요." 바실리 스테파노비치가 안절부절못하며 대답했다.

"그럼 그 계약서는 어디 있습니까?"

"그런데 그게 없습니다." 회계부장은 더욱 창백해진 얼굴로 팔을 벌리며 대답했다. 실제로 경리과 서류철에도 경리부장 사무실에도, 리호데예프의 사무실에도, 바레누하의 사무실에도 계약서는 흔적조차 없었다.

그 마술사의 이름은 무엇인가? 바실리 스테파노비치는 마술사의 이름을

---

*1 러시아어로 〈스페이드 에이스〉를 뜻한다. 트럼프 카드 52장 중에서 가장 강력한 카드, 즉 '으뜸'을 뜻하는 이름이다.

몰랐다. 그는 어제 공연에 가지 않았다. 좌석안내원들도 몰랐다. 매표소 여직원은 이마를 찡그리고 또 찡그리고, 생각하고 또 생각하더니 마침내 말했다.

"보…… 볼란드인 것 같아요."

그렇다면 볼란드가 아닐 수도 있다는 말인가? 볼란드가 아닐 수도 있다. 어쩌면 팔란드일지도 모른다.

외국인 사무국에 알아보니 볼란드든 팔란드든 그런 마술사에 대해서는 들은 바가 전혀 없다고 했다.

급사 카르포프는 그 마술사가 리호데예프의 아파트에 머무는 것 같다고 말했다. 곧바로 아파트에 수사관들을 보냈다. 하지만 그곳에 마술사는 없었다. 리호데예프도 없었다. 가정부 그루냐도 없었고 그녀가 어디로 갔는지 아는 사람도 없었다. 주민 조합장 니카노르 이바노비치도 없고 프롤레즈네프도 없었다!

정말로 이해할 수 없는 일이 벌어진 것이다. 극장의 관리 책임자들은 모두 사라져버렸고, 온갖 추문을 일으킨 어제의 기괴한 공연은 누구의 사주로 누가 벌인 일인지 전혀 알 수가 없었다.

그러는 사이 매표소를 열어야 하는 정오가 가까워졌다. 물론 더 꺼낼 필요도 없는 얘기다! 바리에테 문 앞에는 커다란 팻말이 걸렸다. '오늘 공연은 취소되었습니다.' 맨 앞줄에서부터 동요가 일었으나 잠시 흥분하던 줄은 곧 흩어지기 시작했다. 그리고 한 시간쯤 지나자 그 줄은 사도비야 거리에서 흔적도 없이 사라졌다. 수사관들은 다른 장소에서 조사를 하기 위해 철수했다. 직원들은 경비원들만 남고 모두 집으로 돌려보내졌다. 그리고 바리에테의 문이 잠겼다.

경리부 계장 바실리 스테파노비치는 두 가지 사안을 당장 처리해야 했다. 먼저, 어제 벌어진 일들에 대한 보고서를 작성하여 경연극 공연위원회에 다녀와야 한다. 둘째로 공연 재무국에 가서 어제 공연의 수익금 2만 1711루블을 전달해야 한다.

꼼꼼하고 성실한 바실리 스테파노비치는 신문지로 돈을 싸서 가느다란 노끈으로 묶고 서류가방에 넣었다. 그는 업무 규정에 따라 버스나 전차가 아닌 택시 정류장으로 향했다.

택시 운전사들은 불룩한 서류가방을 들고 황급히 정류장으로 걸어오는 손님을 보자마자 무슨 이유에서인지 화가 난 듯 돌아보고는 코앞에서 3대나 빈 차로 그냥 가버렸다.

택시 운전사들의 이같은 태도에 당황한 경리부 계장은 한참을 멍하니 서서 도대체 다들 왜 저러는 것일까 생각을 했다.

3분쯤 지나자 빈 택시가 다가왔다. 그런데 손님을 본 운전사의 얼굴이 또다시 일그러졌다.

"타도 되겠습니까?" 바실리 스테파노비치가 놀라서 기침을 하며 물었다.

"돈을 내봐 봐요." 운전사는 손님은 보지도 않고 화를 내며 말했다.

경리부 계장은 더욱 놀라면서 소중한 서류가방을 옆구리에 낀 채 지갑에서 10루블짜리 지폐를 꺼내 운전사에게 보여주었다.

"안 갑니다!" 운전사는 짧게 말했다.

"실례지만……." 경리부 계장이 입을 열었으나 운전사가 말을 잘랐다.

"3루블짜리 없어요?"

어리둥절해진 경리부 계장이 지갑에서 3루블짜리 지폐 두 장을 꺼내 보였다.

"타쇼." 운전사는 소리를 지르고는 미터기를 부술 듯이 내려쳤다. 자, 출발이다.

"잔돈이 없어서 그러십니까?" 경리부 계장이 조심스레 물었다.

"주머니 가득 잔돈뿐이요!" 운전사는 있는 대로 고함을 질러댔다. 룸미러에 핏발 선 그의 눈이 비쳤다. "오늘만 벌써 세 번째요. 다른 택시들도 마찬가지고. 어떤 개자식이 10루블짜리 지폐를 냈소. 난 4루블 50코페이카를 거슬러줬고…… 그리고 내렸지요. 망할 자식! 한 5분쯤 지나니까 그 10루블짜리가 돈이 아니라 나르잔 병에 붙어 있던 상표 쪼가리였소!" 운전사는 차마 글로 옮길 수 없는 말들을 퍼부어댔다. "또 한 놈은 주봅스카야까지 가자고 해서 10루블짜리 지폐를 주기에 3루블을 거슬러줬죠. 놈은 튀어버렸고! 주머니에 손을 넣었더니 벌이 튀어나와 손가락을 냅다 쏘지 뭡니까! 그놈을 그냥……!" 운전사는 또 다시 글로 적을 수 없는 말들을 쏟아냈다. "10루블은 온데간데없고. 어제 저 바리에테 극장에서 (적을 수 없는 말들) 무슨 마술사 놈인지 뭔지가 10루블짜리 지폐를 가지고 공연을 했다던데(적을 수 없는 말들)······."

경리부 계장은 얼이 빠져 몸이 움츠러들었다. 마치 바리에테라는 말을 처음 듣는다는 듯한 표정을 지으며 속으로 생각했다. '어떻게 이런 일이······!'

목적지에 도착한 경리부 계장은 무사히 택시비를 치르고 건물 안으로 들어갔다. 복도를 따라 위원장 사무실로 서둘러 달려갔으나 곧 때를 잘못 맞춰왔음을 알아차렸다. 무슨 일인지 공연위원회 사무실이 몹시 소란스러웠던 것이다. 머리에 썼던 스카프가 목 뒤까지 흘러내리고 눈은 휘둥그레진 여자 급사가 경리부 계장 옆을 달려 지나쳤다.

"없어요, 없어! 없어요, 여러분!" 그녀는 누구에게 말하는지도 모른 채 소리를 질렀다. "양복은 그대로 있는데 그 안에 아무것도 없어요!"

급사는 어느 문인가를 열고 그 안으로 사라졌다. 그녀가 사라진 문 너머에서 접시 깨지는 소리가 들려왔다. 경리부 계장과 안면이 있는 위원회 제1분과 과장이 비서실에서 뛰쳐 나왔는데 어떻게 된 일인지 그는 경리부 계장을 알아보지도 못하고 어디론가 사라져버렸다.

이 모든 상황에 몹시 불안해하며 위원장 사무실 입구에 있는 비서실로 들어간 경리부 계장은 완전히 경악하고 말았다.

문 닫힌 사무실 안쪽에서 누군가가 호통치는 소리가 들려왔다. 위원장, 프로호르 페트로비치의 목소리임에 틀림없었다. 당황한 경리부 계장은 '누구한테 저렇게 욕을 해대고 있는 거지?' 생각하며 주위를 둘러보다 다른 사람을 발견했다. 프로호르 페트로비치의 개인 비서 안나 리차르도브나가 가죽 의자 등받이에 머리를 기댄 채 쓰러져 있었다. 다리를 비서실 한가운데까지 뻗은 미모의 비서 안나 리차르도브나는 젖은 손수건을 들고 숨이 넘어가도록 통곡을 했다.

그녀의 턱은 온통 립스틱으로 범벅이 되었고 복숭앗빛 뺨에는 속눈썹에서 번진 검은 마스카라가 흘러내렸다.

누군가 들어온 것을 본 안나 리차르도브나는 벌떡 일어나 경리부 계장에게 달려오더니 양복 깃을 잡아 흔들며 소리를 지르기 시작했다.

"오, 하느님! 이제야 용감한 분이 나타나셨군요! 다들 도망가버렸는데, 모두 배신을 했는데! 저하고 같이 들어가요, 제발 같이 가줘요. 전 어떻게 해야 할지 모르겠어요!" 그녀는 계속 흐느껴 울면서 경리부 계장을 사무실로 끌고 들어갔다.

사무실로 들어선 경리부 계장은 들고 있던 서류가방을 떨어뜨렸다. 머릿속에서 온갖 생각들이 물구나무를 서는 듯했다. 그럴만한 이유가 있었다.

묵직한 잉크병이 놓인 커다란 책상 앞에 속이 텅 빈 양복이 앉아 잉크도 묻히지 않은 마른 펜으로 종이 위에 무언가를 휘갈겨 쓰고 있었다. 양복은 넥타이를 매고 있었고 작은 윗주머니에는 만년필이 삐져나와 있었다. 그러나 옷깃 위에는 목도 머리도 없었으며, 마찬가지로 소매 밑에도 손목이 보이지 않았다. 양복은 주위에서 벌어지는 소동을 전혀 눈치 채지 못한 듯 일에 몰두하고 있었다. 누가 들어오는 소리가 나자 양복은 의자 등받이로 몸을 젖혔다. 목깃 위에서 경리부 계장이 너무나도 잘 아는 프로호르 페트로비치의 목소리가 울려나왔다.

"뭔가? 아무도 만나지 않겠다고 문 앞에 써 붙여 놓았을 텐데."

미모의 여비서가 비명을 내지르고는 두 손을 움켜잡으며 소리쳤다.

"보셨죠? 보셨죠?! 그이가 없어요! 없어졌다고요! 그를 돌려줘요, 돌려주세요!"

그때 누군가 사무실 문에 고개를 들이밀더니 '악!' 비명을 지르고는 도망쳐버렸다. 경리부 계장은 다리가 떨려옴을 느끼며 의자 끄트머리에 주저앉았다. 그러면서도 서류가방을 집어 드는 것만은 잊지 않았다. 안나 리차르도브나는 그의 옷을 잡아당기며 발을 동동 굴렀다.

"내가 그렇게 하지 말라고 했는데도 저이는 욕을 할 때마다 악마를 들먹였어요! 그러더니 저렇게 악마가 씌인 거예요!" 아름다운 여인은 책상으로 달려가 너무 울어 조금 콧소리가 섞인 부드러운 목소리로 노래하듯 소리쳤다. "프로샤! 어디 있어요?"

"지금 누구한테 프로샤라고 하는 거지?" 양복은 다시 한 번 의자로 몸을 크게 젖히며 거만하게 물었다.

"못 알아봐요! 날 못 알아봐요! 무슨 말인지 아시겠어요?" 여비서는 다시 통곡하기 시작했다.

"계속 그렇게 울려거든 여기서 나가주시오!" 줄무늬 양복이 신경질적으로 화를 내며 말했다. 서류를 결재하려는 듯 소매로 새 종이 뭉치를 제 쪽으로 끌어간다.

"안 돼, 난 못보겠어. 더는 못 보겠어요!" 안나 리차르도브나는 소리를 지르더니 비서실로 뛰어나갔다. 경리부 계장도 그녀의 뒤를 쫓아 총알처럼 뛰쳐나갔다.

"그게 말이에요, 내가 여기 앉아 있는데," 안나 리차르도브나는 흥분으로 몸을 떨면서 다시 경리부 계장의 소매를 붙잡고 이야기를 시작했다. "고양이가 한 마리 들어오는 거예요. 시커멓고, 하마처럼 커다란 고양이가. 그래서 당연히 '저리 가!' 소리쳤죠. 그랬더니 그냥 나가버렸어요. 대신 꼭 고양이처럼 생긴 웬 뚱뚱한 남자가 들어와서는 '이봐요. 어떻게 손님한테 저리 가라고 할 수 있습니까?' 이러는 거예요. 그러더니 바로 프로흐르 페트로비치에게 가버렸어요. 물론 제가 그 뒤에 대고 '당신 미쳤어요?' 소리를 질렀죠. 그 뻔뻔스러운 작자는 아랑곳 않고 곧장 프로흐르 페트로비치 방으로 들어가서 책상 맞은 편 의자에 턱 앉는 거예요! 그래서 그이가…… 그 사람, 마음씨는 정말 착하지만 좀 신경질적이거든요. 그이는 불같이 화를 냈어요! 그래요, 인정할게요. 황소같이 일만 할 줄 알지 성질은 정말 고약한 사람이죠. 그가 소리질렀어요. '당신이 뭔데 비서도 통하지 않고 함부로 들어오는 거야?' 그런데 그 철면피 같은 인간이 어떻게 했는지 아세요? 세상에, 의자에 퍼질러 앉아서 웃으며 이러는 거예요. '작은 사업 건으로 상의를 좀 하러 왔는데' 프로흐르 페트로비치는 다시 발끈했어요. '난 바쁜 사람이야!' 그랬더니 그 인간이 글쎄 '바쁘긴 당신이 뭐가 바쁘다는 거야……' 그러지 뭐예요. 상상이 가세요? 물론 프로흐르 페트로비치의 인내심은 폭발했죠. 그이가 소리쳤어요. '뭐라고? 이자를 당장 끌어내, 빌어먹을, 차라리 내가 악마한테 잡혀가고 말지!' 그랬더니 그 인간이 씩 웃으면서 이러는 게 아니겠어요? '악마한테 잡혀가? 그야 어렵지 않지!' 제가 소리 지를 틈도 없었어요. 갑자기 펑 소리가 나더니 그 고양이 낯짝은 온데간데없이 사라지고 저렇게…… 앉아 있는 거예요…… 양복만…… 아아아……!" 안나 리차르도브나는 입술 선이 뭉개져버린 입을 크게 벌리고 소리높여 울기 시작했다.

한참을 그렇게 통곡하던 안나 리차르도브나가 마침내 숨을 몰아쉬더니 이젠 아예 말도 안 되는 소리들을 지껄여댔다.

"그러고는 쓰고, 쓰고, 또 쓰고! 정말 미치겠어요! 전화에 대고 말을 내뱉고! 양복이 말이에요! 다들 놀란 토끼처럼 도망가 버렸다고요!"

경리부 계장은 멀거니 서서 떨고만 있었다. 그때 운명이 그를 구해주었다. 경찰관 둘이 침착하고 사무적인 걸음걸이로 비서실에 들어온 것이다. 그들을 본 미녀는 손으로 사무실 문을 가리키며 더 크게 울기 시작했다.

"자, 이제 그만 우십시오." 먼저 들어온 경관이 침착하게 말했다. 이제 여기 있을 필요가 없다고 느낀 경리부 계장은 비서실을 뛰쳐나와 일 분 뒤 그는 벌써 밖에 나와 있었다. 머릿속은 구멍이 뚫려 바람이 들어오고 굴뚝 안처럼 웅웅 소리가 울리기 시작했다. 그 웅웅거리는 소리 사이로 좌석안내원이 어제 공연에 나왔던 고양이에 대해 했던 말들이 띄엄띄엄 섞여 들려왔다. '설마! 공연에 나왔던 그 고양이는 아니겠지?'

결국 위원회에서 일을 처리하지 못하자 고지식한 바실리 스테파노비치는 바간콥스키 골목에 있는 위원회 지부에 들르기로 했다. 그는 조금이라도 마음을 가라앉히기 위해 지부까지 걸어갔다.

시 공연위원회 지부는 정원 안쪽, 오랜 세월로 칠이 벗겨진 저택에 자리잡고 있었으며 현관에 있는 암석 기둥들로 유명했다.

그러나 이날 방문객들을 놀라게 한 것은 현관 기둥들이 아니라 그 아래서 일어난 사건이었다.

몇몇 방문객들이 멍하니 서서, 테이블 앞에 앉아 울고 있는 아가씨를 바라보고 있었다. 테이블 위에는 그녀가 판매하는 공연 전문서적들이 놓여 있었다. 아가씨는 누구에게도, 어떤 책도 팔려 하지 않았을 뿐만 아니라 사람들의 걱정 어린 질문에도 손을 내젓기만 했다. 바로 그때 위에서, 아래에서, 옆에서, 지부의 모든 부서에서, 적어도 스무 대는 되는 전화벨소리가 한꺼번에 울려퍼졌다.

한참을 울던 아가씨가 갑자기 몸을 부르르 떨며 히스테리를 일으키듯 소리질렀다.

"봐요, 또!" 아가씨는 느닷없이 떨리는 소프라노로 노래를 부르기 시작했다.

영광의 바다, 성스러운 바이칼*[2]······*[3]

---

*[2] 시베리아 남서쪽에 있는 호수로 세계에서 가장 오래되고(2500만 년) 가장 깊다(1,700m). '성스러운 바다'라고도 불린다.

그때 계단에 나타난 급사가 주먹으로 누군가를 위협하더니 목이 잠긴 듯 둔탁한 바리톤으로 아가씨와 함께 노래를 부르기 시작했다.

　영광의 함선, 송어로 가득찬 통이여……!

멀리서 들려오는 목소리들이 급사의 목소리와 합쳐졌다. 합창 소리는 점점 더 커져 마침내 지부 구석구석까지 울려퍼졌다. 바로 옆 6호실 회계감시과에서 허스키하면서도 우렁찬 저음이 아주 또렷이 들려왔다. 점점 더 커져가는 전화벨 소리가 반주처럼 깔렸다. 계단에서 급사가 고래고래 악을 썼다.

　헤이, 바르구진……*4 파도를 일으켜!

눈물이 아가씨의 뺨을 타고 흘러내렸다. 이를 악물어 보려 했으나 저절로 입이 열리더니 급사보다 한 옥타브 높은 노랫소리가 흘러 나왔다.

　젊은이가 바로 거기에 있다!

할 말을 잃을 만큼 방문객들을 놀라게 한 것은 곳곳에 흩어져 합창하는 사람 모두가 보이지 않는 지휘자에게서 눈을 떼지 않고 있는 것처럼 매우 훌륭하게 화음을 맞추고 있다는 점이었다.
바간콥스키 거리를 지나던 사람들도 지부에서 울려퍼지는 즐거운 노랫소리에 놀라 정원 울타리 앞에 멈춰 섰다.
첫 번째 후렴구가 끝나자 지휘자의 지휘봉에 맞추기라도 한 듯 노랫소리가 갑자기 사라졌다. 급사도 중얼중얼 욕설을 내뱉더니 자리를 떠났다.
그때 현관문이 열리고 여름 외투를 입은 남자가 경찰과 함께 나타났다. 외투 아래로 삐져나온 흰 가운 자락이 보였다.
"의사 선생님, 제발 어떻게 좀 해주세요!" 아가씨가 신경질적인 목소리로

---

*3 시베리아로 유배된 도형(徒刑)수들이 부르던 오래된 노래. 러시아 혁명 뒤, 정치범들이 부르며 널리 알려지게 되었다.
*4 Barguzin : 러시아 부랴티아에 있는 강.

소리쳤다.

그때 지부 사무장이 계단을 뛰어내려왔다. 사무장은 부끄러움과 당혹감으로 얼굴이 벌겋게 달아오른 채 더듬더듬 말했다.

"보시는 대로입니다, 선생님. 우리 지부에 집단최면 같은 게 일어나서……… 그러니까 아무리 노래를 안 하려고 해도…… 그는 말을 끝내지도 못하고 단어들이 목에 걸리기라도 한 것처럼 켁켁거리더니 갑자기 테너로 노래하기 시작했다.

실카와 네르친스크……*5

"바보!" 아가씨는 겨우 소리칠 수 있었으나 누구에게 말한 것인지는 설명하지 못했다. 그녀 또한 자기도 모르게 현란한 성악 창법을 선보이며 실카와 네르친스크에 대한 노래를 부르기 시작했기 때문이다.

"진정하세요! 노래를 멈추세요!" 의사가 사무장에게 말했다.

사무장도 노래를 멈추기 위해서라면 무엇이든 다 내놓을 각오가 되어 있음은 누가 봐도 분명했다. 그러나 멈출 수가 없었다. 그는 합창하는 사람들과 함께 골목을 지나는 사람들에게 새로운 구절을 들려주었다. "밀림 속에서는 먹성 좋은 짐승도 그를 건드리지 못하고 사수들의 탄알도 쫓아오지 못했네!"

그 소절이 끝나자마자 아가씨가 먼저 의사에게 진정제를 받았다. 의사는 다른 사람들에게도 약을 먹이기 위해 사무장을 따라 뛰어갔다.

"실례합니다, 아가씨." 바실리 스테파노비치가 갑자기 젊은 여인에게 말을 붙였다. "여기 혹시 검은 고양이가 들르지 않았나요?"

"고양이요?" 젊은 여인이 화를 내며 소리쳤다. "우리 지부에 앉아 있는 건 고양이가 아니라 당나귀에요, 당나귀!" 또 덧붙이기를, "들어주시겠어요? 뭐든 다 말씀해 드릴게요." 그리고 정말로 무슨 일이 일어났는지 모두 얘기해주었다.

알고보니 지부장은 '대중 오락을 아주 난장판으로 만들어놓은(이건 젊은 여인의 말이다)' 인물로, 온갖 종류의 동호회 조직 마니아였다.

*5 실카는 자바이칼스키 지방의 강 이름이며 네르친스크(Ner Chinsk)는 실카강에 가까운 도시 이름이다.

"정부를 완전히 속인 거죠!" 젊은 여인이 악에 받친 듯 소리를 질렀다.

지부장은 지난 일 년 동안 레르몬토프*6 연구회, 체스-체커회, 탁구 동호회, 승마 동호회를 조직했다. 또 여름이 되면 보트 동호회와 등산 동호회를 조직하겠다며 단단히 마음먹고 있었다.

그리고 바로 오늘 점심시간에 그 지부장이 들어왔다……

"어떤 빌어먹을 놈의 손을 잡고 들어오더라고요." 젊은 여인이 계속 해서 말했다. "어디서 데려온 놈인지 모르겠지만 체크무늬 바지에 금이 간 코안경을 썼는데…… 얼굴도 어쩜 그렇게 생겼는지!"

여인의 말에 따르면, 지부장은 식당에서 점심을 먹는 사람들에게 그를 합창 동호회 조직의 전문가라고 소개했다는 것이다.

미래의 산악 등반가들의 얼굴은 어두워졌으나 지부장은 바로 모두의 용기를 북돋웠다. 전문가는 농담도 하고 제법 재치 있는 말을 늘어놓으면서 노래는 시간을 적게 들이고도 큰 효과를 얻을 수 있다며 장담했다.

그러자 물론, 이 또한 젊은 여인의 말에 따르면, 지부에서 이름 높은 아첨꾼 파노프와 코사르추크가 가장 먼저 벌떡 일어나 동호회에 가입 의사를 밝혔다고 했다. 그러자 나머지 직원들도 합창을 피할 수 없으며 동호회에 가입할 수밖에 없음을 깨달았다. 노래는 점심시간에 부르기로 했다. 나머지 시간은 모두 레르몬토프와 체커가 차지하고 있었기 때문이었다. 지부장은 모범을 보이기 위해 테너 파트를 하겠다고 나섰다. 그 다음부터는 모든 것이 악몽처럼 진행되었다. 합창 지휘를 맡은 체크무늬 전문가가 먼저 귀청이 떨어지도록 소리를 질렀다.

"도-미-솔-도!" 합창 지휘 전문가는 어떻게든 노래하는 것을 피해보려고 책장 뒤에 숨어 있던 소심하기 짝이 없는 직원들을 끌어내고 코사르추크에게는 절대음감을 가졌다며 추켜세웠다. 난데없이 하소연을 하듯 훌쩍거리면서 열심히 노래하는 늙은 지휘자를 좀 존중해달라고 부탁하더니 손가락으로 소리굽쇠를 두드리며 《영광의 바다》가 울려 퍼지게 해달라고 애원하기도 했다.

그의 말대로 《영광의 바다》가 울려 퍼졌다. 그것도 아주 영광스럽게. 체크

---

*6 미하일 레르몬토프(1814~1841) 러시아의 시인·소설가.

무늬는 자신이 해야 할 일을 너무나도 잘 알고 있었다. 1절이 끝났다. "잠시 실례하겠습니다!" 성가대 지휘자가 양해를 구하더니…… 사라졌다. 사람들은 정말로 그가 잠시 뒤에 돌아오리라 생각했다. 하지만 10분이 지나도 돌아오지 않았다. 그가 도망쳤다는 생각이 들자 지부 사람들은 너무나도 기뻤다.

그런데 갑자기 사람들이 자기도 모르게 노래를 부르기 시작했다. 모두가 코사르추크를 따라 불렀다. 절대음감은 없을지 모르지만 꽤 듣기 좋은 고음의 테너였다. 끝까지 다 불렀다. 성가대 지휘자는 오지 않았다! 사람들은 저마다 자기 자리로 돌아갔지만 자리에 앉을 수 없었다. 그들의 의지와는 상관없이 또 노래를 부르기 시작한 것이다. 도저히 멈출 수가 없었다. 3분쯤 조용히 앉아 있다가도 다시 노래가 터져나왔다. 조용해졌다 싶으면 또 다시 터져나왔다! 그제야 사람들은 끔찍한 일이 벌어지고 있음을 깨달았다. 창피해진 지부장은 사무실로 들어가 문을 걸고 틀어박혀 버렸다.

여기서 아가씨의 이야기는 중단되었다. 진정제도 아무 소용이 없었다.

15분 뒤 바간콥스키 골목 울타리 아래로 트럭 세 대가 도착했다. 지부장을 비롯한 직원 모두가 그 트럭에 태워졌다.

첫 번째 트럭이 흔들리며 정문을 넘어 골목길로 나서자마자 짐칸에서 어깨를 맞대고 서 있던 직원들이 입을 벌렸다. 골목 안 가득히 노랫소리가 울려 퍼졌다. 두 번째 트럭이 노래에 가세했고 세 번째 트럭이 뒤를 이었다. 그렇게 모두 바간콥스키 골목을 떠났다. 저마다의 일로 분주히 길을 가던 사람들은 트럭들을 힐끗 쳐다보고는 전혀 놀라는 기색 없이 교외로 견학을 가는 것이라 생각했다. 실제로 그들은 교외로 가고 있었는데, 다만 견학이 아니라 스트라빈스키 교수의 병원으로 가는 것이었다.

30분 뒤 경리부 계장은 완전히 정신이 나간 얼굴로 공연 재무국에 도착했다. 그는 어떻게든 빨리 이 돈다발을 건네주고 의무에서 벗어나고 싶었다. 이미 여러 차례 소란을 경험한 그는 먼저 좁고 긴 사무실 안을 조심스레 훑어보았다. 금색 명패가 붙은 반투명 유리벽 너머로 직원들이 앉아 있었다. 소란이나 추태의 기미는 찾아볼 수 없었다. 제대로 된 관청이라면 마땅히 그래야 하듯 그곳은 조용했다.

바실리 스테파노비치는 '수납'이라고 적힌 창구로 고개를 들이밀었다. 그는 낯선 직원과 인사를 나눈 뒤 수입전표를 한 장 달라고 정중하게 부탁했다.

"그건 왜요?" 창구 직원이 물었다.

경리부 계장은 당황했다.

"수익금을 내려고 하는데요. 바리에테에서 왔습니다."

"잠깐 기다리세요." 직원이 말했다. 그리고는 얼른 창구를 격자망으로 가렸다.

'이상하군!' 경리부 계장은 생각했다. 그가 놀라는 것은 지극히 당연한 일이었다. 살면서 이런 일은 처음이었다. 모두가 익히 알고 있듯이 돈을 받아내기란 정말 어렵다. 돈을 손에 넣기까지 언제 어디서든 난관에 부딪칠 수 있다. 30년 동안 경리부 계장으로 일을 하면서 법인이든 개인이든 돈 받기를 주저하는 상황은 본 적이 없었다.

마침내 창구가 열리고, 경리부 계장은 다시 창구에 달라붙었다.

"금액이 많은가요?" 직원이 물었다.

"2만 1711루블입니다."

"오호!" 직원은 왠지 빈정거리고 있었다. 창구 직원은 경리부 계장에게 초록색 용지를 내밀었다.

서식을 잘 알고 있던 경리부 계장은 단숨에 용지를 채우고는 가져온 꾸러미의 노끈을 풀기 시작했다. 꾸러미를 다 풀었을 때, 눈앞이 아득해진 그는 어딘가 아픈 사람처럼 잘 알아들을 수 없는 말을 중얼거렸다.

눈앞에 외국돈들이 어른거렸다. 캐나다 달러 다발들과 영국 파운드, 네덜란드 길더, 라트비아 라트, 에스토니아 크론……

"바리에테의 사기꾼이 또 하나 나타났군." 말문이 막힌 경리부 계장의 머리 위로 준엄한 목소리가 들려왔다. 바실리 스테파노비치는 그 자리에서 체포되었다.

제18장
불운한 방문객들

성실한 경리부 계장이 자동 필기 양복과 만나기 위해 택시 승강장으로 달려가던 바로 그때, 점잖은 승객 하나가 모스크바에 도착한 키예프발 열차에서 내렸다. 그 승객은 다름 아닌 고(故) 베를리오즈의 고모부 막시밀리안 안드레예비치 포플랍스키였다. 경제학자이자 생산계획전문가인 그는 키예프의 옛 대학 거리에 살고 있다. 막시밀리안 안드레예비치가 모스크바에 온 것은 이틀 전 저녁 늦게 전보를 받았기 때문이었다.

> 지금 파트리아르흐 호(湖)에서 전차에 치여 내 목이 잘렸음. 장례식 금요일 오후 3시 참석 바람. 베를리오즈.

막시밀리안 안드레예비치는 키예프에서 가장 머리가 좋다는 사람들 중 하나로 꼽혔고, 그것은 사실이기도 했다. 그러나 아무리 머리 좋은 사람이라도 이런 전보를 받으면 혼란스러울 수밖에 없다. 일단 누군가 자기 목이 잘렸다고 전보를 쳤다면 그건 분명히 죽을 만큼 치명상을 입지 않았다는 뜻이다. 그런데 장례식은 또 무슨 소린가? 혹시 상태가 아주 좋지 않아 죽음을 예감하고 있는 걸까? 그럴 수도 있다. 하지만 가장 이상한 것은 내용이 너무 정확하고 구체적이라는 점이다. 그는 어떻게 금요일 오후 세 시에 자신의 장례가 치러지리라는 걸 알았을까? 놀라지 않을 수 없는 전보다!

그러나 머리가 좋은 사람들은 어지러운 상황도 잘 풀어내기 때문에 머리가 좋다고 하는 것이다. 문제는 아주 간단하다. 뭔가 착오가 생겨서 잘못 기록된 전보가 전달된 것이다. '내'라는 단어는 다른 전보에서 여기로 잘못 들어왔음에 틀림없다. 그 자리에는 '베를리오즈의'라는 단어가 들어갔어야 했는데, 실수로 소유격 조사 '의'가 빠진 채 전보 마지막에 잘못 입력된 것이다. 이렇게 바로잡고 보니 전보의 의미는 분명했다. 물론 비극적인 내용이긴 했지만 말이다.

그의 아내를 충격으로 몰아넣은 슬픔이 잦아들자 막시밀리안 안드레예비치는 당장 모스크바로 떠날 채비를 했다.

여기서 막시밀리안 안드레예비치의 비밀을 하나 밝혀야겠다. 그가 한창 나이에 세상을 떠난 처조카의 죽음을 안타까워했음은 두말할 필요도 없다. 그러나 매사에 일처리가 분명한 현실주의자로서 그는 자신이 장례식에 꼭 참석해야 할 이유가 없다는 것을 잘 알고 있었다. 그럼에도 불구하고 막시밀리안 안드레예비치는 매우 서둘러 모스크바로 떠났다. 왜 그랬을까? 답은 한 가지, 아파트 때문이었다. 모스크바의 아파트! 이건 중대한 문제였다. 이유는 잘 모르겠지만 막시밀리안 안드레예비치는 키예프가 마음에 들지 않았다. 게다가 요 며칠 동안은 모스크바로 이사를 해야 한다는 생각이 잠도 제대로 자지 못할 만큼 그를 들쑤시던 참이었다.

봄만 되면 강가 나지막한 섬들을 덮쳐 지평선까지 물이 차오르게 하는 드네프르 강의 범람이 싫었다. 블라디미르 대공(大公)*¹ 동상 발치에서부터 펼쳐지는, 숨막히게 아름다운 경치도 좋아하지 않았다. 블라디미르 언덕 작은 벽돌 길 위에 봄 햇살이 나뭇잎 사이로 비쳐 들어와 어른거려도 그는 즐겁지 않았다. 그가 바라는 건 이런 것들이 아니었다. 그는 단 한 가지, 모스크바로 이사가는 것만을 바랐다.

키예프 옛 대학 거리에 있는 아파트와 모스크바의 더 작은 아파트를 맞바꾸자는 신문 광고도 내보았지만 허사였다. 원하는 사람이 없었다. 어쩌다가 그런 사람들이 나타난다 해도 그들의 제안은 터무니없었다.

전보는 막시밀리안 안드레예비치를 몹시 흥분시켰다. 그대로 놓치기엔 너무나 아까운 기회였다. 실리에 밝은 사람들은 이런 기회가 다시 오지 않음을 잘 안다.

어떤 어려움이 있더라도 사도바야 거리에 있는 조카의 아파트를 상속받아야 한다. 물론 결코 쉬운 일은 아니다. 그러나 어떻게 해서든 그 어려움들을 극복해야 했다. 노련한 막시밀리안 안드레예비치는 이를 위해 가장 먼저, 반

---

*1 블라디미르 모노마흐(Vladimir Monomalch) 키예프 공국의 마지막 대공으로 1113~1125년까지 재위했다.

드시 해야 할 일이 무엇인지 알고 있었다. 그는 잠시 동안이라도 고인이 된 조카의 방 세 개에 거주 등록을 해야 했다.

금요일 오후 막시밀리안 안드레예비치는 모스크바에 있는 사도바야 거리 302-2번지 주택 조합 사무실의 문을 열었다.

그가 들어선 좁은 사무실 벽에는 강에 빠진 사람을 구조하는 방법이 그려진 낡은 포스터 몇 장이 걸려 있었고, 나무 책상 앞에는 면도를 하지 않은 중년 남자가 불안한 눈빛으로 홀로 앉아 있었다.

"주택 조합장님을 좀 뵐 수 있을까요?" 경제학자이자 생산계획전문가가 모자를 벗고 가방을 빈 의자에 내려놓으며 정중하게 물었다.

지극히 평범한 이 질문에 책상 앞에 앉아 있는 사내는 웬일인지 당황하며 얼굴색이 변하기까지 했다. 그는 불안하게 시선을 피하면서 들릴 듯 말 듯한 목소리로 조합장은 없다고 말했다.

"그럼 댁에 계신가요?" 포플랍스키가 물었다. "급한 용무가 있어서요."

책상 앞 사내는 또다시 횡설수설했다. 어쨌든 조합장이 집에 없다는 것만은 알 수 있었다.

"그럼 언제 돌아오시죠?"

책상 앞 사내는 그 질문에 대답하지 않고 그저 우울한 눈으로 창밖을 바라보았다.

'아하!' 머리 좋은 포플랍스키는 속으로 중얼거리고는 그럼 조합 간사는 어디에 있느냐고 물었다.

책상 앞에 앉아 있는 이상한 사내는 얼굴이 벌게지도록 긴장하면서 또다시 들릴 듯 말 듯한 목소리로 말했다. 간사도 없다…… 그가 언제 돌아올지 모른다…… 간사는 병이 났다…….

'아하!' 포플랍스키는 속으로 말했다. "그래도 조합에 사람이 있긴 할 거 아닙니까?"

"그게 접니다." 사내가 힘없는 목소리로 말했다.

"실은," 포플랍스키는 한마디 한마디에 힘을 줘가며 말했다. "파트리아르흐 호에서 사고로 죽은 베를리오즈는 제 조카입니다. 저는 고인의 유일한 상속인으로 법에 따라 이 아파트 50호에 있는 유품들을 정리할 의무가 있으며……."

"난 그런 건 잘 모릅니다……' 사내가 우울하게 말을 끊었다.

"그래도 들어보십시오." 포플랍스키는 울림이 좋은 목소리로 말했다. "당신은 조합원이니까 책임을……"

그때 사무실로 한 남자가 들어왔다. 책상 앞에 앉아 있는 사내는 그를 보고는 얼굴이 창백해졌다.

"운영위원 파트나즈코?" 들어온 사람이 앉아 있는 사람에게 물었다.

"예, 접니다." 그가 겨우 들을 수 있는 소리로 대답했다.

들어온 사람이 무언가 작게 속삭이자 앉아 있던 사람은 크게 당황하여 의자에서 일어났고, 몇 초 뒤 포플랍스키는 텅 빈 조합 사무실에 혼자 남아있게 되었다.

'이것 참 일이 복잡하게 됐군! 꼭 만나야 할 사람들이 이렇게 한꺼번에…….' 아스팔트가 깔린 마당을 지나 서둘러 50호실로 가던 포플랍스키가 짜증스레 생각했다.

생산계획전문가가 벨을 누르자 바로 문이 열렸다. 막시밀리안 안드레예비치는 어두침침한 현관으로 들어섰다. 그런데 뭔가 좀 이상했다. 누가 문을 열어준 건지 알 수 없었기 때문이다. 현관에는 의자에 앉아 있는 엄청나게 큰 검은 고양이 말고는 아무도 없었다.

막시밀리안 안드레예비치가 헛기침을 하고 발소리를 내자 서재 문이 열리면서 코로비예프가 현관으로 나왔다. 막시밀리안 안드레예비치는 그에게 정중하지만 위엄 있게 고개를 숙여 인사했다.

"저는 포플랍스키라고 합니다. 고인이 된……

그는 말을 끝까지 하지 못했다. 코로비예프가 주머니에서 더러운 손수건을 꺼내더니 거기에 코를 박고 울기 시작한 것이다.

"…… 베를리오즈의 고모부인데……

"역시 그렇군요?" 코로비예프는 얼굴에서 손수건을 떼어내며 말을 끊었다. "전 한눈에 당신을 알아봤습니다!" 그는 우느라 어깨를 들썩이며 목청을 높였다. "그래 얼마나 슬프십니까? 어떻게 이런 일이 벌어질 수 있나요? 안 그렇습니까?"

"전차에 치였다고요?" 포플랍스키가 중얼거리듯 물었다.

"온 몸이 갈기갈기 찢겼습니다!" 코로비예프가 외쳤다. 코안경 아래로 눈물이 하염없이 흘러내렸다. "아주 갈기갈기요! 제가 그 자리에 있었죠, 순식간에! 머리가 뎅강! 오른쪽 다리가 뚝! 왼쪽 다리도 뚝! 두 동강이 났습니다! 도대체 전차를 어떻게들 모는 건지!" 더 이상 참을 수 없다는 듯 코로비예프는 거울 옆 벽에 코를 박고 통곡을 하며 몸을 떨기 시작했다.

베를리오즈의 고모부는 생판 모르는 그 사람의 행동에 진심으로 감동을 받았다. '이래도 우리 시대에 따뜻한 가슴을 지닌 사람이 없다고 할 텐가!' 그는 자신도 모르게 눈시울이 뜨거워짐을 느꼈다. 그러나 동시에 먹구름이 그의 마음을 뒤덮었다. 따뜻한 가슴을 지닌 저 사람이 벌써 고인의 아파트에 거주 등록을 한 것은 아닐까 하는 생각이 퍼뜩 떠오른 것이다. 살다 보면 그런 일이 자주 일어나니까 말이다.

"실례지만, 죽은 우리 미샤의 친구 되십니까?" 그는 소매로 메마른 왼쪽 눈을 닦고 오른쪽 눈으로는 슬픔에 젖은 코로비예프를 살펴보며 물었다. 그러나 코로비예프가 너무나 슬프게 통곡을 해대는 통에, 반복되는 '우지직, 두 동강!' 말고는 아무것도 알아들을 수 없었다. 실컷 울고 난 코로비예프는 마침내 벽에서 몸을 떼어내며 말문을 열었다.

"안 돼, 더 이상은 안 되겠어! 가서 진정제 300방울은 마셔야겠어……!" 그는 눈물 범벅이 된 얼굴을 포플랍스키에게 돌리며 덧붙였다. "바로 전차 때문이란 말입니다!"

"죄송하지만, 제게 전보를 보낸 분이 당신인가요?" 막시밀리안 안드레예비치는 이 무지막지한 울보가 도대체 누구일지 머리가 아프도록 생각하며 물었다.

"그건 저쪽입니다!" 코로비예프는 손가락으로 고양이를 가리켰다. 포플랍스키는 눈을 동그랗게 뜨고 뭔가 잘못 들었으리라 생각했다.

"안 돼, 안 되겠어. 더 이상 못 참겠어." 코로비예프는 요란하게 코를 훌쩍이며 계속 중얼거렸다. "자꾸 생각 나. 한쪽 다리가 바퀴에 깔려…… 그 바퀴 하나가 160킬로그램은 될 텐데…… 뚝! 가서 침대에 좀 누워야지, 자고 나면 다 잊어버릴 거야." 그는 현관에서 사라졌다.

그러자 고양이가 몸을 살짝 틀어 의자에서 펄쩍 뛰어내리더니, 뒷발로 서서 앞발을 허리에 대고 입을 열었다.

"그래요, 내가 전보를 쳤소. 그게 뭐 어쨌다는 거요?"

막시밀리안 안드레예비치는 머리가 핑 돌고, 팔다리에 힘이 쪽 빠지면서 여행가방을 떨어뜨렸다. 그는 고양이 맞은편에 놓인 의자에 털썩 주저앉고 말았다.

"나는 분명 러시아 말로 물은 것 같은데," 고양이가 차갑게 말했다. "그게 뭐 어쨌냐니까?"

포플랍스키는 아무 대답도 하지 못했다.

"신분증 내놔봐!" 고양이는 털이 북슬북슬한 앞발을 내밀며 악다구니를 써댔다.

포플랍스키는 뭐에 홀린 사람처럼 고양이의 두 눈에 타오르는 불꽃만을 바라보며 재빨리 주머니에서 마치 단도를 꺼내듯 신분증을 꺼냈다. 고양이는 거울 아래 테이블에서 두툼한 검은 테 안경을 집어 들어 제 주둥이 위에 걸치는 바람에 더욱 충격적인 인상을 자아냈다. 고양이가 덜덜 떠는 포플랍스키의 손에서 신분증을 낚아챘다.

'어떻게 된 거지, 내가 지금 기절을 한 건가?' 포플랍스키는 생각했다. 멀리서 코로비예프가 흐느껴 우는 소리가 들려왔다. 현관은 온통 에테르와 진정제 그리고 뭔가 구역질 나는 역겨운 냄새로 가득했다.

"어느 부서에서 발급한 거지?" 고양이가 신분증을 뚫어져라 들여다보며 물었다. 포플랍스키는 아무 대답도 할 수 없었다.

"412과." 고양이는 앞발로 신분증을 툭툭 치며 말을 했다. 그는 신분증을 거꾸로 들고 있었다. "내 이럴 줄 알았어! 내가 아는 부서야! 아무한테나 닥치는 대로 신분증을 만들어주는 곳이지! 하지만 나라면 당신 같은 작자한테는 신분증을 만들어주지 않았을 거야! 절대! 얼굴만 봐도 바로 알 수 있거든. 당신이 어떤 인간인지 말이야!" 고양이는 몹시 화를 내며 신분증을 바닥에 내동댕이쳤다. "당신의 장례식 참석은 취소되었소." 고양이가 사무적인 목소리로 말했다. "당신이 살던 곳으로 돌아가시오." 그리고 문 쪽을 쳐다보며 소리쳤다. "아자젤로!"

고양이의 호출에 딱 달라붙는 검은 타이츠를 신고 가죽 벨트 뒤에 칼을 찬 땅딸막한 사내가 한쪽 다리를 절며 현관으로 뛰어나왔다. 사내는 빨강 머리에 누런 송곳니를 드러내고 있었으며 왼쪽 눈은 백내장에 걸린 듯 희뿌옇게 흐려져 있었다.

포플랍스키는 순간 숨이 막혀왔다. 그는 의자에서 일어나 가슴을 움켜쥐고 뒤로 한발 물러섰다.

"아자젤로, 배웅해드려!" 고양이가 명령을 내리고는 현관에서 나가버렸다.

"포플랍스키," 사내가 코맹맹이 소리로 조용히 말했다. "이제 이해가 되나?"

포플랍스키는 고개를 끄덕였다.

"당장 키예프로 돌아가." 아자젤로가 말했다. "거기서 물보다 조용히, 풀보다 낮게 쭈그리고 사는 거다. 모스크바의 아파트는 꿈도 꾸지 말고, 알아듣겠나?"

송곳니와 칼, 애꾸눈으로 포플랍스키를 죽음의 공포로 몰아넣은 이 작달막한 사내는 키가 경제학자의 어깨까지밖에 오지 않았다. 하지만 그 움직임은 강력하고 질서정연하며 체계적이었다.

그는 먼저, 신분증을 주워 막시밀리안 안드레예비치에게 돌려주었다. 막시밀리안 안드레예비치는 죽은 사람처럼 힘 없는 손으로 신분증을 받았다. 아자젤로라 불리는 남자는 한 손으로 가방을 들고 다른 손으로 문을 연 뒤 베를리오즈 고모부의 팔을 잡아 층계참으로 끌고 갔다. 포플랍스키는 벽에 바싹 기대섰다. 열쇠도 없이 여행 가방을 연 아자젤로는 기름범벅이 된 신문에 싸여 있는, 한쪽 다리가 없는 커다란 통닭구이를 가방에서 꺼내 층계참에 내려놓았다. 그런 다음 속옷 두 벌과 면도칼을 가는 가죽띠 그리고 작은 수첩과 케이스를 꺼내 통닭만 빼고 모두 발로 차 계단 아래로 떨어뜨렸다. 텅 빈 여행가방 또한 계단 아래로 굴러 떨어졌다. 아래에서 가방이 부딪히는 소리가 들렸다. 소리로 보아 가방 뚜껑이 떨어져나간 것 같았다.

빨강 머리 강도는 닭다리를 잡아쥐고 통닭의 온 무게를 실어 포플랍스키의 목을 세게 후려쳤다. 몸통은 튕겨져 나가고 다리만 아자젤로의 손에 남았다. 대문호 레프 톨스토이의 표현대로 '오블론스키의 집은 모든 것이 어지럽게 뒤섞여버렸다'*2 그러니까 톨스토이라면 이런 경우에 바로 그렇게 표현했으리라는 것이다. 그렇다! 포플랍스키의 시야에 들어온 모든 것들이 어지럽

---

*2 소설 《안나 카레니나》 첫머리에 나오는 문장.

게 뒤섞여버렸다. 눈앞으로 길게 꼬리를 문 불꽃이 휙 지나가는가 싶더니 어느새 그 불꽃은 음울한 뱀으로 변하여 5월 한낮의 빛을 순식간에 삼켜버렸다. 포플랍스키는 신분증을 움켜쥔 채 계단 아래로 처박혔다. 아래쪽 층계참까지 굴러 떨어진 포플랍스키는 창문 유리를 발로 차 깨부수고 비좁은 계단에 털썩 주저앉혀졌다. 다리 없는 닭이 그 옆을 스쳐지나 계단통으로 떨어졌다. 아자젤로는 위에 그대로 서서 닭다리를 순식간에 먹어치운 뒤 남은 뼈를 타이츠 옆 주머니에 찔러 넣었다. 그는 아파트로 돌아가 쾅! 문을 닫았다.

그때 아래쪽에서 계단을 오르는 조심스러운 발소리가 들려왔다.

포플랍스키는 한 층 더 뛰어 내려가 층계참에 놓인 나무 의자에 앉아 숨을 가다듬었다.

계단을 올라오던 사람이 포플랍스키 옆에 멈춰 섰다. 왜소한 체구에 나이가 좀 들어 보이는 그 남자는 이상하리만큼 슬픈 얼굴을 하고 낡은 공단 양복에 초록 띠를 두른 밀짚모자를 쓰고 있었다.

"저, 뭐 좀 여쭤봐도 되겠습니까?" 공단 양복을 입은 작은 남자가 슬픈 목소리로 물었다. "50호가 어디지요?"

"저 위요!" 포플랍스키가 날카롭게 대답했다.

"감사합니다." 작은 남자는 다시 서글프게 말하고는 위층으로 올라갔고, 포플랍스키는 의자에서 일어나 아래로 뛰어 내려갔다.

여기서 한 가지 의문이 든다. 막시밀리안 안드레예비치가 그렇게 서둘러 나간 것은 혹시 백주대낮에 그에게 폭력을 휘두른 강도들을 경찰에 신고하기 위해서였을까? 아니, 절대 그렇지 않다. 그건 확실히 아니다. 경찰서로 달려 가 안경을 쓴 고양이가 내 신분증을 확인하더니 쫄쫄이를 입은 남자가 칼을 들고…… 아니다. 여러분, 막시밀리안 안드레예비치는 아주 머리가 좋은 사람이었다!

그는 벌써 아래로 내려와 출구 옆 작은 창고 문을 발견했다. 그 문의 유리는 깨져 있었다. 포플랍스키는 신분증을 주머니에 넣고 내던져진 물건들을 찾을 수 있을까 싶어 주위를 둘러보았다. 물건들은 흔적도 없었다. 그러나 포플랍스키는 자신이 그것들을 별로 아까워하지 않는다는 사실에 스스로도 놀랐다. 그는 더 흥미롭고 매혹적인 생각에 마음을 빼앗겼다. 좀 전의 작은 남자가 그 저주받은 아파트에 들어가서 어떻게 되는지 확인해 보는 거다.

50호가 어디냐고 물은 걸 보면 그 사람도 이곳에 처음 와 보는 것이 분명하다. 틀림없이 그는 지금 50호 아파트를 꿰차고 앉은 놈들의 손아귀 안으로 걸어들어가고 있을 터이다. 작은 남자는 곧 그 아파트에서 나올 거라고 무엇인가가 포플랍스키에게 속삭였다. 막시밀리안 안드레예비치는 이미 조카의 장례식 따윈 안중에도 없었다. 더욱이 키예프로 가는 열차 시각까지는 아직 시간이 충분했다. 경제학자는 주위를 한번 둘러보고는 재빨리 창고로 숨어들어갔다.

그때 멀리 위쪽에서 문 닫는 소리가 들려왔다. '들어갔군…….' 포플랍스키는 숨까지 멈추고 생각했다. 창고는 서늘했고 쥐냄새와 장화 냄새가 났다. 막시밀리안 안드레예비치는 나무토막 위에 앉아서 기다리기로 했다. 자리도 편했고 맞은편의 6번 출입구도 잘 보였다.

그러나 키예프에서 온 경제학자는 생각보다 더 오래 기다려야 했다. 웬일인지 계단을 오르내리는 사람이 아무도 없었다. 덕분에 소리는 아주 잘 들렸다. 마침내 5층에서 문 소리가 났다. 포플랍스키는 잔뜩 굳어버렸다. 그렇다, 그의 발소리다. '내려온다.' 한 층 아래 문이 열렸다. 발소리가 멎었다. 여자 목소리. 남자의 슬픈 목소리…… 분명히 그 남자 목소리다…… "제발 날 좀 내버려두시오……." 그 비슷한 말이 들려왔다. 깨진 유리창 밖으로 포플랍스키의 한쪽 귀가 쫑긋 삐져 나왔다. 그 귀가 여자 웃음소리를 잡아챘다. 단호한 발소리가 빠르게 내려온다. 그때 밖으로 여자 등이 슬쩍 지나갔다. 방수포로 만든 초록색 가방을 손에 든 여자는 현관을 벗어나 마당으로 나갔다. 그 남자의 발소리가 다시 들린다. '이상한데! 아파트로 다시 돌아가고 있잖아! 저자도 한패였나? 맞아, 다시 돌아간다. 저 봐, 위층에서 문이 열렸다. 할 수 없군. 좀더 기다려봐야지.'

이번에는 오래 기다리지 않아도 되었다. 문소리. 발소리. 발소리가 그쳤다. 절망적인 비명. 고양이가 야옹거리는 소리. 빠르게 종종거리는 발소리가 아래로, 아래로, 아래로!

포플랍스키는 끝까지 기다렸다. 슬픈 표정의 작은 남자가 성호를 그으며 튀어나왔다. 모자도 없이 완전히 정신 나간 얼굴로 무언가 중얼거리는 대머리 남자는 할퀸 자국 투성이에 바지는 다 젖어버린 채였다. 두려움에 사로잡힌 작은 남자는 출구 손잡이를 잡고 당겨야 할지 밀어야 할지 고민했다. 마침내 문이 열리자 남자는 햇살 가득한 마당으로 뛰어나갔다.

아파트를 확인해보는 건 끝났다. 막시밀리안 안드레예비치는 더이상 죽은 조카도, 아파트도 생각하지 않고, 자신이 처했던 위험을 다시 떠올리며 몸을 떨었다. "다 끝났다! 다 끝났다고!" 그는 두 마디만을 중얼거리며 마당으로 뛰쳐나갔다. 몇 분 뒤 트롤리 버스가 생산계획전문가이자 경제학자를 키예프 역으로 실어 날랐다.

경제학자가 아래층 창고에 앉아 있는 동안 작은 남자에게는 불쾌하기 짝이 없는 일이 벌어지고 있었다. 남자는 바리에테 뷔페에서 일하는 안드레이 포키치소코프였다. 바리에테에서 수사가 진행되는 동안 안드레이 포키치는 극장에서 벌어지는 소동을 피해 몸을 숨겼다. 다만 한 가지 눈에 띈 것은 그가 평소보다 더욱 우울해 보였다는 점이다. 그리고 또 하나, 그는 급사 카르포프에게 외국에서 온 마술사가 어디에 머물고 있는지 물었다.

식당 직원은, 층계참에서 경제학자와 헤어진 뒤 5층으로 올라가 50호 아파트의 벨을 눌렀다.

문은 바로 열렸지만 뷔페 직원은 깜짝 놀라 뒷걸음질칠 뿐 쉽사리 들어가지 못했다. 거기엔 그럴 만한 이유가 있었다. 문을 열어준 사람은 레이스 달린 야한 에이프런과 흰 머리 장식 말고는 아무것도 걸치지 않은 젊은 여자였다. 아니, 금색 하이힐을 신고 있기는 했다. 여자의 몸매는 흠잡을 데가 없었다. 유일하게 흠이 있다면 목에 난 붉은 상처 정도랄까.

"뭐 하세요. 벨을 눌렀으면 들어오셔야죠!" 여자는 초록빛 음탕한 눈을 뷔페 직원에게 고정시킨 채 말했다.

안드레이 포키치는 아, 짧게 신음하고는 눈을 아래로 내리깔았다. 주저주저하면서도 모자를 벗고 현관으로 발을 내디뎠다. 마침 현관에서 전화벨 소리가 요란하게 울렸다. 부끄러움을 모르는 하녀는 한쪽 다리를 의자 위에 올려놓으며 수화기를 들었다.

"여보세요!"

뷔페 직원은 눈을 어디에 둬야 할지 몰라 안절부절못하며 생각했다. '외국인들이 데리고 있는 하녀란! 천박하기 짝이 없군!' 그리고 그 천박하기 짝이 없는 것을 피하기 위해 주위를 슬쩍 둘러보았다.

커다랗고 어두침침한 현관은 특이한 물건과 의상들로 빼곡히 들어 차 있었다. 의자 등받이에는 시뻘건 안감을 댄 장례식용 검은 외투가 걸쳐 있고 거울 아래 탁자에는 번쩍거리는 금빛 자루가 달린 장검이 놓여 있었다. 다른 한쪽 구석에는 은빛 자루의 장검 세 개가 마치 우산이나 지팡이처럼 아무렇게나 세워져 있다. 사슴뿔로 만든 옷걸이에는 독수리 깃털이 꽂힌 베레모들이 걸려 있었다.

"네." 하녀가 전화에 대고 말했다. "네? 마이겔 남작님이세요? 네, 네! 마술사님은 오늘 집에 계세요. 그럼요, 남작님이 오시면 무척 반가워하실 거예요. 네, 손님들은⋯⋯ 연미복이나 검은 정장이요. 네? 밤 12시요." 통화를 마친 하녀는 수화기를 내려놓고 뷔페 직원을 돌아보았다. "무슨 일로 오셨지요?"

"마술사 님을 꼭 만나야 합니다."

"네? 그분을 직접 만나시겠다고요?"

"네." 뷔페 직원이 우울하게 대답했다.

"여쭤볼게요." 하녀는 망설이듯 말하고는 죽은 베를리오즈의 서재 문을 조금만 열고 보고했다. "기사(騎士)님, 웬 작은 손님이 오셔서 뵙기를 청하시는데요."

"들어오시라고 해." 서재에서 코로비예프의 갈라진 목소리가 울려왔다.

"거실로 가시죠." 여자는 마치 남들처럼 옷을 다 갖춰 입은 듯 아무렇지도 않게 말하면서 거실 문을 열어주고 현관을 떠났다.

안내받은 곳으로 들어간 뷔페 직원은 거실 장식들을 보고 자신이 여기에 왜 왔는지 잠시 잊어버릴 만큼 놀랐다. 커다란 창의 색유리(흔적도 없이 사라진 보석상 부인의 작품이다)로 교회에서 볼 수 있는 묘한 빛이 쏟아져 들어왔다. 따뜻한 봄날인데도 오래된 커다란 벽난로에는 장작이 타오르고 있었다. 그러나 방 안은 전혀 덥지 않았다. 오히려 지하실에 들어간 것처럼 축축한 기운이 뷔페 직원을 에워쌌다. 벽난로 앞에는 검은 고양이가 호랑이 가죽 깔개에 앉아 기분 좋은 듯 가늘게 눈을 뜨고 불꽃을 바라보고 있었다. 독실한 뷔페 직원은 그곳의 탁자를 보자마자 흠칫 몸을 떨었다. 탁자는 교회에서 쓰는 제단보로 덮여 있었다. 제단보 위에는 곰팡이가 피고 먼지가 잔뜩 쌓인 배가 불룩한 술병들이 늘어서 있었다. 술병들 사이로 접시 하나가 번쩍거렸다. 순금으로 된 접시라는 걸 한눈에 알 수 있었다. 벽난로 앞에는 키

작은 빨강 머리 사내가 허리에 단검을 찬 채 기다란 강철 검에 고기 조각들을 꽂아 굽고 있었다. 육즙이 떨어지며 굴뚝으로 연기가 빠져나갔다. 고기 굽는 냄새뿐 아니라 향과 향료 냄새도 강하게 풍겨왔다. 이미 신문을 통해 베를리오즈의 죽음과 생전 거주지에 대해 알고 있었던 뷔페 직원은 베를리오즈를 위해 추도식을 올리나보다 잠시 생각했으나 곧 말도 안 되는 생각이라 깨닫고 떨쳐버렸다.

얼빠져 있는 뷔페 직원의 귀에 갑자기 묵직한 저음이 들려왔다.

"그래, 제가 무엇을 도와드리면 되겠습니까?"

뷔페 직원은 그제야 어둠 속에서 자신이 찾던 사람을 발견했다.

흑마술사는 아주 커다랗고 나지막한 소파에서 편안하게 몸을 뻗고 있었다. 소파에는 쿠션들이 여기저기 흩어져 있다. 뷔페 직원이 보기에 마술사는 뾰족한 검은색 슬리퍼에 검은 속옷만 입고 있는 것 같았다.

"저는," 뷔페 직원이 슬픈 목소리로 말하기 시작했다. "바리에테 극장의 뷔페 주임입니다……."

마술사는 뷔페 직원의 입을 막으려는 듯 앞으로 손을 뻗었다. 손가락에서 보석들이 반짝였다. 남자는 무척 흥분한 듯했다.

"아니, 아니! 그 이상 한마디도 하지 마십시오! 어떤 경우에도, 절대로! 앞으로 당신 뷔페에서는 아무것도 입에 대지 않을 테니까! 어제 잠시 당신네 뷔페 옆을 지나쳤는데, 아직도 그 철갑상어와 양젖 치즈를 잊을 수가 없습니다. 친애하는 뷔페 주임! 양젖 치즈는 초록색이 아닙니다, 누군가 당신을 속인 거예요. 양젖 치즈는 흰색이어야 합니다. 게다가 차는 또 어땠는지 아십니까? 그건 구정물이었습니다! 내 눈으로 똑똑히 봤습니다. 지저분한 옷을 입은 여자가 제대로 끓이지도 않은 물을 당신의 그 커다란 티 포트에 쏟아 붓는 걸 말입니다. 그런데도 당신들은 계속해서 차를 따라댔지요. 있을 수 없는 일입니다!"

"죄송합니다만." 갑작스런 공격에 놀란 안드레이 포키치가 말문을 열었다. "저는 그 일로 온 게 아닙니다. 철갑상어는 아무 상관이 없어요."

"그게 상했는데, 어떻게 상관이 없다는 겁니까!"

"저희는 신선도가 2등급인 철갑상어를 받아서 씁니다." 뷔페 직원이 말했다.

"이것 봐요, 그건 말도 안 됩니다!"

"뭐가 말도 안 됩니까?"

"신선도가 2등급이라니, 그게 말이 안 되는 거죠! 신선도는 하나밖에 없어요. 오로지 1등급뿐입니다. 그게 마지막이죠. 만약 철갑상어 신선도가 2급이라면 그건 상했다는 뜻입니다!"

"용서하십시오, 그런데……뷔페 직원은 마술사의 얼토당토않은 생트집에서 어떻게 벗어나야 할지 모른 채 다시 입을 열었다.

"아니, 용서할 수 없습니다." 상대가 단호하게 말했다.

"저는 그 일로 찾아온 게 아닙니다." 뷔페 직원이 당혹스러워하며 말했다.

"그 일이 아니라고요?" 외국인 마술사는 놀랐다. "그거 말고 당신이 나를 찾아올 일이 또 뭐가 있습니까? 내 기억이 틀리지 않다면 당신과 비슷한 직업을 가진 사람들 가운데 내가 아는 사람이라고는 술집 여주인밖에 없는데, 그것도 오래전 일이라 당신이 아직 이 세상에 있지 않았을 때고…… 어쨌든 반갑습니다. 아자젤로! 뷔페 주임님께 의자를 갖다드려!"

고기를 굽고 있던 남자가 몸을 돌려 송곳니를 내보이며 뷔페 직원을 놀라게 하더니 등받이가 없고 나지막한 짙은 색 떡갈나무 의자를 그에게 내밀었다. 방에는 그런 의자들밖에 없었다.

뷔페 직원이 말했다.

"정말 감사합니다." 그리고 자리에 앉았다. 그 순간 의자 뒷다리가 우지직 소리를 내며 부러졌다. 뷔페 직원은 '으악' 비명을 기르더니 심하게 엉덩방아를 찧었다. 넘어지면서 앞에 있던 다른 의자를 한쪽 발로 걷어차는 바람에 그 위에 놓인 붉은 포도주가 가득 담긴 잔을 뒤엎어 바지에 쏟고 말았다.

마술사가 소리를 질렀다.

"저런! 괜찮으십니까?"

아자젤로는 뷔페 직원이 일어나도록 도와주고는 다른 의자를 가져다주었다. 뷔페 직원은 바지를 벗어 불에 말리라는 주인의 권유를 슬픈 목소리로 사양했다. 그는 젖은 속옷과 바지가 참기 힘들 만큼 찜찜했으나 조심스레 다른 의자에 옮겨 앉았다.

"나는 낮은 의자에 앉는 걸 좋아한답니다." 마술사가 말했다. "낮은 데서는 떨어져도 그렇게 위험하지 않으니까요. 그건 그렇고, 우리가 철갑상어 애기를 하다 말았죠? 잘 들으십시오! 신선도, 신선도, 신선도, 이것이 모든 뷔페 직원의 좌우명이어야 합니다. 자, 저걸 한번 드셔보십시오……

그때 뷔페 직원 눈앞에 벽난로의 붉은빛을 받은 기다란 검이 번쩍였다. 아자젤로가 황금 접시에 지글거리는 고기 한 점을 올려놓고 레몬즙을 뿌린 뒤 뷔페 직원에게 금으로 된 두 발 포크를 내밀었다.

"감사하지만…… 아무래도 저는……."

"아닙니다. 괜찮아요. 한번 드셔보십시오!"

예의상 고기조각을 입에 넣은 뷔페 직원은 곧 입안에 들어온 것이 아주 신선하고 이루 말할 수 없이 맛있다는 사실을 깨달았다. 뷔페 직원은 향긋하고 육즙이 풍부한 고기를 씹다가 하마터면 고기가 목에 걸려 또 한 번 넘어질 뻔했다. 옆방에서 커다랗고 시커먼 새 한 마리가 날아들어와 깃털로 슬쩍 뷔페 직원의 대머리를 건드린 것이다. 시계 옆 벽난로 선반에 앉은 그 새는 부엉이였다. '오, 하느님!' 모든 뷔페 직원들이 그렇듯 예민한 안드레이 포키치가 생각했다.

'정말 이상한 아파트로군!'

"포도주 한 잔 드시겠습니까? 백포도주, 적포도주? 이 시간대에는 어느 나라 포도주가 좋을까요?"

"감사합니다만…… 전 술을 안 마십니다……."

"저런, 저런! 그럼 주사위 놀이는 어떻습니까? 혹시 다른 놀이를 좋아하십니까? 도미노? 카드?"

"전 노름은 하지 않습니다." 이미 녹초가 되어버린 뷔페 직원이 대답했다.

"정말 안 되겠군요." 주인이 단정적으로 말했다. "개인의 자유이긴 하지만, 술과 노름, 아름다운 여성 그리고 식사 자리의 즐거운 대화를 피하는 남자들에겐 뭔가 켕기는 게 있기 마련입니다. 그런 사람들은 어딘가 몸이 아주 아프거나 남 모르게 주위 사람들을 증오하고 있죠. 물론 예외도 있긴 합니다. 연회에서 나와 같은 자리에 앉았던 사람들 중에도 가끔 놀랄 만큼 파렴치한 작자들이 있었으니까요! 어쨌든 당신 용건이 뭔지 들어봅시다."

"어제 당신이 속임수를 써서……."

"내가요?" 마술사는 놀라 목소리를 높였다. "아니 어떻게 그런 말씀을, 저는 그런 사람이 아닙니다!"

"죄송합니다." 당황한 뷔페 직원이 말했다. "그렇지만…… 흑마술 공연을
……."

"아, 그래요. 무슨 말인지 알겠어요! 좋습니다. 한 가지 비밀을 말씀드리
지요. 사실 난 예술가가 아닙니다. 그저 모스크바 사람들을 한꺼번에 보고
싶었을 뿐인데 그러려면 극장보다 더 좋은 곳이 없지요. 여기 내 수행원들
이," 그는 고양이에게 고갯짓을 했다. "그 공연을 연출했습니다. 나는 앉아
서 모스크바 사람들을 지켜봤을 뿐이죠. 그런 표정을 짓지 마시고 말씀해보
십시오. 당신이 날 찾아온 게 그 공연이랑 무슨 상관이 있습니까?"

"실은 그때 천장에서 지폐들이 떨어져 내린 일 때문에……." 뷔페 직원은
목소리를 낮추고 곤혹스러운 눈빛으로 주위를 둘러보았다.

"사람들이 모두 그 돈을 주웠습니다. 그리고 나서 어떤 젊은 남자가 저희
뷔페에 와서 10루블짜리 지폐를 내서 저는 거스름돈으로 8루블 50코페이카
를 줬고요…… 잠시 뒤에 다른 사람이……."

"또 젊은 사람이었나요?"

"아닙니다. 중년이었습니다. 그리고 세 번째, 네 번째…… 저는 거스름돈
을 내주었습니다. 그런데 오늘 정산을 하려고 보니까 돈 대신 종이쪼가리들
만 들어 있는 겁니다. 뷔페 손해액이 109루블이었습니다."

"오, 이런, 이런!" 마술사가 소리쳤다. "그 사람들은 그게 진짜 돈이라고
생각했나 보지요? 전 그 사람들이 일부러 그랬다고는 생각하지 않습니다."

뷔페 직원은 비스듬한 시선으로 우울하게 주위를 둘러보았으나 아무 말도
하지 않았다.

"설마 사기꾼이?" 마술사가 조심스레 손님에게 물었다. "혹시 모스크바
사람들 중에도 사기꾼이 있습니까?"

뷔페 직원은 대답 대신 매우 씁쓸한 미소를 지었다. 그로써 모든 의심이
사라졌다. 그렇다. 모스크바 사람들 중엔 사기꾼들이 있다.

"어떻게 그런 저급한 짓을!" 볼란드는 분노했다. "당신처럼 가난한 사람
을…… 당신은 가난한 사람이지 않습니까?"

뷔페 직원은 어깨를 잔뜩 움츠렸다. 그러자 정말로 아주 가난한 사람처럼
보였다.

"저축은 얼마나 해두셨습니까?"

제법 배려가 깃든 말투였으나 예의에서 벗어난 질문임은 분명했다. 뷔페 직원은 말을 우물거렸다.

"은행 5개에 24만 9천 루블." 옆방에서 갈라진 목소리가 대꾸했다. "마룻바닥 밑에 10루블 금화가 200개 있고요."

뷔페 직원은 앉아 있던 의자에 못 박힌 듯 굳어 버렸다.

"하긴 그건 얼마 안 되는 금액이지요." 볼란드는 손님에게 관대하게 말했다. "사실 당신한텐 필요 없는 돈이지만 말입니다. 당신은 언제 죽지요?"

이쯤 되자 뷔페 직원은 화가 치밀어올랐다. "그야 아무도 모르죠, 누구와도 상관 없는 일이기도 하고."

"그건 그래요. 아무도 모르는 일이죠." 또 그 역겨운 목소리가 서재에서 들려왔다. "그러나 뉴턴의 이항정리[*3]에 따르면 그는 아홉 달 뒤, 내년 2월 모스크바 국립대학 제1병원 제4병동에서 간암으로 죽게 될 겁니다."

뷔페 직원은 얼굴이 노랗게 변했다.

"아홉 달이면." 볼란드는 생각에 잠겨 헤아려 보았다. "24만 9천…… 나머지를 버리고 계산하면 한 달에 2만7천이 되는 건가? 좀 여유가 없는 듯하지만 검소하게 살면 충분하겠지…… 게다가 금화도 있고……."

"금화는 쓰지 못할 겁니다." 다시 그 목소리가 끼어들어 뷔페 직원의 심장을 얼어붙게 했다. "안드레이 포키치가 죽자마자 집은 철거되고 금화는 국립은행으로 넘어갈 겁니다."

"저라면 당신에게 병원에 입원하지 말라고 권하겠어요." 마술사가 말을 이었다. "아무 희망 없는 환자들의 신음과 거친 숨소리를 들으며 병실에서 죽어가는 게 무슨 의미가 있겠습니까. 차라리 2만 7천 루블로 파티를 열고 독약을 마시는 겁니다. 현의 선율 속에서 술 취한 미녀들과 호탕한 친구들에게 둘러싸여 저세상으로 가는 게 훨씬 낫지 않을까요?"

뷔페 직원은 꼼짝 않고 앉아만 있었다. 그새 폭삭 늙어버린 듯했다. 눈 주위가 거뭇해지고 뺨은 축 늘어졌으며 자기도 모르게 입이 벌어졌다.

"어쨌든, 얘긴 이쯤 해두고," 주인이 격앙된 소리로 말했다. "이제 본론으로 들어가보지요. 가져오신 종잇조각들을 보여주시겠습니까?"

[*3] 뉴턴의 이항정리 (binomial theorem) : 아이작 뉴턴이 1665년 연구하기 시작하여 1666년 발견한 수학원리. 이항 다항식의 거듭제곱에 대해서, 전개한 각 항의 계수값을 구하는 정리.

뷔페 직원은 불안해 하며 주머니에 싸가지고 온 것을 꺼내 보더니 돌처럼 굳어버렸다. 찢어진 신문지 안에 10루블짜리 지폐들이 들어 있었던 것이다.

"정말 몸이 안 좋으신 모양이군요." 볼란드가 어깨를 으쓱하면서 말했다. 뷔페 직원은 당황하여 미소를 띠며 의자에서 일어났다.

"그런데," 그가 웅얼웅얼 말했다. "만약에 이 돈이 다시……."

"흐음……." 마술사는 잠시 생각했다. "그렇게 되면 그때 다시 오십시오. 그럼 안녕히 가십시오! 만나서 반가웠습니다."

말이 떨어지기가 무섭게 서재에서 코로비예프가 튀어나와 뷔페 직원의 손을 붙잡았다. 모두에게 안부를 꼭 좀 전해달라면서 잡은 손을 정신없이 흔들어댔다. 뷔페 직원은 뭐가 뭔지 정신이 없는 상태에서 현관으로 걸음을 옮겼다.

"헬라, 배웅해드려!" 코로비예프가 소리쳤다.

그리고 다시 그 벌거벗은 빨강머리 여자가 현관에 나타났다! 뷔페 직원은 겨우 문을 빠져나와 새된 소리로 "그럼 또" 말을 하고는 술에 취한 사람처럼 걷기 시작했다. 몇 걸음을 내려가다 말고 멈춰선 그는 계단에 앉아 꾸러미 안을 다시 살펴보았다. 10루블 지폐는 그대로 있었다. 그때 층계참 맞은편 아파트 문에서 초록색 가방을 든 여자가 걸어 나왔다. 그녀는 계단에 앉아 멍청한 눈으로 10루블 지폐를 쳐다보고 있는 사람을 보고는 피식거리며 걱정스럽다는 듯 말했다.

"정말 대단한 건물이야…… 아침부터 저렇게 술에 취해 있질 않나. 또 누군가 계단 유리창을 박살내셨군!" 그녀는 뷔페 직원을 가만히 들여다보더니 이렇게 덧붙였다. "이봐요, 새 모이로 뿌려도 될 만큼 돈이 많으시네! 어디, 나하고 좀 나눠 갖지 않으시겠수?"

"제발 날 좀 내버려둬요." 뷔페 직원은 깜짝 놀라 재빨리 돈을 감추었다. 여자는 깔깔거렸다.

"흥, 쩨쩨하기는! 농담 좀 한 걸 가지고……." 여자는 계단을 내려갔다.

뷔페 직원은 천천히 일어나 모자를 고쳐 쓰려고 팔을 들었다. 그는 그제야 모자를 두고 왔다는 사실을 알아차렸다. 그곳으로 돌아가기는 정말 싫었으나 모자가 아까웠다. 그는 잠시 망설이다가 되돌아가 벨을 눌렀다.

"또 뭐죠?" 저주스러운 헬라가 그에게 물었다.

"모자를 두고 나와서." 뷔페 직원은 자신의 대머리를 가리키며 작게 말했다. 헬라가 돌아서자 뷔페 직원은 속으로 침을 뱉고는 눈을 감았다. 그가 눈을 뜨자 헬라가 그의 모자와 검은색 자루가 달린 긴 칼을 내밀었다.

"내 것이 아닌데." 뷔페 직원은 칼을 한쪽으로 치우고 재빨리 모자를 쓰며 중얼거렸다.

"아니, 칼도 차지 않고 왔단 말이에요?" 헬라는 놀랐다.

뭐라고 꿍얼댄 뷔페 직원은 서둘러 아래로 내려갔다. 그런데 왠지 머리가 불편하고 모자 안이 지나치게 따뜻했다. 모자를 벗은 그는 공포에 휩싸여 펄쩍 뛰어오르며 낮게 비명을 질렀다. 손에 쥐어진 것은 너덜너덜한 수탉 깃털이 달린 벨벳 베레모였다. 뷔페 직원은 성호를 그었다. 그때 베레모가 야옹 소리를 내며 검은 고양이로 변하더니 안드레이 포키치의 머리로 뛰어 올랐다. 고양이는 발톱을 세워 그의 벗겨진 머리를 꽉 움켜쥐었다. 절망스러운 비명을 지른 뷔페 직원은 정신없이 아래로 내달렸다. 고양이는 머리에서 떨어져 나와 순식간에 계단 위쪽으로 사라졌다.

밖으로 뛰쳐나온 뷔페 직원은 있는 힘을 다해 정문으로 뛰어갔다. 그리고 악마의 집 302—2번지 건물을 영원히 떠났다.

우리는 그 뒤 그에게 벌어진 일에 대해서도 아주 잘 알고 있다. 뷔페 직원은 정문을 빠져 나오자마자 뭔가를 찾는 것처럼 사납게 주위를 둘러보았다. 1분 뒤 그는 길 맞은편 약국에 있었다. "저, 실례합니다……." 그가 말을 하자 진열대에 서 있던 여자가 소리를 질렀다.

"이봐요! 당신 머리가 할퀸 상처 투성이에요……!"

다시 5분쯤 지나자 뷔페 직원은 머리에 붕대를 감고 있었다. 그리고 최고의 간암 전문의가 베르낫스키 교수와 쿠지민 교수라는 사실을 알아낸 그는 누가 더 가까운 곳에 사는지 물었다. 쿠지민이 정원 바로 뒤에 있는 작은 흰색 저택에 산다고 말을 들었고 그는 온몸이 기쁨으로 타오르는 것 같았다. 약 2분 뒤 그는 그 저택에 가 있었다.

그 건물은 낡았지만, 무척이나 아늑했다. 뷔페 직원은 그곳에서 처음 마주친 사람이 늙은 유모라고 기억한다. 늙은 유모는 그의 모자를 받아들려 했으나 모자가 없었기에 이가 다 빠진 입을 우물거리며 어디론가 사라져 버렸다.

거울이 있는 아치 아래, 그녀 대신 중년 여인이 모습을 드러냈다. 그녀는

19일에나 예약이 가능하며 더 빨리는 안 된다고 말했지만 뷔페 직원은 곧 어떻게 하면 진찰을 받을 수 있을지 알아차렸다. 그는 아치 너머 현관으로 보이는 곳에서 세 사람이 기다리는 모습을 꺼져가는 눈빛으로 쳐다보고는 힘없이 말했다.

"죽어가는 환자입니다……."

여자는 붕대를 감은 뷔페 직원의 머리를 의심스러운 눈초리로 바라보았다.

"그러면……." 그녀는 잠시 망설이다 뷔페 직원을 아치 안으로 들여보냈다.

그때 맞은편 문이 열리면서 금테 코안경이 번쩍였다. 흰 가운을 입은 여자가 말했다.

"여러분, 순서에 상관없이 이 환자분이 먼저 들어가실 겁니다."

뷔페 직원은 주위를 둘러볼 새도 없이 쿠지민 교수의 진찰실에 들어와 있었다. 길고 좁은 방은 무섭거나 엄숙하거나 의학적인 구석이 전혀 없었다.

"어떻게 오셨습니까?" 쿠지민 교수가 친절하게 묻고는 다소 걱정스러운 듯 붕대 감은 머리를 바라보았다.

"지금 믿을 만한 사람에게 듣고 오는데요." 뷔페 직원은 광기 어린 눈으로 액자 속 단체 사진을 바라보며 대답했다. "제가 내년 2월에 간암으로 죽는답니다. 제발 살려주십시오."

쿠지민 교수는 앉은 채 고딕식 안락의자의 높은 가죽 등받이에 몸을 기댔다.

"죄송합니다만, 무슨 말씀을 하시는 건지…… 의사에게 가셨던 겁니까? 머리의 붕대는 뭐지요?"

"의사요……? 빌어먹을, 의사는 무슨 의사……!" 뷔페 직원이 이가 갑자기 딱딱 부딪히기 시작했다. "머리는 신경 쓰지 마십시오, 이건 아무 상관도 없습니다. 빌어먹을, 머리는 아무래도 좋아요. 제발 간암을 고쳐주십시오."

"실례지만, 누가 그런 얘기를 했습니까?"

"제발 믿어 주십시오!" 뷔페 직원이 간절하게 애원했다. "그는 다 알고 있습니다!"

"무슨 말씀이신지 전혀 모르겠습니다." 교수는 어깨를 으쓱하더니 의자에 앉은 채로 책상에서 물러나며 말했다. "당신이 언제 죽을지 그가 어떻게 알수 있다는 말입니까? 게다가 의사도 아니라면서요!"

"제4병동에서 죽는답니다." 뷔페 직원이 대답했다.

교수는 환자의 머리와 젖은 바지를 잠시 쳐다본 뒤 생각했다. '이 정도면 더 생각할 필요도 없어! 미친 사람이야!' 그리고 물었다.

"보드카를 드십니까?"

"입에 대본 적도 없습니다." 뷔페 직원이 대답했다.

1분 뒤 그는 옷을 벗고 방수포를 씌운 차가운 간이침대에 누웠다. 교수는 그의 배를 눌러보았다. 뷔페 직원은 기분이 한결 나아지는 것만 같았다. 교수가 적어도 지금은 간암 증세가 전혀 보이지 않는다고 단언했기 때문이다. 하지만 이렇게…… 이렇게 걱정이 되고 누군지도 모를 돌팔이가 한 말에 겁먹고 있다면 제대로 검사를 해봐야 한다……

교수는 진단서를 휘갈겨 쓰면서 어디에서 무슨 검사를 받아야 할지 설명해주었다. 그밖에도 신경과 전문의 부레 교수 앞으로 메모를 써주며 뷔페 직원에게 신경이 매우 쇠약한 상태라고 설명했다.

"교수님, 얼마를 드려야 하지요?" 두툼한 지갑을 꺼낸 뷔페 직원이 부드럽지만 떨리는 목소리로 물었다.

"내고 싶은 만큼 내고 가시오." 교수는 말을 뚝뚝 끊으며 차갑게 대답했다.

뷔페 직원은 30루블을 꺼내 책상 위에 놓았다. 그러고는 그 위로 고양이가 움직이듯 슬그머니 신문지로 싼 짤랑거리는 작은 꾸러미를 올려놓았다.

"이게 뭡니까?" 콧수염을 배배 꼬며 쿠지민이 물었다. "거절하지 말아주십시오, 교수님." 뷔페 직원이 작은 목소리로 말했다. "제발 부탁드립니다. 제 암을 고쳐주세요."

"당장 이 금화를 도로 가져가시오." 교수가 말했다. 그렇게 말하는 자신이 뿌듯했다. "당신은 오히려 신경성질환을 조심하셔야 할 것 같습니다. 내일 소변 검사를 받도록 하세요. 차를 많이 마시지 말고 소금은 절대 금물입니다."

"수프에도 소금을 치면 안 되나요?" 뷔페 직원이 물었다. "절대 안 됩니다." 쿠지민이 지시했다.

"아아……!" 뷔페 직원은 처량하게 탄식했다. 그는 감동한 듯 교수를 쳐다보면서 금화를 집어 들고 문으로 뒷걸음질을 쳤다.

그날 저녁 교수에게는 환자가 많지 않았다. 해가 질 무렵 마지막 환자가 나갔다. 교수는 가운을 벗으면서 뷔페 직원이 돈을 올려놓았던 곳을 힐끗 돌아보았다. 그런데 돈은 온데간데없고 그 대신 아브라우—듀르소 포도주 상표가 세 장 놓여 있었다.

"정말 악마나 할 법한 짓이군!" 쿠지민은 가운 자락을 바닥에 끌며 진단서를 꼼꼼히 살펴보고는 낮게 중얼거렸다. "그 사람은 정신병 환자일 뿐 아니라 사기꾼이었어! 대체 나한테서 뭘 가져가고 싶었던 거지? 설마 소변 검사 카드는 아니겠지? 아! 외투를 훔쳐갔을지도!" 교수는 현관으로 달려갔다. 한쪽 팔은 여전히 가운 소매에 끼워져 있었다. "크세니야 니키티시나!" 그는 현관문 앞에 서서 날카롭게 외쳤다. "외투가 다 제대로 있나 좀 봐줘!"

외투는 모두 제자리에 멀쩡히 있었다. 그러나 가운을 벗고 책상으로 돌아온 교수는 책상 옆 마룻바닥에 뿌리 내린 듯 책상에 시선을 고정한 채 멈춰 서버렸다. 상표 딱지가 있던 바로 그 자리에 슬픈 표정을 한 검은색 새끼들 고양이가 우유 접시 앞에 몸을 구부리고 앉아 울고 있었다.

"이건 또 뭐야?! 어떻게……." 쿠지민은 뒤통수가 차가워짐을 느꼈다.

낮고 애처로운 비명 소리에 크세니야 니키티시나가 뛰어 들어왔다. 그녀는 어떤 환자가 고양이를 버리고 간 게 틀림없다고, 자주 일어나는 일이라며 교수를 진정시켰다.

"아마 가난한 사람들이 그랬을 거예요." 크세니야 니키티시나가 덧붙였다. "어쩌겠어요, 그래도 우린……."

두 사람은 고양이를 버리고 갈 만한 사람이 누군지 생각해 보았다. 위궤양 때문에 온 노파가 의심스러웠다.

"분명 그 노파일 거예요." 크세니야 니키티시나가 말했다. "이렇게 생각한 거죠. '내가 죽는 건 상관없지만 저 새끼 고양이가 너무 가엾구나.'"

"아니, 잠깐만!" 쿠지민이 소리쳤다. "그럼 우유는?! 우유도 노파가 가져왔다는 건가? 접시도?"

"작은 병에 넣어 와서는 여기서 접시에 따랐겠죠." 크세니야 니키티시나가 설명했다.

"어쨌든 고양이와 접시를 치워줘." 쿠지민은 크세니야 니키티시나를 문 앞까지 배웅했다. 그가 돌아왔을 때, 상황은 또 바뀌어 있었다.

가운을 옷걸이에 걸자 정원에서 웃음소리가 들렸다. 밖을 내다본 교수는 정신이 멍해져버렸다. 한 여인이 속옷 바람으로 정원을 지나 반대편 별채로 뛰어가고 있었던 것이다. 교수는 그녀의 이름까지 알고 있었다. 마리야 알렉산드로브나. 깔깔대는 웃음소리의 주인은 어린 소년이었다.

"저게 뭐 하는 짓이야?" 경멸스러운 듯 쿠지민이 말했다.

그때 벽 너머 교수의 딸 방에서 레코드가 돌아가며 폭스트롯*⁴《할렐루야》를 연주하기 시작했다. 교수의 등 뒤로 참새가 지저귀는 소리가 들려왔다. 뒤로 돌아서자 커다란 참새 한 마리가 책상 위에서 푸드덕거리며 날갯짓을 해대고 있었다.

'흐음…… 진정하자…….' 교수는 생각했다. '내가 창문에서 물러났을 때 날아 들어왔을 거야. 아무 일도 아니야!' 교수는 혼잣말을 하면서도 모든 게 뒤죽박죽이 되어가고 있음을 느꼈다. 물론 그 이유는 저 참새 때문이었다. 가만히 바라보자, 평범한 참새와는 다르다는 것을 확신할 수 있었다. 이 꺼림칙한 참새는 구부린 왼쪽 다리를 질질 끌면서 잘난 척 박자를 맞추고 있었다. 한 마디로 카운터 앞의 주정뱅이처럼 레코드 소리에 맞춰 폭스트롯을 추고 있었던 것이다. 참새는 뻔뻔스럽게 교수를 쳐다보기까지 했다.

쿠지민의 손은 벌써 전화기 위에 올라가 있었다. 그는 동창생 부레에게 전화를 걸어 나이 60에, 갑자기 머리가 어지러워지면서 저런 참새가 보인다는 게 무엇을 뜻하는지 물어보려 했다.

그러는 사이 참새는 박사가 선물로 받은 잉크병에 앉아 똥을 싸놓고(농담이 아니다!) 위로 날아올랐다. 잠시 허공에 떠있는가 싶더니 1894년 대학 졸업 때 찍은 단체 사진 액자유리를 단단한 부리로 냅다 들이받아 산산조각

───────────────────

＊4 fox-trot : 보통 템포의 래그타임곡이나 재즈 템포의 4분의 4박자 곡으로 추는 사교댄스의 스텝, 또는 그 연주 리듬. 1914~1917년경 미국에서 유행한 이래 가장 보편적인 댄스뮤직으로 알려져 한때는 댄스뮤직의 대명사처럼 불리기도 하였다. 동물들의 걷는 속도에서 비롯된 명칭으로 bunny hug, turkey trot, camel walk 등 이름에 의한 스텝들도 유행하였다. 템포가 빠른 것을 quick fox-trot, 느린 것을 slow fox, slow trot 등으로 불렀는데 오늘날에는 연주용어로는 쓰지 않고 사교댄스 용어로 남아 있다. 한국에서도 광복 후 한때 널리 유행하였다.

내고는 창밖으로 날아가버렸다.

교수는 부레가 아닌 거머리 관리국에 전화를 걸어 자신의 이름을 밝힌 뒤 지금 당장 집으로 거머리를 보내달라고 부탁했다.

수화기를 내려놓고 다시 책상을 돌아본 교수는 저도 모르게 비명을 지르고 말았다. 책상 앞에는 간호사 모자를 쓴 여자가 '거머리'라고 적힌 작은 가방을 들고 앉아 있었다. 교수는 그녀의 입을 보고 다시 비명을 질렀다. 남자같은 입은 일그러져 귀 밑까지 찢어진 채 아래로 송곳니 하나가 삐죽 튀어나와 있었다. 간호사의 눈은 죽은 사람처럼 텅 비었다.

"이 돈은 내가 가져가겠소." 간호사는 낮은 남자 목소리로 말했다. "여기서 굴러 다녀 봤자 아무 소용없으니까." 간호사는 새 발톱처럼 생긴 손가락으로 상표 딱지들을 긁어모으더니 허공으로 흔적도 없이 사라졌다.

두 시간쯤 지났다. 쿠지민 교수는 관자놀이와 귀 뒤, 목에 거머리들을 매단 채 침대에 누워 있었다. 솜을 넣어 누빈 두툼한 비단 이불을 덮고 있는 그의 발치에는 수염이 희끗한 부레 교수가 앉아 있었다. 그는 친구의 병을 함께 아파하는 마음으로 쿠지민을 바라보며 이런 건 아무 일도 아니라고 위로했다. 창밖은 벌써 밤이었다.

그날 밤 모스크바에서 어떤 이상한 일이 얼마나 더 일어났는지 우리는 모른다. 알아내고픈 마음도 없다. 이제 이 진실한 이야기의 제2부로 넘어갈 때가 되었다. 독자여, 나를 따르라!

제19장
마르가리타

독자여, 나를 따르라! 누가 이 세상에 진정한 사랑, 변하지 않는 영원한 사랑이 없다 했는가? 그 거짓말쟁이의 더러운 혀는 잘릴지어다!

나의 독자여, 나를 따르라, 오직 나만을. 내가 그런 사랑을 보여주리라!

아니다! 자정을 넘어서던 그 때, 병원에서 거장이 슬퍼하며 이바누시카에게 그녀가 자신을 잊었다고 말한 것은 사실이 아니다. 그런 일은 있을 수 없다. 그녀는 결코 그를 잊지 않았다.

이제 거장이 이바누시카에게 밝히려 하지 않았던 비밀부터 알아보자. 거장이 사랑한 여인의 이름은 마르가리타 니콜라예브나였다. 거장이 불쌍한 시인에게 말했던 것은 모두 사실이다. 그는 사랑하는 여인을 정확하게 묘사했다. 그녀는 아름답고 총명했다. 하지만 하나 더 덧붙여야 할 것이 있다. 만약 마르가리타 니콜라예브나의 삶과 자신의 삶을 바꿀 수 있다면, 분명 수많은 여자들이 무엇이든 다 내놓고서라도 바꾸고 싶어할 것이다. 자식이 없는 서른 살 마르가리타는 국가적으로 매우 중요한 발견을 해낸 과학자의 아내였다. 젊고 잘생긴 남편은 착하고 성실했으며 아내를 아꼈다. 마르가리타 니콜라예브나는 남편과 아르바트 근처 골목 정원 안쪽에 있는 아름다운 저택 위층 전체를 쓰고 있었다. 얼마나 멋진 곳인지! 이건 누구든 그 정원에 가 보면 확인할 수 있다. 가보고 싶은 사람이 있다면 나에게 오라. 내가 주소를 알려주고 길도 가르쳐주겠다. 그 저택은 아직 그대로 거기에 있으니까.

마르가리타 니콜라예브나는 돈에 부족함이 없었다. 마르가리타 니콜라예브나는 마음에 드는 것은 뭐든 살 수 있었다. 남편의 지인들 중에 재미있는 사람도 있었다. 마르가리타 니콜라예브나는 단 한 번도 버너를 만진 적이 없었다. 마르가리타 니콜라예브나는 공동아파트의 끔찍한 생활을 몰랐다. 그래서…… 그녀는 행복했을까? 한순간도 그렇지 않았다! 열아홉 살에 결혼해서 그 저택에 들어간 날부터 그녀는 행복을 몰랐다. 신들이여, 나의 신들이여! 이 여인에게는 무엇이 더 필요했을까? 두 눈에 늘 알 수 없는 불꽃이 타올랐던 이 여인에게 무엇이 필요했던 것일까? 그해 봄, 미모사로 자신을 치장했던, 한쪽 눈이 약간 사시인 이 마녀에게 무엇이 필요했을까? 모르겠다. 나는 알 수 없다. 그녀가 말한 것은 진실이었다. 그녀에게 필요한 것은 그 남자, 거장이지, 고딕식 저택도, 자신만의 정원도, 돈도 결코 아니었다. 그녀는 그를 사랑했다. 그녀는 진실을 말했다.

다음 날 다행스럽게도 남편이 예정대로 돌아오지 않아 아무런 이야기도 나누지 못한 채 거장의 집으로 간 마르가리타가, 거장이 사라져버렸음을 알고 그 심정이 어땠을지를 생각하면 진실한 서술자이지만 제3자인 내 가슴까지 죄어든다. 그녀는 그의 소식을 알아내기 위해 할 수 있는 모든 일을 했지만 아무것도 알아내지 못했다. 그렇게 그녀는 저택으로 돌아가, 예전처럼 생활했다.

하지만 길가에서 지저분한 눈이 사라지고, 소란스럽고 눅눅한 봄바람이 창틀로 스며들자, 마르가리타 니콜라예브나는 겨울보다 더 많이 우울해했다. 그녀는 오랫동안 아무도 모르게 쓰라린 눈물을 흘려야 했다. 자신이 사랑하는 사람이 살아 있는지, 죽었는지도 알 수 없었다. 절망스러운 날들이 계속될수록 더욱더 자주, 특히 황혼이 질 때면, 그녀는 자신이 죽은 사람을 사랑하고 있다는 생각이 들곤 했다.

그를 잊든지, 죽음을 택하든지 해야 했다. 이런 삶을 계속 이어갈 수는 없었다. 그럴 수는 없다! 그를 잊어야 한다. 무슨 수를 써서라도 잊어야 한다! 그런데 그는 잊히지 않았다. 그게 고통스러웠다.

"그래, 맞아. 똑같은 실수를 한 거야!" 난로 앞에 앉아 불꽃을 바라보며 마르가리타가 말했다. 불꽃은 거장이 본디오 빌라도를 쓰고 있었을 때 타오르던 그 불꽃을 떠올리게 했다. "그날 밤 내가 왜 그 사람을 떠났을까? 왜? 왜 그런 바보 같은 짓을 했을까! 약속대로 다음 날 돌아갔지만, 그땐 이미 늦었어. 그래, 난 불행한 레위 마태오*¹처럼 너무 늦게 돌아간 거야!"

---

*1 마태복음을 쓴 예수의 12제자 중 한 사람. 마르코 복음과 루가 복음에서 그를 레위(Levi)라고 부르고 있는 것으로 보아 그의 본명을 '레위 마태오'라 보는 의견도 많으며, 작품 속에서 거장은 이를 기반으로 소설을 쓴 것으로 보인다. 마태오는 예수에게 불려가기 전까지 세금을 징수하는

물론 이 모든 말들은 아무 의미가 없었다. 실제로 그날 밤 그녀가 거장 곁에 있었다고 해서 무엇이 달라졌겠는가? 그녀가 그를 구할 수 있었을까? 어림없는 소리! 우리는 이렇게 소리치고 싶지만 절망에 빠진 여인 앞에서 그런 말은 하지 말기로 하자.

이런 괴로움 속에서 마르가리타는 겨울을 보내고 봄을 맞이했다.

흑마술사가 모스크바에 나타나면서 온갖 기괴한 일들이 벌어졌던 그날, 베를리오즈의 고모부가 키예프로 쫓겨가고 경리부 직원이 체포되고, 어이없고 이해할 수 없는 수많은 일들이 벌어졌던 금요일 정오 무렵이었다. 저택 꼭대기 천장에 창이 달린 침실에서 마르가리타가 깨어났다.

잠에서 깬 마르가리타는 평소와 달리 울지 않았다. 오늘 드디어 무슨 일인가 벌어질 것이라는 예감이 들었기 때문이었다. 마르가리타는 이 예감이 사라지지 않을까 걱정하면서, 마음속으로 소중히 키워나가기 시작했다.

"나는 믿어!" 마르가리타는 엄숙하게 속삭였다. "나는 믿어! 뭔가 일어날 거야! 일어나지 않을 리 없어. 그렇지 않다면, 왜 나에게 이런 고통이 주어졌겠어? 그래 내가 사람들을 속이고, 아무도 모르게 비밀스러운 삶을 살았다는 건 인정해. 하지만 그렇다 해도 이렇게 심한 벌을 받을 리 없어. 무슨 일이 일어날 거야. 어떤 일이든 영원할 수 없어. 내 꿈이 예언했어, 분명해."

햇빛을 가득 품은 진홍빛 커튼을 바라보며 마르가리타 니콜라예브나가 중얼거렸다. 그리고 불안한 듯 옷을 챙겨 입고 삼면거울 앞에 앉아 짧은 곱슬머리를 빗었다.

그날 마르가리타가 꾼 꿈은 정말 평범하지 않았다. 괴로웠던 겨우내 그녀는 단 한 번도 거장을 꿈에서 본 적이 없었다. 밤이면 그는 그녀를 놓아주었고, 낮 시간 동안 그녀는 고통스러워해야 했다. 그런데 그가 꿈에 나타난 것이다.

꿈에서 마르가리타는 낯선 곳에 있었다. 이른 봄 찌푸린 하늘 아래 아무희망도 없는 우울한 곳이었다. 조각조각 흩어져 흘러가는 회색빛 구름과 소리 없이 날고 있는 까마귀 떼가 보였다. 휘어진 작은 다리와 그 아래로 흐르

가파르나움의 관리였으며 예수를 위해 연회를 베푼 것으로 보아 상당히 부유했던 것 같다. 선교 활동을 하며 이방인에게 복음을 전했다고 하나 장소는 정확하게 밝혀진 바가 없다.

는 봄의 흐릿한 강, 반쯤 헐벗은 보잘것없고 음산한 나무들. 외롭게 서 있는 사시나무*²와 그 뒤 나무들 사이로 보이는 텃밭 너머에 통나무로 만든, 별채로 지어놓은 부엌 같기도 하고, 목욕탕 같기도 하고, 악마나 알 법한 작은 건물. 주위는 온통 알 수 없는 죽음의 기운에 휩싸여 있어, 다리 옆 사시나무에 목을 매고 싶을 정도였다. 바람 한 점 불어오지 않고, 구름조차 움직이지 않았으며, 생명체도 없었다. 살아 있는 사람에게는 지옥같은 곳이었다!

통나무 집 문이 활짝 열리고, 그가 나타난 것을 상상해보자. 아주 멀지만 분명히 보였다. 옷은 다 해져서 뭘 입고 있는 건지 도무지 알아볼 수 없었다. 머리는 온통 헝클어져 있었고, 면도도 하지 않았다. 아픈 사람처럼 불안한 눈빛이었다. 그가 그녀를 부르며 손짓했다. 생기없는 대기 속에서 숨을 몰아쉬며, 마르가리타가 울퉁불퉁한 길을 따라 그에게 뛰어 갔고, 꿈에서 깼다.

'이 꿈의 의미는 둘 중 하나야.' 마르가리타 니콜라예브나가 혼자 결론을 내렸다. '그가 죽어서 나에게 손짓한 거라면, 그건 나를 데리러 왔다는 말이고, 나는 곧 죽겠지. 정말 다행이야. 그럼 이 고통도 끝날 테니까. 만약 그가 살아 있다면, 그는 나에게 그를 떠올리게 한 거야! 그는 우리가 다시 만날 수 있다는 말을 하고 싶었던 거야. 그래, 우리는 곧 다시 만날 거야!'

흥분한 마르가리타는 옷을 입었다. 정말 모든 것이 잘되어가고 있다고, 이 좋은 기회를 놓치지 말고 반드시 이용해야 한다고 스스로에게 확인시켰다. 남편은 사흘 동안 출장을 가고 없었다. 그 사흘 동안 그녀는 무엇이든 할 수 있다. 그녀가 무슨 생각을 하든, 어떤 공상을 하든, 아무도 방해할 수 없다. 저택 위층에 있는 방 다섯 개, 모스크바의 수많은 사람들이 부러워하는 집이 완전히 그녀의 것이었다.

하지만 사흘 동안 자유를 얻은 마르가리타가 그 화려한 집에서 고른 곳은 좋은 장소가 아니었다. 차를 마시고 나서 그녀는 두 개의 커다란 벽장 속에 여행 가방과 낡은 물건들이 보관되어 있는 창문도 없이 어두운 방으로 들어갔다. 그녀는 첫 번째 벽장 앞에 쪼그리고 앉아 가장 아래 서랍을 열고 실크 천 조각 뭉치 밑에 있던, 물건을 꺼내 들었다. 삶에서 유일하게 가치 있는

---

*2 이 문장은 1973년판에 따른다. 1990년 판에서는 삭제되었다. 버드나뭇과에 속하는 낙엽활엽수. 보통 10m까지 자란다.

물건들이었다. 마르가리타의 손에는 거장의 사진이 있는 낡은 갈색 가죽 앨범과 만 루블이 든 거장 명의의 통장, 얇은 종잇장 사이에 끼워놓은 마른 장미꽃잎들, 타자로 빽빽하게 쳐내려간, 그리고 아래쪽 가장자리가 타버린 공책 일부가 들려 있었다.

소중한 물건들을 들고 침실로 돌아온 마르가리타 니콜라예브나는 삼면거울 앞에 사진을 세워두고 엉망이 된 원고를 무릎에 올려놓은 채, 한 시간 동안 꼼짝 않고 앉아 불에 타 시작도 끝도 없어져버린 종잇장을 넘겼다. '…… 지중해에서 몰려온 어둠이 총독이 증오하는 도시를 뒤덮었다. 성전과 무시무시한 안토니우스 탑을 연결한 구름다리도 사라지고, 하늘에서 내려온 심연이 히포드롬*3 위의 날개 달린 신(神)들과 총안(銃眼)*4이 있는 하스몬 궁을, 저잣거리와 여관들, 골목과 연못들을 덮어버렸다. 거대한 도시 예르샬라임은 마치 세상에 존재하지 않았던 것처럼 사라졌다.

마르가리타는 계속 읽고 싶었다. 하지만 그 뒤로는 시커멓게 타다 남은 들쭉날쭉한 귀퉁이밖에 없었다.

마르가리타 니콜라예브나는 눈물을 닦고, 원고 뭉치를 내려놓은 뒤 거울 아래 작은 테이블 위에 팔꿈치를 고였다. 그리고 사진에서 눈을 떼지 않고 한참을 그렇게 앉아 있었다. 곧 눈물도 말랐다. 마르가리타는 물건들을 가지런히 모았고, 몇 분 뒤 물건들은 다시 실크 천 조각들 아래에 묻혔다. 그리고 철컥 소리와 함께 컴컴한 방에 자물쇠가 채워졌다.

마르가리타 니콜라예브나는 산책을 나가기 위해 현관에서 외투를 입었다. 아름다운 가정부 나타샤가 식사는 뭐로 할지 물었다. 아무거나 상관없다는 대답을 들은 나타샤는 기분전환 겸 여주인과 쓸데 없는 대화를 나눴다. 어제 극장에서 마술사가 기가 막힌 마술을 보여줬다. 극장에 있던 사람 모두에게 외제 향수 두 병과 스타킹을 공짜로 나누어주었다. 공연이 끝나 관객들이 거리로 나와 보니 다들 발가벗고 있었다! 마르가리타 니콜라예브나는 현관 거울 아래에 있는 의자에 주저앉아 웃음을 터트렸다.

---

*3 Hippodrome : 터키 이스탄불에 있는 로마시대 대경기장 유적. 서기 203년 이곳에서 마차경주가 최초로 열렸다고 하며 당시에는 세계의 각 지역에서 가져온 기둥, 조각상, 오벨리스크 등이 이곳에서 전시되었다고 전해진다.

*4 銃眼 : 〈군사〉 몸을 숨긴 채로 총을 쏘기 위하여 성벽, 보루(堡壘) 따위에 뚫어 놓은 구멍.

"나타샤! 너 부끄럽지도 않니?" 마르가리타 니콜라예브나가 말했다. "글도 읽을 줄 아는 똑똑한 아가씨가 어디서 사람들이 떠들어대는 악마나 알 법한 이야기를 듣고 와서 그걸 그대로 퍼뜨려대니!"

나타샤는 얼굴이 새빨개지도록 흥분해서는 반박했다. 이건 절대 거짓말이 아니며, 오늘 아르바트에 있는 어떤 식료품 가게에서 들어올 때 분명히 구두를 신고 있던 한 여자가 계산대 앞에서 돈을 내려고 하는데 갑자기 구두가 사라져서 스타킹만 신고 서 있는 것을 똑똑히 봤다고 주장했다. 두 눈이 동그래지고 발뒤꿈치엔 구멍이 나 있었다고! 그 구두는 어제 그 공연에서 받은 마법 구두였다고.

"그냥 그렇게 나갔어?"

"그냥 그렇게 나갔다니까요!" 마르가리타가 자신의 말을 믿지 않자 나타샤는 얼굴이 점점 더 빨개져서 소리쳤다. "정말이에요, 마르가리타 니콜라예브나. 어젯밤 100명이나 경찰에 잡혀갔대요. 공연이 끝나고 여자들이 속옷만 입고 트베르스카야 거리를 뛰어다녔어요."

"다리야가 해준 얘기겠지." 마르가리타 니콜라예브나가 말했다. "그 여자가 어쩔 수 없는 거짓말쟁이라는 거, 난 벌써부터 알고 있었어."

이 우스꽝스러운 대화는 나타샤에게 기분 좋게 끝났다. 마르가리타 니콜라예브나는 침실로 가서 스타킹과 오드콜로뉴 한 병을 들고 나왔다. 그리고는 자기도 요술을 보여주겠다면서 나타샤에게 스타킹과 향수를 선물했다. 그 대신 스타킹만 신고 트베르스카야를 뛰어다니거나 다리야의 말을 귀담아 듣지 말 것을 당부했다. 여주인과 가정부는 키스를 나누고 헤어졌다.

마르가리타 니콜라예브나는 트롤리버스[*5]의 편안하고 부드러운 의자에 기대 앉아 생각에 빠지기도 하고, 앞에 앉은 두 승객이 속삭이는 소리를 듣기도 하면서 아르바트를 지나고 있었다.

두 사람은 혹시 누가 들을까 걱정하는 듯 이따금씩 주위를 살피며 작은 소리로 말도 안 되는 이야기를 나누고 있었다. 창가에 앉은 덩치가 크고 매서운 돼지 눈을 한 남자가 옆에 앉은 작은 남자에게 관에 검은 천을 씌워야 한

---

*5 trolleybus : 가공선(架空線)에서 트롤리에 의해 집전(集電)하고, 모터를 돌려서 주행하는 버스. 무궤도(無軌道) 전차라고도 하며, 궤도 위나 도로 위에서도 마찬가지로 주행할 수 있는 획기적인 것으로 1900년대의 실험기를 거쳐, 1910년대에는 널리 유럽과 미국에 보급되었다.

다고 작은 소리로 말했다.

"말도 안 돼!" 작은 남자가 놀라면서 속삭였다. "어떻게 그런 일이……

그래서 젤디빈은 어떻게 한대?"

트롤리 버스의 일정한 소음 사이로 창 쪽에서 이런 말이 들려왔다. "형사 수사국…… 스캔들…… 아, 정말 불가사의하군!"

마르가리타 니콜라예브나는 조각난 단어들을 겨우 끼워맞춰 대화 내용을 짐작했다. 그들 이야기에 따르면, 오늘 아침 누군지는 모르지만 고인의 관에서 머리를 도둑맞은 것이다! 그래서 젤디빈이라는 자가 지금 아주 당황스러워 하고 있다. 트롤리 버스에서 소곤대는 두 남자 역시 머리를 도둑맞은 고인과 어떤 관계가 있는 것 같았다.

"꽃 사러 다녀 올 시간이 될까?" 작은 남자가 걱정했다. "화장이 2시라고 했지?"

도둑맞은 머리에 대한 밀담을 듣기도 지겨워진 마르가리타 니콜라예브나는 내릴 때가 되었다는 것을 알고 기뻐했다.

몇 분 뒤 마르가리타 니콜라예브나는 마네지*6가 내려다보이는 크레믈*7 성벽 아래 벤치에 앉아 있었다.

마르가리타는 뜨거운 태양에 눈을 가늘게 뜨고 간밤에 꾼 꿈을 떠올렸다. 정확히 1년 전 오늘 이 시각, 이 벤치에 그와 나란히 앉아 있었던 때를 생각했다. 그날처럼 지금도 그녀가 앉은 벤치에는 검은 손가방이 놓여 있었다. 그는 지금 옆에 없지만, 마르가리타는 마음속으로 그와 계속해서 이야기를 나누었다. '귀양을 선고받은 거라면, 왜 소식을 전해주지 않죠? 다들 소식을 전하잖아요. 이제 나를 사랑하지 않나요? 아니야, 그건 믿을 수 없어요. 그렇다면 당신은 귀양가 죽었군요…… 그렇다면 제발 나를 놔 줘요, 이제 나를 자유로이 살게 해 줘요. 숨 쉴 수 있게 해줘요!' 마르가리타 니콜라예브나는 그를 대신해 대답했다. '당신은 자유요…… 내가 당신을 붙잡고 있소?' 그녀는 다시 반박했다. '아니, 어떻게 그렇게 말할 수가 있죠? 아니에

---

*6 Manege Square : 옐친 대통령 집권기까지 민주화 운동이 벌어졌었던 곳이다. 아호트니 랴드역 지상에 위치한 광장으로 크레믈린 궁과 붉은 광장 앞에 있고, 밤이 되면 분수와 고급 호텔들의 아름다운 외관 때문에 여행객들에게 인기가 좋은 곳이다.

*7 러시아어로 "요새", "성채", "성"을 의미하는 단어이다.

요, 내 기억에서 떠나주세요. 그래야 나는 자유로워져요.'

사람들이 마르가리타 니콜라예브나 옆을 지나갔다. 아름다운 여인이 잘 차려입고 혼자 앉아 있다는 사실에 마음이 끌린 한 남자가 그녀를 곁눈질했다. 그는 헛기침을 하고 마르가리타 니콜라예브나가 앉아 있는 벤치 끝에 살짝 걸터앉았다. 그리고 숨을 한번 크게 들이쉬고는 말했다.

"오늘은 확실히 날씨가 좋군요……."

하지만 마르가리타가 어찌나 음울한 눈빛으로 쳐다보았던지, 그는 황급히 일어나 자리를 떠나버렸다.

'이것 봐요.' 마르가리타는 자신을 지배하고 있는 이에게 말했다. '내가 왜 저 남자를 쫓아버렸다고 생각하죠? 나는 사는 게 지루하고, 저 호색한은 '확실히'라는 바보 같은 말만 빼면 그렇게 나쁘지도 않잖아요? 나는 왜 부엉이처럼 이 성벽 아래 혼자 앉아 있는 거죠? 나는 왜 삶에 등을 돌린 걸까요?'

그녀는 슬픔에 빠져 고개를 숙였다. 그런데 그때 갑자기 아침에 일어난 기대와 흥분의 파도가 그녀의 가슴으로 밀려왔다. '그래, 뭔가 일어날 거야!' 물결은 다시 그녀에게로 밀려왔고, 그녀는 파도에서 어떤 소리가 나고 있음을 알았다. 도시의 소음 사이로 가까워지는 북소리와 함께 어딘가 맞지 않는 나팔 소리가 점점 더 명료하게 들려왔다.

공원 울타리 옆으로 말을 탄 경찰이 먼저 나타났고, 뒤이어 세 명의 경찰이 걸어갔다. 이어 연주자들을 태운 트럭이 천천히 지나가고, 뒤로 온통 화환으로 뒤덮인 관을 실은 신형 영구차가 천천히 따라오고 있었다. 그 차의 네 모퉁이 발판 위에는 남자 세 명과 여자 한 명이 서 있었다.

마르가리타는 먼 거리에 있었지만, 영구차 위에 서서 고인의 마지막 길을 배웅하고 있는 사람들이 왠지 이상하고 당혹스러운 표정을 짓고 있다는 것을 알아챘다. 영구차의 왼쪽 뒤 모퉁이에 서 있는 여자가 특히 눈에 띄었다. 여자의 투실투실한 볼은 아주 흥미진진한 비밀로 가득 채워져 있는 것 같았고, 볼살에 밀려 가늘어진 두 눈에는 묘한 불꽃이 일렁이고 있었다. 당장이라도 고인에게 눈짓을 하며 이렇게 말할 것 같았다. '이런 일 본 적 있어요? 정말 미스터리해요!' 천천히 영구차를 따라 가는 300명쯤 되는 사람들도 당혹스러운 얼굴을 하고 있기는 마찬가지였다.

마르가리타는 눈으로 행렬을 쫓으며 '둥, 둥, 둥 구슬픈 큰 북 소리가 잦아드는 것을 가만히 듣고 있었다. 그리고 생각했다. '정말 이상한 장례식이야…… 저 '둥, 둥' 소리는 어쩜 이렇게 구슬픈지! 아, 정말 그가 살아 있는지 죽었는지만 알 수 있다면, 악마에게 내 영혼이라도 팔 텐데……! 다들 저렇게 이상한 표정으로 누구의 장례를 치르는 걸까?'

"미하일 알렉산드로비치 베를리오즈." 옆에서 약간 비음 섞인 남자 목소리가 들려왔다. "마솔리트 회장의 장례식이지요."

놀란 마르가리타 니콜라예브나가 몸을 돌리자, 벤치 끝에 한 남자가 앉아 있는 것이 보였다. 마르가리타가 장례 행렬을 보고 있는 사이 슬그머니 와서 앉았음이 분명했다. 그리고 그가 대답한 이유는 그녀가 자기도 모르게 마지막 질문을 소리내 말했기 때문일 것이다.

그때 신호에 걸렸는지 장례행렬이 잠시 멈춰섰다.

"그래요." 낯선 시민이 말을 이었다. "저 사람들도 기분이 이상할 겁니다. 고인을 옮기면서도 머리가 어디 갔을까? 그 생각만 하고 있지요!"

"머리요?" 갑자기 옆에 나타난 사람을 가만히 쳐다보며 마르가리타가 물었다. 그는 작은 키에 머리는 불꽃처럼 빨갛고, 송곳니 하나가 삐져나와 있었다. 빳빳하게 풀을 먹인 셔츠와 줄무늬가 들어간 고급 양복을 입은 남자는 에나멜 구두를 신고, 중산모를 쓴 차림이었다. 넥타이는 화려했다. 특이하게도 보통 남자들이 손수건이나 만년필을 꽂고 다니는 양복 윗주머니에 살을 발라낸 닭뼈다귀가 삐져 나와 있었다.

"예. 그게 말이죠," 빨강 머리가 설명했다. "오늘 아침 그리보예도프 홀에서 관에 있던 고인의 머리를 도둑맞았답니다."

"어떻게 그런 일이?" 마르가리타가 저도 모르게 물었다. 그리고 트롤리 버스에서 수군대던 남자들 얘기가 떠올랐다.

"어떻게 그랬는지는 악마나 알겠지요!" 빨강 머리가 거침없이 대답했다. "베헤모트한테 물어보는 것도 나쁘진 않을 겁니다. 놀랄 만큼 교묘하게 뜯어냈어요. 이런 소문이 또 있겠습니까! 그리고 여기서 중요한 건 그 머리가 누구에게, 왜 필요했는지 알 수 없다는 겁니다!"

생각에 빠져 있던, 마르가리타 니콜라예브나는 낯선 남자가 늘어놓는 이상한 이야기에 놀라지 않을 수 없었다.

"잠깐만!" 그녀가 갑자기 소리쳤다. "어떤 베를리오즈요? 오늘 신문에 난 그……."

"그렇지요, 그렇습니다……."

"그럼 관 뒤를 따라가는 사람들은 문인들이겠군요?" 마르가리타가 갑자기 이를 드러내며 물었다.

"그야 당연하지요!"

"당신은 저 사람들 얼굴을 다 알아볼 수 있나요?"

"한 사람도 빼놓지 않고." 빨강머리가 대답했다.

"말해주세요." 마르가리타의 목소리가 낮아졌다. "저 사람들 중에 비평가 라툰스키는 없나요?"

"왜 없겠습니까?" 빨강 머리가 대답했다. "저기 네 번째 줄 끝에 있군요."

"저 금발 머리요?" 마르가리타가 눈을 가늘게 뜨며 물었다.

"잿빛이죠…… 보세요, 지금 하늘을 올려다보고 있어요."

"신부처럼 생긴 저 사람 말인가요?"

"그렇지요!"

마르가리타는 더 이상 묻지 않고 라툰스키를 뚫어져라 쳐다보았다.

"제가 보기에 당신은," 빨강 머리가 미소를 지으며 말했다. "라툰스키를 몹시 싫어하는 것 같군요."

"싫어하는 사람은 더 있어요." 마르가리타가 이를 악물고 대답했다. "하지만 그 얘긴 재미없을 거예요."

그때 행렬이 다시 움직였고, 걸어가는 사람들 뒤로 거의 빈 자동차들이 길게 이어졌다.

"하기야 흥미로울 게 뭐가 있겠습니까, 마르가리타 니콜라예브나!"

마르가리타는 깜짝 놀랐다.

"저를 아시나요?"

빨강 머리는 대답 대신 중산모를 벗고 팔을 쭉 폈다.

'순 날강도같이 생겼군!' 마르가리타는 난데없이 길에서 만난 상대를 가만히 쳐다보았다.

"저는 당신을 모르는데요." 마르가리타가 냉정하게 말했다.

"당신이 어떻게 저를 아시겠습니까? 저는 볼일이 있어 당신을 찾아온 것입니다.”

마르가리타는 창백해진 얼굴로 물러섰다.

“그럼 그 얘기부터 하셨어야지요.” 그녀가 말했다. “쓸데없이 잘린 목이 어쩌니 저쩌니 악마나 알 법한 이야기나 하지 말고! 나를 체포하러 온 건가요?”

“그렇지 않습니다.” 빨강 머리가 언성을 높였다. “누가 말만 걸면 죄다 자기를 체포하는 줄 알고 있으니! 나는 그저 당신에게 볼일이 있을 뿐입니다.”

“그게 무슨 소리죠? 어떤 볼일이요?”

빨강 머리가 주위를 둘러보더니 조심스럽게 말했다.

“오늘 저녁 당신을 초대하기 위해 찾아왔습니다.”

“무슨 소리하는 거예요, 초대라니요?”

“아주 저명한 외국인이 당신을 초대했습니다.” 빨강 머리는 눈을 찡긋거리며 의미심장하게 말했다.

마르가리타는 화가 치밀어올랐다.

“거리에서 여자들을 잡아다 어딘가에 소개시켜주는 수법인가요?” 그녀는 일어나 그 자리를 벗어나려 했다.

“이렇게 부탁하는데 말씀이 좀 지나치시군요!” 빨강 머리가 모욕감에 소리를 질렀다. 그리고 등을 돌리고 가려는 마르가리타를 향해 구시렁거렸다. “멍청하긴!”

“비열한 뚜쟁이!” 그녀가 돌아보며 그렇게 대꾸하고는 다시 가려는데 등 뒤에서 빨강 머리의 목소리가 들려왔다. “지중해에서 몰려온 어둠이 총독이 증오하는 도시를 뒤덮었다. 성전과 무시무시한 안토니우스 탑을 연결한 구름다리도 사라지고, 하늘에서부터 내려온 심연이 히포드롬 위의 날개 달린 신들과 총안이 있는 하스몬 궁을, 저잣거리와 여관들, 골목과 연못들을 덮어버렸다. 거대한 도시 예르샬라임은 마치 세상에 존재하지 않았던 것처럼 사라졌다. ……그래, 다 탄 공책과 바싹 마른 장미와 함께 사라지시오! 이 벤치에 혼자 앉아서 그 사람에게 당신을 자유롭게 해달라고, 숨 쉬게 해달라고, 기억에서 떠나달라고 애원이나 하시오!”

마르가리타는 얼굴이 하얗게 질려 벤치로 돌아왔다. 빨강 머리는 눈을 가늘게 뜨며 그녀를 바라보았다.

"이해할 수 없어요." 마르가리타 니콜라예브나가 작은 소리로 말했다. "공책은 알 수도 있어요…… 몰래 들어와서 뒤졌을 수 있으니까…… 나타샤를 매수했죠? 그렇죠? 그런데 내 생각은 어떻게 알아냈죠?" 그녀는 고통스러운 듯 얼굴을 일그러뜨리고 말을 이었다. "말해줘요, 당신은 누구죠? 어느 기관에서 나왔죠?"

"정말 지겹군." 빨강 머리가 중얼거렸다. 그리고 큰 소리로 말하기 시작했다. "이미 말씀드리지 않았습니까. 기관하고는 아무런 관계도 없습니다. 일단 앉으시지요."

마르가리타는 순순히 말을 들었다. 하지만 앉으면서 그녀는 다시 물었다. "당신은 누구죠?"

"좋아요, 좋아. 내 이름은 아자젤로입니다. 말해봐야 당신에게 아무 도움도 되지 않겠지만요."

"공책과 내가 생각한 것들을 어떻게 알아냈는지 말해줄 수 있나요?"

"말씀드릴 수 없습니다." 아자젤로가 냉정하게 대답했다.

"하지만 그 사람에 대해 뭔가 알고 있는 거죠?" 마르가리타는 애원하듯 속삭였다.

"글쎄 알고 있다고 해야겠지요."

"제발, 하나만 말해주세요. 그는 살아 있나요? 제발 나를 괴롭히지 말아줘요!"

"예, 살아 있습니다. 살아 있지요." 아자젤로는 내키지 않는다는 듯 대답해 주었다.

"오, 하느님!"

"부탁이니 흥분하지 말고, 소리 좀 지르지 말고 얘기합시다." 아자젤로가 인상을 찌푸리며 말했다.

"죄송해요, 죄송해요." 이제 고분고분해진 마르가리타가 중얼거렸다. "제가 당신한테 화를 냈죠. 하지만 길거리에서 여자한테 어디로 초대하겠다고 하면 다들…… 편견 같은 건 없어요. 정말이에요." 마르가리타는 씁쓸한 웃음을 지어 보였다. "하지만 난 외국인을 한 번도 본 적이 없고, 어울리고 싶다는 생각도 안해봤어요…… 게다가 제 남편은…… 불행하게도 전 사랑하지 않는 남자와 살고 있어요. 하지만 그의 인생을 망치는 건 좋지 않다고 생각해요. 그 사람은 정말 좋은 사람이었는데……."

지루해 죽겠다는 듯한 표정으로 이 두서없는 얘기를 들은 아자젤로가 단호하게 말했다.

"좀 조용히 있어주시겠습니까."

마르가리타는 순순히 입을 다물었다.

"당신을 초대한 외국인은 전혀 위험하지 않습니다. 그리고 그 만남을 아무도 알지 못할 겁니다. 제가 장담하겠습니다."

"그 외국인은 왜 내가 필요한 거죠?" 마르가리타가 조심스럽게 물었다.

"그건 나중에 아시게 될 겁니다."

"알겠어요…… 제가 그 외국인에게 몸을 맡겨야 하는 거겠죠." 마르가리타가 생각에 잠기며 말했다.

그러자 아자젤로가 비웃는 듯 '흐음' 하더니 이렇게 말했다.

"단언컨대, 세상 모든 여자들이 그러길 바라겠죠." 비웃음으로 아자젤로의 얼굴이 일그러졌다. "실망시켜서 죄송하지만, 그런 일은 없을 겁니다."

"그 외국인은 어떤 분이죠?" 당황한 마르가리타가 어찌나 크게 말했던지, 벤치를 지나던 사람들이 그녀를 돌아보았다. "그분한테 가면 저에게 어떤 이득이 있죠?"

"글쎄, 아주 큰 이득이 있을 겁니다…… 당신이 기회만 잘 잡는다면……"

"뭐라고요?" 마르가리타가 소리를 질렀다. 그녀의 두 눈이 동그래졌다. "제가 이해한 게 맞다면, 내가 그곳에서 그의 소식을 알 수 있다는 건가요?"

아자젤로가 조용히 고개를 끄덕였다.

"가겠어요!" 마르가리타는 힘을 주어 외쳤다. 그리고 아자젤로의 손을 잡았다. "어디라도 가겠어요!"

아자젤로는 안도의 한숨을 내쉬며 벤치 등받이로 몸을 젖혀 큼직하게 새겨진 '뉴라'라는 글자를 가렸다. 그리고 빈정대듯 말하기 시작했다.

"여자들이란 정말 다루기 어려운 종족이라니까!" 그는 주머니에 손을 찔러 넣고 다리를 쭉 뻗었다. "도대체 왜 이런 일에 나를 보낸 거지? 베헤모트를 보냈으면 좋았을걸, 그 녀석이 더 매력도 있고……."

마르가리타가 씁쓸한 미소를 띠고 말했다.

"그런 혼란스럽고 수수께끼 같은 말로 나를 괴롭히지 마세요…… 당신은 내가 불행한 여자라는 걸 이용하고 있어요. 이런 이상한 이야기를 받아들이는 것도, 맹세컨대, 당신이 그에 대한 말로 날 유혹해서예요! 전 아무것도 모르겠어요. 머리가 어지러울 뿐이에요……."

"연극은 그만둡시다." 아자젤로가 얼굴을 일그러뜨리며 말했다. "내 입장도 생각해주셔야죠. 총무부장 낯짝을 갈겨준다든지, 아니면 고모부를 집에서 내쫓는다든지, 그것도 아니면 누굴 암살한다든지, 그런 게 내 전문입니다. 사랑에 빠진 여자와 얘기하는 건 질색이에요! 당신을 설득하느라고 벌써 30분째 이러고 있습니다. 그래서 가실 겁니까?"

"가겠어요." 마르가리타 니콜라예브나가 간단히 대답했다.

"그럼 이걸 받으세요." 아자젤로가 말했다. 그리고 주머니에서 금으로 만든 동그란 상자를 꺼내더니 마르가리타에게 내밀었다. "어서 집어넣어요. 지나가는 사람들이 봅니다. 당신한테 필요할 겁니다. 마르가리타 니콜라예브나, 당신은 최근 반년 동안 슬픔 때문에 많이 늙었어요." 마르가리타는 얼굴이 달아올랐다. 하지만 그녀는 아무 말도 하지 않았고, 아자젤로는 말을 이었다. "오늘 저녁 정확히 9시 30분, 옷을 다 벗고 이 크림을 얼굴과 온몸에 바르십시오. 그 다음엔 하고 싶은 대로 해도 좋습니다. 단, 전화기에서 떨어져 있진 마세요. 10시에 당신에게 전화를 걸어 필요한 걸 말씀드리겠습니다. 당신이 따로 신경 쓸 건 없습니다. 그곳까지도 데려다 드릴 테니까요. 아무 걱정 마십시오. 아셨지요?"

마르가리타는 잠시 아무 말도 않다가 대답했다.

"알겠어요. 묵직한 걸 보니 순금이군요. 달리 제가 어떻게 하겠어요. 나도 잘 알아요. 날 매수해서 뭔가 어두운 일에 끌어들이려는 거겠지요. 나는 그 대가를 치르게 될 테고."

"뭐라고요?" 아자젤로가 씩씩거리기 시작했다. "또 그런……?"

"아니에요, 잠깐만요!"

"크림 도로 주십시오!"

마르가리타는 상자를 손에 꼭 쥐고 계속 말했다.

"아니에요, 잠깐만요…… 무얼 위한 건지 알고 있어요. 내가 가는 것도 다 그를 위한 거죠. 나에게 이 세상은 더 이상 아무런 희망도 없으니까요. 그래도 이것만은 말해두겠어요. 만약 나를 파멸시킨다면, 당신은 후회할 거예요. 분명히 후회할 거예요! 나는 사랑 때문에 파멸하는 거예요!" 마르가리타는 자신의 가슴을 두드리며 태양을 올려다보았다.

"돌려주십시오." 잔뜩 화가 난 아자젤로가 소리를 질렀다. "돌려줘요. 에잇, 짜증나! 베헤모트를 보낼걸 그랬어!"

"안돼요!" 마르가리타는 자나가는 사람들이 놀랄 정도로 크게 소리를 질렀다. "뭐든 다 하겠어요. 온몸에 크림을 바르는 코미디도 하고, 악마가 있는 곳이든 어디든 가겠어요! 이건 돌려줄 수 없어요!"

"앗!" 갑자기 아자젤로가 외쳤다. 그리고 공원 울타리 쪽을 향해 눈을 커다랗게 뜨고는 손가락으로 어딘가를 가리켰다.

마르가리타는 아자젤로가 가리키는 쪽을 쳐다보았다. 하지만 특별한 건 없었다. 왜 소리를 지른 건지 물어보려고 다시 돌아보았을 때, 그 자리엔 아무도 없었다. 마르가리타 니콜라예브나의 비밀스러운 이야기 상대는 사라졌다.

마르가리타는 재빨리 가방에 손을 집어넣어 사내가 소리를 지르기 전 급히 숨겼던 상자가 있는지 확인했다. 그리고 더 이상 아무 생각도 하지 않기로 하고, 서둘러 알렉산드롭스키 공원을 빠져나왔다.

제20장
아자젤로의 크림

둥근 보름달이 맑은 저녁 하늘 단풍나무 가지 사이로 보였다. 보리수와 아카시아들이 달빛을 받아 정원 마당에 어지러운 얼룩을 그리고 있었다. 정원으로 난 삼면 창문은 열린 채 커튼이 내려졌고, 방에서 강렬한 불빛이 뿜어져 나왔다. 마르가리타 니콜라예브나의 침실에는 불이 모두 켜져 있었다. 그 불빛들은 정신없이 어질러진 방 안을 고스란히 드러냈다.

침대 이불 위에는 슬립과 스타킹, 속옷이 널려 있고, 바닥에는 아무렇게나 벗어 던진 속옷과 흥분으로 구겨버린 담뱃갑이 내던져 있었다. 침대 옆 탁자에는 슬리퍼와 먹다 남긴 커피 잔과 재떨이가 놓여 있다. 꽁초는 아직 연기를 피우고 있었다. 의자 등받이에는 검은 이브닝드레스가 걸려 있고, 방 안에는 향수 냄새가 풍겼다. 어딘가에서 달구어진 다리미 냄새도 나는 듯했다.

마르가리타 니콜라예브나는 목욕 가운만 걸친 알몸으로 검은 스웨이드 슬리퍼를 신은 채 거울 앞에 앉아 있었다. 그녀 앞에는 아자젤로에게 받은 상자와 조그만 시계가 달린 금팔찌가 나란히 놓여 있었다. 마르가리타는 시계판에서 눈을 떼지 않았다. 시계가 고장 나 바늘이 움직이지 않는 것 같기도 했다. 그러나 아주 느리기는 했지만 시곗바늘은 움직이고 있었다. 풀로 붙여놓은 것 같던 긴 바늘이 마침내 9시 29분을 가리켰다. 그러자 마르가르타의 심장이 상자를 한 번에 잡지 못할 정도로 무섭게 뛰기 시작했다. 마르가리타는 흥분을 억누르며 상자를 열었다. 그 안에는 찐득한 금빛 크림이 들어 있었다. 늪의 진흙 냄새가 나는 것 같았다. 손가락 끝으로 크림을 살짝 떠서 손바닥에 덜자 늪지의 풀과 숲 냄새가 더 강하게 풍겼다. 마르가리타는 크림을 이마와 뺨에 문지르기 시작했다.

크림이 너무 잘 스며들어 금방 매끈해진 것 같았다. 그렇게 몇 번을 더 문지르고 거울을 본 마르가리타는 상자를 시계 유리판 위로 떨어뜨렸다. 유리에 미세한 금이 갔다. 마르가리타는 눈을 감았다. 그리고 다시 거울 속 자신을 바라보고는 큰 소리로 웃기 시작했다.

핀셋으로 가늘게 정리해두었던 눈썹이 진해져, 초록빛이 된 눈동자 위로 검은 아치를 그리고 있었다. 작년 10월, 거장이 사라져버린 뒤 미간에 생긴 가는 주름도 흔적없이 사라졌다. 관자놀이에 있던 누런 반점도, 가는 눈가 주름 두 개도 사라지고 없었다. 뺨은 장밋빛으로 반짝였고, 이마는 하얗고 깨끗해졌으며, 미장원에서 말아 올린 머리는 풀어져 있었다.

거울 속에서 자연스럽게 구불거리는 검은 머리에 스무 살쯤 되어 보이는 여자가 더는 못 참겠다는 듯 크게 웃으며 서른 살 마르가리타를 쳐다보았다.

한참을 웃던 마르가리타는 가운을 벗어던지고 가볍고 기름진 크림을 한 움큼 떠 있는 힘껏 온몸에 바르기 시작했다. 그녀의 몸은 순식간에 장밋빛으로 빛났다. 알렉산드롭스키 공원에서 아자젤로를 만난 뒤 저녁 내내 지끈거리던 관자놀이가 머릿속에 박힌 바늘을 뽑아낸 듯 순식간에 맑아졌다. 그리고 팔다리의 근육이 탄탄해졌으며, 마르가리타의 몸은 중력을 잃었다.

살짝 뛰어오르자 카펫 위로 떠올랐던 그녀는 천천히 잡아당기는 느낌과 함께 바닥으로 내려왔다.

"정말 멋진 크림이야! 정말 멋진 크림이야!" 마르가리타는 안락의자에 몸을 던지며 소리쳤다.

크림은 그녀의 외모만 바꾼 것이 아니었다. 그녀 몸 속 구석구석에서 기쁨이 터져나왔고, 몸 전체를 전율시키는 거품 같은 것이 느껴졌다. 마르가리타는 자유를, 모든 것으로부터 자유로워졌음을 느꼈다. 그리고 그녀는 아침에 예감했던 일들이 정말로 일어났으며, 자신이 이 저택, 그리고 예전의 삶과 영원히 작별하게 되리라는 사실을 분명히 깨달았다. 하지만 여전히 그녀의 머릿속을 맴도는 것이 있었다. 그녀를 위로, 허공으로 잡아당기는 새롭고 특별한 것을 시작하기에 앞서 마지막 의무를 다 해야 한다는 생각이 들었다. 그녀는 벌거벗은 채 몇 번이고 허공에 뜨면서 남편 서재로 가더니 불을 켜고 책상에 앉았다. 노트에서 종이 한 장을 찢고 연필로 큼지막하게 메모를 써 내려갔다.

저를 용서하세요. 그리고 가능한 빨리 잊어줘요. 저는 영원히 당신을 떠납니다. 찾지 마세요. 소용없을 거예요. 저는 저를 덮친 슬픔과 불행으로 마녀가 되었습니다. 이제 가야 해요. 안녕.

마르가리타

홀가분해진 마르가리타는 침실로 날아갔고, 뒤이어 물건을 잔뜩 끌어안은 나타샤가 뛰어 들어왔다. 그 순간 나타샤의 손에서 드레스가 걸려 있는 나무 옷걸이와 레이스가 달린 스카프, 십자 틀에 끼워진 파란색 실크 슬리퍼와 벨트가 한꺼번에 바닥에 떨어졌다. 나타샤는 빈손을 들어 올려 손을 마주잡았다.

"어때, 멋지지?" 마르가리타 니콜라예브나가 쉰 목소리로 소리쳤다.

"대체 어떻게 된 거예요?" 나타샤는 한 발짝 뒤로 물러서며 속삭이듯 말했다. "어떻게 하신 거예요, 마르가리타 니콜라예브나?"

"저 크림! 크림 덕분이지, 크림!" 마르가리타가 번쩍거리는 황금빛 상자를 가리키고 거울 앞에서 한 바퀴 돌아보았다.

나타샤는 바닥에 뒹구는 구겨진 옷가지들도 잊은 채 거울 앞으로 달려가 탐욕스럽게 타오르는 눈으로 남은 크림을 뚫어져라 바라보았다. 그녀 입술이 무슨 말인가를 중얼거렸다. 그녀는 다시 마르가리타를 돌아보며 존경 어린 목소리로 말했다.

"피부가! 피부가 정말! 마르가리타 니콜라예브나, 피부에서 빛이 나요!" 다시 정신을 차린 나타샤가 옷가지가 떨어진 곳으로 뛰어가 옷들을 주워 올리며 먼지를 털어냈다.

"내버려둬! 내버려둬!" 마르가리타가 그녀에게 소리쳤다. "다 악마한테 줘버려! 아니, 그럴 게 아니라, 그건 네가 기념으로 가져. 기념이야. 이 방에 있는 건 다 가져도 좋아!"

나타샤는 머리가 멍해진 듯 한동안 꼼짝도 않고 마르가리타를 쳐다보더니, 갑자기 그녀의 목에 매달려 입을 맞추며 소리쳤다.

"비단 같아요! 비단처럼 빛이 나요! 게다가 이 눈썹, 눈썹 좀 보세요!"

"이 지저분한 것들도 다 가져가. 향수도 가져가고. 네 트렁크에 넣고 숨겨 놔." 마르가리타가 소리쳤다. "하지만 보석은 안 돼. 도둑으로 몰릴 거야!"

나타샤는 손에 잡히는 대로 드레스며, 스타킹, 속옷을 잔뜩 끌어모으고는 쏜살같이 뛰어나갔다.

그때 골목 반대편 어딘가 열린 창문에서 유명한 왈츠가 천둥처럼 터져 나왔고, 저택 입구에 도착한 자동차 엔진 소리가 들렸다.

"곧 아자젤로가 전화할 거야!" 골목을 가득 채우는 왈츠에 귀를 기울이며 마르가리타가 기쁨에 차 소리를 질렀다. "그가 전화할 거야! 외국인은 위험하지 않아. 그래, 이제 알겠어. 그는 위험한 사람이 아니야!"

자동차 소리가 멀어졌다. 쪽문이 열리더니 포석(鋪石)*¹ 위를 걷는 발소리가 들렸다.

'니콜라이 이바노비치군. 발소리만 들어도 알 수 있어.' 마르가리타는 생각했다. '작별 인사로 재미있게 장난을 좀 쳐줘야겠지.'

마르가리타는 커튼을 한쪽으로 젖히고 창턱에 올라가 팔로 무릎을 감싸 안았다. 달빛이 오른쪽에서 쏟아져 내렸다.

마르가리타는 달을 올려다보며 생각에 잠긴 듯 시적인 표정을 지었다. 발소리가 두 번인가 더 울리더니 갑자기 조용해졌다. 달을 조금 더 바라보다가, 짐짓 한숨을 짓고 마르가리타는 정원 쪽으로 고개를 돌려 니콜라이 이바노비치를 쳐다보았다. 니콜라이 이바노비치는 저택 아래층에 사는 남자였다. 달빛이 니콜라이 이바노비치를 환하게 비추었다. 그는 벤치에 앉아 있었는데, 엉겁결에 주저앉은 것이 분명했다. 얼굴에 걸린 코안경이 약간 비뚤어져 있었고, 두 손으로 서류가방을 꼭 쥐고 있었다.

"어머, 안녕하세요, 니콜라이 이바노비치." 마르가리타가 슬픔에 잠긴 목소리로 말했다. "좋은 밤이네요! 회의에 갔다 오시나 보죠?"

니콜라이 이바노비치는 아무 대답도 하지 않았다.

"저는," 마르가리타가 정원 쪽으로 몸을 숙이며 말을 이었다.

"보시다시피, 이렇게 홀로 앉아 울적해하고 있던 참이랍니다. 달을 바라보고 왈츠를 들으면서."

마르가리타는 왼손으로 머리카락을 쓸어올리고 관자놀이를 어루만지더니 화가 난 듯 말했다.

"정말 무례하시군요, 니콜라이 이바노비치! 저도 여자예요! 숙녀가 이렇

---

*¹ 길에 까는 돌. 도로를 포장할 때 쓴다.

게 말을 거는데 아무 대답도 않으시다니!"

달빛아래 회색 조끼 단추 하나하나, 염소수염 한 올 한 올까지 환하게 드러낸 니콜라이 이바노비치가 갑자기 음흉한 미소를 짓고는 의자에서 일어났다. 그리고 당황하여 제정신이 아닌 듯, 모자를 벗는 대신 서류가방을 한쪽으로 흔들면서 코사크 댄스*2라도 출 것처럼 다리를 구부렸다.

"아, 정말 따분한 사람이군요, 니콜라이 이바노비치!" 마르가리타는 계속해서 말했다. "하긴 당신은 언제나 날 지루하게 만들었지, 말로 다 표현할 수 없을 정도로. 이렇게 헤어지게 돼서 얼마나 행복한지! 자, 이제 그만 사라져 주시지!"

그때 마르가리타의 등 뒤로 침실에서 전화벨 소리가 울렸다. 마르가리타는 니콜라이 이바노비치는 잊어버린 채 재빨리 창턱에서 내려와 수화기를 움켜쥐었다.

"아자젤로입니다." 수화기 속 목소리가 말했다.

"오, 다정한 사람, 아자젤로!" 마르가리타가 소리를 질렀다.

"시간이 되었습니다! 날아오세요." 아자젤로가 말했다. 말투로 보아 마르가리타의 진심 어린 환호성이 그를 기쁘게 한 것이 틀림없었다. "현관 위를 날아오를 때 '아무도 나를 볼 수 없다!' 라고 외치세요. 그리고 좀 익숙해지도록 도시 위를 날아보세요. 남쪽으로 도시를 빠져나와 강으로 오시면 됩니다. 기다리고 있겠습니다!"

마르가리타는 수화기를 내려놓았다. 그때 옆방에서 뭔가 둔탁한 나무 같은 것이 문을 두드리는 소리가 들렸다. 마르가리타가 문을 열자 솔 부분이 위로 가게 선 빗자루가 춤을 추며 침실로 날아 들어왔다. 빗자루는 자루 끝으로 타박타박 걷다가 튀어올라 창으로 돌진했다. 마르가리타는 기쁨으로 비명을 지르며 빗자루 위로 올라탔다. 그제야 정신이 없어 옷 입는 걸 잊었다는 사실이 떠올랐다. 그녀는 재빨리 침대로 날아가 손에 닿는 하늘색 슬립

---

*2 러시아와 우크라이나의 코사크족의 민속무용 (러시아 코사크족 : Kazaks , 우크라이나 코사크족 : Kazoks). 빠른 장단에 맞춰 팔짱을 끼고 점점 내려앉으며 다리를 들어올리는 어려운 춤으로 미국의 게임을 통해 널리 알려지게 되었다. 15세기에서 20세기 초까지 러시아 남부와 우크라이나에서 발전해온 이 춤은 고대 슬라브족에게서 발생해, 타탈리안(몽골의 한 부족)에 의해 여러 요소가 섞여 지금의 형태로 발전되었다고 전해진다.

을 집어 들었다. 그러고는 깃발처럼 슬립을 휘두르며 창밖으로 날아갔다. 정원에 왈츠가 더 크게 울려퍼졌다.

창 아래로 미끄러져 나온 마르가리타는 벤치에 앉아 있는 니콜라이 이바노비치를 보았다. 그는 온몸이 굳어버린 사람처럼 넋을 잃고 벤치에 앉아, 불이 켜진 위층 침실에서 들려오는 비명 소리에 귀를 기울이고 있었다.

"잘 있어요, 니콜라이 이바노비치!" 마르가리타는 니콜라이 이바노비치 앞에서 춤을 추듯 다리를 움직이며 소리를 질렀다.

니콜라이 이바노비치는 '아' 하는 신음 소리와 함께 의자에서 미끄러졌다. 간신히 의자를 붙잡았지만, 서류가방은 바닥에 떨어지고 말았다.

"영원히 안녕! 난 떠나요!" 마르가리타는 왈츠가 묻힐 만큼 크게 말했다. 이제 슬립 같은 건 아무 쓸모가 없다는 생각이 든 그녀는 음흉하게 웃으며 니콜라이 이바노비치의 머리에 슬립을 씌워버렸다. 눈앞이 보이지 않게 된 니콜라이 이바노비치는 벤치에서 포석 위로 떨어졌다.

마르가리타는 마지막으로 자신이 그토록 오랫동안 괴로워하며 지냈던 저택을 보기 위해 몸을 돌렸다. 불빛이 환한 창가에 놀라움으로 일그러진 나타샤의 얼굴이 보였다.

"잘 있어, 나타샤!" 마르가리타는 소리치고 빗자루를 위로 치켜 올렸다. "아무도 나를 볼 수 없다! 아무도 나를 볼 수 없다!" 그녀는 더욱 크게 소리를 지르며, 얼굴을 스치는 단풍나무 가지 사이를 지나고 문을 가로질러 골목으로 날아갔다. 그녀를 따라 완전히 광란에 빠진 왈츠도 날아올랐다.

제21장
하늘을 날다

보이지 않네, 자유롭다! 보이지 않네, 자유로워! 집 앞 골목길을 따라 날아오른 마르가리타는 맞은편 모퉁이에서 길을 꺾었다. 구불구불 이어진 골목 한쪽으로 가느다란 병에 담긴 살충제와 사발로 등유를 파는 기름 가게 문이 비스듬히 열려 있었다. 마르가리타는 한 순간에 골목을 가로지르며, 아무리 자유롭고 사람들한테 보이지 않는다해도 즐거움 속에서도 판단력은 잃지 말아야겠다는 생각이 들었다. 속도를 기적적으로 늦추었기 망정이지 하마터면 모퉁이에 있는 낡고 휘어진 가로등에 부딪혀 크게 다칠 뻔했다. 가로등을 피하면서 마르가리타는 빗자루를 힘주어 잡고 한길을 가로지르는 전깃줄과 간판에 신경쓰며 좀더 천천히 날았다.

다음 골목은 바로 아르바트로 이어져 있었다. 빗자루를 완벽히 다루게 된 마르가리타는 손이나 발을 아주 조금만 움직여도 빗자루가 따라 움직인다는 것, 그리고 도시 위를 날 때는 아주 조심해야 하며 지나치게 흥분해서는 안 된다는 것을 알게 되었다. 사람들 눈에 그녀가 보이지 않는다는 것도 분명해졌다. 고개를 들어 '저것 봐, 저것 좀 봐!' 하고 소리치는 사람은 아무도 없었으며, 피하지도 비명을 지르지도 기절을 하지도 않았고, 낄낄거리며 웃는 사람도 없었다.

마르가리타는 소리도 없이 천천히 2층 높이로 날았다. 하지만 천천히 날고 있었음에도 불구하고, 눈이 부시게 밝은 아르바트 초입에서 실수로 화살이 그려진 둥근 조명판에 어깨를 부딪쳤다. 마르가리타는 화가 났다. 빗자루를 세우고 뒤로 물러서는가 싶더니, 난데없이 달려들어 빗자루 끝부분으로 조명판을 산산조각 내버렸다. 요란한 소리와 함께 부서진 간판 조각들이 떨어지자 지나가던 사람들이 물러섰고, 어디선가 호루라기 소리가 났지만, 쓸데없는 짓을 저지른 마르가리타는 깔깔대며 웃기만 했다. '아르바트에서는 좀더 조심해야겠어.' 마르가리타가 생각했다. '미로 같은 곳이라 어디가 어딘지 헷갈리기 십상일 테니까.' 그녀는 전깃줄 사이를 절묘하게 헤치며 날기 시작했다. 마르가리타 아래로 트롤리 버스와 버스, 자동차 지붕이 지나쳤고, 인도에는 챙모자들이 강물처럼 흘러가고 있었다. 그리고 강에서 갈라져나온 지류들이 끊임없이 불구덩이 같은 밤의 가게들로 흘러들었다.

'아, 정말 난장판이군!' 마르가리타는 화를 내며 생각했다. '여기선 방향도 틀 수 없겠어.' 그녀는 아르바트를 가로지르며 4층 높이까지 올라갔다. 그리고 길모퉁이 극장 위에서 번쩍이는 나팔들을 지나 높은 건물들이 늘어선 좁은 골목으로 미끄러지듯 들어갔다. 높은 건물들의 창은 모두 열려 있었고, 창마다 라디오 음악 소리가 들렸다. 호기심이 발동한 마르가리타는 한 창문 안쪽을 들여다보았다. 부엌이 보였다. 조리대 위에 버너 두 개가 괴성을 지르고 있고, 옆에서 두 여자가 손에 수저를 들고 서로에게 욕을 하고 있었다.

"펠라게야 페트로브나, 화장실 갈 땐 불을 끄고 가라고 내가 몇 번이나 얘기했잖아요." 뭔가 부글부글 끓고 있는 냄비 앞에서 여자가 말했다. "계속 이런 식으로 나오면 방을 빼 버릴 줄 알아요!"

"잘났어, 정말." 다른 여자가 말했다.

"둘 다 잘났어." 창턱을 넘어 부엌으로 들어간 마르가리타가 크게 말했다. 싸우던 두 여자는 소리가 난 쪽을 돌아보고는 지저분한 수저를 손에 쥔 채 굳어버렸다. 마르가리타는 두 사람 사이로 손을 살짝 집어넣어 버너 불을 둘 다 꺼버렸다. 놀란 여자들이 '아' 소리를 지르더니 입을 다물지 못했다. 하지만 벌써 이 부엌이 지겨워진 마르가리타는 골목으로 날아가버렸다.

그때 골목 끝 화려한 8층 건물이 그녀의 시선을 끌었다. 지은 지 얼마 되지 않았음을 한눈에 알 수 있었다. 마르가리타는 내려가 땅에 발을 붙이고, 그 건물을 유심히 바라보았다. 건물은 검은 대리석으로 덮여 있고, 커다란 현관 유리문 너머로 금실이 달린 경비의 모자와 단추가 보였다. 그리고 문 위에 '드람리트의 집'이라는 금빛 명패가 걸려 있었다.

마르가리타는 잠시 그 명패를 흘겨보며 '드람리트'가 무슨 뜻일까 생각했다. 그리고 빗자루를 옆구리에 끼고 경비를 문으로 밀어내며 현관에 들어섰다. 엘리베이터 옆 벽에 걸린 커다란 검은 판에 흰 글씨로 아파트 호수와 거주자 이름이 적혀 있었다. 명단 제일 위에 '극작가와 문인의 집'이라는 글자를 본 마르가리타는 화가 난 듯 거칠게 소리질렀다. 그리고 허공에 조금 떠올라 잡아먹을 듯 이름을 읽어내려가기 시작했다. 후스토프, 드부브랏스키, 크반트, 베스쿠드니코프, 라툰스키……

"라툰스키!" 마르가리타가 날카롭게 외쳤다. "라툰스키! 그래, 바로 이 자야…… 거장을 파멸시킨 인간!"

문 앞에 서 있던 경비원은 놀라 눈을 동그랗게 뜨고 검은 판을 바라보았다. 그는 왜 갑자기 거주자 명패가 쇳소리를 내기 시작했는지 도무지 알 수 없었다.

그 사이 마르가리타는 이미 미친 듯이 계단을 올라가며 같은 말을 반복하고 있었다.

"라툰스키, 84…… 라툰스키, 84……"

자, 왼쪽이 82, 오른쪽은 83, 좀더 올라가서, 왼쪽이 84. 여기다! 명패도 있다. 'O. 라툰스키.'

마르가리타가 빗자루에서 뛰어내렸다. 뜨겁게 달아오른 발바닥을 돌로 된 바닥이 차갑게 식혀주었다. 마르가리타는 벨을 눌렀다. 한 번, 두 번. 하지만 문을 열어주는 사람은 아무도 없었다. 마르가리티는 좀더 세게 벨을 누르기 시작했고, 텅 빈 집 안에 울리는 벨소리가 그녀에게까지 들려왔다. 그렇다, 8층 84호 거주자는 고인이 된 베를리오즈에게 평생 감사해야 한다. 전차 밑에 깔린 마솔리트 회장의 장례식이 바로 오늘 저녁이었다는 것에 죽을 때까지 감사해야 한다. 비평가 라툰스키는 행운의 별 아래서 태어났음이 틀림없다. 행운의 별이 금요일 마녀가 된 마르가리타와의 만남에서 그를 구해주었다.

아무도 문을 열어주지 않았다. 마르가리티는 층수를 세며 재빨리 아래로 내려갔다. 그리고 거리로 나와 위를 쳐다보며 층수를 세어 어디가 라툰스키 아파트의 창문인지 찾아냈다. 8층 구석 어두운 창문 다섯 개가 분명했다. 확신한 마르가리타는 공중으로 날아올라, 몇 초 뒤 열린 창을 통해 불 꺼진 방으로 들어갔다. 방 안에는 한 줄기 달빛이 길게 은빛으로 빛나고 있었다. 마르가리타는 빛 속을 날아다니며 스위치를 찾았다. 1분 뒤 아파트에 불이 들어왔다. 빗자루는 구석에 세워놓았다. 아무도 없음을 다시 확인한 마르가리타는 계단으로 난 문을 열고 명패를 확인했다. 명패도 틀림없었다. 마르가리타는 목적지에 도착해 있었다.

그렇다, 비평가 라툰스키는 아직도 이 무서운 밤만 생각하면 얼굴이 창백해져서, 경건한 마음으로 베를리오즈의 이름을 부르곤 한다. 그가 아니었다면, 이날 저녁 얼마나 참혹하고 끔찍한 사건이 벌어졌을지 아무도 모르는 일이다. 부엌에서 나온 마르가리타의 손에 묵직한 망치가 들려 있었다.

알몸으로 하늘을 날던 보이지 않는 여인은 스스로를 진정시키려 애썼다. 하지만 그녀의 손은 조급한 마음에 떨리고 있었다. 마르가리타는 정확히 목표물을 조준하고 피아노 건반을 내리쳤다. 첫 번째 비명이 아파트에 울려퍼졌다. 아무 죄 없는 베커 피아노가 절망적인 비명을 질렀다. 건반은 박살났고, 상아 조각들이 사방에 튀었다. 악기는 낮고 묵직한 소리로 울부짖었으며, 목이 쉰 것처럼, 쇠가 부딪히는 듯한 소리를 냈다. 반질반질하게 손질되어 있는 떨림판이*1 쪼개지며 총성같은 소리가 울려퍼졌다. 마르가리타는 힘겹게 숨을 몰아쉬며, 현(絃)들도 끊어버렸다. 마침내 지친 그녀는 망치를 내던지고 소파에 주저앉아 숨을 가다듬었다.

욕실에서 물이 쏟아지는 소리가 들려왔다. 부엌에서도 마찬가지였다. '벌써 바닥까지 찬 모양이군…….' 마르가리타는 생각했다. 그리고 소리내어 말했다.

"이러고 있을 때가 아니야."

물은 이미 부엌에서 복도까지 흘러넘치고 있었다. 마르가리타는 맨발로 물을 첨벙이며 부엌에서 양동이로 물을 퍼오더니 서재 책상 서랍에 쏟아 부었다. 그리고 망치로 서재 책장 유리문을 박살 내고는 침실로 달려갔다. 거울이 달린 옷장 문을 부수고 비평가의 양복을 꺼내 욕조에 처박았다. 서재에서 검은 잉크가 가득 담긴 잉크병을 가져와 침실에 있는 푹신한 2인용 침대에 쏟아 부었다. 이런 행동들은 통쾌했지만, 뭔가 부족하다는 생각이 자꾸만 들었다. 그래서 그녀는 닥치는 대로 행동하기 시작했다. 그녀는 피아노가 있던 방에서 무화과 화분을 박살냈다. 돌아와 부엌칼로 침대 시트를 찢고 액자를 깼다. 온몸에서 땀이 비 오듯 쏟아졌지만, 그녀는 전혀 피로를 느끼지 못했다.

---

*1 〈음악〉 공명 상자의 구실을 하는 나무 판. 피아노의 떨림판, 현악기의 겉판과 뒤판 따위이다. 공명판(共鳴板)이라고도 한다.

이때, 아래층 82호에서는 극작가 크반트의 가정부가 위층에서 꿍음과 뛰어다니는 소리, 쇳소리가 들려오자 이상하다고 생각하며 부엌에서 차를 마시고 있었다. 고개를 든 그녀는 눈앞에서 흰 천장이 갑자기 푸르죽죽하게 변하는 것을 보았다. 얼룩은 점점 넓게 번져나가더니, 갑자기 물방울이 떨어지기 시작했다. 가정부는 2분 정도 눈을 휘둥그레 뜬 채로 천장을 바라보며 앉아 있었다. 천장에서 비처럼 물줄기가 쏟아져 내리자 벌떡 일어나 물이 떨어지는 곳에 세숫대야를 받쳐놓았지만, 아무 소용이 없었다. 가스버너에도, 접시가 놓인 탁자에도 빗물이 쏟아지기 시작했다. 크반트의 가정부는 비명을 지르며 계단으로 뛰어나갔고, 잠시 뒤 라툰스키 아파트 초인종이 요란하게 울리기 시작했다.

"초인종이 울리네…… 갈 때가 됐어." 마르가리타가 말했다. 그녀는 문틈에 대고 소리를 질러대는 여자 목소리를 들으며 빗자루에 올라탔다.

"문 좀 열어 봐요! 두샤, 문 열라니까! 무슨 홍수라도 난 거예요? 우리 집까지 다 새고 있어요."

마르가리타는 몸을 1미터 정도 띄워 샹들리에를 내려쳤다. 전구 2개가 떨어져 나가고, 달려 있던 구슬들이 사방으로 흩어졌다. 문틈으로 들리던 외침이 잠잠해지고, 계단에서 발소리가 들렸다. 마르가리타는 창밖으로 나와, 망치로 유리를 내려쳤다. 유리창은 흐느끼는 듯한 소리를 내며 파편이 대리석 바닥으로 폭포처럼 쏟아져 내렸다. 마르가리타는 옆 창문으로 날아갔다. 멀리 아래서 사람들이 보도 위에서 우왕좌왕하고 있었다. 현관 앞에 세워져 있던 자동차 두 대 중 한 대가 시동을 걸더니 떠나버렸다.

라툰스키 집 창문을 모두 깨버린 마르가리타는 옆 아파트로 날아갔다. 공격은 점점 더 잦아졌고, 골목은 쨍그랑 소리와 꿍음으로 가득 찼다. 첫 번째 현관에서 뛰어나온 경비가 위를 쳐다보고는 잠시 머뭇거렸다. 뭘 어떻게 해야 하는지 모르는 듯했다. 그는 곧 호루라기를 미친 듯이 불어대기 시작했다. 마르가리타는 호루라기 소리에 알 수 없는 희열을 느끼며 8층 마지막 유리창까지 깨버리고 7층으로 내려와 유리창을 부수기 시작했다.

현관 거울 문 앞에서 오랫동안 무료함에 괴로워하던 경비는 호루라기에 온 영혼을 불어넣으며, 마치 마르가리타에게 반주를 맞춰주기라도 하듯 뒤를 쫓았다. 그녀가 창문을 건너는 사이에는 자신도 숨을 고르다가, 그녀가 다시 유리창을 깨기 시작하면, 부풀린 뺨이 시뻘게져서는 하늘 끝까지 닿도록 밤공기를 가르며 호루라기를 불어댔다.

그의 노력과 광기에 휩싸인 마르가리타의 노력이 합쳐지자 굉장한 결과를 낳았다. 건물은 순식간에 공포에 사로잡혔다. 아직 깨지지 않은 유리창이 활짝 열리고 사람들의 머리가 나타났다가 이내 사라졌다. 열려 있던 창문들은 도로 닫혔다. 맞은편 건물들의 불 켜진 창가에는 새로 지은 드람리트 유리가 왜 저렇게 깨지고 있는지 궁금해하는 사람들의 검은 실루엣이 나타났다.

골목에 있던 사람들이 드람리트 건물로 몰려들어, 계단은 영문도 모른 채 서로 밀치며 오르내리는 사람들로 온통 아수라장이 되었다. 크반트의 가정부는 계단을 뛰어 내려가는 사람들에게 물난리가 났다고 소리를 질러댔다. 잠시 뒤 크반트의 아래층인 80호에 사는 후스토프의 가정부도 합세했다. 후스토프의 아파트 부엌과 욕실에도 천장에서 물이 쏟아져 내렸던 것이다. 크반트의 부엌에는 결국 천장에서 회반죽 덩어리가 무너져 내려 더러워진 그릇을 모두 박살냈고, 뒤 이어 말 그대로 폭우가 쏟아졌다. 축축하게 젖어 늘어진 널빤지 사이사이로 마치 양동이로 퍼붓듯 물이 쏟아져 내렸다. 그때 첫 번째 출구 계단에서 비명 소리가 들리기 시작했다. 마르가리타는 4층 끝에서 두 번째 창 옆을 날면서 안을 들여다보았다. 그 안에는 겁에 질린 한 남자가 방독면을 쓰고 있었다. 마르가리타가 망치로 유리를 깨부수며 위협하자 사내는 방에서 사라졌다.

거침없던 파괴는 예기치 못하게 중단되었다. 미끄러지듯 3층으로 내려간 마르가리타는 짙은 색의 얇은 커튼이 달린 제일 끝방 창문을 들여다보았다. 방 안에는 둥근 갓이 씌워진 램프가 희미하게 켜져 있다. 보호대가 달린 작은 침대에 네 살쯤 된 사내아이가 앉아 놀란 얼굴로 밖에서 나는 소리를 듣고 있었다. 어른은 아무도 없었다. 모두 집에서 도망친 것이 분명했다.

"유리가 깨져 있어." 아이가 중얼거리더니 소리쳤다. "엄마!"

아무도 대답을 하지 않자, 아이가 계속 말했다.

"엄마, 나 무서워."

마르가리타는 커튼을 젖히고 창문으로 날아 들어갔다.

"나 무서워." 아이는 말을 반복하며 몸을 떨었다.

"괜찮아, 괜찮아, 꼬마야." 마르가리타는 바람에 거칠어진 자신의 죄 많은 목소리를 부드럽게 하려고 애썼다. "장난꾸러기 녀석들이 유리를 깬 거야."

"새총으로?" 아이가 물었다. 아이는 이제 떨지 않았다.

"그래, 새총으로." 마르가리타는 그렇다고 했다. "그러니까 좀더 자!"

"시트니크가 그랬어." 아이가 말했다. "걔한테 새총이 있어."

"그래, 맞아. 걔가 그랬어!"

아이는 장난스럽게 고개를 돌리며 물었다.

"그런데 아줌마는 어디 있어?"

"나는 없어." 마르가리타가 대답했다. "이건 꿈이야."

"그런 것 같았어." 아이가 말했다.

"자, 이제 누워." 마르가리타가 말했다. "손을 뺨 아래 대보렴. 그럼 네 꿈에 내가 나올 거야."

"응, 꿈에 나와야 돼. 꼭." 아이는 마르가리타의 말대로 자리에 누워 손을 뺨 밑에 갖다 댔다.

"내가 옛날이야기 하나 해줄게." 마르가리타는 뜨거워진 손을 아이의 짧은 머리 위에 얹고 이야기를 시작했다.

"옛날에 어떤 아줌마가 살았어. 그 아줌마는 아이도 없고, 행복하지도 않았대. 그래서 그 아줌마는 매일 아주 많이 울었대. 그러다가 나쁜 사람이 되어서……" 마르가리타는 말을 끊고 손을 거뒀다. 아이는 자고 있었다.

마르가리타는 망치를 가만히 창턱에 올려놓고 창밖으로 날아갔다. 건물 주변은 북새통이 되어 있었다. 깨진 유리로 뒤덮인 아스팔트 위를 사람들이 뛰어다니며 소리를 질렀다. 경찰들도 이미 출동해 있었다. 갑자기 요란한 사이렌 소리가 울리는가 싶더니, 아르바트 쪽에서 사다리가 달린 빨간 소방차가 골목으로 들어왔다…….

하지만 마르가리타는 그다음에 벌어진 일들에 더 이상 흥미가 없었다. 전깃줄에 걸리지 않도록 정확하게 방향을 정하고 빗자루를 좀더 세게 잡자 그녀는 순식간에 그 불행한 건물보다 더 높이 올라갔다. 그녀 아래로 골목길이 비스듬히 휘어지더니 더 이상 보이지 않게 되었다. 그 대신 마르가리타의 발 아래로 휘황찬란한 거리의 불빛들로 인해 이리저리 잘려 보이는 무수한 지붕들이 나타났다. 하지만 이 모든 것이 갑자기 멀어지고, 사슬처럼 이어진 불빛이 번지며 한데 어우러졌다.

마르가리타는 더 힘껏 뛰어올랐다. 그러자 모든 지붕들이 땅속으로 사라지고, 흔들리는 전기 불빛으로 이루어진 호수가 나타났다. 그 호수는 수직으로 치솟더니, 마르가리타 위로 불빛 호수가 나타나고, 그녀의 발아래서 달이 반짝거렸다. 자신이 거꾸로 날고 있음을 깨달은 마르가리타는 몸을 똑바로 돌리고 뒤를 돌아보았다. 호수는 이미 사라졌고, 멀리 장밋빛 노을만이 지평선 위에 남아 있었다. 하지만 잠시 뒤 노을도 사라지고, 마르가리타는 이제 그녀 왼쪽 위를 날아가는 달과 둘만 남았다. 달빛은 휘파람을 불어 건초더미처럼 헝클어진 그녀의 머리카락과 몸을 씻어주었다. 아래로 드문드문하던 두 줄기 불빛이 길게 이어졌다가 뒤로 빠르게 사라지는 것을 보며, 마르가리타는 자신이 엄청난 속도로 날고 있음을 알아차렸다. 그런데도 조금도 숨이 가쁘지 않다는 사실에 놀라웠다.

몇 초가 더 지나자 아래쪽 멀리 지상의 어둠 속에서 새로운 불빛 호수가 확 밝아지면서 하늘을 날고 있는 여인의 발아래로 다가왔다. 하지만 호수는 빙빙 돌더니 이내 땅속으로 사라졌다. 잠시 뒤 또 똑같은 현상이 일어났다.

"도시다! 도시다!" 마르가리타가 외쳤다.

열려 있는 검은 상자 속에서 장검 같은 것이 희미하게 빛나고 있었다. 두세 번쯤 그것을 본 그녀는 강이라는 것을 알 수 있었다.

계속 하늘을 날던 마르가리타는 문득 달을 바라보았다. 달이 마치 실성한 여인처럼 정신없이 모스크바로 되돌아가는 것이 보였다. 그런데 어찌 된 일인지 달은 그대로 멈춰 있는 것처럼 보이기도 했고, 달 위에 뭔가 수수께끼 같은 검은 형체가 보였다. 용 같기도 하고 곱사등이 망아지 같기도 한 형체가 버리고 온 도시를 향해 뾰족한 머리를 돌리고 있는 모습이 선명했다.

순간 마르가리타는 이처럼 정신없이 빠르게 빗자루를 몰지 않아도 된다는 생각이 들었다. 찬찬히 주위를 둘러보며 비행을 만끽할 기회를 날려버릴 이유가 없지 않은가. 목적지에서는 모두가 기다려 줄 테니, 굳이 그렇게 빨리 날 필요는 없다고, 누군가 그녀에게 속삭였다.

마르가리타는 빗자루를 기울여 꼬리가 위로 올라가게 하고, 속도를 낮춰 지상까지 내려갔다. 썰매를 타고 미끄러지듯 허공을 가르고 내려가면서 그녀는 더없이 큰 희열을 느꼈다. 대지가 그녀를 향해 솟아올랐고, 조금 전까지만 해도 형체를 알 수 없었던 검은 밀림에 숨겨진 대지의 은밀하고 매혹적인 모습이 달빛을 받아 드러났다. 대지가 그녀에게 다가왔고, 마르가리타는 이미 푸른 숲 냄새를 흠뻑 들이마시고 있었다. 마르가리타는 이슬 내린 초원의 안개를 헤치고 연못 위를 날았다. 아래에서 개구리들이 합창을 했고, 멀리서 왠지 가슴을 설레게 하는 기차 소리가 들렸다. 마르가리타는 이내 그 기차를 발견했다. 기차는 허공에 불꽃을 피우며 애벌레처럼 천천히 기어가고 있었다. 마르가리타는 기차를 따라잡고, 또 하나의 달이 떠 있는 발밑의 물을 지나 좀더 아래로 내려갔다. 거대한 소나무들의 꼭대기가 발에 거의 부딪힐 듯했다.

그때 뒤에서 대기를 가르는 묵직한 소리가 들려왔다. 그 소리는 이내 마르가리타를 쫓아오기 시작했다. 포탄처럼 날아오는 그 소리에 멀리 수십 킬로미터 떨어진 곳까지 들릴 것 같은 여자의 웃음소리가 더해졌다. 마르가리타가 고개를 돌리자 기묘하게 뒤섞인 듯한 검은 물체가 자신을 따라오는 것이 보였다. 이윽고 마르가리타 가까이까지 날아온 그 물체가 점점 더 모습을 드러낸다. 누군가 뭔가를 타고 날고 있었다. 마침내 그 물체가 완전히 모습을 드러냈다. 속도를 서서히 늦추면서 마르가리타를 따라잡은 것은 나타샤였다.

나타샤는 실오라기 하나 걸치지 않은 채 헝클어진 머리카락을 휘날리며 살찐 수퇘지를 타고 날고 있었다. 수퇘지는 앞발로 서류가방을 움켜쥐고 뒷발로는 격렬하게 공기를 휘젓고 있었다. 달빛을 받아 이따금 빛을 내다 사라지는 코안경이 코에서 미끄러진 채 줄에 매달려 수퇘지와 나란히 날고 있었다. 모자는 자꾸 수퇘지의 눈을 가렸다. 가만히 그 모습을 들여다보던 마르가리타는 수퇘지가 니콜라이 이바노비치라는 것을 깨달았다. 순간 그녀의 웃음소리가 나타샤의 웃음소리와 섞이면서 숲 위에 울려퍼졌다.

"나타샤!" 마르가리타가 날카롭게 소리쳤다. "너 그 크림을 발랐구나?"

거친 목소리로 소나무 숲을 깨우면서 나타샤가 말했다. "나의 프랑스 여왕님, 제가 이 남자 대머리에도 발라줬어요. 이 남자한테요!"

"여왕님!" 수퇘지가 나타샤를 태우고 빠르게 질주하며 울음 섞인 소리로 외쳤다.

"마르가리타 니콜라예브나!" 나타샤가 마르가리타 옆에서 날며 소리쳤다. "맞아요. 크림을 발랐어요! 우리도 살고 싶고, 날고 싶었어요! 용서해주세요, 주인님. 하지만 돌아가진 않을 거예요. 절대로 돌아가지 않을 거예요!
아, 너무 멋져요, 마르가리타 니콜라예브나……! 저에게 청혼을 했어요."
나타샤가 당황한 듯 겨우 숨을 내쉬고 있는 수퇘지 목을 손가락으로 찌르기
시작했다. "청혼을! 너 나를 뭐라고 불렀지?" 그녀가 수퇘지의 귀에 대고
소리쳤다.

"여신님!" 수퇘지가 꽥꽥댔다. "저는 그렇게 빨리 날 수 없습니다! 중요
한 문서를 잃어버릴 수도 있습니다. 나탈리아 프로코피예브나, 저는 항의합
니다."

"네 서류 따위가 어떻게 되든 무슨 상관이람!" 나타샤는 깔깔대며 거칠게
소리쳤다.

"무슨 말씀이십니까, 나탈리야 프로코피예브나! 너무 하십니다!" 수퇘지
는 애원하듯 목청을 돋우었다.

나타샤는 마르가리타와 나란히 전속력으로 날면서 마르가리타 니콜라예브
나가 집을 떠난 뒤 저택에서 벌어진 일을 깔깔대며 이야기해주었다.

나타샤는 선물로 받은 물건엔 손도 대지 않았다. 대신 입고 있던 옷을 벗
어던지고 크림이 있던 곳으로 달려가 온몸에 크림을 발랐다. 그러자 그녀에
게도 여주인과 똑같은 일이 벌어졌다. 나타샤가 기뻐하며 거울 앞에서 자신
의 마법 같은 아름다움에 푹 빠져 있을 때, 문이 열리고 니콜라이 이바노비
치가 나타났다. 몹시 흥분한 그는 마르가리타 니콜라예브나의 슬립과 자신
의 모자, 서류가방을 들고 있었다. 나타샤를 본 니콜라이 이바노비치는 굳어
버렸다. 겨우 흥분을 가라앉힌 그는 새우처럼 온몸이 새빨개진 채로, 예의상
슬립을 갖다주어야 할 것 같았다고 했다.

"또 뭐라더라, 이 멍청이가!" 나타샤는 쇳소리를 내며 깔깔댔다. "또 뭐
랬지! 뭘로 날 꼬드기려 했지! 돈을 준다고 했나? 클라브디야 페트로브나
한테는 들키지 않을 거라면서. 왜, 내 말이 틀렸어?"

나타샤가 수퇘지에게 소리쳤다. 그러자 수퇘지는 수치스러운 듯 고개를
돌릴 뿐 아무 말도 하지 못했다.

장난으로 니콜라이 이바노비치에게 크림을 발라주었던 나타샤는 깜짝 놀
랐다. 점잖은 아래층 남자의 얼굴이 돼지로 변하더니 팔과 다리에 발굽이 생
겼다. 거울에 비친 자신의 모습을 본 니콜라이 이바노비치는 절망하여 무서

운 기세로 울부짖었지만 이미 늦은 뒤였다. 몇 초 뒤, 그는 나타샤를 태우고 모스크바를 떠나 어딘지 알 수 없는 악마가 있는 곳으로 슬피 울며 날고 있었다.

"나를 정상적인 모습으로 돌려놓아줄 것을 요구합니다!" 갑자기 흥분한 수퇘지가 반쯤 애원하며, 쉰 목소리로 꿀꿀대기 시작했다. "저는 불법 집회에 참석할 의사가 전혀 없습니다! 마르가리타 니콜라예브나, 당신은 당신의 가정부를 말릴 의무가 있습니다!"

"뭐야? 이젠 내가 가정부야? 가정부?" 나타샤는 수퇘지의 귀를 꼬집으며 소리질렀다. "아까는 여신이라며? 너 아까 날 뭐라고 불렀어?"

"비너스!" 수퇘지는 울음 섞인 소리로 대답했다. 그리고 바위틈으로 흐르는 개울 위를 날아가다 개암나무 숲을 발굽으로 살짝 건드렸다.

"비너스! 비너스!" 나타샤는 한 손을 허리에 대고 다른 한 손은 달을 향해 뻗더니 의기양양하게 소리질렀다. "마르가리타! 여왕님! 제가 계속 마녀로 남을 수 있게 해주세요! 여왕님은 뭐든 하실 수 있어요. 모든 권력은 여왕님께 있어요!"

마르가리타가 대답했다.

"좋아, 약속할게."

"감사합니다!" 나타샤가 소리쳤다. 그리고 더 날카로우면서도 왠지 슬픈 목소리로 외치기 시작했다. "이랴! 이랴! 빨리! 더 빨리! 자, 어서, 더 속력을 내!" 그녀는 정신없이 달리느라 조금 홀쭉해진 수퇘지의 옆구리를 발뒤꿈치로 내려쳤다. 돼지는 튀어나가듯 다시 허공을 가르기 시작했고, 나타샤는 순식간에 멀리 검은 점이 되었다. 완전히 보이지 않게 되자 곧 비행하는 소리도 들리지 않게 되었다.

마르가리타는 황량하고 낯선 곳을 천천히 날고 있었다. 그녀 아래로 거대한 소나무 숲과 그 사이 군데군데 둥근 바위언덕이 보였다. 마르가리타는 날면서, 자신이 아마도 모스크바에서 아주 멀리 떨어진 어딘가에 있으리라 생각했다. 빗자루는 소나무 위가 아닌 가지 사이를 날고 있었다. 옆으로 은빛이 짙어진 달이 따라왔다. 날아가는 여인의 가벼운 그림자가 대지를 따라 앞으로 미끄러져갔다. 이제 달이 다시 마르가리타의 등을 비추고 있었다.

물이 가까이에 있고, 목적지가 멀지 않았음을 느꼈다. 소나무 숲은 어느새 멀어졌다. 마르가리타는 조용히 허공을 가르며 백묵처럼 하얀 절벽으로 다가갔다. 강은 절벽 아래 어둠 속에서 흐르고 있었다. 안개가 걸린 관목 아래로는 수직으로 깎아지른 절벽뿐이었지만, 반대편 강가는 낮고 평평했다. 강가에는 가지를 길게 드리운 나무 몇 그루가 쓸쓸히 서 있었고, 그 아래 모닥불 주위로 사람들이 움직이는 모습도 보였다. 그곳에서 단조롭지만 유쾌한 음악이 들리는 것 같았다. 멀리 보이는 은빛 평원에는 집도, 사람들의 흔적도 보이지 않았다.

마르가리타는 재빨리 절벽 아래 강가까지 내려갔다. 오랫동안 공중을 날았던 터라 물이 그녀를 강하게 유혹했다. 그녀는 빗자루를 내던지고 머리부터 물속으로 뛰어들었다. 그녀의 가벼운 몸이 화살처럼 물속에 꽂혔고, 물기둥이 달에 닿을 듯 솟구쳤다. 물은 욕조 안처럼 따뜻했다. 수면 위로 올라온 마르가리타는 아무도 없는 밤, 강물 속을 마음껏 헤엄쳤다.

마르가리타 옆에는 아무도 없었다. 하지만 숲 뒤 좀 떨어진 곳에서 첨벙대며 콧김 뿜는 소리가 들렸다. 거기서도 누군가가 수영을 하고 있었다.

마르가리타는 강가로 뛰어나왔다. 수영을 하고 난 그녀의 몸은 타오르는 듯했다. 그녀는 피곤한 줄 모르고, 기쁨에 겨워 젖은 풀밭 위에서 춤을 추기 시작했다. 그러다 갑자기 그녀는 춤을 멈추고 주위를 살폈다. 콧김 뿜는 소리가 점점 가까워지더니, 버드나무 숲 뒤에서 벌거벗은 남자가 검은 실크 중산모를 뒤로 젖혀 쓰고 기어 나왔다. 온통 진흙투성이 발바닥은 꼭 검은 장화를 신고 헤엄을 친 것처럼 보였다. 헐떡이며 딸꾹질을 하는 것으로 보아, 술을 꽤 마신 것 같았다. 강에서 코냑 냄새가 나기 시작한 것으로도 이를 짐작할 수 있었다.

마르가리타를 발견한 뚱보가 가만히 그녀를 쳐다보더니 기쁨에 차 외쳤다.

"이게 누구야? 내가 진정 그 여인을 보고 있는 건가? 클로딘, 당신이군. 우울함을 모르는 미망인! 당신도 여기 있었소?" 그리고 인사를 하려 더 가까이 다가왔다.

마르가리타는 뒤로 물러서며 위엄 있는 목소리로 말했다.

"악마한테나 떨어져라. 누가 클로딘이라는 거지? 누구와 이야기하는지 똑똑히 봐!" 그녀는 잠시 생각하더니 차마 적을 수 없는 온갖 욕설을 길게 덧붙였다. 덕분에 경박한 뚱보의 취기가 싹 달아났다.

"세상에!" 그는 작게 탄성을 지르고 몸을 덜덜 떨었다. "자비로운 마음으로 용서하소서, 마르고 여왕 마마! 제가 그만 착각을 하고 말았습니다. 이게 다 코냑 때문입니다, 빌어먹을 코냑!" 뚱보는 한쪽 무릎을 꿇고 중산모를 한쪽으로 젖히며 정중하게 인사했다. 그리고 프랑스어를 섞어가며 파리에 있는 친구 게사르의 피투성이 결혼식과 코냑에 대해, 방금 저지른 안타까운 실수로 무척 낙담하고 있다는 둥 말도 안 되는 얘기들을 두서없이 늘어놓았다.

"바지라도 좀 입어라, 바보같은 놈." 한결 부드러워진 마르가리타가 말했다.

뚱보는 마르가리타가 화를 내지 않자 좋아서 함박웃음을 지었다. 그리고 지금 바지를 입지 않은 것은 이곳에 오기 전 헤엄쳤던 예니세이 강에 깜빡 바지를 두고 왔기 때문이며, 다행히도 코앞이니 당장 날아갔다 오겠다고 말했다. 그리고는 호의와 은혜를 베풀어달라며 뒷걸음질로 물러서다 그만 미끄러져서 물속으로 벌렁 나자빠지고 말았다. 하지만 그는 넘어지면서도 엷은 구레나룻이 둘러진 얼굴에 환희와 충성의 미소를 잃지 않았다.

마르가리타가 귀청이 찢어질 듯 휘파람을 불자 날아온 빗자루를 타고 강을 가로질러 건너편 기슭으로 날아갔다. 그곳은 하얀 절벽의 그림자가 닿지 않는 곳으로, 달빛이 기슭에 흘러넘쳤다.

마르가리타가 축축한 풀을 건드리자마자, 갯버들 아래에서 들려오던 음악 소리가 더 크게 울려왔다. 모닥불 불길도 더 즐겁게 타올랐다. 달빛 아래 부드럽고 무성한 갯버들 밑에서 볼이 통통한 개구리들이 두 줄로 자리잡고 앉아 있었다. 풍선을 불듯 볼을 부풀리면서 나무 피리로 위풍당당한 행진곡을 연주했다. 부러진 버드나무 가지 위에서 썩은 나무 부스러기가 빛을 내며 악보를 비추었다. 개구리들 볼에는 장작불빛이 뛰놀았다.

행진곡은 마르가리타에게 경의를 표하기 위해 연주되었다. 그녀를 위한 환영식은 어디서도 볼 수 없을 만큼 성대했다. 투명한 물의 요정들이 강 위에서 둥글게 춤을 추며 마르가리타를 향해 수초를 흔들었다. 신음 소리처럼 흘러나오는 그들의 환영 인사는 인적 없는 초록빛 강둑을 지나 아주 멀리까지 퍼져나갔다. 갯버들 아래에서 벌거벗은 마녀들이 튀어나와 줄을 서더니,

궁정식으로 무릎을 살짝 굽히며 인사했다. 염소 다리를 한 사내가 달려와 그녀 손에 입맞추고, 풀밭 위에 실크 천을 펼쳤다. 그러고는 여왕에게 수영은 만족스러우셨는지 묻고, 잠시 누워 쉴 것을 권했다.

마르가리타는 그 말대로 했다. 염소 다리가 가져다준 샴페인을 받아 마신 그녀는 가슴이 뜨거워졌다. 나타샤는 어디에 있느냐고 묻자, 벌써 목욕을 마친 뒤, 마르가리타의 도착을 알리고 그녀의 의복을 준비하기 위해 수퇘지를 타고 먼저 모스크바로 날아갔다고 사내가 대답했다.

갯버들 아래서 마르가리타가 휴식을 갖는 동안 작은 소동이 있었다. 허공 속에 휘파람 소리가 울려 퍼지더니, 검은 물체가 물속으로 곤두박질쳤다. 방향을 잘못 잡은 것이 분명했다. 잠시 뒤 건너편 기슭에 엉망이 된 뚱보 구레나룻이 서 있었다. 연미복을 차려입은 것으로 보아 재빨리 예니세이까지 다녀오는 데 성공한 듯했다. 머리부터 발끝까지 젖어 있기는 했지만 말이다. 문제는 역시 코냑이었다. 착지하면서 다시 물속에 빠진 것이다. 하지만 이런 슬픈 상황에서도 그는 예의 미소를 잃지 않았으며, 마르가리타는 웃으며 손에 입을 맞추는 것을 허락해주었다.

모두 출발 준비를 시작했다. 물의 요정들은 춤을 끝내고 달빛에 녹아 사라졌다. 염소 다리가 마르가리타에게 강까지 무엇을 타고 오셨는지 정중히 물었다. 빗자루를 타고 왔다고 하자, 그가 말했다.

"오, 어떻게 그런 일이, 정말 불편하셨지요." 그러고는 나뭇가지 두 개로 순식간에 왠지 수상한 전화를 만들더니, 당장 차를 보내라고 누군가에게 지시했다. 그러자 정말 눈 깜짝할 사이에 그가 말한 것이 이루어졌다. 짙은 갈색 오픈카가 섬 위에 나타난 것이다. 다만 운전석에는 평범한 운전사가 아닌, 부리가 긴 검은 갈까마귀가 기름 먹인 모자에 손목이 넓은 장갑을 끼고 앉아 있었다. 작은 섬은 텅 비기 시작했다. 마녀들은 타오르는 달빛 속으로 날아올라 사라졌다. 다 타 버린 장작더미 위로 잿빛 재가 앉았다.

구레나룻 사내와 염소 다리의 도움을 받아 차에 오른 마르가리타는 넓은 뒷좌석에 몸을 기댔다. 차가 요란한 소리와 함께 날아 단숨에 달 가까이까지 올라가자 섬도, 강도 사라졌다. 그렇게 마르가리타는 모스크바로 날아갔다.

제22장

촛불가에서

　대지 위를 높이 나는 자동차의 규칙적인 엔진 소리가 마르가리타에게는 자장가처럼 들렸다. 달빛이 그녀를 기분 좋게 덮혀주었다. 그녀는 눈을 감고 바람에 얼굴을 내맡긴 채, 방금 떠나온 신비로운 강기슭을 생각하며 왠지 모를 슬픔을 느꼈다. 다시는 그 강을 보지 못할 것이라는 느낌이 들었다. 오늘밤 온갖 마법과 기적을 겪은 그녀는 자신이 누구에게 초대받아 가는지 이미 짐작하고 있었다. 하지만 그녀는 두렵지 않았다. 그곳에 가면 행복을 다시 찾을 수 있으리라는 희망이 그녀를 두렵지 않게 했다. 하지만 차 안에서 다가올 행복을 꿈꾸는 것도 잠시였다. 갈까마귀가 유능해서인지, 아니면 자동차가 좋아서인지, 눈을 뜬 마르가리타 앞에는 어느새 숲의 어둠이 아닌 모스크바의 흔들리는 불빛 호수가 펼쳐져 있었다. 검은 새 운전사가 날면서 오른쪽 앞바퀴를 풀더니, 도로고밀로프 구역 어느 인적 없는 공동묘지 앞에 차를 세웠다.

　갈까마귀는 아무것도 묻지 않는 마르가리타를 빗자루와 함께 어느 비석 옆에 내려주고는, 차를 묘지 뒤 골짜기로 굴려 보냈다. 차는 요란한 소리와 함께 골짜기 아래로 떨어져 산산조각 났다. 정중하게 인사를 한 갈까마귀는 남겨두었던 바퀴를 타고 하늘로 날아갔다.

　그때 비석 뒤에서 검은 망토가 나타났다. 달빛을 받아 번쩍이는 송곳니를 보고 마르가리타는 그가 아자젤로임을 알 수 있었다. 그는 마르가리타에게 빗자루에 타라고 손짓하더니 자신은 가느다란 펜싱검 위에 올라탔다. 둘은 하늘 높이 날아올랐고, 몇 초 뒤 누구의 눈에도 띄지 않고 사도바야 거리 302—2번지 건물 주변에 내렸다.

　마르가리타와 아자젤로는 옆구리에 빗자루와 펜싱검을 끼고 둥근 아치문으로 들어갔다. 챙모자에 긴 장화를 신고, 누군가를 기다리다 지쳐 피곤한 듯 서성이는 남자가 보였다. 아자젤로와 마르가리타의 발소리가 지극히 가벼웠음에도, 사내는 누가 내는 소린지 몰라 불안한 듯 몸을 떨었다.

여섯 번째 입구에서 그들은 첫 번째 사내와 놀랄 만큼 닮은 두 번째 사내를 만났다. 그리고 똑같은 일이 반복되었다. 발소리……. 사내는 불안하게 뒤를 돌아보며, 얼굴을 찌푸렸다. 문이 열렸다 닫히고 보이지 않는 출입자들 뒤를 쫓아 입구 안쪽을 둘러보았지만, 아무것도 보지 못했다.

두 번째 사내와 똑같은, 따라서 첫 번째 사내와도 똑같이 생긴 세 번째 사내가 3층 층계참에서 보초를 서고 있었다. 그가 피우는 독한 담배 연기에 마르가리타가 그 옆을 지나며 기침을 했다. 담배를 피우던 사내는 바늘에 찔린 것처럼 의자에서 벌떡 일어나 불안하게 주위를 살피고, 난간 아래를 내려다보기도 했다. 그러는 사이 마르가리타는 동행인과 함께 50호 아파트 문 앞에 섰다. 벨은 누르지 않았다. 아자젤로가 열쇠로 소리없이 문을 열었다.

현관에 들어선 마르가리타를 제일 먼저 놀라게 한 것은 짙은 어둠이었다. 그곳은 지하 동굴처럼 캄캄했다. 그녀는 발을 헛디딜까 두려워 자기도 모르게 아자젤로의 망토를 붙잡았다. 그때 멀리 위쪽에서 램프 같은 불빛이 깜빡이며 그들에게 다가왔다. 아자젤로가 걸어가면서 마르가리타가 옆구리에 끼고 있던 빗자루를 빼자, 빗자루는 소리 없이 어둠 속으로 사라졌다. 이어 아주 널찍한 계단을 오르기 시작했는데, 마르가리타는 그 계단이 끝나지 않을 것 같은 느낌이 들었다. 모스크바의 평범한 아파트 현관에 눈에 보이지 않지만 분명히 느껴지는, 끝이 없을 것 같은 길고 기이한 계단은 있다는 것이 그녀를 놀라게 했다. 그러나 계단도 끝이 났고, 마르가리타는 자신이 층계참에서 있음을 알았다. 불빛은 더욱 가까이 다가와 있었다. 마르가리타는 불빛에 비친 남자의 얼굴을 보았다. 길쭉하고 시커먼 남자의 손에 램프가 들려 있었다. 며칠 사이 그와 맞닥뜨리는 불행을 겪은 사람이라면 바로 그를 알아보았으리라. 그는 파고트라고도 불리는 코로비예프였다.

코로비예프의 외모는 완전히 달라져 있었다. 흔들리는 불꽃을 반사시키는 것은 오래전에 쓰레기통에 버렸어야 할 금 간 코안경이 아니라, 외알안경이었다. 그것 역시 금이 가 있었지만 말이다. 뻔뻔스러운 얼굴에는 기름 바른 콧수염이 말려 있었다. 코로비예프가 시커멓게 보였던 것은 그가 연미복을 차려 입었기 때문이었다. 하얀 가슴팍만이 눈에 들어왔다.

마술사, 성가대 지휘자, 요술쟁이, 통역사, 진짜 정체는 악마만이 알 법한 자, 다시 말해 코로비예프가 정중하게 인사했다. 그리고 허공에 램프를 크게 휘저으며 마르가리타에게 따라올 것을 권했다. 아자젤로는 사라졌다.

'정말 이상한 밤이야.' 마르가리타가 생각했다. '모든 걸 각오하고 있었지만, 이건 정말 예상 밖이야! 전기가 나간 건가? 무엇보다 놀라운 건 이 집의 크기야. 어떻게 이게 다 아파트에 들어갈 수 있지? 정말 있을 수 없는 일이야!'

코로비예프의 램프에서 흘러나오는 빛은 희미했지만, 그 불빛만으로도 아주 거대한 홀에 와 있음을 알 수 있었다. 홀에는 기둥이 있었는데, 어둠 속에 보이는 그 기둥은 끝이 없어 보였다. 코로비예프가 작은 소파 옆에 서더니, 들고 있던 램프를 받침대 위에 올려놓고 마르가리타에게 앉으라며 손짓했다. 그리고 자신은 받침대에 팔꿈치를 괸 그림 같은 자세로 그 옆에 섰다.

"제 소개를 해올리겠습니다." 코로비예프가 쉿소리를 냈다. "저는 코로비예프입니다. 불이 꺼져 있어 놀라셨나요? 절약 때문이라고 생각하셨죠? 하지만 절대, 절대 아닙니다! 만일 그렇다면, 형리에게, 곧 당신 앞에 머리를 조아리게 될 자들 중 하나에게 이 받침대에서 목이 잘려도 좋습니다! 그저 메시르께서 전기 불빛을 좋아하지 않으시기 때문입니다. 하지만 마지막 때가 오면 전기가 들어올 겁니다. 그때 불빛은 결코 부족하지 않을 것입니다. 어쩌면 빛이 좀 약했으면 하실 만큼 말입니다."

마르가리타는 코로비예프가 마음에 들었다. 쉿소리로 과장하며 떠들어대는 수다도 그녀에게 안정감을 주었다.

"아니요." 마르가리타가 말했다. "그보다도 내가 놀란 것은 이게 다 들어와 있다는 거예요." 그녀는 팔을 들어 홀의 거대함을 강조했다.

코로비예프가 만족스러운 미소를 짓자 코 옆 주름이 깊어지며 그늘이 졌다.

"그건 아주 간단합니다!" 그가 대답했다. "5차원에 통달한 사람들에겐 원하는 만큼 공간을 늘리는 건 아무것도 아니랍니다. 악마나 알 법한 크기로 넓힐 수도 있죠! 존경하는 부인! 더 말씀드리자면," 코로비예프는 계속 수다를 떨었다. "5차원은커녕 뭐 하나 제대로 아는 것도 없으면서 기적처럼 공간을 늘리는 사람들이 있답니다. 들은 얘깁니다만, 어떤 사람은 제물란느이 발 거리에 방 세 개짜리 아파트를 얻었답니다. 그런데 귀찮다면서 5차원이나 그 비슷한 것과도 상관없이 순식간에 칸막이로 방을 나누고는 방 네 개 아파트로 바꿔버렸죠.

그런 다음 그는 아파트를 모스크바 다른 지역에 있는 아파트 두 채와 바꾸었습니다. 하나는 방 세 개짜리였고, 다른 하나는 방 두 개짜리였답니다. 방은 모두 다섯 개가 되었지요. 그리고 다시 방 세 개짜리를 방 두 개짜리 아파트 두 채와 바꾸어서 결국, 방 여섯 개의 주인이 되었습니다. 물론 모스크바 전체에 흩어져 있긴 했지만 말입니다. 그는 마지막으로 멋진 일격을 준비했습니다. 모스크바 여러 지역에는 여섯 개 방과 제물란느이 발 거리 방 다섯 개짜리 아파트를 교환하겠다고 신문 광고를 낸 것입니다. 그런데 그때 그의 의지와 상관없는 어떤 이유로 그 사업은 중단되었습니다. 그는 지금도 방을 가지고 있을지도 모릅니다. 하지만, 모스크바가 아닌 것만은 분명합니다. 대단한 사기꾼이지요. 그런데 당신은 5차원 이야기나 하고 계시다니!"

마르가리타는 5차원에 대해 아무 말도 하지 않았고, 정작 그 얘기를 꺼낸 것은 코로비예프였지만, 그녀는 아파트 사기꾼의 모험담을 들으며 기분 좋게 웃었다. 코로비예프가 말을 이었다.

"자, 마르가리타 니콜라예브나, 이제 본론으로 들어갑시다. 당신은 아주 현명한 분이니, 메시르가 누구신지 벌써 눈치채셨겠죠."

마르가리타의 심장이 두근거렸다. 그녀는 고개를 끄덕였다.

"그러셨군요. 그래요." 코로비예프가 말했다. "우리는 얼버무리거나, 감추는 것을 정말 싫어합니다. 메시르께서는 일 년에 한 번씩 무도회를 여십니다. 봄의 만월 무도회, 혹은 100명의 왕 무도회라고도 하지요. 사람들이 얼마나 많이 오는지……!" 여기서 코로비예프는 마치 갑자기 이가 아픈 사람처럼 한쪽 뺨을 부여잡았다. "아무튼 당신도 직접 확인하시게 될 겁니다. 그래서 말입니다만. 당신도 아시다시피 메시르께서는 결혼을 하지 않으셨습니다. 그런데 여주인은 필요합니다." 코로비예프가 양팔을 벌렸다. "당신도 동의하시겠지요, 여주인 없이……"

마르가리타는 코로비예프의 말을 한마디도 놓치지 않으려 애썼다. 심장이 차가워졌고, 행복에 대한 희망으로 머리가 어지러웠다.

"전통에 따르면." 코로비예프가 말을 이었다. "무도회의 여주인은, 첫째 이름이 반드시 마르가리타여야 하고, 둘째 그 지역 출신이어야 합니다. 보시다시피 우리는 여행 중이고, 지금 모스크바에 머무르고 있지요. 저희는 모스크바에서 마르가리타를 121명 찾아냈습니다. 그런데 믿으실지 모르겠지만," 코로비예프는 절망스레 자기 허벅지를 내리쳤다. "어울리는 사람이 단 한 명도 없는 겁니다! 그러다 마침내 행운이……."

코로비예프가 의미심장한 미소를 지으며 몸을 조아리자, 마르가리타의 심장이 다시 서늘해졌다.

"거두절미하고!" 코로비예프가 소리쳤다. "단도직입적으로 묻겠습니다. 이 임무를 거절하진 않으실 거죠?"

"거절하지 않아요." 마르가리타가 단호하게 대답했다.

"됐습니다!" 코로비예프는 램프를 치켜들고 덧붙였다. "저를 따라오시지요."

기둥 사이를 지나 마침내 다른 홀에 들어갔다. 왠지 짙은 레몬 냄새나는 홀에는 사각거리는 소리가 들려왔고, 뭔가가 마르가리타의 머리를 스쳤다. 마르가리타가 몸을 흠칫 떨었다.

"놀라지 마십시오." 코로비예프가 마르가리타의 팔을 잡으며 다정하게 안심시켰다. "무도회를 위해 베헤모트가 생각해낸 장난입니다. 제가 감히 당신께 충고드리자면, 마르가리타 니콜라예브나, 절대 무엇도 두려워 마십시오. 그건 어리석은 짓입니다. 멋진 무도회가 될 겁니다. 이건 제가 분명하게 말씀드릴 수 있습니다. 우리는 언젠가 어마어마한 권력을 휘둘렀던 사람들을 만날 것입니다. 사실, 제가 수행하는 분의 힘과 비교한다면 그들의 권력은 정말이지 소소하기 이를 데 없고, 우스울 지경에, 슬프기까지 하지만…… 게다가 당신도 왕가의 피가 흐르는 분 아니십니까."

"왕가의 피가 흐르다니요?" 깜짝 놀란 마르가리타가 코로비예프에게 바짝 다가가 속삭이며 물었다.

"아, 여왕 마마." 코로비예프는 갈라지는 목소리로 장난스레 말했다. "혈통이란 세상에서 가장 복잡한 문제지요! 만일 고조할머니 몇 분, 특히 자애롭기로 소문난 분께 여쭈어본다면, 아주 놀라운 비밀이 밝혀질 것입니다. 마르가리타 니콜라예브나, 이것이 아주 잘 섞인 카드 한 벌을 떠올린다 해도 절대 죄가 아닙니다. 신분상 장벽이나 국경조차도 어찌할 수 없는 것들이 있습니다. 만일 누군가가 16세기 프랑스에 살았던 한 여왕님께 수백 년 뒤 제가 그분의 아름다운 증증증손녀딸을 모스크바 무도회장으로 모시게 되었다고 말했다면, 그분은 분명 몹시 놀라셨을 것입니다. 아, 이제 다 왔군요!"

코로비예프가 들고 있던 램프를 훅 불자, 램프가 그의 손에서 사라졌다. 그리고 마르가리타는 컴컴한 문 밑으로 한 줄기 빛이 새어나오는 것을 보았다. 코로비예프가 조용히 문을 두드렸다. 그때 마르가리타는 이가 부딪히고 등골이 오싹해질 정도로 흥분해 있었다.

문이 열렸다. 방은 매우 작았다. 지저분하게 구겨진 시트와 베개들이 뒹굴고 있는 커다란 참나무 침대가 보였다. 침대 앞에는 다리에 조각이 새겨진 참나무 탁자가 놓여 있었고, 그 위에는 새 발톱처럼 생긴 촛대가 놓여 있었다. 일곱 개의 황금빛 가지 위에는 두꺼운 밀랍 양초가 타 올랐다. 그 외에도 탁자 위에는 아주 정교하게 만들어진 커다란 체스판과 말들이 보였다. 다 해진 작은 양탄자 위에는 등받이가 없는 나지막한 의자가 있었다. 가지가 뱀 모양인 촛대와 황금 찻잔이 놓인 탁자가 하나 더 있었다. 방에서는 유황과 타르 냄새가 났다. 촛불 그림자들이 마룻바닥에서 십자가를 그리고 있었다.

마르가리타는 사람들 사이에서 연미복을 입고 침대 머리맡에 서 있는 아자젤로를 바로 알아보았다. 정장을 입은 아자젤로는 알렉산드롭스키 공원에서 도둑 차림으로 나타났을 때와는 사뭇 다른 모습으로 마르가리타에게 정중히 고개 숙여 인사했다.

점잖은 바리에테 뷔페 지배인을 당황하게 만들고, 그 유명한 공연이 있던 날 밤 천만다행히도 수탉에게 쫓겨난 벌거벗은 마녀 헬라도 있었다. 그녀는 침대 앞 양탄자에 앉아 유황 냄새를 풍기며 부글부글 끓는 냄비 속을 젓고 있었다.

방에는 이들 외에도 어마어마하게 큰 검은 고양이가 한 마리 더 있었다. 고양이는 체스 탁자 앞 높은 스툴 위에 앉아, 오른쪽 앞발로 체스 말을 쥐고 있었다.

헬라가 일어나 마르가리타에게 인사를 하자 고양이도 의자에서 펄쩍 뛰어내려 인사했다. 오른쪽 뒷다리를 뒤로 빼며 인사를 하던 고양이는 들고 있던 말을 떨어뜨리는 바람에 말을 찾으러 침대 밑으로 기어 들어가야 했다.

마르가리타는 두려움으로 숨이 멎을 것만 같았다. 그러면서도 흔들리는 촛불들이 만들어내는 교활한 그림자 속에서 모든 것을 분간해냈다. 그녀의 시선이 침대를 향했다. 그곳에는 며칠 전 파트리아르흐 호에서 불쌍한 이반이 악마는 존재하지 않는다고 설득하려 했던 남자가 앉아 있었다. 존재하지 않는 자가 지금 침대 위에 앉아 있다.

두 눈동자가 미동도 없이 마르가리타의 얼굴을 뚫어져라 바라보았다. 깊숙이 황금빛 불꽃이 자리하고 있는 오른쪽 눈은 앞에 선 사람이 누구든 영혼 밑바닥까지 꿰뚫어 버릴 것만 같았다. 텅 빈 검은 왼쪽 눈은 가느다란 바늘귀처럼, 또는 모든 어둠과 그림자로 가득한 바닥 없는 우물 입구처럼 보였다. 볼란드의 얼굴은 한쪽으로 일그러져 오른쪽 입꼬리가 처져 있었고, 머리가 벗겨진 이마에는 날카로운 눈썹과 나란히 깊은 주름이 패어 있었다. 볼란드의 얼굴은 영원히 지워지지 않을 것처럼 태양빛에 그을려 검었다.

볼란드는 왼쪽 어깨 위로 헝겊을 덧댄 지저분하고 긴 잠옷 하나만 걸치고 침대에 앉아 있었다. 그는 맨살이 드러난 한쪽 다리를 안으로 접고, 다른 쪽 다리는 조그마한 의자 위로 뻗었다. 그리고 검은 무릎을 김이 나는 기름 같은 것으로 헬라가 문지르고 있었다.

마르가리타는 볼란드의 털 없는 가슴에 검은 돌로 정교하게 만들어진 딱정벌레가 황금 줄에 걸려 있는 것도 보았다. 딱정벌레 등에는 무언가 적혀 있었다. 침대 위 볼란드 옆에는 마치 살아 있는 듯, 한쪽에서 태양이 비추는 것 같은 특이한 지구본이 묵직한 받침돌 위에 놓여 있었다.

침묵은 몇 초 동안 이어졌다. '나를 관찰하고 있어.' 마르가리타는 생각했다. 그리고 온 힘을 다해 다리가 후들거리지 않게 하려 애썼다.

마침내 볼란드가 미소를 지으며 입을 열었다. 번득이는 한쪽 눈에서 불길이 이는 것 같았다.

"어서 오십시오, 여왕님. 실내복 차림임을 이해 해주시기 바랍니다."

중간 중간 갈라지는 볼란드의 목소리는 잠길 듯이 낮았다. 볼란드는 침대 위에 놓인 긴 칼을 집어 들더니 몸을 숙이고 침대 밑을 칼로 휘저었다.

"어서 나와! 이번 판은 그만두자. 손님이 오셨어."

"그러지 마십시오." 코로비예프가 마르가리타의 귀에 대고 대사를 일러주 듯 조심스럽게 소곤거렸다.

"그러시지 마시지요……." 마르가리타가 말했다.

"메시르······." 코로비예프가 귀에 속삭였다.

"그러시지 마시지요, 메시르." 마르가리타는 흥분을 가라앉히며 작지만 분명하게 말했다. 그리고 미소를 지으며 말을 이었다. "게임을 중단하지 마세요. 체스 잡지사들이 많은 돈을 지불해서라도 이 게임을 신고 싶어 할 거예요."

아자젤로가 매우 훌륭했다는 듯이 조용히 '으흠' 소리를 냈다. 볼란드는 가만히 마르가리타를 쳐다보며 혼잣말처럼 중얼거렸다.

"그래, 코로비예프 말이 맞았군. 교묘하게 카드가 섞여 있어. 과연 피는 못 속이는군!"

그는 손을 뻗어 마르가리타를 가까이 오게 했다. 마르가리타가 다가갔다. 그녀는 맨발 아래로 바닥조차 느끼지 못했다. 볼란드는 돌처럼 육중하고, 불처럼 뜨거운 손을 마르가리타 어깨에 얹고 그녀를 끌어당겨 자기 옆에 앉혔다.

"그래, 당신이 이처럼 매혹적이고 친절하니," 그는 말했다. "기대한 바이기도 하지만, 번거로운 절차는 생략합시다." 그는 다시 침대 끝으로 고개를 돌리며 소리쳤다. "언제까지 침대 밑에서 우스꽝스러운 짓을 할 생각이지? 어서 나와, 이 빌어먹을 놈 같으니!"

"체스 말이 안 보입니다." 숨 넘어갈 듯한 목소리를 꾸며대며, 고양이가 침대 밑에서 말했다. "어디로 도망쳐버린 건지, 대신에 웬 개구리가 한 마리 있었습니다."

"여기가 지금 시장판인 줄 아는 건 아니겠지?" 볼란드가 짐짓 성난 목소리로 물었다. "침대 밑에 무슨 개구리가 있다는 거야! 그런 싸구려 마술은 바리에테 극장에서나 해라. 지금 당장 나오지 않으면, 기권한 걸로 치겠다. 저주받을 탈주병 같으니라고."

"말도 안 됩니다, 메시르!" 고양이가 볼멘소리를 질러 대며 침대 밑에서 기어 나왔다. 그의 발에는 말이 쥐어져 있었다.

"소개하지요······." 볼란드는 입을 열다가, 바로 말을 끊었다. "안 되겠군. 저 광대 꼴은 도저히 못 봐주겠다. 보십시오, 침대 밑에서 뭘 한 건지!"

그러는 사이 온통 먼지를 뒤집어쓴 고양이가 뒷다리로 서서 마르가리타에게 인사를 했다. 고양이는 목에 연미복용 하얀 나비넥타이를 매고, 가슴에 자개로 장식된 여성용 오페라글라스*¹를 걸고 있었으며 콧수염에는 금칠까지 되어 있었다.

"이게 무슨 꼴이냐!" 볼란드가 소리를 질렀다. "수염에 왜 금칠을 한 거지? 바지도 안 입고서 넥타이는 또 뭐야?"

"메시르, 고양이에게 바지는 어울리지 않습니다." 고양이가 점잖게 말했나. "설마 서더러 상화를 신으라고 하시지는 않으시겠지요? 메시르, 장화 신은 고양이는 동화에나 나오는 것입니다. 하지만 무도회에 넥타이 없이 오는 사람을 보신 적 있으십니까? 저는 웃음거리가 될 생각도, 멱살을 잡혀 끌려 나갈 위험을 감수할 생각도 없습니다! 모두들 할 수 있는 만큼 자신을 꾸밉니다. 오페라글라스도 마찬가지입니다, 메시르!"

"그럼 콧수염은……?"

"이해할 수 없군요." 불쾌한 듯 고양이가 반박했다. "아자젤로와 코로비예프가 오늘 면도하면서 뿌린 흰 분이 금보다 나을 게 있습니까? 저는 수염에 분을 칠했습니다. 그뿐입니다! 만약 제가 면도를 했다면, 얘기가 또 달라지겠죠! 면도한 고양이, 정말 꼴불견일 겁니다. 그 점은 저도, 수천 번이라도, 기꺼이 인정합니다. 하지만 이건," 여기서 고양이의 목소리가 분한 듯 떨렸다. "알고 있습니다, 제가 뭐만 하려 하면 다들 트집을 잡죠. 아무래도 제게 심각한 문제가 있는 것 같습니다. 이런 대접을 받으면서까지 제가 무도회에 가야 합니까? 메시르, 이 문제에 대해 어떻게 생각하십니까?"

고양이는 모욕감에 곧 터질 것처럼 부풀어 올랐다.

"아, 사기꾼, 이 사기꾼," 볼란드가 머리를 흔들며 말했다. "불리해질 때마다, 형편없는 약장수처럼 얘기를 돌려버리는군. 당장 앉아. 말도 안 되는 헛소리 집어치우고."

"앉겠습니다." 고양이가 앉으며 대답했다. "하지만 마지막 말씀에 대해 한마디 해야겠습니다. 제 이야기는 말도 안 되는 소리가 아닙니다. 어떻게 숙녀 앞에서 그런 말씀을 하실 수 있으십니까. 섹스투스 엠피리쿠스, *² 마르티

---

*1 opera glass : 쌍안경의 하나. 두 개의 갈릴레이 망원경을 가지런히 고정시킨 것으로, 먼 거리를 바라보는 데는 적합하지 않으나 통이 짧고 휴대하기에 편리하므로 연극이나 오페라 따위를 관람하는 데 편리하다.

아누스 카펠라*³ 같은 석학들, 그리고 어쩌면 아리스토텔레스*⁴도 인정할 만큼 딱 들어맞는 삼단논법인데."

"체크 메이트." 볼란드가 말했다.

"좋아요, 좋습니다." 고양이가 말을 받고는 오페라글라스로 체스판을 들여다보았다.

"자, 그럼." 볼란드가 마르가리타에게 말했다. "마담, 제 수행원들을 소개하겠습니다. 바보짓을 하고 있는 이자가 고양이 베헤모트입니다. 아자젤로와 코로비예프와는 벌써 인사하셨을 테고, 이쪽은 내 하녀 헬라입니다. 무슨 일이든 척척 해내는 민첩하고 눈치 빠른 아이지요."

아름다운 헬라가 초록빛 눈으로 마르가리타를 바라보며 미소 지었다. 그러면서도 손바닥 가득 연고를 떠서 그의 무릎을 문지르는 것을 멈추지 않았다.

"자, 이들이 전부입니다." 볼란드가 소개를 끝냈다. 그리고 헬라가 그의 무릎을 세게 움켜쥐자 얼굴을 찌푸렸다. "보시다시피, 수도 많지 않고, 잡다한데다, 술수라곤 모릅니다." 그는 말을 멈추고 앞에 있는 지구본을 돌리기 시작했다. 볼란드의 지구본은 아주 정교했다. 푸른 대양이 물결치고, 극지방에는 진짜 같은 얼음과 눈으로 만든 둥근 지붕이 놓여 있었다.

그 사이 체스판에서는 한바탕 소동이 벌어지고 있었다. 하얀 망토를 걸친 왕이 당황하여 발을 동동 구르면서 절망스럽게 팔을 휘둘렀다. 도끼 창을 든 세 명의 흰 폰들은 긴 칼을 휘두르며 적진을 가리키는 비숍을 당혹스러운 표정으로 바라보고 있었다. 맞은편 흰 칸과 검은 칸에서는 볼란드의 검은 기사를 태운 두 나이트가 금방이라도 달려 나갈 듯 맹렬한 기세로 버둥거렸다.

마르가리타는 체스판의 인물들이 살아 있다는 것이 너무나도 흥미롭고, 놀라웠다.

＊2 Sextus Empiricus : 그리스의 철학자·의사. 논증의 무한 순환에서 회의론을 주창하였으며, 《Purrhoneioi Hupotuposeis》은 고대 철학사 연구의 주요 자료이다. 엠피리쿠스라는 이름은 의학상의 경험파에 속함을 말하고 있다.

＊3 MartianusCapella : 5세기 무렵, 로마의 라틴어 작가이자 이교도 학자. 백과사전적 작품인 「철학과 메르쿠리우스의 혼인」등으로 수세기 동안 학계에 큰 영향을 미쳤다.

＊4 Aristoteles : 고대 그리스의 철학자. 학문 전반에 걸친 백과전서적 학자로서 과학 제 부문의 기초를 쌓고 논리학을 창건하기도 하였다. 정치철학 고전기의 마지막을 장식하는 인물이다.

고양이가 오페라글라스를 벗고 슬그머니 킹의 등을 밀었다. 킹은 절망하며 손으로 얼굴을 가렸다.

"잘 안 풀리는 모양이군, 친애하는 베헤모트." 코로비예프가 가시 돋친 목소리로 조용히 말했다.

"상황이 아주 좋지 않아. 하지만 절대 희망이 없는 건 아니야." 베헤모트가 대답했다. "나는 궁극적으로 승리할 자신이 있어. 상황을 잘 분석해야지."

그는 분석을 아주 이상한 방식으로 했다. 그는 온갖 표정을 지어가며 킹에게 눈짓을 시작했다.

"소용없어." 코로비예프가 지적했다.

"아!" 베헤모트가 소리쳤다. "앵무새들이 날아가버렸군, 내 이럴 줄 알았다니까!"

정말로 멀리서 새 한 무리의 날갯짓 소리가 들려왔다. 코로비예프와 아자젤로가 밖으로 뛰어나갔다.

"무도회를 위한 장난이라도 좀 정도껏 해둬!" 지구본에서 눈을 떼지 않고 볼란드가 중얼거렸다.

코로비예프와 아자젤로가 사라지자, 베헤모트의 눈짓이 더욱 커졌다. 흰 킹은 그제야 베헤모트가 뭘 원하는지 알아차렸다. 그는 갑자기 망토를 벗어 던지고 체스판에서 도망쳤다. 비숍은 킹이 버리고 간 의상을 제 몸에 두르고 킹 자리를 차지했다.

그리고 그때 코로비예프와 아자젤로가 돌아왔다.

"또 늘 하는 거짓말이었군." 아자젤로가 베헤모트를 쏘아보며 투덜거렸다.

"이상하다, 내 귀엔 들렸는데." 고양이가 말했다.

"계속해보자는 건가?" 볼란드가 물었다. "체크 메이트."

"메시르, 지금 무슨 말씀을 하시는 겁니까?" 고양이가 말했다. "체크 메이트라니요?"

"다시 한 번 말한다. 체크 메이트."

"메시르," 조심스러운 목소리를 꾸며내며 고양이가 말했다. "좀 지치신 것 같군요. 체크 메이트가 아닙니다!"

"G 2에 킹이 있잖아." 볼란드가 체스판을 보지도 않고 말했다.

"메시르, 저를 놀래키시려는 겁니까!" 고양이가 놀라며 으르렁거렸다. "그 칸에는 킹이 없습니다!"

"뭐라고?" 볼란드가 그럴 리 없다는 듯 되물었다. 그리고 체스판을 들여다보기 시작했다. 체스판의 킹 자리에 서 있던 장교가 고개를 돌리며 손으로 얼굴을 가렸다.

"비열한 놈." 볼란드가 생각에 잠겨 말했다.

"메시르! 논리에 호소하겠습니다." 고양이가 양발을 가슴에 대고 말했다. "체크가 된다 해도 킹이 체스판 어디에도 없다면 그 판은 무효 아닙니까."

"기권할 텐가, 말 텐가?" 볼란드가 무섭게 소리를 질렀다.

"잠시 생각할 시간을 주십시오." 고양이가 한풀 꺾인 목소리로 대답했다. 그리고 팔꿈치를 탁자 위에 올려놓고 양발로 두 귀를 움켜쥐고는 생각하기 시작했다. 그렇게 한참을 생각하더니 드디어 말했다. "기권하겠습니다."

"저런 고집불통은 죽어야 돼." 아자젤로가 중얼거렸다.

"그래요, 기권입니다." 고양이가 말했다. "하지만 저를 시샘하는 자들이 구박하는 분위기에선 도저히 게임을 할 수 없어서 기권하는 겁니다!" 고양이가 자리에서 일어났다. 그러자 체스 말들이 상자 안으로 기어 들어갔다.

"헬라, 시간이 됐다." 볼란드가 말하자 헬라가 방에서 사라졌다. "다리 통증이 더 심해졌는데 무도회는……." 볼란드가 말을 계속하려 했다.

"괜찮으시면 제가." 마르가리타가 작게 부탁했다.

볼란드는 잠시 그녀를 뚫어져라 바라보더니 무릎을 내밀었다.

용암처럼 뜨겁고 진득진득한 액체에 손을 데었다. 하지만 마르가리타는 얼굴을 찡그리지 않고, 아프게 하지 않으려 애쓰면서 액체를 볼란드의 무릎에 문질렀다.

"내 측근들은 이게 류머티즘이라고 하더군요." 볼란드가 마르가리타에게서 눈을 떼지 않고 말했다. "하지만 나는 이 무릎 통증을 1571년 브로켄*5 산

＊5 Brocken : 독일 하르츠(Harz) 산맥의 중심이 되는 산. 독일의 대표적인 관광, 휴양지로서 〈여행자들의 천국〉이라 불리는 곳. 하이네나 괴테 등 독일의 대문호들이 작품 속에서 여러 차례 언급했을 만큼 독일인들의 로망이 담겨있는 곳이다. 이 작품 속에서는 발푸르기스의 밤에 마녀들이 빗자루를 타고 하르츠 산맥 브로켄 산으로 모여든다는 전설을 들어 브로켄산을 언급한 것으로 보인다.

의 악마 설교회에서 가깝게 지내던 매혹적인 마녀가 내게 기념으로 남긴 것이 아닐까 생각하고 있습니다."

"세상에, 어떻게 그럴 수가!" 마르가리타가 말했다.

"별 것 아닙니다! 300년쯤 지나면 나을 거예요. 수많은 약을 추천받았지만, 나는 할머니들의 옛날 방식을 고수하고 있습니다. 이교도였던 내 할머니가 유산으로 아주 놀라운 풀들을 남겨주셨으니까요! 그건 그렇고, 무슨 괴로운 병은 없소? 혹시 슬픈 일이나 기운이 빠지는 일이 있는 건 아니오?"

"아닙니다, 메시르. 그런 것은 전혀 없습니다." 현명한 마르가리타가 말했다. "이렇게 메시르의 저택에 있으니 마음이 무척 편안합니다."

"피란 위대하군." 볼란드는 왠지 유쾌하게 말을 이었다. "당신은 내 지구본에 흥미가 있는 것 같군요."

"예, 맞아요. 이런 물건은 한 번도 본 적이 없어요."

"훌륭한 물건이죠. 솔직히 난 라디오 뉴스를 좋아하지 않습니다. 뉴스를 알려주겠다는 여자들은 하나같이 지명 하나도 제대로 발음하지 못하죠. 게다가 셋 중 하나는 꼭 혀짧은 소리를 낸단 말입니다. 꼭 일부러 그런 여자들만 뽑아놓은 것처럼. 지구본은 훨씬 편하죠. 내게 필요한 사건들을 훨씬 더 정확하게 알아야 하거든. 예를 들어서, 자, 여기, 대양이 육지의 측면을 씻어주는 이 부분이 보이십니까? 불길이 뿜어져 나오고 있지요. 전쟁이 시작된 겁니다. 눈을 가까이 대면, 세세한 것까지 보입니다."

마르가리타가 지구본 쪽으로 몸을 숙이자 조그만 정사각형의 육지가 확대되고, 여러 가지 색깔을 띠기 시작하며, 입체적으로 변해가는 것이 보였다. 그리고 띠 모양을 한 강과 그 주변의 촌락 공동체 같은 것이 눈에 들어왔다. 콩가루만 했던 집이 부풀어 올라 성냥갑 만한 크기가 되었다. 갑자기 소리도 없이 지붕이 검은 연기의 소용돌이와 함께 춤추듯 하늘로 올라가고, 벽이 무너지며, 2층짜리 성냥갑은 검은 연기를 뿜어내는 기왓장 더미로 변했다. 마르가리타가 눈을 더 가까이 하자 대지에 드러누운 조그만 여자의 모습과, 그 한쪽 옆의 피바다 속에서 두 팔을 내민 어린 아이가 보였다.

"이제 끝났군." 볼란드가 미소를 지으며 말했다. "이 세상에서 어린 아이는 죄를 저지를 수조차 없었습니다. 아바돈*6의 솜씨는 언제나 나무랄 데가 없죠."

"그 아바돈이라는 사람의 적이 되고 싶지 않군요." 마르가리타가 말했다. "그는 누구 편이죠?"

"당신과 이야기를 나누면 나눌수록," 볼란드가 상냥하게 대답했다. "무척 현명하다는 생각이 드는군요. 당신은 걱정하지 않아도 됩니다. 그는 보기 드물게 공정한 자여서, 전쟁을 벌이는 모두를 동정하죠. 그래서 언제나 똑같은 결과를 얻고. 아바돈!" 볼란드가 나직한 소리로 불렀다. 그러자 벽에서 검은 안경을 쓴 비쩍 마른 사내가 나타났다. 그가 쓴 검은 안경에 크게 놀란 마르가리타가 작게 비명을 지르며 볼란드의 한쪽 발에 얼굴을 파묻었다. "그만두시오!" 볼란드가 소리쳤다. "요즘 사람들은 왜 이렇게 과민한지!" 그는 손을 크게 휘둘러 마르가리타의 등을 내리쳤다. 그 소리가 그녀의 몸을 울렸다. "보십시오. 그는 안경을 쓰고 있을 뿐이오. 게다가 그게 누구든 아바돈이 약속된 시간보다 빨리 나타난 적은 지금까지 한 번도 없었고 앞으로도 없을 것이오. 그리고 내가 여기에 있지 않습니까. 당신은 내 손님이고! 나는 그저 당신에게 그를 보여주고 싶었을 뿐이오."

아바돈은 꼼짝도 하지 않고 서 있었다.

"그럼 안경을 잠깐 벗어보라고 할 수 있나요?" 마르가리타가 볼란드에게 바싹 달라붙으며 물었다. 그녀는 떨고 있었지만, 그 떨림은 호기심 때문이었다.

"아니, 그건 안 됩니다." 볼란드가 굳은 얼굴로 대답했다. 그리고 아바돈에게 팔을 휘두르자, 그가 사라졌다. "아자젤로, 무슨 할 말이라도 있는 건가?"

"메시르," 아자젤로가 말했다. "말씀드릴 것이 있습니다. 지금 외부인 둘이 와 있습니다. 계속 흐느끼면서 주인마님 옆에 있게 해달라고 애원하는 미녀와 송구하옵니다만, 수퇘지입니다."

"미녀들이 하는 일이란 당최 알 수가 없군." 볼란드가 말했다.

"나타샤에요, 나타샤!" 마르가리타가 소리를 질렀다.

---

*6 Abaddon : 아람어로 '멸망, 쇠퇴'를 의미한다. 구약성서 요한계시록에 나오는 아바돈은 바닥이 없는 천사(무저갱의 사자)의 이름, 즉 지옥을 가리킨다(요한계시록 9 : 11). 존 밀턴은 '실낙원'에서 바닥이 없는 구덩이 자체를 아바돈이라고 불렀고 존 버니언은 '천로역정 The Pilgrim's Progress'에서 아볼루온을 사나운 악마로 묘사하기도 했다.

"좋아, 주인 옆에 두도록 하지. 그리고 수퇘지는 요리사들한테 보내."

"죽이시려는 건가요?" 마르가리타가 놀라 소리쳤다. "자비를 베풀어 주세요, 메시르. 그 사람은 아래층에 사는 니콜라이 이바노비치예요. 실수가 좀 있었어요. 그 애가, 그에게 크림을 발라서……."

"잠깐만." 볼란드가 말했다. "누가 그를 죽인다고 했습니까? 잠시 요리사들과 앉아 있게 할 뿐이오! 돼지를 무도회장에 풀어놓을 수는 없잖습니까!"

"그리고……" 아자젤로가 계속해서 보고했다. "자정이 가까워지고 있습니다, 메시르."

"그래, 좋아." 볼란드가 마르가리타를 보며 말했다. "자, 그럼, 잘 부탁드립니다…… 미리 감사를 드리겠습니다. 겁내지 말고, 아무것도 두려워하지 마십시오. 그리고 물 외엔 아무것도 마시면 안됩니다. 그렇지 않으면 기운이 빠져 힘들 거요. 자, 가야 할 시간입니다!"

마르가리타는 양탄자에서 일어났다. 문 앞에 코로비예프가 나타났다.

제23장
사탄의 대무도회

자정이 다가오고 있었다. 서둘러야 했다. 마르가리타는 주위가 흐릿하게 보였다. 촛불과 보석으로 만들어진 수영장 같은 것이 기억에 남아 있었다. 마르가리타가 수영장 바닥에 서자 헬라와 그녀를 돕는 나타샤가 마르가리타에게 뭔가 뜨겁고 진한 빨간 액체를 쏟아 부었다. 마르가리타는 입술에서 느껴지는 짠맛으로 자신을 피로 씻기고 있음을 깨달았다. 잠시 뒤 핏빛 망토가 진하고 투명한 장밋빛 망토로 바뀌었으며 마르가리타는 장미 기름으로 머리가 어지러웠다. 그런 다음 그들은 마르가리타를 크리스털 침대에 눕히고, 커다란 초록 잎으로 그녀의 몸에서 빛이 날 때까지 문질렀다. 그때 고양이가 뛰어들어와 그들을 도와주기 시작했다. 고양이는 마르가리타의 발치에 웅크리고 앉아, 거리의 구두닦이처럼 그녀의 발을 문질러 닦기 시작했다.

마르가리타는 자신에게 창백한 장미꽃잎으로 만든 구두를 신겨준 사람이 누구인지, 어떻게 구두에 저절로 황금 고리가 채워졌는지 기억하지 못했다. 마르가리타는 어떤 힘에 이끌려 거울 앞에 섰다. 그녀의 머리 위에 다이아몬드 왕관이 번쩍였다. 어디선가 코로비예프가 나타나 묵직한 사슬에 달린 둥근 테의 검은 푸들 펜던트를 마르가리타에게 걸어주었다. 이 장신구는 여왕의 몸에 꽤 큰 부담을 주었다. 쇠사슬이 목을 파고들기 시작했고, 푸들 펜던트 무게는 그녀의 몸을 앞으로 기울게 했다. 하지만 검은 푸들과 사슬이 주는 불편함을 보상해주는 점도 있었다. 코로비예프와 베헤모트가 그녀에게 보인 존경심이었다.

"어떻게 하지? 할 수 없어. 괜찮을 거야." 코로비예프가 수영장이 있는 방 앞에서 중얼거렸다. "어쩔 수 없습니다. 이건 절대, 절대! 절대적인 겁니다. 여왕님, 마지막으로 한 마디 조언드리는 것을 허락해주십시오. 다양한, 정말 다양한 손님들이 와 있을 겁니다. 하지만 마르고 여왕 마마, 그 누구에게도, 특별함을 느끼게 해서는 안 됩니다! 누군가 마음에 들지 않는 사람이 있다 해도…… 물론, 여왕님께서 그걸 얼굴에 드러내지는 않으시겠지요…… 잘 알고 있습니다. 아니, 절대 그런 생각도 하시면 안 됩니다! 눈치챌 겁니다, 바로 들키고 말 거예요! 마음에 들지 않는 자도 사랑하셔야 합니다. 사랑하시는 겁니다. 여왕 마마! 그렇게만 하신다면 무도회의 여주인께 백 배의 보상이 돌아가게 될 것입니다. 그리고 한 가지만 더. 누구 한 사람 그냥 보내서는 안 됩니다! 가벼운 미소라도, 말 한마디 건넬 시간이 없더라도, 아주 살짝 고개라도 끄덕여 주셔야 합니다. 뭐든 원하시는 대로 하셔도 좋습니다. 그렇지만 무관심만은 절대 안 됩니다. 여왕님께 무시받으면 그들은 풀이 죽어 견디지 못할 것입니다……."

이윽고 마르가리타는 코로비예프와 베헤모트의 호위 아래 풀이 있는 방에서 나와 칠흑 같은 어둠 속으로 걸어 들어갔다.

"내가 할 거야, 내가." 고양이가 속삭였다. "내가 신호할 거야!"

"그래, 네가 해!" 어둠 속에서 코로비예프가 대답했다.

"무도회!" 고양이가 찢어질 듯 날카롭게 외쳤고 마르가리타는 반사적으로 비명을 지르며, 몇 초 동안인가 눈을 감았다. 곧이어 빛으로, 그리고 소리와 향기로 그녀 앞에 무도회가 펼쳐졌다. 코로비예프의 부축을 받고 선 마르가리타는 자신이 열대 숲에 있음을 알았다. 빨간 가슴에 초록 꼬리를 가진 앵무새들이 덩굴에 매달리거나 줄을 지어 날아다니며 귀가 멍멍해지도록 소리를 질러댔다. "감격입니다!" 하지만 어느새 숲은 끝나고, 욕실 안에 있는 것 같던 열기는 둥근 기둥이 늘어선 무도회장의 냉기로 변해 있었다. 둥근 기둥은 노란 띠가 빛나는 돌로 만들어져 있었다. 홀은 조금 전의 그 숲처럼 텅 비어 있었고, 머리에 은빛 띠를 두른 알몸의 흑인들이 둥근 기둥 옆에 꼼짝 않고 서 있을 뿐이었다. 마르가리타가 수행원들과 함께 (어디서 나타났는지 아자젤로도 끼어 있었다) 홀에 들어서자 흑인들의 얼굴은 흥분으로 짙은 갈색이 되었다. 코로비예프는 마르가리타의 손을 놓아주며 작은 소리로 말했다.

"바로 튤립 쪽으로 가십시오!"

흰 튤립들로 이루어진 야트막한 벽이 마르가리타 앞에 나타났다. 그 벽 뒤로 둥근 갓이 씌워진 수많은 램프와 연미복을 입은 남자들의 흰 가슴과 검은 어깨가 보였다. 마르가리타는 그제야 무도회 소리가 어디서 흘러나오고 있는 것인지 깨달았다. 나팔 소리가 세차게 쏟아져 내렸고, 그 굉음 아래 터져 나오는 바이올린 선율의 강렬한 회오리가 피처럼 그녀의 온몸을 적셨다. 150여 명의 오케스트라가 폴로네즈*1를 연주하고 있었다.

오케스트라 단상에 서 있던 연미복의 사내가 마르가리타를 쳐다보았다.

그는 창백해진 얼굴로 미소 짓더니, 갑자기 팔을 휘둘러 오케스트라 단원 모두를 일어서게 했다. 오케스트라는 한순간도 음악을 중단하지 않고, 일어서서 마르가리타에게 소리를 쏟아부었다. 지휘자는 돌아서서 팔을 크게 벌리며 허리를 굽혀 인사를 했고, 마르가리타는 미소 지으며 그에게 손을 흔들어주었다.

"아니, 그걸로는 모자랍니다, 한참 모자라요." 코로비예프가 속삭였다. "이래서는 밤새 한숨도 자지 못할 겁니다. 이렇게 외쳐 주세요. '왈츠의 왕이여, 당신을 환영합니다!'"

코로비예프가 말한 대로 외친 마르가리타는 자신의 목소리가 종소리처럼 울리며 오케스트라의 포효를 덮어버리자 깜짝 놀랐다. 지휘자는 행복에 겨워 몸을 떨며 왼손을 가슴에 대고, 오른손으로는 하얀 지휘봉을 들고 오케스트라를 계속 지휘했다.

"부족해요, 아직 부족합니다." 코로비예프가 속삭였다. "왼쪽, 제1바이올린 쪽을 보세요. 연주자들이 모두 자신을 알아봐준다고 생각할 수 있게 고개를 끄덕여주셔야 합니다. 모두 세계적으로 유명한 연주자들입니다. 저기, 첫 번째 보면대*2 뒤에 있는 사람이 바로 비외탕*3입니다. 그렇죠, 아주 좋습니다. 이제 가시지요!"

"지휘자는 누구죠?" 날아가며 마르가리타가 물었다.

"요한 슈트라우스!" 고양이가 소리쳤다. "다른 무도회에서 저런 오케스트라가 연주하는 것을 보신 적이 있다면, 열대 숲 덩굴에 제 목을 매달아도 좋습니다! 제가 초대했지요! 여기서 주목하실 점은 병이 난 사람도 거절한 사

---

*1 polonaise : 폴란드의 대표적인 민족무용, 또는 그로부터 발생한 기악곡의 명칭.

*2 보면대 : 〈음악〉 음악을 연주할 때 악보를 펼쳐서 놓고 보는 대.

*3 19세기 벨기에의 바이올린 연주자이자, 작곡가. 근대 바이올린 연주법에 큰 영향을 미쳤다. 프랑스에서 활동했다. 바이올린 협주곡 4번 5번이 특히 유명하다.

람도 없다는 것입니다."

이어지는 홀에는 기둥이 없었다. 대신 한쪽에는 붉은 장미와 분홍빛 장미, 우윳빛 흰 장미들의 벽이, 다른 한쪽에는 일본식 동백꽃들의 벽이 서 있었다. 그 벽들 사이로 분수들은 이미 물을 내뿜고 있었고, 세 개의 수영장에서는 샴페인이 거품을 일으키고 있었다. 첫 번째 수영장은 투명한 보랏빛이었고, 두 번째 수영장은 루비 빛, 세 번째는 크리스털 빛이었다. 수영장 옆에는 빨간 머리띠를 맨 흑인들이 분주하게 뛰어다니며, 은국자로 수영장의 술을 떠서 납작한 잔들을 채우고 있었다. 장미로 만들어진 벽이 갈라지자, 안쪽에서 붉은 연미복을 입은 남자가 무대에서 열광하고 있었고, 앞에서는 참을 수 없을 만큼 큰 소리로 재즈 음악이 울리고 있었다. 지휘자는 마르가리타를 보자마자 머리가 땅에 닿도록 그녀에게 고개 숙여 인사했고, 몸을 바로 한 뒤, 귀청이 떨어져 나가도록 소리쳤다.

"할렐루야!"

그는 한쪽 무릎을 탁 치고, 손을 교차하여 다른 무릎을 두 번 치더니, 가장자리에 있던 연주자의 심벌즈를 빼앗아 기둥을 두들겼다.

마르가리타는 그곳을 떠나며 그 재즈 밴드의 대가가 마르가리타의 뒤에서 들려오는 폴로네즈와 경쟁을 하며 심벌즈로 연주자들의 머리를 때리고, 연주자들이 우스꽝스러운 모습으로 겁먹은 척 주저앉는 것을 보았다.

마침내 넓은 단상까지 날아온 마르가리타는 그곳이 램프를 든 코로비예프가 어둠 속에서 자신을 맞이했던 장소임을 알게 되었다. 단상은 크리스털 포도송이에서 뿜어져 나오는 빛으로 눈이 멀 지경이었다. 준비된 자리에 세워진, 마르가리타의 왼팔 아래 나지막한 자수정 기둥이 나타났다.

"많이 힘드시면, 이 위에 팔을 올려놓으셔도 됩니다." 코로비예프가 속삭였다.

피부색이 검은 어떤 남자가 마르가리타 발밑에 금빛 풀들이 수놓아진 방석을 밀어놓았고, 또 다른 누군가의 손길에 따라 그녀는 무릎을 굽혀 오른발을 그 위에 올려놓았다.

마르가리타는 주위를 둘러보았다. 코로비예프와 아자젤로가 격식을 갖추고 그녀 옆에 서 있었다. 아자젤로 옆에는 세 젊은이들이 서 있었는데, 그들은 왠지 아바돈을 생각나게 했다. 등 뒤로 냉기가 느껴졌다. 뒤를 돌아보자

대리석 벽에서 포도주가 뿜어져 나와 차가운 수영장으로 흘러들어가고 있었다. 그녀의 왼쪽다리에 뭔가 따뜻하고 복슬복슬한 것이 느껴졌다. 베헤모트였다.

높은 곳에 서 있는 마르가리타의 발 밑에 카펫이 깔린 계단이 길게 이어져 있었다. 아래쪽은, 까마득히 멀어서 마치 쌍안경을 거꾸로 들여다보는 것 같았고 그곳에는 어마어마하게 큰 현관이 보였다. 현관에는 크기를 가늠할 수 없을 만큼 커다란 벽난로가 있었으며, 그 차갑고 시커먼 입구는 5톤 트럭도 자유롭게 드나들 수 있을 것만 같았다. 눈이 시릴 만큼 환한 빛을 쏟아내고 있는 현관과 계단에는 아무도 없었다. 멀리서 나팔 소리가 들려왔다. 마르가리타와 일행은 일 분 정도 꼼짝 않고 서 있었다.

"손님들은 어디 계신가요?" 마르가리타가 코로비예프에게 물었다.

"올 겁니다, 여왕님. 올 거예요, 곧 오실 겁니다. 손님들이 부족하지는 않을 거예요. 전 여기서 그들을 맞이하느니 차라리 어디 가서 장작을 패는 게 낫습니다."

"장작패기가 뭐 별거라고?" 입만 산 고양이가 말꼬리를 잡았다. "난 전차 운전이라도 하겠다. 세상에 이보다 더 고약한 일은 없다니까!"

"모든 것이 완벽하게 준비되어 있어야 합니다, 여왕님," 코로비예프가 금이 간 외눈안경 너머로 눈을 빛내며 설명했다. "가장 먼저 도착한 손님이 하릴없이 서성이며, 자신들이 제일 먼저 도착했다며 작은 목소리로 남편분을 쪼아대는 걸 보는 것만큼 기분 나쁜 일도 없거든요. 그런 무도회는 쓰레기통에 던져버려야 합니다, 여왕님."

"당장 쓰레기통 행이지."

고양이가 거들었다.

"자정까진 십 초도 남지 않았습니다." 코로비예프가 덧붙였다. "이제 곧 시작입니다."

마르가리타는 그 십 초가 너무나도 길게 여겨졌다. 십 초는 벌써 지난 것 같은데 아무 일도 일어나지 않았다. 그때 커다란 아래쪽 벽난로에서 뭔가 쿵하는 소리가 나더니, 반은 썩어 문드러진 시체가 덜렁덜렁 매달려 있는 교수대가 벽난로에서 튀어나왔다. 시체는 밧줄에서 떨어져 바닥에 부딪혔고, 그 자리에서 연미복에 에나멜 구두를 신은 흑발의 미남자가 뛰어나왔다. 벽난로에서 반쯤 썩은 작은 관이 튀어나오자 뚜껑이 열리고 안에서 또 다른 시체가 굴러 나왔다. 잘생긴 남자가 정중하게 시체 곁으로 다가가 우아하게 팔을 뻗자, 두 번째 시체는 검은 구두를 신고 머리에 검은 깃털장식을 한 경박한 나체의 여인으로 변했다. 남자와 여자는 서둘러 계단을 오르기 시작했다.

"첫 번째 손님이십니다!" 코로비예프가 외쳤다. "자크*4 씨와 그 부인이십니다. 여왕님, 소개해올리겠습니다, 세상에서 가장 흥미로운 남자 중 한 사람이지요. 정교한 화폐 위조법에, 국가 반역자지만 꽤 실력 있는 연금술사이기도 하지요." 코로비예프가 마르가리타의 귀에 계속 속삭였다. "왕의 정부를 독살했답니다. 하지만 그것도 아무나 할 수 있는 일은 아니니까요! 보십시오. 얼마나 잘생겼습니까!"

얼굴이 창백해진 마르가리타는 입을 벌린 채 아래를 바라보았다. 현관 옆문으로 교수대와 관이 사라지고 있는 것이 보였다.

"정말 감격적입니다!" 자크 씨가 계단을 올라오자 고양이가 그의 코앞에 대고 소리를 질렀다.

그때 아래쪽 벽난로에서 머리가 없고 한쪽 팔이 잘린 해골이 나타났다. 바닥으로 내동댕이치듯 쓰러진 해골은 곧 연미복을 입은 남자로 변했다.

자크의 부인은 벌써 마르가리타 앞에 한쪽 무릎을 꿇고 앉아 있었다. 흥분으로 얼굴이 창백해진 그녀가 마르가리타의 무릎에 입을 맞추었다.

"여왕님……." 자크의 부인이 중얼거렸다.

"여왕님께서 무척 감격하고 계십니다!" 코로비예프가 소리쳤다.

"여왕님……." 잘생긴 남자 자크가 작은 소리로 말했다.

"저희도 무척 감격하고 있습니다." 고양이가 으르렁거렸다.

아자젤로와 나란히 선 젊은 남자들이 생기는 없지만 친절한 미소를 지으며, 자크와 부인을 흑인들이 들고 있는 샴페인 잔 쪽으로 밀었다. 계단에는 연미복을 입은 남자가 혼자 뛰어 올라오고 있었다.

"로버트 백작*5이십니다." 코로비예프가 마르가리타에게 속삭였다.

---

*4 자크 쾨르 : 15세기 프랑스 왕 샤를 7세의 연금술사로 알려져 있었으나 위조 전문가에 반역자였으며 샤를 7세의 정부 아네스 소렐을 독살한 것으로 의심받았다.
*5 레스터 백작, 로버트 더들리를 가리킨다. 영국 여왕 엘리자베스 1세의 정부로 자신의 아내를 살해했다고 한다.

"역시 흥미로운 사람이지요. 한번 들어 보십시오, 여왕님, 정말 재미있답니다. 이 사람은 반대의 경우지요. 여왕의 정부였는데 자기 아내를 독살했거든요."

"반갑습니다, 백작." 베헤모트가 소리쳤다.

벽난로에서 관 세 개가 연이어 튀어나오며 부서져서 산산조각이 났다. 잠시 뒤 검은 망토를 입은 누군가가 나타났고, 그를 쫓아 시커먼 입구에서 튀어나온 자가 그의 등에 칼을 꽂았다. 아래쪽에서 짓눌린 듯한 비명 소리가 들려왔다. 이어 완전히 썩어 문드러진 시체가 벽난로에서 달려나왔다. 마르가리타가 눈을 질끈 감자 누군가 그녀의 코에 흰 소금이 담긴 유리병을 갖다 댔다. 마르가리타는 그것이 나타샤의 손이라고 생각했다. 계단이 북적이기 시작했다. 멀리서 보면 층계마다 완전히 똑같은 연미복의 남자들과 구두 색깔과 머리에 꽂은 깃털로만 구분되는 나체의 여자들이 있었다.

왼발에 이상한 나무 구두를 신은 여성이 오른발을 끌며 마르가리타에게 다가왔다. 마르고 얌전해 보이는 그 여성은 수녀 같은 눈을 내리뜨고 무엇 때문인지 목에 넓은 스카프를 두르고 있었다.

"저 초록색 스카프를 두른 여자는 누구죠?" 마르가리타가 기계적으로 물었다.

"아주 매력적이고 존경할 만한 부인이지요." 코로비예프가 속삭였다. "소개해 드리겠습니다. 토파나*6 부인이십니다. 젊고 매력적인 나폴리 여인들과 팔레르모*7 여인들 사이에서 매우 인기 있는 분이셨지요, 특히 남편에게 싫증이 난 여성분들에게 인기가 좋았답니다. 남편에게 싫증이 날 때도 있지 않습니까……."

"그렇죠." 마르가리타가 들릴 듯 말 듯 작은 소리로 대답하며 연미복을 입은 두 남자에게 미소지어 주었다. 남자들은 차례로 그녀 앞에 고개를 숙이고 무릎과 손에 입을 맞추었다.

---

*6 '토파나'라는 인물은 여럿 있었으나 그 중 토파나 부인이 유명하다. 그녀는 성지의 그림이 그려진 유리병에 비소와 아편이 든 물을 넣어 화장품으로 팔았고, 내용물을 아는 여자들은 남편을 독살하는데 이를 사용했다. 이 물은 17세기 이탈리아에서 '아쿠아 토파나'(Aqua Toffana)로 알려졌다.

*7 Palermo : 이탈리아 시칠리아주(州)의 주도(州都).

"그래서 말이죠." 코로비예프는 마르가리타에게 속삭이고 재빨리 누군가에게 소리쳤다. "공작님! 샴페인 한잔하시죠! 와주셔서 정말 감사드립니다! 예, 그러니까 말이죠, 토파나 부인은 그 불쌍한 여성들의 처지를 이해하고 그들에게 작은 병에 담긴 어떤 물을 팔았던 겁니다. 아내는 남편의 수프에 그 물을 넣고, 남편은 그 수프를 맛있게 먹고 기분도 좋았을 겁니다. 몇 시간 뒤 남편은 지독한 갈증을 느끼기 시작하고, 잠자리에 눕습니다. 다음 날 남편에게 수프를 먹인 아름다운 나폴리 여성은 봄바람처럼 자유로워지는 거죠."

"그런데 저 발에 있는 건 뭐죠?" 마르가리타는 다리를 저는 토파나 부인을 앞질러 온 손님들에게 손을 내밀며 물었다. "목에 저 초록색 스카프는 또 뭔가요? 목에 주름이 졌나요?"

"어서 오십시오! 공작님," 코로비예프는 큰 소리로 공작에게 인사하더니 바로 마르가리타에게 속삭였다. "목은 아름답지요. 그런데 감옥에서 좀 안 좋은 일이 있었답니다. 발에 신은 건 스페인 장화. 스카프에도 사연이 있습니다. 그녀에게는 불행한 선택을 당한 5백여 명의 남편이 있었습니다. 그런데 그들이 나폴리와 팔레르모에서 영원히 세상을 떠나 버렸죠. 이 사실을 알게 된 간수들이 흥분한 나머지 감옥에서 토파나 부인의 목을 졸라 버렸거든요."

"검은 여왕님, 이렇게 높으신 분을 만나 뵙게 되다니 정말 영광입니다." 토파나가 무릎을 구부리려고 애쓰면서 수녀처럼 작은 목소리로 말했다. 하지만 스페인 장화가 방해가 되자, 코로비예프와 베헤모트는 토파나가 일어서는 것을 도와주었다.

"저도 기쁩니다." 마르가리타는 그녀에게 대답하면서 다른 사람들에게도 손을 내밀었다.

계단은 이제 아래위 할 것 없이 손님들로 가득했다. 마르가리타는 현관에서 일어나는 일에 더 이상 관심을 보이지 않았다. 그녀는 기계적으로 손을 올리고 내리면서 한결같이 이를 드러내고 손님들에게 미소 지었다. 단상은 웅성이는 목소리로 가득했고, 마르가리타가 떠나온 무도회장에서는 파도가 몰아치듯 음악 소리가 들려왔다.

"정말 지긋지긋한 여자지요." 코로비예프는 속삭이지 않고 큰 소리로 말했다. 사람들의 웅성거림 속에서 그의 말을 들을 사람이 없었기 때문이었다.

"알아주는 무도회광인데 자기 손수건 이야기를 퍼트릴 생각밖에 없습니다."

마르가리타의 시선이 계단을 올라오는 손님들 중에서 코로비예프가 가리키는 여자를 찾아냈다. 스무 살가량의 젊은 여성으로, 몸매는 더할 나위 없이 아름다웠으나 어딘지 불안하고 집요해 보이는 눈을 하고 있었다.

"손수건이라뇨?" 마르가리타가 물었다.

"저 여자한테 시녀가 한 명 있는데 말이죠," 코로비예프가 설명해주었다. "30년 동안 하루도 빼놓지 않고, 밤마다 침대 옆 탁자에 손수건을 올려놓고 있거든요. 그녀가 일어나보면, 항상 손수건이 보이는 거지요. 불에 태우기도 하고, 강에 버리기도 해봤지만, 아무 소용이 없다답니다."

"어떤 손수건인데요?" 마르가리타가 손을 올렸다가 내리면서 물었다.

"테두리가 푸른 손수건이지요. 사실은 예전에 저 여자가*8 여자가 카페에서 일했을 때 어느 날 카페 주인이 끈질기게 여자를 창고로 불렀답니다. 아홉 달 뒤 아이를 낳은 여자는 갓난아이를 숲 속으로 안고 가서 손수건으로 입을 틀어막고 땅에 묻어버렸지요. 재판에서는 아이를 키울 능력이 없다고 말했답니다."

"그 카페 주인은 어디 있나요?" 마르가리타가 물었다.

"여왕님," 갑자기 발밑에서 고양이가 날카롭게 우는 소리를 냈다. "죄송합니다만, 한 가지 여쭙겠습니다. 여기서 카페 주인이 대체 무슨 상관입니까? 그 주인이 아기를 죽인 것도 아닌데!"

마르가리타는 미소 띤 얼굴로 오른손을 흔들면서, 왼손의 뾰족한 손톱으로 베헤모트의 귀를 잡아당기며 그에게 속삭였다.

"이 짐승아, 너 한 번만 더 내 얘기에 끼어들어봐……."

베헤모트는 무도회에 어울리지 않게 불쌍하게 울며 쉰 소리로 말했다.

"여왕님…… 귀가 붓겠습니다…… 무도회에서 퉁퉁 부은 귀를 보이면 너무 볼썽사납지 않겠습니까? …… 제가 말씀드리는 건, 법이 그렇다는 겁니다 …… 법률적 관점에서…… 가만 있을게요, 잠자코 있겠습니다…… 절 고양이가 아니라 물고기라 여겨 주시고 제발 이 귀 좀 놔 주십시오."

**8 괴테의 〈파우스트〉에 나오는 그레첸의 실제 모델 주잔나 브란트를 가리킨다. 그녀는 자기 아이를 살해한 혐의로 체포되었다고 한다.

마르가리타는 귀를 놓아주었다. 그때 집요하게 달라붙는 듯한 음울한 눈이 그녀 앞에 나타났다.

"기쁘기 그지없습니다, 여왕님. 이렇게 성대한 자정의 무도회에 초대해주시다니."

"저도요," 마르가리타가 그녀에게 대답했다. "당신을 만나게 되어서 기쁩니다. 무척 기뻐요. 샴페인 좋아하시나요?"

"지금 무슨 짓을 하시는 겁니까, 여왕님?" 코로비예프가 마르가리타의 귀에 필사적으로 소리없이 외쳤다. "손님들 차례가 막히지 않습니까!"

"좋아합니다." 여자가 애원하듯 말하더니 갑자기 기계처럼 같은 말을 반복하기 시작했다. "프리다, 프리다, 프리다! 제 이름은 프리다입니다, 여왕님!"

"그럼, 오늘은 실컷 마시도록 해요, 프리다, 아무 생각도 하지 말고." 마르가리타가 말했다.

프리다는 마르가리타를 향해 두 손을 내밀었지만 코로비예프와 베헤모트가 재빨리 그녀의 팔을 잡아채 그녀를 사람들 속으로 밀어 넣었다.

이제 아래쪽의 손님들은 거대한 벽이 되어 마르가리타가 서 있는 단상을 습격이라도 할 것 같았다. 연미복을 입은 남자들 사이로 벌거벗은 여자들이 계속해서 올라왔다. 가무잡잡한 색, 흰색, 커피콩 색, 그리고 완전히 새까만 몸뚱이들이 마르가리타를 향해 밀려왔다. 붉은색, 검은색, 밤색, 아마(亞麻)[9]처럼 밝은 금빛 머리카락에 장식된 보석들이 쏟아지는 빛 속에 불꽃들을 퍼트리며 춤을 추듯 뛰놀았다. 줄 지어 습격하듯 밀려들어오는 남자들의 가슴에는 누군가 빛의 방울을 뿌려놓기라도 한 듯 다이아몬드 단추들이 빛을 뿜어내고 있었다. 이제 마르가리타는 매초마다 무릎에 와 닿는 입술을 느꼈고, 매초마다 손을 내밀어 입맞춤을 받았으며, 얼굴은 환영 인사를 하는 가면이 되어 있었다.

"와주셔서 정말 기쁩니다." 코로비예프는 단조롭게 노래했다. "우리 모두 무척 기뻐하고 있습니다…… 여왕님께서도 기뻐하고 계십니다……."

"여왕님께서 기뻐하고 계십니다……." 아자젤로가 등 뒤에서 콧소리를 내

---

[9] 쥐손이풀목 아마과의 한해살이풀. 6~8월에 주로 흰색, 또는 파란빛을 띤 자주색 꽃이 핀다.

며 말했다.

"정말 기쁩니다." 고양이가 외쳤다.

"후작 부인……." 코로비예프가 중얼거렸다. "유산 때문에 아버지와 두 오빠, 그리고 두 자매를 독살했지요…… 여왕님께서 무척 기뻐하고 계십니다……! 민키나*10 부인이십니다! 정말 아름다우십니다! 좀 신경질적인 분입니다. 도대체 왜 하녀의 얼굴을 인두로 지진 건지! 칼에 찔려 죽는 것도 당연합니다…… 여왕님께서 무척 기뻐하고 계십니다……! 여왕님, 잠시 저쪽을 봐 주십시오! 마법사이며 연금술사이신 루돌프*11 황제이십니다…… 저기 연금술사가 한 분 더 올라오시는군요. 교수형을 당하신 분이시죠…… 아, 저기 그녀가 왔군요! 아, 스트라스부르에 있던 그녀의 매음굴은 정말 환상적이었소……! 우리 모두 무척 기뻐하고 있습니다……! 모스크바의 재봉사,*12 우리 모두 그녀의 무한한 상상력을 사랑했지요…… 아틀리에를 운영하면서 재미있고 고약한 장난을 생각해냈답니다. 벽에 동그란 구멍 두 개를 뚫어놓고……."

"여자분들은 그걸 몰랐었나요?" 마르가리타가 물었다.

"모두 알고 있었답니다, 여왕님." 코로비예프가 대답했다. "와주셔서 정말 기쁩니다……! 이제 스무 살밖에 안 된 저 애송이는 어렸을 때부터 기이한 상상력을 자랑하던 남자아이였지요. 몽상가에 기인이었습니다. 한 소녀가 그를 사랑했는데, 그는 그녀를 붙잡아 매음굴에 팔아버렸답니다……

아래층에는 강이 흐르고 있었다. 끝이 보이지 않는 강이었다. 강의 수원 (水原)인 거대한 벽난로는 계속해서 물을 공급했다. 한 시간이 흐르고, 두 시간째가 되자, 마르가리타는 목걸이가 더 무겁게 느껴졌다. 팔도 무언가 이상했다. 이제 팔을 들어 올리려 할 때였다. 마르가리타는 얼굴을 찡그려야 했다. 코로비예프의 재미있는 설명도 더 이상 마르가리타의 주의를 끌지 못했다. 눈초리가 치켜 올라 간 몽골인의 얼굴도, 흰 얼굴과 검은 얼굴도 구분되지 않았고, 그들을 둘러싼 공기가 조금씩 흔들리며 흐물거리기 시작했다. 갑자기 바늘로 찌르는 것 같은 날카로운 통증이 오른손을 꿰뚫었고 그녀는

---

*10 하인들을 잔인하게 다룬 것으로 유명하다. 1825년 의문의 죽음을 당함.
*11 독일 합스부르크 왕가의 루돌프 2세(1552~1612)를 가리킨다.
*12 불가코프의 희곡 〈조야의 아파트〉의 여주인공.

이를 악물며 팔꿈치를 받침대에 올려놓았다. 날개가 벽을 스치는 듯한 사락거리는 소리가 홀 뒤쪽에서 들려왔다. 전례 없는 손님들의 부대가 춤을 추고 있음을 알 수 있었다. 그 불가사의한 홀의 거대한 대리석과 모자이크, 크리스털 바닥들도 리듬에 맞춰 고동치고 있는 것 같았다.

이제 가이우스 카이사르 칼리굴라*[13]도, 메살리나*[14]도 마르가리타는 관심 없다. 어떤 왕이나 공작, 기사, 자살한 사람, 독살범, 교수형으로 죽은 사람, 뚜쟁이 간수, 사기꾼, 형리, 밀고자, 반역자, 정신병자, 밀정, 강간범 등 그 누구도 그녀의 관심을 끌지 못했다. 그들의 이름이 모두 머릿속에서 뒤엉켰고, 얼굴은 거대한 밀가루 반죽처럼 엉겨 붙었다. 말 그대로 불꽃처럼 붉은 수염을 두르는 말류타 스쿠라토프*[15]의 얼굴이었다. 다리가 휘청였고, 그녀는 금방이라도 울음을 터뜨릴 것 같았다. 무엇보다 그녀를 고통스럽게 한 것은 사람들이 입을 맞추고 있는 오른쪽 무릎이었다. 해면(海綿)*[16]을 쥔 나타샤의 손이 향기로운 물질로 몇 번인가 문질러주었지만, 부풀어 오른 무릎은 시퍼렇게 멍들어 있었다. 그렇게 세 시간째에 접어들 무렵 완전히 절망에 빠진 눈빛으로 아래를 내려다본 마르가리타는 기쁨에 몸을 떨었다. 손님들의 물줄기가 약해져 있었던 것이다.

"여왕님, 무도회의 법칙은 어디나 같습니다," 코로비예프가 속삭였다. "이

---

*13 Gaius Iulius Caesar(Caligula) : 로마의 3대 황제(재위 : 37~ 41). 처음에는 선정을 베풀어 존경을 받았으나, 중병을 앓고 난 뒤 황제에의 숭배를 강요하는 등 포악과 낭비를 일삼아 원성을 듣게 되고 과거의 선정도 흐려졌다. 뒤에 근위대장의 음모에 의해 암살당했다.

*14 Valerius Messal(l)ina : 로마의 크라우티우스 황제 최후의 아내. 명문 출신으로 크라우티우스의 즉위 이전에 결혼하고, 딸 옥타비아(Octavia) 및 브리타니쿠스(Britainnicus)를 낳았다. 그녀가 황제의 정치에 준 영향은 사학의 과장에 의한 것인 듯하다. 애인 카이우스 실리우스(Caius Silius)와 통하고, 또 음모를 기획한 것이 황제의 총신 나르키수스(Narcissus)에 의해 발견된 후, 처형되었다. 메살리나는 고대 로마시대의 타락한 성의 상징으로 허영심과 물욕, 성욕의 화신이다. 이러한 역사적 사실과 관련하여 현대 이탈리아어로 '메살리나'라는 이름은 '성욕을 억제하지 못하고 아무 남자와 동침하는 몸가짐이 헤픈 여자'를 의미하게 되었다.

*15 그레고리 루케야노바치 스쿠라토프 : 멜스키(?~1573) 악명높은 이반 외제의 친위대원으로 노브고로드에서 반란을 의심하여 주민을 학살하는 등 왕권강화를 명분으로 수많은 살인을 저질렀다.

*16 海綿 : 목욕해면을 볕에 쬐어 섬유상(纖維狀)의 골격만 남긴 것. 미세한 구멍이 많이 뚫려 있고, 부드러우며 탄력이 좋아서 수분을 잘 빨아들인다. 화장용, 사무용, 의료용으로 쓰인다. 갯솜.

제 파도가 잦아들기 시작하는군요. 이제 몇 분만 참으시면 됩니다. 저기 브로켄 산의 탕아들이 보이는군요. 저들은 언제나 제일 마지막에 도착하지요. 바로 지자들입니다. 술 취한 흡혈귀가 둘……둘 뿐인가? 아, 아니군요, 저기 한 사람이 더 있습니다. 아니, 둘이군요!"

계단으로 마지막 두 손님이 올라오고 있었다.

"아, 이건 새로운 얼굴인데요." 코로비예프가 안경 너머로 눈을 가늘게 뜨며 말했다.

"아하, 그런가, 그렇군. 지난번에 아자젤로가 저 사람을 찾아가 코냑을 마시면서 그가 두려워하는 것에 대해 충고를 해 준 적이 있었죠. 어떤 사람의 폭로를 아주 두려워하고 있었거든요. 그는 어떻게 하면 그에게서 벗어날 수 있는지가 문제였죠. 자신의 말이라면 무엇이든 듣는 사람을 시켜 사무실 벽에 독을 뿌려놓게 했답니다."

"이름이 뭐죠?" 마르가리타가 물었다.

"사실, 저도 아직 그것까진 모르겠습니다." 코로비예프가 대답했다. "아자젤로한테 물어봐야겠어요."

"같이 있는 사람은 누구예요?"

"저 사람이 바로 그 충실한 하수인이지요. 와주셔서 정말 기쁩니다!" 코로비예프가 마지막 두 사람에게 소리쳤다.

마침내 계단이 비었다. 혹시나 하는 마음에 조금 기다려보았지만, 벽난로에서는 더 이상 아무도 나오지 않았다.

1초 뒤 어떻게 된 일인지, 마르가리타는 수영장이 있는 방에 돌아와 있었다. 마르가리타는 팔과 다리의 통증으로 눈물을 흘리며 그대로 바닥에 쓰러졌다. 헬라와 나타샤가 그녀를 위로하며, 다시 한 번 피로 샤워를 시켜주고, 그녀의 몸을 닦아주었고, 마르가리타는 다시 기운을 찾았다.

"아직입니다. 마르고 여왕님, 아직 끝나지 않았어요." 옆에 나타난 코로비예프가 속삭였다. "점잖은 손님들이 버려졌다고 느끼지 않도록 홀을 한 바퀴 돌아보셔야 합니다."

마르가리타는 수영장이 있는 방을 나와 다시 날아올랐다. 왈츠의 임금님이 오케스트라를 지휘하던 튤립 뒤 작은 무대에는 이제 원숭이 재즈 밴드가 광란을 벌이고 있었다. 구레나룻이 북슬북슬한 거구의 고릴라가 손에 트럼펫을 들고 무거운 몸을 들썩이며 지휘를 하고 있었다. 오랑우탄들이 한 줄로 앉아 번쩍거리는 트럼펫을 불고 있었고, 그들의 어깨 위에 유쾌한 침팬지들이 아코디언을 들고 앉아 있었다. 사자처럼 갈기가 달린 망토원숭이 두 마리가 피아노를 치고 있었지만, 긴팔원숭이, 개코원숭이, 긴꼬리원숭이가 연주하는 색소폰과 바이올린, 드럼의 굉음과 쇳소리에 묻혀 피아노 소리는 전혀 들리지 않았다. 거울을 깔아놓은 것 같은 바닥 위로 수많은 커플들이 한 몸이 된 듯 민첩하고 일사불란한 동작으로 돌면서, 앞에 있는 것은 모두 치워버릴 듯한 기세로 거대한 벽이 되어 움직이고 있었다. 춤 추고 있는 거대한 무리 위로 공단처럼 매끄러운 나비들이 하늘하늘 날았고, 천장에서 꽃이 흩뿌려졌다. 전깃불이 꺼지자 둥근 기둥 위에서 반딧불이들이 불을 밝혔으며, 도깨비불이 허공을 떠다녔다.

마르가리타는 어느새 둥근 기둥으로 둘러싸인 커다란 수영장 속에 있었다. 검은 거인 넵튠*¹⁷의 입에서 장밋빛 물줄기가 폭포처럼 쏟아졌고, 수영장에서 피어오르는 샴페인 향에 취해 현기증이 날 지경이었다. 편안함과 유쾌함만이 이곳을 지배하고 있었다. 여자들은 웃으며 구두를 벗어던졌고, 자신의 파트너나 수건을 들고 달려온 흑인에게 핸드백을 맡기고는, 소리를 지르며 제비처럼 수영장에 뛰어들었다. 물거품이 기둥처럼 치솟았다. 크리스털로 된 수영장 바닥은 샴페인을 뚫고 올라오는 빛을 받아 반짝였고, 수영장 속을 헤엄치는 은빛 몸들이 보였다. 수영장에서 나온 사람들은 완전히 취해 있었다. 기둥 아래서 터져나온 높은 웃음소리가 목욕탕에 울려퍼졌다.

이 엄청난 혼란 속에서도 흐리멍덩하면서도 애원하는 눈빛으로 바라보던 술 취한 여자의 얼굴이 기억에 남았고, '프리다'라는 한 마디가 머릿속에 떠올랐다.

샴페인 향에 머리가 어지러워진 마르가리타는 이제 그만 이곳을 떠나고 싶었지만 고양이가 수영장에서 재주를 부리며 그녀의 발을 붙잡았다. 베헤모트가 넵튠의 입에 주문을 외우자, 쉭쉭 소리와 함께 엄청난 양의 샴페인이 수영장에서 모두 빠져나가고, 넵튠은 거품이 일지 않는 황갈색 물줄기를 뿜

---

*17 Neptunus : 로마 신화에 나오는 바다의 신 넵투누스를 영어식으로 발음한 이름. 그리스신화의 포세이돈(Poseidon)과 같다. 유피테르와 형제지간이며 바다와 강, 호수, 조그만 샘에 이르기까지 '물'을 다스리는 신으로 알려져 있다.

어내기 시작했다. "코냑이다!" 날카로운 목소리로 비명을 지르며 수영장 앞에 있던 여자들이 기둥 뒤로 달려가 몸을 숨겼다. 잠시 뒤 수영장이 코냑으로 가득 차자, 고양이는 세 번 공중제비를 하며 출렁이는 코냑 속으로 뛰어들었다. 넥타이는 젖어서 늘어지고, 수염의 금가루는 지워지고 오페라글라스는 잃어버린 고양이가 헐떡이며 코냑에서 기어나왔다. 베헤모트를 따라하기로 마음먹은 사람은 기지가 넘치는 여자 재단사와 그녀의 파트너인 젊은 혼혈아뿐이었다. 그 둘은 동시에 코냑 속으로 뛰어들었다. 그때 코로비예프가 마르가리타의 팔을 붙잡았고, 그들은 헤엄치는 사람들을 뒤로 하고 그 자리를 떠났다.

마르가리타는 어디선가 돌로 만든 거대한 연못과 그 안에 수북이 쌓인 조개를 본 것 같다는 생각을 했다. 그리고 잠시 뒤 유리 바닥 아래 지옥 불처럼 시뻘겋게 타오르고 있는 아궁이와 그 사이 새하얀 옷을 입고 악마처럼 뛰어 다니고 있는 요리사들 머리 위를 날고 있었다. 그녀는 이제 아무것도 깊이 생각하지 않으려 했다. 어딘가 컴컴한 지하 창고들 중에는 등불을 환하게 밝힌 채 젊은 여자들이 시뻘건 숯불 위에 지글거리는 고기를 식탁 위에 차려놓고, 마르가리타의 건강을 위해 커다란 술잔을 들이켜고 있는 곳도 있었다. 그녀는 작은 무대 위에서 아코디언을 연주하며 카마린스키*¹⁸를 추고 있는 백곰들도 보았다. 또 벽난로 속에서도 타지 않고 살아있는 마법사 샐러맨더*¹⁹도. 다시 그녀는 기운이 떨어지기 시작했다.

"이제 마지막입니다." 코로비예프가 걱정스러운 듯 그녀에게 속삭였다. "이것만 끝나면 자유입니다."

그녀는 코로비예프의 안내를 받으며 다시 무도회장으로 들어갔다. 무도회장에서는 이제 아무도 춤을 추고 있지 않았다. 손님들은 홀 중앙을 비워둔 채, 기둥 사이에 몰려들어 무리짓고 있다. 마르가리타는 누군지 기억은 나지 않지만 텅 빈 홀 가운데 세워진 단상 위로 올라갔다. 단상 위에 올라선 그녀는 깜짝 놀랐다. 계산대로라면 진작 자정이 지났어야 하는데 어디선가 자정을 알리는 소리가 들려왔기 때문이었다. 어디서 들려오는 것인지 알 수 없는 시계의 마지막 종소리와 함께 몰려든 손님들의 위로 침묵이 내려앉았다.

---

*18 러시아의 전통춤.
*19 불 속에 산다는 전설의 도마뱀.

마르가리타가 볼란드를 다시 본 것은 바로 그때였다. 그는 아바돈과 아자젤로, 그리고 아바돈을 닮은 몇 명의 젊은 흑인들에 둘러싸여 걸어 나왔다. 마르가리타는 그제야 자신이 올라선 단상 맞은편에 볼란드를 위한 단상이 준비되어 있음을 깨달았다. 하지만 그는 그 단상을 이용하지 않았다. 여기서 마르가리타를 놀라게 한 것은 이 장엄한 마지막 무대에 볼란드가 침실에서와 같은 차림으로 나타났다는 사실이었다. 위에는 그 헝겊을 덧댄 더러운 셔츠를 걸치고, 낡고 해진 침실용 슬리퍼를 신고 있었다. 볼란드는 시퍼런 날을 그대로 드러낸 칼을 지팡이처럼 사용하고 있었다.

볼란드가 다리를 절며 자신의 단상 옆에 멈춰 서자, 아자젤로가 커다란 접시를 들고 그 앞에 나타났다. 접시 위에는 앞니가 부러진 사람 머리가 잘린 채로 놓여 있었다. *20 정적이 이어졌다. 멀리 현관에서 이 상황과 전혀 어울리지 않는 평범한 벨소리가 울리며 깊은 정적을 깨뜨렸다.

"미하일 알렉산드로비치," 볼란드가 낮은 목소리로 잘린 머리를 향해 말을 걸자, 죽은 자의 눈꺼풀이 올라갔다. 마르가리타는 죽은 자의 얼굴에서 생각과 고통으로 가득한 살아 있는 눈을 보고 몸을 떨었다. "모든 일이 예상대로 이루어졌군요, 그렇지 않습니까?" 볼란드는 머리의 눈을 바라보며 말을 이었다. "당신은 여자 때문에 머리가 잘렸고, 회의는 열리지 않았으며, 나는 당신 아파트에 살고 있습니다. 이것이 사실이지요. 사실이란 세상에서 가장 견고한 것입니다. 하지만 지금 우리가 관심 있는 것은 이미 끝나 버린 사실이 아니라, 앞으로 일어날 일들입니다. 당신은 머리가 잘리면 인간의 삶은 끝나고, 재로 변하여 존재하지 않게 된다는 이론을 열심히 전파했었죠. 내 손님들 앞에서, 당신의 이론이 견고하고 꽤나 훌륭한 것이라는 사실을 알려 드릴 수 있게 되어 매우 기쁘게 생각합니다. 이 손님들은 전혀 다른 이름의 증거이기도 하지만 말이죠. 어쨌든 모든 이론은 저마다 가치가 있는 법이니까요. 이런 것도 있지요. 사랑은 각자 믿는 대로 이루어질 것이다. 이것도 실현될 겁니다! 자, 당신은 존재하지 않게 되어 주시오, 나는 술잔이 된 당신의 머리로 존재를 위해 건배하겠소!"

볼란드가 칼을 들어 올렸다. 그 순간 머리 가죽이 시커멓게 변하며 쪼그라

---

*20 접시 위에 놓인 사람 머리는 성경에 나오는 살로메와 세례 요한의 일화(마태복음 14장 8절)를 연상시킨다.

들더니, 조각조각 허물어지고, 눈도 사라졌다. 마르가리타는 곧 접시의 에메랄드로 눈을 만들고 진주로 이를 만들어 황금 받침대에 놓인 누런 해골을 볼 수 있었다. 해골 뚜껑이 열렸다.

"잠깐만 기다려주십시오, 메시르." 코로비예프가 말했다. 그리고 이유를 묻는 듯한 볼란드의 눈빛을 읽고 바로 덧붙여 말했다. "그가 곧 들어올 것입니다. 이 무덤 같은 정적 속에 그의 에나멜 구두 소리와, 생애 마지막 샴페인을 마시고 내려놓은 잔이 테이블에 부딪히는 소리가 들립니다. 자, 그분의 등장이십니다."

새로운 손님이 볼란드를 바라보며 홀로 걸어 들어왔다. 겉보기에는 다른 남자 손님들과 전혀 다르지 않았다. 다만 그는 흥분으로 멀리서도 눈에 띌 만큼 비틀거리고 있었다. 두 뺨에는 붉은 반점이 피어올랐고, 두 눈은 불안하게 흔들리고 있었다. 손님은 몹시 놀라 있는 상태였는데, 이는 극히 당연한 일이었다. 주위의 모든 것이 그를 놀라게 했지만, 그를 가장 놀라게 한 것은 볼란드의 옷차림이었다.

하지만 그 손님은 특별한 환대를 받았다.

"아, 친애하는 마이겔 남작," 볼란드는 환영의 미소를 지으며, 눈을 휘둥그레 뜨고 있는 손님에게 말을 걸었다. "여러분께," 볼란드가 다른 손님들을 향해 말했다. "존경하는 마이겔 남작님을 소개해드릴 수 있게 되어 기쁘게 생각합니다. 공연위원회에서 외국손님들에게 수도의 명소를 안내하는 일을 맡고 계시는 분입니다."

순간 마르가리타는 숨을 삼켜야 했다. 마이겔이라는 남자를 알아본 것이다. 모스크바의 극장과 레스토랑에서 몇 번인가 마주친 적이 있었다. '그렇다면…… 저 사람도 죽었다는 말인가?' 마르가리타가 생각했다. 곧 밝혀졌다.

"남작님은," 볼란드가 기분 좋게 미소를 지으며 말을 이었다. "대단히 친절하신 분이라 내가 모스크바에 도착했다는 사실을 알고 바로 전화를 주셨습니다. 자신의 전문 분야, 말하자면 명소를 안내해 주시겠다고 제안하셨지요. 그래서 제가 이렇게 기쁜 마음으로 초대를 한 것입니다." 그때 마르가리타는 아자젤로가 해골이 담긴 접시를 코로비예프에게 건네는 것을 보았다.

"그런데 말입니다, 남작님." 갑자기 볼란드가 은근하게 목소리를 낮추며 말했다. "당신의 그 비상한 호기심에 대해 여러 소문이 돌고 있더군요. 사람들 말로는, 그 호기심이 당신의 놀라운 말솜씨로 많은 사람들의 관심을 끌게 되었다는 겁니다. 뿐만 아니라, 몇몇 험담꾼들은 당신이 고자질쟁이에 스파이라는 말까지 흘리고 다니고 있더군요. 덧붙이자면 당신이 한 달 안에 비참한 최후를 맞이할 거라는 추측도 있었습니다. 그래서 우리는 당신을 고통스러운 기다림에서 해방시켜 드리기로 결정했습니다. 마침 저를 방문하시겠다는, 물론 가능한 한 많은 것을 엿듣고 훔쳐보기 위해서이겠지요, 어쨌든 당신의 간곡한 부탁도 있고 해서 이 기회를 이용하기로 한 것이지요."

남작의 얼굴은 아바돈보다 더 창백해졌고, 잠시 뒤 아주 기이한 일이 벌어졌다. 아바돈이 남작 앞에 서서 잠시 안경을 벗었고 아자젤로의 손이 불길을 내뿜으며 뭔가 부딪치는 낮은 소리를 내자 남작이 뒤로 쓰러졌다. 그의 가슴에서 선홍색 피가 터져 나와 풀 먹인 셔츠와 조끼를 적셨다. 코로비예프는 그 뿜어져 나오는 피를 두개골 잔에 받아 볼란드에게 건넸다. 생명을 잃은 남작의 몸은 이미 바닥에 쓰러져 있었다.

"여러분의 건강을 위하여." 볼란드가 낮은 소리로 말하고 잔을 들어 입술에 갖다 댔다.

그 순간 변화가 일어났다. 헝겊을 덧대어 기운 셔츠와 낡은 슬리퍼는 사라지고, 볼란드는 검은 망토를 두르고 강철 검을 차고 있었다. 그는 마르가리타에게 다가와 잔을 내밀고 명령하듯 말했다.

"드시오!"

마르가리타는 머리가 핑 도는 것을 느끼며, 비틀거렸다. 그러나 잔은 이미 그녀의 입술 앞에 와 있었고, 누구인지 모를 목소리가 양쪽 귀에 속삭이고 있었다.

"두려워 마십시오, 여왕님…… 두려워 마세요, 여왕님, 피는 이미 땅속으로 흘러 들어갔습니다. 피가 흘렀던 곳에는 이미 포도송이가 자라고 있습니다."

마르가리타는 눈을 감고 단숨에 잔을 들이켰다. 그러자 달콤한 액체가 그녀의 혈관으로 퍼져나가며, 귀가 울리기 시작했다. 귀가 멍해지도록 수탉들의 울음소리가 들리는가 하면, 어디선가 행진곡을 연주하고 있는 것 같기도 했다. 수없이 모여들었던 손님들의 윤곽도 희미해지기 시작했다. 연미복의 사내들도 여자들도 흙으로 돌아갔다. 마르가리타의 눈앞에서 무도회장이 썩어 무너지기 시작했고, 무덤 냄새가 퍼져나갔다. 기둥이 무너지고, 불은 꺼졌으며, 모든 것은 쪼그라들어 분수도 튤립도 동백꽃도 사라지고 없었다. 남은 것은 예전처럼 보석상 부인의 수수한 거실뿐이었고, 빠끔히 열린 문틈으로 한줄기 빛이 새어나오고 있었다. 마르가리타는 문 안으로 들어갔다.

제24장
거장의 구출

볼란드의 침실은 무도회가 열리기 전 그대로였다. 볼란드는 잠옷 바람으로 침대에 앉아 있었다. 다만 헬라는 이제 그의 다리를 문지르고 있지 않으며, 체스를 두던 탁자에는 저녁 식사가 차려져 있었다. 연미복을 벗은 코로비예프와 아자젤로가 탁자에 앉아 있고 그들 옆에는 고양이가 자리를 잡고 있었다. 고양이는 넥타이와 헤어지기 싫었던지 넝마가 되어버린 넥타이를 그대로 목에 걸고 있었다. 마르가리타는 비틀비틀거리면서 탁자로 다가가 몸을 기댔다. 볼란드는 그녀에게 가까이 오라고 손짓해 옆에 앉도록 했다.

"어떻소, 꽤 힘들었지요?" 볼란드가 물었다.

"아닙니다, 메시르." 마르가리타가 대답했다. 하지만 그 목소리는 거의 들리지 않을 만큼 작았다.

"노블레스 오블리주."*1 고양이는 이렇게 말하며 마르가리타의 와인 잔에 뭔가 투명한 액체를 따라주었다.

"보드카인가요?" 마르가리타가 작은 소리로 물었다.

고양이는 모욕당한 사람처럼 펄쩍 뛰었다.

"아니, 세상에, 여왕님." 그가 툴툴거리며 말했다. "설마 제가 숙녀분께 보드카를 따라드리겠습니까? 이건 순수한 알코올입니다!"

마르가리타는 미소 지으며 술잔을 밀어내려 했다.

"쭉 들이켜시오." 볼란드가 말했다. 그러자 마르가리타는 바로 잔을 손에 쥐었다. "헬라, 앉아라." 볼란드가 명령하고는 마르가리타에게 설명했다.

---

*1 noblesse oblige : 고귀한 신분에 따르는 도덕적 의무와 책임. 이는 지배층의 도덕적 의무를 뜻하는 프랑스 격언으로, 정당하게 대접받기 위해서는 명예(노블레스)만큼 의무(오블리주)를 다해야 한다는 뜻.

"만월의 밤은 축제의 밤이라 나는 측근이나 하인들을 불러 모아 함께 식사를 합니다. 그래, 기분은 어떠시오? 그 성가신 무도회는 잘 해내셨습니까?"

"최고였습니다!" 코로비예프가 떠들어대기 시작했다. "모두가 넋을 잃고, 감탄을 하며 압도당했습니다! 넘치는 배려심과 노련함, 매력까지 모두 두말할 것 없이 최고였습니다!"

볼란드는 말없이 잔을 들어 마르가리타의 잔에 부딪혔다. 술로 인생이 끝날 거라 생각하며 마르가리타는 순순히 잔을 비웠다. 그러나 예상했던 나쁜 일은 아무것도 일어나지 않았다. 살아 있는 온기가 뱃속을 흐르며 뭔가가 뒤통수를 살짝 때렸다. 지독한 허기가 느껴진 것 말고는 오랫동안 푹 자고 일어난 것처럼 힘이 났다. 어제 아침부터 아무것도 먹지 않았다는 사실을 떠올리자 허기는 더욱 거세졌다. 그녀는 게걸스럽게 캐비아를 집어먹기 시작했다.

베헤모트는 파인애플을 잘라 소금과 후추를 뿌려 단숨에 먹어치운 뒤 멋지게 두 번째 잔을 들이켜, 모두에게 박수를 받았다.

마르가리타가 두 번째 잔을 마시자 가지 달린 촛대의 촛불들이 더욱 강하게 타 올랐고, 벽난로의 불꽃도 더 커졌다. 마르가리타는 취기를 전혀 느끼지 못했다. 하얀 이로 고기를 씹으면서 정신없이 육즙을 음미했고, 베헤모트가 굴에 겨자를 바르는 모습을 지켜보았다.

"위에 포도도 좀 얹어." 헬라가 고양이의 옆구리를 찌르며 작게 말했다.

"이 몸을 가르치려 들지 않았으면 좋겠는데." 베헤모트가 대답했다. "내가 지금까지 식탁에 한두 번 앉았는 줄 아나? 걱정 마시라고!"

"아, 벽난로 옆에서 편안하게 저녁을 먹으니 얼마나 좋습니까," 코로비예프가 쉿소리를 냈다. "그것도 이렇게 가까운 사람들까지……."

"아니야, 파고트." 고양이가 반박했다. "무도회도 매력적이고 성대했어."

"매력이고 성대함이고 없어. 멍청한 곰들에, 바에서 호랑이 놈들까지 울어대는 통에 난 편두통 생길 뻔했다." 볼란드가 말했다.

"알겠습니다, 메시르." 고양이가 말했다. "메시르께서 성대함이 없었다고 생각하신다면, 저도 지체 없이 그 의견을 따르도록 하겠습니다."

"이놈이 어디서 뻔뻔하게!" 볼란드가 말했다.

"농담이었습니다." 고양이가 풀이 죽어 말했다. "그 호랑이는 제가 곧 불에 올리라고 하겠습니다."

"호랑이는 못 먹어." 헬라가 말했다.

"여러분 모두 그렇게 생각하십니까? 그럼 제 이야기를 한번 들려드릴까요." 고양이는 이렇게 응수하고 만족스러운 듯 눈을 가늘게 뜨더니, 자신이 황야에서 19일 동안을 돌아다니다가 먹을 것이 없어 호랑이를 잡아먹었다는 이야기를 했다. 모두가 그 흥미진진한 이야기를 재미있게 들었지만 베헤모트는 이야기가 끝나자마자 소리를 질렀다.

"거짓말!"

"그 거짓말에서 가장 흥미로운 점은," 볼란드가 말했다. "처음부터 끝까지 하나도 빠짐없이 새빨간 거짓말이라는 거지."

"아아, 네? 거짓말이라고요?" 고양이가 소리쳤다. 모두 그가 항의하리라 생각했지만 그저 조용히 한마디 했을 뿐이었다. "역사가 심판해 줄 겁니다."

"그런데" 보드카를 마시고 기운이 나기 시작한 마르고가 아자젤로에게 물었다. "당신이 정말 그 전(前) 남작을 쏘신 건가요?"

"물론이지요." 아자젤로가 대답했다. "어떻게 그런 자를 쏘지 않을 수 있겠습니까? 총살당해 마땅한 작자였습니다."

"정말 깜짝 놀랐어요!" 마르가리타가 목소리를 높였다. "너무 갑작스럽게 일어난 일이라서."

"갑작스러울 것도 없습니다." 아자젤로가 반박했다. 그러자 코로비예프가 짐승처럼 울부짖으며 투덜거렸다.

"어떻게 놀라지 않을 수가 있어? 난 무릎이 다 후들거렸다고! 빵! 그 한 방에! 남작은 퍽! 이었는데!"

"이 몸은 하마터면 히스테리를 일으킬 뻔했었지." 고양이가 캐비아를 뜬 숟가락을 핥으며 거들었다.

"그런데 이해가 되지 않는 게 있어요." 마르가리타가 말했다. 크리스털 잔이 발하는 황금빛 불꽃이 그녀의 눈속에서 일렁이고 있었다. "음악 소리나 무도회의 다른 소리들이 밖에 들리지 않았을까요?"

"물론, 전혀 들리지 않습니다, 여왕님." 코로비예프가 설명했다. "들리지 않도록 해야 합니다. 주의에 주의를 거듭해야 하죠."

"그렇군요, 음…… 하지만 계단에 있던 그 남자…… 아자젤로하고 제가 지나갈 때 있었던…… 그리고 현관에도 또 사람이 있었는데…… 그 사람 아파트를 감시하고 있는 것 같던데……."

"맞아요, 맞아!" 코로비예프가 소리쳤다. "맞습니다, 친애하는 마르가리타 니콜라예브나! 저도 수상하다고 생각했었는데 당신이 제게 확신을 주시는군요! 그렇습니다, 그는 아파트를 감시하고 있었습니다! 저는 그저 얼빠진 대학강사나, 사랑에 빠져 괴로워하고 있는 남자일 거라 생각했습니다. 그런데 그게 아니었어요! 뭔가 계속 마음에 걸리더란 말입니다! 아, 그자는 아파트를 감시하고 있던 거였어요! 현관에 있던 사람도 마찬가지입니다! 정문에 있던 자도!"

"당신들을 체포하러 오는 거 아닌가요?" 마르가리타가 물었다.

"분명히 올 겁니다, 매혹적인 여왕님. 틀림없어요!" 코로비예프가 대답했다. "분명히 올 거라고 제 심장이 느끼고 있습니다. 지금 당장은 아니라 해도 때가 되면 반드시 옵니다. 하지만 그들이 온다 해도 재미있는 일은 아무것도 없을 겁니다."

"아, 그 남작이 쓰러졌을 때는 얼마나 놀랐던지." 마르가리타는 처음으로 목격한 살인을 아직까지 떨쳐내지 못한 듯했다. "당신은 총을 잘 쏘시는 것 같던데, 그렇죠?"

"웬만큼은 쏘지요." 아자젤로가 대답했다.

"몇 발자국 떨어진 곳이면……?" 마르가리타는 분명하게 묻지 못하고 끝을 얼버무렸다.

"그야 목표물에 따라 다르지만." 아자젤로가 조리있게 대답했다. "비평가 라툰스키 집 창문을 망치로 깨는 일과 그의 심장을 쏜 일이 다르듯이 말입니다."

"심장!" 어째서인지 마르가리타는 심장 부근을 움켜쥐며 외쳤다. "심장을!" 그녀는 거의 들릴 듯 말 듯 억눌린 목소리로 같은 말을 반복했다.

"비평가 라툰스키라니?" 볼란드가 눈을 가늘게 뜨고 마르가리타를 바라보며 물었다.

아자젤로와 코로비예프, 베헤모트는 뭔가 쑥스러운 듯 눈을 내리깔았고, 마르가리타는 얼굴이 빨개져서 대답했다.

"그런 비평가가 있어요. 제가 어젯밤에 그 사람 아파트를 다 뒤집어 놨거든요."

"호오! 그런데 왜죠?"

"메시르, 그가," 마르가리타가 설명했다. "한 거장을 파멸시켰어요."

"그렇다고 당신이 직접 그런 수고를 할 필요는 없었던 것 아니오?" 볼란드가 물었다.

"메시르, 이 몸을 시켜 주십시오!" 고양이가 벌떡 일어나서 기쁜 듯 소리쳤다.

"넌 앉아 있어." 아자젤로가 일어서며 낮은 목소리로 말했다. "내가 지금 당장 갔다올 테니……."

"아니에요!" 마르가리타가 고함을 질렀다. "아니에요, 제발, 메시르. 이러실 필요 없어요!"

"원하시는 대로." 볼란드가 대답했고, 아자젤로는 자리에 앉았다.

"그런데 우리가 어디까지 얘기했지요, 귀하신 여왕님?" 코로비예프가 말했다. "아, 맞아, 심장. 이 녀석은 심장을 정확히 맞출 수 있답니다." 코로비예프가 긴 손가락으로 아자젤로를 가리켰다. "심실이든, 심방이든 자유자재지요."

마르가리타는 무슨 말인지 알아듣지 못하다가 이내 그 의미를 깨닫고는 깜짝 놀라 소리쳤다.

"하지만 그런 건 눈에 안 보이잖아요!"

"여왕님," 코로비예프가 갈라진 목소리로 말했다. "보이지 않는다는 게 중요한 겁니다! 핵심이지요! 보이는 건 누구나 맞출 수 있으니까요!"

코로비예프가 탁자 서랍에서 스페이드 7 카드를 꺼내 마르가리타에게 손톱으로 네 귀퉁이 스페이드 무늬 중 하나에 손톱으로 표시를 해달라고 했다. 마르가리타는 오른쪽 위 스페이드에 표시를 했다. 헬라가 카드를 베개 밑에 감추고 소리쳤다.

"준비 완료!"

베개를 등지고 앉아 있던 아자젤로가 연미복 바지 주머니에서 검은색 자동 권총을 꺼내 총구를 어깨에 걸쳤다. 그는 침대를 돌아보지 않은 채 총을 쏘아 마르가리타를 기분 좋게 놀라게 했다. 총알이 뚫고 간 베개 밑에서 카드를 꺼내자 마르가리타가 표시를 해둔 스페이드에 구멍이 뚫려 있었다.

"당신이 손에 총을 쥐고 있을 땐 만나지 않는 게 좋겠군요." 마르가리타는 교태 섞인 눈으로 아자젤로를 바라보며 말했다. 그녀는 어떤 일에서든 일류의 인간에게 강한 매력을 느꼈다.

"고귀하신 여왕님," 코로비예프가 빽빽댔다. "이 녀석이 총을 갖고 있지 않아도, 이 녀석과 만나는 것은 누구한테도 권하고 싶지 않습니다! 전직 성가대 지휘자이자 합창대 단장으로서 명예를 걸고 말씀드리겠습니다. 이 녀석과 만난 사람에게는 명복을 빌어줄 겁니다."

사격 실험을 하는 내내 인상을 찌푸리고 앉아 있던 고양이가 갑자기 선언했다.

"스페이드 7의 기록을 깨주겠어."

아자젤로는 낮게 신음하며 무언가 중얼거렸다. 하지만 고양이는 단호했고, 하나도 아닌 권총 두 자루를 달라고 했다. 아자젤로는 깔보듯 입을 비죽이며 뒷주머니에서 권총 한 자루를 더 꺼내 자신이 썼던 것과 함께 큰소리치는 고양이에게 건네주었다. 스페이드 두 개에 표시를 했다. 고양이는 베개에서 돌아앉아 한참을 준비했다. 마르가리타는 손가락으로 귀를 막고 앉아, 벽난로 위 선반에서 졸고 있는 부엉이를 바라보았다. 고양이는 권총 두 자루를 모두 발사했다. 헬라는 비명을 질렀고, 죽어버린 부엉이가 벽난로에서 떨어졌으며, 시계는 박살이 나고 말았다. 한 손이 피투성이가 된 헬라가 울부짖으며 고양이의 털을 잡아챘고, 고양이는 이에 맞서 그녀의 머리카락을 움켜쥐었다. 둘은 한 덩어리로 엉킨 채 바닥을 굴렀다. 술잔 하나가 탁자에서 떨어져 깨졌다.

"이 미친 마귀할멈 좀 떼어줘요!" 고양이가 자신을 타고 올라앉은 헬라를 떼어내려고 발버둥치며 으르렁거렸다. 코로비예프가 싸우고 있던 두 사람을 떼어놓고, 총에 맞은 헬라의 손가락을 혹 불자 상처는 흔적도 없이 사라졌다.

"이렇게 방해를 하면, 총을 제대로 쏠 수가 없다고!" 베헤모트가 소리치더니 등에서 뽑혀나간 털뭉치를 도로 붙이려 했다.

"내기해도 좋소." 마르가리타에게 미소 지으며 볼란드가 말했다. "일부러 소란을 피운 게 틀림없소. 총 솜씨만큼은 확실한 녀석이니까."

헬라와 고양이는 화해했고, 그 표시로 입을 맞춘 뒤, 베개 밑에서 카드를 꺼내 살펴보았다. 카드는 아자젤로가 뚫어 놓은 구멍 외에 흠집 하나 없이 깨끗했다.

"그럴 리가 없어." 카드를 촛불 아래 비춰 보며 고양이가 우겨댔다.

즐거운 저녁 식사가 계속되었다. 촛대에서는 초가 녹아내렸고, 벽난로의 건조하고 향기로운 온기가 파도처럼 방 안에 퍼져갔다. 식사를 마친 마르가리타는 더없이 행복한 기분에 사로잡혔다. 아자젤로가 피우는 시가의 청회색 연기 고리들이 벽난로 안으로 흘러 들어가고, 고양이는 칼끝으로 그 고리들을 붙잡고 있었다. 시간이 꽤 지난 것 같았지만 그녀는 아무 데도 가고 싶지 않았다. 여러 상황으로 미루어 볼 때, 아침 여섯 시는 되었을 것 같았다. 잠시 말이 끊긴 사이, 마르가리타가 볼란드에게 조심스레 말을 꺼냈다.

"죄송하지만 이제 그만 가봐야겠어요…… 시간도 너무 늦었고……"

"뭐 그렇게 서둘러 가실 것까지야." 볼란드가 정중하지만 냉정하게 이야기했다. 다른 사람들은 말 없이 담배 연기 고리에 정신이 팔려 있는 듯이 행동했다.

"아뇨, 이제 그만 가봐야지요." 그런 반응에 적잖이 당황한 마르가리타가 다시 한 번 말하고는 망토나 다른 걸칠 것을 찾기라도 하듯 주위를 둘러보았다. 나체라는 사실이 갑자기 창피해졌다. 그녀가 자리에서 일어서자, 볼란드는 말없이 침대에 걸려 있던 자신의 낡고 더러운 가운을 집어 들었고, 코로비예프가 그것을 마르가리타의 어깨에 덮어주었다.

"감사합니다, 메시르." 마르가리타가 들릴 듯 말 듯한 목소리로 말하고 뭔가 묻는 듯한 눈빛으로 볼란드를 쳐다보았다. 볼란드는 대답 대신 정중하고 냉정한 미소를 지어 보였다. 그 순간 마음속에 지독한 우수(憂愁)가 피어오르며 속았다는 생각이 들었다. 무도회에서 그토록 고생한 그녀에게 보상을 해주거나 붙잡으려는 사람이 없을 것 같았기 때문이다. 여기서 나가면 그녀는 갈 곳이 아무 데도 없었다. 저택으로 돌아가야 한다는 데에 생각이 미치자, 절망으로 마음이 무너지는 것 같았다. 알렉산드롭스키 공원에서 아자젤로가 유혹하듯 말했던 것처럼 직접 물어봐야 하는 걸까? '안 돼! 절대로 안 돼!' 그녀는 스스로를 설득했다.

"안녕히 계세요, 메시르." 그녀는 큰 소리로 말하며 생각했다. '여기서 나가면 바로 강으로 가는 거야. 강에 뛰어들어 죽어버릴 거야.'

"잠깐 앉으시오." 갑자기 볼란드가 명령하듯 말했다.

마르가리타는 안색이 변하며 자리에 앉았다.

"그래, 작별 인사로 뭐가 하실 말씀은 없소?"

"아니요. 아무것도 없습니다, 메시르." 마르가리타는 의연하게 대답했다. "다만 제가 다시 필요하게 된다면, 무슨 일이든 기꺼이 도와드리겠다는 것뿐이에요. 저는 전혀 힘들지 않았고, 무도회도 무척 즐거웠습니다. 무도회가 계속되었다해도 교수형을 당한 수천 명의 흉악범과 살인자들이 입을 맞출 수 있도록 전 기꺼이 제 무릎을 내놓았을 거예요." 마르가리타는 투명한 막 사이로 볼란드를 바라보았다. 그녀의 눈은 눈물로 가득차 있었다.

"바로 그거야! 당신은 아주 훌륭한 사람이오!" 볼란드가 낮게 울리는 목소리로 무시무시하게 소리쳤다. "그렇게 해야 하오!"

"그렇게 해야 합니다!" 볼란드의 수행원들이 메아리처럼 볼란드의 말을 반복했다.

"당신을 시험한 겁니다." 볼란드가 말했다. "절대로, 그 무엇도 부탁하지 마시오! 절대로, 그 어떤 것도. 특히 당신보다 힘이 있는 사람들에게는 더욱. 그들이 먼저 제안하고 모든 것을 줄 것이오. 앉으시오, 긍지 높은 여인." 볼란드는 마르가리타의 어깨에서 무거운 가운을 벗겨냈고, 그녀는 다시 그와 나란히 침대에 걸터앉았다. "자, 그럼, 마르고," 볼란드가 부드러운 목소리로 말을 이었다. "오늘 내 여주인이 되어준 대가로 무엇을 원하십니까? 알몸으로 무도회를 이끌어준 대가로 무엇을 원하시오? 당신의 무릎 얼마의 가치가 있소? 교수형을 당한 흉악범이라 불렀던 나의 손님들에게 당신은 얼마만큼의 손실을 입었소? 말해보시오! 내가 제안한 것이니 이제 사양 않고 말하셔도 됩니다."

마르가리타의 심장이 두근대기 시작했다. 그녀는 힘겹게 숨을 내쉰 뒤 뭔가를 생각하기 시작했다.

"자, 왜 그러십니까, 과감하게 말해보시오!" 볼란드가 용기를 북돋워주었다. "상상력을 깨우고 박차를 가해보시오! 그 구제불능, 남작의 살해 현장에 있었다는 것만으로도 상을 받을 가치가 있소, 게다가 그게 여성일 때는 더욱. 그래, 뭘 원하시오?"

마르가리타는 숨이 멎는 듯했다. 가슴속에 간직해두었던 말을 하려는 순간, 그녀는 창백해진 얼굴로 입을 벌리고 눈을 크게 떴다. '프리다! 프리다! 프리다!' 귓가에 끈질기게 달라붙는 누군가의 애절한 목소리가 소리치고 있었다. '제 이름은 프리다예요!' 마르가리타는 더듬거리며 말하기 시작했다.

"저…… 그러면 한 가지만 부탁드려도 될까요?"

"부탁하세요. 부탁하십시오, 나의 돈나." 볼란드는 다 이해한다는 듯 미소를 지으며 대답했다. "한 가지를 부탁해보세요."

아, 볼란드는 너무나도 교묘하고, 또 너무나도 분명하게 마르가리타의 말을 반복하며 강조했다. '한 가지'라고!

마르가리타는 다시 한 번 크게 숨을 쉬고 말했다.

"프리다의 머리맡에 더 이상 아이의 목을 졸랐던 손수건을 갖다놓지 않기를 바랍니다."

고양이는 천장을 올려다보며 요란하게 한숨을 쉬었지만 무도회에서 귀를 꼬집혔던 것을 기억하는 것인지 아무 말도 하지 않았다.

"당신이," 볼란드는 이해할 수 없다는 듯 미소를 지으며 말했다. "그 멍청한 프리다에게서 뇌물을 받았을 리는 없고, 그건 여왕의 품위에 맞지 않는 일이니까. 어떻게 해야 할지 모르겠군요. 남은 방법은 한 가지입니다. 헝겊 조각을 가져와서 내 침실에 난 틈을 모두 막아버려!"

"무슨 말씀이신가요, 메시르?" 도무지 이해할 수 없는 볼란드의 말에 마르가리타는 곤혹스러웠다.

"저도 전적으로 동의합니다. 메시르," 고양이가 끼어들었다. "헝겊 조각으로 다 막아버려야죠!" 그리고 흥분한 듯 앞발로 탁자를 두들겼다.

"연민에 대해 말하고 있는 것이오." 볼란드는 마르가리타에게서 타는 듯한 시선을 떼지 않은 채 설명했다. "그것은 때로 갑작스럽게 아주 좁은 틈을 뚫고, 간교하게 기어 들어오지. 그래서 헝겊 조각 얘기를 한 겁니다."

"제 말이 바로 그 말입니다!" 고양이가 소리를 질렀다. 그리고 만약에 대비해서 분홍색 크림을 바른 앞발로 뾰족한 귀를 가린 채 마르가리타에게서 물러섰다.

"저리 꺼져." 볼란드가 그에게 말했다.

"아직 커피도 안 마셨는데요," 고양이가 대답했다. "어떻게 저더러 나가라고 하실 수가 있습니까? 메시르, 축제의 밤인데 식탁에 앉은 손님을 둘로 나누시려는 겁니까? 하나는 일등급, 또 하나는 그 우울하고 불쌍하게 생긴 뷔페직원 말처럼 신선도 이등급으로?"

"입 다물어." 볼란드가 그에게 명령하고는 마르가리타를 향해 물었다. "아무래도 당신은 아주 선량한 분인 것 같습니다. 그렇죠? 매우 고결한 마음을 지닌?"

"아니요," 마르가리타가 힘주어 대답했다. "당신과 이야기를 나누려면 솔직해야 한다는 것을 저는 알고 있어요. 그러니 솔직하게 말씀드리겠습니다. 저는 생각이 짧은 사람입니다. 프리다를 위해 부탁드린 것은, 제가 경솔하게도 그녀에게 희망을 안겨 주었기 때문입니다. 그녀는 기다리고 있습니다, 메시르. 그녀는 제 힘을 믿고 있어요. 만일 그녀가 배신당한다면, 저는 끔찍한 기억을 갖게 될 거예요. 평생 마음의 평화를 찾지 못할 것입니다. 어쩔 수 없어요! 이미 그렇게 되어 버렸으니까."

"아아," 볼란드가 말했다. "그렇군요."

"그럼 그렇게 해주시는 건가요?" 마르가리타가 작은 소리로 물었다.

"그건 안 되오." 볼란드가 대답했다. "아무래도 뭔가 오해가 있으신 것 같군요, 여왕님. 어떤 기관이든 자신이 관할하고 있는 일이 있습니다. 우리의 능력이 월등하다는 건 언급할 필요도 없죠. 몇몇 인간들의 상상은 훨씬 뛰어넘은 능력이지만……."

"물론, 상상을 초월하지요." 고양이가 참지 못하고 기어이 한 마디 했다. 그는 그 능력을 아주 자랑스럽게 여기고 있는 듯했다.

"입 다물어! 악마나 데려갈 놈!" 볼란드가 소리치더니 마르가리타에게 말했다. "하지만 조금 전 말했다시피, 다른 기관에서 할 일을 내가 대신 하는 게 무슨 의미가 있겠습니까? 나는 아무것도 하지 않을 것이오. 당신이 직접 하십시오."

"제가 할 수 있을까요?"

아자젤로가 빈정거리듯 보이지 않는 한쪽 눈으로 마르가리타를 곁눈질하고는 눈에 띄지 않게 붉은 머리를 가로저으며 콧방귀를 뀌었다.

"해 보십시오. 이것 참 손이 많이 가는 여왕님이로군요." 볼란드는 중얼거리고 지구본을 돌려 한 지점을 가만히 들여다보기 시작했다. 그는 마르가리

타와 이야기를 나누면서 다른 일을 하고 있었음이 분명했다

"자, 프리다……." 코로비예프가 작은 소리로 일러 주었다.

"프리다!" 마르가리타가 날카롭게 소리쳤다.

그 순간 문이 활짝 열리고, 헝클어진 머리의 벌거벗은 여자가 뛰어들어와 마르가리타를 향해 팔을 뻗었다. 취기는 전혀 보이지 않았고, 그녀는 흥분으로 눈을 크게 뜨고 있었다. 마르가리타가 엄숙하게 말했다.

"당신은 용서받았습니다. 더 이상 손수건을 갖다놓는 사람은 없을 거예요."

프리다는 통곡하기 시작했다. 그녀는 머리를 숙인 채 바닥에 쓰러져 마르가리타 앞에 십자로 누웠다. 볼란드가 손을 흔들자, 프리다는 눈앞에서 사라졌다.

"감사합니다. 그럼 전 이만 가보겠습니다." 마르가리타는 인사를 하고 자리에서 일어섰다.

"어떻게 할까, 베헤모트." 볼란드가 입을 열었다. "오늘은 축제의 밤이기도 하니 세상 물정에 어두운 사람이 하는 일은 무시하기로 할까." 그는 마르가리타를 돌아보았다. "그러니 이건 계산에 넣지 않겠습니다. 나는 아무것도 한 일이 없기도 하고. 당신 자신을 위해서는 무엇을 원하시오?"

잠시 침묵이 찾아왔다. 그 침묵을 깬 것은 코로비예프였다. 그는 마르가리타의 귀에 작은 소리로 속삭였다.

"다이아몬드 같으신 돈나, 이번에는 좀더 분별있게 행동하시기를 충고드립니다! 그렇지 않으면 행운이 달아나 버릴지도 모르니까요."

"제 소원은 지금 당장 저의 연인, 거장이 제게 돌아오는 것입니다." 마르가리타가 말했다. 그녀의 얼굴은 경련으로 일그러졌다.

그때 방 안으로 바람이 불어와 촛대의 불꽃이 흔들리며 드러누웠고, 두꺼운 커튼이 휘날리며 창문이 열렸다. 멀리 하늘 높이 아침이 아닌 한밤의 보름달이 모습을 드러냈다. 창틀에서 바닥까지 밤의 빛이 녹색 스카프처럼 깔리면서, 그 위로 지난 밤 자신을 거장이라 부르던 이바누시카의 손님이 나타났다. 그는 병원에서처럼, 가운에 슬리퍼를 신고 잠시도 벗으려 하지 않았던 검은 모자를 쓰고 있었다. 면도를 하지 않은 얼굴은 어색하게 씰룩거렸고, 광기와 두려움에 찬 눈으로 촛대의 불꽃을 곁눈질로 쳐다보았다. 그의 주위

로 달빛이 쏟아져 내리고 있었다.

마르가리타는 이내 그를 알아보고 신음하더니, 두 손을 꼭 쥐고 그에게 달려갔다. 그녀는 그의 이마와 입술에 입을 맞추고, 수염이 자라 거칠어진 뺨에 얼굴을 비볐다. 오랫동안 참아왔던 눈물이 하염없이 흐르고 있었다. 그녀는 오직 한마디만을 아무 의미 없이 반복할 뿐이었다.

"당신…… 당신…… 당신……."

거장이 그녀를 밀어내며 나지막하게 말했다.

"울지 말아요, 마르고. 나를 고통스럽게 하지 말아줘요. 나는 심하게 병들어 있소." 창밖으로 뛰어내려 도망치려는 듯 그는 한쪽 팔로 창턱을 붙잡은 채, 앉아 있는 사람들을 가만히 살펴보면서 이를 드러내고 소리쳤다. 그리고 소리쳤다. "무섭소! 마르고, 또 환각이 시작됐어……"

쉼없이 터져 나오는 눈물이 마르가리타를 숨 막히게 했다. 그녀는 힘겹게 목에 걸린 말 한마디 한마디를 작은 소리로 내뱉었다.

"아니에요, 아니에요, 아니에요…… 아무것도 무서워하지 말아요…… 내가 함께 있잖아요…… 내가 당신과……."

코로비예프가 재빨리 거장한테 의자를 살짝 밀어주자 거장은 그 위에 주저앉았고 마르가리타는 무릎을 꿇고 환자 옆에 달라붙어 아무 말도 하지 않고 있었다. 흥분한 그녀는 자신이 더 이상 알몸이 아니며 어느새 검은 실크 망토를 걸치고 있다는 것도 눈치 채지 못했다. 환자는 고개를 숙이고 음울한 눈빛으로 바닥을 내려다보았다.

"나 참," 긴 침묵 뒤에 볼란드가 입을 열었다. "아주 엉망이 되어 버렸군, 그래." 그는 코로비예프에게 명령했다. "이 사람에게 마실 것 좀 갖다 줘."

마르가리타가 떨리는 목소리로 거장을 설득했다.

"마셔요, 마셔봐요! 무서워요? 아니에요, 괜찮아요. 날 믿어요. 마시면 좋아질 거예요!"

환자는 잔을 받아 마셨다. 그러나 그는 손이 떨려 잔을 놓쳤고 빈 잔이 그의 발밑에서 깨졌다.

"다행입니다! 정말 다행이에요!" 코로비예프가 마르가리타에게 속삭였다. "보세요, 벌써 제정신으로 돌아오고 있습니다."

정말로 환자의 시선은 이제 그렇게 광폭하거나 불안해 보이지 않았다.

"마르고, 정말 당신이오?" 달밤의 손님이 물었다.

"의심하지 말아요, 저예요." 마르가리타가 대답했다.

"한 잔 더!" 볼란드가 지시했다.

두 번째 잔을 비운 거장의 눈은 생기가 돌고, 명료해지기 시작했다.

"이 정도면 괜찮겠군." 볼란드가 눈을 가늘게 뜨며 말했다. "이제 이야기를 좀 해봅시다. 당신은 누구시죠?"

"이제 나는 아무도 아닙니다." 거장이 대답했다. 엷은 미소가 그의 입술을 일그러뜨렸다.

"지금 어디서 오신 겁니까?"

"슬픔의 집에서. 난 정신병자입니다." 손님이 대답했다.

마르가리타는 그 말에 견디지 못하고 다시 울음을 터뜨렸다. 잠시 뒤 그녀가 눈물을 훔치며 소리쳤다.

"무서운 말이에요! 너무 무서운 말이에요! 메시르, 제가 말씀드리겠어요. 이 사람은 거장이에요! 이 사람을 고쳐주세요. 이 사람은 그럴 가치가 있는 사람이에요!"

"당신이 지금 누구와 말하고 있는 건지," 볼란드가 방문객에게 물었다. "어디에 와 있는 건지 알고 계십니까?"

"알고 있습니다." 거장이 대답했다. "정신병원에서 옆방에 있던 젊은 친구, 이반 베즈돔니가 당신 얘기를 해주었습니다."

"그랬군요, 그랬어." 볼란드가 대꾸했다. "파트리아르흐 연못에서 내가 존재하지 않는다는 것을 증명하려 했던 젊은이였죠, 내게 말입니다. 머리가 어떻게 되어버릴 뻔했답니다! 당신은 진심으로 내가 존재한다고 믿으십니까?"

"믿을 수밖에 없지 않겠습니까." 방문객이 말했다. "물론 당신은 날 환각의 산물이라 생각하는 게 훨씬 마음이 편하겠지만요. 아, 이거 실례." 자신의 결례를 깨달은 듯 거장이 덧붙였다.

"뭐 상관 없겠죠. 그게 더 편하다면, 그렇게 생각하셔도 좋습니다." 볼란드가 정중하게 대답했다.

"안 돼요, 안 돼!" 마르가리타가 놀란 표정으로 거장의 어깨를 잡고 흔들며 말했다. "정신 차려 봐요! 당신 앞에 서 있는 건 진짜 그 사람이란 말이에요!"

고양이가 다시 끼어들었다.

"확실히 이 몸이 좀 환각 같긴 하지. 달빛에 비친 제 옆모습 좀 보세요." 고양이는 달빛이 비치는 창가에 서서 뭔가 더 말하려 했지만, 주위 사람들은 관심도 없이 조용히 하라고 했다. "알겠습니다, 알겠다고요. 조용히 해드리죠. 이 몸은 이제 침묵하는 환각입니다."

"그런데 마르가리타는 왜 당신을 거장이라고 부르는 겁니까?" 볼란드가 물었다.

그가 엷은 미소를 지으며 말했다.

"그 정도 허물은 용서해 주실 수 있을 겁니다. 그녀는 제가 쓴 소설을 너무 높게 평가하고 있거든요."

"어떤 소설입니까?"

"본디오 빌라도에 대한 소설입니다."

그 순간 천둥 같은 볼란드의 웃음소리에 촛불들이 흔들리며 뛰놀고, 탁자 위의 그릇들이 덜그럭거리기 시작했다. 하지만 놀라거나 겁을 집어먹은 사람은 없었다. 베헤모트는 어째선지 박수를 치기까지 했다.

"뭐라고요, 뭐라고 하셨습니까? 누구에 대한 소설이라고요?" 볼란드는 웃음을 멈추고 말했다. "지금 같은 세상에? 이거 정말 놀랍군요! 쓸 만한 다른 주제가 없었나보죠? 어디 한번 줘보시오! 읽어보고 싶군요!" 볼란드가 손바닥을 위로 가게 하더니 손을 내밀었다.

"유감스럽게도, 그건 안됩니다." 거장이 대답했다. "난로에 태워버렸거든요."

"실례지만, 그 말은 못 믿겠소." 볼란드가 대답했다. "그런 일은 있을 수 없습니다. 원고는 불타지 않소." 그는 베헤모트를 돌아보며 말했다. "베헤모트, 소설을 가져와봐."

말이 떨어지기가 무섭게 고양이가 의자에서 펄쩍 뛰어 내렸다. 그제야 모두들 그가 두툼한 원고 더미 위에 앉아 있었음을 알게 되었다. 고양이는 고개를 숙이며 제일 위에 있던 원고를 볼란드에게 내밀었다. 마르가리타는 다시 울음을 터뜨릴 듯 흥분하며 몸을 떨었다.

"원고예요! 원고가 여기 있었어요!"

그녀는 볼란드에게 달려가 환희에 찬 목소리로 덧붙였다.

"전능하신 분! 당신은 전능하신 분이에요!"

볼란드는 원고를 받아 한 장 한 장 넘겨보더니 한쪽으로 치워놓고, 말없이, 웃음기 없는 얼굴로 거장을 바라보았다. 하지만 거장은 어째서인지 우울하고 불안한 얼굴로 의자에서 일어나 두 손을 잡고 비틀더니, 멀리 달을 쳐다보고 떨면서 중얼거리기 시작했다.

"달밤에도 내게 평화란 없다…… 왜 내 마음을 이렇게 어지럽히는 겁니까? 오, 신들이여, 신들이여……."

마르가리타는 환자의 가운을 움켜쥐고 그에게 바싹 다가갔다. 슬픔에 빠진 그녀는 눈물을 흘리며 중얼거리기 시작했다.

"오, 하느님. 왜 약이 듣지 않는 걸까요?"

"괜찮습니다, 괜찮을 거예요, 괜찮습니다." 코로비예프가 거장 옆에서 비위를 맞추며 속삭였다. "괜찮습니다, 괜찮아요…… 한 잔만 더 하시지요. 저도 함께 마실 테니까……."

뭔가 암시하기라도 하듯 잔이 달빛에 반짝였다. 그리고 그 한 잔은 효과가 있었다. 다시 제자리에 앉은 환자의 얼굴은 평온한 기색을 띠었다.

"음, 이제 모든 것이 분명해졌소." 볼란드는 긴 손가락으로 원고를 두드렸다.

"아주 분명하지요." 침묵이 환각이 되겠다던 약속을 잊고 고양이가 말했다. "이 몸은 이제 이 작품의 기본 내용을 웬만큼 알 것 같습니다. 아자젤로, 지금 뭐라고 했지?" 고양이가 잠자코 있는 아자젤로를 돌아보며 말했다.

"너 같은 놈은," 아자젤로가 거친 목소리로 말했다. "물에 빠져 죽어버려야 한다고 했다."

"마음 좀 곱게 먹어라, 아자젤로." 고양이가 그에게 대답했다. "주인님께 그런 이상한 생각을 불어넣지도 말고 그런 짓 하기만 해봐. 나도 저 불쌍한 거장처럼 달빛옷을 입고 밤마다 네 앞에 나타나서, 고개를 끄덕이며 따라오라고 할 테니까. 그러면 어떻게 할래, 응, 아자젤로?"

"자, 마르가리타," 다시 볼란드가 대화에 끼어들었다. "뭐든 말해보시오. 뭘 원하십니까?"

마르가리타의 눈이 불꽃처럼 타올랐다. 그녀는 애원하듯 볼란드에게 말했다.

"그와 잠시 이야기를 나눌 수 있게 해주세요." 볼란드가 고개를 끄덕이자 마르가리타는 거장의 귀에 뭔가를 속삭였다. 그가 그녀에게 답하는 목소리가 들렸다.

"안 돼, 너무 늦었소. 이제 나는 아무것도 원하는 게 없소. 당신을 보는 것 외에는. 다시 한 번 부탁하겠소, 나를 떠나요, 아니면 나와 같이 파멸하게 될 거요."

"싫어요, 절대 떠나지 않을 거예요." 마르가리타가 대답하고는 볼란드에게 말했다. "제발 우리를 아르바트 골목 지하실로 돌려보내 주세요. 그곳에 램프를 켜주시고, 모든 것을 예전처럼 돌려놔 주세요."

거장은 웃음을 터뜨리고 한참 전부터 풀어져 있던 마르가리타의 곱슬머리를 끌어안으며 말했다.

"아, 이 불쌍한 여인이 하는 말을 듣지 마십시오, 메시르. 그 지하실에는 이미 다른 사람이 살고 있습니다. 모든 게 예전처럼 돌아간다는 건 있을 수 없는 일이니까요." 그는 뺨을 연인의 머리에 가만히 대고 그녀를 껴안은 채 중얼거렸다. "가엾게도……"

"그런 일은 있을 수 없다고 하셨습니까?" 볼란드가 말했다. "틀린 말은 아니군요. 하지만 한번 해보도록 하지요." 그리고 그가 말했다. "아자젤로!"

그 순간 당황해서 제정신이 아닌 듯한 남자가 천장에서 바닥으로 떨어졌다. 속옷 바람에 큰 여행 가방을 들고, 모자까지 쓰고 있는 남자는 겁에 질려 덜덜 떨더니 털썩 주저앉고 말았다.

"모가리치?" 아자젤로가 하늘에서 떨어진 자에게 물었다.

"알로이지 모가리치입니다." 그가 떨면서 대답했다.

"이 사람 소설에 대한 라툰스키의 평을 읽고, 이 사람이 불법 문서를 숨겨두고 있다고 고발장을 쓴 게 당신이군요?" 아자젤로가 물었다.

그 남자는 창백해진 얼굴로 참회의 눈물을 흘리기 시작했다.

"그의 방으로 이사가고 싶었던 거죠?" 아자젤로가 콧소리를 내며 가능한 친절하게 물었다.

잔뜩 성난 고양이의 쉭쉭거리는 소리가 방안에 울려 퍼졌다. "마녀의 힘을 보여주지, 맛 좀 봐라!" 마르가리타는 울부짖으며 알로이지 모가리치의 얼굴을 할퀴었다.

한바탕 소동이 일었다.

"지금 무슨 짓을 하는 겁니까?" 거장이 고통스럽게 소리쳤다. "마르고, 자신을 욕보이는 짓은 하지 마시오!"

"이의 있습니다, 이건 자신을 욕보이는 짓 따위가 아닙니다!" 고양이가 으르렁댔다.

코로비예프가 마르가리타를 뜯어말렸다.

"저는 욕실을 만들었어요……" 피투성이가 되어 이를 덜덜 부딪히고 있는 모가리치가 공포에 질려 알아들을 수 없는 얘기들을 계속 지껄여댔다. "흰 페인트 한 통에…… 황산염……"

"호오, 욕실을 만들었다니, 좋겠군 그래." 아자젤로가 칭찬하듯 말했다.

"이 사람도 목욕은 해야 하고 말이야." 그리고 소리쳤다. "꺼져라!"

그러자 모가리치는 거꾸로 뒤집혀, 그대로 창 밖으로 내동댕이쳐졌다.

거장은 눈을 휘둥그레 뜨고 중얼거렸다.

"이건 이반이 말했던 것보다 더 굉장하군요!" 거장은 흥분에 휩싸인 채 주위를 두리번거리더니, 고양이를 어떻게 불러야할지 몰라 말을 더듬으며 허둥댔다. "실례지만…… 너…… 그러니까 당신이…… 전차를 타고 갔던 그 고양이 맞습니까?"

"이 몸이 맞소." 기분이 좋아진 고양이가 한 마디 덧붙였다. "고양이를 이렇게 정중하게 대해 주시다니 아주 기분이 좋군요. 왠지 사람들은 고양이를 보통 '너'라고 부른단 말이지요. 고양이가 사람하고 술을 마신 적도 없는데 말입니다."

"왠지 당신은 별로 고양이 같지가 않아서……" 거장이 망설이며 대답하더니 볼란드에게 우물쭈물하며 한마디 덧붙였다. "어차피 병원에서 제가 없어진 걸 알고 찾기 시작할 겁니다."

"그들이 어떻게 안단 말입니까!" 코로비예프가 장담하며 그를 안심시키자 그의 손에 서류와 장부 같은 것이 나타났다. "당신의 병원 기록 맞죠?"

"그렇소."

코로비예프가 병원 기록을 난로에 집어던졌다.

"서류가 없으면 사람도 없는 법입니다." 코로비예프가 만족스럽게 말했다. "이건 당신 집주인의 주민 장부 맞습니까?"

"예, 예에……."

"누가 등록되어 있지? 알로이지 모가리치?" 코로비예프가 주민 장부의 한 페이지에 훅 숨을 불었다. "자, 이제 그놈은 없습니다. 아시겠습니까? 그놈은 등록된 적도 없었던 겁니다. 집주인이 놀라면, 알로이지가 나오는 꿈을 꾼 거라고 말해 주십시오. 모가리치? 모가리치가 대체 누굽니까? 모가리치라는 사람은 있지도 않았습니다." 그때 코로비예프의 손에서 장부가 사라졌다. "자, 주민 장부는 이제 집주인의 책상 속에 있습니다."

"당신 말이 맞습니다." 코로비예프의 엄청난 능력에 놀란 거장이 말했다. "서류가 없으면 사람도 없는 겁니다. 그래서 나라는 인간도 존재하지 않습니다. 나에겐 신분증이 없으니까요."

"죄송합니다만," 코로비예프가 목소리를 높였다. "바로 그게 환각이라는 겁니다. 자, 여기 당신 신분증이 있지 않습니까." 그는 거장에게 신분증을 내밀고, 눈을 치켜뜨며 마르가리타에게 달콤한 목소리로 속삭였다. "자, 이건 당신 거지요, 마르가리타 니콜라예브나." 그는 가장자리가 그을린 노트와 말린 장미, 사진, 특히 예금통장을 조심스레 마르가리타에게 건네주었다. "예금해둔 만 루블입니다, 마르가리타 니콜라예브나. 우린 남의 돈은 필요 없어요."

"남의 것을 건드리느니 내 손이 못 쓰게 되는 게 낫지." 고양이는 불운한 소설 원고를 여행 가방에 쑤셔 넣겠다고 그 위에서 춤 추듯 펄쩍이며 잘난 척 소리쳤다.

"자, 여기 당신 신분증입니다." 코로비예프가 마르가리타에게 신분증을 건네며 말했다. 그리고 볼란드에게 정중하게 보고했다. "다 끝났습니다, 메시르!"

"아니, 끝이 아니지." 지구본에서 몸을 돌리며 볼란드가 대답했다.

"친애하는 돈나, 당신 수행원은 어떻게 해드리면 좋겠소? 나에겐 필요 없습니다만."

그때 열린 문에서 변함없이 알몸인 나타샤가 뛰어 들어와 손을 모으고 마르가리타에게 소리쳤다.

"행복하셔야 돼요, 마르가리타 니콜라예브나!" 그녀는 고개를 숙여 거장에게 인사를 하고, 다시 마르가리타를 보며 말했다. "당신이 어디로 가시는 건지 알고 있어요."

"가정부들은 모르는 게 없다니까." 고양이가 한쪽 발을 의미심장하게 들어 올리며 말했다. "가정부들이 아무것도 모른다고 생각하면 오산이라고."

"나타샤, 넌 어떻게 하고 싶니?" 마르가리타가 물었다. "저택으로 돌아 가."

"마르가리타 니콜라예브나." 나타샤가 무릎을 꿇고 애원을 하듯 말했다. "저분들께 부탁드려 주세요." 그녀는 눈짓으로 볼란드를 가리켰다. "저를 마 녀로 남아 있게 해달라고. 저는 집으로 돌아가고 싶지 않아요! 기술자나 공 학자에게 시집가는 것도 싫어요! 어제 무도회에서 자크 씨가 저에게 청혼해 주셨어요." 나타샤는 손에 쥐고 있던 정체 모를 금화 몇 개를 보여주었다.

마르가리타는 허락을 구하는 듯한 눈빛으로 볼란드를 돌아보았다. 그가 고개를 끄덕이자 나타샤는 마르가리타의 목을 껴안더니 소리 나게 입을 맞 추고 승리의 함성을 지르며 창밖으로 날아갔다.

이어 나타샤가 있던 자리에 니콜라이 이바노비치가 나타났다. 그는 사람 의 모습을 되찾았지만, 무척 우울하고, 화가 난 것 같았다.

"이제 이자를 내보내도 된다니 정말 기쁘군." 볼란드가 역겹다는 듯 니콜 라이 이바노비치를 바라보며 말했다. "정말 대단히 기쁘오. 이자는 아무런 쓸모가 없으니까."

"저에게 증명서를 발부해주시기 바랍니다." 니콜라이 이바노비치가 사납게 주위를 돌아보면서 완강하게 말했다. "제가 지난밤 어디 있었는지에 대한 증명서를 써주십시오."

"그건 어디에 쓰려고?" 고양이가 엄격하게 물었다.

"경찰과 아내에게 제출해야 합니다." 니콜라이 이바노비치가 단호하게 거 듭 주장했다.

"우린 증명서 따위 내주지 않지만," 고양이가 눈을 치켜뜨며 대답했다. "뭐 좋아, 당신에겐 예외를 두기로 하지."

니콜라이 이바노비치가 정신을 차릴 틈도 없이 알몸의 헬라가 타자기 앞 에 앉았고, 고양이가 내용을 불러주었다.

"본 증명서는 제출자 니콜라이 이바노비치가 사탄의 무도회에 운송 수단 으로…… 여기에, 괄호 치고! 괄호 안에 '수퇘지'라고 써 넣어. 운송 수단으로 끌려가 상기 일의 밤을 보냈음을 증명함. 서명. 베헤모트."

"날짜는?" 니콜라이 이바노비치가 기어들어가는 목소리로 말했다. "우린 날짜는 쓰지 않아. 날짜를 쓰면, 효력이 없어지니까." 고양이는 종이에 휘갈겨 서명을 한 뒤, 어디선가 스탬프를 꺼내 왔다. 사람들이 으레 그렇듯 입김을 불어 '수납 확인'이라는 도장을 찍고, 그 서류를 니콜라이 이바노비치에게 건네주었다. 니콜라이 이바노비치는 흔적도 없이 사라졌고, 갑자기 예상치 못했던 새로운 사람이 그 자리에 나타났다.

"이건 또 뭐야?" 손으로 촛불의 빛을 가리면서 볼란드가 귀찮다는 듯이 물었다.

바레누하는 고개를 숙이고 한숨을 내쉬면서 조용히 말했다.

"저를 돌려보내 주십시오. 뱀파이어로는 못살겠습니다. 하마터면 그때 헬라와 함께 림스키를 죽일 뻔했단 말입니다! 저는 피에 굶주린 사람이 아닙니다. 돌려보내 주십시오."

"이건 또 무슨 헛소리야?" 볼란드가 얼굴을 찡그리며 물었다. "림스키라니? 무슨 짓을 한 거냐고?"

"신경 쓰지 마십시오, 메시르." 아자젤로가 볼란드에게 대답하더니 바레누하를 향해 말했다. "다시는 전화로 그따위 야비한 짓 하지 마라. 전화로 거짓말을 하지도 마라, 알겠나? 또 그런 짓을 했다간 어떻게 되는지 알고 있겠지?"

기쁨으로 머릿속이 몽롱해진 바레누하는 환한 얼굴로 자신이 무슨 말을 하는지도 모르는 채 중얼거리기 시작했다.

"맹세코…… 그러니까 제가 말씀드리고 싶은 것은, 각하…… 점심 식사 뒤에……바레누하는 가슴에 손을 얹고 애원하듯 아자젤로를 바라보았다.

"이제 됐다. 돌아가." 그가 대답하자 바레누하 역시 흔적도 없이 사라졌다.

"두 분과 할 얘기가 있으니, 다들 나가 있어." 거장과 마르가리타를 가리키며 볼란드가 말했다.

볼란드의 명령은 곧바로 이행되었다. 잠시 침묵을 지키던 볼란드가 거장에게 말했다.

"결국 이렇게 아르바트 지하실로 돌아가시는 겁니까? 다시 글을 쓰실 수 있겠습니까? 상상력과 영감은요?"

"저에겐 더 이상 상상력도, 영감도 없습니다." 거장이 대답했다. "나는 이제 이 사람만 있어 준다면 다른 것은 전부 어떻게 되든 상관 없습니다." 그는 다시 손을 마르가리타의 머리 위에 얹었다. "저는 이미 끝났습니다. 지쳤어요. 지하실로 가고 싶을 뿐입니다."

"하지만 소설은요? 빌라도는?"

"그 소설은 이제 보기도 싫습니다." 거장이 대답했다. "그로 인해 너무 많은 일을 겪었습니다."

"제발 부탁이에요." 마르가리타가 애원했다. "그런 말하지 말아요. 왜 나를 이렇게 괴롭히시려는 거예요? 당신도 아시잖아요, 나는 당신 소설에 인생을 바쳤어요." 마르가리타는 볼란드에게 말했다. "이 사람 말은 듣지 마세요, 메시르. 고생을 너무 많이 해서 이러는 거예요."

"하지만 그래도 뭔가 써야 하지 않겠습니까?" 볼란드가 말했다. "총독에 대해 쓸 게 없다면, 좀전의 그 알로이지에 대해서라도 써 보는 건 어떻겠습니까."

거장이 미소지었다.

"그런 건 랍슌니코바가 출판해주지도 않을 겁니다. 재미도 없을 거고."

"그럼 어떻게 생계를 이어나갈 생각이십니까? 구걸하며 살 수는 없지 않습니까."

"기꺼이, 기꺼이 그렇게 할 생각입니다." 거장은 마르가리타를 끌어당겨 그녀의 어깨를 껴안고 덧붙였다. "그렇게 되면 이 사람도 정신을 차리고 나를 떠나겠지요……."

"저는 그렇게 생각하지 않습니다." 볼란드는 잇새로 중얼거리듯 말했다. 그는 계속 말을 이었다. "그래, 본디오 빌라도 이야기를 쓰신 분이 지하실에 램프 하나 켜놓고 가난에 안주할 생각이라 이겁니까?"

마르가리타는 거장에게서 몸을 떼고 흥분해서 말하기 시작했다.

"저는 할 수 있는 일은 다 해봤어요. 가장 유혹적인 말도 속삭였죠. 그런데 그것도 거절당했어요."

"무슨 말을 속삭이셨는지 저도 알고 있습니다." 볼란드가 그녀의 말에 반박했다. "하지만 그건 가장 유혹적인 것이 아닙니다. 한 가지 말씀드리죠."

그는 미소를 띠고, 거장을 돌아보며 말했다. "당신 소설은 앞으로도 더욱 놀라운 일을 가져올 겁니다."

"그렇게 되면 이제 더는 견딜 수 없을 겁니다." 거장이 대답했다.

"아니, 아닙니다. 그런 일은 없을 겁니다." 볼란드가 말했다. "더 이상 끔찍한 일은 일어나지 않을 겁니다. 자, 마르가리타 니콜라예브나, 이제 다 끝났습니다. 뭔가 마음에 들지 않는 것이라도 있으십니까?"

"아니에요. 무슨 말씀이세요, 메시르!"

"그럼 이걸 가져가십시오. 기념으로 드리는 겁니다." 볼란드가 베개 밑에서 그리 크지 않은 황금 편자를 꺼냈다. 편자에는 다이아몬드가 촘촘히 박혀 있었다.

"아니에요, 안 돼요. 절대 안 돼요. 제가 어떻게 이런 걸!"

"나와 말다툼을 하고 싶으십니까?" 볼란드가 미소 지으며 물었다.

망토에 주머니가 없던 마르가리타는 편자를 냅킨에 싸서 묶었다. 그때 그녀는 놀라운 사실을 깨달았다. 마르가리타는 달이 빛나고 있는 창밖을 바라보며 말했다.

"이건 대체…… 말도 안 돼요…… 어떻게 된 거죠? 어떻게 계속 한밤중일 수가 있나요? 벌써 아침이 되었어야 하는 것 아닌가요?"

"축제의 밤은 조금 긴 편이 더 즐겁지 않겠습니까." 볼란드가 대답했다. "자, 행복을 빌겠습니다!"

마르가리타는 기도하듯 볼란드에게 두 손을 내밀었지만 감히 가까이 다가서진 못한 채 조용히 외쳤다.

"안녕히! 안녕히 계세요!"

"또 뵙도록 하지요." 볼란드가 말했다.

잠시 뒤 검은 망토를 입은 마르가리타와 환자복을 입은 거장은 보석상 부인의 침실에서 나왔다. 촛불이 밝혀져 있는 복도에는 볼란드의 수행원들이 기다리고 있었다. 두 사람이 복도를 다 빠져나올 때쯤 헬라가 고양이와 함께 소설 원고와 마르가리타 니콜라예브나의 물건이 들어 있는 여행 가방을 들고 나왔다. 아파트 현관 앞에서 코로비예프가 고개 숙여 인사하더니 사라졌고, 나머지는 배웅을 하러 계단까지 따라 나왔다. 계단은 텅 비어 있었다. 3층 층계참을 지날 때, 뭔가 툭 치는 소리가 났지만 아무도 신경 쓰지 않았다. 여섯 번째 출구 옆에서 아자젤로가 위를 향해 훅 숨을 불었다. 달빛이 들지 않는 뒤뜰로 나오자 현관 계단 앞에 장화를 신고 모자를 쓴 채 잠에 곯아떨어져 있는 사내와 라이트를 끈 채 출구 앞에 세워져 있는 커다랗고 검은 자동차가 보였다. 자동차 앞 유리창에 갈까마귀의 옆모습이 어렴풋이 비치고 있었다.

두 사람이 막 차에 타려는 순간, 마르가리타가 절망적인 목소리로 나직이 외쳤다.

"어쩌면 좋아, 편자를 잃어버렸어요!"

"우선 차에 타십시오." 아자젤로가 말했다. "잠시만 기다려 주십시오. 제가 가서 살펴보고 오겠습니다." 그러고는 현관으로 되돌아갔다.

사정은 이러했다. 마르가리타와 거장이 일행들과 함께 아파트를 나오기 얼마 전, 보석상 부인의 아파트 아래층에 있는 48호에서 비쩍 마른 여자가 함석통과 장바구니를 들고 계단으로 나왔다. 그 여자는 수요일에 베를리오즈를 슬픔으로 몰아넣은 회전문 앞에서 해바라기 기름을 쏟은 바로 그 안누시카였다.

그 여자가 모스크바에서 무슨 일을 하는지, 어떻게 생계를 이어가고 있는지 아는 사람은 아무도 없었다. 아마 앞으로도 없을 것이다. 알려져 있는 것이라고는 매일같이 함석통이나 장바구니, 또는 함석통과 장바구니를 같이 들고 다니는 모습을 볼 수 있다는 것뿐이었다. 석유가게나 시장, 또는 아파트 입구나 계단에서 보이기도 했지만, 가장 자주 보이는 곳은 안누시카가 살고 있는 48호 아파트 부엌이었다. 또 그녀가 지내는 곳이나 나타나는 곳마다 반드시 소동이 일어나고, 그 때문에 그녀가 '역병(疫病)'이라는 별명을 갖고 있다는 것도 빼놓을 수 없는 유명한 사실이었다.

역병─안누시카는 무엇 때문인지 아침마다 매우 일찍 일어나곤 했다. 그런데 지금은 빛이라고는 조금도 보이지 않았고 동이 트려면 한참을 기다려야 했다. 열두 시가 조금 넘었을 무렵 그녀는 잠이 깨고 말았다. 아파트 문을 조심스럽게 연 안누시카는 문틈으로 얼굴만 빠끔히 내민 채 주위를 살폈다. 문을 열고 나와 막 계단을 내려가려는 순간, 위층에서 요란한 문소리가 들리더니 누군가 계단에서 굴러 떨어져 안누시카와 부딪히고 말았다. 그녀는 벽에 뒤통수를 부딪히고 누군가는 그녀의 옆으로 튕겨졌다.

"염병할, 속옷 바람으로 악마한테 끌려가는 것처럼 뭘 그렇게 날뛰는 거야?" 안누시카는 뒤통수를 문지르며 날카롭게 소리쳤다. 속옷만 입은 채 모자를 쓰고 가방까지 들고 있는 그 사람은 눈을 감은 채 잠에 취한 듯 거친 목소리로 대 답했다.

"보일러! 황산염! 회칠하는 데만 얼마가 들었는데." 그는 눈물을 흘리며 욕을 했다. "저리 꺼져!"

그는 아래쪽이 아니라, 위로, 경제학자가 발로 깨버린 창문에서 몸을 뒤집어 마당으로 뛰어내렸다. 깜짝 놀란 안누시카는 아픈 뒤통수도 잊어버린 채, 창문으로 달려가 층계참에 배를 대고 정원을 내다보았다. 가로등이 켜져 있는 아스팔트 위에 가방을 든 사내가 만신창이가 되어 있으리라 생각했다. 하지만 마당 아스팔트에는 아무도 없었다.

잠이 덜 깬 것 같았던 그 이상한 사람은 아무 흔적도 남기지 않고, 새처럼 날아 아파트를 떠난 것이다. 안누시카는 성호를 그으며 생각했다. '역시 50호야! 사람들 말이 괜한 게 아니라니까…… ! 정말이지 엄청난 아파트야…… !'

그녀가 생각에 잠겨 있는 사이, 위에서 또 문소리가 나며 누군가 두 번째로 뛰어 내려왔다. 벽에 바싹 달라붙은 안누시카는 구레나룻을 기르고 꽤 점잖아 보이지만 어딘가 수태지를 닮은 (안누시카에게는 그렇게 보였다) 남자를 지켜보았다. 황급히 그녀 옆을 지나, 문으로 뛰어내린 그 남자는 역시 아스팔트에 곤두박질치리라는 생각은 전혀 하지 않는 것 같았다. 안누시카는 자신이 밖에 나온 이유도 잊어버린 채, 계단에서 성호를 긋고 가슴을 쓸어내리며 혼자 중얼거리고 있었다.

잠시 뒤 뛰어 내려온 세 번째 남자는 깨끗하게 면도를 한 동그란 얼굴에 셔츠를 입고 있었다. 그 역시 조금 전 사람들과 마찬가지로 창문으로 뛰어나갔다.

안누시카의 명예를 위해 한 가지 짚고 넘어가야 할 것이 있다. 호기심이 많은 그녀는 또 어떤 기적 같은 일이 일어날지 모른다는 생각에 그 자리에서 좀더 기다려보기로 했다. 아니나 다를까, 위에서 또 문이 열리더니 이번에는 한 무리가 내려오기 시작했다. 그들은 좀전의 사내들과는 달리 평범하게 걸어 내려왔다. 안누시카는 창가에서 떨어져 아래층 자기 집으로 내려가 재빨리 문을 열고 그 뒤에 숨었다. 살짝 열린 문틈으로 호기심에 잔뜩 흥분한 그녀의 한쪽 눈이 빛나기 시작했다.

환자 같기도 하고, 아닌 것 같기도 하고, 창백한 얼굴에 수염이 텁수룩한 사람이 검은 모자를 쓰고 가운 같은 것을 걸치고 비틀거리며 내려왔다. 한 여인이 조심스럽게 그의 팔을 잡고 정중하게 그를 부축하고 있었는데 어둠 탓인지 안누시카에게는 그녀가 검은 법의를 입고 있는 것처럼 보였다. 여인은 맨발 같기도 하고, 외국에서 산 투명하고 너덜너덜하게 다 해진 슬리퍼를 신고 있는 것 같기도 했다. 기가 막혀! 저 슬리퍼는 또 뭐야! 저 여자 완전 알몸이잖아! 알몸에 법의를 걸치고 있는 거라고! 진짜 엄청난 아파트라니까! 내일 옆집 사람들에게 얘기할 것을 생각하니, 안누시카는 벌써부터 흥분으로 가슴이 두근거렸다.

그 이상한 차림의 여인에 뒤이어 실오라기 하나 걸치지 않은 여자가 작은 여행가방을 들고 따라왔고, 여행가방 옆으로 커다랗고 시커먼 고양이가 쫄래쫄래 내려오고 있었다. 안누시카는 눈을 비비며, 하마터면 큰 소리로 비명을 지를 뻔했다.

행렬의 마지막에는 작은 키에 약간 다리를 저는 애꾸눈 외국인이 따라오고 있었다. 그는 양복 상의없이 하얀 연미복 조끼에 넥타이를 매고 있었다. 일행은 모두 안누시카를 지나 아래로 내려갔고, 그때 층계참에서 뭔가 툭하는 소리가 났다.

안누시카는 발소리가 작아지는 것을 확인한 뒤 뱀처럼 문 뒤에서 빠져 나와 함석통을 벽 가장자리에 놓고 층계참에 엎드려 바닥을 더듬기 시작했다. 그녀의 손에 뭔가 묵직한 것이 들어 있는 냅킨이 잡혔다. 냅킨을 펼친 순간 안누시카의 눈이 금방이라도 튀어나올 듯이 커졌다. 보석을 눈앞에 바짝 갖다 댄 안누시카의 두 눈은 늑대처럼 타올랐다. 안누시카의 머릿속에 회오리가 몰아쳤다.

'나는 아무것도 몰라, 아무것도 모르는 거야……! 조카한테 보낼까? 아니면 잘게 쪼갤까? …… 보석을 따로 파내는 것도 괜찮을 거야…… 하나씩 처리하는 거야. 하나는 페트롭카에서, 또 하나는 스몰렌스키에서…… 나는 아무것도 몰라, 아무것도 모르는 거야!'

안누시카는 주운 것을 품속에 감추고 함석통을 집어 들어 시내로 나가려던 것도 그만둔 채 슬그머니 집으로 들어가려 했다. 그때 그녀 앞에, 아까 그 남자가 나타났다. 악마나 알 법한 양복 상의 없는 하얀 가슴의 남자는 조용히 말했다.

"편자하고 냅킨을 내놔라."

"편자하고 냅킨이라니요?" 안누시카는 능숙하게 시치미를 떼며 되물었다. "냅킨이라니, 그런 거 모르겠는데요. 이봐요, 당신 취한 거 아녜요?"

하얀 가슴의 남자는 더 이상 아무 말도 하지 않고, 버스 손잡이처럼 단단하고 차가운 손가락으로 안누시카의 목을 졸라 가슴으로 가는 공기 통로를 차단했다. 함석통이 그녀의 손에서 굴러 떨어졌다. 숨도 쉬지 못하게 안누시카를 잡고 있던 양복 상의 없는 외국인은 잠시 뒤에 그녀의 목에서 손을 뗐다. 안누시카는 숨을 몰아쉬며 미소 지었다.

"아, 그 편자요?" 그녀는 말했다. "잠깐만요! 이게 그러니까 당신 거였군요? 저는 그냥, 냅킨이 떨어져 있기에…… 누가 슬쩍 집어가지 않게 일부러 보관하고 있었던 거예요!"

편자와 냅킨을 받아든 외국인은 한쪽 발을 뒤로 빼며 안누시카에게 정중히 인사하고는, 그녀의 손을 꽉 잡으며 억센 외국인 발음으로 열띤 감사인사를 전했다.

"당신에게 깊이 감사드립니다, 부인. 이 편자는 추억이 담긴 소중한 물건입니다. 잘 보관해 주신 보답으로 이백 루블을 드릴 테니 받아주시기 바랍니다." 그는 조끼 주머니에서 돈을 꺼내 안누시카에게 건네주었다.

안누시카는 가까스로 미소지으며 소리칠 수밖에 없었다.

"아, 감사합니다! 메르시! 메르시!"

통 큰 외국인은 단숨에 아래층까지 뛰어 내려갔다. 그는 사라지기에 전에 마지막으로 외국인의 억양 없이 정확한 발음으로 소리쳤다.

"늙은 마녀 같으니. 앞으로 남의 물건을 주우면 경찰한테 갖다주라고. 숨겨두지 말고!"

계단에서 일어난 사건들 때문에 머릿속이 꽝꽝 울리고 혼란스러워진 안누시카는 한참을 더 외쳐댔다.

"메르시! 메르시! 메르시!" 외국인은 이미 오래전에 사라지고 없었다.

마당의 자동차도 사라지고 없었다. 볼란드의 선물을 마르가리타에게 돌려

준 아자젤로는 그녀에게 작별 인사를 하고, 자리가 편안한지를 물었다. 헬라는 마르가리타와 열렬히 키스를 나누었고, 고양이는 그녀의 손에 정중하게 입을 맞추었다. 배웅을 나온 이들은 좌석 한 구석에 몸을 파묻은 채 꼼짝도 하지 않고 생기 없이 앉아 있는 거장과 갈까마귀에게도 손을 흔들어주었다. 그러고는 굳이 계단으로 올라갈 필요가 없다고 느꼈는지, 눈 깜빡할 사이에 허공으로 사라져버렸다. 갈까마귀는 라이트를 켜고 대문 앞에서 죽은 듯이 잠들어 있는 사람을 지나 대문 밖으로 차를 몰았다. 이어 검은 커다란 자동차의 불빛은 잠들지 않는 사도바야 거리의 불빛들 속으로 사라져 버렸다.

한 시간 뒤 마르가리타는 아르바트 골목 작은 건물 지하실 테이블에 앉아 있었다. 방은 일 년 전, 그 무서운 가을밤이 있기 전과 똑같았다. 테이블에는 벨벳 천이 씌워져 있었고, 그 위에는 갓이 달린 램프와 은방울꽃이 꽂힌 작은 꽃병이 놓여 있었다. 마르가리타는 아직 가라앉지 않은 흥분과 행복감에 조용히 울고 있었다. 불에 타버린 원고가 그녀 앞에 놓여 있었으며, 그 옆에는 흠집 하나 없이 깨끗한 원고 더미들이 쌓여 있었다. 건물은 조용했고, 옆의 작은 방에는 거장이 환자용 가운을 덮은 채 작은 소파에 누워 깊은 잠에 빠져 있었다. 그의 고른 호흡은 작은 소리조차 내지 않았다.

실컷 울고 난 마르가리타는 아무도 손대지 않은 듯 깨끗한 원고를 집어 들고, 크레믈 성벽 아래서 아자젤로를 만나기 전, 되풀이해 읽던 부분을 찾았다. 마르가리타는 자고 싶지 않았다. 그녀는 사랑하는 고양이를 쓰다듬듯 원고를 다정하게 쓰다듬었다가 이리저리 돌려보기도 하고, 한참 동안 표지를 들여다보기도 했고, 마지막 장을 펼쳐보기도 했다. 그러다 갑자기 무서운 생각에 사로잡혔다. 모든 게 다 마술이고, 원고들이 사라지고, 저택 침실에서 눈을 뜬 그녀는 강에 뛰어들어야 할 것 같았다. 하지만 이것은 그녀가 겪어왔던 긴 고통의 마지막 메아리와도 같은 것이었다. 사라진 것은 아무것도 없었으며, 전능한 볼란드는 정말로 전능했다. 마르가리타는 새벽이 밝아올 때까지 원고를 살펴보고 한 장 한 장 입을 맞추며 되풀이해서 읽을 수 있었다.

"지중해에서 몰려온 어둠이 총독이 증오하는 도시를 뒤덮었다…… 그렇다, 어둠이……"

제25장

총독은 키리아트의 유다*¹를 어떻게 구하려고 했는가

지중해에서 몰려온 어둠이 총독이 증오하는 도시를 뒤덮었다. 성전과 무시무시한 안토니우스 탑을 연결해주던 구름다리도 사라지고, 하늘에서 내려온 심연이 모든 것들을 덮어버렸다. 히포드롬 위의 날개 달린 신(神)들과 총안(銃眼)이 있는 하스몬 궁을, 저잣거리와 여관들, 골목과 연못들도……. 거대한 도시 예르샬라임은 마치 세상에 존재하지 않았던 것처럼 사라져 갔다. 어둠이 모든 것을 삼키고 예르샬라임과 그 외곽의 모든 생명체들을 두려움에 떨게 했다. 바다 쪽에서 범상치 않은 먹구름이 몰려온 것은 니산 달 14일의 끝 무렵이었다.

먹구름은 형리들이 사형수들을 찌르고 있는 골고다 언덕 위에 무거운 배를 풀어놓고, 예르샬라임 성전 위로 자리를 옮겼으며, 운무가 되어 언덕을 타고 내려와 아래 도시를 덮쳤다. 먹구름은 작은 창 안으로 흘러 들어갔고, 꼬불꼬불한 길거리에서 집 안으로 사람들을 몰아넣었다. 먹구름은 서둘러 습기를 풀어놓지 않고, 간간이 빛을 내비칠 뿐이었다. 번개가 검은 운무의 배를 가르자 칠흑 같은 어둠 속으로 번쩍이는 비늘 지붕을 덮은 성전의 거대한 덩어리가 위로 솟아올랐다. 하지만 번개는 순식간에 꺼져버렸고, 성전은 이내 어두운 심연 속으로 가라앉았다. 성전은 그렇게 몇 차례 더 심연에서 솟아올랐다가 다시 꺼져갔고, 그때마다 파국의 천둥소리가 울려 퍼졌다.

---

*1 성서(히브리어)의 '이스가리옷 유다'를 가리킨다. 이스가리옷 유다는 예수의 12제자 가운데 한 사람으로 로마병사에게 예수를 팔아넘긴 배신자로 알려져 있다. 이스가리옷(Iscariot)은 '가리옷(남부 유대의 지명) 사람'이란 의미로 예수의 다른 제자와 혼동을 피하기 위해 붙여진 이름이라고 한다. 뒤에는 '배신자', '위선자', '거짓말쟁이', '암살자' 등의 의미를 갖게 되었다. 본 작품 속에서 거장이 쓴 'ИУДА ИЗ КИРИАФА'는 이를 러시아식으로 쓴 것으로, '예슈아' 또는 '하―노츠리'처럼 거장의 작품색을 살리기 위해 발음 그대로 표기한다.

흔들리는 섬광들이 성전 맞은편 서쪽 언덕에 있는 헤롯왕의 궁전을 심연에서 불러내자, 눈 없는 무서운 황금 석상들이 손을 치켜들며 검은 하늘로 날아올랐다. 하지만 하늘의 불꽃은 다시금 모습을 감추었고, 무거운 천둥들은 황금 우상들을 다시 어둠 속으로 쫓아버렸다.

갑자기 폭우가 퍼붓기 시작하고, 뇌우는 순식간에 폭풍우로 변했다. 정오무렵 총독과 제사장이 대화를 나누던 정원의 대리석 벤치 옆에 서 있던 삼나무가 마치 포탄 공격을 받은 것처럼 꺾여나갔다. 주랑 아래 발코니로 물보라와 우박이 쏟아졌고, 뜯긴 장미와 목련 잎사귀, 작은 나뭇가지와 모래들을 날라왔다. 폭풍이 정원을 갈가리 찢어놓고 있었다.

그 시간 주랑 아래 나와 있는 사람은 총독뿐이었다.

그는 의자에 앉아 있지 않고, 나지막한 테이블 앞에 놓인 침상에 누워 있었다. 테이블 위에는 먹음직스러워 보이는 음식과 손잡이가 달린 긴 포도주병이 있었고, 테이블 맞은편에는 빈 침상이 하나 더 있었다. 총독의 발치에는 치우지 않고 내버려둔, 피처럼 붉은 물웅덩이가 있었고, 깨진 술병 조각들이 뒹굴고 있었다. 폭우가 쏟아지기 전 상을 차리던 노예는 왠지 총독 앞에서 당황하며 비위를 맞추지 못한 채 어쩔 줄 몰라 하고 있었다. 그런 그에게 화가 난 총독은 술병을 모자이크 바닥에 내팽개치고 말했다.

"음식을 내오면서 왜 내 얼굴을 똑바로 보지 못하는 거지? 뭘 훔치기라도 했나?"

아프리카인의 검은 얼굴이 흙빛이 되면서, 그의 두 눈에 지독한 공포가 서렸다. 그는 몸을 떨기 시작했고, 하마터면 두 번째 술병까지 깨트릴 뻔했다. 하지만 무엇 때문인지 총독의 분노는 폭발할 때와 마찬가지로 바로 사라져 버렸다. 아프리카인은 술병 조각들을 치우고 쏟아진 포도주 웅덩이를 닦아내려 했지만, 총독이 손을 내젓자 도망치듯 뛰어나갔다. 붉은 웅덩이는 그대로 남았다.

폭풍이 몰아치는 지금 아프리카인은 고개 숙인 흰 나부(裸婦) 상이 세워진 벽감*2 옆에 숨어 있었다. 그는 적절하지 못한 때에 총독의 눈에 띄게 될까 두려워하는 한편 총독이 그를 부르는 순간을 놓치기라도 할까 봐 마음을

---

*2 장식을 위해 벽면을 오목하게 파서 만든 공간. 등잔이나 조각품 따위를 세워둔다.

졸이고 있었다.

총독은 뇌우가 몰고 온 어스름 속 침상 위에 누워 있었다. 그는 잔에 포도주를 직접 따라 천천히 마시면서, 이따금 빵을 조금씩 뜯어 입에 넣고, 굴을 먹고, 레몬을 씹기도 했으며, 그리고 또 포도주를 마셨다.

빗물의 포효가 아니었다면, 궁 지붕을 부숴버릴 듯한 천둥소리가 아니었다면, 발코니 계단을 망치질하며 떨어지는 우박 소리가 아니었다면, 총독이 혼잣말을 하며 뭔가 중얼거리는 소리가 들렸을 수도 있다. 한 순간 번쩍이던 번갯불이 꺼지지 않는 불빛으로 변했다면 알았을 것이다. 최근 총독은 계속되는 불면증과 와인으로 눈은 잔뜩 충혈된 채 초조한 얼굴을 하고 있었다. 그는 와인의 붉은 웅덩이에 가라앉은 두 송이 장미꽃을 바라보고 있는 것만이 아니었다. 계속 물보라와 모래바람이 불어오는 정원을 쳐다보고 있었다. 총독은 누군가를 기다리고 있음이 틀림없었다.

얼마의 시간이 흘렀고, 총독의 눈앞을 뿌옇게 만들던 빗줄기들이 약해지기 시작했다. 그토록 광포하게 날뛰던 폭풍도 언제 그랬냐는 듯 약해졌다. 나뭇가지들은 더 이상 부러지지도, 떨어지지도 않았다. 천둥과 번개가 뜸해지고, 예르샬라임 위에는 하얀 테를 두른 보랏빛 덮개가 아니라, 폭우 뒤에 찾아오는 평범한 잿빛 먹구름이 떠다니고 있었다. 뇌우는 이제 사해(死海)로 밀려갔다.

이제는 홈통을 통해 떨어지는 빗소리와 낮에 사형 선고를 위해 광장으로 나가면서 내려간 계단 위로 떨어지는 빗소리도 구별해서 들을 수 있었다. 그때까지 소리를 죽이고 있던 분수도 다시 소리를 내기 시작했고 주위도 밝아졌다. 동쪽으로 달아났던 잿빛 장막 속에 푸른 창문들도 나타났다.

그때 멀리서 약해진 빗소리 사이로 희미한 나팔 소리와 수백 필의 말발굽소리가 총독의 귀에 들려왔다. 그 소리에 몸을 움찔거리던 총독의 얼굴에 왠지 얼굴에 생기가 돌기 시작했다. 골고다 언덕에서 기병대가 돌아오고 있었다. 소리로 미루어보건대, 기병대는 형이 선고된 바로 그 광장을 가로질러오는 듯했다.

총독은 마침내 그가 그토록 기다리던, 발코니 앞 정원 위쪽 단상으로 이어지는 계단을 디디는 발소리를 들었다. 총독은 목을 길게 늘이며, 기쁨에 찬 두 눈을 반짝였다.

두 마리 대리석 사자 사이로 두건을 쓴 머리가 보였고 이어서 망토를 두른 채 흠뻑 젖은 사내의 몸이 나타났다. 그는 사형 선고가 있기 전 궁의 어두운 방에서 총독과 작은 소리로 이야기를 나누었고, 사형이 집행되는 동안 등받이가 없는 세발의자에 앉아 막대기를 갖고 놀던 바로 그 사내였다.

두건을 쓴 사내는 웅덩이에는 신경도 쓰지 않고, 정원 앞 단상을 가로질러 발코니의 모자이크 바닥에 발을 디뎠다. 그리고 팔을 들어 올리며 듣기 좋은 높은 목소리로 말했다.

"총독님께 건강과 행복이 함께하시길!" 방문객은 라틴어로 말했다.

"세상에!" 빌라도가 소리쳤다. "다 젖어버렸군! 폭풍이 심하던가? 내 방으로 오게. 옷을 갈아입고 보고를 듣도록 하지."

방문객이 두건을 벗자 흠뻑 젖은 머리카락이 달라붙어 있는 이마가 드러났다. 그는 깨끗하게 면도한 얼굴에 정중한 미소를 짓고는, 이 정도 비는 아무것도 아니라며 옷 갈아입기를 사양했다.

"듣고 싶지 않소." 빌라도가 말했다. 그리고 손뼉을 쳐서 숨어 있던 하인을 불러내 손님 시중을 들고, 따뜻한 음식을 바로 내오도록 명령했다. 손님이 머리를 말리고, 옷을 갈아입고, 신발을 갈아 신고, 대강이나마 매무새를 가다듬고 총독 앞에 나타나는 데에는 많은 시간이 걸리지 않았다. 그는 잠시 뒤 마른 샌들에 붉은 군용 망토를 입고, 머리를 단정히 빗어 넘긴 모습으로 발코니에 나타났다.

그 시간 예르샬라임 하늘에 다시 모습을 드러낸 태양은 지중해로 떠나기에 앞서 총독이 증오하는 도시에 작별의 빛을 보내며 발코니 계단을 황금색으로 물들이고 있었다. 생기를 되찾은 분수는 한껏 물을 내뿜었고, 구구거리는 비둘기들은 모래판으로 나와 꺾어진 가지들을 넘나들며 젖은 모래 위에서 뭔가를 쪼아 먹었다. 붉은 웅덩이는 닦아냈고, 깨진 술병 조각들도 치웠으며, 테이블에는 고기가 김을 냈다.

"총독님, 지시를 내려주십시오." 사내가 테이블 앞으로 다가서며 말했다.

"여기 앉아서 포도주를 한잔하기 전에는 아무 말도 하지 않겠네." 빌라도는 다정하게 대답을 하고는 맞은편 침상을 가리켰다.

방문객이 침상에 기대앉자 하인이 그의 잔에 검붉은 포도주를 따라주었다. 또 다른 하인이 빌라도의 어깨 너머로 조심스럽게 허리를 굽혀 총독의 잔을 채우자 총독은 두 하인에게 그만 물러가라는 손짓을 했다.

방문객이 먹고 마시는 동안 빌라도는 포도주를 홀짝이며 가늘게 뜬 눈으로 손님을 처다보았다. 사내는 중년쯤 되어 보이는 나이에, 둥글고 인상 좋은 말쑥한 얼굴, 주먹코였다. 딱히 한마디로 말하기 어려운 그의 머리카락은 물기가 마르면서 색이 다소 연해졌다. 그의 국적도 판단하기가 어려웠다. 방문객의 전체적인 인상은 선량했다. 다만, 눈이, 아니, 어쩌면 눈이 아니라, 상대를 바라보는 태도가 그 선량한 표정을 망쳐버렸다. 방문객은 그 작은 눈을 거의 감다시피 하여, 퉁퉁 부은 것처럼 조금은 기묘하게 생긴 눈꺼풀 아래에 감추고 있었다. 그럴 때면 가느다란 틈으로 악의 없는 교활함이 빛났다. 총독의 손님은 유머 감각이 있다고 봐야 할 듯하다. 하지만 때로 그 가느다란 눈에서 번쩍이는 유머를 완전히 몰아내며, 눈을 크게 뜨고 상대 코에 묻은 희미한 얼룩을 찾아내기라도 하려는 듯, 갑작스럽고 집요하게 상대를 쏘아보기도 했다. 하지만 그러한 순간은 오래가지 않았다. 바로 내리뜬 가늘어진 눈은 선량함과 교활한 지혜로 빛나기 시작했다.

방문객은 두 번째 잔도 거절하지 않았다. 그는 굴 몇 개를 맛있게 먹어 치웠고, 삶은 야채도 맛보았으며, 고기도 한 점 먹었다.

배불리 음식을 먹고 난 그는 포도주를 칭찬했다.

"포도주가 탁월합니다, 총독님. 그런데 팔레르노*3는 아닌 것 같은데요?"

"체쿠바일세, 30년산이지." 총독은 친절하게 대답해주었다.

손님은 한 손을 가슴에 대고 배가 부르다며 더 먹기를 사양했다. 빌라도는 자신의 잔을 채웠고, 손님 또한 자신의 잔을 채웠다. 두 사람은 고기 접시에 포도주를 나누어 부었고, 총독이 잔을 들어 올리며 큰 소리로 말했다.

"우리를 위하여, 그리고 로마인들의 아버지이자 지상 그 누구보다도 고결하고 훌륭하신 분, 그대 카이사르를 위하여!"

이어 두 사람은 포도주를 비웠고, 아프리카인들은 테이블에서 음식을 치우고 과일과 술병만 남겨놓았다. 다시 한 번 손짓으로 하인들을 물리고 총독은 주랑 아래 손님과 단 둘이 남았다.

---

*3 falerno : 고대 로마의 명주로 이름을 날렸던 이탈리아 팔레르노산(産) 포도주. 로마신화 전원의 신 리베르가 이탈리아 마쎄코산 기슭 팔레르누스라는 농부의 환대에 보답해주기 위해 포도나무 밭을 만들어주었다는 신화와도 관련이 있다.

"그래, 도시 분위기는 어떻소?" 빌라도가 크지 않은 목소리로 말했다.

그러고는 자신도 모르게 정원의 테라스 너머 아래쪽, 주랑과 평평한 지붕이 마지막 햇빛을 받고 황금빛으로 물든 그곳으로 시선을 돌렸다.

손님이 대답했다. "제 생각에는, 총독님, 지금 예루살렘 분위기는 나쁘지 않습니다."

"그럼 더 이상 폭동이 일어날 위험이 없다고 장담할 수 있소?" 손님이 부드러운 시선으로 총독을 바라보며 대답했다. "이 세상에서 장담할 수 있는 건 오직 한 가지, 위대한 카이사르의 권능뿐입니다."

빌라도는 곧바로 손님의 말을 받았다. "신들께서 카이사르께 만수를, 그리고 모든 이들에게 평화를 주시길." 그는 잠시 말을 멈추었다가 다시 말을 이었다. "그렇다면 이제 군대를 철수해도 괜찮을 거라 보시오?"

"번개군단 보병대는 철수시켜도 될 것 같습니다." 손님이 대답했다. 그리고 덧붙여 말했다. "작별 인사로 거리행진을 하는 것도 좋겠지요."

"아주 좋은 생각이오." 총독이 찬성했다. "모레 보병대를 철수하기로 하지. 나도 그때 떠나겠소. 열두 신의 향연을 걸고 자네에게 맹세하겠네. 라레스*4를 걸고 맹세하겠어. 오늘 당장 떠날 수만 있다면, 무엇이든 내놓겠소!"

"총독님께서는 예루살렘을 좋아하지 않으십니까?" 손님이 상냥하게 물었다.

"무슨 말이 필요하겠소." 총독이 미소를 지으며 소리쳤다. "지상에서 이보다 더 끔찍한 곳은 없을 거요. 기후에 대해 말하는 게 아니라오! 이곳에만 오면 병이 나거든. 하지만 그게 문제가 아니오. 이 축제들은 마술사, 마법사, 요술쟁이, 떼지어 몰려오는 순례자들…… 광신자요, 광신자! 그자들이 올해 갑자기 기다리기 시작한 그 메시아보다 더 끔찍한 건 없을 거요! 쉴 새 없이 끔찍한 유혈 소동을 목격할 준비를 하고 있어야 한단 말이오. 계속해서 이리저리 군대를 이동시켜야 하고, 밀고장과 고소장을 읽어야 하고, 그

---

*4 Lares : 로마신화에 나오는 가정의 수호신들. 원래는 가족보다도 노비(奴婢)의 수호신이었다. 집 안에 작은 사당(祠堂)을 만들어 여기에 라레스와 페나테스의 상(像)을 함께 모셨다. 이것을 라레스 파밀리아레스(Lares Familiares : 단수로는 Lar Familiaris)라 부르고, 이 밖에도 국가의 수호신 라레스 프라이스티테스 등이 있었다. 이 국가신은 로마의 성도(聖道)의 요로에 그 신전이 있었다. 이를 위한 제사를 '콤피탈리아'라고 하여 양털로 만든 남녀 인형이나 양털로 만든 공을 길거리 또는 문간에 매달아 놓았다.

것도 반은 나에 대한 고소장들이란 말이오! 그게 얼마나 지루한 일인지, 자네도 동의할 거요. 오, 황제께서 내리신 임무만 아니었다면……!"

"예, 이곳 축제는 견디기가 어렵지요." 손님이 동의했다.

"어서 끝나기를 진심으로 바라고 있소." 빌라도가 힘주어 말했다. "그러면 카에사리아*5로 돌아갈 수도 있고. 헤롯의 망상이 만들어낸 이 건물은," 총독이 길게 이어진 주랑을 손으로 가리켰다. 그가 궁전에 대해 이야기를 하고 있음이 분명했다. "정말이지 나를 미치게 한다오. 이곳에서 밤을 보낼 수가 없어. 이보다 더 해괴한 건축물은 세상에 없을 거요……! 그래, 이제 그만 본론으로 돌아가지. 그 저주스러운 바르―라반이 자네를 위협하진 않았소?"

손님이 특유의 눈빛으로 총독의 볼을 바라보았다. 하지만 총독은 우울한 눈빛으로 어딘가 먼 곳을 바라보며 혐오스럽다는 듯 얼굴을 찌푸렸다. 그는 자신의 발치에서 초저녁의 어스름 속으로 꺼져가는 도시 일부를 뚫어지게 바라보고 있었다. 그러는 사이 손님의 눈빛도 눈꺼풀과 함께 잦아들었다.

"바르는 이제 새끼 양처럼 온순해졌다고 생각하시면 됩니다." 손님이 입을 열자, 둥근 얼굴에 잔주름이 생겼다. "지금 폭동을 일으키진 못할 겁니다."

"너무 유명해져서?" 빌라도가 빈정거리듯 웃으며 물었다.

"총독님께서는 늘 문제의 핵심을 정확하게 이해하고 계시는군요!"

"하지만 만약을 대비해야지." 총독은 아무래도 신경이 쓰인다는 듯 말을 하며 검은 보석 반지를 낀 가늘고 긴 손가락을 치켜 올렸다. "뭔가 조치를……."

"제가 유대에 있는 한, 바르는 미행 없이 단 한 발짝도 움직이지 못합니다. 그 점은 확신하셔도 좋습니다."

"이제 안심이 되는군. 하긴, 자네가 이곳에 있으면 언제나 안심이지."

"과찬이십니다!"

"이제 처형 이야기를 해 주시오." 총독이 말했다.

"총독님께서 궁금하신 부분이 어떤 건지요?"

"군중들이 폭동을 일으키려 하지는 않았소? 물론, 그게 가장 중요한 사안이오."

---

*5 Caesarea : '카이사레아'라고도 한다. 지중해와 갈릴리호 북쪽 그리고 카파도키아에 있는 세 곳의 도시 이름이며 모두 율리우스 케사르의 이름을 따서 만들어졌다.

"전혀 없었습니다." 손님이 대답했다.

"아주 좋아. 죽은 걸 직접 확인했소?"

"그 점은 걱정하지 않으셔도 됩니다."

"그래…… 기둥에 매달기 전에 그들에게 음료는 주었소?"

"예. 그런데 그는," 손님은 눈을 감았다. "마시기를 거부했습니다."

"그러니?" 빌라도가 물었다.

"죄송합니다, 헤게몬!" 손님이 목소리를 높였다. "제가 말씀드리지 않았나요? 하−노츠리 말입니다."

"미치광이 같으니!" 빌라도는 무엇 때문인지 얼굴을 일그러뜨리며 말했다. 왼쪽 눈 아래 근육이 씰룩거렸다. "햇볕에 타서 죽으려던 모양이군! 법에 따른 처벌을 왜 거부하는 거지? 무슨 말로 거절했소?"

"그는," 손님은 다시 눈을 감고 말했다. "감사한다고, 자신의 목숨을 빼앗는 걸 원망하지 않는다고 했습니다."

"누구를 원망하지 않는다는 거치?" 빌라도가 들릴 듯 말 듯 하게 물었다.

"그건, 헤게몬, 말하지 않았습니다."

"병사들에게 설교를 하려 하진 않던가?"

"아닙니다, 헤게몬. 이번에는 말을 많이 하지 않았습니다. 유일하게 한 말은 인간의 가장 큰 죄악이 비겁함이라는 것이었습니다."

"무슨 뜻으로 그런 소리를 한 거지?" 손님 귓가에 갑자기 쉬어 갈라진 총독의 목소리가 들려왔다.

"그건 모르겠습니다. 늘 그랬지만 이상한 짓을 하는 남자였습니다."

"어떤 점이 이상했소?"

"처형 시간 내내 주위에 늘어선 사람들 눈을 하나하나 들여다보려 했고, 또 내내 당황한 듯한 미소를 지었습니다."

"또 없소?" 쉰 목소리가 물었다.

"그것 말고는 없습니다."

포도주를 따르는 총독의 손이 가늘게 떨렸다. 잔을 바닥까지 다 비우고 나서 그가 말했다.

"실은 이게 문제요. 지금은 그의 숭배자나 추종자를 밝혀낼 수 없지만, 그렇다고 해서 그들이 전혀 없을 거라 확신할 수는 없다는 거요."

손님은 고개를 숙인 채 주의 깊게 들었다.

"그러니 혹시 모를 사태가 벌어지지 않도록," 총독이 말을 이었다. "처형된 세 죄인들 시체를 바로, 그리고 아무도 눈치 채지 못하게 치워버리고, 더 이상 어떤 이야기도 나오지 않도록 비밀리에, 아주 조용히 묻어 주길 바라오."

"알겠습니다, 헤게몬." 손님이 말했다. 그리고 다음과 같이 말하면서 일어섰다. "복잡하고 중대한 사안인 만큼 지금 당장 떠나도록 하겠습니다."

"아니, 좀더 앉아 있게." 빌라도가 손짓으로 손님을 붙잡으며 말했다. "아직 두 가지 문제가 더 있소. 우선, 유대 총독의 비밀 업무를 맡아 모든 어려운 일들을 처리해준 자네의 수고에 대해 로마에 보고할 작정이오."

손님 얼굴이 장밋빛으로 물들었다. 그는 일어나 총독에게 고개를 숙이며 이렇게 말했다.

"황제 폐하를 위해 맡은 임무를 다할 뿐입니다."

"다만 한 가지 부탁이 있소." 헤게몬이 계속 말했다. "만약 진급해서 다른 곳으로 전출 제안을 받게 되면 거절하고 이곳에 남아 주시오. 나는 절대 자네를 다른 곳에 보내고 싶지 않으니 말이야. 보상은 다른 방법으로 해 주겠네."

"저도 총독님 밑에서 일하는 것을 기쁘게 생각하고 있습니다, 헤게몬."

"그렇다니 잘됐군. 그럼, 두 번째 문제를 말하겠소. 이건 그러니까…… 키리아트에서 온 유다와 관련된 거요."

손님은 총독에게 예의 그 눈빛을 보냈다. 그리고 늘 그랬듯이, 바로 그 눈빛을 감추었다.

총독이 목소리를 낮추며 말을 이었다. "듣자 하니 그가 그 미치광이 철학자를 자기 집에 초대한 대가로 돈을 받았다더군."

"아직 받지는 않았습니다." 비밀호위대장이 조용히 빌라도의 말을 정정했다.

"큰 액수요?"

"그건 아무도 모르는 일입니다, 헤게몬."

"자네도?" 헤게몬은 놀라움으로 칭찬의 표시를 대신했다.

"예, 저도 모르는 일입니다." 손님은 침착하게 대답했다. "하지만 오늘 저녀 그가 돈을 받을 거라는 건 알고 있습니다. 오늘 그를 카이파 궁으로 불러들일 겁니다."

"아, 탐욕스러운 키리아트 늙은이." 총독이 미소를 지으며 말했다. "그는 늙은이겠지?"

"총독님께서는 실수를 안 하시는 분이시지만, 이번은 잘못 아신 것 같습니다." 손님이 상냥하게 대답했다. "그 키리아트인은 젊은 사람입니다."

"더 말해보게! 어떤 자인지 말해줄 수 있겠소? 광신자요?"

"아, 아닙니다, 총독님."

"그래. 또 뭐가 있지?"

"아! 잘생겼습니다."

"또 다른 건? 뭔가 특별히 좋아하는 건 없소?"

"이 거대한 도시에 사는 사람들 모두 그렇게 세세하게 알기란 어렵습니다, 총독님⋯⋯."

"아니, 아니오, 아프라니우스! 자신의 능력을 그렇게 과소평가하지 마시오."

"그가 좋아하는 게 한 가지 있습니다, 총독님." 그는 잠시 말을 끊었다.

"바로 돈입니다."

"뭐 하는 사람이오?"

아프라니우스는 눈을 치켜 올리고 잠시 생각한 뒤 대답했다.

"친척이 운영하는 환전소에서 일합니다."

"아, 그랬군, 그랬어. 그래, 그래." 총독은 말을 끊고, 발코니에 누가 있지는 않은지 둘러보았다. 그리고 조그만 소리로 말했다. "조금 전에, 그가 오늘 밤 살해당할 거라는 보고를 받았소."

그러자 아프라니우스는 예의 눈빛을 총독에게 던졌을 뿐 아니라, 잠시 그 눈빛을 고정하기까지 했다. 그가 말했다.

"총독님께서 아무래도 저를 과대평가하는 것 같습니다. 저는 총독님께서 로마에 보고하실 만한 일을 하지 못했습니다. 저는 그런 무서운 정보를 들은 바가 없습니다."

총독이 말했다. "자네는 으뜸가는 포상을 받을 자격이 있소. 하지만 그런 정보가 들어왔단 말이야."

"그 정보를 누구에게 들으셨는지 여쭤보아도 되겠습니까?"

"지금은 얘기할 수 없네. 게다가 우연히 얻은, 아직 확실치도 않은 정보이지만 나는 모든 상황을 고려하고 있어야 하오. 그게 나의 임무이고, 이제까지 내 예감은 빗나간 적이 없으니 무엇보다 이것을 믿어야 하지. 그 정보대로라면, 하−노츠리의 은밀한 친구 중 한 사람이 환전상의 터무니없는 배신에 분노하여 동료들과 공모해 오늘 밤 그를 죽이고, 배반의 대가로 받은 돈은 '저주받은 돈을 돌려주겠노라' 적은 쪽지와 함께 제사장에게 던져 주기로 했다는 거요."

비밀호위대장은 그 갑작스러운 눈빛을 헤게몬에게서 거두고, 눈을 가늘게 뜬 채 계속 귀를 기울였다. 빌라도는 이어서 말했다.

"생각해 보시오. 축제 밤에 그런 선물을 받으면 과연 제사장 기분이 좋겠소?"

"기분이 좋지 않을 뿐이겠습니까. 총독님, 그건 굉장한 추문을 일으킬 거라 생각합니다." 손님이 미소를 지으며 대답했다.

"나도 같은 생각이오. 그래서 자네에게 이 일을 맡아달라고, 그러니까 키리아트의 유다를 보호하기 위한 모든 조치를 취해 달라고 부탁하는 거요."

아프라니우스가 입을 열었다. "명령하신 대로 수행하겠습니다. 헤게몬께서는 안심하셔도 됩니다. 악당들 음모는 성공하기 어려울 테니까요. 왜냐하면," 손님은 슬쩍 뒤를 돌아보고는 말을 이었다. "그자를 쫓아 살해하고, 또 얼마를 받았는지 알아내서, 그 돈을 카이파에게 돌려줘야 하는 것 아닙니까, 그 일을 하룻밤 사이에 전부 해낼 수 있을까요? 그것도 바로 오늘 말이지요?"

"어쨌든 그는 오늘 살해될 거요." 빌라도는 완고하게 반복했다. "내 예감이 그렇게 말하고 있소! 내 예감은 빗나간 적이 없소." 이때 총독 얼굴에 경련이 일어났고, 그는 잠시 손을 비볐다.

"알겠습니다." 손님은 공손히 대답을 하고 일어나서 몸을 일으켰다. 그리고 갑자기 정색하고 물었다. "그럼 오늘 살해한단 말씀입니까, 헤게몬?"

"그렇소." 빌라도가 대답했다. "오직 희망은 모두가 감탄해 마지않는 자네의 수행 능력에 달려 있소."

손님은 망토 밑의 무거운 허리띠를 바로잡고 말했다.

"총독님의 건강과 행복을 기원하며, 이제 그만 나가 보도록 하겠습니다."

"아, 이런, 완전히 잊고 있었군! 내가 자네에게 빚이 있었지……!" 빌라도가 낮게 외쳤다.

손님은 당황했다.

"아닙니다, 총독님. 빚 같은 건 전혀 없습니다."

"그게 무슨 소린가! 내가 예르샬라임에 들어올 때, 기억하시오? 걸인 한 무리가…… 그들에게 돈을 주려 했는데 없어서 자네에게 빌리지 않았소."

"아, 총독님, 그건 정말 얼마 안 되는 돈이었습니다!"

"얼마 안 되는 거라도 기억은 하고 있어야지."

그리고 빌라도는 돌아서서 등 뒤 의자에 놓아둔 망토를 들어 올리고 그 아래에서 가죽 지갑을 꺼내 손님에게 내밀었다. 손님은 그것을 받으며 고개 숙여 인사하고 망토 아래에 감추었다.

빌라도가 말했다. "매장했다는 보고를 기다리고 있겠소. 그리고 오늘 밤 있을 키리아트의 유다 일도. 아시겠소, 아프라니우스, 오늘이오. 자네가 도착하는 대로 나를 깨우도록 호위대에 지시해 두겠소. 그럼 기다리겠네."

"그럼 이만." 비밀호위대장은 이렇게 말하고 돌아서서 발코니를 나왔다. 그가 테라스의 축축한 모래 위를 지나가는 발소리가 들려왔다. 이어서 그의 칼리가*6가 사자상들 사이의 대리석을 밟는 소리가 들렸다. 그 뒤 그의 다리와 몸통, 두건이 차례로 눈앞에서 사라졌다. 그제야 총독은 태양이 이미 사라지고, 황혼이 다가왔음을 알았다.

---

*6 Caliga : 로마 병사가 신었던 신발, 밑창이 두껍고 복사뼈까지 덮으며 가죽끈이 달려 있다.

제26장
매장

총독의 외모가 급격히 변한 건 어쩌면 그 황혼 때문이었는지 모른다. 그는 눈에 띄게 늙어 등이 굽어버린 것 같았고 어딘지 불안해 보였다. 주위를 한 번 둘러보고, 등받이에 망토를 걸쳐 놓은 빈 의자를 쳐다보더니 무엇 때문인지 몸을 흠칫 떨었다. 저녁의 어스름이 술수를 부린 축제의 밤, 지친 총독의 눈에는 빈 의자에 누군가 앉아 있는 것처럼 보인 듯했다. 불안한 마음을 떨치지 못하고 망토를 가볍게 흔들어본 총독은 망토를 다시 제자리에 걸어두고 발코니를 서성대기 시작했다. 그러면서, 그는 두 손을 비비기도 하고, 탁자로 다가가 잔을 손에 쥐기도 하고, 가만히 서서 멍하니 모자이크 바닥을 바라보기도 했다. 마치 그 위에서 어떤 글귀들을 읽어내기라도 하려는 듯.

그는 벌써 오늘 하루 동안 두 번이나 우울함에 휩싸였다. 아침의 지옥 같은 통증에 비하면 이제는 그저 둔하고 조금 욱신거릴 뿐인 관자놀이를 문지르며, 총독은 마음속 고통의 원인이 무엇인지 알아내려 애썼다. 곧 그 원인을 알아냈지만, 그는 스스로를 속이려고 애썼다. 오늘 낮에 뭔가를 돌이킬 수 없이 놓쳐버렸고, 그것을 이제 와서 사소하고 무의미하며, 뒤늦은 행동으로 되돌리려 하고 있었다. 총독은 지금 이런 행동이 아침의 판결만큼이나 중요하다고 스스로 설득하면서 자기를 기만하고 있었다. 하지만 총독은 자신을 속일 수 없었다.

그렇게 한참을 서성이던 그가 갑자기 멈춰 서서 휘파람을 불었다. 그 휘파람 소리에 답하듯 황혼 속에서 나직이 개 짖는 소리가 울려왔다. 이어서 금빛 장식이 달린 목걸이를 한, 커다란 잿빛 수캐가 귀를 쫑긋 세우고 정원에서 발코니로 뛰어 들어왔다.

"반가, 반가." 총독이 힘없이 개를 불렀다.

개는 뒷발로 서서 앞발을 주인 어깨 위에 얹고는 바닥에 쓰러뜨릴 기세로 주인 뺨을 핥았다. 총독은 의자에 앉았고, 헐떡이던 반가는 혀를 내밀고 주인의 발치에 엎드렸다. 기쁨으로 빛나는 눈은 무서울 게 없는 개가 세상에서 유일하게 두려워하는 뇌우가 끝났음을, 그리고 이렇게 다시 주인의 곁에 있을 수 있음을 의미했다. 개는 주인을 사랑하고 존경했다. 세상에서 가장 위대한 모든 인간들의 지배자였으며, 자신도 특권을 가진 최고로 특별한 개라고 생각하게 해주는 인물이었다. 발밑에 엎드려 주인이 아닌 어둠에 잠겨가는 정원을 바라보면서도, 개는 주인에게 불행이 덮쳤음을 알아챘다. 개가 자세를 바꾼 것도 그 때문이었다. 개는 주인 옆으로 다가가, 젖은 모래로 그의 망토 자락을 더럽히며 앞발과 머리를 주인 무릎에 기댔다. 반가의 행동은 주인을 위로하고, 그와 함께 불행을 맞을 준비가 되어 있다는 의미가 분명했다. 반가는 주인에게 기울인 눈길과, 긴장한 듯 쫑긋 세운 귀로 그 마음을 표현하려 했다. 이 둘, 서로 사랑하는 개와 사람은 그렇게 발코니에서 축제의 밤을 맞이했다.

같은 시간 총독의 손님은 매우 분주한 시간을 보내고 있었다. 발코니 앞 정원의 위쪽 단상을 지나 아래쪽 테라스로 내려온 그는 오른쪽으로 몸을 돌려 궁전 안에 자리 잡고 있는 병사(兵舍)로 향했다. 병사에는 축제에 맞춰 총독과 함께 예르샬라임으로 온 두 백인대와 그 손님이 지휘하는 총독의 비밀호위대가 묵고 있었다. 손님은 병사에서 십 분쯤 머물렀고, 그 사이 병사 뒤뜰에서 참호를 팔 도구들과 물동이를 실은 수레 세 대가 나왔다. 회색 망토를 두른 15명의 기병들이 말을 타고 수레를 이끌고 나왔다. 기병들의 호위 속에 뒷문을 통해 궁을 빠져나온 수레들은 서쪽으로 방향을 잡았고, 성문을 지나 베들레헴으로 난 좁은 오솔길로 들어섰다. 이어 베들레헴 길을 따라 북쪽으로 올라간 수레들은 헤브론 성문 앞의 교차로에 도착했고, 거기서 다시 낮에 사형수 행렬이 지나간 야파*¹ 길을 따라 움직였다. 날은 이미 어두워졌고 지평선 위로 달이 모습을 드러냈다.

수레와 호위대가 출발하고 얼마 지나지 않아, 허름한 검은색 키톤으로 갈아입은 총독의 손님도 말을 타고 궁을 빠져나왔다. 하지만 손님은 도시 외곽

---

*1 Jaffa : 히브리어. 이스라엘 텔아비브 구에 위치한 도시로, 행정 구역상으로는 텔아비브에 속하는 도시이며 세계에서 가장 오래된 항구 도시 가운데 하나이다. 라틴어로는 야포(Japho), 요파(Joppa)라고 표기하기도 한다.

이 아닌 시내로 향했다. 잠시 뒤 북쪽, 대성전 가까이에 있는 안토니우스 요새로 말을 몰아가는 그를 볼 수 있었다. 손님은 요새에서도 그리 오래 머무르지 않았으며, 이후 그의 흔적은 아래 도시의 어지럽게 구부러진 거리 곳곳에 나타났다. 손님은 이미 말이 아닌 노새를 타고 있었다.

도시를 훤히 꿰뚫고 있던 손님은 자신이 가야 할 길을 쉽게 찾아냈다. 그 거리는 그리스 물건을 파는 가게들이 늘어서 있어 그리스 거리라고 불렸다. 양탄자를 파는 가게 앞에 노새를 세운 손님은 문 옆 고리에 노새를 묶었다. 가게는 이미 닫혀 있었다. 손님은 입구 옆 쪽문으로 들어가 삼면이 헛간으로 빙 둘러진 그리 크지 않은 정사각형 마당에 들어섰다. 마당 귀퉁이를 돌아서 담쟁이로 뒤덮인 건물의 석조 테라스 앞으로 가 주위를 둘러보았다. 집도, 헛간도 어두웠지만 불은 아직 켜 있지 않았다. 손님이 작은 소리로 불렀다.

"니자!"

삐걱 하는 문 소리와 함께 저녁 어스름이 내려앉은 테라스에 얼굴을 가리지 않은 젊은 여자가 나타났다. 그녀는 테라스 난간에 몸을 기대며 누가 왔는지 조심스럽게 내려다보았다. 자신을 찾아온 사람을 알아본 그녀는 반갑게 미소를 짓고, 고개를 끄덕이며 손을 흔들었다.

"혼자 있나?" 아프라니우스는 목소리를 낮춰 그리스어로 물었다.

"혼자예요. 남편은 아침에 카에사리아에 갔어요." 테라스의 여자가 속삭였다. 그리고 여자는 문 쪽을 둘러보고 작은 소리로 덧붙였다. "그런데 집에 하녀가 있어요." 여자는 들어오라는 손짓을 했고, 아프라니우스는 주위를 살피고 돌계단을 올랐다. 잠시 뒤 그와 여자는 집 안으로 사라졌다.

아프라니우스가 그 여자 집에 머문 시간은 아주 잠깐, 그러니까 5분도 채 되지 않았다. 그는 바로 그 집 테라스를 떠나, 두건을 눈 위까지 내려쓰고 거리로 나왔다. 이미 집집마다 램프가 밝혀졌고, 축제 전야의 거리는 군중으로 더욱 북적댔다. 노새를 탄 아프라니우스도 행인과 말을 탄 사람들 속에 파묻혀 사라졌다. 그리고 그가 어디로 갔는지는 아무도 모른다.

아프라니우스가 니자라고 불렀던 여자는 혼자 남아 옷을 갈아입기 시작했다. 어두운 방에서 필요한 물건들을 찾아내기가 쉽지 않았으나 촛불도 켜지 않고 하녀도 부르지 않았다. 준비를 마치고 머리에 검은 머리쓰개를 덮어쓰자 집에 그녀의 목소리가 울렸다.

"누가 날 찾으면, 에난타 집에 놀러 갔다고 해."

어둠 속에서 늙은 하녀의 투덜거리는 소리가 들렸다.

"에난타요? 아이고, 또 그 에난타한테 간단 말이에요? 주인님이 그 여자한테 가지 말라고 하셨잖아요! 그 여자는 뚜쟁이라고요! 주인님께 다 이를 거예요……."

"아, 제발, 제발, 그만 좀 해." 이렇게 니자가 대꾸하고는 그림자처럼 집을 빠져나왔다. 그녀의 샌들이 뜰의 판돌에 닿아 또각이는 소리를 냈다. 하녀는 투덜거리며 테라스로 나가는 문을 닫았고, 니자는 그렇게 집을 나섰다.

같은 시간 아래 도시의 어느 연못으로 이어지는 구불구불하고 비탈진 골목의 한 허름한 집에서 젊은 남자가 나왔다. 그 집 창문은 골목 쪽으로는 나지 않고, 뜰 쪽으로만 나 있었다. 젊은이는 수염을 깔끔하게 다듬고, 어깨까지 내려오는 흰 케피야*² 를 쓰고 있었으며, 축제를 위해 새로 마련한 술이 달린 푸른 탈릿에 새 샌들을 신고 있었다. 성대한 축일을 위해 한껏 차려입은 매부리코 미남자는 축일 공동 식탁을 위해 서둘러 귀가하는 행인들을 앞질러 힘차게 걸어가며 한 집 두 집 불이 켜지는 것을 바라보았다. 그리고 마침내 시장 골목을 지나 성전 언덕 아래 위치한 카이파 제사장의 궁으로 이어진 길로 들어섰다.

얼마 지나지 않아 카이파 궁전 성문으로 들어가는 그의 모습이 보였다. 그리고 잠시 뒤 그는 다시 궁을 나왔다.

벌써 등불과 횃불들을 밝혀놓고, 축제 준비로 분주한 카이파 궁에서 나온 젊은 남자는 더 당당하게, 더 즐겁게 걸어서 아래 도시로 서둘러 돌아갔다. 검은 머리쓰개를 눈 밑까지 내려쓴 여인이 춤추듯 가벼운 걸음으로 그를 앞지른 건 거리가 시장 광장으로 접어드는 골목 어귀의 혼잡한 모퉁이에서였다. 그 여인은 젊은 미남을 앞지르면서 아주 잠깐 머리쓰개를 살짝 들어 올려 젊은 남자 쪽으로 시선을 던졌다. 하지만 걸음을 늦추지는 않은 채, 마치 자신이 따라 잡은 사람의 눈에 띄지 않기라도 하려는 듯 걸

---

*2 keffiyeh : 아라비아 사람이나 베두인 사람이 머리에 쓰는 민무늬나 줄무늬 천. 대형 스카프 모양의 천을 대각선상에 둘로 접어, 후두부를 덮고 어깨에 늘어뜨린다. 모자를 쓸 때도 있으나, 보통 '아갈'이라는 테 모양 머리띠로 눌러 쓴다. 수천 년의 역사를 가지고 있으며, 카피아, 카피에라고도 한다.

음을 더욱 재촉했다.

젊은 남자는 여자의 행동을 눈치챘을 뿐 아니라, 그렇다, 그녀를 알아보았다. 순간 흠칫 놀란 남자는 멈춰 서서 이상하다는 듯 그녀의 등 뒤를 바라보았다. 그리고 곧바로 그녀를 따라가기 시작했다. 젊은 남자는 항아리를 들고 가는 행인을 밀쳐 넘어뜨릴 뻔하면서 여자를 쫓아갔고, 흥분하여 숨을 몰아쉬며 그녀를 불렀다.

"니자!"

여자는 몸을 돌려 눈을 가늘게 뜨더니 차가운 얼굴에 짜증을 드러내며 그리스어로 무뚝뚝하게 말했다.

"아, 유다, 당신이었어요? 바로 알아보질 못했어요. 하긴, 그건 좋은 일이죠. 옛 말에 사람들이 알아보지 못하면 부자가 된다고 하니까……."

흥분한 유다의 심장이 검은 막장에 갇힌 새처럼 날뛰었다. 유다는 지나가는 사람들이 듣지 않을까 조심하며, 간간이 끊어지는 소리로 속삭였다.

"니자, 어디 가는 거야?"

"그건 알아서 뭐 하게요?" 니자가 말했다. 그녀는 걸음을 늦추며 거만하게 유다를 쳐다보았다.

그러자 유다 목소리에서 어린아이 같은 억양이 섞여 나왔다. 그는 당황해하며 속삭였다.

"그게 무슨 소리야……? 우리 만나기로 했었잖아. 당신 집에 들르려고 했는데. 저녁 내내 집에 있을 거라고 했잖아……."

"아, 아니, 아니요." 토라진 듯 아랫입술을 내밀고 입을 삐죽이는 모습은, 유다가 지금까지 가장 아름답다고 생각해왔던 니자의 얼굴을 더욱 아름답게 보이게 했다. "지겨워졌어요. 당신들은 축제라고 좋아하지만, 난 뭐죠? 가만히 앉아서 당신이 테라스에서 한숨 쉬는 소리나 들으라고요? 그것도 하녀가 남편한테 이를까 봐 겁내면서? 아니, 싫어요. 나도 교외로 나가서 꾀꼬리 노랫소리를 듣기로 했어요."

"교외라니? 혼자?" 당황한 유다가 물었다.

"물론 혼자죠." 니자가 대답했다.

"그럼 내가 같이 가도 될까?" 유다가 숨을 헐떡이며 부탁했다. 그의 머릿속이 몽롱해졌다. 세상 모든 것을 다 잊어버리고 푸른, 하지만 지금은 검게 보이는 니자의 눈동자를 애원하는 눈빛으로 바라보았다.

니자는 아무 대답 없이 걸음을 재촉했다.

"니자, 왜 아무 말도 안 하는 거야?" 유다는 그녀와 보조를 맞춰 걸으며 애처롭게 물었다.

"당신이랑 있으면 지루하지 않을까요?" 니자는 갑자기 걸음을 멈췄다. 유다의 머릿속은 완전히 뒤죽박죽이 되어버렸다.

"뭐, 좋아요." 마침내 니자가 조금 누그러졌다. "같이 가요."

"어디, 어디로 가지?"

"잠깐…… 여기 뜰 안으로 들어가서 잠깐 얘기 좀 해요. 누가 날 알아보고, 내가 거리에서 애인과 함께 있었다고 떠들고 다니면 곤란하니까."

니자와 유다는 시장에서 사라졌다. 둘은 아치문 안쪽에 서서 소곤거렸다.

"올리브 영지로 가요." 머리쓰개를 눈 아래까지 끌어당기고, 물통을 들고 입구로 들어오는 사람에게 등을 돌리며 니자가 말했다. "기드론 뒤 겟세마네*³로, 알았죠?"

"응, 그래, 그래."

"내가 먼저 갈게요." 계속해서 니자가 말했다. "너무 바짝 따라오지 말고, 좀 떨어져서 오세요. 내가 먼저 갈 테니까…… 개울을 건너면…… 동굴이 어디에 있는지 알죠?"

"알아, 알아……."

"착유기(搾油機)*⁴를 지나서 위로 가세요, 거기서 동굴 쪽으로 꺾으면 돼요. 거기 있을게요. 지금 바로 쫓아오면 절대 안 돼요. 참고, 여기서 좀 기다려요." 이 말과 함께 니자는 마치 아무 일도 없었다는 듯 아치문 밖으로 빠져나갔다.

유다는 이리저리 흩어진 생각들을 정리하려 애쓰며 얼마 동안 그곳에 서 있었다. 그 생각들 중에는 친척 집에서 같이하기로 한 축일 공동 식탁에 빠

---

*3 Gethsemane : 겟세마네는 히브리어로 〈올리브유골 골짜기〉를 뜻한다. 예루살렘의 동쪽, 기드론 계곡을 눈앞에 둔, 감람산의 서쪽 기슭에 있는 동산으로서 예수는 가끔 제자들과 이 동산에 올라 기도를 드렸다고 전해진다. 특히 겟세마네는 예수가 죽기 전날 밤, 최후의 만찬을 끝내고 제자들과 함께 올라 슬픔과 고뇌에 찬 최후의 기도를 드린 동산으로, 그리고 유다의 배반으로 예수가 체포된 극적인 장소로서도 유명하다.

*4 곡물의 씨나 과일의 열매에서 기름을 짜내는 기계.

지게 된 걸 어떻게 변명하나 하는 걱정도 있었다. 유다는 뭔가 그럴듯한 거짓말을 궁리해 내려 했지만, 흥분한 탓인지 아무 생각도 할 수 없었고, 변명거리를 만들어내지도 못했다. 그리고 자신의 의지와는 상관없이 발이 이끄는 대로 아치문 아래를 빠져나왔다.

그는 가던 길을 바꾸어 아래 도시가 아닌, 카이파 궁 쪽으로 돌아섰다. 도시는 이미 축제 분위기에 휩싸여 있었다. 주위의 집 창문에서 불빛이 반짝거렸고, 기도문을 읊는 소리도 들려왔다. 축제에 늦은 사람들은 채찍질을 하고 소리를 지르기도 하면서 노새를 재촉했다. 유다는 두 발이 이끄는 대로 움직였다. 그는 이끼로 뒤덮인 안토니우스의 무서운 탑들이 그의 옆으로 지나가는 것을 눈치 채지 못했고, 굉음처럼 울려 퍼지는 요새의 나팔 소리도 듣지 못했다. 또한 횃불을 들고 그의 앞길을 심상치 않게 비추는 로마인 순찰대에게도 주의를 기울이지 않았다.

탑을 지나며 뒤를 돌아보았을 때, 성전의 꼭대기에 초꽂이가 다섯 개 달린 거대한 촛대에 불이 두 개 붙여진 것이 눈에 들어왔다. 하지만 유다는 그게 촛대라는 것을 알아보지는 못했다. 그저 지금까지 본 적이 없는 거대한 등불 10개가 예르살라임 하늘 높이 올라가는 유일한 등불, 즉 달이라는 등불과 겨루며 빛나기 시작한 것처럼 보였을 뿐이었다.

유다는 지금 그 어떤 것에도 관심이 없었다. 그는 가능한 한 빨리 도시를 벗어나고 싶은 마음에 겟세마네 성문을 향해 힘껏 달렸다. 이따금씩 그의 앞을 지나는 사람들의 얼굴과 등 사이로 누군가 춤을 추는 듯한 모습이 어른거렸고, 자신이 그에게 끌려가는 듯했다. 하지만 그것은 착각이었다. 유다는 니자가 훨씬 앞질러 갔다는 걸 알고 있었다. 그는 환전소 앞을 지나 마침내 겟세마네 성문에 도착했다. 초조함이 몰려왔지만 어쨌든 거기에 서 있어야 했다. 낙타들이 도시로 들어왔고, 그 뒤로 시리아 순찰대가 들어왔다. 유다는 속으로 그들을 저주했다⋯⋯.

하지만 모든 일은 끝이 있기 마련이다. 조급한 유다는 어느새 도시의 성벽 뒤에 와 있었다. 그는 왼쪽의 작은 묘지와 그 옆에 줄지어 있는 순례자들의 줄무늬 텐트를 보았다. 달빛 가득한 먼짓길을 가로지른 뒤 유다는 기드론 냇물을 건너기 위해 그쪽으로 발길을 서둘렀다. 물이 유다의 발아래서 잔잔하게 흘렀다. 징검다리를 하나씩 건너뛰어 마침내 건너편 겟세마네 냇물가로 올라섰고, 동산 아래쪽 길에 아무도 없는 것을 보고 무척 기뻐했다. 멀지 않은 곳에 반쯤 무너진, 올리브 영지의 정문이 보였다.

답답한 도시에서 막 빠져나온 터라 유다는 봄밤의 황홀한 향기에 흠칫 놀랐다. 영지의 담장 너머로 겟세마네 언덕에서 은매화와 아카시아 향기가 파도처럼 밀려왔다.

입구는 아무도 지키고 있지 않았고, 문 안에도 아무도 없었다. 잠시 뒤 유다는 무성하게 가지를 드리운 거대한 올리브나무의 비밀스러운 그림자 아래를 달리고 있었다. 길은 산으로 이어졌고, 유다는 힘겹게 숨을 몰아쉬며 올라갔다. 가끔 그림자를 벗어난 달빛이 수놓은 카펫 위로 모습을 드러냈다. 유다는 그 카펫을 밟으며 질투심 많은 니자의 남편이 하는 가게에서 봤던 카펫을 떠올렸다. 잠시 뒤 유다의 왼편 언덕 위로 묵직한 돌바퀴가 달린 올리브 압착기*5와 수북이 쌓아놓은 둥근 통들이 희미하게 보였다. 언덕 위에는 아무도 없었다. 작업은 해질 무렵에 이미 끝났고, 유다의 머리 위로 꾀꼬리들의 합창이 울려 퍼졌다.

바로 앞에 유다의 목적지가 있었다. 그는 어둠 속 오른편 동굴에서 물방울 떨어지는 소리가 들려오리라는 것을 알고 있었다. 예상했던 소리가 들려왔다. 주위가 점점 서늘해졌다.

그는 걸음을 늦추고 크지 않은 소리로 외쳤다.

"니자!"

그러나 굵은 올리브나무 가지를 젖히며 유다 앞에 뛰어든 것은 니자가 아닌, 땅딸막한 남자였다. 그의 손에서 날카로운 뭔가가 번쩍였다가 곧 사라졌다. 유다는 가늘게 비명을 지르며 재빨리 뒤로 물러섰지만, 또 다른 남자가 그의 길을 막았다.

앞에 서 있던 첫 번째 남자가 유다에게 물었다.

"이번엔 얼마를 받았지? 살고 싶으면, 어서 말해!"

순간 유다의 가슴에 희망이 부풀어 올랐다. 그는 필사적으로 외쳤다.

"30테트라드라크마! *6 30테트라드라크마입니다! 받은 그대로 다 있습니

---

*5 압착하여 즙액을 내는 기계. 수압식, 지레식, 나선식 따위가 있다.
*6 tetradracma : 고대 그리스로마, 바빌론이나 멤피스 등에서 제작, 사용하였던 은화. 4드라크마의 가치가 있다. 달란트, 세겔 등과 함께 신약성서에 주로 등장하는 동전이다.

다. 여기 있습니다! 다 가져가도 좋으니 제발 목숨만은 살려주십시오."

말이 끝나기가 무섭게 앞에 있던 사내가 유다의 손에서 돈주머니를 낚아챘다. 바로 그때 유다의 등 뒤에서 번개처럼 날아온 칼이 사랑에 빠진 남자의 어깨뼈 아래를 내리쳤다. 유다는 앞으로 고꾸라지면서 갈고리처럼 꺾인 손가락을 허공으로 뻗었다. 그러자 앞에 있던 사람이 칼을 쥔 손으로 유다를 붙잡아, 칼자루가 가슴까지 닿도록 유다의 심장 깊숙이 찔러 넣었다.

"니…… 자……" 유다는 평소의 높고 맑은 소리가 아닌, 낮고 탁한 소리로 원망하듯 니자를 소리쳐 불렀다. 그러고는 더 이상 어떤 소리도 내지 못했다. 그의 몸이 둔탁한 울림이 느껴질 정도로 세게 땅에 부딪히며 쓰러졌다.

그때 길에 세 번째 인물이 나타났다. 그는 두건이 달린 망토를 입고 있었다.

"서둘러라." 그가 말했다. 자객들은 재빨리 돈주머니와 세 번째 사내가 건넨 쪽지를 함께 가죽으로 싸서 십자 모양으로 노끈을 감았다. 두 번째 사내가 그것을 품속에 집어넣자 두 자객은 길 양쪽으로 흩어져 도망쳤고, 어둠이 올리브나무 사이로 그들을 삼켜버렸다. 세 번째 사내는 죽은 자 옆에 잠시 웅크리고 앉아, 그 얼굴을 가만히 들여다보았다. 어둠 속에서 그 얼굴은 백묵처럼 희었고 한편 아름답게 보이기까지 했다.

잠시 뒤 그 길 위에 살아 있는 사람은 아무도 없었다. 숨이 끊어진 몸뚱이는 두 팔을 벌린 채 누워 있었다. 왼발이 달빛의 얼룩 속에 드러나서 샌들의 가죽끈 하나하나가 분명하게 보였다. 그 순간 꾀꼬리 울음소리가 겟세마네에 울려 퍼졌다. 유다를 죽인 두 사람이 어디로 사라졌는지 아무도 몰랐지만, 두건을 쓴 세 번째 사내의 행적은 알려져 있다. 작은 길을 떠난 그는 울창한 올리브나무 숲을 가로질러 남쪽으로 향했다. 정문에서 멀리 떨어진 동산의 남쪽 모퉁이, 돌담 윗돌들이 무너진 곳에서 담을 넘어 그는 곧 기드론 냇가에 도착했다. 그는 물속으로 들어가 물을 휘저으며 한참을 나아갔다. 멀리 말 두 필과 그 옆에 선 사내의 실루엣이 보였다. 말들은 냇물 한가운데 서 있었고, 물줄기가 흐르며 발굽을 씻어내렸다. 말몰이꾼이 말에 올라탔고, 이어 두건을 쓴 사내가 그 옆의 말에 올라탔다. 그리고 둘은 천천히 개울을 지나갔다. 말발굽 아래 자갈들이 덜그럭거리는 소리가 들렸다. 잠시 뒤 두 사내는 물에서 나와 예르샬라임 기슭의 도시 성벽을 따라 천천히 걸어가기 시작했다. 거기서 말몰이꾼은 혼자 앞으로 내달려 시야에서 사라졌고, 두건을 쓴 사내는 인적 없는 길에 말을 세우고 내렸다. 벗은 망토를 뒤집어 그 안에서 깃털을 달지 않은 투구를 꺼내 쓴 그는 군인들이 입는 클라미스에 짧은 칼을 차고 다시 말에 올라탔다. 고삐를 잡아당기자 사나운 군마는 기수를 흔들며 달리기 시작했다. 그리고 얼마 지나지 않아 기수는 예르샬라임 남문으로 다가서고 있었다.

성문 아치 아래에는 햇불의 불안한 불꽃이 춤을 추었다. 그 한쪽 옆에 번개 군단 제2백인대에서 차출된 보초병들이 돌 벤치에 앉아 주사위 놀이를 하고 있었다. 말을 탄 군인이 들어오자 보초병들은 자리에서 벌떡 일어섰고, 군인은 그들에게 손을 흔들어 보이고는 성 안으로 들어갔다.

도시는 온통 축제의 불빛으로 가득했다. 창문마다 램프 불꽃들이 아른거렸고, 사방에서 들려오는 기도문은 마치 기묘한 합창처럼 울려 퍼졌다. 말을 몰고 가며 사내는 이따끔씩 거리로 난 창문을 통해 식탁에 둘러앉은 사람들을 볼 수 있었다. 식탁에는 양고기가 놓여 있었고 쓴 나물을 담은 접시 사이로 포도주잔이 보였다. 사내는 나지막이 휘파람을 불며 천천히 아래 도시의 황량한 거리를 지나 안토니우스 탑으로 향했다. 가끔씩 성전 위로 타오르는, 세상 어디에서도 볼 수 없는 초꽂이가 다섯 개 달린 촛대 불빛이나, 그 위에 걸려 있는 달을 바라보았다.

헤롯왕의 궁은 유월절 밤 축제에는 전혀 관심이 없었다. 로마 보병대 장교들과 군단 보좌관이 묵고 있는 남향의 임시 숙소에 불이 밝혀져 있고, 그곳에서 약간의 생기와 움직임이 느껴질 뿐이었다. 총독 (그는 자신의 의지와는 상관없이 헤롯왕이 머물고 있는 유일한 사람이었다)이 머무는 궁의 정면, 주랑과 황금 석상들이 늘어선 현관은 강렬한 달빛 아래 눈이 멀어버린 듯했다. 궁 안은 짙은 어둠과 정적에 휩싸여 있었다. 총독은 아프라니우스에게 말했던 것처럼 밖으로 나가려 하지 않았다. 그는 점심을 먹고, 아침에는 심문을 했던 발코니에 침상을 준비하라고 시켰다. 준비된 침상에 누웠지만 좀처럼 잠이 오지 않았다. 벌거벗은 달이 맑은 하늘에 높이 걸려 있었고, 총독은 몇 시간이 지나도록 그 달에서 눈을 떼지 않았다.

자정 무렵이 됐을 때 잠이 마침내 총독을 불쌍히 여기고 찾아 들었다. 총독은 경련하듯 하품하면서 망토를 벗어던지고, 셔츠에 두르고 있던 커다란 강철 검이 꽂힌 칼집을 풀어 침상 의자에 올려놓은 뒤, 샌들을 벗고 몸을 쭉 폈다. 그러자 반가가 침대로 올라와 그 옆에 머리를 맞대고 누웠다. 총독은 팔로 개 목을 감싸며 드디어 눈을 감았다. 그제야 개도 잠이 들었다.

주랑이 달빛을 가려 침상은 어스름 속에 있었지만, 현관 계단에서 침대까지 달빛 띠가 길게 이어져 있었다. 그리고 총독은 주위를 둘러싼 현실과의 끈을 끊는 순간 그는 서둘러 환하게 빛나는 길로 들어섰다. 그리고 그 길을 따라 위로, 곧바로 달을 향해 나아갔다. 꿈속에서 그는 행복에 겨워 웃음을 터트리기도 했다. 그만큼 그 투명한 푸른 길 위에서는 모든 것들이 더할 나위 없이 아름다웠다. 그는 반가와 함께 걸었고, 그 옆에는 떠돌이 철학자가 있었다. 그들은 뭔가 아주 복잡하고 중요한 문제에 대해 논쟁했으나, 누구도 상대를 설득시키지 못했다. 그들은 모든 점에서 의견이 맞지 않았으며, 그 때문에 그들의 논쟁은 더욱더 흥미로웠고, 끝없이 이어졌다. 오늘 있었던 처형은 순전히 착오가 분명하며 인간은 모두 선하다고 주장하는, 정말이지 말도 안 되는 생각을 해낸 바로 그 철학자가 이렇게 나란히 걷고 있지 않은가. 그것은 곧 그가 살아 있다는 뜻이다. 물론 이런 사람을 처형한다는 것은 생각만으로도 정말 끔찍한 일이다. 처형은 없었어! 없었다고! 달빛 계단을 따라 올라가는 그 산책길이 아름다운 것은 바로 그 때문이었다.

시간은 충분했고, 뇌우는 저녁에나 몰려올 것이다. 비겁함은 더 말할 것도 없이 가장 무서운 죄악 중 하나이다. 예슈아 하—노츠리는 그렇게 말했다. 아니, 철학자여, 나는 당신 말에 동의하지 않소. 그건 가장 무서운 죄악이오!

자, 예를 들어, 지금 유대 총독이자 전직 로마 군단의 호민관은 그 처녀 계곡에서 광폭한 게르만인들이 거인 쥐잡이를 물어 죽일 뻔했을 때에도, 결코 비겁하게 물러서지 않았소. 하지만 철학자여, 내 말을 들어보시오! 당신은 정말로 유대 총독이 카이사르에 대한 반역죄를 저지른 자로 인해 자신 앞 길을 망칠 거라 생각하시오?

"그래, 그렇소." 빌라도가 꿈속에서 신음하며 흐느꼈다.

분명, 망치고 말 것이다. 아침에는 그렇게 하지 않았지만, 지금 모든 것을 헤아려 본 이 밤이라면, 기꺼이 그는 자신의 파멸에 동의했을 것이다. 아무 잘못도 저지르지 않은 미치광이 몽상가이자 의사를 처형에서 구하기 위해서라면 모든 것을 감수했을 것이다!

"이제 우리는 영원히 함께 있게 될 것이오." 황금 창을 든 기사 앞에 나타난 남루한 차림의 떠돌이 철학자가 꿈에서 그에게 말했다. "한 사람이 있으면, 다른 사람도 거기에 있을 것이오! 나를 떠올린다면 당신도 같이 떠올리게 될 거요! 버려져 부모도 모르는 아이인 나와, 그리고 점성가인 왕과 방앗간 주인의 딸, 아름다운 필라의 아들인 당신을 말이오."

"당신도 잊지 말고, 나, 점성가의 아들을 기억해주시오." 꿈속에서 빌라도가 부탁했다. 그리고 잔혹한 유대 총독은 나란히 걷고 있는 엔—사리드에서 온 걸인이 고개를 끄덕이는 것을 보며 기쁨에 겨워 꿈속에서 울고 웃었다.

그 모든 것이 좋았다. 하지만 그 만큼 꿈에서 깨어나는 것 또한 헤게몬에게 끔찍한 일이었다. 반가가 달을 보며 짖기 시작하자 기름칠을 한 듯 매끄러운 푸른 길이 총독 눈앞에서 사라졌다. 눈을 뜬 그가 맨 먼저 기억해낸 것은 처형이 이미 이루어졌다는 사실이었다. 총독은 익숙한 몸짓으로 반가의 목걸이를 붙잡으며 병색이 완연한 눈으로 달을 찾았다. 옆으로 약간 물러난 달이 은빛을 띠고 있었다. 바로 앞 발코니에서 밝아졌다 어두워졌다 하며 아른거리는 기분 나쁘고 불안한 빛이 그 달빛을 가로막았다. 백인대 대장 쥐잡이 손에서 횃불이 그을음을 내뿜었다. 횃불을 든 사람은 당장이라도 달려들 듯한 위험한 짐승을 공포와 적의 어린 눈빛으로 노려보았다.

"반가, 가만 있어." 총독이 병자 같은 목소리로 말하며 기침을 했다. 그리고 손으로 불빛을 가리며 말을 이었다. "밤에도, 달빛 아래서도 내게 평안은 없구나. 오, 신들이여! 마르크, 자네도 고약한 임무를 지고 있군. 병사들을 불구로 만들고……."

마르크는 깜짝 놀라 총독을 쳐다보았다. 총독은 그제야 정신을 차리고, 잠결에 내뱉은 공연한 말을 무마하기 위해 다시 말했다.

"기분 나빠 하지 말게, 백인대 대장. 다시 말하지만, 내 처지는 더 괴로우니까. 그래, 무슨 일인가?"

"비밀호위대장이 왔습니다." 마르크는 차분하게 보고했다.

"들라 하게, 어서 들라고 해." 총독은 기침으로 목을 가다듬고 나서 명령했다. 그리고 맨발로 샌들을 찾기 시작했다. 주랑에서 불꽃이 너울거렸고,

백인대 대장의 샌들이 모자이크 바닥을 울렸다. 백인대 대장은 정원으로 나갔다.

"달빛 아래서도 내게 평온은 없구나." 총독은 이를 갈며 말을 했다.

발코니에 백인대 대장 대신 두건을 쓴 사내가 나타났다.

"반가, 가만히 있어." 총독은 조용히 말하며 개의 뒷덜미를 눌렀다.

말을 시작하기에 앞서 아프라니우스는 습관처럼 주위를 둘러보고, 그늘진 곳으로 물러섰다. 그리고 반가 말고는 발코니에 아무도 없다는 것을 확인하고 나서 조용히 말했다.

"총독님, 저를 재판에 회부시켜 주십시오. 총독님께서 옳으셨습니다. 저는 키리아트의 유다를 보호하지 못했습니다. 그는 살해당했습니다. 저를 재판에 처하시고, 해임시켜 주십시오."

순간 아프라니우스는 네 개의 눈, 개와 늑대의 눈이 그를 쳐다보고 있음을 느꼈다.

아프라니우스는 클라미스에서 돈주머니를 꺼냈다. 엉겨 붙은 피로 뻣뻣해진 주머니 위에는 두 개의 봉인이 붙어 있었다.

"살인자들이 이 주머니를 제사장 집에 던졌습니다. 주머니에 묻은 피는 키리아트에서 온 유다의 피입니다."

"얼마나 들어 있던가? 궁금하군." 빌라도가 돈주머니 쪽으로 몸을 숙이며 물었다.

"30테트라드라크마입니다."

총독은 어이없다는 듯 미소를 지으며 말했다.

"고작 그것뿐인가."

아프라니우스는 말이 없었다.

"살해된 자는 어디 있지?"

"그건 모르겠습니다." 한 시도 두건을 벗지 않고 사내는 침착하고 점잖게 말했다. "날이 밝으면 수색을 시작하겠습니다." 총독의 몸이 떨렸다. 그는 좀처럼 묶이지 않는 샌들 끈을 내버려두었다.

"그런데도 그가 살해되었다고 확신하는 건가?"

이어 총독은 메마른 답변을 들었다.

"총독님, 저는 유대에서 15년째 근무하고 있습니다. 발레리우스 그라투스

밑에서 일을 시작했습니다. 누가 살해되었는지 말하기 위해서 제가 반드시 시체를 봐야 하는 건 아닙니다. 보고드리건대 키리아트에서 온 유다라는 자는 몇 시간 전 칼에 찔려 살해되었습니다."

"용서하게, 아프라니우스." 빌라도가 말했다. "내가 아직 잠이 덜 깬 모양이야. 그래서 그런 말을 했소. 잠을 좀 설쳤다오." 총독은 희미하게 미소를 지었다. "꿈속에서도 줄곧 달빛을 보았지. 우습지 않소? 마치 그 빛을 따라 산책하는 것 같았소. 그건 그렇고, 사건에 대한 그대 생각을 듣고 싶군. 시체를 어디서 찾을 계획이지? 이리 앉게, 비밀호위대장."

아프라니우스는 고개 숙여 인사하고 의자를 침상 가까이 당겨 앉았다. 칼이 의자에 부딪히는 소리가 났다.

"겟세마네 동산 올리브 착유기에서 멀지 않은 곳에서 그를 찾아볼 예정입니다.

"그래, 그렇군. 그런데 왜 하필이면 그곳이지?"

"헤게몬, 제 생각에 유다는 예르샬라임이나, 예르샬라임에서 먼 곳에서 살해되지 않았습니다. 그는 예르샬라임 근교에서 살해되었습니다."

"나는 자네가 자기 분야에 아주 정통한 전문가라고 생각하오. 로마에서는 어떤지 모르겠지만, 식민지에서는 자네를 따라올 자가 없다고 생각하오. 자, 이제 설명해보게, 왜 그렇게 생각하는 건가?"

아프라니우스는 크지 않은 목소리로 말했다. "아무래도 유다가 도시 안에서 수상한 자들에게 당했으리라 생각하기는 어렵습니다. 길거리에서 그렇게 몰래 사람을 칼로 죽일 수는 없으니 지하실 같은 곳으로 유인해야 했을 겁니다. 그렇다면 아래 도시에서 수색을 시작했으니 이미 발견됐어야 했겠죠. 하지만 도시에는 시체가 없습니다. 이 점은 제가 장담합니다. 도시에서 멀리 떨어진 곳에서 살해당했다면, 이 돈꾸러미를 그렇게 빨리 제사장 집에 던져 놓지는 못했을 겁니다. 그는 도시 근처에서 살해되었습니다. 누군가 그를 도시 밖으로 유인한 게 틀림없습니다."

"어떻게 그런 일을 벌일 수 있었는지, 도무지 이해가 가지 않는군."

"예, 총독님. 그게 사건에서 가장 어려운 문제입니다. 저도 그 문제를 어떻게 풀어야 할지 모르겠습니다."

"정말 수수께끼로군! 축제 밤에 신자가 유월절 식탁을 내팽개치고 도시 밖으로 나가서 살해되다니. 누가, 어떻게 그를 유인한 걸까? 혹시 여자가 개입된 건 아닐까?" 총독이 갑자기 생각난 듯 물었다. 아프라니우스는 진지하고 침착하게 대답했다.

"그럴 리는 없습니다, 총독님. 그럴 가능성은 전혀 없습니다. 논리적으로 판단해야 합니다. 유다가 죽기를 바라는 자들이 누구겠습니까? 분명 떠돌이 몽상가들이나, 어떤 작은 모임일 텐데, 그런 모임에 여자는 절대 없습니다. 총독님, 결혼을 하려면 돈이 필요합니다. 아이를 낳으려 해도 역시 돈이 필요합니다. 하지만 여자의 도움으로 사람을 죽이려면 훨씬 더 많은 돈이 필요합니다. 부랑자들에게는 그만한 돈이 없습니다. 이 사건에 여자는 끼어들지 않았습니다, 총독님. 이번 살인 사건을 그런 식으로 해석하면 단서를 놓치고, 수사에 방해가 되며, 저를 혼란스럽게 할 뿐입니다."

"아무래도 자네 말이 맞는 것 같군, 아프라니우스. 나는 그저 내 추측을 말해본 것뿐이오." 빌라도가 말했다.

"죄송하지만 그 추측은 틀린 것같습니다, 총독님."

"그렇다면 도대체 무엇 때문에 그랬단 말이오?" 총독은 호기심 가득한 눈빛으로 아프라니우스 얼굴을 살피며 물었다.

"제 생각에는 역시 돈 때문인 것 같습니다."

"그럴듯하군! 하지만 누가, 그 밤중에 도시 밖에서 그에게 돈을 전해주려 했을까?"

"아, 아닙니다, 총독님. 그게 아닙니다. 생각할 수 있는 건 한 가지뿐입니다. 그 생각이 틀렸다면, 달리 설명할 방도를 찾지 못할 겁니다." 아프라니우스는 총독 쪽으로 더 가까이 몸을 굽히고는 속삭이듯 말했다. "유다는 자신만 아는 인적 없는 곳에 돈을 숨기려고 했던 겁니다."

"참 예리하군. 분명 그랬을 것 같소. 이제 알겠어. 사람들이 그를 유인한 게 아니라, 스스로 간 거였군. 그래, 맞아, 그렇게 된 거였어."

"유다는 의심이 많은 자였습니다. 그래서 사람들 눈을 피해 돈을 감추려 했던 겁니다."

"그래 당신 말대로 겟세마네에 말이지. 왜 하필 그곳에서 유다를 찾으려고 하는 건지, 솔직히 그걸 모르겠소."

"아, 총독님, 그건 아주 간단합니다. 길거리나 훤히 드러난 공터에 돈을 숨길 사람은 없습니다. 유다는 헤브론 길이나, 베다니 길로는 가지 않았습니다. 그는 나무가 우거지고 인적이 드문 곳으로 갔을 겁니다. 그건 지극히 당연한 일입니다. 그리고 예르샬라임 근교에 그런 장소는 겟세마네 말고는 없습니다. 더 멀리 못 갔을 겁니다."

"완벽한 설명이로군. 그럼 이제 무엇을 해야 하지?"

"도시 밖에서 유다를 미행한 살인자들이 누구인지 지금 당장 수색을 시작하겠습니다. 그리고 보고 드린 대로, 재판을 받으러 가겠습니다."

"그건 어째서지?"

"제 호위대는 어제 저녁 유다가 카이파 궁을 떠난 뒤 장터에서 그를 놓쳤습니다. 어떻게 그런 일이 일어났는지 이해할 수 없습니다. 그런 일은 제 평생에 없던 일입니다. 총독님과 이야기를 나누고, 바로 그를 감시했는데 말입니다. 그런데 그자가 어떤 교묘한 수를 썼는지 시장 근처에서 어디론가 급히 되돌아가더니 흔적도 없이 사라지고 말았습니다."

"그랬군. 내 단언하건대, 자네를 재판에 회부할 필요는 없다고 생각하오. 자네는 할 수 있는 모든 것을 했고, 세상 누구도," 여기서 총독은 미소를 지어 보였다. "자네보다 더 훌륭하게 이 일을 처리하지 못했을 테니 말야! 유다를 놓친 수색대원들을 처벌하시오. 말해두지만, 그렇게 엄한 처벌은 원하지 않소. 어쨌든 우리는 그 파렴치한을 돌봐주기 위해 이 일을 한 건 아니란 말이오! 아, 내가 물어보려다 깜빡했군." 총독은 이마를 문질렀다. "그들은 어떻게 그 돈을 카이파에게 던져준 거요? 쉽지 않았을 텐데."

"그건, 총독님…… 그렇게 어려운 일이 아닙니다. 복수를 하려는 자들은 카이파 궁 뒤쪽으로 들어갔습니다. 거기 궁 뒤, 정원 위로 골목길이 하나 있지요. 그들은 담 너머로 돈주머니를 던진 겁니다."

"쪽지도 함께?"

"예, 총독님께서 예상하신 대로입니다. 총독님. 다만……." 아프라니우스는 주머니에서 봉인을 떼어내고, 그 안에 든 것을 빌라도에게 보여주었다.

"이런, 세상에, 아프라니우스, 자네 지금 무슨 짓을 하는 건가. 그 봉인은 성전에서 만든 걸 텐데!"

"그 점은 총독님께서 걱정하지 않으셔도 됩니다." 아프라니우스는 주머니를 다시 싸며 대답했다.

"그럼 자네에게 모든 봉인이 다 있다는 말이오?" 웃음을 터뜨리며 빌라도가 물었다.

"그러지 않고는 아무 일도 할 수 없습니다, 총독님." 아프라니우스는 웃음기 없이 아주 무뚝뚝하게 대답했다.

"카이파 궁에서 무슨 일이 일어났을지 상상이 가는군!"

"이것 때문에 아주 커다란 소동이 있었습니다. 그들이 저를 부르더군요."

어스름 속에서도 빌라도의 눈이 반짝이는 것이 보였다.

"재미있군, 재미있어……."

"감히 말씀드리지만, 총독님, 그렇게 재미있는 일은 아니었습니다. 굉장히 지루하고 괴로운 일이었습니다. 카이파 궁에서는 그 돈을 누구에게 주었느냐는 제 질문에 그런 일은 없었다고 단호하게 부정했습니다."

"아, 그래? 글쎄, 그렇다면 주지 않은 걸 수도 있겠지. 그럼 살인범을 찾아내기가 더 힘들어지겠군."

"그렇습니다, 총독님."

"그런데 아프라니우스, 지금 갑자기 든 생각인데, 그가 자살을 한 건 아닐까?"

"오, 아닙니다, 총독님." 깜짝 놀라 의자 뒤로 몸을 젖히며 아프라니우스가 대답했다. "죄송합니다, 하지만 그건 절대 있을 수 없는 일입니다!"

"아, 이 도시에서는 무슨 일이든 일어날 수 있소! 장담하지만 그 소문은 순식간에 전 도시에 퍼질 거요."

이때 아프라니우스는 그 독특한 시선을 총독에게 던졌다. 그리고 잠시 생각을 하고 나서 대답했다.

"그럴 수도 있습니다, 총독님."

이미 모든 일이 명백해졌음에도 총독은 여전히 키리아트 사람의 살해에 대한 문제를 떨쳐버리지 못한 모습이었다. 그리고 뭔가를 상상하는 듯한 표정으로 말했다.

"살인범들이 그를 죽이는 모습을 봤으면 좋았을 텐데."

"그는 보기 드문 솜씨로 살해당했습니다, 총독님." 아프라니우스는 왠지 빈정대는 듯한 표정으로 총독을 바라보며 말했다.

"그걸 어떻게 알지?"

"이 주머니를 잘 보십시오, 총독님. 유다의 피가 거세게 뿜어져 나왔다는 것을 알 수 있습니다. 총독님, 저는 이제껏 살해된 자들을 수없이 봐왔습니다!" 아프라니우스가 대답했다.

"그렇다면 물론, 그가 다시 살아나지는 않겠지?"

"아닙니다, 총독님, 살아날 겁니다." 아프라니우스는 철학자처럼 미소를 지으며 말했다. "사람들이 기다리는 메시아의 나팔소리가 그자 머리 위에 울려 퍼질 때 살아나겠죠. 하지만 그때까지는 결코 살아나지 못할 겁니다."

"알겠소, 아프라니우스! 그 문제는 됐어. 이제 매장 이야기로 넘어가지."

"처형된 자들은 매장했습니다, 총독님."

"오, 아프라니우스, 자네를 재판에 회부한다는 것은 범죄요. 자넨 최고 상을 받을 만한 자격이 있어. 그래, 매장은 어떻게 치러졌소?"

아프라니우스는 이야기를 시작했다. 그가 유다의 일을 처리하는 동안 그의 보좌관이 지휘하는 비밀호위대가 골고다 언덕에 도착했고, 그때는 이미 저녁 무렵이었다고 말했다. 호위대는 그곳에서 시체 한 구를 찾지 못했다. 빌라도가 흠칫 놀라며 쉰 목소리로 물었다.

"아, 내가 왜 그걸 예상하지 못했을까!"

"걱정하지 마십시오, 총독님." 아프라니우스가 말했다. 그리고 이야기를 계속했다.

호위대는 맹수들이 눈을 다 파먹어버린 디스마스와 게스타스의 시체를 싣고 나서 바로 세 번째 시체를 찾기 시작했습니다. 시체는 곧 찾아낼 수 있었습니다. 한 남자가……"

"레위 마태오." 질문이라기보다는 단언에 가까운 어조로 빌라도가 말했다.

"예, 총독님……."

레위 마태오는 어둠을 기다려 골고다 언덕 북쪽 기슭에 있는 동굴에 숨었다. 예슈아 하-노츠리의 벌거벗은 시체가 그와 함께 있었다. 호위대가 횃불을 들고 동굴로 들어가자 레위는 절망과 분노에 휩싸였다. 그는 자신이 아무 죄도 짓지 않았으며, 법에 따라 사람은 누구나 본인이 원하면 처형당한 죄수를 매장해줄 권리가 있다고 소리쳤다. 레위 마태오는 그 시신과 떨어지고 싶지 않다고 말했다. 잔뜩 흥분한 그는 횡설수설했으며, 간청도 하고, 협박도 하고, 욕설도 퍼부었다…….

"그를 체포해야 했소?" 빌라도가 음울하게 물었다.

"아닙니다, 총독님. 그렇지 않습니다." 아프라니우스는 상대를 안심시키려는 듯 말했다. "시체를 매장할 예정이라고 설명하자, 그 용감한 미치광이도 곧 진정되었습니다."

레위는 곧 말귀를 알아듣고 잠시 생각하더니 조용해졌다. 하지만 자신은 아무 데도 가지 않고 매장에 참석하고 싶다는 의사를 밝혔다. 심지어 자신을 죽인다 해도 떠나지 않겠다며, 가지고 있던 빵 칼을 내놓더니 자신을 죽이라고까지 했다.

"그를 쫓아냈소?" 빌라도가 목소리를 억누르며 물었다.

"아닙니다, 총독님. 그러지 않았습니다. 보좌관이 그를 매장에 참석시켰습니다."

"어느 보좌관이 그 일을 지휘했지?"

"톨마이입니다." 아프라니우스가 대답했다. 그리고 불안한 듯 덧붙였다. "혹시 그가 실수라도 했습니까?"

"아니, 계속하시오." 빌라도가 대답했다. "실수한 건 없소. 이거 정말 미안하군, 아프라니우스. 절대 실수라곤 모르는 사람과 함께 일하면서 말이오. 바로 자네 말이야."

레위 마태오를 처형된 자들의 시체와 함께 수레에 싣고, 두 시간쯤 지나 예르샬라임 북쪽의 인적 없는 골짜기에 도착했다. 거기서 경비대는 교대로 한 시간가량 깊은 구덩이를 파고 그 안에 처형당한 자들의 시체 세 구를 모두 매장했다.

"벌거벗은 채로?"

"아닙니다, 총독님. 경비대가 그런 용도로 쓰려고 키톤을 몇 장 챙겨갔습니다. 매장하면서 시체 손가락에 반지를 끼웠습니다. 예슈아는 금을 한 줄 새긴 반지가, 디스마스는 두 줄, 게스타스는 금을 세 줄 새긴 반지를 끼웠습니다. 구덩이를 메우고 돌을 쌓아두었습니다. 식별 표지는 톨마이가 알고 있습니다."

"아, 내가 왜 미처 그 생각을 못했지! 그 레위 마태오라는 자를 만났어야 했는데……" 빌라도가 얼굴을 찌푸리며 말했다.

"데려왔습니다, 총독."

빌라도는 눈을 휘둥그레 뜨고 잠시 아프라니우스를 쳐다보았다.

"이번 일로 자네가 정말 수고가 많았군. 내일 톨마이를 이리로 보내 주시오. 내가 만족하고 있다고 미리 전해주고. 그리고 그대 아프라니우스는, 기념으로 이걸 받아주시오." 총독은 탁자 위에 놓인 허리띠 주머니에서 반지를 꺼내 비밀호위대장에게 건네주었다.

아프라니우스는 허리를 굽혀 인사하고 말했다. "더없는 영광입니다, 총독님."

"매장을 수행한 대원들에게도 포상을 내리도록 하시오. 유다를 놓친 수색대는 문책을 하고. 레위 마태오는 당장 내 앞에 대령시키시오. 예슈아 사건과 관련해서 알아볼 게 있으니까."

"알겠습니다, 총독님." 아프라니우스는 대답하고 한 발 물러서서 인사를 했다. 총독은 손뼉을 치며 외쳤다.

"여봐라, 여기! 주랑에 램프를 내와라!"

아프라니우스가 뜰로 나가자, 빌라도의 등 뒤로 하인 손에는 불빛들이 가물거렸다. 총독 앞 탁자에 램프 세 개가 놓이자 달빛 밤은 뜰로 물러갔다. 마치 아프라니우스가 데리고 나가기라도 한 것처럼. 아프라니우스가 서 있던 발코니에 작고 마른, 낯선 사내가 거구의 백인대 병사와 함께 나타났다. 백인대 병사는 총독의 눈짓에 즉시 뜰로 물러가 자취를 감추었다.

총독은 발코니에 선 사내를 몹시 흥미로우면서도 다소 놀란 듯한 눈으로 바라보았다. 사람들은 이야기만 듣고, 어떤 사람일지 혼자 상상하던 사람을 눈앞에 마주했을 때 보통 이런 눈으로 쳐다보곤 한다.

마흔쯤 되어 보이는 사내는 가무잡잡하고 다 해진 옷에 말라붙은 진흙을 뒤집어쓰고 있었고 늑대같은 눈을 치뜬 채 주위를 힐끔거렸다. 한마디로 행색이 너무 초라해 성전 테라스나 시끄럽고 지저분한 아래 도시의 시장 골목을 어슬렁거리는 걸인처럼 보였다.

한참 동안 침묵이 계속되었다. 그 침묵을 깬 것은 빌라도 앞으로 불려온 사내의 이상한 행동이었다. 그는 낯빛을 바꾸고 비틀거렸다. 더러운 손으로 탁자 모서리를 붙잡지 않았다면 아마 넘어지고 말았을 것이다.

"무슨 일인가?" 빌라도가 물었다.

"아무것도 아닙니다." 레위 마태오가 대답했다. 그러고는 마치 뭔가를 집

어슬킨 듯한 몸짓을 취했다. 비쩍 마르고, 그대로 드러난 그의 더러운 목이
부풀어 올랐다가 다시 가라앉았다.

"무슨 일인지 말하라." 빌라도가 되풀이했다.

"나는 지쳤소." 레위는 음울한 눈빛으로 바닥을 내려다보았다.

"앉아라." 빌라도가 의자를 가리켰다.

레위는 의심쩍은 눈빛으로 총독을 바라보고, 의자로 다가가더니 놀란 눈
으로 금제 팔걸이를 힐끗 보고는 의자가 아닌, 그 옆 바닥에 앉았다.

"말해보라. 왜 의자에 앉지 않는 것이지?" 빌라도가 물었다.

"나는 진흙투성이라 의자를 더럽힐 거요." 레위는 바닥을 보면서 말했다.

"곧 먹을 걸 내오도록 하지."

"먹고 싶지 않소." 레위가 말했다.

"왜 거짓말을 하지?" 빌라도가 조용히 물었다. "하루 종일, 아니 어쩌면
오랫동안 아무것도 못 먹었을 텐데. 어쨌든, 좋다. 마음대로 해라. 네가 가
지고 있는 칼을 보여달라 하려고 너를 불렀다."

"그 칼은 군인들이 나를 이리로 데려오면서 압수해갔소." 레위가 말했다.
그리고 음울하게 덧붙였다. "꼭 돌려주시오. 주인에게 돌려 줘야 하오. 그
칼은 훔친 거요."

"왜 훔쳤지?"

"밧줄을 끊기 위해서였소." 레위가 말했다.

"마르크!" 총독이 소리쳤다. 그러자 백인대 대장이 주랑 아래로 들어 왔
다. "이자의 칼을 가져와라."

백인대 대장은 허리에 찬 두 주머니 중 하나에서 더러워진 빵 칼을 꺼내
총독에게 건넸다. 그러고는 다시 물러갔다.

"그래, 어디서 이 칼을 훔쳤지?"

"헤브론 문 앞에 있는 빵 가게였소. 도시로 들어가서 바로 왼쪽에 있는."

빌라도는 넓은 칼날을 바라보더니, 손가락으로 칼이 날카로운지 확인해보
았다. 그리고 말했다.

"칼에 대해서는 걱정 마라. 가게에 돌려줄 테니. 필요한 게 한 가지 더 있
다. 네가 가지고 다니면서 예슈아의 말을 기록한 양피지를 보여달라."

레위는 증오가 가득한 눈으로 빌라도를 쳐다보았다. 그리고 얼굴을 잔뜩

일그러뜨리며 섬뜩한 미소를 지었다.

"다 빼앗아 갈 생각이오? 내게 남은 마지막 것까지?" 그가 물었다.

"내놓으라고 하지 않았다. 보여달라는 거지." 빌라도가 말했다.

레위는 품속을 뒤적여 말아놓은 양피지를 꺼냈다. 빌라도는 그걸 받아 불빛 사이로 펼쳐보았다. 그리고 눈을 가늘게 뜨며 알아보기 어려운 검은 표지들을 살펴보기 시작했다. 비뚤비뚤한 글줄들의 의미는 쉽게 파악되지 않았고, 빌라도는 인상을 쓰며 양피지 앞으로 몸을 숙여 손가락으로 한 줄씩 따라가야 했다. 적힌 내용은 경구와 날짜, 양피지 주인의 메모와 시구들이었다. 빌라도는 일관성없이 나열되어 있는 그 글 속에서 다음 문장을 읽을 수 있었다. '죽음은 없다…… 어제 우리는 달콤한 봄철 무화과를 먹었다…….'

빌라도는 너무 집중한 나머지 얼굴을 찌푸렸고 눈을 가늘게 뜬 채 계속해서 읽어나갔다. '우리는 맑은 생명수의 강을 보게 될 것이다…… 인류는 투명한 수정(水晶)을 통해 태양을 바라보게 될 것이다…….'

다음 순간 빌라도는 몸을 흠칫거렸다. 양피지 마지막 줄에서 그가 이런 구절을 읽었기 때문이다. '……가장 큰 죄악은…… 비겁함이다.'

빌라도는 양피지를 도로 말아 내던지듯 레위에게 건넸다.

"가져가라." 그는 말했다. 그리고 잠시 아무 말이 없다가 다시 말을 이었다. "내가 보기에 너는 배운 사람이고 홀몸이니, 거처도 없이 거지 행색을 하고 돌아다닐 이유가 없다. 나는 카에사리아에 큰 도서관을 가지고 있는 부자이며, 널 고용하고 싶다. 파피루스를 정리하고 보관하는 일을 하면 된다. 잘 먹고 입을 수 있을 것이다."

레위가 일어서서 대답했다.

"아니, 그러고 싶지 않소."

"어째서?" 총독의 낯빛이 어두워졌다. "내가 마음에 들지 않나, 아니면 내가 두려운가?"

악의에 찬 미소가 레위의 얼굴을 일그러뜨리며 말했다.

"아니, 당신이 날 두려워하게 될 것이기 때문이오. 당신은 그분을 죽였고, 이제 와서 내 얼굴을 똑바로 쳐다보는 게 그리 쉽지는 않을 거요."

"입 닥쳐라." 빌라도가 대답했다. "돈을 받아라."

레위는 고개를 저었다. 그러자 총독이 말을 계속했다.

"너는 자신이 예슈아 제자라고 생각하는 것 같은데, 너는 그가 가르친 것을 전혀 이해하지 못했어. 그렇지 않다면 너는 내게서 분명히 뭔가를 받았을 거다. 그가 죽기 전에 자신은 아무도 원망하지 않는다고 말한 걸 명심하라." 빌라도는 의미심장하게 손가락을 들어 올렸다. 빌라도 얼굴에 경련이 일었다. "또 만약 그랬더라면, 분명히 뭔가를 받았을 거야. 너는 잔인하지만, 그는 잔인하지 않았어. 이제 어디로 갈 텐가?"

레위는 갑자기 탁자로 다가가 두 손을 탁자에 올리고 이글거리는 눈빛으로 총독을 바라보면서 속삭였다.

"헤게몬, 당신이 한 가지 알아둘 게 있소. 나는 예르샬라임에서 한 인간의 목을 벨 작정이오. 당신에게 이 말을 하고 싶었소. 앞으로 누군가 피를 더 흘리게 될 거라는 걸."

"나도 알고 있다. 피를 더 보게 될 것을." 빌라도가 말했다. "내가 네 말을 듣고 놀랄 거라 생각했나? 물론 너는 날 죽이고 싶겠지?"

"난 당신을 죽이지 못할 거요." 이를 드러내고 웃으며 레위가 말했다. "그런 생각을 할 만큼 어리석지 않소. 하지만 난 반드시 키리아트에서 온 유다를 죽일 거요. 남은 내 인생은 그 일에 바치겠소."

순간 총독 눈에 기쁨의 빛이 떠올랐다. 그는 손가락으로 레위 마태오를 자기 쪽으로 좀더 가까이 부른 뒤 말했다.

"넌 그 일을 할 수 없다. 하지만 걱정 마라. 유다는 어젯밤 이미 살해됐으니까."

레위는 탁자에서 물러나 거칠게 주위를 둘러보며 소리쳤다.

"누가 살해했지?"

"질투하지 마라." 빌라도는 이를 드러내며 말했다. 그리고 두 손을 비볐다. "그에게는 너 말고도 다른 숭배자가 있었던 모양이다."

"누가 했소?" 레위가 작은 소리로 다시 물었다.

빌라도가 그에게 말했다.

"내가 했다."

레위는 입을 벌리고 총독을 뚫어지게 바라보았다. 총독은 조용히 말했다.

"물론 부하들을 조금 이용하긴 했지만. 어쨌든 그 명령을 내린 것은 나다." 그리고 덧붙였다. "그럼, 이제 뭔가 받아갈 텐가?"

레위는 잠시 뭔가 생각하는가 싶더니, 한결 침착해진 모습으로 말했다.

"깨끗한 양피지를 한 묶음 주시오."

한 시간 뒤 레위는 궁을 떠나고 없었다. 이제 새벽의 고요를 깨는 것은 뜰을 걷는 보초병들의 조용한 발소리뿐이었다. 달은 빠른 속도로 빛을 잃어갔고, 반대편 하늘 끝에 샛별의 희끄무레한 빛이 얼룩처럼 보였다. 등불은 이미 오래 전에 꺼졌다. 총독은 침상에 누워 있었다. 그는 뺨 아래 손을 갖다 댄 채 소리없이 숨을 쉬었다. 그의 옆에는 반가가 나란히 누워 잤다.

유대의 제5대 총독 본디오 빌라도는 그렇게 니산 15일 새벽을 맞았다.

제27장

50호 아파트의 최후

마르가리타가 그 장의 마지막 구절, '……이리하여 유대 제5대 총독 본디오 빌라도는 니산 15일 새벽을 맞이하게 되었다'를 읽었을 때, 아침이 찾아왔다.

뜰의 버드나무와 보리수 가지에서 참새들이 즐겁고 흥에 겨운 지저귀는 소리가 들려왔다.

마르가리타는 등걸이 의자에서 일어나 기지개를 켜자 그제야 온몸이 나른하고 잠이 쏟아지는 것을 느꼈다. 여기서 마르가리타의 영혼이 그지없이 평온했다는 것을 말해두겠다. 머릿속은 혼란스럽지 않았고, 이성적으로 도저히 설명할 수 없는 지난밤도 전혀 그녀를 놀라게 하지 않았다. 자신이 사탄의 무도회에 갔었으며, 기적이 일어나 거장이 자신에게 돌아왔다는 것도, 잿더미 속에서 소설이 되살아나고, 밀고자 알로이지 모가리치가 쫓겨난 골목길 지하방은 모든 것이 다시 제자리로 돌아왔다는 사실도 그녀를 흥분시키지 못했다. 다시 말해서 볼란드와의 만남은 그녀에게 어떤 정신적 손상도 입히지 않았다. 모든 일이 마치 마땅히 그렇게 되어야 하는 것 같았다.

그녀는 옆방으로 건너가 거장이 평온하고 깊은 잠을 자고 있는 것을 확인하고는 탁자에 켜져 있는 램프를 껐다. 그리고 자신도 맞은편 벽 아래에 놓인, 낡고 해진 천을 씌워놓은 소파에 길게 누웠다. 일 분 뒤 그녀는 잠이 들었고, 그날 새벽 그녀는 아무런 꿈도 꾸지 않았다. 지하방은 고요했고, 건축업자의 자그마한 집도 모두 고요했으며, 외진 골목길도 조용했다.

그러나 같은 시각, 그러니까 토요일 새벽에 모스크바 한 관청에서는 한 층 전체가 잠들지 못했다. 특수 차량들이 둔탁한 소리를 내며 이리저리 천천히 오가면서 청소하는 넓은 아스팔트 광장 쪽으로 난 그 창문에는, 떠오르는 햇빛을 관통할 만큼 환한 불빛으로 밝혀져 있었다.

그 층 전체가 볼란드 사건을 수사하고 있었으며, 사무실 열 군데에 밤새 불이 켜져 있었다.

사건의 전모는 금요일인 어제, 바리에테 극장 직원들의 실종과 전날 유명한 흑마술 공연 도중 벌어진 온갖 추문들로 극장이 문을 닫아야만 했던 때 이미 명백해졌다. 그러나 문제는 잠 못드는 그 층으로 새로운 자료들이 계속해서 들어오고 있다는 데 있었다.

이제 최면적 마술과 명백한 형사 사건이 뒤얽혀 있는, 악마의 소행이 분명한 이 기괴한 사건의 조사반은 모스크바 곳곳에서 벌어진, 다양하고 복잡한 사건들을 한 덩어리로 묶어내야 했다.

전깃불이 환하게 밝혀진 불면층에 첫 번째로 출두한 사람은 음향위원회 의장 아르카디 아폴로노비치 셈플레야로프였다.

금요일 점심시간이 지나고 카멘니 모스트 근처에 있는 그의 아파트에서 전화벨이 울렸고, 수화기에서 남자 목소리가 아르카디 아폴로노비치를 바꿔 달라고 했다. 전화를 받은 그의 아내는 아르카디 아폴로노비치가 몸이 좋지 않아 자리에 누워 있으며, 전화를 받을 수 없다고 말했다. 하지만 아르카디 아폴로노비치는 결국 전화기 앞까지 가야 했다. 누구냐는 질문에 전화 속 목소리는 아주 짧게 그 정체를 밝혔다.

"잠깐만요…… 지금…… 일 분이면……" 평소에는 무척 거만한 음향위원회 의장 아내는 이렇게 말을 더듬거리더니 화살처럼 침실로 날아가 아르카디 아폴로노비치를 침상에서 일으켰다. 그는 사라토프에서 온 조카딸을 아파트에서 쫓겨나게 한 전날 공연과 간밤의 소동을 떠올리며 지옥 같은 고통에 시달리고 있었다.

그리고 일 초도, 일 분도 아닌 정확히 십오 초 뒤, 아르카디 아폴로노비치는 속옷 바람에 왼발에만 실내화를 신은 채 전화기 앞에 서서 더듬거리고 있었다.

"예, 전화 바꿨습니다…… 예, 알겠습니다……"

그의 아내는 불운한 아르카디 아폴로노비치가 벌인 부부간의 신의에 위배되는 모든 혐오스러운 죄상들을 이 순간만큼은 다 잊고, 복도 문틈으로 겁에 질린 얼굴을 내밀고는 허공에 실내화를 흔들며 속삭였다.

"슬리퍼 신어요, 슬리퍼…… 발이 차요." 그러자 아르카디 아폴로노비치는 맨발을 흔들어 아내를 쫓아내고 거칠게 쏘아보면서, 전화에 대고 중얼거렸다.

"예, 예, 그렇지요, 물론입니다, 알겠습니다…… 지금 출발하겠습니다……."

아르카디 아폴로노비치는 수사가 진행되는 그 층에서 그날 밤을 보냈다. 대화는 괴롭고 몹시 불쾌했다. 그 혐오스러운 마술공연과 박스석에서 벌어진 싸움뿐만 아니라, 이것 말고도 어쩔 수 없이 옐로홉스카야 거리의 밀리차 안드레예브나 포코바치코와 사라토프에서 온 조카딸, 또 아르카디 아폴로노비치에게 이루 말할 수 없는 고통을 안겨준 다른 많은 것들에 대해 솔직하게 다 털어놔야 했기 때문이다.

당연한 이야기지만, 지적이고 교양 있는 사람이며 그 추악한 마술공연의 목격자인 아르카디 아폴로노비치가 가면을 쓴 수수께끼의 마술사와 그의 뻔뻔스러운 두 조수를 완벽하게 묘사해냈고 마술사 이름이 볼란드라는 것도 정확하게 기억해냈다. 그의 진술로 인해 수사는 상당 부분 진척되었다. 아르카디 아폴로노비치의 진술과 마술공연이 끝나고 수모를 당한 몇몇 숙녀들(림스키를 놀라게 한 보라색 속옷의 여자와 그 외의 다른 많은 여성들) 그리고 사도바야 거리의 50호 아파트로 보내졌던 급사 카르포프를 포함한 수많은 증인들의 진술을 대조한 결과, 이 모든 엽기적인 사건들을 벌인 범인의 은신처가 바로 드러났다.

50호 아파트에 한 번이 아니라 수차례에 걸쳐 사람들이 찾아왔고, 그 안을 철저히 수색했을 뿐 아니라, 벽까지 일일이 두드려보고, 벽난로 통풍구도 조사했으며, 비밀 장소가 있나 찾아보았다. 이처럼 온갖 방법들을 동원하고도 성과는 없었다. 몇 번을 찾아갔지만 아파트에서 아무도 발견하지 못했다. 하지만 그 안에 누군가 있다는 것은 확실했다. 모스크바에 체류 중인 외국인 아티스트들을 담당하는 모든 직원들이 하나같이 모스크바에 흑마술사 볼란드 따위는 없으며, 있을 수도 없다고 단호하게 주장했지만 말이다.

볼란드의 입국기록은 어디에도 존재하지 않았고, 누구에게도 여권이나 다른 어떤 서류도, 계약서도 제시한 적이 없으며, 아무도 그에 대한 이야기를 들은 바가 없었다! 공연위원회 프로그램국 국장 키타이체프는 신에게 맹세코, 사라진 스툐파 리호데예프가 볼란드라는 자의 공연 계획안을 올린 적도 없으며, 볼란드가 도착했다고 키타이체프에게 전화한 사실도 절대로 없다고 단언했다. 키타이체프는 도대체 스툐파가 어떻게 바리에테에서 그런 공연을 하도록 내버려두었는지 아무리 생각해 봐도 이해할 수가 없었다. 공연에 참석한 아르카디 아폴로노비치가 그 마술사를 자기 눈으로 똑똑히 보았다는 말에 키타이체프는 두 팔을 벌리고 하늘을 올려다 볼 뿐이었다. 키타이체프의 눈을 보면 분명 그가 수정처럼 결백하다는 것을 말해주었다.

그리고 중앙공연위원회 의장인 프로호르 페트로비치도……

애기가 나온 김에 말해두자면, 페트로비치는 경찰이 사무실로 들어선 순간 자신의 양복 속으로 돌아왔는데, 그로 인해 안나 리차르도브나는 뛸 듯이 기뻐했고, 공연히 놀란 경찰은 어리둥절해 했다. 그리고 또 한 가지, 자신의 자리, 그러니까 회색 줄무늬 양복 안으로 돌아온 페트로비치는 그가 잠시 자리를 비운 사이 양복이 서명한 모든 결재 사항을 승인했다.

……하지만 이 페트로비치도 볼란드라는 자에 대해 아무것도 알지 못했다.

무언가 상상을 초월한 일이 벌어진 것이다. 수천 명의 관객들과 바리에테 직원 전원, 그리고 그 누구보다도 교양 있는 아르카디 아폴로노비치 셈플레야로프까지 그 마술사와 저주스러운 그의 조수들을 분명히 보았음에도 불구하고, 그를 어디에서도 찾을 수가 없으니 말이다. 그렇다면 과연 어떻게 된 일인지 여러분에게 묻고 싶다. 그 혐오스러운 공연이 끝나자마자 땅으로 꺼져버렸단 말인가? 아니면 몇몇 사람들이 주장하듯, 처음부터 모스크바에 온 적이 없단 말인가? 만일 첫 번째 경우라면, 그는 사라지면서 바리에테 간부들을 모두 데리고 갔다는 것이고 두 번째 경우라면, 불행한 극장 간부들이 미리 뭔가 비열한 짓을 저지르고(사무실의 깨진 유리와 운행부의 행동을 생각해보라!) 모스크바에서 종적을 감춰버렸다는 게 아닌가.

어쨌든 그 수사를 지휘한 자의 노고는 인정해줘야 하겠다. 수사대는 사라진 림스키를 놀라울 만큼 빨리 찾아냈다. 극장 옆 택시 정류장에서의 행동과 공연이 끝난 시간, 언제 림스키가 사라질 수 있었는지 등 몇몇 정황들을 대조한 뒤 그는 곧바로 레닌그라드에 전보를 쳤다. 한 시간 뒤(그러니까 금요일 저녁 무렵) 림스키가 아스토리아 호텔 412호에서 발견되었다는 답장이 왔다. 4층에 있는 그 방은 마침 레닌그라드에 출장 온 모스크바 극장의 상연

목록 담당자가 묵고 있던, 금장한 회청색 가구와 화려한 욕실로 정평이 난 방의 바로 옆방이었다.

아스토리아 호텔 412호 옷장에 숨어 있다가 발견된 림스키는 그 즉시 체포되었고, 레닌그라드에서 조사를 받았다. 그러고 나서 다음과 같은 사실을 알리는 전보가 모스크바에 도착했다. 바리에테 경리부장은 자신의 행동을 책임질 수 없는 심리 상태였다. 질문에 조리 있게 대답하지 못하며, 똑바로 대답하려 하지 않고, 다만 한 가지, 자신을 방탄 처리된 특별실에 숨겨주고 무장 경비를 붙여달라는 요구만 반복한다는 내용이었다. 모스크바에서는 전보로, 림스키에게 경호를 붙여 모스크바로 이송하라는 지시를 내렸고, 그 결과 금요일 저녁 림스키는 경비대의 보호를 받으며 야간 열차를 타고 모스크바로 출발했다.

그 금요일 저녁 무렵 리호데예프의 행방도 밝혀졌다. 리호데예프 행적을 조회하는 전보가 전 도시에 발송되었고 얄타에서 리호데예프가 그곳에 있었으나 비행기를 타고 모스크바로 떠났다는 회신이 왔다.

바레누하 행적만이 유일하게 밝혀지지 않았다. 모스크바 전역에 모르는 사람이 없는 그 유명한 극장 매니저가 물속으로 가라앉듯 사라져버린 것이다.

바리에테 극장 말고도 모스크바의 다른 구역에서 벌어진 사건들도 처리해야 했다. '영광스러운 호수'를 부르는 직원들(참고로 스트라빈스키 교수는 피하주사를 이용하여 두 시간 만에 그들을 정상으로 되돌려놓는 데 성공했다)과 정말로 말도 안 되는 종이 쪼가리들을 돈이라고 속이고 다른 사람 또는 여타 기관에 내민 사람들, 그리고 그로 인해 고통을 당한 사람들과 관련된 기괴한 사건을 해결해야만 했다.

당연하지만 그 모든 사건들 중 가장 꺼림칙하고 큰 추문을 일으켰으며, 해결에 어려움을 겪은 건 백주 대낮에 그리보예도프 홀에 있던 관에서 문인 고(故)베를리오즈의 머리를 도난당한 사건이었다.

수사에 착수한 열두 명의 요원들은 뜨개바늘로 코를 잇듯이, 모스크바 전역에 퍼져 있는 그 복잡한 사건의 저주스러운 매듭들을 이어나갔다.

수사원들 중 하나가 스트라빈스키 교수의 병원에 가서 지난 사흘 동안 그 병원에 들어온 환자들 명단을 보여달라고 했다. 그렇게 해서 니카노르 이바노비치 보소이와 머리가 떨어져나간 불쌍한 사회자를 찾아냈다. 하지만 그들에게 별다른 관심을 기울이지 않았다. 이 두 사람이 그 의문의 마술사가 이끄는 사기꾼 일당의 희생자라는 사실을 쉽게 확인할 수 있었기 때문이다. 반면 수사관은 이반 니콜라예비치 베즈돔니에게 비상한 관심을 보였다.

금요일 저녁 무렵 이바누시카의 방, 117호 문이 열리고, 동그란 얼굴에 침착하고 온순해 보이는 젊은 남자가 방으로 들어갔다. 전혀 수사관 같아 보이지 않은 그는 모스크바에서 가장 뛰어난 수사관 중 한 사람이었다. 그는 침대에 누워 있는, 얼굴이 창백하고 삐쩍 마른 젊은 사람을 보았다. 그의 시선은 주위에서 벌어지는 일에 무관심한 듯, 때로 주변 현실을 초월한 어딘가 먼 곳을 보기도 하고 때로는 자기 자신의 내면을 향하기도 했다.

수사관은 상냥하게 자신을 소개하고는 그저께 파트리아르흐 연못에서 벌어진 일과 관련하여 몇 가지 이야기 하려고 찾아왔다고 말했다.

아, 수사관이 좀더 일찍 그를 찾아왔더라면, 그러니까 이반이 파트리아르흐 연못에서 벌어진 사건에 대한 이야기를 하려고 미친 듯이 날뛰던 목요일 밤에 나타났더라면, 이반은 얼마나 기뻐했을까. 드디어 자문위원 체포를 돕겠다는 그의 꿈이 이루어진 것이다. 이제 이 사람 저 사람 쫓아 뛰어다닐 필요도 없다. 바로 그 수요일 저녁에 무슨 일이 있었는지 이야기를 들으러 이렇게 수사관이 그를 찾아왔으니 말이다.

하지만 안타깝게도 이바누시카는 베를리오즈가 죽는 순간부터 완전히 다른 사람이 되었다. 그는 수사관의 모든 질문에 기꺼이 정중하게 대답할 준비가 되어 있었다. 하지만 이반의 표정과 말투에서는 무관심이 느껴졌다. 베를리오즈의 운명은 더 이상 시인을 흥분시키지 못했다.

수사관이 방문하기 전 이바누시카는 옆으로 누워 졸고 있는데 그의 눈앞으로 몇몇 장면들이 지나갔다. 그는 이상하고 도무지 이해하기 어려운 세상에 존재하지 않는 도시를 보았다. 그는 대리석 덩어리들과 부식이 일어난 주랑들, 햇빛에 반짝거리는 지붕들과 검고 음울하며 무자비하게 생긴 안토니우스 탑, 서쪽 구릉 위로 정원의 열대 나무들 속에 거의 지붕까지 잠겨 있는 궁전과 그 초록빛 위로 석양 속에 타오르는 청동조각상을, 그리고 고대 도시 성벽 아래로 갑옷과 투구를 쓰고 진군하는 로마 백인대 병사들을 보았다.

졸고 있는 이반 앞에 병색이 짙은 누런 얼굴에 깨끗하게 면도를 하고, 의자에 꼼짝 않고 앉아 있는 사람 모습이 나타났다. 그는 붉은 안감을 덧댄 하얀 망토를 두르고, 증오 섞인 눈빛으로 화려하고 낯선 정원을 바라보았다. 이반은 또 횡목을 덧댄 빈 기둥들이 세워져 있고 나무 한 그루 없는 누런 언덕을 보았다.

파트리아르흐 연못에서 벌어진 사건들은 더 이상 시인 이반 베즈돔니의 흥미를 끌지 못했다.

"이반 니콜라예비치, 베를리오즈가 전차 밑으로 미끄러질 때 당신은 회전문에서 얼마나 먼 곳에 계셨습니까?"

냉소가 이반의 입술을 희미하게 스쳐갔다. 그는 대답했다. "저는 멀리 있었습니다."

"그럼 그 체크무늬 사내는 회전문 바로 옆에 있었나요?"

"아니요, 그는 저와 별로 멀지 않은 벤치에 앉아 있었습니다."

"당신 기억에 의하면 베를리오즈가 넘어질 때, 그자가 회전문 쪽으로 가지 않았단 말인데 확실합니까?"

"확실히 기억합니다. 가지 않았습니다. 그는 한가롭게 앉아 있었습니다."

이것이 수사관의 마지막 질문이었다. 수사관은 일어서서 이바누시카에게 악수를 청했고, 어서 쾌차하기를 바라며 조만간 그의 시를 다시 읽게 되길 바란다고 말했다.

"아니요. 이제 시를 쓰지 않을 겁니다." 이반이 조용히 대답했다.

수사관은 정중하게 미소를 지어 보였고, 지금 시인은 약간 우울증에 걸린 상태지만 곧 나아질 것이라 믿는다고 말했다.

"아뇨." 이반은 수사관이 아닌, 멀리 저물어가는 지평선을 바라보며 대답했다. "절대 낫지 않을 겁니다. 제가 쓴 시들은 모두 엉터립니다. 이제야 깨달았습니다."

수사관은 이바누시카에게서 매우 중요한 정보를 얻어서 떠났다. 사건의 실마리를 따라 끝에서부터 처음으로 거슬러 올라가다가 마침내 모든 사건이 시작된 근원지에 도달한 것이다. 수사관은 이 사건들이 파트리아르흐에서 일어난 살인 사건에서 시작되었다고 조금도 의심치 않았다. 물론, 이바누시카나 그 체크무늬 사내가 불운한 마솔리트 이사장을 전차 밑으로 밀어 넣은 것은 아니었다. 그러니까 물리적으로 그를 바퀴 밑으로 떨어지게 한 사람은 아무도 없다. 수사관은 베를리오즈가 어떤 최면 상태에서 전차 밑으로 뛰어들었다(혹은 전차 아래로 떨어졌다)고 확신했다.

그렇다, 증거는 이미 충분했고 어디서 누구를 체포해야 하는지도 분명해졌다. 하지만 그 범인을 체포하기가 도무지 불가능하다는 게 문제였다. 다시 말하지만 그 빌어먹을 50호 아파트에 누군가 있다는 건 분명했다. 전화를 걸면 그 아파트에서 누군가 어떤 때는 갈라지는 목소리로, 또 어떤 때는 콧소리 섞인 목소리로 전화를 받았고, 이따금씩 아파트 창이 열려 있을 뿐 아니라, 그 안에서 축음기 소리가 흘러나오기도 했다. 하지만 정작 그 안에 들어가보면 정말 아무도 없었다. 한 번도 아니고 밤낮으로 다른 시간대에 여러 번 찾아갔다. 50호 내부 구석구석을 샅샅이 뒤지고 확인했다. 사실 그 아파트는 벌써 오래전부터 의심받고 있었다. 입구를 통해 정원으로 들어가는 길뿐만 아니라 뒷문에도 경비를 붙였다. 그것도 모자라서 옥상 굴뚝에도 경비를 세워두었다. 50호 아파트가 농간을 부리고 있는 것은 분명했지만 아무 대책이 없었다.

수사는 그렇게 별다른 진척 없이 계속되었다. 금요일 자정 손님으로 가장한 마이겔 남작이 야회복에 에나멜 구두를 신고, 승리를 다짐하며 50호 아파트로 들어갔다. 남작이 안으로 들어가는 소리가 들리고 정확히 십 분 뒤, 아무 예고도 없이 수사관들이 아파트로 들이닥쳤다. 하지만 아파트에서는 문제의 주인뿐 아니라, 어찌 된 일인지 마이겔 남작의 흔적도 전혀 찾아내지 못했다.

앞서 말했듯이, 수사는 이런 식으로 토요일 동이 틀 무렵까지 이어졌다. 그때 새롭고 매우 흥미로운 정보들이 추가되었다. 크림을 출발해 모스크바 공항에 착륙한 6인승 여객기에서 기이한 승객 한 명이 함께 내린 것이다. 그는 젊은 남자로, 꺼칠한 수염이 덥수룩하고, 사흘은 씻지도 못한 듯했으며, 충혈된 놀란 눈에 아무 짐도 없이 다소 기이한 차림을 하고 있었다. 그 남자는 통이 긴 양털 모자를 쓰고, 파자마 위에 소매가 없는 펠트 외투를 입고 있었으며, 산 지 얼마 안 된 듯한 짙은 푸른 가죽 슬리퍼를 신고 있었다. 그가 비행기 객실에서 바깥으로 이어지는 임시계단을 내려와 땅에 발을 딛자마자 미리 나와 있던 수사관들이 그를 체포했다. 잠시 뒤 잊을 수 없는 바리에테의 지배인 스툐파 보그다노비치 리호데예프는 조사를 받았다. 그는 새로운 정보들을 던져주었다. 볼란드는 스툐파 리호데예프에게 최면을 걸고 마술사로 가장하여 바리에테에 침투했으며, 그런 다음 스툐파를 모스크바에서 도저히 믿기지 않을 만큼 먼 곳으로 감쪽같이 쫓아냈다는 것이 보다 분명해졌다. 이렇듯 증거는 더 늘어났지만, 그렇다고 해서 일이 수월해지지는 않았으며, 오히려 점점 더 어려워졌다고 할 수 있다. 스툐파 리호데예프를 골탕 먹인 이런 술책을 부리는 인물을 통제하기란 쉬운 일은 아니라는 게 명백했기 때문이다. 아무튼 리호데예프는 그의 요청에 따라 안전한 방에 구금되었다. 그리고 이틀 가까이 흔적도 없이 사라졌다가 자기 아파트로 돌아와 바로 체포된 바레누하가 심문을 받았다.

매니저는 아자젤로에게 더 이상 거짓말하지 않겠다고 약속했으면서 또 처음부터 거짓말을 했다. 그렇다고 해서 그를 너무 심하게 비난할 수도 없다. 아자젤로는 그가 전화상으로 거짓말을 하거나 못된 짓을 하는 것을 금지했을 뿐이고, 지금 매니저는 문제의 전화를 사용하지 않고 이야기하고 있으니 말이다. 이반 사벨리예비치는 눈을 이리저리 굴리며 이렇게 주장했다. 목요일 낮 그는 바리에테의 자기 사무실에서 혼자 고주망태가 되도록 술을 마셨고, 그런 다음 어디론가 갔는데 거기가 어딘지는 기억나지 않는다. 어딘가에서 또 스타르카를 마셨고 그곳 또한 어딘지 기억이 안 나며, 어느 담장 아래에 쓰러졌는데 어디였는지는 역시 기억나지 않는다고 진술했다. 매니저에게 그가 지금 어리석고 무분별한 행동으로 중요한 사건의 수사를 방해하고 있으며, 그 대가는 톡톡히 치르게 될 것이라고 말하자, 바레누하는 펑펑 울기 시작했고, 주위를 둘러보며 떨리는 목소리로, 자신이 거짓말을 한 것은 볼란드 일당의 복수가 두려워서 순전히 공포에 질렸기 때문이고, 이미 그 손아귀에 한 번 놀아났으니 이제 제발 부탁이니 자신을 방탄 처리된 방에 가둬달라고 애원했다.

"이건 또 무슨 악마의 장난이야! 어떻게 하나같이 방탄실 타령이야!" 수사관 중 한 명이 투덜거렸다.

"그 악당 놈들한테 지독하게 당한 모양이군." 이바누시카를 찾아갔던 수사관이 말했다.

수사관들은 밀실에 들어가지 않아도 그를 보호해줄 거라는 둥 온갖 방법을 동원하여 바레누하를 안정시켰다. 그러자 안정을 찾은 바레누하가 다음과 같이 해명했다. 그는 담장 아래서 스타르카를 마신 적이 없으며 실은 두 남자에게 두들겨 맞았다. 하나는 송곳니가 튀어 나온 빨강 머리였고, 다른 하나는 뚱뚱하고⋯⋯.

"고양이를 닮은 사람 말인가요?"

"예, 맞아요, 맞아." 매니저는 겁에 질린 얼굴로 계속해서 주위를 두리번거리며 숭얼거렸다. 그러고는 이어서 자신이 뱀파이어 일원으로 50호 아파트에서 이틀 동안 지내면서 경리부장 림스키를 죽일 뻔한 사연을 털어놓았다.

그때 레닌그라드발 열차로 호송된 림스키가 들어왔다. 겁에 질려 덜덜 떨고 있는, 심리적으로 매우 불안해 보이는 백발노인에게서 예전의 경리부장 모습을 찾아내기란 쉽지 않았다. 게다가 그 어떤 진실도 밝히려 하지 않았으며, 이 점에서는 지독하게 고집스러웠다. 림스키는 한밤에 사무실 창가에서 헬라라는 사람을 본 적이 없고, 바레누하도 물론 보지 못했으며, 그저 기분이 좀 안 좋아서 아무 생각 없이 레닌그라드로 간 것이라고 주장했다. 그리고 병든 경리부장이 진술을 마치면서 자신을 방탄 처리된 방에 가둬달라고 부탁한 것은 두말할 필요도 없다.

안누시카는 아르바트 거리의 백화점에서 계산원에게 십 달러짜리 지폐를 내려고 하다가 체포되었다. 사도바야 거리의 아파트 창을 통해 어디론가 날아간 사람들과, 안누시카 본인의 말에 따르면 경찰에 갖다주려고 주운 말편자에 대한 이야기는 수사관들의 눈길을 집중시켰다.

"정말 그 말편자에 금과 다이아몬드가 박혀 있었습니까?" 안누시카에게 물었다.

"내가 다이아몬드도 모르는 줄 알아요?" 안누시카가 말했다.

"그런데 당신은 그가 십 루블짜리 지폐를 주었다고 하지 않았습니까?"

"내가 십 루블짜리 지폐도 모를까봐요?" 그가 대답했다.

"그런데 십 루블짜리 지폐가 언제 달러로 바뀐 거죠?"

"달러인지 뭔지 나는 몰라요. 달러 따윈 본 적도 없거든요."

안누시카는 째지는 목소리로 대답했다. "우리도 권리가 있다고요! 답례로 받으면 그걸로 사라사 천을 좀 사려고 했는데⋯⋯." 그러고는 5층에 부정한 기운을 끌어들인 것은 주택관리사무소이지 자신과는 아무 상관이 없으며,

그 부정한 기운 때문에 맘 편히 살 수가 없다는 둥 엉뚱한 소리를 늘어놓았다.

그래서 수사관은 안누시카를 가리키며 펜을 흔들었다. 그녀는 모두를 아주 질리게 만들었다. 수사관은 초록색 종이에 내보내도 좋다는 확인서를 써서 그녀에게 주었고, 그녀가 종이를 받아 들고 건물을 빠져나가자 모두 안도의 한숨을 내쉬었다.

그 다음에도 계속해서 사람들이 줄줄이 소환되었다. 그중에는 니콜라이 이바노비치도 있었다. 이제 막 체포된 그는 순전히 질투가 심한 아내가 어리석게도 새벽녘에 남편이 사라졌다고 경찰에 신고를 해서 잡혀온 것이다. 니콜라이 이바노비치가 사탄의 무도회에서 시간을 보냈다는 말도 안 되는 증명서를 책상 위에 내밀었을 때, 수사관들은 그다지 놀라지 않았다. 마르가리타 니콜라예브나의 벌거벗은 하녀를 등에 태우고 악마들이 모여드는 강으로 날아가서 수영을 한 일이나, 그 전에 마르가리타 니콜라예브나가 알몸으로 창가에 나타난 이야기도 하면서 니콜라이 이바노비치는 진실에서 조금 벗어나 있었다. 이를 테면 자신이 마르가리타가 벗어 던진 속옷을 들고 침실에 들어갔던 일이나, 나타샤를 비너스라고 부른 일은 굳이 얘기할 필요가 없다고 생각했다. 그의 말에 따르면, 나타샤가 창문을 통해 날아와서는 그의 등을 타고 모스크바 밖으로 끌고 갔다…….

"억지로, 어쩔 수 없이 간 겁니다. 순순히 따를 수밖에 없었습니다." 니콜라이 이바노비치가 말했다. 그리고 지금까지 한 얘기는 절대 아내에게 알리지 말아달라는 부탁과 함께 말도 안 되는 그 이야기를 마쳤다. 수사관들은 알리지 않겠다고 약속했다.

니콜라이 이바노비치의 진술에 따라 마르가리타 니콜라예브나와 그녀의 하녀 나타샤 역시 흔적도 없이 사라졌다는 사실이 확인되었고, 즉시 그들을 찾아내기 위한 조치가 취해졌다.

이처럼 수사가 한순간도 중단되지 않은 채 토요일 아침이 밝아왔다. 그 무렵 도시에서는 말도 안 되는 소문들이 퍼지면서 손톱만 하던 진실이 엄청난 거짓말로 부풀려져 있었다. 바리에테에서 마술공연이 있었고, 그 뒤 이천 명의 관객들이 모두 어머니 뱃속에서 나왔을 때처럼 벌거숭이 몸뚱이로 거리로 뛰어나왔으며, 경찰이 사도바야 거리에서 마술로 위조지폐 만드는 인쇄소를 적발했다든가, 오락부에서 요원 다섯을 납치했는데 경찰이 즉시 그 일당을 모두 찾아냈다든가, 이것들 말고도 굳이 되풀이하고 싶지도 않은 숱한 이야기들이 퍼져갔다.

그러는 동안 시간은 점심 때가 가까워졌고, 바로 그때 수사본부 전화벨이 울렸다. 사도바야 거리에서 걸려온 전화로, 저주스러운 그 아파트에서 다시 인기척이 났다고 알려왔다. 보고에 따르면, 아파트에서 누군가 창문을 열었고, 그 안에서 피아노 소리와 노랫소리가 들려왔으며, 창턱에 앉아 햇볕을 쬐는 검은 고양이를 보았다는 것이다.

무더운 오후 네 시경 사도바야 302-B동에서 멀지 않은 곳에 자동차 세 대가 서더니 사복을 입은 남자들이 무리를 지어 내렸다. 그들은 두 조로 나뉘어, 첫 번째 조는 건물 입구와 마당을 통해 곧바로 6번 출입구로 향했고, 다른 한 조는 평소에 못을 박아 막아 놓은, 뒷길로 이어지는 작은 쪽문을 열고 들어갔다. 그렇게 두 조는 저마다 다른 층계를 이용해 50호 아파트로 올라갔다.

같은 시각 코르비예프와 아자젤로는 아파트 주방에서 간단히 점심식사를 마치고 일어나려던 참이다. 덧붙이자면, 코로비예프는 이제 연미복이 아닌, 평상복 차림이었다. 볼란드는 평소처럼 침실에 있었고 고양이는 어디에 있는지 알 수 없었다. 다만 부엌에서 달그락거리는 냄비 소리로 미루어볼 때, 베헤모트는 늘 그랬듯이 부엌에서 장난을 치고 있다고 짐작할 수 있었다.

"계단에서 들리는 저 발소리는 뭐지?" 블랙커피가 담긴 찻잔을 스푼으로 저으며 코로비예프가 물었다.

"우릴 체포하러 왔나봐." 아자젤로가 이렇게 말하고는 코냑을 한 잔 들이켰다.

"아, 그래, 그런 것 같군." 코로비예프가 대답했다.

그때 중앙 계단으로 올라간 사람들은 이미 3층 층계참에 있었다. 층계참에서는 배관공 두 명이 스팀 난방기의 고무관을 만지작거리고 있었다. 도착한 사람들은 배관공과 의미심장한 눈짓을 교환했다.

"모두 집에 있습니다." 배관공 한 명이 망치로 배관을 두드리며 작은 소리로 말했다.

그러자 맨 앞에 가던 사람이 외투 속에서 검은 모제르 소총을 꺼내 들었고, 그 옆 사람은 곁쇠를 꺼냈다. 50호 아파트로 가는 사람들은 거의 모든 장비를 갖추고 있었다. 그중 두 사람의 주머니 속에는 한 번에 펼쳐지는 실크로 만든 가느다란 그물이 들어 있었다. 어떤 사람은 올가미가, 또 다른 사람은 거즈로 만든 입마개와 마취제 약병을 갖고 있었다.

삽시간에 50호 현관문이 열렸고, 남자들이 일제히 그 안으로 들이닥쳤다. 때마침 부엌에서 쾅 하는 요란한 문소리가 들려 뒷문으로 두 번째 조가 도착했음을 알 수 있었다.

비록 완전한 성공은 아니더라도, 이번만큼은 어느 정도 성공이 눈앞에 있었다. 순식간에 각 방으로 흩어진 사람들은 아무도 찾아내진 못했지만, 그 대신 식당에서 금방 점심을 먹다 만 것으로 보이는 흔적이 발견되었고, 거실의 벽난로 선반 위에는 크리스털 물병 옆에 어마어마하게 큰 검은 고양이가 앉아 있었다. 그 고양이는 발에 버너를 쥐고 있었다.

침입자들은 꽤 한참 동안을 아무 말 없이 그 고양이를 쳐다보았다.

"음…… 정말 굉장하군." 한 침입자가 중얼거렸다.

"못된 짓을 하는 게 아니야. 아무도 건드리지도 않았고, 버너를 고치고 있을 뿐이라고." 불쾌하다는 듯 얼굴을 찡그리며 고양이가 말했다. "그리고 미리 말해두지만, 예로부터 고양이는 함부로 건드리면 안 되는 동물이라고."

"어떻게 저럴 수가 있지." 침입자들 중 하나가 중얼거렸고, 또 다른 사람이 큰 소리로 분명하게 말했다.

"좋아, 함부로 건드려서는 안 되는 고양이 복화술사 님, 이리 좀 와 보시지!"

실크 그물이 회오리처럼 펼쳐졌다. 하지만 누군가 앗 하고 놀라는 바람에 그물을 던진 사람도 덩달아 놀라 허탕을 치고 말았다. 그가 날린 그물은 물병을 덮쳤고, 물병은 즉시 쨍그랑 소리를 내며 박살이 나고 말았다.

"벌금! 만세!" 고양이가 소리쳤다. 이어 고양이는 재빨리 버너를 옆에 내려놓고 등 뒤에서 브라우닝 권총을 꺼내 가장 가까이에 서 있는 사람에게 총구를 겨누었다. 하지만 방아쇠를 당기기 전에 상대방 손에서 번쩍하고 불꽃이 터졌고, 모제르 소총이 발사되자마자 고양이는 브라우닝 권총을 떨어뜨리고, 버너도 내던진 채 벽난로 선반에서 머리부터 바닥으로 쿵 떨어졌다.

"다 끝났군." 고양이는 힘없는 목소리로 말하고는 피가 흥건하게 고인 웅덩이에 고통스럽게 널브러졌다. "잠시 나를 혼자 있게 해주시오. 이 세상과 작별 인사를 할 수 있게. 오, 나의 친구, 아자젤로여!" 고양이는 피를 흘리며 신음했다. "넌 어디 있는가?" 고양이는 꺼져가는 눈빛으로 식당 문 쪽을 바라보았다. "너는 이 대등하지 못한 싸움의 순간에 나를 도우러 오지 않았다. 너는 코냑 한 잔에 이 불쌍한 베헤모트를 버렸어! 그래, 좋은 술이긴 하지. 하지만 내 죽음이 네게 양심의 가책을 느끼게 할 것이다. 내 브라우닝 권총을 너에게 남겨주겠다······."

"그물, 그물, 그물." 고양이 주위에서 사람들이 흥분한 목소리로 속삭였다. 그런데 그물은 어찌 된 일인지, 누군가의 주머니 속에서 걸려 나오려 하지 않았다.

"치명상을 입은 고양이를 구해줄 수 있는 유일한 건, 등유 한 모금뿐이지······." 고양이가 말했다. 그리고 사람들이 허둥대는 틈을 타서 버너의 둥근 구멍에 입을 대고 등유를 마셨다. 그 순간 왼쪽 앞발 아래서 흐르던 피가 멈췄다. 생기를 되찾은 고양이가 벌떡 일어나 버너를 옆구리에 끼고 다시 벽난로 위로 뛰어오르고는, 다시 벽지를 할퀴며 벽을 타고 올라갔다. 이 초 뒤에는 철제로 된 커튼걸이 횡목 위에 앉아 있었고 그 횡목은 침입자들 머리 위 높은 곳에 있었다.

두 손이 커튼을 재빨리 움켜쥐고 횡목과 함께 커튼을 뜯어냈다. 그러자 어두컴컴하던 방 안으로 햇빛이 쏟아져 들어왔다. 하지만 거짓말처럼 기운을 회복한 고양이도, 버너도 아래로 떨어지지 않았다. 고양이는 버너를 놓지 않은 채 절묘하게 허공을 가로지르며 방 한가운데 걸린 샹들리에로 펄쩍 뛰어올랐다.

"줄사다리 가져와!" 아래서 사람들이 소리쳤다.

"결투를 신청한다!" 고양이가 흔들리는 샹들리에를 타고 사람들 머리 위를 날아다니며 외쳤다. 그 발에는 다시 브라우닝 권총이 쥐어졌고, 버너는 샹들리에 사이에 끼워두었다. 고양이는 조준을 한 뒤, 마치 시계추처럼 침입자들 머리 위를 왔다 갔다 하면서 그들에게 총탄을 퍼부어댔다. 총성이 아파트를 뒤흔들었다. 샹들리에의 크리스털 조각들이 바닥에 우수수 떨어졌고, 벽난로 위에 있던 거울은 별 모양으로 금이 갔으며, 회반죽 먼지가 날아다니고, 탄피들이 바닥에 튕겨지고, 유리창이 박살나고, 총알이 관통한 버너에서 등유가 뿜어져 나오기 시작했다. 아무래도 고양이를 생포하기란 불가능해 보였다. 침입자들은 총격에 맞서 고양이 머리와 배, 가슴과 등을 조준하여 미친 듯이 모제르 총을 쏘아댔다. 그 총격 소리는 아스팔트 앞뜰에 나와 있던 사람들을 공포로 몰아넣었다.

하지만 총격전은 오래 지속되지 않았고 저절로 잠잠해지기 시작했다. 사실 이 총격전은 고양이에게도, 침입자들에게도 아무런 해를 입히지 않았다. 누구 하나 죽지 않았을 뿐 아니라 부상조차 입지 않았다. 고양이를 포함한 모두 아무런 상처도 입지 않았다. 침입자들 중 누군가 이 사실을 다시 한 번 확인하기 위해 그 저주스러운 짐승의 머리에 총탄을 다섯 발이나 퍼부었고, 고양이도 한바탕 대담하게 응수했다. 하지만 마찬가지로 아무도 해를 입지 않았다. 고양이는 샹들리에를 좀더 흔들어 차츰 진자의 운동 폭을 줄여갔다. 그러고는 무엇 때문인지 브라우닝 총구에 입김을 혹 불더니 자신의 앞발에 침을 뱉었다. 아래에 아무 말 없이 서 있던 사람들의 얼굴에 어리둥절해하는 표정이 떠올랐다. 무수한 총탄을 퍼부었음에도 불구하고 단 한 명의 사상자가 발생하지 않은 유일한 사건, 아니 유일한 사건들 중 하나가 벌어진 것이다. 물론 고양이의 브라우닝 총이 장난감이라 추측할 수도 있다. 하지만 침입자들의 모제르 소총에 대해서는 절대 그렇게 말할 수 없다. 고양이가 처음에 입은 부상은 마술이나 비열한 술책에 불과했음이 이제 의심할 여지 없이 분명해졌다. 등유를 마신 것 또한 마찬가지였다.

침입자들은 다시 한 번 고양이를 체포하려고 시도했다. 던진 올가미가 촛대 하나에 걸려 샹들리에가 떨어졌다. 그 요란한 소리에 건물이 온통 떠나갈 듯했으나 의도했던 성과는 이루지 못했다. 침입자들은 깨진 샹들리에 조각을 뒤집어썼지만, 고양이는 다시 공중을 가르며 벽난로 위에 걸린 황금빛 거울 틀 위 천장 바로 밑에 자리를 잡고 앉았다. 고양이는 도망칠 생각커녕, 비교적 안전한 곳에 자리를 잡고는 또 한차례 연설을 늘어놓기 시작했다.

"정말 이해할 수가 없군. 왜 나를 이렇게 거칠게 대하는 건지……." 고양이가 말했다.

하지만 이때 어디서 들려오는지 알 수 없는 묵직하고 낮은 목소리가 이제 막 시작한 연설을 가로막았다.

"아파트에서 무슨 일이 일어난 거야? 일을 할 수가 없잖아."

또 다른 기분 나쁜 코맹맹이 소리가 말했다.

"물론 베헤모트죠. 악마나 잡아가라지!"

제상의 갈라지는 목소리가 말했다.

"메시르! 토요일입니다. 태양이 기울고 있습니다. 떠날 시간입니다."

"미안하지만, 더 대화를 나눌 수 없게 되었소." "떠날 때가 됐거든." 거울 위에서 고양이가 말했다. 고양이는 브라우닝 총을 내던져 창문 유리가 둘로 갈라졌다. 남아 있는 등유를 아래로 쏟아 부었다. 그러자 등유는 저절로 불이 붙어 천장까지 불길을 뿜어 올렸다.

불길은 아무리 등유를 부었다고 해도 믿기 어려울 만큼 빠르고 강하게 올랐다. 벽지가 이내 연기를 뿜으며 타 들어갔고, 뜯겨 바닥에 떨어진 커튼에도 불이 붙었으며, 깨진 창문틀에서도 연기가 피어오르기 시작했다. 고양이는 야옹 소리를 낸 뒤 발에 용수철을 단 듯, 거울에서 창턱까지 펄쩍 뛰어내려 버너와 함께 창문 너머로 사라졌다. 밖에서 총성이 울려 퍼졌다. 보석상 부인의 아파트 창 옆에 있는 화재 대피용 철제 비상계단에 있던 남자가 고양이에게 총알을 퍼부어댔다. 고양이는 'ㄷ' 자로 지어진 건물 모서리의 수도관을 향해 창턱에서 창턱으로 뛰어갔다. 그러고는 수도관을 타고 지붕으로 기어 올라갔다. 그곳에서 굴뚝을 지키고 있던 경비병들 또한 안타깝게도 아무 성과 없이 총탄을 퍼부어댔다. 고양이는 도시를 붉게 물들이며 저물어가는 태양 속으로 사라졌다.

그 시각 아파트 안에서는 침입자들 발아래서 쪽마루가 갑자기 타오르기 시작했다. 화염 속 고양이가 부상을 입은 척하면서 뒹굴던 바로 그 자리에서 턱을 치켜들고 유리알 같은 눈을 뜨고 있는 전(前) 남작 마이겔의 시체가 발견되었다. 그를 불길에서 끌어내는 것은 불가능했다.

거실에 있던 사람들은 불이 붙은 쪽마루 조각들을 건너뛰어 연기가 나는 어깨와 가슴을 손바닥으로 두들기면서 서재와 현관으로 물러났다. 식당과 침실에 있던 사람들은 복도를 통해 뛰쳐 나갔고, 부엌에 있던 사람들도 뛰어나와 현관으로 달려갔다. 거실은 이미 화염과 연기로 가득했다. 나가면서 누군가가 소방서에 전화를 걸어 수화기에 대고 짧게 소리쳤다.

"사도바야, 302—B!"

더 이상 지체할 수 없었다. 불길은 현관까지 터져 나왔고, 숨 쉬기가 힘들었다.

마법에 걸린 아파트의 깨진 유리창에서 가느다란 첫 연기가 빠져나옴과 동시에 뜰에서 사람들의 절망스러운 외침이 들려왔다.

"불이야! 불! 다 타고 있어!"

아파트 건물 안 여기저기서 사람들이 전화기에 대고 소리치기 시작했다.

"사도바야! 사도바야, 302-B!"

도시 전역에서 달려온 빨갛고 긴 차량들이 내는 심장 떨리게 하는 사이렌 소리가 온 사도바야 거리에 울려 퍼지기 시작했을 때, 뜰에서 우왕좌왕하던 사람들은 5층 창문을 통해 남자로 보이는 검은 실루엣 세 개와 벌거벗은 여자 실루엣 하나가 연기와 함께 밖으로 날아가는 것을 보았다.

제28장

코로비예프와 베헤모트의 마지막 모험

그 형체들이 정말로 있었는지, 아니면 사도바야 거리의 그 불길한 아파트에 사는 공포에 질린 주민들의 눈에 그렇게 보인 것인지는 정확하게 말할 수 없다. 만일 정말로 있었다 해도 그들이 어디로 갔는지, 그것을 아는 사람도 아무도 없었다. 그들이 어디에서 헤어졌는지 역시 우리는 알 수 없다. 하지만 우리는 사도바야 거리의 화재가 시작되고 십오 분쯤 뒤에 스몰렌스키 시장에 있는 외국인 상점의 거울문 앞에 체크무늬 양복을 입은 키가 크고 비쩍 마른 남자 시민과 까맣고 커다란 고양이가 나타났다는 것은 알고 있다.

행인들 사이를 교묘하게 빠져나온 남자가 상점 문을 열었다. 하지만 작은 몸집에 뼈가 앙상하고 지독하게 심술궂은 얼굴을 한 수위가 길을 막고 화를 내듯 말했다.

"고양이는 데리고 들어갈 수 없소!"

"실례지만," 홀쭉한 사내가 갈라진 목소리로 말하면서, 마치 귀가 어두운 사람처럼 마디가 굵은 손을 귀에 갖다 댔다. "고양이라니요? 어디에 고양이가 있다는 거죠?"

수위는 눈을 휘둥그렇게 떴다. 정말로 고양이가 보이지 않았기 때문이었다. 대신, 그 사내의 어깨 뒤에서 다 해진 챙모자를 쓴, 분명 어딘가 고양이를 닮은 얼굴의 뚱뚱한 남자가 불쑥 튀어나오더니 가게 안으로 들어가려 했다. 그 뚱뚱한 남자는 두 손으로 버너를 들고 있었다.

안 그래도 사람을 별로 좋아하지 않았던 수위에게 그 두 손님은 왠지 마음에 들지 않았다.

"우리 가게는 외화만 취급합니다." 그는 마치 좀 먹은 듯 성기고 하얀 털이 섞인 눈썹 밑으로 화가 난 듯 두 사람을 노려보며 쉰 목소리로 말했다.

"이것 봐요." 한쪽 알에 금이 간 코안경 너머로 눈을 반짝이면서 홀쭉한 남자가 갈라진 목소리로 말했다. "당신은 왜 나한테 외화가 없다고 생각하시는 거죠? 사람을 옷차림만 보고 판단하시는 겁니까? 친애하는 수위님, 절대로 그래서는 안 됩니다! 당신은 지금 실수를 하고 계시는 겁니다. 그것도 아주 큰 실수를. 그 유명한 칼리프 하룬—알—라쉬드*1의 이야기라도 다시한 번 읽어보시는 게 어떻겠습니까. 아니, 그 이야기는 잠시 제쳐놓고, 당신께 이런 말씀을 드리고 싶습니다. 나는 이곳 책임자에게 조금 전 있었던 일에 대해 이야기해서 댁이 이 빛나는 거울문 사이, 당신이 차지하고 있는 이 공간이 더 이상 당신의 자리가 되지 않도록 할 생각입니다."

"이 버너 안에 외화가 가득 차 있을지 누가 알아." 고양이처럼 생긴 뚱뚱한 사내도 흥분하며 대화에 끼어들었고, 다시 가게 안으로 들어가려 했다.

그들 뒤로 벌써부터 기다리고 있던 사람들이 화를 내고 있었다. 수위는 분함과 의심이 섞인 눈초리로 그 이상하기 짝이 없는 두 사내를 쳐다보며 한쪽으로 물러섰고, 우리의 친구들 그러니까 코로비예프와 베헤모트는 가게 안으로 들어갔다. 가게에 들어선 그들은 먼저 주위를 둘러보았다. 그리고 가게 구석구석까지 들릴 만큼 낭랑한 목소리로 코로비예프가 말했다.

"멋진 상점이로군! 아주, 아주 훌륭해!"

판매대 앞에 서 있던 사람들이 고개를 돌려 깜짝 놀란 눈으로 목소리의 주인을 쳐다보았는데 그가 가게를 칭찬한 데에는 충분히 그럴 만한 이유가 있었다.

격자 선반 안에는 형형색색의 최고급 옷감 수백 필이 놓여 있었고, 맞은편에는 캘리코, 시폰, 그리고 연미복용 옷감들이 산더미같이 쌓여 있었다. 층층이 쌓아올린 구두 상자들이 가게 안쪽까지 늘어서 있었으며, 몇몇 여자들이 낮은 의자에 앉아 오른발엔 다 닳은 낡은 구두를, 왼발에는 반짝거리는 새 구두를 신고 조심스럽게 카펫을 밟아보고 있었다. 어딘가 한쪽 구석에서 축음기의 음악이 들려오고 있었다.

그러나 코로비예프와 베헤모트는 이 모든 화려한 물건들을 모두 그냥 지나쳐 곧장 식품 코너와 과자 코너가 있는 지점으로 향했다. 그곳은 무척 넓어서 옷감 코너에서처럼 스카프를 하거나 베레모를 쓴 여자들이 판매대 앞

---

*1 〈천일야화〉에 등장하는 왕. 거지 차림으로 바그다드 시내를 돌아다니며 백성들을 왕궁으로 초대했다.

으로 몰려들지 않아 무척 한가로웠다.

작달막한 정사각형 몸매에 얼굴에는 파르스름한 면도자국과 뿔테안경, 그리고 구김은커녕 리본에 주름 하나 가지 않은 새 모자를 쓰고 연보랏빛 외투를 입고 붉은 가죽 장갑을 낀 남자가 판매대 앞에 서서 위압적인 태도로 중얼거리고 있었다. 깨끗한 흰색 가운에 파란색 모자를 쓴 판매원이 그 연보랏빛 외투를 입은 고객을 응대하고 있었다. 판매원은 레비 마트베이가 훔친 것과 아주 비슷하게 생긴 날카로운 칼로 기름이 올라 아직 팔딱거리고 있는 장밋빛 연어의 뱀가죽을 닮은 은빛 껍질을 벗겨냈다.

"이 코너도 아주 근사하군," 코로비예프가 엄숙하게 인정했다. "외국인들도 인상이 좋고," 그는 연보랏빛 외투의 등을 다정하게 손가락으로 가리켰다.

"아니야, 파고트, 아니야." 베헤모트가 생각에 잠겨 말했다. "이봐, 친구, 자네가 잘못 봤어. 내 생각엔, 저 연보라색 신사의 얼굴에는 뭔가 아쉬운 것처럼 보여."

연보라색 외투의 등이 흠칫했다. 하지만 아마도 그건 우연이었을 것이다. 외국인이라면 러시아어로 말하고 있는 코로비예프와 그의 친구의 말을 알아들을 리 없을 테니 말이다.

"조흔 거지?" 연보랏빛 외투의 손님이 무뚝뚝하게 물었다.

"최상품입니다!" 판매원은 아첨하듯 날카로운 칼끝으로 물고기의 껍질 밑을 살짝 건드리며 대답했다.

"조흔 거 좋아, 나쁜 거 안 돼." 외국인이 단호한 어조로 말했다.

"그야 물론이지요!" 판매원이 열광적으로 대답했다.

우리의 친구들은 외국인과 연어를 뒤로 하고 과자 코너로 향했다.

"오늘은 정말 덥군요." 코로비예프가 뺨이 붉은 젊은 여자 판매원에게 말을 걸었지만 그녀는 아무 대꾸도 하지 않았다. "귤은 얼마죠?" 코로비예프가 다시 그녀에게 물었다.

"1킬로그램에 30코페이카예요." 여자 판매원이 대답했다.

"전부 너무 비싸군." 코로비예프가 한숨을 쉬며 말했다. "아, 아……" 그는 잠시 생각하더니 동료에게 권했다. "베헤모트, 좀 먹어봐."

그러자 뚱뚱보가 버너를 겨드랑이에 끼고 피라미드처럼 쌓아올린 귤 더미의 제일 위에 있는 귤 하나를 집어들어, 그대로 껍질째 먹어치우고는, 두 개째 귤을 향해 손을 뻗었다.

순간 여자 판매원은 극심한 공포에 사로잡혔다.

"당신들 미쳤어요?" 뺨의 홍조를 잃은 그녀가 소리쳤다. "영수증을 주셔야죠! 영수증을!" 흥분한 그녀는 과자 집게를 떨어뜨렸다.

"이봐요, 귀여운 아가씨," 코로비예프가 판매대 앞으로 몸을 내밀고 여자 판매원에게 눈을 찡긋하고는 쉰 목소리로 말했다. "우리가 오늘은 외화가 없어요…… 그러니 어떻게 하겠어! 하지만 맹세하지. 다음 번에, 그러니까 늦어도 월요일까지는 전부 현금으로 갖다주지! 우린 집도 여기서 가까워요. 사도바야 거리, 그러니까 화재가 난……."

귤을 세 개째 먹어치운 베헤모트는 초콜릿을 절묘하게 쌓아올린 구조물에 앞발을 뻗어 아래쪽에 있던 초콜릿 하나를 빼냈다. 당연히 구조물은 무너져버렸고, 베헤모트는 초콜릿을 금박 포장지째로 삼켜버렸다.

생선 코너 판매원들이 손에 칼을 쥔 채로 돌처럼 굳어졌고, 연보랏빛 외국인도 강도들 쪽으로 고개를 돌렸다. 그러자 베헤모트의 말이 틀렸다는 사실이 드러났다. 연보랏빛 외국인의 얼굴에는 뭔가 아쉬운 것이 아니라, 오히려 그 반대로 불필요한 것들이 있었다, 축 처진 뺨과 여기저기 두리번거리는 두 눈.

완전히 얼굴이 노랗게 질린 여자 판매원은 상점이 떠나가도록 소리쳤다.

"팔로시치! *² 팔로시치!"

그 비명 소리에 옷감 코너에 있던 사람들이 몰려왔고, 베헤모트는 과자의 유혹에서 벗어나 '케르치*³산 최상급 청어'라는 팻말이 붙은 나무통에 앞발을 담그더니 청어 두 마리를 끄집어내 한입에 집어삼킨 뒤 꼬리만 뱉어냈다.

"팔로시치!" 과자 코너에서 절망적인 외침이 계속해서 들려왔고, 생선 코너에서는 삼각형 모양의 수염을 기른 남자 판매원이 버럭 소리를 질렀다.

"지금 뭐 하는 거야?" 이 도둑놈아!

그때 파벨 요시호비치가 사건 현장으로 급히 달려오고 있었다. 그는 외과의사처럼 깨끗한 흰 가운을 입은 건강한 남자로, 가운 윗주머니에는 연필이

---

*2 '파벨'의 애칭.

*3 동부 크림 지방의 항구 도시.

꽂혀 있었다. 파벨 요시호비치는 경험이 많은 사람임이 분명했다. 베헤모트의 입에서 세 마리째의 청어 꼬리를 본 그는 순식간에 상황을 파악했고 모든 것을 이해했다. 그는 그 철면피한 인간들과는 말도 섞지 않고 멀리 손을 흔들어 지시했다.

"호루라기를 불어!"

그러자 거울문 앞에 서 있던 수위가 스몰렌스키 시장 골목으로 뛰어 나가면서 불길한 기운의 호루라기를 불기 시작했다. 사람들이 불한당들을 둘러싸기 시작했고, 그때 코로비예프가 사건을 중재하고 나섰다.

"시민 여러분!" 그가 떨리는 가느다란 목소리로 외쳤다. "과연 이게 어떻게 된 일일까요? 네? 여러분께 묻고 싶습니다! 여기 이 불쌍한 남자는," 코로비예프는 목소리를 떨며, 금방이라도 울음을 터뜨릴 것 같은 표정을 짓고 있는 베헤모트를 가리켰다. "이 불쌍한 남자는 하루 종일 버너를 수리했습니다. 배를 곯으면서요……. 그러니 그가 대체 어디서 외화를 구할 수 있겠습니까?"

평소에는 진중하고 침착한 파벨 요시호비치였지만 이번만큼은 무섭게 고함쳤다.

"그따위 소린 집어치워!" 그리고는 조급하게 먼 곳을 향해 손을 흔들었다. 그러자 문가에서 호루라기 소리가 더욱 경쾌하게 울려퍼졌다.

하지만 코로비예프는 파벨 요시호비치의 등장에도 당황하지 않고 계속해서 말을 했다.

"도대체 어디서 말입니까? 전 여러분 모두에게 질문을 드리는 겁니다! 그는 굶주림과 갈증에 시달렸습니다. 너무 더웠던 겁니다. 그래서 이 가난한 남자는 귤을 하나 집어 먹었습니다. 그 귤 다해봐야 3코페이카밖에 안 됩니다. 그런데 저들은 마치 봄에 숲에서 꾀꼬리가 울어대듯 호루라기를 불어대고 경찰들을 소란스럽게 해 그들 본연의 업무를 방해하고 있습니다. 그럼 저 사람은 괜찮단 말입니까? 예?" 코로비예프는 연보랏빛 뚱보를 가리켰고, 그 순간 그의 얼굴에 극도로 불안한 기색이 떠올랐다. "저 사람은 대체 누구일까요? 예? 어디서 왜 왔을까요? 무슨 목적으로? 저 사람이 없으면, 우리가 외롭기라도 하답니까? 아니면 우리가 이 사람을 초대하기라도 했나요?" 전직 성가대 지휘자는 냉소적으로 입을 비죽거리며 목청이 터져라 부르짖었다. "물론 저 사람은 보시다시피 화려한 연보랏빛 양복을 입고 있고, 볼이 터지도록 연어를 먹어댔고, 외화를 주머니 가득 가지고 있습니다. 하지만 이 친구는, 이 친구는 어떻습니까?! 전 정말 씁쓸합니다! 씁쓸해요! 씁쓸하다고요!" 코로비예프는 마치 옛날 결혼식에서 들러리가 그러는 것처럼 울부짖었다.

이 어리석기 짝이 없고 정치적으로 해롭기까지 한 연설은 파벨 요시호비치를 분노에 떨게 만들었다. 하지만 몰려든 군중들의 눈빛에서 꽤 많은 사람들이 그 연설에 공감하고 있음을 알 수 있었다! 그뿐만 아니라, 베헤모트가 다 해서 구멍 난 더러운 소매를 눈가에 대며 비극적인 목소리로 외쳤다. "고맙다, 너는 진정한 친구야, 고통 받는 사람의 편을 들어주다니!" 그리고 그때 기적이 일어났다. 과자 코너에서 아몬드 파이 세 개를 구매한, 남루하지만 깨끗하게 옷을 차려입은 아주 점잖고 고상해 보이는 한 노인이 갑자기 돌변한 것이다. 노인은 투지에 불타는 눈길로 얼굴을 붉히더니 파이가 든 봉지를 바닥에 내던지며 외쳤다. "옳소!" 그의 목소리는 어린 아이처럼 가늘었다. 이어 베헤모트가 망가뜨린 초콜릿 에펠탑의 잔해를 받치고 있던 쟁반을 잡아 빼 사방으로 초콜릿을 흩뜨리고는, 왼손으로 외국인의 모자를 벗겨버리고, 오른손으로 쟁반을 휘둘러 외국인의 대머리를 후려쳤다. 트럭에서 철판이 바닥으로 쏟아질 때 나는 것과 같은 요란한 소리가 울려 퍼졌다. 뚱보 외국인은 얼굴이 하얗게 질린 채 뒤로 벌러덩 넘어져 케르치산 청어가 담긴 커다란 나무통에 주저앉았고, 청어를 절인 소금물이 분수처럼 솟아올랐다. 그리고 바로 그때 두 번째 기적이 일어났다. 나무통에 빠진 연보랏빛 외국인이 외쳤다. 외국인 발음이 전혀 섞이지 않은 것이다.

"사람 살려! 경찰! 저 강도들이 나를 죽이려고 해요!" 너무 큰 충격을 받은 나머지 조금 전까지만 해도 전혀 모르던 언어에 갑자기 능통해진 것이 분명했다.

그때 수위의 호루라기 소리가 멈췄고, 흥분한 손님들의 무리 속에서 경찰 헬멧 두 개가 어른거리며 다가왔다. 그러자 교활한 베헤모트가 마치 목욕탕에서 의자 위에 물을 뿌리듯 버너에 들어 있던 등유를 과자 판매대에 뿌렸고 등유는 저절로 타올랐다. 불길은 위쪽으로 치솟았고, 과일 바구니의 알록달록한 종이 리본을 집어삼키며 판매대를 따라 내달렸다. 여자 판매원들이 날카로운 비명을 지르며 판매대 뒤에서 튀어나왔다. 그 순간 창문의 리넨 커튼에 불이 붙었고, 바닥에서는 등유가 번져 활활 타오르기 시작했다. 군중들은 일제히 절망적인 비명을 지르며, 더 이상 쓸모가 없어진 파벨 요시호비치를 밀치고 과자 코너에서 나와 밖으로 몰려 나갔다. 생선 코너에 있던 판매원들은 날카롭게 간 칼을 손에 쥐고 줄지어 뒷문을 향해 달려갔다. 통에서 겨우 빠져나온 연보랏빛 남자는 온통 청어 국물에 절여진 채 판매대 위의 연어를 뛰어넘어 도망치는 판매원들의 뒤를 쫓아갔다. 한꺼번에 밀려드는 사람들로 출구의 거울문이 쨍그랑소리를 내며 산산조각 났다. 그러는 사이 두 악당, 그러니까 코로비예프와 대식가 베헤모트는 모습을 감추었는데 어디로 사라진 것인지 알 수 없었다. 후에 스몰렌스키 시장의 외국인 상점 화재 사건 당시 현장에 있었던 사람들의 말에 따르면, 그 두 불량배들은 천장 바로 아래로 날아오르더니 마치 아이들이 가지고 노는 풍선처럼 펑 하고 터져버렸다는 것이다. 정말로 그런 일이 일어났는지는 아주 의심스럽지만, 우리도 알 수 없는 일이니 뭐라고 할 수도 없다.

하지만 우리는 스몰렌스키 시장에서 사건이 일어나고 정확히 1분 뒤, 베헤모트와 코로비예프가 다름 아닌 그리보예도프 숙모 집 앞 가로수 길에 나타났다는 것은 알고 있다. 코로비예프가 울타리 앞에 멈춰서서 말했다.

"흠! 이게 바로 그 작가의 집이란 말이지! 이봐, 베헤모트, 나는 이 집에 대한 좋은 소문이나 칭찬하는 말을 아주 많이 들었다네. 이 집을 주의깊게 잘 보라고. 저 지붕 아래 재능 있는 수많은 작가들이 숨어 자라고 있다는 걸 생각하면 정말 기분이 좋아진단 말이야."

"온실의 파인애플처럼 말이지." 베헤모트가 말하더니 둥근 기둥이 늘어선 크림색 건물을 좀더 깊이 음미하기 위해 철제 울타리의 콘크리트 받침돌 위로 기어 올라갔다.

"바로 그거야." 언제나 함께 하는 단짝, 베헤모트의 말에 동의했다. "지금 이 집에서 미래의 《돈키호테》나 《파우스트》, 혹은, 악마가 잡아갈 테면 잡아가라지, 《죽은 혼》*⁴의 작가들이 여물어 가고 있다고 생각하면, 달콤하고도 무서운 느낌이 가슴 속에 복받쳐 오른다니까! 그렇지 않나?"

---

*4 러시아작가 니콜라이 고골(1809~1852)의 장편소설.

"생각만 해도 끔찍한 일이지." 베헤모트가 맞장구 쳤다.

"그래." 코로비예프가 말을 이었다. "자신의 삶을 바쳐 멜포메네*5와 폴리힘니아,*6 탈리아*7에게 봉사하기로 결심한 수천 명의 고행자들이 저 지붕 아래 온실에서 하나가 되었으니, 정말 놀라운 작품을 기대해도 좋을 거야. 저들 중 누군가가 첫 작품으로 독자들에게 《검찰관》*8을 내놓았을 때, 아니면 최소한 《예브게니 오네긴》을 내놓았을 때, 어떤 소동이 벌어질지, 자네 상상이나 할 수 있겠나!"

"그야 물론이지." 베헤모트는 다시 한 번 맞장구 쳤다.

"그래." 코로비예프가 말을 이었으며 뭔가 걱정스러운 듯 집게손가락을 치켜들었다. "하지만! 하지만, 나는 이 단어를 되풀이해 말하겠네, 하지만! 만일 연약한 온실의 식물에 어떤 미생물이 덮쳐서 그 뿌리를 갉아먹는다면, 그래서 썩기 시작한다면! 파인애플에도 그런 일이 생기지 않느냐 말이야! 아, 아, 그건 정말 흔히 있는 일이지!"

"잠깐." 베헤모트가 울타리에 난 구멍 사이로 둥근 머리통을 밀어넣으며 물었다. "저기 베란다에서 사람들이 지금 뭘 하고 있는 거지?"

"식사를 하고 있지." 코로비예프가 설명해주었다. "한 가지 덧붙이자면, 친구, 여기엔 꽤 훌륭하고 음식 값도 저렴한 레스토랑이 하나 있다네. 그건 그렇고, 먼 여행길을 앞둔 여행객들이 그렇듯이, 살짝 요기를 하고 차가운 잔에 담긴 맥주 한잔 하고 싶다는 생각이 드는군."

"나도 마찬가지야." 베헤모트가 대답했다. 그리고 두 악당은 보리수나무 숲이 내려다보이는 좁은 아스팔트 길을 따라, 불행을 전혀 예감하지 못하고 있는 레스토랑의 테라스를 향해 걸음을 옮겼다.

초록빛 넝쿨이 드리워진 테라스 입구에는 창백한 얼굴의 격자 울타리에 지루해 보이는 한 여성이 흰 양말에, 역시 흰 장식물이 달린 베레모를 쓰고서 비엔나풍 의자*9에 앉아 있었다. 여성 앞에 놓인 소박한 탁자 위에는 두

---

*5 그리스신화에 등장하는 아홉 뮤즈 중 하나로, 비극을 관장하는 뮤즈.

*6 종교적인 시를 관장하는 뮤즈.

*7 니콜라이 고골의 유명한 희곡.

*8 니콜라이 고골의 유명한 희곡.

*9 등받이를 둥글게 세공한 의자.

툼한 장부가 놓여 있었다. 여성은 무슨 이유인지 알 수 없지만, 그 장부에 레스토랑으로 들어가는 사람들을 기록하고 있었다. 바로 그 여성이 코로비예프와 베헤모트를 멈춰 세웠다.

"신분증 좀 보여주시겠어요?" 그녀는 놀란 표정으로 코로비예프의 코안경과 베헤모트의 버너, 그리고 너덜너덜한 베헤모트 셔츠의 팔꿈치를 쳐다보았다.

"대단히 죄송합니다만, 무슨 신분증을 말씀하시는 거지요?" 코로비예프가 놀라며 물었다.

"작가세요?" 이번에는 여성이 물었다.

"그야 물론이죠." 코로비예프가 위엄 있게 대답했다.

"그럼 신분증은?" 여성이 다시 물었다.

"아름다운 아가씨……." 코로비예프가 다정하게 말했다.

"나는 아름다운 아가씨가 아니에요." 여성이 그의 말을 끊었다.

"오, 그것 참 안됐군요." 코로비예프가 실망한 듯 대꾸하고는 이어서 말했다. "그럼 어쩌겠소, 아름다운 여인이 되는 게 정 싫으시다면 안 하셔도 됩니다. 그건 그렇고 도스토옙스키가 작가라는 사실을 확인하기 위해 그에게 신분증을 보여달라고 할 필요가 있을까요? 그의 소설 중 아무 작품이나 가져다 다섯 페이지만 읽어보십시오. 그럼 신분증 따위 없어도, 그가 작가라는 걸 확신하게 될 겁니다. 게다가 나는 도스토옙스키는 신분증 같은 건 있지도 않았을 거라고 생각합니다! 자넨 어떻게 생각하나?" 코로비예프가 베헤모트에게 물었다.

"당연히 없었지." 베헤모트는 버너를 장부 옆에 올려놓고, 그을음으로 시커메진 이마의 땀을 한쪽 팔로 닦아내며 대답했다.

"당신들은 도스토옙스키가 아니잖아요." 코로비예프의 말에 혼란스러워진 여성이 말했다.

"그건 모르는 일이지요. 그걸 어떻게 알겠습니까." 코로비예프가 대답했다.

"도스토옙스키는 죽었어요." 여성이 말했다. 하지만 이제까지와는 달리 그다지 확신하는 듯한 목소리가 아니었다.

"이의 있소!" 베헤모트가 격한 어조로 소리쳤다. "도스토옙스키는 불멸이오!"

"신분증을 보여주세요." 여성이 말했다.

"세상에, 어떻게 이런 우스꽝스러운 일이." 코로비예프가 물러서지 않고 말했다. "작가는 신분증이 아니라, 그가 무엇을 쓰는가에 따라 결정되는 거라고요! 지금 내 머릿속에 어떤 구상이 떠오르고 있는지 당신이 아십니까? 아니면 이 머릿속은?" 그는 베헤모트의 머리를 가리켰다. 그러자 그는 마치 여성이 좀더 잘 살펴볼 수 있게 하려는 듯 쓰고 있던 모자를 벗어 보였다.

"좀 비켜주세요." 이미 짜증이 날 대로 난 여성이 말했다.

코로비예프와 베헤모트는 한쪽으로 물러서서, 회색 양복을 입은 어떤 작가에게 길을 비켜주었다. 그는 넥타이를 매지 않은 채로 흰 여름 셔츠 깃을 양복 재킷 위로 내어 입고, 겨드랑이에는 신문을 끼고 있었다. 작가는 살갑게 여성에게 고개를 끄덕이더니 방명록에 구불구불 뭔가를 휘갈겨 쓴 뒤 테라스로 향했다.

"이런 세상에, 우린 안 되는군, 우린 안 돼." 코로비예프가 슬픈 목소리로 말했다. "저 작자는 우리 같은 방랑자들이 그토록 꿈꾸던, 얼음 같이 차가운 잔에 담긴 맥주를 손에 넣는데, 처량하고 고달픈 신세여. 이제 어떻게 해야 할지 모르겠군."

베헤모트는 슬픈 얼굴로 두 손을 벌리더니 꼭 고양이털처럼 생긴 머리털이 무성하게 자라 있는 둥근 머리에 모자를 썼다. 그리고 바로 그 순간 작지만 위엄 있는 목소리가 여성의 머리 위에서 울렸다.

"들여보내세요, 소피야 파블로브나."

방명록을 들고 있던 여성은 깜짝 놀랐다. 격자 울타리에 드리워진 초록 넝쿨 사이로 흰 연미복을 입은 해적의 흰 가슴과 쐐기 모양 턱수염이 나타난 것이다. 그는 지저분하고 수상쩍은 두 사람을 반가운 눈길로 쳐다보았고, 어서 안으로 들어오시라는 몸짓을 하며 정중하게 고개를 숙이기까지 했다. 레스토랑 경영자로서 아르치발트 아르치발도비치의 권위는 누구도 거스를 수 없는 것이었기에 소피야 파블로브나는 코로비예프에게 정중하게 물었다.

"성함이 어떻게 되세요?"

"파나예프*¹⁰입니다." 코로비예프가 점잖은 목소리로 대답했다. 여성은 방명록에 이름을 기록하고는 베헤모트에게도 질문하듯 눈길을 들어 올렸다.

"스카비쳅스키*¹¹입니다." 베헤모트는 무슨 이유 때문인지 자신의 버너를 가리키며 날카로운 목소리로 말했다. 소피야 파블로브나는 그 이름도 기록하고는 두 사람이 서명할 수 있도록 방명록을 내밀었다, 그러자 코로비예프는 '파나예프' 옆에 '스카비쳅스키'라 썼고, 베헤모트는 '스카비쳅스키' 옆에 '파나예프'라고 서명했다.

자신의 말에 놀란 소피야 파블로브나는 아랑곳 없이 아르치발트 아르치발도비치가 매혹적인 미소를 지으며 손님들을 테라스 안쪽 끝에 있는 가장 좋은 자리로 안내했다. 그 자리는 그늘이 짙게 드리워져 있었고, 격자 울타리에 드리워진 넝쿨 사이로 햇빛이 반짝이고 있었다. 소피야 파블로브나는 놀라움에 두 눈을 깜빡이며 느닷없이 들이닥친 방문객들이 방명록에 적어 놓은 이상한 서명을 한참 동안 들여다보고 있었다.

아르치발트 아르치발도비치는 소피야 파블로브나 못지않게 웨이터들까지도 놀라게 했다. 그는 코로비예프가 자리에 앉도록 직접 의자를 빼주더니 한 웨이터에게 눈짓을 하고, 또 다른 웨이터의 귓가에 무슨 말인지 속삭였다. 그러자 두 웨이터는 바지런히 움직이며 새로 온 손님들 시중을 들기 시작했다. 그때 두 손님 중 하나가 주황색 자기 신발 옆 바닥에 버너를 내려놓았다.

누런 얼룩과 주름투성이인 낡은 테이블보가 순식간에 사라지고, 베두인족*¹²의 외투처럼 풀 먹인 새 하얀 식탁보가 허공으로 춤추듯 날아올랐다. 아르치발트 아르치발도비치는 몸을 기울여 코로비예프의 귀에 대고 작지만 매우 의미심장한 목소리로 속삭였다.

"어떤 걸로 모실까요? 아주 특별한 철갑상어 훈제요리가 있는데…… 건축가 학회에서 얻어온 것이지요……."

"글쎄요…… 그럼…… 일단 오르되브르부터 부탁드립니다……." 의자 등받이에 있는 대로 몸을 젖히고 앉아 있던 코로비예프가 마치 잘 아는 사람을 대하듯 중얼거렸다.

"알겠습니다." 아르치발트 아르치발도비치는 눈을 감아 보이며 의미심장하

---

*10 19세기 초중반 러시아의 이류 작가.

*11 19세기 중후반 러시아의 이류 비평가.

*12 사막에서 유목 생활을 하는 아랍인.

게 대답했다.

수상하기 짝이 없는 방문객들을 대하는 경영자의 태도를 본 웨이터들은 모든 의심을 버리고 성실하게 일하기 시작했다. 베헤모트가 주머니에서 담배꽁초를 꺼내 입에 물자 한 웨이터가 재빨리 성냥을 내밀었다. 또 다른 웨이터가 초록빛 유리잔을 쨍그랑거리며 날듯이 다가와 식기 옆에 작은 술잔과 와인잔, 받침이 달린 얇은 고블렛 잔들을 테이블 위에 늘어놓았다. 천막 아래서 이 고블렛 잔에 나르잔 물을 따라 마시면 정말 끝내주는데…… 아니, 아니, 그 잊을 수 없는 그리보예도프의 테라스 천막 아래서 마시는 나르잔 물은 정말 끝내줬었다.

"들꿩 퓌레를 준비하도록 하겠습니다." 아르치발트 아르치발도비치가 노래를 하듯 부드러운 목소리로 말했다. 금이 간 코안경을 쓴 손님은 해적선장의 권유에 완전히 만족하며, 도무지 쓸데라고는 없는 안경 유리알 너머로 호의에 찬 눈길을 그에게 보냈다.

옆 테이블에서 아내(그녀는 돼지고기 에스칼로프를 거의 다 먹어가고 있었다)와 함께 식사를 하고 있던 소설가 페트라코프—수호베이는 작가 특유의 관찰력으로 아르치발트 아르치발도비치가 두 사람의 비위를 맞추는 모습을 눈치채고는 몹시 놀랐다. 하지만 매우 존경할 만한 부인인 그의 아내는 코로비예프에 대한 해적의 태도에 그저 질투를 느낄 뿐이었고, 작은 스푼으로 테이블을 두드리기까지 했다. "뭐하는 거예요, 우리는 이렇게 기다리게 만들어놓고…… 아이스크림이 나올 때가 되었잖아요! 어떻게 된 거죠?"

하지만 아르치발트 아르치발도비치는 페트라코 부인에게 매혹적인 미소를 지어보이며 웨이터 한 명을 보냈을 뿐, 자신은 그 소중한 손님들 곁을 떠나지 않았다. 아, 아르치발트 아르치발도비치는 정말 영리한 사람이었다! 그뿐 아니라, 그는 작가들 못지않은 관찰력을 지니고 있는 사람이었다. 아르치발트 아르치발도비치는 바리에테 극장의 마술공연에 대해서도, 최근 며칠 사이에 일어난 수많은 사건에 대해서도 이미 들어 알고 있었다. 그러나 다른 사람들과 달리 '체크무늬'라는 말도, '고양이'라는 말도 한 귀로 흘려듣지 않았다. 아르치발트 아르치발도비치는 이 손님들이 누구인지 바로 알아차렸던 것이다. 그래서 당연히 그들과 말싸움을 벌이려 하지 않았다. 하지만 그 점에 있어서는 소피야 파블로브나가 옳았다! 그 둘이 테라스로 가지 못하게 막을 생각을 하다니! 그러나 그녀에게 어떤 책임을 물을 수 있겠는가.

페트라코프의 부인은 녹아내리는 아이스크림에 거만하게 스푼을 꽂아 넣으며, 광대처럼 차려입은 우스꽝스런 모습의 두 남자의 테이블에 마치 마술이라도 일어난 것처럼 온갖 산해 진미들이 쌓이는 것을 불만 가득한 눈으로 바라보았다. 반짝반짝 윤이 날 정도로 깨끗하게 씻긴 샐러드 잎들이 신선한 캐비아가 담긴 작은 접시에서 비어져 나와 있었고 특별히 마련된 보조 테이블 위에는 물방울이 서린 은으로 된 와인쿨러가 나타났다……

뭔가 부글부글 끓고 있는 뚜껑 덮인 프라이팬이 웨이터들의 손에 들려 나오고, 모든 것이 아무 이상없이 진행되고 있음을 확인한 아르치발트 아르치발도비치는 의문의 두 방문객들을 남겨두고 떠났다. 물론 그 전에 그는 방문객들에게 다음과 같이 속삭였다.

"죄송합니다! 잠시만 기다려주십시오! 퓌레가 어떻게 되가고 있는지, 제가 직접 살펴보고 오겠습니다."

그는 테이블을 떠나 레스토랑 안쪽으로 이어지는 문으로 모습을 감추었다. 만일 어떤 관찰자가 있어서 아르치발트 아르치발도비치의 다음 행동을 추적할 수 있었다면, 분명히 어딘지 이상하다고 생각했을 것이다.

그는 결코 퓌레를 살펴보러 주방으로 가는 것이 아니었다. 그는 레스토랑의 창고로 향했다. 열쇠로 창고를 열고 그 안으로 들어가 얼음 상자에서 큼직한 훈제 철갑상어 두 마리를 소맷부리를 더럽히지 않기 위해 조심조심 꺼내서는 신문지에 싸고 끈으로 꼼꼼하게 묶은 뒤 한쪽에 놓았다. 그런 다음 옆방으로 가서 실크로 안감을 댄 자신의 여름 외투와 모자가 제자리에 있는지를 확인했다. 그러고 난 뒤에야 해적이 손님들에게 약속한 퓌레를 요리사가 열심히 만들고 있는 주방으로 향했다.

여기서 아르치발트 아르치발도비치의 이 모든 행동들에는 이상하거나 수수께끼 같은 점은 전혀 없었으며, 그의 행동을 이상하게 여기는 사람은 단지 피상적인 관찰자일 뿐이라는 것을 말해두어야겠다. 아르치발트 아르치발도비치의 행동은 이전에 일어났던 모든 사건들에 근거해 매우 논리적으로 귀결된 것이었다. 최근의 사건들에 대한 지식, 그리고 무엇보다도 아르치발트 아르치발도비치의 비상한 직감은 그리보예도프 레스토랑 경영자에게 그 두 방문객의 식사는 그것이 아무리 푸짐하고 화려하다 해도 곧 끝나게 될 것임을 말해주고 있었다. 그리고 전직 해적인 그의 단 한 번도 틀린 적 없는 직감은 이번에도 그를 곤경에서 구해주었다.

코로비예프와 베헤모트가 모스크바식으로 두 번 증류한, 차갑고 맛이 기가 막힌 보드카의 두 번째 잔을 건배하던 바로 그 때, 모스크바에서 모르는 일 없기로 유명한 사회부 기자 보바 칸다룹스키가 온통 땀에 젖어 흥분한 상태로 테라스에 나타나, 곧바로 페트라코프 부부 옆에 다가가 앉았다. 터질 듯한 서류 가방을 테이블에 올려놓은 보바는 페트라코프의 귀에 입술을 갖다 대고 뭔가 아주 흥미로운 이야기를 속삭이기 시작했다. 호기심을 견디지 못한 페트라코프 부인은 자신의 귀를 보바의 두껍고 기름진 입술에 갖다 댔다. 보바는 가끔씩 주위를 살피면서 계속해서 작은 소리로 소곤거렸고, 겨우 알아들을 수 있는 소리라고는 다음과 같이 중간중간 끊어진 단어들뿐이었다.

"내 명예를 걸고 맹세한다니까요! 사도바야 거리예요. 사도바야 거리," 보바는 목소리를 더욱 낮췄다. "총알이 비켜갔대요! 총알이…… 총알이…… 등유…… 화재…… 총알이……

"그런 말도 안 되는 헛소문을 퍼트리는 사람들부터," 마담 페트라코포는 격분을 하며 콘트랄토 음성으로 말했다. 그녀의 목소리는 보바가 원했던 것보다 좀 컸다. "당장 잡아다가 심문을 해야 돼요! 글쎄, 그런 사람들부터 정신을 차리게 해야 한다니까! 그런 거짓말들이 얼마나 해로운지 알아요!"

"아니, 거짓말이라니요, 안토니다 포르피리예브나!" 보바는 작가의 아내가 자신의 말을 믿지 않자 흥분하며 소리를 높였다. 그리고 다시 속삭이기 시작했다. "정말로 총알이 비켜갔대요…… 지금 불이 나서…… 그자들은 허공으로…… 허공으로…… 보바는 지금 자기가 말하고 있는 사람들이 바로 옆에 앉아서 자기가 속삭이고 있는 것을 보며 즐거워하고 있다는 것은 꿈에도 생각지 못한 채 계속 지껄여댔다.

하지만 그 즐거움도 곧 중단되고 말았다. 레스토랑 안쪽 통로에서 벨트로 허리를 바짝 조여매고, 가죽 각반을 찬 남자 세 명이 손에 권총을 들고 테라스로 들이닥친 것이다. 제일 앞에 서 있던 남자가 쩌렁쩌렁 울리는 목소리로 무섭게 소리쳤다.

"꼼짝 마라!" 외침과 함께 세 남자는 정확히 코로비예프와 베헤모트의 머리를 향해 총탄을 퍼부었다. 총알 세례를 받은 두 사람은 순간 허공 속으로 녹아 사라져버렸고, 버너에서 치솟은 불기둥이 천막까지 솟아올랐다. 시커먼 불길은 모든 것을 집어삼킬 듯이 천막에 옮겨 붙어 사방으로 번져갔고 그리보예도프 집의 지붕까지 솟아올랐다. 2층 편집국 사무실 창가에 놓여 있던 서류철들이 갑자기 타오르기 시작하더니, 커튼에 불이 옮겨 붙었다. 불길은 마치 누군가가 바람을 불어넣기라도 하는 것처럼 숙모 집 곳곳에 불기둥을 이루며 퍼져 나갔다.

몇 초 뒤 가로수 길의 철제 울타리로 이어지는 아스팔트 오솔길, 그러니까 수요일 저녁 아무도 이해하지 못했던 불운의 첫 보고자 이바누시카가 걸어왔던 바로 그 길을 따라 식사도 채 마치지 못한 작가들과 웨이터들, 소피야 파블로브나, 보바, 페트라코프 부인과 페트라코프가 도망치고 있었다.

샛길을 통해 미리 빠져 나와 있던 아르치발트 아르치발도비치는 도망치지도, 서두르지도 않고 그 자리에 서서 마치 불 타고 있는 함선을 마지막까지 지켜보아야 할 의무가 있는 선장처럼 실크 안감을 댄 여름 외투를 입고 훈제 철갑상어가 든 종이 꾸러미를 겨드랑이에 낀 채 침착하게 서 있었다.

제29장
거장과 마르가리타의 운명이 정해지다

　해가 저물어 갈 무렵, 도시가 희미하게 내려다보이는 높은 곳, 모스크바에서 가장 아름다운 건물 중 하나로 대략 150년 전에 지어진 건물 테라스에 두 사람이 서 있었다. 볼란드와 아자젤로였다. 저 아래 거리에서는 그들의 모습이 보이지 않았다. 석고로 만들어진 화병과 꽃으로 장식된 난간이 불필요한 시선들로부터 그들을 가려주었던 것이다. 하지만 그들에게는 도시 구석구석까지 한눈에 들어왔다.

　볼란드는 검은 사제복을 입고 접이식 의자에 앉아 있었다. 길고 넓적한 그의 검이 테라스의 갈라진 두 포석 사이에 수직으로 꽂혀 해시계 역할을 하고 있었다. 장검의 그림자는 검은 슬리퍼를 신은 사탄의 발이 있는 곳까지 천천히 길어지고 있었다. 주먹으로 뾰족한 턱을 받치고 접이의자에 한쪽 다리를 접어 엉덩이에 깐 채 몸을 웅크리고 앉은 볼란드는 끝없이 늘어선 궁과 거대한 건물들, 낡아빠져 철거될 운명에 처한 작고 허름한 집들을 가만히 응시하고 있었다.

　아자젤로는 현대적인 옷차림, 즉 양복과 중산모, 에나멜 구두를 벗고, 볼란드처럼 검은 옷차림으로, 자신의 주인에게서 멀지 않은 곳에 꼼짝 않고 서서, 마찬가지로 도시에서 시선을 떼지 않고 있었다.

　볼란드가 입을 열었다.

　"참으로 흥미로운 도시야, 그렇지 않나?"

　아자젤로가 몸을 살짝 움직였다. 그리고 정중하게 대답했다.

　"메시르, 전 로마가 더 마음에 듭니다."

　"그래, 그건 취향 문제니까." 볼란드가 대답했다.

　잠시 뒤, 다시 그의 목소리가 울렸다.

　"저기 가로수 길에서 나는 연기는 뭐지?"

"그리보예도프가 불타는 것입니다." 아자젤로가 대답했다.

"잠시라도 떨어질 줄 모르는 한 쌍, 코로비예프와 베헤모트가 저곳에 갔었던 모양이군."

"의심할 여지가 없습니다, 메시르."

다시 침묵이 찾아왔다. 테라스 위에서 그 둘은, 거대한 건물 위층 서쪽으로 난 창들에 반사되어 부서진 태양빛이 눈을 멀게 할 정도로 불타오르는 것을 바라보고 있었다. 볼란드는 석양을 등지고 있었지만, 그의 한쪽 눈은 햇빛을 반사하는 창문처럼 불타오르고 있었다.

그때 무언가가 볼란드로 하여금 도시에서 눈을 돌려 그의 등 뒤 지붕 위에 있는 둥근 탑 쪽을 바라보게 했다. 탑 벽 속에서 진흙투성이 누더기를 입은 음울한 얼굴의 남자가 나타났다. 그는 긴 옷에 손으로 만든 샌들을 신고, 검은 수염을 기르고 있었다.

"아니, 이게 누군가!" 침입자를 조롱 섞인 눈으로 바라보며 볼란드가 외쳤다. "자네를 여기서 만나게 되다니! 그래 무슨 일로 오셨나?" 초대받지 않은 손님이여, 하지만 찾아올 줄 알고 있었지."

"너를 만나러 왔다. 악의 화신이자 어둠의 지배자여," 남자는 적의를 담은 눈을 치뜨고 대답했다.

"나를 찾아왔다면, 어째서 안부부터 묻지 않는 것인가? 전직 징세관이여," 볼란드가 냉엄하게 말했다.

"네가 잘 지내기를 내가 원치 않기 때문이다." 남자가 불손하게 대답했다.

"하지만 그건 자네가 감수해야 할 일이지." 볼란드는 반박했고, 그의 입이 비웃음으로 비뚤어졌다. "자네는 이곳에 나타나자마자 바보 같은 짓을 했어. 그게 뭔지 말해줄까? 바로 너의 말투다. 너는 마치 그림자도 악도 인정하지 않는다는 듯이 말했지. 그렇다면 이런 문제를 한번 생각해보는 건 어떤가. 만일 악이 존재하지 않는다면, 너의 선은 무엇을 할 수 있을까? 또 만약 이 지상에서 모든 그림자들이 사라진다면, 이곳이 어떻게 보일 것 같나? 그림자는 사물과 인간들로부터 만들어지지. 여기 내 검의 그림자처럼. 그림자가 존재하는 것은 나무와 살아 있는 존재들이 있기 때문이야. 그런데 너는 지구 전체를 벗겨버리려고 하고 있어! 벌거벗은 빛을 즐기려는 너의 환상으로 지상의 모든 나무와 살아 있는 모든 것들을 벗겨내버리고 싶은 건가? 자네는 어리석어.”

“너와 논쟁하고 싶지 않다. 이 늙은 궤변론자야.” 레비 마트베이가 대답했다.

“자네는 나와 논쟁할 수 없어. 내가 이미 말한 바로 그 이유 때문이지. 자네는 어리석어.” 볼란드가 말하고는 물었다. “그래, 피곤하게 하지 말고 짧게 말해라. 왜 나타난 거지?”

“그분께서 나를 보내셨다.”

“그가 너에게 무슨 말을 전하라고 하던가? 노예여.”

“나는 노예가 아니다.” 점점 분노가 차오르는 것을 느끼며 레비 마트베이가 대답했다. “나는 그의 제자다.”

“언제나 그렇듯이 우리는 서로 다른 언어로 이야기하고 있군.” 볼란드가 대꾸했다. “하지만 그렇다고 해서 이야기의 주제가 달라지는 건 아니지. 그래서?”

“그분께서 거장의 작품을 읽으셨다.” 레비 마트베이가 말했다. “네가 거장을 데려가 그에게 평온을 내려줄 것을 부탁하고 계신다. 어려운 일은 아니겠지? 악의 화신이여?”

“내게 어려운 일이란 없다.” 볼란드가 대답했다. “그건 자네도 잘 알고 있을 텐데.” 그는 잠시 아무 말도 하지 않다가 다시 말을 이었다. “그런데 왜 그를 너희 빛의 세계로 데려가지 않는 거지?”

“그가 한 일은 빛에 합당한 것이 아니었다. 그가 얻을 수 있는 건 평안이다.” 레비는 슬픈 목소리로 말했다.

“그렇게 하겠다고 전해라.” 볼란드가 대답했다. 그리고 다음과 같이 덧붙였는데 순간 그의 한쪽 눈에 확 하고 불길이 타 올랐다. “그리고 당장 내 앞에서 사라져라.”

“그분께서는 그를 사랑하고, 그로 인해 괴로워하는 여인도 너희들이 데려가줄 것을 부탁하고 계신다.” 레비는 처음으로 애원하는 태도로 볼란드에게 말했다.

“네가 말해주지 않았으면 거기까지는 생각하지 못했을 것이다. 사라져라.”

레비 마트베이가 사라지고 나서 볼란드는 아자젤로를 가까이 불러 명령했다.

"그들에게로 가서 모든 일을 처리해라."

아자젤로는 테라스를 떠났고, 볼란드는 홀로 남겨졌다.

하지만 그의 고독은 오래 가지 않았다. 테라스 포석 위로 발소리와 생기 넘치는 목소리가 들려오더니 볼란드 앞에 코로비예프와 베헤모트가 나타났다. 뚱보는 이제 버너가 아닌 다른 물건들을 잔뜩 짊어지고 있었다. 그와 겨드랑이 밑에는 황금빛 액자에 든 조그만 풍경화가 끼어져 있었고, 한쪽 어깨에는 반쯤 타다 남은 요리사의 하얀 가운이 걸쳐져 있었으며, 반대쪽 손에는 껍질과 꼬리까지 그대로 붙어 있는 연어 한 마리가 쥐어져 있었다. 코로비예프와 베헤모트에게서 탄내가 났고, 베헤모트의 얼굴은 그을음에 얼룩져 있었으며 모자도 반쯤 타버리고 없었다.

"살뤼. 메시르!" 잠시도 조용할 줄 모르는 한 쌍이 소리를 쳤고 베헤모트는 연어를 휘둘렀다.

"꼴들이 가관이군." 볼란드가 말했다.

"메시르, 제 말 좀 들어보십시오," 흥분한 베헤모트가 신이 나서 소리쳤다. "사람들이 제가 약탈자인줄 알더라고요!"

"네가 가져온 물건들로 봐서는" 풍경화를 바라보며 볼란드가 말했다. "넌 약탈자가 맞다."

"믿어주지 않으시는 겁니까, 메시르……" 베헤모트가 진심 어린 목소리로 말했다.

"그래, 믿지 않아." 볼란드는 짧게 대답했다.

"메시르, 맹세코 전 제가 할 수 있는 한 모든 것을 구하고자 영웅적인 시도를 감행했습니다. 그리고 이게 지켜낼 수 있었던 것 전부입니다."

"그보다 말해봐라. 왜 그리보예도프에 불이 난 거지?" 볼란드가 물었다.

코로비예프도 베헤모트도 전혀 모르겠다는 듯 두 손을 벌리고 눈을 들어 하늘을 보았다. 이윽고 베헤모트가 시끄럽게 떠들어대기 시작했다.

"저도 그걸 모르겠습니다! 우린 정말 얌전히 앉아서 조용히 식사를 하고 있었던 것뿐인데……."

"그런데 갑자기 탕, 탕!" 코로비예프가 말을 이었다. "총알이 날아온 겁니다! 베헤모트와 저는 너무 무서워서 정신없이 가로수 길로 도망쳤습니다. 사람들이 우리 뒤를 쫓아왔습니다. 그래서 우리는 티미랴제프 동상 쪽으로 달려갔지요!"

"하지만 의무감이" 베헤모트가 끼어들었다. "수치스러운 공포심을 물리쳤고, 그래서 우린 되돌아갔습니다."

"오, 되돌아갔다고?" 볼란드가 말했다. "물론 그때는 이미 건물은 흔적도 없이 모조리 불타버리고 난 뒤였겠지."

"흔적도 없이!" 코로비예프가 슬픈 목소리로 맞장구 쳤다. "그러니까 메시르께서 정확히 표현하신 대로, 죄다 불타버렸습니다. 남은 거라고는 타다 만 장작개비들뿐이었죠!"

"저는 곧장 회의실로 돌진했습니다." 베헤모트가 말했다. "둥근 기둥이 늘어서 있는 그 방말입니다, 메시르, 뭔가 가치가 있는 거라도 갖고 나올 셈이었죠. 아, 메시르, 만약 제게 아내가 있었더라면, 그 여인은 적어도 스무 번은 미망인이 될 뻔했을 겁니다! 하지만 메시르, 다행스럽게도 저는 결혼을 하지 않았고, 또 솔직히 말씀드리자면 저는 결혼을 하지 않아서 행복합니다. 아, 메시르, 독신의 자유를 어찌 그 고통스러운 속박과 바꿀 수가 있겠습니까!"

"또 쓸데없는 소리가 시작됐군." 볼란드가 핀잔을 주었다.

"알겠습니다. 얘기나 계속하지요." 고양이가 말을 받았다. "예, 바로 이 풍경화입니다. 화염이 제 얼굴을 덮쳐서 이것 말고는 아무것도 가지고 나올 수가 없었습니다. 저는 창고로 달려가 연어도 구했습니다. 주방으로 달려 들어가 요리사 가운도 구해냈고요. 메시르, 저는 제가 할 수 있는 건 다 했다고 생각합니다. 그런데 메시르의 그 의심스러워하는 듯한 표정은 도대체 어떻게 이해해야 할지 모르겠군요."

"네가 그렇게 약탈을 하는 동안 코로비예프는 뭘 하고 있었지?" 볼란드가 물었다.

"저는 소방관들을 도와주고 있었습니다." 찢어진 바지를 가리키며 코로비예프가 대답했다.

"그렇다면, 새 건물을 지어야겠군."

"새 건물을 지을 겁니다, 메시르." 코로비예프가 대답했다. "감히 말씀드리지만 장담할 수 있습니다."

"그래, 그럼 새 건물이 이전 것보다 낫기를 바랄 수밖에 없겠군." 볼란드가 말했다.

"그렇게 될 것입니다, 메시르." 코로비예프가 말했다.

"저를 믿어주십시오." 고양이가 덧붙였다. "저는 거짓을 말하지 않는 진정한 예언가입니다."

"어쨌든 저희는 이렇게 당신을 찾아뵈었습니다, 메시르." 고로비예프가 보고하듯 말했다. "그리고 메시르의 명령을 기다리고 있습니다."

볼란드는 의자에서 일어나 난간으로 다가가 수행원들에게 등을 돌린 채, 한동안 아무 말 없이 먼 곳을 바라보았다. 그러고는 난간에서 물러나 다시 의자에 앉아 말했다.

"어떤 명령도 없을 것이다. 너희들은 할 수 있는 모든 것을 했고, 당분간 너희들의 도움은 필요치 않다. 쉬어도 좋다. 이제 곧 뇌우가 몰려올 것이다. 마지막 뇌우가. 마지막을 위해 필요한 모든 것은 그 뇌우가 마무리 지어줄 것이다. 그리고 우리는 길을 떠날 것이다."

"잘 알겠습니다, 메시르." 두 어릿광대가 대답하더니 테라스 한가운데 있는 둥근 탑 뒤 어딘가로 모습을 감추었다.

볼란드가 말한 뇌우가 지평선 위로 모여들고 있었다. 서쪽에서 피어오른 검은 먹구름이 태양의 반을 가리고 있었다. 잠시 뒤 먹구름은 태양을 완전히 덮어버렸고 테라스가 서늘해졌다. 그리고 조금 더 시간이 흐르자 주위는 온통 어둠 속에 잠겼다.

서쪽에서 다가온 어둠이 거대한 도시를 뒤덮어버린 것이다. 다리도, 궁도 사라졌다. 모든 것이 마치 이 세상에 한 번도 존재한 적이 없었던 것처럼 모습을 감추었다. 실처럼 가느다란 빛 한줄기가 하늘을 가로지르더니 천둥소리가 도시를 뒤흔들었다. 그리고 반복되는 천둥소리와 함께 뇌우가 시작되었다. 그 어스름한 안개 속에 볼란드의 모습은 더 이상 보이지 않았다.

제30장
떠날 때가 되었다! 떠날 때가 되었다!

"있잖아요," 마르가리타가 말했다. "어젯밤 당신이 잠들고 나서 지중해에서 몰려온 어둠에 대해 쓰여진 부분을 읽었어요. 그리고 그 우상들, 아, 황금으로 만든 우상들! 그 우상들 때문에 난 늘 마음이 불안해요. 곧 비가 내릴 것 같아요. 서늘해지는 것 같지 않아요?"

"전부 부질없소." 거장이 대답했다. 그는 담배를 피우며 한쪽 손으로 연기를 헤치고 있었다. "그 우상들도 하느님이 함께 하시길…… 하지만 앞으로 또 무슨 일이 일어날지 정말 모르겠어!"

이 대화가 이뤄진 것은 태양이 저물 무렵, 바로 레비 마트베이가 볼란드를 만나기 위해 테라스에 나타났던 때였다. 지하의 작은 창은 열려 있었다. 누군가 만약 그 안을 들여다보았다면, 이야기를 나누고 있는 사람들의 기묘한 모습에 깜짝 놀랐을 것이다. 마르가리타는 알몸에 검은 망토 하나만 걸치고 있었고, 거장은 환자복을 입고 있었다. 마르가리타가 검은 망토만 걸치고 있었던 것은 자신의 물건들을 모두 저택에 두고 와서 입을 옷이 없었기 때문이었다. 그녀의 집은 아주 가까운 곳에 있긴 했지만, 그곳에 가서 자기 물건들을 가져온다는 것은 있을 수 없는 일이었다. 한편 거장은 마치 한 번도 이곳을 떠난 적이 없었던 것처럼 옷장에 옷이 고스란히 들어 있었다. 하지만 그는 이제 곧 뭔가 아주 이상한 일이 시작될 것이라는 생각을 마르가리타에게 늘어놓는 중이라 옷을 갈아입고 싶지 않을 뿐이었다. 다만 그는 그 가을밤 이후 처음으로 깨끗하게 면도를 하고 있었다(병원에서는 이발기로 수염을 깎아 주었었다).

기이하기는 방의 모습도 마찬가지였다. 방은 아무것도 분간할 수 없을 만큼 온통 어지럽혀져 혼란 속에 빠져 있었다. 카펫과 소파 위에는 원고들이 흩어져 있었고, 팔걸이가 달린 의자 위에는 작은 책 하나가 뒷면이 위를 향하게 놓여 있었다. 둥근 탁자 위에는 식사가 차려져 있었으며, 음식이 담긴 접시 사이로 병도 몇 개 세워져 있었다. 이 모든 음식과 마실 것들이 어디서 나타난 것인지 마르가리타도 거장도 알 수 없었다. 잠에서 깨어나 보니, 이 모든 것들이 이미 탁자에 차려져 있었다.

토요일 해질 무렵까지 실컷 자고 난 거장과 그의 여인은 몸이 완전히 개운해진 것을 느꼈다. 다만 두 사람 모두 왼쪽 관자놀이가 약간 쑤셔왔고, 그것만이 전날의 모험을 말해주고 있었다. 물론 정신적인 면에 있어 두 사람에게 일어난 변화는 굉장히 커다란 것이었고, 이 점은 지하에서 그들의 대화를 엿들을 수 있는 사람이라면 누구든 확신할 수 있을 것이다. 하지만 그들의 대화를 엿들을 수 있는 사람은 아무도 없었다. 이 작은 마당의 좋은 점은 언제나 비어 있다는 점이었다. 창밖으로 매일같이 초록빛이 짙어지는 푸른 보리수나무와 버드나무가 봄의 향기를 내뿜었고, 여린 바람이 그 향기를 지하로 실어 나르고 있었다.

"에잇, 악마 같은 놈!" 갑자기 거장이 큰 소릴 질렀다. "그런 일은 정말이지, 아무리 생각해도……" 그는 피우다 만 담배를 재떨이에 비벼 끄고 두 손으로 머리를 감쌌다. "아냐, 들어봐요. 당신은 현명한 사람이고, 미치광이도 아니었잖아…… 당신은 정말로 어제 우리가 사탄을 만났었다고 믿는 거죠?"

"그래요, 나는 확신해요." 마르가리타가 대답했다.

"그래, 그렇겠지." 거장이 빈정거리듯 말했다. "그러니까 이제 미치광이가 하나가 아니라, 둘이 된 거로군! 남편과 아내." 그는 두 손을 하늘로 치켜들고 외쳤다. "아냐. 이건 정말 악마밖에 모를 일이야. 빌어먹을, 악마밖에 모를 일이라고!"

마르가리타는 대답 대신 소파로 쓰러져 깔깔대며 허공에 다리를 허우적거렸다. 그러더니 소리쳤다.

"아, 안되겠어! 정말 못 참겠어요! 지금 당신 꼴이 어떤지, 좀 봐요!"

거장이 부끄러운 듯 환자복 바지를 치켜 올리자 마르가리타는 깔깔거리며 웃어댔다. 그러더니 갑자기 진지해진 얼굴로 말했다.

"지금 당신은 자신도 모르는 사이에 진실을 말해버렸어요. 악마만이 모든 사물의 이치를 알고 있어요. 악마가 이 모든 일을 꾸민 거예요!" 그녀의 눈은 갑자기 불길이 타오르듯 이글거렸다. 그녀는 자리에서 벌떡 일어나 춤을 추면서 소리를 지르기 시작했다. "난 행복해요, 악마와 거래를 하게 되어서, 난 너무나 행복해요! 오, 악마여, 악마여……! 당신은, 당신은 이제 마녀와 살게 됐어요!" 그녀는 거장에게 달려가 그의 목을 껴안고 입술과 코, 두 뺨에 키스를 마구 퍼부었다. 헝클어진 검은 머리칼이 거장의 머리 위에서 넘실거렸고, 그의 뺨과 이마는 입맞춤으로 붉어졌다.

"당신 정말 마녀처럼 되어버렸군."

"그건 나도 부정하지 않겠어요." 마르가리타가 대답했다. "나는 마녀예요, 그리고 아주 만족해요."

"그래, 그래요." 거장이 말했다. "당신이 그렇게 말한다면 마녀는 마녀지. 아주 영광스럽소, 훌륭해! 나를 병원에서 이렇게 빼내주기도 했고…… 그것도 아주 멋지게! 그리고 이곳으로 돌아올 수 있게 해주었지. 그것도 좋소. 게다가 우리를 찾지 못할 거라고 해도…… 하지만 말해봐요. 이제 우린 무슨 수로, 어떻게 살아가야 하지? 내가 이런 말을 하는 건 당신이 걱정되기 때문이오. 진심이오!"

그 순간 창가에 끝이 뭉툭한 신발과 가느다란 줄무늬가 있는 바지 아랫부분이 나타났다. 그리고 바지의 무릎부분이 접히면서, 누군가의 커다란 엉덩이가 한낮의 빛을 가려버렸다.

"알로이지, 자네 집에 있나?" 창 밖, 바지 위 어딘가에서 목소리가 들려왔다.

"거봐, 이제 시작이오." 거장이 말했다.

"알로이지?" 창 앞으로 바짝 다가가면서 마르가리타가 물었다. "그 사람은 어제 체포되었는데…… 당신이 누군데 그 사람을 찾는 거죠? 성함이 어떻게 되시죠?"

그 순간 무릎과 엉덩이가 사라지고, 쪽문이 탁하고 닫히는 소리가 들리더니, 모든 것이 정상으로 돌아왔다. 마르가리타는 소파에 쓰러져 눈물이 나올 정도로 신나게 웃어댔다. 하지만 다시 조용해졌을 때, 그녀의 얼굴은 완전히 달라져 있었다. 그녀는 진지하게 말하기 시작했고, 소파에서 기어 내려와 거장에게 다가가 그의 눈을 바라보면서 머리를 쓰다듬기 시작했다.

"당신은 너무 많은 고통을 당했어요, 너무 많이, 내 가엾은 사람! 그걸

제30장 떠날 때가 되었다! 떠날 때가 되었다!　429

아는 사람은 나 하나밖에 없을 거예요. 봐요, 하얗게 새어 버린 머리카락, 영원히 사라지지 않을 이 입가의 주름들을! 나의 단 하나뿐인 소중한 사람, 이제 아무 생각도 하지 말아요! 당신은 너무 많은 것들을 생각해왔어요. 이젠 내가 당신 대신 생각할게요. 그리고 약속해요. 모든 것이 눈부실 만큼 다 잘될 거예요!"

"나는 아무것도 두렵지 않소, 마르고." 갑자기 거장이 그녀에게 말했다. 그리고 고개를 들었다. 그 모습은 한 번도 보지 못했던, 하지만 분명하게 알고 있던 것을 쓰고 있을 때의 모습과 같았다. "내가 아무것도 두려워하지 않는 것은 이미 많은 일들을 겪었기 때문이오. 나는 너무 많은 공포를 겪어왔고, 더 이상 그 무엇도 나를 위협하지는 못할 거요. 하지만 나는 당신이 가엾소, 마르고, 문제는 바로 그거야. 내가 같은 얘기를 반복하는 것도 그 때문이오. 제발 정신 차려요! 어째서 당신이 가난한 병자와 자신의 삶을 파괴해야 하는 거지? 집으로 돌아가요! 당신이 안됐소. 당신을 보는 게 마음이 아파. 그래서 이런 말을 하는 거요."

"아, 당신, 당신이란 사람은," 헝클어진 머리를 흔들며 마르가리타가 속삭였다. "아, 당신은 의심많은 불행한 사람이에요. 나는 당신을 위해 어젯밤 내내 알몸으로 떨었어요. 나는 나를 잃고, 새로운 존재가 되었는데, 나는 지난 몇 달 동안 어두운 골방에 앉아 오직 한 가지만을, 예르샬라임에 몰아치던 뇌우만을 생각하며 눈이 퉁퉁 붓도록 울었어요. 그런데 이렇게 갑자기 행복이 찾아 온 지금, 나를 내쫓는 건가요? 좋아요, 가겠어요, 떠나겠어요. 하지만 이것만은 알아두셔야 돼요, 당신은 잔인한 사람이에요! 그들이 당신의 영혼을 황폐하게 만들었어요!"

거장의 가슴속에 부드럽고 쓰라린 무언가가 끓어올랐다. 그는 갑자기 마르가리타의 머리카락에 얼굴을 파묻고 울기 시작했다. 그러자 마르가리타도 울면서 그에게 작은 목소리로 속삭였다. 그녀의 손가락이 거장의 관자놀이 위에서 떨리고 있었다.

"그래요, 한 올, 한 올 이 흰머리들…… 내 눈앞에서 당신 머리가 하얀 눈으로 뒤덮이고 있어요…… 아, 너무나 많이 고통스러워한 당신의 머리! 봐요, 당신 눈이 지금 어떤지! 거칠고 공허해요……어깨에는, 이 어깨에는 얼마나 무거운 짐이 얹혀 있는지…… 당신을 엉망으로 만들었어요, 엉망으로……." 마르가리타의 말은 두서가 없어지기 시작했고 흐느낌으로 몸을 떨었다.

그러자 거장이 눈물을 닦고, 무릎 꿇고 있던 마르가리타를 일으켜 세우며 자신도 일어나 단호한 어조로 말했다.

"이제 그만 됐소! 당신에게 면목이 없소. 당신은 날 부끄럽게 했어. 이제 더 이상 마음 약한 소리는 하지 않고 그 문제도 다시는 언급하지 않을 테니 안심해요. 나는 알고 있소. 우리 둘 다 마음의 병을 앓고 있다는 걸. 내가 그 병을 당신에게 옮겼는지도 모르지…… 하지만, 이제 함께 이겨 냅시다."

마르가리타가 거장의 귓가에 입술을 가까이 대고 속삭였다.

"당신의 목숨을 걸고 맹세하겠어요. 당신이 생각해낸 점성술사의 아들을 걸고 맹세하겠어요. 다 잘될 거예요."

"그래, 좋아요, 좋아." 거장이 대답하더니 미소지으며 덧붙였다. "사람은 모든 걸 빼앗기고 나면, 당신과 나처럼 이렇게 저 세상에서 구원을 찾는 법이지! 좋아, 나도 거기서 구원을 찾아보겠소."

"그래요, 바로 그거예요, 이제야 예전의 당신으로 돌아왔군요. 당신 지금 웃고 있잖아요." 마르가리타가 말했다. "그리고 당신의 그 학자 같은 말투는 악마한테나 줘버려요. 저 세상이든 저 세상이 아니든, 아무 상관없잖아요? 나 배고파요."

그녀는 거장의 팔을 끌고 탁자로 다가갔다.

"이 음식들이 갑자기 땅 밑으로 꺼지거나 창밖으로 날아가버리는 건 아닌지 모르겠군." 완전히 안정을 되찾은 거장이 말했다.

"그런 일은 없을 거예요!"

바로 그때 창가에서 비음 섞인 목소리가 들려왔다.

"당신들에게 평화가 깃들기를."

거장은 흠칫 몸을 떨었다. 하지만 이제 이상한 일들에 익숙해질대로 익숙해진 마르가리타가 소리쳤다.

"아자젤로예요! 아, 얼마나 멋져요. 정말 잘됐어요!" 그리고 거장에게 다음과 같이 속삭이고는 문을 열기 위해 달려갔다. "보세요. 우리를 버리지 않았어요!"

"망토를 좀 여미기라도 해요." 그녀의 등 뒤에 대고 거장이 소리쳤다.

"상관없어요." 벌써 현관 앞으로 나가며 마르가리타가 대답했다.

잠시 후 아자젤로가 고개 숙여 인사하며 거장의 안부를 물었다. 보이지 않는 그의 한쪽 눈이 번쩍였고, 마르가리타는 탄성을 질렀다.

"아, 정말 기뻐요! 살면서 이렇게 기뻐본 적은 없어요! 제가 알몸인 것을 용서해주세요, 아자젤로!"

아자젤로는 걱정하지 말라고 안심시키며 자신은 알몸의 여자들뿐만 아니라, 가죽이 완전히 벗겨진 여자들도 본 적이 있다고 했다. 그리고 벽난로 구석에 검은색 비단 꾸러미를 내려놓고는 흔쾌히 음식이 차려진 탁자로 가서 앉았다.

마르가리타는 아자젤로에게 코냑을 따라주었고, 아자젤로는 기분좋게 받아 마셨다. 거장은 아자젤로에게서 눈을 고정시킨 채, 탁자 밑에서 왼쪽 손등을 가만히 꼬집어보았다. 그러나 아무 일도 일어나지 않았다. 아자젤로는 허공 속으로 사라지지 않았고, 사실 그럴 필요도 전혀 없었다. 작은 몸집의 빨강 머리 이 남자에게 무시무시한 데라고는 전혀 없었다. 한쪽 눈이 백내장에 걸린 건 사실이었지만, 그건 마술이 아니어도 있을 수 있는 일이었고, 옷차림(사제복이나 망토처럼 생긴)도 평범한 것은 아니었지만, 그 역시 엄격히 따져보면 전혀 보기 힘든 것도 아니었다. 그는 코냑도 다른 모든 착한 사람들처럼 기세좋게 단숨에 잔을 비웠고 안주도 입에 대지 않았다. 같은 코냑을 마신 거장은 머릿속이 띵해져 오는 것을 느꼈고, 다음과 같이 생각했다.

'아니야, 마르가리타의 말이 맞아! 내 앞에 앉아 있는 건 악마의 사신임에 틀림없어. 바로 엊그제 밤 이반에게 파트리아르흐에서 그가 만난 것은 사탄이었다고 말해주었던 것이 내가 아니었나. 그런데 이제 와서 그렇게 생각하는 것이 두려워 최면술이니 환각이니 하며 떠들고 있다니. 최면술이라니, 그따윈 악마한테나 던져버려!'

그는 가만히 아자젤로를 관찰하기 시작했다. 그리고 그의 눈속에 뭔가 부자연스러운, 때가 될 때까지 감추고 있어야 하는 어떤 생각이 담겨 있다는 것을 확신했다. '아무 일 없이 찾아온 게 아니야. 뭔가 지시를 받고 온 것이 틀림없어.' 거장은 생각했다. 그리고 그의 관찰력은 틀리지 않았다.

코냑을 세 잔째 비운(코냑은 아자젤로에게는 아무런 작용도 일으키지 않았다) 방문객은 다음과 같이 입을 열었다.

"이곳 지하는 악마조차도 꿈꾸지 못할 만큼 정말 아늑하고 편안하군요! 그런데 한 가지 의문인 건 여기, 이 작은 지하에서 뭘 하실 건가요?"

"나도 바로 그 문제에 대헤 이야기하고 있었습니다." 거장이 웃으며 대답했다.

"아자젤로, 어째서 절 불안하게 하시는 거예요?" 마르가리타가 물었다. "어떻게든 될 거예요!"

"아니, 어찌 그런 말씀을!" 아자젤로가 소리쳤다. "당신을 불안하게 할 생각은 조금도 없었습니다. 제가 말하려고 했던 것도 바로 그겁니다. 어떻게든 될 것입니다. 물론이지요! 아, 하마터면 잊을 뻔했군요…… 메시르께서 안부를 전해달라고 하셨습니다. 그리고 잠시 함께 산책을 하셨으면 한다며 초대하셨습니다. 물론 두 분이 원하신다면 말입니다. 자, 어떻습니까?"

마르가리타는 탁자 아래서 발로 거장을 쿡쿡 찔렀다.

"기꺼이 그렇게 하지요." 거장은 아자젤로를 주의 깊게 바라보며 대답했다. 아자젤로가 말을 이었다.

"저희는 마르가리타 니콜라예브나께서도 거절하지 않으시기를 바라고 있는데, 어떠십니까?"

"저야 당연히 거절할 리 없죠." 마르가리타가 말했다. 그리고 다시 그녀의 발이 거장의 발을 건드렸다.

"아주 훌륭합니다!" 아자젤로가 감탄하며 외쳤다. "바로 그거예요! 난 이런 게 좋습니다. 하나, 둘 그리고 끝! 지난번 알렉산드롭스키 공원에서처럼 망설이지 않고 말입니다."

"아, 아자젤로, 그 얘긴 하지 말아줘요! 그땐 내가 정말 바보였어요. 하지만 나를 너무 나무라지는 말아줘요. 매일같이 악마와 만나는 건 아니잖아요!"

"옳으신 말씀입니다." 아자젤로가 맞장구쳤다. "매일 만난다면, 그것도 유쾌한 일이겠죠!"

"나도 빠른 게 좋아요." 마르가리타가 흥분하며 말했다. "빠른 것도 벌거벗은 것도 좋아요…… 모제르총을 마구 쏘아대듯이 말예요, 탕! 아, 이분이 얼마나 총을 잘 쏘는지 몰라요!" 마르가리타는 거장을 돌아보며 소리쳤다. "베개 밑에 스페이드 카드 7을 넣어놓고, 어떤 무늬든 골라 맞춘다니까요!"

마르가리타는 점점 취기가 올랐고, 그로 인해 그녀의 눈은 불타오르는 것 같았다.

"아, 깜빡한 게 하나 더 있습니다." 아자젤로는 자기 이마를 탁 치며 소리쳤다. "어찌나 일이 많은지 정신이 없어서 그만! 메시르께서 선물을 보내셨습니다." 아자젤로가 거장을 향해 말했다. "포도주입니다. 한번 보십시오. 유대 총독이 마셨던 바로 그 포도주라는 걸 알아주셨으면 좋겠습니다. 팔레르노산이지요."

그 희귀한 물건에 마르가리타와 거장이 큰 관심을 보인 것은 지극히 당연한 일이었다. 아자젤로는 관을 덮을 때 사용하는 검은색 비단 꾸러미에서 곰팡이로 뒤덮인 술병을 끄집어냈다. 그들은 포도주의 향을 맡아보고, 잔에 따른 뒤 뇌우가 오기 전 사라져가는 창가의 빛에 포도주를 비추어 보았다. 모든 것이 핏빛으로 물들어 있는 것 같았다.

"볼란드의 건강을 위하여!" 마르가리타가 잔을 들며 외쳤다.

그리고 세 사람 모두 술잔을 단숨에 들이켰다. 순간 뇌우에 앞선 빛이 거장의 눈앞에서 꺼져가기 시작했고, 숨이 막혀왔다. 그는 끝이 오고 있음을 느꼈다. 죽은 사람처럼 창백해진 얼굴의 마르가리타가 거장을 향해 힘없이 손을 뻗으며 탁자 위로 머리를 떨구더니, 이내 바닥으로 미끄러져 쓰러지는 것이 보였다.

"살인자……." 거장이 힘겹게 소리쳤다. 그리고 탁자 위에 놓인 칼을 집어들고 아자젤로를 찌르려 했다. 하지만 그의 손은 힘없이 테이블 아래로 떨어졌다. 거장을 둘러싼 지하방 안은 모든 게 검은빛으로 물들더니 이윽고 완전히 사라졌다. 그는 얼굴을 위로 향한 채 쓰러지면서 책상 모서리에 관자놀이를 부딪혀 살갗이 찢어졌다.

독살당해 쓰러진 두 사람이 조용해지자, 아자젤로는 곧바로 행동을 개시했다. 가장 먼저 창으로 달려간 그는 눈 깜짝할 새 마르가리타 니콜라예브나가 살았던 저택에 가 있었다. 언제나 정확하고 빈틈 없는 아자젤로는 모든 게 제대로 이루어지고 있는지 확인하고 싶었던 것이다. 모두 순조롭게 진행되어가고 있었다. 아자젤로는 남편이 돌아오기를 기다리는 우울한 얼굴의 여인이 침실에서 나오다가 갑자기 얼굴이 창백해지면서 가슴을 움켜잡고 힘겹게 외치는 것을 보았다.

"나타샤! 누가…… 나 좀!" 그녀는 서재까지 가지 못하고 거실 바닥에 쓰러졌다.

"모든 것이 완벽하군." 아자젤로가 말했다. 순식간에 그는 바닥에 쓰러져 있는 연인들 곁으로 돌아와 있었다. 마르가리타는 카펫에 엎드린 채 쓰러져 있었다. 아자젤로는 강철 같은 손으로 마치 인형을 뒤집듯이, 그녀의 몸을 돌려 얼굴을 자기 쪽으로 한 뒤, 가만히 그녀를 들여다보았다. 그의 눈앞에서 독살당한 여인의 얼굴이 변해갔다. 점점 몰려오는 폭풍우 어스름 속에서도 마녀처럼 변했던 사팔눈과 얼굴에 서려 있던 잔혹함, 광폭함이 사라져갔다. 죽은 여인의 얼굴이 환해지더니 마침내 평온하게 가라앉았다. 반쯤 벌어져 드러난 이빨도 더 이상 짐승의 그것이 아닌, 그저 여인의 괴로워하는 입매가 되었다. 아자젤로는 그녀의 하얀 이를 벌리고, 독살할 때 썼던 포도주를 몇 방울 떨어뜨렸다. 그러자 마르가리타는 숨을 들이쉬며 아자젤로의 도움 없이 몸을 일으켜 세워 앉아 가녀린 목소리로 물었다.

"왜, 아자젤로, 왜죠? 나한테 무슨 짓을 한 거죠?"

그녀는 누워 있는 거장을 발견하고는 몸을 떨었다. 그리고 작은 목소리로 말했다.

"이런 짓을 할 줄은 몰랐어요…… 살인자!"

"그런 게 아닙니다. 아니에요." 아자젤로가 말했다. "이제 곧 일어날 겁니다. 아, 왜 그렇게 화를 내십니까!"

마르가리타는 그의 말을 믿었다. 그만큼 붉은 머리 악마의 목소리는 확신에 차 있었다. 그녀는 벌떡 일어나(그녀는 어느새 힘과 생기가 넘치고 있었다) 아자젤로가 쓰러져 있는 거장에게 포도주를 마시게 하는 것을 도왔다. 잠시 뒤 눈을 뜬 거장은 원망스러운 눈빛으로 아자젤로를 바라보며 쓰러지기 전의 마지막 말을 되풀이했다.

"살인자……."

"아아! 선한 일에 대한 보상은 언제나 모욕이라니까." 아자젤로가 말했다. "눈이 멀기라도 한 거요? 그렇다면 어서 빨리 눈을 뜨시오!"

그러자 거장은 몸을 일으켜 생기 넘치는 맑은 눈으로 주위를 둘러보며 물었다.

"이 낯선 새로움은 뭘 뜻하는 거요?"

"그건" 아자젤로가 대답했다. "때가 왔다는 뜻입니다. 벌써 천둥소리가 울리고 있습니다. 들리시지요? 어두워지고 있습니다. 말들이 날뛰며 땅을 울리고 있고, 작은 정원이 떨고 있습니다. 이 지하방과 작별 인사를 나누십시오. 어서 작별을 고하세요."

"아, 이제 알겠소." 주위를 둘러보며 거장이 말했다. "당신이 우리를 죽였고, 우리는 죽은 거군요. 아, 정말 머리가 좋군요! 그것도 이렇게 적절한 때에! 이제 모든 것을 이해했소."

"오, 이런, 세상에." 아자젤로가 말했다. "내가 지금 누구의 말을 듣고 있는 거죠? 당신의 여인은 당신을 거장이라고 부르더군요. 그런데도 정말로 당신들이 죽을 수 있다고 생각하십니까? 자신이 살아 있다고 여기려면, 셔츠와 환자복 바지를 입고 이 지하에 앉아 있어야만 하는 겁니까? 정말 우습군요!"

"무슨 말인지 알겠소." 거장이 외쳤다. "이제 그만 하시오! 당신이 백 번, 천 번 옳소!"

"위대한 볼란드," 마르가리타가 부드럽게 말했다. "위대한 볼란드! 그는 나보다 훨씬 훌륭한 것을 생각해낸 거예요. 하지만 소설은, 소설만은," 거장에게 소리쳤다. "어디로 가든, 소설만은 가져가야 돼요!"

"그럴 필요 없소." 거장이 대답했다. "나는 다 외우고 있소."

"하지만 단어 하나라도…… 단어 하나라도 잊어버리면 어떻게 해요?" 마르가리타는 사랑하는 남자에게 다가가 그의 찢어진 관자놀이의 피를 닦으며 물었다.

"걱정 말아요! 이제 난 절대 아무것도 잊지 않을 거요." 그가 대답했다.

"그럼 이제 불을!" 아자젤로가 소리쳤다. "모든 것이 시작되고, 모든 것을 끝낼 불을!"

"불을!" 마르가리타가 무섭게 소리쳤다. 지하의 작은 창이 덜컹하고 열렸고, 바람에 커튼이 젖혀졌다. 하늘에서 천둥이 유쾌하고 짧게 울려 퍼졌다. 아자젤로가 손톱이 뾰족하게 자란 한쪽 손을 벽난로 안으로 찔러 넣어 연기가 피어오르는 불씨를 꺼내 테이블보에 불을 붙였다. 이어 소파 위의 오래된 신문 뭉치에, 그리고 원고와 창문의 커튼에도 불을 붙였다.

거장은 곧 시작될 질주에 벌써부터 취한 듯 책장에서 책 한 권을 뽑아 탁자 위로 던졌다. 불붙은 테이블보 위의 책들이 경쾌한 불꽃을 내며 확 타올랐다.

"타라, 전부 타버려라. 예전의 삶이여!"

"타라, 고통의 날들이여!" 마르가리타가 외쳤다.

방은 이미 불기둥 속에 흔들리고 있었고, 세 사람은 연기와 함께 문밖으로 달려 나와 돌계단 위로 뛰어 올라가 작은 마당으로 나갔다. 거기서 그들이 처음으로 본 것은 땅바닥에 주저앉아 있는 주인집의 여자 요리사였다. 요리사 옆에는 감자와 양파 몇 개가 아무렇게나 흩어져 있었다. 놀란 요리사의 얼굴도 가관이었다. 세 필의 검은 말이 헛간에서 몸을 부르르 떨고 콧김을 내뿜으며 거칠게 땅을 파헤치고 있었던 것이다. 마르가리타가 제일 먼저 말 위로 뛰어올랐고, 다음으로 아자젤로가, 마지막으로 거장이 말에 올라탔다. 여자 요리사가 신음 소리를 내며 성호를 긋기 위해 손을 들어 올리려는 순간 말에 타고 있던 아자젤로가 위협적으로 소리쳤다.

"팔을 잘라버리겠다!" 이어 아자젤로가 휘파람을 불자 말들은 보리수나무 가지를 부러뜨리며 날아올라 낮게 깔린 검은 구름을 뚫고 들어갔다. 그 순간, 지하의 작은 창에서 연기가 솟아오르더니 여자 요리사의 가느다랗고 안타까운 외침이 들려왔다.

"불이야……!"

말들은 이미 모스크바의 지붕 위를 질주하고 있었다.

"도시와 작별 인사를 나누고 싶소." 거장이 앞서 달리고 있는 아자젤로에게 소리쳤다. 천둥소리가 거장의 말꼬리를 삼켜버렸다. 아자젤로는 고개를 끄덕이고는 전속력으로 말을 몰았다. 하늘을 나는 이들을 향해 저쪽에서 거대한 먹구름이 무섭게 몰려왔지만, 아직 비를 뿌리지는 않고 있었다.

가로수 길 위를 날자 조그맣게 보이는 사람들이 비를 피해 이리저리 뛰어 다니는 것이 보였다. 빗방울이 떨어지기 시작했다. 그들은 그리보예도프의 마지막 흔적인 연기 위를 지나 어둠 속에 잠긴 도시 위를 날아갔다. 그들 위에서 번개가 번쩍였다. 잠시 뒤 지붕들은 초록 수풀로 바뀌었다. 그제야 비가 쏟아지기 시작했고 비는 하늘을 날아가던 이들 세 사람을 세 개의 거대한 거품으로 만들었다.

마르가리타는 비행의 느낌에 익숙해 있었지만, 거장은 그렇지 못했다. 그는 그처럼 빠른 속도로 목적지에, 그가 작별 인사를 나누고 싶어했던 사람이 있는 곳에 도착한 것을 놀라워했다. 그에게는 지금 그가 찾아온 사람 이외에는 작별 인사를 나눌 사람이 없었다. 그는 비의 장막 속에서 스트라빈스키 병원 건물과 강을, 그리고 그가 너무나도 잘 알고 있는 건너편 강기슭의 솔나무 숲을 알아보았다. 그들은 병원에서 멀지 않은 숲 속 평지로 내려왔다.

"전 여기서 기다리고 있겠습니다." 팔을 방패처럼 가슴에 대고 아자젤로가 소리쳤다. 그의 모습이 번개 빛 속에 번쩍이다 잿빛 장막 속으로 사라지곤 했다. "작별 인사를 하고 오십시오. 단, 서둘러야 합니다!"

거장과 마르가리타는 안장에서 뛰어내려 달려갔다. 그들은 마치 물에 비친 그림자처럼 아른거리며 병원의 정원을 가로질러 날아갔다. 얼마 뒤 거장은 익숙한 손놀림으로 117호실 발코니의 격자창을 밀어젖혔다. 마르가리타가 그의 뒤를 따랐다. 그들은 천둥소리와 세차게 내리는 빗소리의 포효 속에 아무도 눈치 채지 못하게 이바누시카의 방으로 들어갔다. 거장이 침대 옆에 멈춰 섰다.

이바누시카는 이 휴식의 집에서 처음 뇌우를 보았던 그때처럼 꼼짝 않고 누워 있었다. 하지만 그때처럼 울고 있지는 않았다. 발코니를 통해 몰래 들어와 그의 앞에 선 검은 실루엣을 본 그는 몸을 일으켜 두 팔을 뻗었다. 그리고 반갑게 말했다.

"아, 당신이었군요! 줄곧 기다리고 있었습니다. 드디어 와 주었군요."

이반의 말에 거장이 대답했다.

"내가 왔소! 하지만 유감스럽게도 더 이상 당신의 이웃이 될 수 없소. 나는 영원히 떠나게 되었소. 그래서 작별 인사를 하러 온 것이오."

"알고 있었습니다. 그럴 줄 알고 있었습니다." 이반이 작은 목소리로 대답했다. 그리고 물었다. "그를 만났습니까?"

"만났소." 거장이 말했다. "내가 당신에게 작별 인사를 하러 온 것은 당신이 내가 최근 이야기를 나눈 유일한 사람이기 때문이오."

이바누시카의 얼굴이 밝아졌다. 그는 말했다.

"이렇게 들러주시다니 정말 감사합니다. 나도 약속을 지키겠습니다. 더 이상 시는 쓰지 않을 겁니다. 지금 내 흥미를 끄는 것은 다른 것입니다." 이바누시카가 미소 지었다. 그리고 광기 어린 눈으로 거장 너머의 어딘가를 바라보았다. "나는 다른 걸 쓰고 싶습니다. 여기 누워 있는 동안 나는 정말 많은 것을 깨달았습니다."

그 말을 들은 거장은 흥분하여 이반의 침대 가장자리에 걸터앉으며 말했다.

"잘됐소, 정말 잘됐소. 당신이 그에 관한 속편을 써주시오!"

이반의 두 눈이 갑자기 빛났다.

"정말로 당신은 쓰지 않으실 건가요?" 갑자기 그는 고개를 숙였고, 무언가 깊은 생각에 잠기며 말을 이었다. "아, 이런…… 내가 지금 뭘 묻고 있는 거지……그는 겁먹은 듯 바닥을 보았다.

"그렇소." 거장이 말했다. 그의 목소리는 이반의 귀에 낯설고 공허하게 들려왔다. "나는 이제 더 이상 그에 대해 쓰지 않을 것이오. 나는 다른 일을 할 것이오."

천둥번개와 거친 빗소리를 뚫고 멀리서 휘파람 소리가 들려왔다.

"들리시오?" 거장이 물었다.

"번개소리군요……."

"아니, 저건 날 부르는 소리요. 이제 가야 하오." 거장이 말하더니 침대에서 일어섰다.

"잠깐만요! 한 가지만 더." 이반이 다급히 물었다. "그 여인은 찾았나요? 그녀가 당신을 버리지는 않았겠지요?"

"여기 이 사람이오." 거장은 대답을 하며 벽을 가리켰다. 흰 벽에서 희미하게 마르가리타의 모습이 떠오르더니 걸어나와 침대로 다가갔다. 침대에 누워 있는 청년을 바라보는 그녀의 눈 속에 슬픔이 떠올랐다.

"불쌍한 사람, 불쌍한 사람." 마르가리타는 들릴 듯 말 듯 작은 목소리로 속삭였고 침대 쪽으로 몸을 구부렸다.

"정말 아름다워요." 어떤 질투심도 섞이지 않은, 그러나 슬픔과 감동이 담긴 나지막한 목소리로 이반이 중얼거렸다. "당신은 모든 일이 잘 풀렸군요. 하지만 나는 그렇지 못하죠." 그는 다시 생각에 잠기며 말을 이었다. "하지만 어쩌면 이게 잘된 건지도……."

"그래요, 맞아요." 마르가리타가 속삭였다. 그리고 누워 있는 사람에게로 완전히 몸을 숙였다. "자, 내가 당신 이마에 입을 맞춰드릴게요. 그러면 당신도 모든 게 다 잘될 거예요…… 내 말을 믿어야 해요. 나는 이미 모든 것을 보았고, 모든 것을 알고 있으니까요."

누워 있는 청년이 두 팔로 마르가리타의 목을 감쌌고, 그녀는 그에게 입을 맞추었다.

"제자여, 잘 있게." 거장의 목소리가 겨우 알아들을 수 있을 정도로 희미하게 울렸다. 그리고 그의 모습이 허공 속에 녹아들어가듯 사라졌고, 그와 함께 마르가리타도 사라졌다. 발코니의 격자창은 이미 닫혀 있었다.

이반은 불안에 휩싸였다. 침대에 앉아 불안한 눈으로 주위를 둘러보았고 신음 소리를 내거나 혼잣말을 하더니 자리에서 일어섰다. 폭풍은 점점 더 거세게 몰아치고 있었다. 거친 비바람이 그의 마음을 몹시 혼란스럽게 만든 것 같았다. 문밖에서 들려오는 불안한 발걸음과 낮은 목소리들은 정적에 익숙해져 있던 그를 더욱 흥분시켰다. 마침내 그는 신경질적으로 몸을 떨며 소리쳤다.

"프라스코비야 표도로브나!"

프라스코비야 표도로브나가 방으로 들어와 의구심이 담긴 불안한 눈빛으로 이반을 바라보았다.

"왜 그러세요? 무슨 일이죠?" 그녀가 물었다. "폭풍이 무서워서 그래요? 자, 괜찮아요, 괜찮아…… 금세 나아질 거예요. 바로 의사 선생님을 불러올게요."

"아니에요, 프라스코비야 표도로브나. 의사는 부를 필요 없어요." 이반은 불안한 눈빛으로 프라스코비야 표도로브나가 아닌 벽을 바라보며 말했다. "나한텐 아무 일도 없어요. 그건 내가 알아요. 그러니 겁내지 마세요. 그보다 대답해줘요." 진심 어린 목소리로 이반이 물었다. "저 옆 방, 118호실에서 지금 무슨 일이 일어난 거죠?"

"118호요?" 프라스코비야 표도로브나가 되묻더니 시선을 돌렸다. "거긴 아무 일도 없는데요." 하지만 그녀의 목소리는 거짓된 것이었다. 바로 알아차린 이반이 말했다.

"아, 프라스코비야 표도로브나! 당신은 정직한 사람인 줄 알았는데…… 내가 미쳐 날뛸까 봐 그러는 거예요? 아니요, 프라스코비야 표도로브나, 그런 일은 없을 거예요. 그러니 사실대로 말해줘요. 나는 벽을 통해서 모든 걸 느끼고 있으니까."

　"옆방 환자분이 방금 숨을 거두셨어요." 프라스코비야 표도로브나는 천성
인 정직함과 선의를 이겨내지 못하고 작은 목소리로 말했다. 그리고 번쩍이
는 번개의 불빛에 감싸인 이반을 겁먹은 눈으로 쳐다보았다. 하지만 그에게
는 어떤 무서운 일도 일어나지 않았다. 다만 그는 의미심장하게 집게손가락
을 세워 보이며 말했다.

　"역시 그랬군. 난 알고 있었어요! 프라스코비야 표도로브나, 내가 장담하
건데 방금 이 도시에서 또 한 사람이 숨을 거두었어요. 나는 그가 누군지도
알아요." 이반은 비밀스럽게 미소지었다. "여자입니다."

제31장
참새 언덕 위에서

폭풍우는 흔적도 없이 물러가버렸다. 하늘에는 일곱색깔 무지개가 모스크바를 가로지르며 아치 모양으로 걸려 모스크바 강물을 마시고 있었다. 높은 언덕 위 나무 사이로 검은 실루엣 세 개가 보였다. 볼란드와 코로비예프, 베헤모트가 검은 말 안장 위에 앉아 강 건너 펼쳐진 도시를, 그리고 도시의 서쪽으로 나 있는 수천 개의 유리창에 비친 일그러진 태양을, 덕지덕지 아무렇게나 붙여 놓은 듯한 노보데비치 수도원의 탑을 바라보았다.

허공에서 요란스러운 소리가 들려왔다. 아자젤로가 그의 검은 망토 자락 뒤를 따르며 날던 거장과 마르가리타와 함께 그들을 기다리는 일행 옆으로 내려섰다.

"두 분께 불편을 끼쳐드린 것 같군요. 마르가리타 니콜라예브나, 거장." 한동안 말이 없던 볼란드가 입을 열었다. "하지만 절 미워하진 말아 주십시오. 물론 이렇게 된 걸 후회한다고 생각지는 않습니다만. 자, 그럼" 그는 거장을 돌아보며 말했다. "도시와 작별 인사를 하십시오. 떠날 시간입니다." 볼란드는 나팔처럼 목이 벌어진 검은 장갑을 낀 손으로 강 건너 무수한 태양들이 유리창을 녹이고 있는 곳, 그 태양들 위로 안개와 연기, 낮 동안 달구어진 도시의 증기가 피어오르는 곳을 가리켰다.

거장은 안장에서 뛰어내려 말에 탄 사람들을 뒤로 하고 깎아 지르는 언덕 끝으로 달려갔다. 그의 뒤로 검은 망토가 땅에 끌렸다. 거장은 도시를 바라보았다. 처음 얼마 동안은 가슴으로 먹먹한 슬픔이 스며들었다. 하지만 그 슬픔은 곧 달콤한 두려움으로, 떠돌이 집시의 가슴 뛰는 설렘으로 바뀌었다.

"영원히! 이 말을 이해해야 해." 거장은 중얼거리며 바싹 말라 갈라진 입술을 핥았다. 그는 마음속에서 일어나는 모든 소리에 귀를 기울이며 하나하나 되새기기 시작했다. 거장은 좀 전의 흥분이 깊은 수치심으로 변한 듯이 느껴졌다. 하지만 그것도 오래 가지 않고, 사라지더니 무엇 때문인지 오만한 무관심으로 바뀌었다. 그리고 무관심은 또다시 영원한 안식에 대한 예감으로 변했다.

기수들은 말없이 거장을 기다리고 있었다. 그들은 벼랑 끝에 선 검고 긴 형체가 어느 때는 도시를 다 돌아보고 그 너머까지도 살펴보려는 듯 고개를 쭉 빼고, 또 어느 때는 힘없이 스러진 발아래 풀들을 살피기라도 하듯 고개를 떨어뜨리는 것을 바라보았다.

침묵을 깬 것은 지루해진 베헤모트였다.

"주인님, 떠나기 전에," 그가 말했다. "작별 인사로 휘파람을 한 번 불게 해주십시오."

"숙녀분을 놀라게 할 수도 있어." 볼란드가 대답했다. "게다가 오늘 허락된 네 괴짜 짓은 이미 끝났다는 걸 잊지 마라."

"아, 아니에요. 괜찮아요, 메시르." 아마존의 여인처럼 손을 허리에 얹고 말 위에 앉아 긴 옷자락을 땅에 드리우고 있던 마르가리타가 말했다.

"허락해주세요. 휘파람을 불게 해주세요. 먼 길을 앞두고 슬픔이 저를 사로잡아버렸어요. 하지만 메시르, 어쩌면 그게 당연한 일 아닐까요? 이 길 끝에 행복이 기다리고 있음을 알고 있다 하더라도 말이에요. 우리가 웃을 수 있도록 해주세요. 이 모든 게 눈물로 끝나 긴 여행을 떠나기 전에 물거품이 될까 봐 두려워요!"

볼란드가 베헤모트에게 고개를 끄덕여 보이자 신이 난 베헤모트는 안장에서 뛰어내려 손가락을 입에 물고 볼을 부풀려 휘파람을 불었다. 날카로운 소리가 마르가리타의 귀를 울렸다. 그녀가 타고 있던 말이 몸을 일으키며 뒷발로 섰고 숲의 마른 가지들이 나무에서 후드득 떨어졌다. 까마귀와 참새 떼들이 한꺼번에 날아오르고 강가 쪽으로 먼지 기둥이 일었으며 선착장을 막 지나던 유람선에서 승객들 모자가 물속으로 떨어졌다.

휘파람 소리에 거장이 몸을 흠칫거렸으나 뒤돌아보지는 않았다. 도시를 위협하듯 주먹을 치켜올리며 더욱 거칠게 휘둘러댔다. 베헤모트는 우쭐거리며 주위를 둘러보았다.

"좀 부는군. 인정하지." 코로비예프가 별것 아니라는 듯이 말했다. "잘 불었어. 하지만 솔직히 말하면 그럭저럭한 중간 수준일 뿐이야!"

"난 성가대 지휘자가 아니니까." 베헤모트는 점잔을 떨며 거만하게 대답했다. 그리고 마르가리타에게 슬쩍 한쪽 눈을 찡긋해 보였다.

"옛날 생각을 떠올려서 나도 한번 해보지." 코로비예프가 말했다. 두 손을 맞대어 비비고는 손가락 사이로 바람을 불어넣는다.

"조심해라." 말 위에서 볼란드의 엄한 목소리가 들려왔다. "누가 다치지 않도록 조심하란 말이다!"

"메시르, 걱정하지 마십시오." 손을 가슴에 얹으며 코로비예프가 대답했다. "장난이라고는 해도 별거 아닙니다. 아주 작은 장난일 뿐이지요……." 그러고는 갑자기 고무처럼 몸을 위로 쭉 늘이더니 오른 손가락으로 뭔가 기묘한 모양을 만들고 나사처럼 온몸을 비틀었다. 그러고는 순식간에 획 몸을 풀며 휘파람을 불었다.

마르가리타는 휘파람 소리를 듣지 못했다. 그저 날뛰는 말과 함께 20미터쯤 옆으로 내던져지면서 그 휘파람이 일으킨 것들을 눈으로 보았을 따름이다. 그녀 옆으로는 참나무가 뿌리째 뽑혔고 땅은 강 바로 앞까지 갈라졌다. 강가의 거대한 지층이 선착장과 레스토랑째 강 속으로 내려앉았다. 이어 강물이 부글부글 끓더니 물기둥이 솟구쳐 승객들을 조금도 다치게 하지 않은 채 반대편 강가 녹음을 이룬 야트막한 기슭으로 유람선을 뱉어냈다. 거칠게 콧김을 내뿜는 마르가리타의 말 발치에 파고트의 휘파람 때문에 죽은 갈까마귀가 떨어졌다.

파고트의 휘파람에 거장도 깜짝 놀라 뒤로 물러섰다. 그는 머리를 움켜쥐고 그를 기다리는 동행자들 쪽으로 뛰어왔다.

"그래." 말 위 높은 곳에서 볼란드가 그를 내려보며 말했다. "정산은 다 마쳤소? 작별 인사는 끝난 거요?"

"예, 끝났습니다." 대답을 하고 난 거장은 차분해져서 볼란드의 얼굴을 똑바로, 당당하게 바라보았다.

그때 언덕 위로 볼란드의 무시무시한 목소리가 나팔 소리처럼 울려 퍼졌다.

"시간이 되었다!" 그리고 베헤모트의 날카로운 휘파람 소리와 웃음소리가 뒤따랐다.

말들이 달리기 시작하자 그와 함께 기수들도 튀어올랐다. 마르가리타는 흥분한 그녀의 말이 재갈을 물었다 잡아당겼다 하는 것을 느꼈다. 볼란드의 망토가 기마대 머리 위로 나부끼며, 저물어가는 하늘을 가리기 시작했다. 그 검은 장막이 잠시 한쪽으로 젖혀졌을 때 마르가리타는 말을 달리며 뒤를 돌아보았다. 그 뒤에는 알록달록한 탑들과 그 위에서 방향을 돌리던 비행기들뿐만 아니라 도시 자체가 이미 오래 전에 땅 속으로 꺼지고 없었다. 그저 안개만이 그 자리에 남아 있을 뿐이었다.

제32장
용서와 영원한 안식처

신들이여, 나의 신들이여! 저녁의 대지는 얼마나 서글픈가! 늪지에 깔린 안개는 얼마나 비밀스러운가! 그 안개 속에서 길을 잃고 헤매본 사람, 죽음 앞에서 수많은 고통을 당한 사람, 힘에 겨운 짐을 지고 이 대지 위를 날아본 사람은 그것을 알리라. 지친 사람은 그것을 알리라. 그는 아무 미련 없이 대지의 안개를, 그 습지와 강을 버리고 가벼운 마음으로 죽음의 손에 몸을 맡기리라. 오직 죽음만이 자기 몸의 안식이라 깨달으면서……

마법의 검은 말들조차 지쳐버려서 기수들을 천천히 실어 날랐다. 피할 수 없는 밤이 그들을 뒤쫓기 시작했다. 등으로 밤의 기운이 느껴지자 한순간도 조용할 줄 모르던 베헤모트까지 잠잠해졌다. 그는 발톱으로 안장을 움켜쥐고 북슬북슬한 꼬리를 세운 채 말 없이 진지하게 날고 있었다.

밤이 숲과 언덕을 검은 천으로 뒤덮기 시작했다. 밤은 아래쪽 멀리 어딘가에 슬픈 불빛들을 밝혀 나갔다. 이제 마르가리타와 거장으로서는 관심도 필요도 없는 타인의 불빛이었다. 밤은 또 기마대를 앞질러 그들 머리 위로 슬픔에 잠긴 하늘 여기저기 하얗게 빛나는 별들을 점점이 흩뿌렸다.

밤은 더욱 짙어졌다. 밤은 말을 달리는 사람들과 나란히 날며 그들의 망토를 붙잡아 벗겨내어 감춰져 있던 거짓을 드러내 주었다. 선선한 바람을 맞으며 눈을 뜬 마르가리타는 목적지로 날아가는 사람들의 얼굴이 변해가고 있음을 보았다. 맞은편 숲의 끝에서 꽉 찬 붉은 달이 떠오르기 시작하자 모든 속임수가 사라지고 마법으로 만든 허술한 옷은 늪으로 떨어져 안개 속에 묻혀버렸다.

지금 거장의 연인 오른쪽, 볼란드 바로 옆에서 날고 있는 자가 통역이 전혀 필요 없는 비밀스러운 자문위원의 통역관을 자처하던 코로비예프 파고트임을 그 누가 알아볼 수 있으랴. 너덜너덜한 서커스 옷을 입고 코로비예프 파고트라는 이름으로 참새 언덕을 떠났던 사람 자리에는 이제 지독하게 음울하고 결코 웃지 않는 얼굴의 짙은 보랏빛 기사(騎士)가 조용히 말고삐의 황금 사슬을 울리면서 달리고 있었다. 그는 턱을 가슴 쪽으로 바싹 당긴 채 달을 바라보지도 않았다. 그는 대지에 관심을 두지 않았고 볼란드 옆을 날며 혼자만의 생각에 잠겨 있었다.

"왜 저렇게 변한 거죠?" 마르가리타가 바람 소리에 맞춰 슬쩍 볼란드에게 물었다.

"저 기사는 언젠가 썰렁한 농담을 한 적이 있소." 볼란드가 마르가리타 쪽으로 고개를 돌리며 대답했다. 한쪽 눈이 조용히 불타고 있었다. "어둠과 빛에 대해 이야기할 때 그가 지어낸 말장난이 별로 좋지 않았죠. 그 이후로 저 기사는 그가 예상했던 것보다 더 많이, 더 오랫동안 농담을 해야 했습니다. 하지만 오늘은 모든 정산이 끝나는 밤입니다. 저 기사는 제 값을 다 치르고 거래를 끝냈으니 말입니다!"

밤은 베헤모트의 북슬북슬한 꼬리를 떼어내고 털도 벗겨냈다. 털뭉치가 흩날리며 습지로 떨어졌다. 어둠의 공작(公爵)을 즐겁게 해주던 고양이는 이제 날씬한 소년, 악마의 시동으로서 언젠가 이 세상에 존재했던 가장 훌륭한 광대가 되어 있었다. 그 또한 조용해져서는 자신의 젊은 얼굴을 쏟아지는 달빛에 내맡기며 소리없이 날았다.

그들 끄트머리에서 강철 갑옷을 번쩍이며 아자젤로가 날고 있었다. 달은 그의 얼굴도 바꿔놓았다. 흉측하고 기괴한 송곳니가 흔적도 없이 사라졌다. 애꾸눈도 가짜였다. 아자젤로의 두 눈은 똑같이 시커멓게 텅 비어 있었으며 얼굴은 희고 싸늘했다. 그렇게 아자젤로는 자신의 진짜 모습, 물 없는 사막의 악마이자 살인마의 모습으로 날고 있었다.

마르가리타는 자신의 모습을 볼 수 없었지만 거장이 변하는 모습은 똑똑히 볼 수 있었다. 달빛을 받아 하얗게 보이는 그의 머리는 뒤에서 하나로 묶인 채 바람에 날렸다. 바람이 거장의 발을 덮은 망토를 젖혀 주었을 때 마르가리타는 그의 긴 장화 뒤축에서 꺼졌다가 불타오르곤 하는 별모양 박차를 보았다. 거장도 젊은 악마처럼 달에서 눈을 떼지 않은 채 마치 너무나도 잘 아는, 사랑하는 사람을 대하듯 달에게 미소를 지었으며 118호실에서 얻은 습관대로 혼잣말을 중얼거렸다.

마지막으로 볼란드 또한 자신의 진짜 모습으로 날고 있었다. 마르가리타는 그의 말고삐가 무엇으로 만들어졌는지 알 수 없었다. 그녀는 생각했다. 어쩌면 그것은 달빛의 사슬이고 그의 말은 어둠 덩어리일 뿐일지도 모른다. 말갈기는 검은 구름이고 기수의 박차는 하얀 별빛일지도 모른다.

그들은 그렇게 오랫동안 아무 말 없이 날았다. 어느새 아래쪽 풍경도 바뀌고 있었다. 서글픈 숲이 대지의 암흑 속에 잠기고 무딘 칼날 같던 강줄기도 함께 데려가 버렸다. 아래로 둥근 돌들이 나타나 빛을 내기 시작했고 가끔 달빛이 닿지 않는 낭떠러지가 검은 얼룩을 만들어냈다.

볼란드가 황량하고 평평한 고원에 말을 세우자 기수들은 단단한 돌멩이들을 짓밟는 말발굽 소리를 들으며 속도를 늦추었다. 달이 그 평원을 초록빛으로 환하게 비추었다. 이윽고 마르가리타는 그 황량한 땅에 놓인 팔걸이의자와 거기 앉아 있는 사람의 하얀 형체를 알아보았다. 그는 귀가 들리지 않거나 깊은 생각에 잠겨 있는 듯했다. 그는 말들이 바닥을 울리는 소리를 듣지 못했다. 기수들은 그를 놀라게 하지 않고 다가갔다.

달은 마르가리타에게 큰 도움이 되었다. 달은 그 어떤 훌륭한 전등보다도 더 밝게 빛을 내고 있었다. 마르가리타는 앞이 보이지 않음이 분명한 의자에 앉아 있는 사람이 짧게 손을 문지르며 보이지 않는 바로 그 눈으로 둥근 달을 응시하는 것을 보았다. 마르가리타는 달빛을 받아 불꽃 같은 게 번쩍이는 육중한 돌의자 옆에 귀가 뾰족하고 커다란 검은 개 한 마리가 엎드려 제 주인과 마찬가지로 불안하게 달을 바라보는 것도 보았다. 의자에 앉은 사람 발치에는 깨진 술병 조각들이 뒹굴고 아직 마르지 않은 검붉은 웅덩이가 퍼져 있었다.

기수들이 말을 세웠다.

"당신의 소설을 읽었답니다." 볼란드가 거장을 돌아보며 말했다. "한 가지, 그 소설이 끝을 맺은 게 아니라서 유감스럽다고 하더군요. 그래서 이렇게 소설 주인공을 당신에게 보여주고 싶었습니다. 2천 년 가까이 그는 이 평원에 앉아 잠들어 있습니다. 그러나 보시다시피 보름달이 뜰 때면 불면증에 시달립니다. 잠 못 이루는 밤은 이 사람뿐만 아니라 그의 충직한 경호원인 저 개까지 괴롭히고 있지요. 만약 비겁함이 가장 끔찍한 악이라는 말이 맞는다면 저 개는 아무 죄가 없습니다. 용감한 개가 유일하게 두려워했던 건 폭풍우뿐이었으니까요. 하긴 사랑을 하는 자는 자신이 사랑하는 사람의 운명을 나누어야 하는 거겠죠."

"저 사람은 무슨 말을 하고 있나요?" 마르가리타가 물었다. 평온했던 그녀의 얼굴에 연민의 아지랑이가 피어올랐다.

"그는" 볼란드의 목소리가 울렸다. "언제나 같은 말을 되풀이합니다. 달빛 아래서도 자신에게 평안이란 없다고, 자신의 임무는 고약했다고 말입니다. 잠들지 못할 때는 언제나 그 말만 반복하고 잠들어 있을 때는 늘 똑같이 달빛 길을 봅니다. 그는 그 길을 따라가서 죄수 하 노츠리와 이야기를 나누고 싶어 하지요. 왜냐하면 그는 오래전 그날, 봄의 니산 달 14일에 미처 다하지 못한 말이 있다고 확신하기 때문입니다. 그런데 웬일인지 그는 그 길로 나아갈 수 없고 그에게 와주는 사람도 없습니다. 그러니 어찌 하겠습니까. 자기 자신과 이야기를 나눌 수밖에요. 하지만 뭐든 변화란 게 필요한 법이라 자주 달에 대해 이야기하면서 그는 자신의 불멸과 다시없는 명성을 세상 그 무엇보다도 증오한다고 덧붙이곤 하지요. 그는 제 운명을 누더기를 걸친 부랑자 레비 마트베이와 기꺼이 바꾸겠노라 주장하고 있습니다."

"아득한 옛날 딱 한 번 있었던 만월 때문에 1만 2천 번의 잠 못드는 만월을 견뎌야 하다니 너무 가혹하지 않나요?" 마르가리타가 물었다.

"또 프리다 이야기입니까?" 볼란드가 말했다. "하지만 마르가리타, 이제 걱정하지 말아요. 모든 게 어긋남 없이 이루어질 겁니다. 세상은 그렇게 만들어졌으니까요."

"그를 이제 그만 놓아주세요!" 마르가리타는 언젠가 마녀였을 때 그랬던 것처럼 갑자기 날카롭게 소릴 질렀다. 그녀의 외침에 산에서 바위 하나가 떨어져 나와 온 산을 거대한 울림으로 뒤흔들며 바위 턱을 굴러 심연으로 떨어졌다. 마르가리타는 그 소리가 떨어지는 바위의 울림인지 사탄의 웃음소리인지 알 수 없었다. 어쨌든 볼란드는 마르가리타를 보며 웃고 있었다. 그리고 말했다.

"산에서 그렇게 소리를 지르시면 안 됩니다. 하긴 그는 낙석에 익숙해져 있으니 이 정도로는 놀라지 않겠지만요. 당신이 그를 위해 부탁할 필요는 없습니다, 마르가리타. 그가 그토록 이야기를 나누고 싶어 하는 바로 그 사람이 이미 부탁을 해놓았거든요." 볼란드는 다시 거장을 돌아보며 말했다.

"자, 어떻습니까, 이제 당신의 소설을 한 구절로 끝낼 수 있겠지요!"

거장은 꼼짝 않고 서서, 의자에 앉아 있는 총독을 바라보는 동안에도 그 말을 기다리고 있었던 모양이었다. 그는 손을 둥글게 말아 쥐고 소리쳤다. 그 소리가 사람도 숲도 없는 산에 메아리쳤다.

"자유다! 자유다! 그가 너를 기다리고 있다!"

산이 거장의 목소리를 천둥소리로 바꾸었고 그 천둥소리가 산을 무너뜨렸다. 저주스런 절벽들이 무너졌다. 그저 돌의자가 놓인 평원만이 남았다. 절벽들이 사라져버린 검은 심연 위로 끝없이 펼쳐진 도시가 모습을 드러냈다. 도시는 그 도시를 지배하고 황금빛 우상들과 함께 수천 개의 달이 뜨고 지는 동안 초목이 무성하게 자라나버린 정원 위로 불길처럼 타올랐다. 그 정원 쪽으로 곧장, 총독이 그토록 기다리던 달빛 길이 길게 뻗어나갔다. 귀가 뾰족한 개가 먼저 길을 따라 달려나갔다. 핏빛 안감을 댄 흰 망토의 사내가 의자에서 일어나 쉬어 갈라진 목소리로 무슨 말인가 외쳤다. 그가 우는지 웃는지 또 뭐라고 소리치는지, 그건 알 수 없었다. 그저 자신의 충직한 수호자의 뒤를 따라 그가 서둘러 달빛 길을 달려가는 모습이 보였을 뿐이다.

"우리도 그를 따라 저곳으로 가야 하나요?" 고삐를 만지며 거장이 불안한 듯 물었다.

"아니요." 볼란드가 대답했다. "이미 다 끝난 일인데 뭐하러 쫓겠습니까?"

"그렇다면, 저쪽인가요?" 거장은 몸을 돌려 조금 전 버리고 온 도시와 덕지덕지 붙여 놓은 듯한 수도원 탑들 그리고 유리창 속에 잘게 조각난 태양이 펼쳐진 곳을 가리켰다.

"그곳도 아닙니다." 볼란드가 대답했다. 그의 목소리가 굵게 울리며 절벽을 타고 흘렀다. "낭만적인 거장이여! 이제 막 당신이 놓아준, 당신이 생각해 낸 주인공이 그토록 보고 싶어 하던 이가 당신 소설을 읽었다고 합니다." 볼란드는 마르가리타를 돌아보았다. "마르가리타 니콜라예브나! 당신이 거장을 위해 가장 좋은 미래를 생각해내려고 애썼다는 건 잘 압니다. 그러나 내가 지금 제안하고 당신들을 위해 예슈아가 부탁한 것이 좀더 나을 것 같군요. 저들은 둘이 있도록 내버려둡시다." 볼란드가 거장 쪽으로 몸을 기울여 떠나간 총독 뒤를 가리키며 말했다. "저들을 방해하지 맙시다. 어쩌면 뭔가

합의점에 이르게 될지도 모르지요." 볼란드가 예르샬라임 쪽으로 팔을 내젓자 예르샬라임은 어둠 속으로 사라졌다.

"저곳도 마찬가지입니다." 볼란드는 멀리 뒤쪽을 가리켰다. "그 좁은 지하실에서 뭘 하겠습니까?" 그때 유리창에 비친 일그러진 태양들도 사라져버렸다. "무엇을 위해?" 볼란드의 말투는 단호하면서도 부드러웠다. "오, 너무나도 낭만적인 거장이여, 낮이면 연인과 함께 꽃피는 벚나무 아래를 거닐고 밤이면 슈베르트의 음악을 듣고 싶지 않습니까? 촛불 아래 거위 깃털로 된 펜으로 글을 쓰고 있노라면 정말 즐겁지 않겠습니까? 파우스트가 그랬던 것처럼 새로운 생명 호문클루스*1를 만들어낼 수 있다는 희망을 품으며 증류기 앞에 앉아 있고 싶지 않습니까? 저 곳으로, 저 곳으로 가는 겁니다! 그곳에는 벌써 집과 늙은 하인이 당신을 기다리고 있습니다, 벌써 촛불이 타오르고 있습니다, 하지만 촛불은 곧 꺼질 겁니다. 머지않아 새벽을 맞게 될 테니까요. 거장, 이 길을 따라 가십시오, 이 길로! 잘 가시오! 나는 떠날 때가 되었습니다."

"안녕히!" 마르가리타와 거장이 한 목소리로 볼란드에게 답했다. 검은 볼란드는 어떤 길도 거들떠보지 않고 낭떠러지로 내달렸다. 그 뒤를 따라 수행원들도 요란한 소리와 함께 달려나갔다. 주위에는 절벽도, 평원도, 달빛 길도, 예르샬라임도 없었다. 검은 말들도 사라졌다. 거장과 마르가리타는 약속된 새벽을 보았다. 새벽은 한밤중의 달이 진 바로 그곳에서 시작되었다. 거장은 아침을 여는 찬란한 햇살 속에서 자신의 연인과 함께 이끼 낀 작은 돌다리를 걸었다. 두 사람은 다리를 건넜다. 서로를 굳게 믿는 연인들 뒤로 개울이 흘렀다. 그들은 모랫길을 따라 걸어갔다.

"이 정적을 들어봐요." 마르가리타가 거장에게 말했다. 그녀의 맨발 밑으로 모래가 사각거렸다. "들어봐요. 사는 동안 한 번도 당신에게 주어지지 않았던 이 고요함을 마음껏 즐겨요. 봐요. 저 앞에 당신이 상으로 받은 영원한 집이 있어요. 나는 벌써 베네치아풍의 창과 지붕까지 감겨 올라간 포도 넝쿨이 보여요. 당신 집이에요. 당신의 영원한 안식처예요. 나는 알아요. 저녁이면 당신이 사랑하는 사람들, 당신이 관심을 갖는 사람들, 당신을 불안하게

---

*1 작은 인조 생명 (인간) 괴테의 《파우스트》에서는 파우스트 조수가 호문클루스를 만들어냈다.

하지 않는 사람들이 찾아올 거예요. 그들은 당신에게 연주를 해주고, 노래를 불러줄 거예요. 촛불이 타오를 때 방 안이 얼마나 빛나는지 알게 될 거예요. 당신은 손때 묻은 당신의 영원한 모자를 쓰고 입가에 미소를 지으며 잠이 들 거예요. 잠이 당신을 강하게 하고 지혜롭게 판단하도록 만들어 주겠죠. 이제 당신은 날 쫓아낼 수 없어요. 내가 당신의 잠을 지켜줄 테니까."

거장과 함께 자신들의 영원한 집으로 걸어가면서 마르가리타가 말했다. 거장은 뒤에 두고 온 개울이 졸졸거리며 속삭이듯 마르가리타의 말이 흘러간다고 느꼈다. 거장의 기억, 온통 바늘로 쑤셔놓은 듯 불안한 그의 기억이 꺼져가기 시작했다. 누군가 거장을 자유롭게 놓아준 것이다. 조금 전 그가 자신이 창조한 주인공을 놓아준 것처럼. 그 주인공은 심연으로 떠났다. 일요일로 가는 부활의 밤에 용서를 받은 점성술사이자 왕의 아들, 유대의 잔혹한 5대 총독, 기사 본디오 빌라도는 그렇게 돌이킬 수 없는 길을 떠났다.

에필로그

그건 그렇고 토요일 저녁 노을 속에 볼란드가 도시를 버리고 참새 언덕에서 수행원들과 함께 사라진 뒤 모스크바에는 무슨 일이 벌어졌을까?

그 뒤로 오랫동안 수도 곳곳을 어지럽힌 말도 안 되는 소문들이 눈 깜짝할 새에 멀리 두메산골까지 퍼져나갔음은 두말할 필요도 없으리라. 그 소문들은 다시 말하기조차 역겨운 그런 것들이었다.

조금의 거짓도 없는 이 글을 쓰고 있는 나 자신도 페오도시야로 가는 열차 안에서 2천 명의 모스크바 사람들이 말 그대로 홀딱 벗은 채 극장을 뛰쳐나와 택시를 잡아타고 뿔뿔이 집으로 흩어졌다는 이야기를 들은 적이 있다.

'부정한 기운이……'라는 수군거림이 우유 가게 앞 늘어선 줄에서, 전차 안에서, 가게에서, 아파트와 부엌에서, 교외 열차와 장거리 열차 안에서, 크고 작은 역들에서 그리고 별장과 바닷가에서 들려왔다.

좀더 성숙하고 교양 있는 사람들은 수도를 덮친 부정한 기운에 대한 이야기에 전혀 휩쓸리지 않았을 뿐 아니라 소문들을 비웃기까지 했다. 또한 그에 대해 떠들어대는 사람들을 나무라며 이성을 찾게 하려고 애쓰기도 했다. 그러나 어쨌든 사실은 엄연히 사실로 남는 법이다. 아무 해명도 없이 사실을 회피할 수는 없다. 누군가가 수도를 다녀간 것만은 분명하다. 그리보예도프에 남은 잿더미만 봐도 그렇고, 그 밖에 많은 증거들이 그 사실을 매우 설득력 있게 뒷받침하고 있었다.

교양 있는 사람들은 수사국의 입장을 지지했다. 즉 기가 막힌 기술을 지닌 최면술사들과 복화술사 일당이 벌인 짓들이라는 것이다.

당연한 일이지만, 모스크바는 물론 그 주변 지역에서도 최면술사와 복화술사 일당을 체포하기 위한 즉각적이고 강력한 조치들이 취해졌다. 그러나 대단히 유감스럽게도 아무런 성과가 없었다. 스스로 볼란드라 이름을 밝힌 자는 앞잡이들과 함께 이미 사라져서 다시는 모스크바로 돌아오지 않았다.

그들은 다른 곳에 나타나지도, 어떤 식으로든 자신의 정체를 드러내지도 않았다. 이런 상황에서 그들이 외국으로 도주했다는 추측이 나온 것은 매우 자연스런 흐름이지만, 외국 어디에서도 그들을 볼 수는 없었다.

그 사건에 대한 수사는 오랫동안 계속되었다. 그도 그럴 것이 그 사건은 어마어마하게 큰 사건이었다! 건물이 4채나 불탄 것이나 정신이 이상해진 수많은 사람들 얘기는 말할 것도 없고, 살해당한 사람들까지 있었다. 그중 두 사람은 정확하게 말할 수 있다. 바로 베를리오즈 그리고 외국인을 위한 모스크바 관광국에서 근무하던 불운한 전(前) 남작 마이겔이었다. 그들은 살해당했음이 분명했다. 마이겔의 다 타버린 유골은 화재가 진화된 뒤 사도바야 거리 50호 아파트에서 발견되었다. 그렇다, 희생자들이 있었다. 희생자들이 나온 만큼 수사가 필요했다.

볼란드가 수도를 떠나고 나서도 희생자들은 더 나왔다. 이번에 희생자가 된 것은 슬프게도 검은 고양이들이었다.

사람을 잘 따르고 도움을 주기도 하는 100여 마리의 고양이가 러시아 곳곳에서 총살되거나, 다른 방법으로 모조리 죽어나갔다. 예를 들어 아르마비르에서는 아무 죄도 없는 고양이 한 마리가 어떤 시민에 의해 앞발이 묶인 채 경찰서로 끌려왔다.

그 고양이가 교활한 얼굴로(그런데 고양이가 본디 그렇게 생긴 것을 어찌하겠는가? 그건 그들이 예의가 없어서가 아니라, 개나 사람들처럼 자신보다 강한 존재에게 해를 입거나 모욕을 당하지 않을까 두려워하기 때문이다. 고양이들에게 그런 행동을 하는 건 아주 쉬운 일이다. 하지만 분명히 말하건대, 그건 절대로 명예로운 행동이 아니다. 절대로!), 그렇다. 교활한 얼굴로 방공호를 향해 쏜살같이 달려들려는 순간, 숨어서 지켜보던 시민이 붙잡았다는 것이었다.

고양이를 덮친 시민은 그를 묶기 위해 넥타이를 거칠게 풀며, 독살스럽고 위협적인 말투로 중얼거렸다.

"아하! 이번엔 우리 아르마비르에까지 행차하신 건가, 최면술사 양반? 흥! 여기서 네놈 따위에 놀랄 사람은 아무도 없어. 말 못하는 척하지 마. 우린 이미 네가 어떤 놈인지 다 알고 있다고!"

그 시민은 고양이가 뒷발로 걸어가도록 초록색 넥타이로 앞발을 동여맨 채 발길질을 해가며, 경찰서로 끌고 갔다.

휘파람을 불며 뒤따라온 어린 아이들에 둘러싸여 시민은 고양이에게 소릴 질러댔다. "어리석은 짓 하지 마! 그래봤자 소용없어! 어서 사람들처럼 걸으란 말이야!"

검은 고양이는 수난자 같은 눈으로 바라볼 뿐이었다. 자연으로부터 말하는 능력을 부여받지 못한 그 고양이는 어떤 방법으로도 자신의 결백을 증명할 수 없었다. 이 가련한 짐승을 구해준 건 첫 번째로는 경찰이었고, 그 다음은 자신의 주인인 존경할 만한 미망인 노파였다. 고양이가 경찰서로 끌려오자마자 그곳 사람들은 시민에게서 지독한 술 냄새가 난다는 것을 알아챘다. 때문에 그의 진술은 바로 의심받았다. 그러는 사이, 이웃 사람들로부터 자신의 고양이가 잡혀갔다는 사실을 알게 된 노파는 경찰서로 달려가, 때맞춰 도착했다. 노파는 고양이에 대한 온갖 칭찬을 늘어놓으면서, 자신은 그 고양이가 새끼였을 때부터 5년째 함께 지내오고 있으며, 그 고양이에 대해서라면 자신의 이름을 걸고 보증할 수 있을 뿐 아니라 그는 어떤 나쁜 짓도 하지 않았으며, 모스크바에 한 번도 가본 적 없다고 증언했다. 고양이는 아르마비르에서 태어나 자랐고, 쥐 잡는 법도 그곳에서 배웠다는 것이다.

고양이는 온갖 쓰라린 고통을 맛보고 난 뒤에야 주인에게 돌아갔다. 오류와 비방이 무엇인지를 몸소 체험한 것이다.

고양이 말고도 대수롭지는 않지만 불쾌한 일을 당한 몇몇 사람들도 있었다. 몇 사람이 체포되었고, 짧은 기간이긴 하지만 유치장에 감금된 이들도 있었는데 다음과 같다. 레닌그라드에 사는 시민 볼리만과 볼리페르, 사라토프와 키예프, 하리코프에 사는 세 명의 볼로딘, 카잔에 사는 볼로흐, 그리고 펜자에서는 대체 무슨 이유 때문인지도 모르는 채로 화학자 베트친케비치가 붙들려갔다. 하긴 그 베트친케비치라는 자는 키가 아주 크고 짙은 갈색 머리를 하고 있기는 했다.

이 말고도 여러 지역에서 10명의 코로빈과 4명의 코롭킨, 그리고 2명의 카라바예프가 붙잡혔다.

벨고로드 역에서는 세바스토폴행 기차를 타고 가던 한 시민이 결박당한 채로 연행되었다. 이 시민은 카드 마술로 같이 가던 승객들을 재미있게 해주려고 했었다고 한다.

야로슬라블에서는 점심시간에 한 시민이 손에 버너를 들고 레스토랑에 나타났다. 그는 수리점에서 막 버너를 돌려받은 참이었다. 외투보관실에서 그를 본 두 명의 수위는 자신의 임무도 다 내팽개친 채 뛰쳐나왔고 그 둘을 따라 레스토랑에 있던 모든 손님과 종업원들도 도망쳐 나왔다. 그리고 그때 어찌 된 일인지 카운터에 있던 돈도 모두 사라져버렸다.

그 밖에도 모두 기억하기조차 어려운 많은 일들이 있었다. 민심의 동요 또한 상당했다.

그리고 여기서 다시 한 번 수사가 정당하게 이루어졌다는 것에 대해서는 인정해주어야 할 것이다. 범인들을 체포하기 위해서뿐만 아니라, 그들이 저지른 모든 것을 해명하기 위해 가능한 모든 조치가 취해졌다. 그리고 모든 것이 해명되었고 그 내용 또한 납득할 만한 것이었고, 논쟁의 여지가 없는 것이었음도 인정해주어야 한다.

수사 요원들과 경험 많은 정신과 의사들은 범죄가 일당의 구성원들, 또는 그들 중 하나는(그 점에서 대다수가 코로비예프를 지목했다) 비상한 능력을 지닌 최면술사로, 자신들이 실제로 있는 장소가 아닌 다른 장소에 가짜로 모습을 드러낼 수 있음을 밝혀냈다. 뿐만 아니라 그들은 사람들의 마음을 조작해서 실제로는 존재하지 않는 어떤 물건, 혹은 사람들이 존재한다는 생각을 하게 하거나 반대로 실제로 눈에 보이는 곳에 있는 사람들이나 물건들이 보이지 않게 만들기도 했다.

이 같은 설명에 따라 모든 게 완전히 밝혀졌다. 시민들을 가장 크게 동요시켰고, 도무지 설명이 불가능하다고 여겨졌던 사건, 즉 50호 아파트에서 고양이를 체포하려고 했을 때, 그 많은 총알을 맞고도 고양이가 멀쩡했던 일도 포함해 모든 것이 해명되었다.

샹들리에 위에 고양이 같은 것은 처음부터 없었고, 방어하려고 한 자도 없었으며 사람들은 아무것도 없는 허공에 대고 총을 쏘아댄 것이었다. 그러는 동안 고양이가 샹들리에 위에서 소란을 피우고 있다고 믿게 한 코로비예프는 총격전을 벌이고 있는 사람들 뒤에 태연하게 서서 짐짓 인상을 써가며 범죄에 이용된 자신의 대단한 최면 능력을 즐기고 있었던 것이다. 아파트에 등유를 끼얹어 불을 지른 것 역시 그의 소행이었다.

당연한 얘기지만, 스툐파 리호데예프는 얄타에 날아간 적도 없었고(그건 제 아무리 코로비예프라 해도 힘에 부치는 일이다) 그곳에서 전보를 친 적도 없었다. 절인 버섯을 포크에 찍어 들고 있는 고양이를 보여준 코로비예프의 마술에 놀라 보석상 부인의 아파트에서 기절한 스툐파는 이후 계속해서 그 아파트에 누워 있었다. 그동안 코로비예프는 그를 놀리며 펠트 모자를 씌워 모스크바 비행장으로 보내기도 했다. 그리고 그에 앞서 수사국 요원들에게 미리 최면을 걸어 세바스토폴에서 날아온 비행기에서 스툐파가 내릴 것이라 믿게 만들었다.

사실 얄타의 형사수사국은 맨발인 스툐파의 신병을 확보한 뒤, 그와 관련하여 모스크바에 전보를 보냈음을 주장했다. 하지만 조사 결과 그 전보의 사본은 한 장도 발견되지 않았으며, 이에 따라 슬프지만 도저히 반박할 수 없는 결론, 즉 최면술사 일당은 아주 먼 거리에서도, 그것도 특정 인물에 대해서뿐만 아니라, 집단으로 최면을 걸 수 있는 능력을 지니고 있다는 결론이 내려졌다. 바로 그런 이유로 범죄자들은 누구보다도 강인한 심리 구조를 지닌 사람들의 정신까지도 흐트러뜨릴 수 있었던 것이다.

극장 객석 낯선 사람의 주머니에 든 카드나 여인들의 사라진 옷, 야옹 하고 고양이 울음소리를 내는 베레모 등등 시시한 사건들에 대해서는 더 말할 필요도 없다! 그 정도는 어지간한 실력의 최면술사라면 어떤 무대에서든 보여줄 수 있는 것들이다. 사회자의 머리를 떼어내는 간단한 마술도 마찬가지이며, 말하는 고양이는 그야말로 장난에 불과하다. 사람들에게 그런 고양이를 보여주는 데에는 복화술의 초보적인 원리들을 익히는 것만으로도 충분하며, 코로비예프의 기술이 그 수준을 훨씬 넘어서 있다는 것을 의심할 사람은 아마도 없을 것이다.

그렇다, 문제는 결코 카드 한 벌이나, 니카노르 이바노비치의 서류가방에 들어 있던 가짜 편지 따위가 아니었다. 그런 것들은 정말로 사소한 것에 불과했다! 문제는 다름 아닌 코로비예프가 베를리오즈를 전차 밑으로 밀어 넣어 피할 수 없는 죽음을 맞게 한 인물이라는 것이다. 문제는 그가 불쌍한 시인 이반 베즈돔니를 마치게 하고, 헛것을 보게 했으며, 괴로운 꿈속에서 고대 예르샬라임과 태양이 작열하고 물 한 방울 없는 민둥산과 기둥에 매달린 세 명의 사형수들을 보게 한 인물이라는 것이다. 문제는 마르가리타 니콜라예브나와 그녀의 아름다운 가정부 나타샤가 모스크바에서 사라지게 한 것도 바로 그와 그의 일당이라는 것이다. 말 나온 김에 덧붙이자면, 수사국은 이 두 여인의 실종에 특별한 관심을 기울였다. 그 여인들이 살인범과 방화범 일당에게 유괴된 것인지, 아니면 자신들의 의지로 범죄자 일당과 도망친 것인지를 밝혀내야 했다. 조사위원회는 니콜라이 이바노비치의 두서없고 혼란스러운 증언을 기초로, 마르가리타 니콜라예브나가 남편에게 남긴 이상하고 비이성적인 말도 안 되는 메모, 즉 자신은 마녀가 되어 떠난다는 내용의 글에 주목했다. 그리고 나타샤가 자신의 소지품들을 모두 그대로 두고 사라졌다는 점 등에서 여주인도 가정부도 다른 많은 사람들처럼 최면술에 걸린 채 일당에게 납치되었다는 결론에 도달했다. 아무래도 두 여인의 미모가 범죄자들을 매혹시킨 것 같다는 아주 그럴듯한 의견이 나오기도 했다.

다만 한 가지, 수사진들도 아직 밝히지 못한 채 남겨진 것이 있다. 그것은 그 일당이 자신을 거장이라 부르는 환자를 정신병원에서 납치한 동기이다. 그 동기만은 끝내 밝혀지지 않았으며, 납치된 환자의 이름도 알아내지 못한 채 끝났다. 그리하여 그는 '제1병동 118호'라는 별명 아래 영원히 사라졌다.

이렇게 거의 모든 것이 밝혀졌고, 모든 일에 끝이 있듯이 수사는 끝났다.

그로부터 몇 년이 흘러, 시민들은 볼란드도, 코로비예프도, 그 밖의 다른 일들도 잊어가기 시작했다. 볼란드와 그의 앞잡이들로 인해 고통을 당했던 사람들의 삶에도 많은 변화가 일어났다. 그 변화들이 사소하고 중요하지 않은 것들이라 해도 언급은 하고 넘어가야 할 것 같다.

조르주 뱅갈스키는 병원에서 석 달을 보낸 뒤 퇴원했다. 바리에테에서의 일은 그만두어야 했다. 관객들이 표를 사기 위해 떼를 지어 몰려드는 가장 바쁜 시기였음에도 불구하고 그는 흑마술과 그 폭로에 대한 기억이 너무나도 생생하게 떠올랐기 때문이었다. 뱅갈스키는 그렇게 바리에테를 떠났다. 매일 밤 2000명의 관객들 앞에 서면 하나같이 그를 알아보고 어김없이, 저 사람은 머리가 있는 편이 나은가 없는 편이 나은가 하는 조롱 섞인 질문들을 피할 수 없다는 것은 너무나 고통스러운 일이기 때문이었다.

그렇다, 뿐만 아니라 그는 사회자로서 반드시 필요한 유쾌함을 상당 부분 잃어버렸다. 그에게 남은 거라곤 해마다 봄 보름달이 뜨는 밤이면 불안해하며 갑자기 자신의 목을 두 손으로 감싼 채 겁먹은 눈으로 주위를 둘러본다. 그리고 눈물을 흘리는 불쾌하고 애처로운 습관이 남아 있을 뿐이었다. 발작은 차츰 나아졌지만, 그런 상태로 일을 계속할 수는 없었다. 사회자는 마음의 평안을 위해 떠났고, 그간 저축해두었던 돈으로 살아가기 시작했다. 검소하게 생활한다면 앞으로 15년은 버틸 수 있는 금액이었다.

조르주 벵갈스키는 그렇게 바리에테 극장을 떠났다. 그 뒤 바레누하와는 두 번 다시 만나지 않았다. 바레누하는 극장 총무부장들 사이에서조차 믿기 어려울 정도의 친절과 예의바름으로 많은 이들의 폭넓은 인기와 사랑을 얻었다. 예를 들면, 초대권만 찾는 단골관객들은 언제나 그를 자애로운 아버지라 불렀다. 어떤 시간에 누가 바리에테에 전화를 해와도 수화기 저편에서는 언제나 부드러운, 하지만 슬픈 듯한 목소리가 들려왔다. "예, 말씀하십시오." 그리고 바레누하를 바꿔달라고 하면, 그 목소리가 황급히 대답했다. "예, 제가 바레누하입니다. 무엇이든 말씀만 하십시오." 하지만 이반 사벨리예비치는 이런 자신의 예의바름으로 고통을 받기도 했다!

스툐파 리호데예프는 더 이상 바리에테에서 전화로 이야기를 나눌 수 없게 되었다. 병원에서 8일을 보내고 퇴원하자마자 그는 로스토프로 전근을 가게 되었고, 그곳 대형 식품점 지배인으로 임명되었다. 소문에 의하면 그는 포트와인을 완전히 끊고, 까치밥나무 열매로 담근 보드카만 마셔서 덕분에 아주 건강해졌다고 한다. 말수가 적어지고, 여자를 멀리한다는 얘기도 들었다.

마침내 스툐파 보그다노비치가 바리에테에서 쫓겨났음에도 불구하고 림스키는 몇년 동안이나 그토록 꿈꾸어왔던 기쁨을 맛보지 못했다. 병원 퇴원 뒤 키슬로보츠크에서의 요양생활이 끝나자 폭삭 늙어버려 힘없이 고개가 흔들리게 된 경리부장은 바리에테에 사직서를 제출했다. 여기서 흥미로운 사실은 사직서를 극장에 가져온 이가 림스키의 아내라는 점이다. 그리고리 다닐로비치는 달빛 흘러넘치는 창의 금 간 유리와 아래쪽 빗장까지 뻗어가는 기다란 손을 보았던 그 건물로는 환한 대낮에도 들어설 용기가 나지 않았던 것이다.

바리에테를 그만둔 경리부장은 자모스크보레체에 있는 어린이 인형극장에 들어갔다. 이 극장에서는 음향 문제로 그 존경해 마지않는 아르카디 아폴로노비치 셈플레야로프와 부딪힐 필요가 없었다. 셈플레야로프는 브랸스크로 쫓겨나 버섯 가공 공장의 소장으로 임명되었다. 요즘 모스크바 사람들은 소금에 절인 송이버섯과 식초에 절인 흰 버섯을 먹으며 그 맛에 대해 입이 마르도록 칭찬했고, 그가 가공공장으로 간 것을 몹시 기뻐했다. 다 지난 일이니 하는 말이지만, 음향 일은 아르카디 아폴로노비치에게 맞지 않았다. 그가 아무리 음향 효과를 개선시키려 애를 써도 언제나 예전 그대로였으니 말이다.

아르카디 아폴로노비치 외에 니카노르 이바노비치 보소이도 극장과 완전히 인연을 끊은 사람 중 하나이다. 사실 초대권을 좋아하는 것 말고는 극장과 아무 상관도 없는 사람이긴 했지만 말이다. 니카노르 이바노비치는 돈을 내고도, 공짜로도 어떤 극장에도 가지 않았을 뿐 아니라 극장과 관련된 이야기가 나오기만 해도 얼굴빛이 바뀔 정도였다. 극장 말고도 그는 시인 푸시킨과 재능 있는 배우 사바 포타포비치 쿠롤레소프를 지나치다 싶을 만큼 싫어했다. 어느 정도였는가 하면, 작년 신문에서 사바 포타포비치가 그의 예술적 재능이 가장 만개한 절정기에 심장마비로 세상을 떠났다는 검은 테를 두른 기사*1를 본 그는 하마터면 자신까지 사바 포타포비치의 뒤를 따라 저세상으로 가는 게 아닌가 하는 생각이 들만큼 얼굴이 시뻘게져서 외칠 정도였다. "그런 놈은 그래도 싸지!" 게다가 그날 밤, 인기 배우의 죽음으로 수많은 고통스러운 기억들이 되살아난 니카노르 이바노비치는 사도바야를 비추는 보름달을 벗삼아 무섭게 술을 마셔댔다. 잔을 비울 때마다 눈앞에 그가 증오하는 저주스러운 인물들이 사슬처럼 줄지어 떠올랐다. 그 속에는 세르게이 게타르도비치 둔칠과 아름다운 여인 이다 게르클라노브나, 그리고 싸움 거위의 주인인 빨강 머리와 정직한 사내 니콜라이 카납킨도 있었다.

그러면 이 사람들에게는 무슨 일이 있어났을까? 아니, 그건 아니다! 그들에게는 아무 일도 일어나지 않았고, 일어날 수도 없었다. 그들은 현실에 존재했던 사람들이 아니기 때문이다. 사회를 보던 인상 좋은 배우도 없었고, 극장도, 창고에서 외화를 썩히고 있는 늙은 구두쇠 포로호브니코바 숙모도 없었다. 황금 나팔도 물론 없었으며, 뻔뻔스러운 요리사들도 없었다. 그 모든 것들은 그 밉살스러운 코로비예프의 농간으로 니카노르 이바노비치가 꿈에서 본 것들일 뿐이었다. 꿈에 나온 인물 중 유일하게 존재하는 사람이 바

---

*1 부고기사를 뜻한다.

로 사바 포타포비치라는 배우였고, 그가 꿈에 등장한 건 그저 라디오에 자주 나와서 니카노르 이바노비치의 기억에 깊이 각인되어 있었기 때문이었다. 그는 존재했다. 하지만 다른 사람들은 존재하지 않았다.

그렇다면 알로이지 모가리치도 존재하지 않았던 것일까? 오, 아니다! 그는 분명히 존재했을 뿐 아니라, 지금도 존재하고 있다. 그것도 림스키가 거절한 바로 그 자리, 그러니까 바리에테의 경리부장으로 말이다.

볼란드를 방문하고 하루가 지나서 뱟카 근처 어딘가의 기차 안에서 알로이지는 정신을 차렸다. 그는 정신이 혼미한 상태로 이유도 모른 채 모스크바를 떠나면서 바지 입는 것을 잊었고, 역시 무엇 때문인지 자신에게는 아무 쓸모도 없는 집주인의 주민 명부를 훔쳐 왔다는 사실을 깨달았다. 알로이지는 차장에게 거금의 돈을 쥐어주고, 그의 낡고 기름때 묻은 바지 한 벌을 얻어 입고는 즉시 뱟카에서 돌아왔다. 그러나 불행히도 그는 집주인의 집을 찾을 수가 없었다. 다 쓰러져가던 낡은 집을 불길이 깨끗하게 쓸어가버린 것이었다. 하지만 알로이지는 비상하리만큼 정력적인 사람이었다. 두 주 뒤, 그는 브류소프 골목에 있는 아주 훌륭한 방에 살고 있었고, 몇 달 뒤에는 림스키의 사무실에 앉아 있었다. 그리고 예전에 림스키가 스툐파 때문에 괴로워했듯이, 이제는 바레누하가 알로이지 때문에 괴로워했다. 지금 이반 사벨리예비치가 바라는 것은 단 한 가지, 그 알로이지라는 자를 바리에테에서 내쫓아 어디든 보이지 않는 곳으로 사라지게 하는 것뿐이었다. 가까운 사람들에게 바레누하가 이따금 귓속말로 말하듯이, "알로이지만큼 쓸모없는 인간은 이제껏 단 한 번도 본 적이 없으며, 그는 뭐든 자기 맘대로 하는 인간'이기 때문이었다.

하긴 어쩌면 그건 총무부장의 편견일지도 모른다. 알로이지의 배후에서 불미스러운 일이 일어난 적은 없다. 게다가 그는 뷔페 식당 주임 소코프의 자리에 다른 사람을 앉힌 것 말고는 거의 아무 일도 하지 않았다. 안드레이 포키치 소코프는 볼란드가 모스크바에 나타나고부터 10달 뒤 모스크바 국립대학 제1병원에서 간암으로 죽었다…….

그렇게 몇 년이 흘렀고, 이 책에 사실대로 기록된 사건들은 흐릿해지기 시작했고 마침내 기억 속에서 사라졌다. 하지만 모든 사람이 잊은 것은 아니다. 모두 그런 것은 결코 아니다!

해마다 봄 축제가 열리는 만월이 떠오르는 시기가 되면 저녁 무렵 파트리아르흐 연못가 보리수나무 아래에 서른이나 서른이 좀 넘어 보이는 한 남자가 나타난다. 불그스름한 머리에 눈은 초록색이며 수수한 옷차림의 그는 역사철학연구소 연구원인 이반 니콜라예비치 포니레프 교수이다.

보리수나무 아래로 다가선 그는 언제나 같은 벤치, 오래전 사람들에게 잊힌 베를리오즈가 그의 생애 마지막으로 산산이 부서지는 달을 바라보았던 그 밤, 그가 앉았던 벤치에 가 앉았다.

초저녁인 지금 달은 온통 하얗지만, 잠시 뒤면 검은 경주마, 또는 용의 모습이 섞인 황금빛이 되어 전(前) 시인, 이반 니콜라예비치의 머리 위를 떠돌다가 저 높은 곳 늘 같은 자리에 멈춰 서 있다.

이반 니콜라예비치는 모든 것을 명백하게 알고, 또 이해하고 있었다. 그는 젊은 시절 자신이 범죄자 최면술사 집단의 희생자가 된 적이 있으며, 치료를 받고, 완쾌되었다는 것을 알고 있다. 그러나 그는 자신이 극복할 수 없는 무언가가 있다는 것도 알고 있었다. 그가 극복할 수 없었던 것은 바로 이 봄의 만월이었다. 봄의 만월이 다가오기 시작하면, 언젠가 5개의 양초가 달린 두 개의 촛대보다 더 높이 걸려 있던 천체에서 황금빛 광선을 쏟아내기 시작하면, 이반 니콜라예비치는 불안해지기 시작했고, 예민해졌으며, 식욕도 잃고 잠도 이루지 못한 채 달빛이 무르익기만을 기다린다. 그리고 만월이 찾아오면, 그 무엇도 이반 니콜라예비치를 집에 붙잡아둘 수 없었다. 해질 무렵, 그는 어느새 집을 빠져나와 파트리아르흐 연못가로 향한다.

이반 니콜라예비치는 벤치에 앉아 아무 거리낌 없이 자기 자신과 이야기를 나누었고, 담배를 피워 물었으며, 눈을 가늘게 뜨고 달을 보기도 하고 그의 기억에 너무나도 선명히 남아 있는 십자 회전문을 바라보았다.

이반 니콜라예비치는 한두 시간을 그렇게 보냈다. 그런 뒤 공허한 눈빛으로 자리에서 일어나 언제나 똑같은 길을 따라 스피리도노프카를 지나 아르바트 골목으로 갔다.

그는 석유 가게를 지나 오래되어 기울어진 가스등이 세워진 모퉁이를 돌아 울타리 쪽으로 살금살금 다가갔다. 그 너머로 가지는 무성하지만 아직 초록빛 새순 옷을 입지 않은 정원과 그 안쪽에 달빛으로 채색된 삼면 내닫이창이 나와 있고, 반대쪽에는 어둠에 잠긴 고딕 양식 저택이 있다.

교수는 무엇이 그를 그 울타리로 이끌었는지, 그 집에 누가 사는지 알지 못했다. 하지만 만월이면 이런 자기 자신을 어찌해 볼 수 없다는 것은 안다. 게다가 그는 울타리 너머 정원에서 언제나 같은 장면을 어김없이 보게 되리라는 것도 알고 있다.

턱수염을 기르고 코안경을 썼으며, 약간 돼지를 닮은 점잖은 중년 남자가 정원 벤치에 앉아 있다. 저택의 거주자는 이반 니콜라예비치가 볼 때마다 똑같은 공상에 잠긴 듯한 자세로 달을 바라보고 있었다. 이반 니콜라예비치는 그가 벤치에 앉은 채로 한참을 그렇게 달을 쳐다보고 난 뒤 어김없이 높이 내닫이창으로 눈을 돌려, 마치 당장이라도 그 창문이 열리고 창가에 뭔가 특이한 것이 나타나기를 기다리기라도 하듯이 그 창을 응시할 거라는 것도 안다.

이반 니콜라예비치는 그 다음에 일어날 일들도 모두 외우고 있었다. 지금부터는 반드시 울타리 쪽으로 몸을 더 바짝 붙여야 한다. 이제 곧 앉아 있는 사람이 불안하게 고개를 휘젓고, 멍한 눈으로 허공에서 무언가를 찾아내려는 기쁨에 겨워 미소를 지을 것이다. 그런 다음 그는 갑자기 달콤한 추억에 젖어 손뼉을 치면서, 마치 아무것도 개의치 않는다는 듯 아주 큰 소리로 중얼거릴 것이다.

"비너스, 비너스여……! 아, 난 정말 바보야……!"

"신들이여, 신들이여!" 이반 니콜라예비치는 울타리 뒤로 몸을 감추고, 그 비밀스러운 낯선 자에게서 타오르는 눈을 떼지 않은 채 중얼거리기 시작한다. "여기 또 한 사람, 달의 희생자가 있구나…… 그래, 저 사람도 나와 같은 희생자야."

벤치에 앉은 사람은 계속해서 이렇게 말할 것이다.

"아, 나는 바보야! 왜, 왜 난 그녀와 같이 떠나지 않았을까? 뭘 두려워한 걸까, 늙은 나귀 같으니! 종잇조각 하나 받아가지고 와서! 아, 하지만 이제 어쩌겠어, 늙은 멍청이!"

푸념은 저택의 어두운 쪽에서 창이 덜컹거리고, 거기에 희끄무레한 형체가 나타나 기분 나쁜 여자 목소리로 다음과 같이 울릴 때까지 계속 될 것이다.

"니콜라이 이바노비치, 당신 어디 있어요? 또 무슨 공상에 잠긴 거예요?

말라리아에 걸리고 싶어요? 어서 들어와서 차 드세요!"

그러면 앉아 있던 사람은, 물론 정신을 차리고, 거짓된 목소리로 대답을 한다.

"공기를, 신선한 공기를 좀 마시고 싶어서! 공기가 아주 좋아!"

그러고는 벤치에서 일어나 닫히는 아래층 창에 대고 주먹으로 슬쩍 위협을 하고는 천천히 집으로 들어갈 것이다.

"거짓말이야, 거짓말을 하고 있어! 오, 신들이여, 저 사람은 거짓말을 하고 있습니다!" 울타리에서 물러서면서 이반 니콜라예비치가 중얼거린다. "신선한 공기가 정원으로 이끌었다니 절대 아니야. 그는 이 봄의 만월 속에, 정원과 저 높은 곳에서 뭔가를 보는 거야. 아, 그의 비밀 속으로 들어가서 그가 어떤 비너스를 잃었고 이제 와서 왜 그녀를 찾아 아무 소용 없이 허공에 손을 허우적대며 붙잡으려 하는지 알아낼 수만 있다면, 아무리 비싼 대가라도 치를 텐데!"

그리고 교수는 완전히 병자가 되어 집으로 돌아온다. 아내는 그의 상태를 전혀 눈치 채지 못한 척하며 서둘러 그를 잠자리에 눕힌다. 하지만 정작 그녀 자신은 눕지 않고 책을 들고 램프 옆에 앉아 슬픈 눈으로 잠든 남편을 바라본다. 새벽이 되면 이반 니콜라예비치가 고통스러운 비명 소리와 함께 잠에서 깨어나 울면서 몸부림치기 시작하리라는 것을 그녀는 안다. 그래서 그녀 앞에 있는 램프 아래 탁자에는 미리 소독용 알코올에 담가놓은 주사기와 짙은 갈색 액체가 담긴 앰풀이 놓여 있다.

중병 환자의 아내가 된 불쌍한 여인은 그제야 느긋하게 아무 걱정 없이 잠들 수 있다. 이반 니콜라예비치는 주사를 맞고 나면 아침까지 행복한 얼굴로 잘 것이고 그녀는 알 수 없지만 뭔가 아름답고 행복한 꿈을 꿀 것이다.

만월 밤에 학자를 깨워 안타까운 비명을 지르게 하는 것은 언제나 똑같다. 그는 코가 없고 기이하게 생긴 형리를 본다. 형리는 위로 뛰어올라 뭐라고 외치면서, 기둥에 묶여 의식을 잃은 게스타스 심장을 창으로 꿰뚫는다. 하지만 정말 무서운 것은 그 형리가 아니라, 꿈속의 부자연스러운 빛이다. 마치 세상에 대재앙이 닥치는 순간에나 찾아올 법한, 끓어올라 땅을 뒤덮는 먹구름 속에서 비쳐나오는 그런 빛이었다.

주사를 맞고 나면 잠든 이의 눈앞에서 모든 것이 바뀐다. 침대에서 창까지 넓은 달빛 길이 펼쳐지고, 그 길 위에 핏빛 안감을 댄 흰 망토를 입은 사람이 나타나 달을 향해 걷기 시작한다. 그의 옆에는 다 해진 키톤을 입고, 얼굴이 흉측하게 뭉그러진 젊은 사람이 걷는다. 두 사람은 걸어가면서 뭔가에 대해 열 띠게 논쟁하며 의견 일치를 보려 한다.

"신들이여, 신들이여! 이 얼마나 저속한 처형인가! 하지만 말해주시오." 망토를 입은 사람이 그 거만한 얼굴을 동행인에게 돌리며 말한다. 여기서 그의 얼굴은 거만함에서 거의 애원하는 듯한 표정으로 바뀐다. "처형은 없었잖소! 제발 말해주시오. 없었지 않았소?"

"그렇소, 물론이오. 없었소. 당신이 본 것은 환각이었소." 동행인이 쉰 목소리로 대답한다.

"맹세할 수 있소?" 망토를 입은 사람이 비위를 맞추려는 듯한 말투로 부탁한다.

"맹세하오!" 동행인이 대답한다. 그의 눈은 왠지 미소를 짓는다.

"나는 더 이상 아무것도 필요하지 않소!" 망토를 입은 사람이 갈라지는 목소리로 소리친다. 그러고는 동행인을 이끌고 달을 향해 점점 더 높이 올라간다. 거대한 개가 귀를 쫑긋 세우고 당당하고 얌전히 그들 뒤를 따라간다.

그때 달빛 길이 끓어올라 거기에서 달빛 강이 넘쳐 사방으로 흘러갔다. 달은 지배하고 유희하며, 달은 춤추고 장난 친다. 그러면 달빛 여울 속에 너무나도 아름다운 여인이 나타나 놀란 눈으로 주위를 둘러보는, 수염이 텁수룩한 사내의 손을 잡고 이반에게 다가온다. 이반 니콜라예비치는 이내 그를 알아본다.

그 사람은 바로 그 118호실, 밤에 그를 찾아왔던 손님이다. 이반 니콜라예비치는 꿈속에서 그에게 손을 내밀며 애타게 묻는다.

"이제 다 끝난 건가요?"

"다 끝났소, 나의 제자여." 118호실이 대답한다. 그리고 여인이 이반에게 다가가 말한다.

"그래요, 이걸로 끝난 거예요. 다 끝났어요, 다 끝나가요…… 이제 이마에 입맞춤을 할게요. 그러면 당신도 모든 게 다 잘될 거예요."

그녀는 이반에게로 몸을 숙여 그의 이마에 입을 맞추고, 이반은 그녀에게 몸을 뻗어 그녀의 눈을 가만히 바라본다. 하지만 그녀는 자꾸 물러서며 동행인과 함께 달을 향해 떠난다…….

그 순간 거칠어진 달이 이반 앞으로 빛줄기를 쏟아붓고 사방으로 빛을 흩뿌린다. 방에서 달빛 범람이 시작되고, 넘실거리던 빛은 점점 높아져 마침내 침대를 삼켜버린다. 그때에서야 이반 니콜라예비치는 행복한 얼굴로 잠이 든다.

이튿날 아침 그는 말수는 적지만 완전히 평온하고 건강해진 모습으로 잠에서 깨어난다. 바늘로 찌르는 듯한 고통스러운 기억도 잠잠해지고, 다음 만월까지는 아무도 교수를 불안하게 하지 못할 것이다. 게스타스를 죽인 코 없는 살인자도, 잔인한 유대의 제5대 총독, 기사 본티오 빌라도도.

Собачье сердце

개의 심장

개의 심장

1

우—우—우—우—우—구—구—구우! 아아, 나를 봐. 내가 죽어가고 있어. 개구멍 사이로 눈보라가 윙윙 몰아치면서 내게 마지막 임종기도를 해 주고 있고, 난 그 눈보라와 함께 울부짖고 있어. 이제 끝장이야, 난 끝장이라고. 더러운 모자를 쓴 저 몹쓸 인간, 인민 경제중앙위원회 근로자들을 위한 표준식사보급소 주방장 녀석이 끓는 물을 끼얹어서 내 왼쪽 옆구리에 화상을 입혔어. 그러고도 프롤레타리아라고? 어이가 없군! 오, 하느님 맙소사, 너무 아파! 끓는 물이 뼛속까지 뚫고 들어왔어. 그래서 지금 난 울부짖는 거야. 울부짖고 또 울부짖지만 그래 봐야 무슨 소용이 있단 말인가.

내가 그 사람에게 무슨 방해라도 됐단 말인가? 구정물통을 좀 뒤졌기로서니 설마 내가 인민경제위원회 음식까지 홀랑 먹어치우겠어? 탐욕스러운 놈! 언제고 옆으로 확 퍼진 그 뚱뚱보 주방장 녀석의 낯짝을 좀 보라고. 저 철면피 강도 같은 상판대기를 말이야.

아, 여러분, 내 얘기 좀 들어보소!

정오쯤에는 더러운 모자를 쓴 그 주방장 놈이 끓는 물로 나를 대접했지. 이제 날이 어둑해진 데다 프레치스텐카 소방서 근처에서 양파 삶는 냄새가 나는 걸 보니 오후 4시쯤 되었겠군. 여러분들도 잘 아시겠지만 소방대원들은 저녁 식사로 죽을 먹지. 내가 마지막으로 얻어먹은 것도 죽인데 정말이지 버섯과 마찬가지로 더럽게 맛있더군. 내가 아는 프레치스텐카 출신 개들이 말하기를, 마치 네글린 거리의 레스토랑에서 매운 소스를 뿌린 3루블 75코페이카짜리 버섯요리를 처먹는 것 같다더군. 뭐, 버섯 애호가들이야 좋아 하겠지. 하긴 덧신을 핥아도 저 좋으면 그만이니까…… 우—우—우—우—우……

옆구리가 아파서 견딜 수가 없어. 내일이면 위궤양이 생기겠지. 그럼 난 무엇으로 치료를 해야 하지. 내 앞날이 훤히 보이는군. 여름이라면 소콜리니키 공원으로 도망이라도 칠 텐데. 그곳엔 아주 독특하고 질 좋은 풀도 있고, 그것 말고도 공짜로 소시지 꽁다리를 배불리 먹거나 아니면 사람들이 버린 소시지 기름종이라도 실컷 핥을 텐데 말이야. 어쩌다 달빛 비치는 잔디 위에서 사람들에 빙 둘러싸여 저 기분 잡치는 〈사랑스러운 아이다〉를 부르는 가수가 없다면 얼마나 좋을까. 아, 이제 난 어디로 가야 하나? 사람들의 구둣발에 궁둥이를 걷어차인 적이 있냐고? 물론 있지. 벽돌로 옆구리를 얻어터진 적은? 수없이 많아. 온갖 일을 다 당해본 끝에 이 모든 게 내 운명이겠거니 그냥 견디기로 했어. 지금 내가 눈물을 흘리는 건 오로지 육체적 고통과 추위 때문이야. 내 영혼은 아직 죽지 않았다고…… 개의 정신은 영원히 소멸되지 않거든.

하지만 내 몸뚱이는 실컷 두들겨 맞고 완전히 망가져버렸는데, 그건 사람들이 이런 내게 심한 모욕을 주었기 때문이야. 하지만 정말 중요한 문제는, 그 요리사 녀석이 펄펄 끓는 물을 끼얹는 바람에 털이 몽땅 빠져버려 왼쪽 옆구리에 아무것도 남지 않았다는 거야. 이제 난 쉽게 폐렴에 걸릴 수도 있어. 일단 폐렴에 걸렸다 하면, 아마 난 굶어죽게 될 거야. 폐렴에 걸린 내가 정문 계단 밑에 쓰러져 누워 있는 걸 상상해 봐. 그럼 누가 누워 있는 독신의 수캐인 나를 대신해서 여기저기 쓰레기통을 뒤지고 다니며 먹을 걸 구해다주겠어? 결국 폐렴이 온몸에 퍼질 테고, 땅에 배를 대고 기어다니다가 기운이 죄다 빠져버리겠지. 그럼 어떤 놈이 와서 몽둥이로 패죽일 거야. 그다음엔 번호표를 단 청소부들이 와서 내 다리를 잡아들고 쓰레기 수거 마차에 던져버리겠지……

모든 프롤레타리아 중에서도 청소부들이 가장 추악하고 몹쓸 인간들이야. 그들이 하는 청소라는 것은 가장 저급한 수준의 일이지. 하지만 요리사로 말하자면 여러 부류가 있어. 예를 들어, 지금은 고인이 된 프레치스텐카 거리의 요리사 블라스 같은 양반 말이야. 참으로 많은 개들의 목숨을 구해주었어. 개들이 아파 누웠을 때 가장 필요한 건 한 덩어리의 음식이야. 한번은 블라스가 뼈다귀를 던져 주었는데, 그 뼈다귀에 커다란 살코기가 붙어 있었다고 지금도 늙은 수캐들이 말하고 있어. 부디 천국에서 편히 잠드시기를. 그 양반은 톨스토이 백작 집안의 요리사 못지않은 진짜 훌륭한 인물이었어.

아마 표준식사보급소에서는 그런 인물을 눈 씻고도 찾아볼 수 없을 걸. 그런데 표준식사보급소라는 곳에서 대체 무슨 짓을 하는지 개의 머리로는 도무지 알 수가 없어. 이 보급소의 추악한 요리사 놈들이 썩은 냄새가 나는 고기로 양배추 수프를 끓이는데, 그걸 전혀 모르는 불쌍한 인민들은 이곳에 와서 음식을 싹 비우고는 접시까지 핥아먹는단 말이야.

9급 타이피스트로 일하는 어떤 아가씨는 월급이 45루블 밖에 안 돼. 그런데 애인이 페르시아 무명 스타킹을 선물한 거야. 그 아가씨가 페르시아 무명 스타킹을 받은 대가로 얼마나 많은 조롱을 당해야 했는지 알아? 사실, 그 애인이란 놈은 정말 특별한 방법으로 그녀를 '프랑스식 사랑'에 빠뜨려버렸지. 우리끼리 얘기지만, 프랑스인들은 아주 비열한 놈들이야. 음식을 잔뜩 차려놓고 처먹는 데다 오로지 적포도주만 마신단 말이야. 그래…… 마침 저기 그 타이피스트 아가씨가 배가 고파서 식당으로 달려가는군. 하지만 월급 45루블로는 레스토랑 같은 델 갈 순 없지. 그 돈은 영화를 보러 가기에도 부족해. 여자들에게 영화는 삶의 유일한 즐거움인데 말이야. 그러니 식당에 들어가 돈 한 푼에 벌벌 떨고 얼굴을 찌푸리며 고약한 냄새가 나는 스프나 먹는 거지…… 생각해 봐. 요리 두 접시에 40코페이카라니. 둘을 합쳐봐야 15코페이카어치도 안 되는 걸 갖고 말이야. 이런 일이 생기는 이유는, 식당주임이라는 작자가 나머지 25코페이카를 빼돌려 먹기 때문이지. 정말 타이피스트 아가씨가 이런 형편없는 식사를 해야 하느냔 말이야. 그녀는 오른쪽 폐첨(肺尖)*¹에 이상이 있는 데다 애인과의 프랑스식 연애 때문에 부인병까지 걸렸어. 그 치료비까지 월급에서 빼고 나면 식당에서는 썩은 음식이나 먹어야 하는 거지. 그게 그녀의 지금 상태야, 그게 그녀의…… 그녀는 애인이 선물한 그 스타킹을 신고 개구멍 쪽으로 달려가고 있어. 다리가 몹시 추워 보이는데다 배 속으로는 바람이 술술 들어가고 있어. 왜냐하면 그녀의 털옷이나 내 개털이나 비슷한 처지거든. 속이 들여다보이는 망사 팬티처럼 말이야. 애인 녀석이나 좋아할 누더기지. 그녀가 두툼한 모직 바지라도 한번 입어보라지. 그럼 이렇게 호통 칠 거야. "왜 이렇게 멋대가리가 없어! 내 마누라 마트료나도 싫증나고, 그놈의 모직 바지도 지겨워. 지금은 즐기는 시대

---

*1 폐의 위쪽에 동그스름하게 솟은 끝부분.

란 말이야. 나도 지금은 위원장의 몸이고 그동안 몰래 빼돌린 돈은 몽땅 네 몸치장이나 가재 요리를 먹거나 '아브라우—듀르소' 샴페인을 마시는 데 쓰고 있어. 왜냐하면 난 젊은 시절에 지겹도록 굶어봤거든. 살아 있는 동안 즐기는 거야. 죽고 나면 끝이니까."

타이피스트 아가씨가 불쌍해. 정말 불쌍하지! 하지만 내가 더 불쌍해. 이건 이기적인 생각으로 하는 말이 아니야. 오, 절대 아니야. 왜냐하면 우리가 가진 조건은 절대로 비교할 수 없는 거니까. 그녀에겐 돌아갈 따뜻한 집이라도 있지만, 내겐, 내게는…… 난 어디로 가야 하나? 우—우—우—우—우……!

"이리 온, 이리 와! 샤리크, 샤리크…… 불쌍한 녀석, 무슨 일 때문에 훌쩍거리니? 누가 널 못살게 구는 거야, 응? ……"

마녀처럼 매정한 눈보라가 휘몰아쳐 쾅 하고 문소리를 내더니 빗자루처럼 타이피스트 아가씨의 귀때기를 후려쳤다. 아가씨의 치마가 무릎까지 치켜올라가는 바람에 담황색 스타킹과 세탁이 안 된 촘촘한 줄무늬 모양의 망사 팬티가 드러나 보였다. 눈보라는 뭐라고 중얼거리는 아가씨의 말을 흩뜨려버리더니 문 앞에 쭈그리고 있는 개를 덮쳐왔다.

"오, 맙소사…… 참 지독한 날씨야…… 아아…… 배까지 아파오는군. 이건 썩은 고기 때문이야, 바로 그 썩은 고기 때문이라고! 이 모든 게 언제나 끝난단 말인가?"

타이피스트 아가씨가 고개를 숙인 채 문밖으로 빠져나와 눈보라를 향해 곧장 돌진했다. 거리로 나서자 눈보라가 그녀 주위를 빙빙 돌면서 이리저리 잡아끌다가 이번엔 회오리를 만들어 몸을 감쌌다. 그러자 그녀의 모습이 사라져버렸다.

개구멍에 홀로 남겨진 개는 다친 옆구리 통증으로 고통스러워하면서 차가운 벽에 바짝 기대었다. 개는 숨을 헐떡거리며 이제는 더 이상 아무 데도 가지 않고 이 통로에서 그냥 죽어버리기로 굳게 마음먹었다. 그러자 절망감이 밀려왔다. 개는 마음이 얼마나 쓰리고 아프고 외롭고 무서웠던지 거품처럼 조그만 눈물방울이 아롱져 흘러내렸다. 하지만 그마저도 이내 말라버렸다.

개의 상처 난 옆구리에는 얼어붙은 개털이 술처럼 늘어져 있었고, 그 사이로 빨갛게 문드러진 흉측한 화상 자국이 보였다. 요리사들이란 얼마나 멍청하고 둔하고 잔인한 작자들인가. 그 아가씨는 개 이름을 '샤리크(작은 공)'라고 불렀다…… 젠장, 이 개가 무슨 '샤리크'란 말인가? 샤리크란 원래 귀한 혈통에서 태어나 귀리죽을 먹고 살이 통통 올라 둥그스름하게 생긴 새끼 개를 부르는 이름이다. 그런데 이 개는 털북숭이에다 다리가 비쩍 마르고 길쭉한 몸뚱이 여기저기에 상처가 있는 떠돌이 수캐가 아니던가. 하지만 그렇게라도 불러주니 고마운 일이지.

길 건너 불이 환하게 켜진 상점에서 문 열리는 소리가 나더니 한 시민이 밖으로 나왔다. 보아하니 프롤레타리아 동무가 아니라 시민이 틀림없다. 좀 더 정확히 말하면 신사라고 할 수도 있다. 가까이 올수록 신사 양반임이 더욱 분명해. 여러분은 내가 그의 외투를 보고 판단했으리라 생각하겠지? 천만의 말씀. 요즘은 프롤레타리아들도 대부분 외투를 입고 다닌단 말이야. 한데 외투 깃에서 차이가 나지. 이건 말할 필요도 없어. 물론, 멀리서 보면 헷갈릴 수도 있겠지. 하지만 눈을 들여다보면 멀리서든 가까이서든 헷갈릴 일이 없어. 아, 눈이란 정말 중요한 거야. 마치 바로미터와 같아. 눈을 보면 모든 게 보여. 누가 메마른 영혼을 가졌는지, 누가 아무런 이유 없이 뾰족한 구두코로 내 갈비뼈를 걷어찰 수 있는 인간인지, 누가 모든 것에 벌벌 떨고 두려워하는지 말이야. 그래, 바로 그 겁쟁이 녀석은 내가 녀석의 복사뼈를 콱 물어 버려도 절대로 화내지 않고 오히려 좋아하는 부류의 사람이지. 겁쟁이는 콱 물어버리는 거야. 두려워하면 당하는 법이니까…… 으르—르—르……멍—멍……

신사 양반이 눈보라가 기둥처럼 똑바로 휘몰아치는 거리를 당당하게 가로질러 문 쪽으로 걸어오는군. 그래, 그래, 이 양반의 모든 게 보여. 썩은 고기 따위엔 손도 대지 않을 사람이야. 만약 어디서든 그에게 썩은 고기를 내놓는다면, 나, 필리프 필리포비치에게 이런 썩은 음식을 먹게 했다고 신문에 투고를 하는 등 한바탕 난리를 피울 거야.

그가 점점 가까이 다가오고 있군. 이 양반은 먹고 사는 것이 넉넉해서 남의 것을 탐하지 않고, 나를 발로 걷어차지도 않아. 그건 그 무엇도 두렵지 않기 때문이야. 항상 배가 부르기 때문에 두려워할 이유가 없지. 프랑스 기사처럼 끝이 뾰족한 턱수염과 숱이 많고 위풍당당한 콧수염을 하고 있는 것으로 보아 지적인 직업에 종사하는 양반이야. 그런데 눈보라를 타고 그에게

서 전해지는 뭔가 언짢은 이 냄새는 아마도 병원 냄새 같은데. 시가 냄새도 나고 말이야.

도대체 이 신사 양반이 일용품협동조합을 찾아온 이유가 뭘까? 그가 바로 옆에 왔군…… 뭘 기다리는 거지? 우—우—우—우…… 이 더럽고 조그만 상점에서 그가 뭘 살 수 있을까? 값비싼 물건들로 넘쳐나는 '아호트니 랴드' 시장의 상점만으로는 부족하단 말인가? 아니, 저건 뭐지? 소—시—지잖아. 신사 양반, 만약 당신이 그 소시지 재료를 보았다면 아마 이 상점 근처엔 얼씬도 하지 않을 거요. 그러니 소시지는 내게나 주시구려.

개구멍에 있던 개가 마지막 힘을 짜내어 필사적으로 사람들이 다니는 인도로 기어나왔다. 마치 총알이 날듯 머리 위에서 눈보라가 윙윙거렸고, '젊어지는 것은 가능한가?'라는 커다란 글자들이 쓰인 아마포(亞麻布) 플래카드가 이리저리 휘날렸다.

젊어지는 건 당연히 가능하지. 봐, 냄새가 나를 젊어지게 하잖아. 땅바닥에 깔린 내 배를 들어올려 이틀이나 비어 있던 위장을 강렬히 요동치게 한단 말이야. 병원 냄새도 물리치게 하는 잘게 썬 암말 고기에 마늘과 후추를 살짝 곁들인 천국의 냄새! 그의 외투 오른쪽 주머니에 소시지가 있다는 걸 난 이미 느낌으로 알고 있어. 그가 내 바로 옆에 서 있군. 오, 나의 구세주여! 나를 좀 봐 주오. 내가 죽어가고 있어요. 아, 노예의 영혼, 비겁한 개 팔자여!

개는 눈물을 머금은 채 땅에 배를 깔고 뱀처럼 기어갔다. 제발, 요리사들이 나에게 무슨 짓을 했는지 봐 주시오. 하지만 신사 양반, 당신은 나에게 아무것도 주지 않을 테지. 오, 난 부자들이 어떤지 잘 알고 있어. 사실 당신 같은 부자에게 왜 이런 소시지가 필요하지? 뭣 때문에 썩은 말고기 따위가 필요하느냔 말이야? 모스크바 농공협동조합 같은 곳을 제외하고 이런 독극물은 어디서도 구하지 못할 거야. 당신은 이미 아침식사를 했을 테지. 당신은 남성 생식선(生殖腺) 연구에서 세계적인 권위자니까. 우—우—우—우—우…… 세상에 이게 무슨 일이람! 지금 죽기엔 너무 이르고, 절망하는 것도 죄악이 아니던가. 이제 저 신사 양반의 손이라도 핥아보는 것 말고는 더 이상 할 일이 없어.

그때 정체를 알 수 없는 그 신사가 개에게 다가오더니 은테 안경을 번쩍이며 오른쪽 주머니에서 가늘고 기다란 흰색 꾸러미를 꺼냈다. 그는 갈색 장갑을 낀 채로 눈보라 때문에 펄럭거리는 종이 꾸러미를 찢더니 소위 '특제 크라쿠프산(産)'*2이라 불리는 소시지를 부러뜨려 한 조각을 개에게 내밀었다. 오, 얼마나 관대한 분인가! 우—우—우!

"휘익—휘익."

신사가 휘파람을 불더니 매우 위엄있는 목소리로 이렇게 덧붙였다.

"받아라! 샤리크, 샤리크!"

또 샤리크군. 아예 이름을 지어버렸어. 뭐, 좋으실 대로 부르세요, 당신이 베푼 특별한 선행에 감사하는 뜻에서.

개는 순식간에 껍질을 벗기더니 흐느끼는 소리를 내면서 크라쿠프산 소시지를 덥석 물고 단숨에 먹어치웠다. 이때 소시지에 묻었던 눈이 함께 목에 걸리는 바람에 눈물이 핑 돌았다. 게다가 너무 허겁지겁 먹느라 소시지를 싸고 있던 끈을 같이 삼킬 뻔했기 때문이다. 조금만, 조금만 더 당신의 손을 핥게 해주세요. 당신의 바지에 입을 맞추겠습니다, 나의 은인이여!

"이제 그만……"

신사는 명령하는 듯한 목소리로 무뚝뚝하게 말했다. 그는 샤리크에게 다가가 뭔가 탐색하는 눈길로 개의 눈을 들여다 본 뒤 갑자기 장갑 낀 손으로 친근하고 부드럽게 배를 쓰다듬었다.

"아하."

그가 의미심장하게 중얼거렸다.

"개목걸이가 없군그래. 아주 잘됐어. 너 같은 개를 찾고 있었거든. 자, 날 따라오너라."

신사가 손가락을 입에 대고 소리를 냈다.

"휘익—휘익!"

당신을 따라오라고? 네, 세상 끝까지라도 따라 가겠어요. 당신의 펠트 구두로 걷어차여도 불평 한마디 하지 않겠어요.

온 프레치스텐카 거리에 가로등이 붉게 빛나고 있었다. 샤리크는 참기 힘들 정도로 옆구리가 아팠지만 수많은 행인들 속에서 모피 외투를 걸친 멋진

---

*2 폴란드 남부 도시 이름. 당시 러시아에서 '크라쿠프산 소시지'는 고급 소시지로 통했다고 한다.

환영 같은 신사의 모습을 놓치면 안 된다, 그에게 무엇으로든 사랑과 충성심을 표현해야 한다는 일념 덕분에 이따금 통증을 잊을 수 있었다. 샤리크는 프레치스텐카 거리에서 오부호프 골목까지 가는 동안 일곱 번이나 충성심을 표시했다. 먼저 묘르트브이 골목 근처에서 신사의 구두에 입을 맞췄고, 사람들이 길을 비키도록 으르렁거리며 걷다가 어떤 부인에게 사납게 짖어대는 바람에 그녀를 길가의 작은 기둥에 엉덩방아 찧게 만들었으며, 자신에 대한 동정심을 계속 유지시키기 위해 두 번 정도 낮은 소리로 짖기도 했다.

한편 배수관 뒤에서 시베리아 고양이를 닮은 더러운 떠돌이 고양이 한 마리가 튀어나왔다. 눈보라가 휘몰아치는 속에서도 크라쿠프산 소시지 냄새를 맡은 모양이었다. 다친 몸으로 개구멍에 누워 있던 자신을 구해준 이 괴짜 부자가 만약 저 도둑고양이도 함께 데려간다면 모스크바 농공협동조합 제품을 나눠 먹을 수밖에 없다는 생각이 들자 샤리크는 눈앞이 캄캄해졌다. 그래서 고양이를 향해 이빨을 드러내고 으르렁거리며 위협했다. 그러자 고양이가 구멍 뚫린 호스 관에서 물이 솟아나는 것처럼 비명을 지르면서 홈통을 타고 2층으로 도망쳤다.

"으―르―르…… 멍멍! 저리 꺼져! 하릴없이 프레치스텐카 거리를 돌아다니는 쓰레기 같은 놈들과 나눠 먹을 건 없단 말이야."

소방서 근처의 어느 창가에서 프렌치호른의 즐거운 연주소리가 들리자 마침내 신사가 샤리크의 충성심을 인정하여 아까보다 작은, 20그램 정도의 소시지 조각을 두 번째 포상으로 주었다.

정말, 이상한 양반이야. 먹을 것으로 날 유혹하는군. 난 아무데도 가지 않을 테니 걱정 마요. 어디로 가자고 하든 당신 뒤만 따를 테니까요.

"휘익―휘익―휘익! 이리와!"

오부호프 골목으로? 좋아, 이 골목에 대해선 내가 아주 잘 알고 있지.

"휘익―휘익!"

그쪽으로 오라고? 기꺼이 가죠…… 아이고, 안돼, 제발…… 안돼. 거기에는 수위가 있잖아. 이 세상에 수위보다 나쁜 놈은 없어. 청소부보다 훨씬 위험한 놈이지. 정말 혐오스러운 종족이야. 고양이보다 더 끔찍해. 금줄로 장식한 도살자!

"녀석, 겁내지 말고 오너라."

"안녕하십니까. 필리프 필리포비치!"

"어어, 표도르!"

아, 이 양반이 이런 인물이었군. 맙소사, 개의 운명이여, 너는 도대체 날 누구에게 인도한 거야! 길거리에서 주워온 개를 데리고도 무사히 수위들을 지나 주택조합원 아파트로 들어갈 수 있는 저 신사는 대체 어떤 인물이란 말인가? 저 수위 녀석 좀 보게, 아무 말도 없네. 움직이지도 않는군. 사실 의심하는 듯한 눈길이긴 하지만, 금줄을 두른 모자 밑으로 태연한 척하고 있지. 당연히 그래야 하는 듯이 말이야. 저 수위 녀석은 신사를 존경하고 있어. 정말 진심으로 존경하고 있어! 어디 한 번 저 굳은살이 박인 프롤레타리아 녀석의 발을 세게 물어볼까? 녀석의 동료가 퍼부은 온갖 조롱과 멸시에 대한 보복으로 말이야. 그자가 빗자루로 내 낯짝을 얼마나 갈겼는지 알기나 해, 응?

"자, 가자, 가자꾸나."

네, 네. 걱정 마세요. 당신이 가는 곳이라면 어디든 따라 가겠어요. 단지 가야 할 길만 알려주세요. 아무리 옆구리가 아파도 냉큼 쫓아갈 테니까요.

신사가 계단 위에서 아래쪽을 보며 물었다.

"표도르, 나에게 온 편지는 없는가?"

계단 밑에서 위쪽으로 정중한 대답이 돌아왔다.

"아무것도 없었습니다, 필리프 필리포비치. (그리고 은은하고 낮은 목소리로 속삭인다.) 그런데 3호실에 새로운 거주자가 입주했습니다요."

그러자 개의 은인께서 몸을 틀어 계단 난간 너머로 구부리더니 꺼리는 듯한 표정으로 물었다.

"정말인가?"

그의 눈이 휘둥그레지고 콧수염이 곤두섰다.

수위가 위를 올려다 보면서 손바닥을 입술에 갖다대고 재차 확인했다.

"틀림없습니다. 모두 네 명입니다요."

"맙소사! 이제 이 아파트가 어떻게 될지 상상만 해도 소름이 끼치는군. 그런데 그자들은 뭐라던가?"

"뭐, 특별한 건 없었습니다요."

"표도르 파블로비치는?"

"가리개와 벽돌을 사러 갔습니다. 칸막이벽을 세운다네요."

"그건 또 무슨 소린가!"

"필리프 필리포비치, 선생님의 아파트를 제외하고 모든 아파트에 동거인들을 새로 입주시킨답니다. 방금 전에 집회가 있었는데 새로운 관리위원회를 선출했어요. 전에 살던 위원들은 모두 해임된답니다."

"이게 무슨 일이란 말인가. 허허, 이거 참…… 휘익―휘익."

갑니다, 가요. 서두르고 있어요. 보다시피 옆구리가 아파서 몹시 힘들어요. 아, 구두라도 핥게 해준다면 좋으련만.

잠시 뒤 수위의 모자가 아래쪽으로 사라졌다. 대리석 계단참에는 보일러 파이프에서 따뜻한 바람이 나오고 있었다. 다시 한 번 방향을 틀자 2층이 나타났다.

2

1킬로미터 정도 떨어진 곳에서 풍기는 고기 냄새를 맡을 수 있다면 글을 배울 필요가 전혀 없다. 여러분이 모스크바에 살고 있고 머릿속에 약간의 뇌라도 들어 있다면 굳이 학교에 가지 않더라도 싫든 좋든 글을 배우게 되기 마련이다. 약 4만 마리 정도의 모스크바 개 가운데 '소시지'라는 글자를 읽지 못하는 개는 바보 아니면 천치다.

샤리크는 색깔을 통해 글자를 익히기 시작했다. 태어난 지 넉 달이 되었을 무렵 모스크바 도시 곳곳에 'MSPO*3―고기 판매'라고 쓰인 청록색 간판들이 내걸렸기 때문이다. 다시 말하지만, 이건 전혀 무의미한 일이다. 어디서든 '고기냄새'를 맡을 수 있다면 말이다. 한차례 혼동이 있긴 했다. 자동차 매연 때문에 후각이 마비된 샤리크가 자극적인 푸른색 간판에 이끌려 정육점 대신 먀스니츠카야 거리에 있는 포르비즈네르 형제의 전기부속품 가게로 들어갔다. 그곳에서 샤리크는 피복 철선을 핥아 맛을 보았는데, 그것은 마차 채찍보다 더 깨끗했다. 그런데 바로 이 결정적인 순간을 샤리크 교육의 시작으로 간주해야 할 것이다. 샤리크는 '푸른색'이 항상 '정육점'을 의미하지는 않는다는 사실을 길거리에서 이미 깨닫기 시작한 것이다. 그는 찌르는 듯한

---

*3 '모스크바 소비조합협의회'를 의미한다.

아픔 때문에 뒷발 사이에 꼬리를 단단히 파묻고 멍멍 짖으면서 모든 정육점 간판의 가장 왼쪽에는 썰매처럼 생긴 금색 또는 붉은색의 허벅지 모양을 한 글자가 자리 잡고 있다는 것을 생각해냈다.

그 뒤 글을 익히는 일은 성공적으로 진행되어, 샤리크는 모호보이 골목의 '물고기'라고 적혀 있는 '생선가게 간판에서 먼저 '물'자를 익히고 그 다음에 알파벳 '물고기'라는 단어의 마지막 글자 '기'를 어렵지 않게 익힐 수 있었다. 왜냐하면 그 단어의 두 번째 글자 앞에는 경찰이 서 있었기 때문이다.

모스크바에서 건물 모퉁이에 사각형 타일이 붙여진 가게들은 어김없이 '치즈'를 팔고 있었다. 사모바르*4의 검은색 주둥이에서 글자가 시작되는 가게는 예전에 그곳 주인이 치츠킨이었음을 뜻한다. 그의 상점에는 네덜란드산 붉은색 치즈가 산더미처럼 쌓여 있었고, 개를 아주 싫어하는 기분 나쁜 점원들과 바닥에 널린 톱밥 그리고 아주 고약하고 불쾌한 냄새를 풍기는 폴란드산 베크스테인 치즈가 있었다.

만약 〈사랑스러운 아이다〉보다 조금 나은 아코디언 연주 소리가 울려 나오고 소시지 냄새가 난다면, 그 상점의 하얀 간판에는 '무례한 말투 사용 금지, 봉사료 사절'을 의미하는 말이 지극히 예의바르게 적혀 있을 게 분명하다. 이런 곳은 때때로 싸움판이 벌어져서 주먹으로 낯짝을 패기도 하고, 아주 가끔은 냅킨이나 구두를 움켜쥐고 드잡이를 하기도 한다.

만약 상점의 쇼윈도에 오래 된 햄이 걸려 있거나 귤이 놓여 있다면…… 멍—멍…… 그건 식료품 가게가 틀림없다. 만약 수상한 액체가 검은 병 속에 들어 있다면…… 그건 예전에 옐리세예프 형제가 하던 술집이다.

정체를 알 수 없는 신사는 건물 2층에 있는 화려한 아파트 문 앞으로 개를 데리고 가더니 초인종을 눌렀다. 샤리크는 눈을 들어 금색 알파벳으로 표기된 검은색의 큼지막한 명패를 쳐다보았다. 명패는 파도 무늬가 들어간 장밋빛 유리를 끼운 커다란 문 옆에 달려 있었다. 개는 첫 세 글자 '피—아르—오'를 프로라고 바로 읽어냈다. 그러나 그다음엔 양옆으로 배가 볼록하고 이

---

*4 안에 숯을 넣어 물을 끓이는 러시아식 그릇. 여기서 '사모바르의 검은색 밸브 모양의 알파벳'이란 'Ч'이며, '츠'로 발음한다. 상점주인 치츠킨의 이름을 러시아어로 쓰면 'Чичкин'이다. 따라서 알파벳 'Ч'는 치츠킨이란 이름의 맨 앞에 위치 한 알파벳을 말한다.

상하게 생긴 알 수 없는 글자가 이어졌다. 샤리크가 이상하게 생각했다. 설마 프롤레타리아는 아니겠지……? 그렇지는 않을 거야.' 그는 코를 들어 신사의 외투 냄새를 다시 맡아보고는 확신에 차 생각했다. '아냐, 이 냄새는 프롤레타리아가 아니야. 아는 글자가 있기는 하지만 무엇을 의미하는지 도무지 모르겠어.'

장밋빛 유리 너머로 갑자기 밝은 불빛이 켜지자 검은색 명패의 그림자가 더욱 뚜렷해졌다. 그러고는 문이 소리도 없이 열리더니 레이스로 만든 나이트캡에 흰색 앞치마를 두른 젊고 예쁜 아가씨가 신사와 개 앞에 나타났다. 앞치마에서는 따스한 온기가 감돌고 치마에서는 방울꽃 향기처럼 좋은 냄새가 풍겼다.

'그래, 이거야. 이제 알겠어.' 샤리크가 생각했다.

"자, 샤리크 씨, 들어오시오."

신사가 비웃듯이 장난스럽게 말하자 샤리크는 꼬리를 흔들며 조심조심 안으로 들어갔다.

현관에는 엄청나게 많은 물건들이 수북이 쌓여 있었다. 그 중에서 가장 인상에 남은 것은 바닥에서 천장까지 닿는 커다란 거울이었는데, 상처투성이에 녹초가 된 제2의 샤리크와 벽 상단에 걸려 있는 무섭게 생긴 사슴뿔, 수많은 털외투와 덧신 그리고 천장에 매달린 튤립 모양의 오팔색 샹들리에에 등을 똑바로 비추고 있었다.

"어디서 이런 개를 데리고 오셨어요, 필리프 필리포비치?"

아가씨가 웃으면서 이렇게 물은 뒤, 신사가 푸르스름한 광택을 띤 묵직한 여우 모피외투 벗는 것을 도와주었다.

"어머나! 정말 더럽네!"

"쓸데없는 소리. 뭐가 더럽단 말이냐?"

신사가 엄하고 단호한 목소리로 말했다. 외투를 벗자 영국제 옷감으로 만든 검은색 양복이 나타났다. 배에서 금빛 벨트가 기쁨에 넘친 듯 은은하게 빛나고 있었다.

"가만히 있어, 빙빙 돌지 말고, 옳지…… 가만히 있으라니까, 멍청한 녀석. 음……! 이 녀석은 더러운 개가 아니라…… 가만 있으라니까, 젠장…… 음! 아하, 여기 화상을 입었군. 대체 어떤 몹쓸 놈이 네게 끓는 물을 끼없은 거야? 응? 그래, 얌전히 있어야지!"

'그 요리사, 그 요리사 놈이요!' 샤리크가 애처로운 눈빛으로 하소연하면서 가볍게 끙끙거렸다.

"지나, 개를 진찰실에 데려다주고, 내겐 가운을 가져오너라."

신사가 지시를 내렸다.

아가씨가 휘파람을 불고 손가락을 튕겨 소리를 내자 개가 잠시 머뭇거리다가 그 뒤를 따라갔다. 어두컴컴한 복도에 들어선 그녀와 개는 래커 칠이 된 문을 지나 복도 끝에서 왼쪽으로 돌았다. 그러자 어두침침한 작은 방이 나타났다. 순간 샤리크는 불길한 냄새를 느끼면서 그 방이 마음에 들지 않았다. 스위치를 켜는 소리가 나자 어둠이 사라지고 눈부신 대낮으로 바뀌더니 사방이 눈이 어지러울 정도로 번쩍번쩍 빛나기 시작했다.

'아아, 안돼……' 개는 마음속으로 울부짖었다. '미안하지만, 내 몸을 그냥 바칠 수는 없어! 이제야 이해가 가는군. 그 빌어먹을 소시지를 먹지 말아야 했어. 그놈의 소시지가 개 병원으로 날 유인한 거야. 이제 강제로 피마자기름을 바르고 칼로 옆구리를 몽땅 도려내겠지. 안돼, 내 옆구리엔 손도 댈 수 없어!'

"어머, 안돼! 어디를 가는 거야?"

지나라는 이름의 아가씨가 소리치기 시작했다.

개가 몸을 빼더니 용수철처럼 튀어올라 갑자기 성한 오른쪽 옆구리로 문을 힘껏 들이받고는 아파트를 온통 헤집고 다니며 부딪치기 시작했다. 그런 다음 다시 반대 방향으로 쏜살같이 달려가 채찍을 맞은 팽이처럼 제자리에서 빙글빙글 돌았다. 그 바람에 흰색 양동이가 바닥에 엎어지면서 속에 담겨 있던 솜조각들이 사방으로 날렸다. 개가 빙글빙글 도는 동안 번쩍이는 기구들이 놓여 있던 주변의 장식장들이 튀어오르고, 흰색 앞치마와 지나의 일그러진 얼굴도 이리저리 흔들렸다.

"빌어먹을 털북숭이 놈, 어디로 내빼려는 거야?"

지나가 필사적으로 외쳤다.

'비상계단은 어디 있는 거야……?' 샤리크는 생각했다. 개는 이리저리 내달린 끝에 어쩌면 출구일지도 모른다는 희망을 품고 몸을 둥그렇게 웅크린 뒤 대충 짐작하고 유리문에 몸을 부딪쳤다. 그러자 천둥처럼 와장창 소리가 나면서 유리 파편들이 수없이 날아다녔고, 불그스레한 빛깔의 혐오스러운 액체가 담긴 불룩한 단지가 어디선가 굴러나와 온 바닥에 쏟아지는 바람에 악취가 진동하기 시작했다. 그러자 진짜 문이 활짝 열렸다.

"멈춰, 이 빌어먹을 놈아!"

가운에 한쪽 팔만 끼운 채 뛰쳐나온 신사가 개의 다리를 붙잡으며 소리쳤다.

"지나, 이 망할 녀석의 목덜미를 잡아!"

"어머…… 어머나! 글쎄, 이놈이 이렇다니까요."

그러자 문이 활짝 열리더니 가운을 입은 또 한 남자가 뛰어들어왔다. 그가 깨진 유리 조각을 밟으며 개가 있는 곳이 아닌 장식장 쪽으로 달려가 그 문을 열자 방 안이 온통 달콤하면서도 구역질나는 냄새로 가득 찼다. 그런 다음 개에게 달려들어 위에서 아래로 덮쳤다. 그때 개도 가만히 있지 않고 남자의 구두끈 윗부분을 콱 물어버렸다. 남자는 비명을 질렀지만 잡고 있던 개를 놓지는 않았다. 잠시 뒤, 개는 구역질나는 액체 때문에 호흡이 힘들어지고 머릿속이 빙글빙글 돌았다. 곧 개는 다리에 힘이 쭉 빠지더니 어딜 가려는 건지 비틀비틀 걷기 시작했다. '물론, 고맙긴 하지만……' 개는 날카로운 유리 조각 위로 쓰러지면서 비몽사몽간에 이렇게 생각했다. '안녕, 모스크바여! 이제 더 이상 치즈킨도 프롤레타리아도 크라쿠프산 소시지도 볼 수가 없구나. 개로 태어나 오래 참고 살았으니 천당에 갈 수 있겠지. 도살자, 형제들이여, 당신들은 왜 이렇게 날 못살게 구는 거요?'

마침내 개는 완전히 옆으로 뻗더니 축 늘어지고 말았다.

그가 다시 깨어났을 때, 머리에 가벼운 현기증 증상과 배 속에 약간의 구토 증세가 있었지만 옆구리 통증은 마치 없었던 것처럼 말끔히 사라졌다. 지친 오른쪽 눈을 살짝 떠 보니 붕대가 옆구리와 배를 가로질러 단단히 감겨 있는 것이 보였다. '개자식들, 끝내 해버리고 말았군.' 그에게 어렴풋이 기억이 떠올랐다. '그런데 솔직히 치료는 잘됐어. 어쨌든 잘한 건 잘했다고 인정해야겠지.'

"세비야에서 그라나다까지…… 고요한 밤의 어스름 속에서(로시니의 오페라 《세비야의 이발사》)."

옆에서 곡조에 맞지 않는 산만한 노랫가락이 들려왔다.

개는 깜짝 놀라 두 눈을 크게 떴다. 두어 걸음 앞의 흰 의자 위에 남자의 다리가 놓인 것이 보였다. 바짓가랑이와 팅크 속바지를 걷어 올려 드러나 있는 노란 종아리에 말라붙은 피와 요오드가 묻어 있었다. 개는 생각했다. '이런, 위선자들! 그래서 내가 물어버렸지. 꼴 좋다. 하지만, 이제 또 한바탕 전쟁을 치르겠군!'

"'세레나데가 흘러나오고, 칼이 부딪히는 소리가 울려퍼지네!' 이 부랑아 녀석, 왜 의사를 물은 거냐? 응? 유리는 왜 깨뜨린 거야? 응?"

"우—우—우……"

개가 구슬프게 울기 시작했다.

"음, 좋아. 이제 정신이 돌아온 모양이군. 그냥 누워 있어, 바보 같은 놈."

"필리프 필리포비치, 저렇게 흥분해서 날뛰는 녀석을 어떻게 유인한 겁니까?"

남자가 듣기 좋은 목소리로 물으면서 걷어올린 속바지를 내렸다. 담배 냄새가 나고, 장식장속에서 유리병들이 서로 부딪히는 소리가 났다.

"친절한 방법을 썼지. 살아 있는 생물을 대하는 데 가능한 유일한 방법일세. 어떤 발육 단계에 있는 동물이든 공포심을 불러일으키는 방법으로는 다룰 수 없는 법이지. 나는 이것을 예전이나 지금이나 그렇게 확신하고 앞으로도 그럴 것이네. 그자들은 공포를 주는 것이 효과적이라는 헛된 망상에 빠져 있지. 하지만 아니야, 절대로 아니야. 그게 백군이건 적군이건 갈색군이건 간에 공포는 도움이 되질 않아. 공포는 신경체계를 완전히 마비시켜버리지. 지나! 내가 이 못된 녀석을 위해 크라쿠프 소시지를 1루블 40코페이카나 주고 사왔단다. 이 녀석 속이 좀 가라앉거든 먹이도록 해."

잠시 뒤 깨진 유리 조각들을 치우는 소리가 나더니 아양을 떠는 듯한 여자의 목소리가 들렸다.

"크라쿠프 소시지라뇨! 아이고 하느님, 이런 녀석한테는 정육점에서 20코페이카짜리 고기 토막이나 사주면 될 텐데요. 이 크라쿠프 소시지는 차라리 내가 먹는 편이 낫겠어요."

"어디 먹기만 해 봐, 널 위해 차라리 내가 먹는 게 낫지! 그 소시지는 사람의 위장엔 독약이나 마찬가지야. 다 큰 처녀가 어린애처럼 뭐든지 입에 넣으려 하다니. 절대 그러지 마라! 경고하는데, 그걸 먹고 배탈이 나더라도 나와 닥터 보르멘탈리 선생은 널 돌봐주지 않을 거다⋯⋯ 금방 나을 거라고 말하는 놈들은 내가 모두⋯⋯"

그때 부드럽고 가냘픈 초인종 소리가 온 아파트에 울려퍼지더니 멀리 떨어진 현관에서 사람들의 말소리가 계속 들려왔다. 그리고 전화벨이 울리자 지나의 모습이 사라졌다.

필리프 필리포비치는 쓰레기통에 담배꽁초를 버린 뒤 가운의 단추를 채웠다. 그런 다음 벽에 걸린 거울 앞에 서서 털이 북슬북슬한 콧수염을 가지런히 펴고는 큰 소리로 샤리크를 불렀다.

"휘익—휘익. 괜찮아, 괜찮아. 자, 환자들을 보러 가자."

개는 휘청거리는 다리로 일어서서 한번 비틀거리고는 몸을 부르르 떨었다. 하지만 이내 자세를 바로잡더니 펄럭거리는 필리프 필리포비치의 옷자락 뒤를 따라갔다. 다시 좁은 복도로 나가자 천장에 달린 샹들리에가 환하게 켜져 있었다. 래커 칠이 된 문이 열리고 필리프 필리포비치와 함께 서재에 들어갔다. 서재의 실내장식 때문에 개는 눈이 어지러워 앞이 보이지 않았다. 무엇보다 서재 전체가 빛의 바다 같았다. 조각으로 치장된 천장 아래 샹들리에가 불빛으로 번쩍였고, 책상 위쪽과 벽 그리고 장식장 유리에서도 불빛이 번쩍번쩍 빛나고 있었다. 수많은 물건 위로 불빛이 가득 쏟아지고 있는데, 그중에서도 벽에 붙은 통나무 가지 위에 앉아 있는 커다란 부엉이가 가장 눈길을 끌었다.

"여기 누워 있어."

필리프 필리포비치가 명령했다.

그때 조각이 새겨진 맞은편 문이 열리더니 개에게 다리를 물렸던 그 남자가 들어왔다. 선명한 불빛 아래에서 보니 끝이 뾰족한 턱수염을 기른 젊고 잘생긴 사람이었다. 그가 진료기록부를 건네며 말했다.

"또 그 환자입니다⋯⋯"

그러고는 이내 소리도 없이 사라졌다. 필리프 필리포비치는 가운 자락을 넓게 펼친 뒤 커다란 책상 앞에 앉아서 이상할 정도로 심각하고 거만한 표정을 지었다.

'아냐, 이곳은 병원이 아니야. 어딘가 다른 곳에 내가 온 거야.' 개가 당황하여 이런 생각을 하고는 육중한 가죽소파 옆의 양탄자 무늬 위에 몸을 기대고 엎드렸다. '그런데 이 부엉이는 도대체 뭘까……'

문이 살며시 열리고 한 남자가 안으로 들어왔다. 그 이상한 모습에 무척 놀란 개가 겁먹은 듯이 으르렁거렸다.

"짖지 말고 조용히 해! 그래, 네 눈에도 기묘하게 보이는 모양이지?"

그러자 방 안으로 들어온 손님이 당황해하면서 필리프 필리포비치에게 정중히 인사를 했다.

"히히! 당신은 요술사에 마법사이십니다, 교수님!"

그가 어쩔 줄 몰라 하며 그렇게 말했다.

"자, 바지를 벗으시오."

필리프 필리포비치가 지시를 내리고 자리에서 일어났다.

'아이고 하느님, 뭐 이런 인간이 다 있어!' 개는 생각했다. 그자의 머리에는 녹색 머리카락이 자라나 있었는데, 뒤통수 쪽 머리카락은 누런 적갈색을 띠었다. 얼굴에는 온통 깊은 주름이 잡혀 있었지만 얼굴은 젖먹이한테서나 볼 수 있는 장밋빛이었다. 왼쪽 다리는 무릎이 굽혀지질 않아 카펫 위로 질질 끌고 다녔고, 그로 인해 오른쪽 다리는 어린아이가 앙감질을 하는 것처럼 폴짝거렸다. 화려한 양복 깃에는 값비싼 보석이 눈알처럼 반짝거리고 있었다.

그 남자에게 정신이 팔려 있는 동안 개는 속이 불편한 것도 잊고 있었다. "멍, 멍……!" 개가 가볍게 짖었다.

"조용히 해! 그런데 요즘 잠은 잘 주무십니까?"

"헤헤. 교수님, 여긴 우리밖에 없지요? 이건 말로 다 설명할 수 없는 일입니다요." 방문객이 부끄러워하며 말하기 시작했다. "정말이지. 지난 25년 동안에는 이런 일이 한 번도 없었습니다."

방문객이 바지 단추를 끄르기 시작했다.

"믿으시려는지요, 교수님. 매일 밤 발가벗은 처녀들이 무리를 지어 나타납니다. 전 완전히 홀려버렸어요. 당신은 마법사이십니다."

"흐음."

필리프 필리포비치가 방문객의 동공을 들여다보면서 걱정스럽다는 듯한 숨소리를 냈다.

마침내 방문객이 단추를 전부 끌러 줄무늬 바지를 벗자 이제껏 한 번도 본 적이 없는 특이한 속바지가 나타났다. 비단실로 검은 고양이 모양의 자수를 놓은 담황색 속바지로 향수 냄새까지 풍겼다.

고양이를 본 개가 참지 못하고 마구 짖어대자 방문객이 놀라서 펄쩍 뛰어올랐다.

"아이고!"

"이 녀석, 때려줄 테다! 손님 걱정하지 마십시오, 물지는 않아요."

'내가 물지 않는다고?' 개가 놀랐다.

그 순간 방문객의 바지에서 머리를 풀어헤친 아름다운 여인의 모습이 그려진 작은 봉투가 카펫 위로 떨어졌다. 그가 당황해서 움찔하더니 몸을 굽혀 얼른 줍고는 얼굴을 붉혔다.

"하지만 조심하시오."

필리프 필리포비치가 얼굴을 찌푸린 채 손가락으로 안된다는 표시를 하면서 경고 조로 말했다.

"어쨌든 조심하여야겠소. 남용하면 안돼요!"

"전 남용하지 않을……"

그가 계속 옷을 벗으면서 당황하여 중얼거렸다.

"교수님, 전 단지 시험해 봤을 뿐입니다."

"그래요? 그럼 결과는 어땠소?"

필리프 필리포비치가 엄격한 표정으로 물었다.

그러자 방문객이 황홀감에 빠진 표정으로 손을 내저었다.

"교수님, 하느님께 맹세컨대, 지난 25년 동안 이런 경험은 한 번도 없었어요. 1899년에 파리의 뤼드라페(고급상점이 즐비한 번화가. 오페라극장 근처에 있다)거리에서 있었던 일이 마지막입니다요."

"그런데 머리카락은 왜 녹색이 된 거죠?"

그러자 괴짜 방문객의 얼굴이 어두워졌다.

"빌어먹을 염색약 때문이지요. 그 파렴치한 놈들이 새치 염색약 대신 내게 무엇을 줬는지 교수님은 아마 상상도 못할 겁니다. 자, 한번 보세요."

그가 눈으로 거울을 찾으면서 중얼거렸다.

"그놈들 낯짝을 두들겨 패줘야 하는 건데!"

그가 거칠게 화를 내면서 덧붙였다.

"교수님, 이제 전 어떻게 해야 한단 말입니까?"

그가 우는 소리로 물었다.

"흐음? 그럼 삭발을 하시오."

"교수님!"

방문객이 가련한 목소리로 외쳤다.

"그래 봐야 다시 흰머리가 자랄 텐데요. 게다가 그런 모습으로는 직장에 코빼기도 내밀 수 없을 거고요. 벌써 사흘째 못나가고 있습니다. 어휴, 교수님, 머리카락도 젊어지게 하는 방법을 발견해 주신다면 참 좋으련만!"

"당장은…… 지금 당장은 곤란하오."

필리프 필리포비치가 웅얼거리며 말했다.

교수가 고개를 숙인 채 번쩍이는 눈으로 맨살이 드러난 환자의 배를 살폈다.

"뭐, 아주 좋군요. 모든 게 완전히 정상이오. 사실을 말하자면, 나도 이런 결과를 기대하지는 못했소. 시작이 반이라는 말도 있지만 자, 이제 옷을 입으시오!"

"나는 세상에서 가장 매력적인 여자!"

환자가 냄비 깨지는 목소리로 노래를 부르더니 환한 얼굴로 옷을 입기 시작했다. 그는 옷매무새를 가다듬은 뒤 향수 냄새를 풍기면서 폴짝폴짝 다가와 필리프 필리포비치에게 하얀 돈다발을 건네고 그의 두 손을 가만히 잡았다.

"2주 뒤에 오시면 됩니다."

필리프 필리포비치가 말했다.

"하지만, 다시 한 번 당부하는데 부디 조심하시오."

"교수님!"

환자가 문 뒤에서 기쁨에 찬 목소리로 외쳤다.

"전혀 걱정하지 않으셔도 됩니다요."

그러고는 유쾌한 목소리로 웃으면서 이내 사라졌다.

복도에서 초인종 소리가 한번 울리더니 곧 래커 칠이 된 문이 열리고 다리를 물렸던 의사가 안으로 들어와 필리프 필리포비치에게 진료기록부를 건네며 이렇게 말했다.

"나이가 아무래도 잘못 적혀 있는 것 같습니다. 아마 쉰네댓은 되는 것 같고 심장 박동이 좀 이상하다는데요."

그가 밖으로 나가자 곧바로, 생기없이 쭈글쭈글한 목에 번쩍거리는 보석 목설이를 달고 당당하게 모자를 옆으로 눌러 쓴 중년 부인이 바스락바스락 옷 스치는 소리를 내면서 들어왔다. 눈 밑은 심한 검은색으로 늘어져 있고, 뺨은 인형처럼 빨갛게 칠해져 있었다. 그녀는 매우 흥분해 있었다.

"부인! 나이가 어떻게 되시오?"

필리프 필리포비치가 아주 엄한 목소리로 물었다.

부인이 화들짝 놀랐다. 연지처럼 빨갛던 볼이 하얘졌을 정도였다.

"맹세컨대, 교수님, 제게 어떤 비극이 일어났는지 아신다면……."

"나이가 어떻게 됩니까, 부인?"

필리프 필리포비치가 더욱 엄하게 다시 물었다.

"솔직히 말씀드리면…… 네, 마흔다섯입니다……."

"부인!"

필리프 필리포비치가 소리를 질렀다.

"많은 환자들이 기다립니다. 제발 시간을 지체하지 마시오. 당신 한 사람만 있는 게 아니란 말입니다!"

부인이 숨을 크게 들이쉬자 가슴이 급격히 부풀어 올랐다.

"전 오로지 당신에게, 위대한 과학자이신 교수님 한 분에게만 말씀드리고 싶어요. 하지만, 맹세컨대, 이건 정말 악몽이에요……."

"당신 나이가 몇이냔 말이오?"

필리프 필리포비치가 화가 나서 찢질 듯한 목소리로 물었다.

"쉰한 살이에요!"

두려움에 몸을 움츠리면서 부인이 대답했다.

"자, 하의를 벗으시오, 부인."

필리프필리포비치가 안도한 표정으로 그렇게 말한 뒤 한쪽 구석에 있는 흰색 진찰대를 가리켰다.

"맹세해요, 교수님……"

부인이 떨리는 손가락으로 허리의 호크를 풀면서 중얼거렸다.

"그 모리스는…… 제가 당신에게만은 솔직히 고백하건대……."

"세비야에서 그라나다까지……"

필리프 필리포비치가 건성으로 노래를 부르면서 대리석 세면대의 페달을 밟았다. 물이 쏴아 소리를 내며 흘러나왔다.

"하느님께 맹세한다고요!"

부인이 말했다. 두 뺨에는 화장이 된 피부 사이로 살갗이 얼룩덜룩한 점처럼 드러나 보였다.

"전 알아요, 이게 제 인생의 마지막 열정이라는 걸요…… 그런데 그 인간은 정말 나쁜 사람이에요! 아아, 교수님! 그는 사기도박꾼이에요. 온 모스크바 사람들이 다 아는 사실이지요. 게다가 여자만 봤다하면 아무리 못 생긴 여자라도 그냥 두는 법이 없어요. 정말로 젊음이 철철 넘치는 사람이에요."

부인이 이렇게 중얼거리고는 바스락 소리가 나는 페티코트 밑에서 구겨진 레이스 뭉치를 꺼내 던졌다.

개는 완전히 혼란스러워졌고, 머릿속의 모든 것이 거꾸로 뒤집혔다.

개는 머리를 앞발 위에 내려놓은 뒤, 수치심으로 인해 슬며시 졸음이 오는 몽롱한 상태에서 '이런 황당한 여자가 있나!' 생각했다. '저 레이스 뭉치가 뭔지 알려고 하지 말아야겠어. 어차피 난 이해하지 못할 테니까.'

뭔가 금속성의 날카로운 소리에 잠이 깬 개는 필리프 필리포비치가 번쩍이는 관 같은 것을 세면기에 던져넣는 것을 보았다.

얼굴에 기미가 잔뜩 낀 부인은 손으로 가슴을 꼭 누른 채 기도하는 듯한 눈으로 필리프 필리포비치를 바라보았다. 교수는 심각하게 얼굴을 찌푸리더니 책상에 앉아 뭔가 쓰기 시작했다.

"부인, 당신에게 원숭이 난소를 이식해 드리겠소."

교수가 그렇게 선언하고 엄격한 표정으로 부인을 쳐다보았다.

"아이, 교수님, 정말 원숭이 난소를요?"

"그렇소."

필리프 필리포비치가 단호하게 대답했다.

"그럼 수술은 언제 하나요?"

얼굴이 하얘진 부인이 기어드는 목소리로 물었다.

"'세비야에서 그라나다까지……' 흠…… 월요일에 합시다. 아침에 병원에 오시오. 내 조수가 수술 준비를 해줄 거요."

"어휴, 전 병원에 가는 거 싫어요. 여기서 하면 안되나요, 교수님?"

"알다시피 내가 집에서 수술을 하는 경우는 극히 드뭅니다. 비용도 무척 비싸지요. 500루블이나 합니다."

"전 괜찮아요, 교수님!"

다시 수돗물 흐르는 소리가 나더니 잠시 뒤 깃털 달린 모자를 펄럭이며 부인이 밖으로 사라졌다. 그러자 이번에는 접시처럼 털이 하나도 없는 대머리 남자가 나타나서 필리프 필리포비치를 포옹했다. 불편한 속도, 옆구리 통증도 가라앉은 개는 방 안의 따뜻함을 만끽하면서 꾸벅꾸벅 졸고 있었다. 심지어 코를 골면서 부엉이 꼬리에서 한 움큼의 깃털을 잡아뜯는 신나는 꿈까지 꾸고 있었는데…… 갑자기 머리 위에서 흥분한 목소리가 들렸다.

"전 모스크바에서 너무나 잘 알려진 인물입니다, 교수님. 이제 전 어쩌면 좋죠?"

"신사 양반!"

필리프 필리포비치가 격분해서 소리쳤다.

"그래서는 안돼요. 자제해야 합니다. 그래, 그 여자는 몇 살이죠?"

"열네 살입니다, 교수님. 이 일이 알려지면 저는 끝장이에요. 며칠 내로 외국 출장도 가야 한단 말입니다."

"이보시오, 난 법률가가 아니오…… 뭐 그렇다면 2년 기다렸다가 그녀와 결혼하시오."

"전 이미 결혼한 몸입니다, 교수님."

"어허, 이거 참, 이런 양반을 봤나!"

문이 쉴새없이 열리고 환자들이 교체되었다. 장식장 안에서 의료기구들이 부딪히는 소리가 들려왔다. 필리프 필리포비치는 잠시도 쉬지 않고 일을 계속했다.

개는 생각했다. '정말 정신없는 아파트야. 하지만 얼마나 좋은 집인가! 그런데 저 양반에게 내가 왜 필요한 거지? 정말로 여기 눌러 앉아도 될까? 진짜 이상한 사람이야! 눈짓 한번만으로 잠시 주위를 둘러보기만 하면 좋은 개를 얼마든지 손에 넣을 수 있는데! 혹시 내가 잘 생겨서 그런 건가? 어쨌든 내겐 행운임이 분명해! 그런데 저 부엉이는 아무짝에도 쓸모가 없어……
아주 뻔뻔한 녀석이야.'

초인종 소리도 멈춘 늦은 저녁이 되어서야 개는 완전히 잠에서 깨어났다.
바로 그때 특별한 방문객들이 문 안으로 들어섰다. 그들은 금세 네 명이 되
었다. 모두 젊고, 검소한 차림이었다.

'이 사람들은 또 무슨 용건이야?' 개가 화들짝 놀라며 생각했다. 필리프
필리포비치는 노골적으로 불편한 마음을 드러내며 손님들을 맞았다. 그는
사무용 책상 옆에 서서 마치 적군을 대하는 사령관처럼 그들을 쳐다보았다.
그의 매부리코 콧구멍이 부풀어 있었다. 방 안으로 들어온 손님들이 카펫 위
에 발을 털었다.

"우리가 이곳에 온 것은, 교수님."

그중 한 사람이 말하기 시작했다. 덥수룩한 곱슬머리가 15센티미터 이상
자란 사람이었다.

"우리가 찾아온 이유는 바로……"

"이보시오, 신사 양반들, 이런 날씨에 어떻게 덧신도 신지 않고 돌아다니
는 거요?"

필리프 필리포비치가 말을 가로막으며 설교 조로 말했다.

"첫째, 당신들은 감기에 걸릴 것이고, 둘째, 당신들은 내 카펫을 더럽히게
되지 않소. 이 카펫은 모두 페르시아산이란 말이오."

곱슬머리 사내가 할 말을 잃고 입을 다물었고, 나머지 사내들도 모두 놀라
서 필리프 필리포비치를 쳐다보았다. 침묵이 몇초 동안 계속되었다. 필리프
필리포비치가 손가락으로 책상 위의 그림이 그려진 나무 접시를 두드리는
소리만이 침묵을 깨뜨리고 있었다.

"첫째, 우린 신사가 아닙니다."

네 명 가운데 얼굴이 복숭아처럼 생긴 가장 앳돼 보이는 사람이 마침내 입
을 열었다.

"둘째로."

필리프 필리포비치가 상대의 말을 가로막았다.

"당신은 남자요, 여자요?"

네 명은 다시 할 말을 잃은 채 입을 딱 벌렸다. 잠시 뒤 맨 처음 입을 열

었던 곱슬머리 사내가 정신을 가다듬고 말했다.

"동무, 남자건 여자건 무슨 차이가 있습니까?"

그가 오만한 태도로 물었다.

"난 여자예요."

가죽재킷을 입은 복숭아처럼 생긴 앳된 아가씨가 자신이 여자임을 인정을 하고는 얼굴을 붉혔다. 곧이어 방문객 중에서 털모자를 쓴 금발머리 사내가 왜 그러는지 얼굴이 새빨개졌다.

"그렇다면 당신은 모자를 쓰고 있어도 좋소. 하지만 손님 여러분은 머리에 쓰고 있는 것을 벗어주면 좋겠소이다."

필리프 필리포비치가 거드름을 피우며 말했다.

"나는 당신이 말하는 그 '손님'이 아닙니다."

금발머리가 털모자를 벗으며 단호하게 말했다.

"우리가 당신을 찾아온 이유는……"

긴 곱슬머리에 얼굴이 검은 사내가 다시 말을 이었다.

"그런데 '우리'라는 건 누굴 말하는 거요?"

"'우리'는 이 아파트의 새로운 관리위원입니다."

얼굴이 검은 사내가 끓어오르는 분노를 누르며 말을 계속했다.

"나는 시본제르, 이 여자는 뱌젬스카야, 이쪽은 페스토르힌 그리고 샤롭킨 동무입니다. 지금 우리는……"

"표도르 파블로비치 사블린의 아파트에 입주한 사람이 당신들이오?"

"그렇습니다."

시본제르가 대답했다.

"맙소사, 이제 칼라부호프 아파트도 끝장이 났군!"

필리프 필리포비치가 절망적으로 소리를 치면서 손뼉을 탁 쳤다.

"교수님, 뭣 때문에 비웃는 거죠?"

"내가 비웃는다고? 난 지금 완전히 절망에 빠져 있단 말이오."

필리프 필리포비치가 소리쳤다.

"이제 증기난방은 또 어찌 된단 말인가?"

"프레오브라젠스키 교수님, 당신은 우릴 조롱하는 겁니까?"

"대체 무슨 일로 내게 온 거요? 그 이유나 짤막하게 말하시오. 난 지금 식사를 하러 가야 하오."

"바로 우리가 아파트 관리위원입니다."

시본제르가 증오심에 가득 찬 목소리로 말했다.

"우린 아파트 각 호실별로 거주 면적을 줄이는 문제를 놓고 전체주민회의를 거친 뒤 당신을 찾아왔습니다."

"누가 누구에게 문제를 제시한 거요?"

필리프 필리포비치가 소리쳤다.

"당신들의 생각을 좀 더 분명하게 말해주시오."

"한 사람 당 거주면적을 줄이는 문제를 놓고 회의를 했다는 겁니다."

"됐소! 알아들었소! 그런데 당신들은 내 아파트가 4월 20일자 법령에 의해 이주나 거주 등 모든 문제로부터 면제된 것을 알고 계시오?"

"알고 있습니다."

시본제르가 대답했다.

"그러나 전체주민회의는 당신의 문제를 재검토한 결과 전반적으로 당신이 필요 이상의 면적을 차지하고 있다는 결론에 이르렀습니다. 지나치게 과도한 면적을 말입니다. 당신은 혼자서 방 일곱 개짜리 아파트에 살고 있단 말이죠."

"그래요, 나는 혼자 살고 있소. 하지만 일곱 개의 방에서 일을 하고 있소."

필리프 필리포비치가 대답했다.

"게다가 여덟 번째 방이 하나 더 있었으면 좋겠소. 서고 용도로 꼭 필요하오."

네 명의 방문객은 어이가 없어서 한동안 입을 열지 못했다.

"여덟 번째 방이라고요? 어허."

털모자를 벗은 금발머리 사내가 말했다.

"정말로 멋진 생각이군요!"

"도무지 말로는 표현할 방법이 없군요!"

여자로 판명된 앳된 젊은이가 소리쳤다.

"알아두시오. 내 아파트엔 환자대기실이 있소. 현재 서고를 겸하고 있지요. 그리고 식당과 서재, 자, 이러면 셋이오. 다음엔 진찰실이 네 번째, 수술실이 다섯 번째, 내 침실이 여섯 번째, 그리고 하녀의 방이 일곱 번째요. 전체적으로 충분하지 않아요…… 하지만 이게 중요한 건 아니지. 내 아파트는 모든 의무를 면제받았고, 이걸로 대화는 끝이오. 자, 식사를 하러 가도 되겠소?"

"미안합니다만……"

단단한 딱정벌레같이 생긴 네 번째 사내가 말했다.

"미안합니다만……"

시본제르가 말을 가로막고 나섰다.

"당신이 언급한 바로 그 식당과 진찰실 문제를 얘기하려고 온 겁니다. 전체주민회의는 노동규율에 따라서 당신이 자발적으로 식당을 내놓기를 요청합니다. 현재 모스크바의 어느 누구도 식당을 갖고 있지는 않습니다."

"이사도라 던컨*5조차 그렇단 말이에요."

여자가 날카로운 목소리로 외쳤다.

순간 필리프 필리포비치의 내부에 무슨 일이 일어났고 그 결과로 얼굴이 불그스름하게 달아올랐다. 그는 다음에 무슨 말이 나올지 기다리며 아무 말도 하지 않았다.

시본제르가 얘기를 계속했다.

"진찰실도 넘겨주시기 바랍니다. 진찰실은 집무실과 충분히 합칠 수 있다고 봅니다."

"그렇군요."

필리프 필리포비치가 어딘가 이상한 목소리로 말했다.

"그럼 나는 어디서 식사를 해야 한단 말이오?"

"침실에서요."

네 명이 합창이라도 하듯 한목소리로 대답했다.

벌겋게 달아올랐던 필리프 필리포비치의 얼굴에 회색빛 그림자가 드리워졌다.

"침실에서 식사를 한다……"

---

*5 미국 출신의 발레리나(1877~1927). 당시 세계적으로 가장 유명한 무용수였으며 1905년에는 러시아를 방문하여 '발레 뤼스'를 비롯하여 러시아 무용계에 새로운 바람을 불어넣은 인물로 알려져 있다.

약간 짓눌린 듯한 어조로 필리프 필리포비치가 말하기 시작했다.

"진찰실에서 책을 읽고 환자대기실에서 옷을 갈아입고 하녀 방에서 수술을 하고 식당에서 진찰을 하란 말이지. 이사도라 던컨 이라면 퍽이나 가능한 일이겠군. 아마 그녀라면 집무실에서 식사를 하고 욕실에서 토끼 배를 가를 수도 있을 거야. 그래, 그럴 수도 있겠지. 하지만 나는 이사도라 던컨이 아니란 말이오……!"

갑자기 그가 고함을 질렀다. 벌겋게 달아올랐던 얼굴이 노랗게 변했다.

"난 식당에서 식사하고 수술실에서 수술할 거요! 그러니 전체주민회의에 이 사실을 전하고, 제발 간청하는데, 이제 당신들도 각자 자신의 일로 돌아가시오. 그리고 정상적인 사람이라면 누구나 그렇게 하듯이 현관도 아니고 아이 방도 아닌 식당에서 식사를 할 수 있도록 해주기 바라오."

"그렇다면, 교수님, 당신이 그토록 완강하게 반대한다면…… 우리는 당신을 상부에 고발할 겁니다."

몹시 흥분한 시본제르가 말했다.

"아하, 그 얘기였소?"

필리프 필리포비치가 중얼거렸다. 그러더니 그의 목소리가 믿을 수 없을 만큼 정중해졌다.

"잠깐만 기다려주시오."

'오, 대단한 인물이야.' 개는 완전히 감탄하며 생각했다. '나하고 똑같지 않은가. 오호, 이제 교수가 이자들을 물어뜯을 거야. 오호, 물어뜯을 거야. 놈들을 어서 물어뜯어 버리라고…… 지금 당장! 장화 위쪽에 무릎 힘줄까지 뻗은 저 기다란 종아리를 꽉 물어버리란 말이야…… 으─르─르─릉……'

필리프 필리포비치가 철컥 소리를 내면서 전화 수화기를 집어들더니 이렇게 말했다.

"여보세요…… 수고 많으시오…… 표트르 알렉산드로비치를 좀 바꿔주시오. 이쪽은 프레오브라젠스키 교수요. 아, 표트르 알렉산드로비치? 당신과 통화가 되어 다행입니다. 고맙소, 잘 지내고 있소. 그런데 표트르 알렉산드로비치, 당신의 수술이 취소되었소. 네? 아, 완전히 취소되었소. 다른 수술도 모두 취소되었단 말이오. 왜냐하면 모스크바에서, 아니 러시아에서는 내가 활동을 중단할 생각이기 때문이오. 지금 네 명의 인물이 내 집에 들어와 있소. 그중 한 명은 남장을 한 여자고 두 명은 권총을 찼는데, 내 아파트의 일부를 뺏어갈 목적으로 지금 나를 협박하고 있소."

"잠깐만요, 교수님."

시본제르의 얼굴색이 변하기 시작했다.

"미안합니다만…… 이자들이 한 말을 모두 반복하지는 못 하겠소. 원래 난 그런 엉터리 같은 말에는 관심이 없는 사람이라서 말이오. 그들이 내게 진찰실을 내놓으라고 했다는 것, 달리 말해, 지금까지 토끼를 잡던 곳에서 당신을 수술할 수밖에 없는 상태로 나를 내몰았다는 것을 언급하는 것만으로도 충분할 거요. 이런 상황에서는 일을 할 수 없을 뿐더러 일을 할 권리마저 빼앗기고 말거요. 그래서 나는 의료활동을 중단하고 아파트를 넘겨준 뒤 소치로 떠나겠소. 열쇠는 시본제르에게 전해줄 테니 수술은 그 사람한테 받으시오."

방문객 네 명의 표정이 굳어졌다. 신고 있던 장화에서 눈이 녹고 있었다.

"어쩔 수 없어요…… 내 기분이 몹시 상해서 말이오…… 어떻게요? 오, 안됩니다, 표트르 알렉산드로비치! 오, 안돼요. 그렇게는 더 이상 동의할 수 없어요. 인내심에 한계가 왔단 말이오. 이게 8월 이후 벌써 두 번째요. 어떻게요? 으음…… 편할 대로 하시오. 그렇게라도 해주신다면…… 하여간 한 가지 조건이 있소. 누구의 명의이든 언제 어떤 형태이든 상관없소. 하지만 시본제르나 다른 그 누구도 내 아파트 문 근처에 얼씬거리지도 못한다는 내용이 포함된 그런 서류가 있어야 합니다. 그런 최종적인 서류, 결정적인 서류, 진짜 효력이 있는 서류 말이오! 그리고 앞으론 내 이름조차 거론되지 않기를 바랍니다. 물론이지요. 난 그런 사람들의 명단에 이미 없는 사람입니다. 네, 네, 그렇게 하지요. 누구하고요? 아하…… 그건 별개의 일이지요. 아하…… 좋습니다. 지금 바꿔드리겠소. 자, 전화를 받으시오."

필리프 필리포비치가 짓궂은 목소리로 시본제르에게 수화기를 건넸다.

"잠깐만요, 교수님."

얼굴빛이 붉으락푸르락하면서 시본제르가 말했다.

"당신은 우리 얘기를 매우 왜곡해서 얘기하고 있습니다."

"내게 그런 표현은 사용하지 마시오."

당황한 시본제르가 수화기를 받아들고 얘기했다.

"말씀하십시오. 네…… 주택관리위원회 위원장입니다…… 저희는 지금 규정에 따라 행동하고 있습니다만…… 교수님은 완전히 예외적인 우대를 받고 있습니다…… 저희도 그의 활동에 대해 알고 있습니다만…… 방 다섯 개는 모두 드리려고 했습니다…… 네, 좋습니다…… 그러시다면…… 알겠습니다……"

얼굴이 시뻘게진 시본제르가 수화기를 내려놓고 돌아섰다.

'아주 제대로 망신을 시켰어! 그래, 진짜 대단한 인물이야!' 개는 감탄을 금치 못했다. '어떻게 이런 대화를 할 수 있는 걸까? 자, 이젠 날 때릴 차례인가, 원하는 대로 하세요. 그래도 난 여기서 나가지 않을 기예요.'

나머지 세 명은 입을 다물지 못한 채 모욕을 당한 시본제르를 쳐다보고 있었다.

"이런 치욕이 있나!"

시본제르가 기운 빠진 목소리로 중얼거렸다.

"이제부터 토론을 벌인다면……"

흥분해서 볼이 빨갛게 달아오른 여성 동무가 말하기 시작했다.

"내가 표트르 알렉산드로비치에게 증명할 수 있을 텐데……"

"실례지만, 당신은 지금 당장 토론회를 원하는 건 아니겠지요?"

필리프 필리포비치가 정중하게 물었다.

여성 동무의 눈이 활활 타올랐다.

"나는 당신이 우릴 비꼬고 있다는 걸 알고 있어요, 교수님. 우린 지금 돌아가겠습니다…… 다만 나는 아파트 문화부장으로서 당신에게 부탁할 것이 있어요."

여성 동무가 눈에 젖어서 축축하지만 그래도 겉표지가 밝은 색깔로 반짝이는 잡지책 몇 권을 호주머니에서 꺼냈다.

"독일 어린아이들을 돕기 위해 잡지책을 몇 권 사달라는 겁니다. 가격은 권당 50코페이카입니다."

"아니, 사지 않겠소."

필리프 필리포비치가 곁눈질로 잡지책을 힐끗 보고 나서 단호하게 거절했다.

"왜 거절하는 거죠?"

“원치 않기 때문이오.”

“당신은 독일 어린아이들이 가엾지 않습니까?”

“가엾소.”

“그럼 50코페이카가 아까운 겁니까?”

“아니오.”

“그럼 이유가 뭐죠?”

“원치 않기 때문이오.”

두 사람은 입을 다물었다.

“아시는지 모르겠지만, 교수님……” 여성 동무가 무겁게 한숨을 내쉰 뒤 말했다. “만약 당신이 유럽의 대학자가 아니고 또 지극히 비열한 방법으로 당신 편만 드는 높으신 양반이 없었어도(이때 금발머리 사내가 그녀의 재킷 자락을 잡아당겼으나 그녀는 뿌리쳤다), 나는 확신합니다만, 우리는 당신을 더욱 철저하게 조사했을 것이고 그랬으면 당신은 체포됐을 겁니다.”

“무슨 죄목으로 말이오?”

필리프 필리포비치가 호기심에 찬 표정으로 물었다.

“당신은 프롤레타리아를 증오하고 있기 때문입니다.”

여성 동무가 당당하게 말했다.

“그래요, 난 프롤레타리아를 좋아하지 않소.”

필리프 필리포비치가 슬픈 듯이 동의하고는 벨을 눌렀다. 그러자 어디선가 벨 소리가 울리더니 복도로 이어지는 문이 열렸다.

“지나!” 필리프 필리포비치가 소리쳤다. “식사를 준비해 다오. 그리고 신사 양반들, 당신들은 이제 그만 나가 주겠소?”

네 사람은 아무 말 없이 서재에서 나와 말없이 환자 대기실과 현관을 지나 밖으로 나갔다. 그들이 나간 뒤 아파트 출입문이 쾅하고 닫히는 소리가 무겁게 들려왔다.

개가 뒷발을 딛고 일어나 필리프 필리포비치 앞에서 절을 하는 듯한 몸짓을 했다.

3

매혹적인 컬러 무늬에 널찍한 검은 테 장식을 두른 접시 위에 얇게 썬 연어와 소금에 절인 장어가 놓여 있었다. 두꺼운 나무판 위에는 물방울이 묻은 치즈가 놓여 있었고, 은제통에는 철갑상어알이 담겨 있었는데, 그릇 가장자리에 눈이 녹지 않고 그대로 붙어 있었다. 접시들 사이로는 목이 가는 포도주잔 몇 개와 여러 색깔의 보드카가 담긴 크리스털병 세 개가 놓여 있었다. 이 모든 것들은 조그만 대리석 탁자 위에 놓여 있었는데, 탁자에는 투명한 눈부신 빛을 내뿜는 유리와 은그릇이 진열된, 조각이 새겨진 참나무 찬장이 편리하게 이어져 있었다. 방 한가운데에는 흰색 보를 씌운 육중한 식탁이 마치 능묘처럼 묵직하게 자리잡고 있었고, 식탁 위에는 식기세트 두 벌과 로마교황의 왕관 모양으로 말아놓은 냅킨, 그리고 검은색 병 세 개가 놓여 있었다.

지나가 뚜껑이 덮인 커다란 은접시를 가지고 들어왔다. 접시 안에는 뭔가 보글보글 끓고 있었다. 접시에서 나는 냄새가 얼마나 좋았던지 개의 입이 희멀건 침으로 가득 찼다. '오, 이건 세미라미스*⁶ 정원이야!' 개는 이렇게 생각하고 마치 지팡이로 치듯 꼬리로 바닥을 두드렸다.

"그걸 이쪽으로 가져오게."

식탐이 가득한 표정으로 필리프 필리포비치가 지시했다.

"닥터 보르멘탈리, 간곡히 부탁하는데, 철갑상어알은 건드리지 말고 그냥 두게. 그리고 혹시 자네가 진심 어린 내 충고를 듣고 싶다면 영국산 위스키가 아닌 보통의 러시아 보드카를 따르도록 하게."

개에게 물렸던 미남자가—그는 이미 가운을 벗고 고상한 검은색 양복을 입고 있었다—넓은 어깨를 흔들면서 가볍게 미소를 짓더니 투명한 보드카를 따르기 시작했다.

"이건 신제품인가요?"

그가 물었다.

"어허, 이 사람……" 집주인이 바로 대답했다. "이건 알코올일세. 다리야 페트로브나가 보드카를 아주 잘 만들지."

"그런 말씀 마세요, 필리프 필리포비치. 모두들 보드카는 30도짜리가 아주 좋은 거라고 믿고 있습니다."

＊6 기원전 9세기 초 무렵 고대 아시리아를 통치한 전설 속의 여왕. 전설에 따르면, 그녀가 세계 7대 불가사의 중 하나인 '바빌론의 공중정원'을 만들었다고 한다.

"첫째, 보드카의 도수는 30도가 아니라 40도여야 하네."

필리프 필리포비치가 말을 가로채더니 가르치듯이 말했다.

"둘째, 사람들은 여기에 무얼 섞는지 아무도 모른다는 걸세. 과연 그들이 무슨 궁리를 하는지 자네가 말해줄 수 있겠나?"

"하고 싶은대로 하겠지요."

개에게 물린 사내가 확신에 차 대답했다.

"나도 같은 생각이네."

필리프 필리포비치가 이렇게 덧붙이고는 작은 잔에 담긴 보드카를 목구멍에 툭 털어 넣었다.

"음…… 닥터 보르멘탈리, 어서 한잔해보게. 만약 자네가 이 보드카가 어떻다느니 한다면…… 난 평생토록 자네와 불구대천의 원수가 될 걸세. '세비야에서 그라나다까지……'"

그는 이렇게 말한 뒤 은제 포크를 들고 작은 흑빵처럼 생긴 뭔가를 찍어 올렸다. 개에게 물린 사내는 교수가 한 대로 따라 했다. 필리프 필리포비치의 눈이 빛나기 시작했다.

"어때, 나쁜가?" 음식을 씹으면서 필리프 필리포비치가 물었다. "나쁜가? 대답해보게, 친애하는 의사 선생."

"기가 막히게 좋습니다."

개에게 물린 사내가 솔직하게 대답했다.

"당연히 그래야지…… 기억해두게, 이반 아르놀리도비치. 지금 세상에 차가운 전채(前菜)*7와 수프를 먹는 사람은 아직 볼셰비키들에게 학상당하지 않고 살아남은 지주들뿐이라는 걸. 자기 자신을 그다지 존중하지 않는 사람이라면 따뜻한 전채요리부터 찾을 테지. 그 따뜻한 요리 중에선 이게 모스크바에선 최고야. 예전에 '슬라반스키 바자르' 레스토랑의 요리가 정말 끝내줬었지. (개에게) 자, 받아라."

"식당에서 개 먹을 것을 주시는 거예요?" 여자 목소리가 들려왔다. "그럼 나중에 무슨 수를 써도 쫓아낼 수 없단 말예요."

"괜찮아. 불쌍한 녀석이 오랫동안 굶주려서 그런 거니까."

---

*7 정식의 서양요리에서, 수프가 나오기 전에 식욕을 돋우기 위해 먹는 가벼운 요리. 또는 술안주로 먹는 간단한 요리.

필리프 필리포비치가 포크 끝에 음식을 끼워 개에게 주었다. 개가 마치 요술을 부리듯 잽싸게 먹어치웠다. 그가 포크를 설거지통에 던지자 풍덩 하고 빠지는 소리가 났다.

잠시 뒤 접시에서 김이 모락모락 오르며 가재 냄새가 풍겨 나왔다. 개는 식탁보가 만들어낸 그림자 밑에서 마치 화약창고 보초병처럼 앉아 있었다. 필리프 필리포비치가 뻣뻣한 냅킨 끝자락을 셔츠 깃 속으로 집어넣으며 설교 조로 말했다.

"음식이란, 이반 아르놀리도비치, 아주 까다롭단 말이야. 그래서 먹는 법을 잘 알아야하지. 한번 생각해보게, 대부분의 사람들은 먹는 법을 전혀 모르네. 무엇을 먹을지, 하는 것뿐만 아니라 언제 어떻게 먹을지를 알아야 한단 말일세. (필리프 필리포비치가 의미심장하게 숟가락을 흔들었다.) 그리고 식사 중에 무슨 얘기를 해야 하는지 그것도 문제야 그렇지. 만약 자네가 소화 문제에 대해 신경을 쓰고 있다면, 식사 도중에 볼셰비즘이나 의학에 대해서는 얘기하지 말라는 게 내 충고일세. 그리고 식사 전에는 소비에트 신문도 읽어선 안 돼."

"으음...... 하지만 사실 다른 신문이 없잖습니까?"

"그러니 아무것도 읽지 않는 게 좋아. 자네도 알다시피, 나는 병원에서 환자 서른 명을 대상으로 임상실험을 했네. 그래, 어떻게 됐으리라 생각하나? 신문을 읽지 않은 환자들은 상태가 아주 좋아졌지. 하지만 내가《프라우다》[8] 신문을 읽도록 시킨 환자들은 몸무게가 줄고 말았다네."

"흠......."

개에게 물린 사내는 수프와 포도주로 인해 얼굴이 발그스름해져서 흥미롭다는 듯이 고개를 끄덕였다.

"그것만이 아니야. 무릎반사신경이 둔화되고 식욕이 떨어지며 우울증 증세가 생기게 되지."

"저런!......."

"사실이라네. 그런데 내가 지금 무슨 소릴 하고 있나? 내가 의학에 대해 떠들고 있으니 말이야."

---

[8] 소비에트 공산당 기관지명.

필리프 필리포비치가 몸을 젖혀 벨을 누르자 분홍색 커튼 뒤에서 지나가 나타났다. 개는 푸른 용상어 살코기 한 점을 얻어먹었는데 마음에 들지 않았다. 그래서 곧바로 핏물이 뚝뚝 떨어지는 로스트비프 한 조각을 더 먹었다. 다 먹고 난 개는 갑자기 잠이 쏟아지면서 더 이상 다른 음식은 쳐다보기도 싫어졌다. '참 이상한 느낌이군.' 개가 천근만근 무거워진 눈꺼풀을 아래로 내리면서 생각했다. '어떤 음식도 쳐다보기 싫어지다니. 그건 그렇고 식후에 담배를 피우는 건 바보짓이야.'

식당이 푸른색의 불쾌한 연기로 가득 찼다. 개는 앞발 위에 머리를 얹고 졸기 시작했다.

"생쥘리앵은 정말 좋은 포도주야."

잠결에 이 말이 개의 귀에 들렸다.

"하지만 요즘은 어디에서도 이 포도주를 구할 수가 없다네."

그때 아파트 위쪽 어딘가에서 합창 소리가 들려왔다. 노랫소리가 천장과 카펫에 먹혀서 크지는 않았다.

필리프 필리포비치가 벨을 누르자 지나가 들어왔다.

"지나, 이게 무슨 소리냐?"

"전체주민회의가 다시 열리나 봐요, 필리프 필리포비치."

지나가 대답했다.

"또 회의를!" 필리프 필리포비치가 슬픈 듯이 외쳤다. "기어이 터지고 말았군. 칼라부호프 아파트는 끝장이야. 어쩔 수 없이 여길 떠나야 해. 그런데 어디로 간단 말인가? 이제 모든 게 일사천리로 진행되겠군. 처음엔 밤마다 노랫소리가 들리고, 다음엔 수도관이 얼어붙고, 그 다음엔 보일러가 터져 난방도 제대로 안되고 말이야. 칼라부호프 아파트도 이제 끝장이야."

"속상하시겠어요, 필리프 필리포비치."

지나가 웃으면서 이렇게 말하고는 접시를 포개어서 들고 나갔다. "당연하지. 어떻게 속이 상하지 않겠어!"

필리프 필리포비치가 절규에 가까운 소리로 말했다.

"이 아파트가 어떤 아파트였는데…… 자넨 이해하겠지!"

"선생님은 모든 문제를 너무 비관적으로 보는 것 같습니다, 필리프 필리포비치."

개에게 물린 미남 의사가 반대 의견을 표명했다.

"그들도 요즘 상당히 변화하고 있습니다."

"자넨 내가 사실과 관찰에 근거해서 판단하는 사람이란 것을 알고 있지? 그렇지 않은가? 난 근거 없는 가설 따위는 절대 믿지 않아. 이는 러시아뿐만 아니라 유럽에서도 잘 알려져 있네. 만약 내가 무언가를 말한다면, 그건 어떤 사실에 입각하여 거기서 결론을 이끌어냈다는 얘기야. 자, 자네에게 사실을 하나 말하지. 우리 아파트에는 외투걸이와 덧신을 넣어두는 상자가 있었네."

"흥미로운 얘기군요……"

'덧신 따위 쓸데없는 얘기야. 덧신이 뭐가 좋다고.' 개는 생각했다. "하지만 이 양반이 정말 탁월한 인물인건 틀림없어.'

"덧신 상자만 해도 그렇지. 난 1903년부터 이 아파트에 살고 있네. 그때부터 1917년 3월(2월 혁명을 가리킨다. 그레고리력으로는 3월)까지 세월이 흐르는 동안 한 번도 이런 경우는 없었다네. 내가 재차 강조하네만, 아파트 현관의 공용 출입문이 열려 있어도 덧신 한 짝 사라지는 일이 단 한번도 없었단 말일세. 생각해보게. 이 건물엔 아파트가 열두 채 있고, 내 아파트엔 환자들이 찾아오지. 그런데 1917년 3월 어느 날 덧신이 모두 사라져버렸네. 내 덧신 두 켤레와 지팡이 세 개, 외투, 그리고 경비원에게 맡겨놓은 사모바르까지 포함해서 말이야. 그날 이후로 덧신 상자는 사라지고 말았지. 이보게! 난 이제 난방장치에 대해서는 말하고 싶지도 않네. 정말 말하고 싶지 않아. 일단 사회주의혁명이 일어났으니 난방 따위는 할 필요가 없다고 치세. 하지만 난 묻고 싶네. 왜, 언제부터 모든 사람들이 진흙이 묻은 덧신이나 펠트 장화를 신고 대리석 계단을 오르내리게 되었는지 말일세. 어째서 지금까지도 덧신을 자물쇠로 채워 놓아야 하는지? 게다가 왜 아무도 훔쳐가지 못하게 보초병까지 세워 놓아야 하느냔 말이야? 또 정문 계단에 있던 카펫은 왜 치운 건가? 카를 마르크스가 계단에 카펫을 두지 못하도록 금지라도 시켰단 말인가? 과연 카를 마르크스의 책 어딘가에 프레치스텐카 거리의 칼라부호프 아파트 두 번째 출입구를 널빤지로 틀어막고 뒷마당으로 돌아다녀야 한다고 쓰인 곳이 있단 말인가? 도대체 누구에게 이런 일이 필요한가? 도대체 왜? 왜 프롤레타리아들은 덧신을 아래층에 두지 못하고 대리석 계단을 더럽힌단 말인가?"

"사실 그자들에게는 원래 덧신이란 게 없습니다, 필리프 필리포비치."

몸을 뒤로 젖히며 개에게 물린 사내가 말했다.

"전혀 그렇지 않아!"

필리프 필리포비치가 우레와 같은 목소리로 대답하고 술잔에 포도주를 따랐다.

"으음…… 식후에 난 보드카를 마시지 않네. 리큐어는 속이 거북하고 간에 나쁜 영향을 미치지…… 그런데, 자네 말은 틀렸어! 지금 그자들은 덧신을 신고 있고, 그리고 그 덧신은…… 내 덧신일세! 1917년 봄에 사라진 바로 그 덧신이란 말이야. 어디 한번 물어보세. 도대체 누가 덧신을 훔쳐 갔나? 나? 그건 있을 수 없는 일이지. 그럼, 부르주아 사블린? (필리프 필리포비치는 손가락으로 천장을 가리켰다.) 생각만 해도 우습군. 그럼 설탕공장주 폴로조프? (필리프 필리포비치는 옆집을 가리켰다.) 절대 그럴 리가 없지! 적어도 그들은 1층에서 자신의 덧신을 벗고 있어! (필리프 필리포비치의 얼굴이 붉어지기 시작했다.) 도대체 무슨 까닭으로 층계참의 꽃들을 가져가 버린 건가? 전기만 해도 그래. 내 기억으로는 지난 20년 동안 겨우 두 번 정도 꺼졌을까 싶은 전깃불이 어째서 요즘에는 정확히 한 달에 한 번씩 꺼지는 건가? 닥터 보르멘탈리, 통계란 참으로 몹쓸 학문이야. 자넨 나의 최근 연구를 잘 알고 있기 때문에 그것에 대해 다른 누구보다도 잘 알고 있을 걸세."

"이건 붕괴 그 자체입니다. 필리프 필리포비치."

"아닐세."

필리프 필리포비치가 확신에 찬 어조로 반박했다. "아니야. 친애하는 이반 아르놀리도비치, 먼저 자네부터 그런 단어의 사용을 자제해주게. 그런 건 신기루와 같은 환영이고 연기이며 허구란 말이야."

필리프 필리포비치가 짧은 손가락을 넓게 펴자 거북이 모양의 그림자 두 개가 생기더니 식탁보 위를 움죽거리며 돌아다녔다.

"자네가 말하는 붕괴란 무엇인가? 노파가 지팡이를 짚고 다니는 일인가? 마녀가 모든 유리를 죄다 부숴버리고 램프 불을 몽땅 꺼버리는 걸 말하는 건가? 그런 건 이제 존재하지 않아. 자넨 그 단어로 무얼 말하려는 것인가?"

필리프 필리포비치가 찬장 옆에 거꾸로 매달려 있는 불쌍한 종이오리에게 격분한 목소리로 묻고는 오리를 대신해 자신이 대답했다.

"그건 바로 이런 말이네. 만약 내가 매일 저녁에 수술을 하는 대신 아파트에서 그들과 함께 합창을 하기 시작한다면, 그때 내게 붕괴가 시작된 거야. 만약 내가 화장실에 들어가서, 이런 표현을 써서 미안하네만, 변기 바깥에다 방뇨를 하기 시작하고 다리야 페트로브나와 지나도 같은 짓을 하게 된다면, 그것이 바로 화장실에서 붕괴가 시작되는 것일세. 따라서 붕괴는 화장실에 있는 것이 아니라 바로 인간의 머릿속에 있는 것이지. 요컨대 어릿광대들이 '붕괴를 때려부숴라!' 외치고 다닐 때 난 그저 웃을 뿐이네. (의사가 입을 딱 벌릴 정도로 필리프 필리포비치의 얼굴이 심하게 일그러졌다.) 자네에게 맹세컨대, 내겐 우스울 따름이야! 그것은 그들 각자가 자신의 뒤통수를 후려쳐야 한다는 것을 의미하는 걸세! 그래서 자기자신으로부터 모든 착각들을 떨쳐내고 원래 자신의 일로 되돌아가 헛간 청소부터 하게 된다면 붕괴는 저절로 사라지게 되는 것이지. 한 번에 두 신을 섬길 수는 없는 법이야! 전차 선로를 청소하면서 스페인 부랑자들의 운명을 슬퍼하는 것은 불가능한 일이지! 이건 누구도 할 수 없는 일이네. 게다가 유럽보다 200년이나 뒤처진 데다 아직도 자기 바지 단추조차 제대로 채우지 못하는 사람들에게는 말이야!"

필리프 필리포비치는 극도로 흥분했다. 매부리코 콧구멍이 크게 부풀어 올랐다. 배불리 먹은 힘까지 한껏 짜내어 마치 고대의 예언자처럼 쩌렁쩌렁 울리는 목소리로 말했다. 머리가 은빛으로 반짝거렸다.

귀가 먹먹해지는 땅울림소리를 닮은 그의 말소리가 잠에 빠져 있는 개를 덮쳐왔다. 꿈속에서 부엉이가 멍청한 노란색 눈을 뜨고 튀어나오는가 하면, 더러운 흰색 모자를 쓴 요리사의 추악한 낯짝이 보이기도 하고, 램프 갓에서 나오는 강렬한 불빛에 비치는 필리프 필리포비치의 위로 바짝 꼬부라진 콧수염이 보이기도 하고, 졸리는 듯한 썰매가 뻐걱뻐걱 소리를 내면서 달려 왔다가 어디론가 사라져버리기도 했다. 개의 배 속에는 잘게 찢어진 로스트비프 한 조각이 위액 속을 헤엄치며 소화되고 있었다.

'이 양반은 집회에서 연설을 해도 돈을 벌겠어.' 몽롱한 상태에서 개는 생각했다. '일류사업가가 될 거야. 안 그래도 비명을 지를 만큼 돈이 많은 양

반이지만.'

"경찰!"

필리프 필리포비치가 소리쳤다. "경찰을 불러!"

'우우—우—우!' 개의 머릿속에서 거품 같은 것들이 터졌다. 개는 뚜렷하게 의식이 돌아왔다. 이렇게 되면 그렇게 하는 수밖에 없어. "경찰을 불러! 경찰은 경찰다워야지. 그가 번쩍거리는 배지를 달건 빨간색 모자를 쓰건 그런 것은 전혀 중요치 않아. 그저 모든 사람들 옆에 경찰을 한 명씩 붙여 놓고 우리 시민들을 놀라게 하는 저 합창을 그만두게 해야 해. 자네는 붕괴라는 표현을 썼네. 자네에게 말해주지. 그 어떤 것도 우리 아파트에서 더 좋아지는 쪽으로 변하지는 않을 걸세. 합창을 하고 있는 저 가수들을 제압하기 전까진 다른 모든 아파트도 마찬가지야! 저들이 연주회를 멈추기만 한다면 상황은 저절로 나아질 거란 말일세."

"반혁명적인 말씀을 하시는군요! 필리프 필리포비치." 개에게 물린 사내가 농담처럼 말했다.

"누가 교수님의 얘기를 엿듣지나 말아야 할 텐데요."

"전혀 위험할 것 없어."

필리프 필리포비치가 강하게 반박했다.

"반혁명적인 말은 아무것도 하지 않았어. 그건 그렇고 나는 이 반혁명적이라는 말도 정말 참을 수가 없네. 그 말 속에 무슨 뜻이 숨어 있는지 도무지 알 수 없어. 빌어먹을! 그건 내 알 바가 아니야. 그래서 나는 얘기하겠네. 내 말 속에 반혁명적인 것은 아무것도 없으며, 오히려 상식과 삶의 경험이 들어 있다고 말이야."

필리프 필리포비치는 하얗게 반짝거리는 냅킨 끝자락을 셔츠 깃 속에서 빼내어 뭉친 뒤 마시다 남은 포도주 잔 옆에 내려놓았다. 그때 개에게 물린 사내는 자리에서 일어나 '메르시'(Merci)*9라며 감사를 표했다.

"잠깐만, 기다려주게!"

필리프 필리포비치가 바지 주머니에서 돈을 꺼내며 그를 붙잡았다. 그는 실눈을 뜨고 흰색 지폐를 센 뒤 개에게 물린 사내에게 내밀면서 말했다.

---

*9 프랑스어로 '감사하다'는 뜻.

"이반 아르놀리도비치, 오늘 자네에게 40루블을 지급하네. 자, 받게."

개에게 물려 혼이 난 사내는 공손하게 감사를 표하고는 얼굴을 붉히며 양복 주머니에 돈을 넣었다.

"오늘 저녁에는 제가 필요치 않으십니까, 필리프 필리포비치?"

그가 물었다.

"괜찮아. 고맙네. 오늘은 우리 쉬도록 하세. 첫째, 토끼가 죽은 데다, 오늘 볼쇼이 극장에서 《아이다》 공연이 있거든. 한참 못 보았지. 정말 좋아하는데 말이야…… 자네, 기억하는가? 듀엣으로 하는……타리―라―린……."

"어떻게 이 모든 것을 제시간에 맞춰 하시나요, 필리프 필리포비치?"

의사가 존경스럽다는 듯이 물었다.

"어딜 가더라도 서두르지 않는 사람은 제시간에 맞추는 법이라네."

교수가 설교하듯이 말했다.

"물론 내 업무를 내팽개치고 이런저런 회의에나 뛰어다니고 꾀꼬리처럼 하루 종일 노래나 부른다면 어느 곳에도 제시간에 맞추진 못하겠지."

그때 주머니 속에 들어 있던 필리프 필리포비치의 손가락 밑에서 회중시계가 시간을 알리는 음악소리를 매혹적으로 울리기 시작했다.

"8시이니까…… 2막 시작 무렵엔 도착하겠군…… 나는 노동의 분업을 지지하는 사람일세. 그들은 볼쇼이 극장에서 노래를 부르고, 나는 수술을 하는 것이지. 그러면 되는 것 아닌가. 아무것도 붕괴할 일이 없지…… 참, 이반 아르놀리도비치, 자넨 계속 주의깊게 지켜보다가 금방 죽은 사체가 생기면 바로 테이블에서 양액 속에 담아 즉시 내게 데려오게!"

"걱정 마세요, 필리프 필리포비치. 그 병리해부학자들이 이미 약속했습니다."

"아주 좋아. 그럼 그동안 우리는 거리에서 데려온 이 신경질적인 들개를 관찰하거나 씻어주세. 이 녀석 옆구리 상처가 아물기를 바라면서 말이야."

'내 걱정을 하는 모양이군.' 개는 생각했다. '정말 좋은 사람이야. 난 그가 누군지 알아. 그는 개의 이야기에 나오는 기적을 일으키는 마법사, 마술사, 요술쟁이야…… 설마 이 모든 것이 꿈은 아니겠지. 하지만 혹시 이게 모두 꿈이라면? (개는 꿈 속에서 부르르 몸을 떨었다.) 잠에서 깨면…… 아무것도 없는 게 아닐까. 명주 갓을 씌운 램프도 난방도 이 배부름도 몽땅 사라지는 게 아닐까. 그리고 다시 시작되겠지. 개구멍, 지독한 추위, 얼어붙은 아스팔트, 굶주림, 못된 인간들…… 식당, 눈…… 오, 하느님, 얼마나 고통스러울까……!'

하지만 아무 일도 일어나지 않았다. 개구멍은 악몽처럼 사라지고 다시는 나타나지 않았다.

아마도 그 붕괴라는 것은 그렇게 무서운 건 아닌 모양이었다. 붕괴에도 불구하고 창문턱 밑의 회색 아코디언 같은 스팀관은 하루 두 번씩 뜨거운 열기로 가득 찼고, 따뜻한 공기가 아파트 전체에 파도처럼 퍼져 나갔다.

모든 것이 확실해졌다. 개는 가장 중요한 제비뽑기에서 성공한 것이다. 지금 그의 눈은 적어도 하루에 두 번은 프레치스텐카 거리에 사는 현자(賢者)에게 바치는 눈물로 가득 찼다. 그뿐 아니라 환자대기실과 진찰실 안의 장식장들 사이에 있는 모든 거울이 잘생기고 운 좋은 개를 비추고 있었다.

'나도 제법 잘생겼단 말이야. 어쩌면 세상에 알려지지 않은 개의 왕자인지도 몰라.' 개가 거울 속 저만치에서 만족스러운 낯짝을 하고 있는 커피색 털북숭이 개를 쳐다보며 생각에 잠겼다. '내 할머니가 뉴펀들랜드산 수캐와 눈이 맞았을 가능성도 충분해. 자세히 보면 내 얼굴엔 하얀 반점이 있어. 이 반점은 어디서 생긴 거지? 게다가 필리프 필리포비치는 취향이 대단해서 처음 본 잡종 개를 그냥 집으로 데려올 양반이 아니란 말이야.'

개는 단 일주일 만에 지난 달포 동안 거리에서 굶주리며 먹었던 양만큼을 먹어치웠다. 물론 양으로만 따져서 그렇다는 얘기이다. 필리프 필리포비치의 아파트에서 먹은 음식의 질에 대해서는 도저히 비교할 수 없는 것이었다. 매일같이 다리야 페트로브나가 스몰렌스크 시장에서 18코페이카를 주고 사오는 산더미 같은 쓰레기는 무시한다 치고, 식당에서의 저녁 7시 식사를 떠올리는 것만으로도 충분했다. 깔끔한 지나의 강력한 반대에도 개는 저녁식사 자리에 늘 함께 있었다. 그리고 식사가 진행되는 동안 필리프 필리포비치는 신(神)과 같은 사람이라는 칭호를 얻는다. 개는 뒷발로 일어서서 주인의 양복 상의를 물기도 하고, 강하게 두 번, 약하게 한 번 연속해서 울리는 주인의 벨 소리를 잘 기억해 두었다가 벨이 울리면 멍멍 짖으며 재빨리 현관으로 마중나가기도 했다.

한번은 암갈색여우 모피외투를 입은 주인 나리가 옷 위에 수북이 내려앉은 눈을 반짝이며 집 안으로 들어섰다. 그에게서 글, 담배, 향수, 레몬, 석유, 오드콜로뉴, 모직천 냄새가 풍겼고, 목소리는 마치 메가폰 소리처럼 온 아파트에 쩌렁쩌렁 울렸다.

"이 녀석, 부엉이는 왜 물어뜯은 거야? 부엉이가 너에게 덤벼들기라도 한 거야? 그런 거야? 내가 묻잖아? 그리고 메치니코프 교수는 왜 물어뜯었어?"

"필리프 필리포비치, 이 녀석은 채찍으로 실컷 때려줘야 해요."

지나가 격분해서 말했다.

"안 그러면 버릇이 점점 더 나빠져요. 보세요, 교수님 덧신을 어떻게 해놨는지."

"그 누구도 때려서는 안된다." 필리프 필리포비치가 흥분해서 말했다. "두 번 다시 말하지 않을 거니까 잘 기억해둬. 인간이든 동물이든 스스로 하려 하지 않는 한 절대로 강요할 수 없다는 것을. 그래, 오늘 이 녀석에게 고기는 주었느냐?"

"오, 하느님, 개가 집 안에 있는 음식을 몽땅 먹어버렸어요. 무슨 질문을 하시는 거예요, 필리프 필리포비치? 저 녀석 배가 터지지 않는 게 놀라울 따름이에요."

"그럼, 실컷 먹도록 놔둬…… 그런데 이 나쁜 녀석, 부엉이가 네게 무슨 잘못을 했단 말이냐?"

"우―우!"

아첨꾼 개가 구슬프게 울더니 엎드려서 한 쪽 다리를 내밀었다.

잠시 뒤에 난리를 피우던 개는 목덜미가 잡혀 환자대기실을 지나 서재로 끌려갔다. 멍멍 짖고 으르렁대고 카펫을 발톱으로 할퀴고 서커스에서 보는 것처럼 뒤로 걸어가기도 했다. 서재 한가운데 카펫 위에 배가 뜯긴 유리 눈의 부엉이가 누워 있었다. 뜯긴 배에는 나프탈렌 냄새를 풍기는 빨간 천 조각들이 삐져나와 있고, 책상 위에는 사진이 갈기갈기 찢어져 널려 있었다.

"교수님께 보이려고 일부러 안 치웠어요."

지나가 속상한 듯이 자초지종을 설명했다.

"이 못된 녀석이 책상 위로 훌쩍 뛰어오르더니 부엉이 꼬리를 물어뜯지 뭐예요! 제가 봤을 때는 이미 갈가리 찢어놓은 뒤였어요. 이 녀석 낯짝을 부엉이 배 앞에 들이대고 얼마나 망가뜨려 놓았는지 직접 보게 해주세요, 필리프 필리포비치."

곧 개 짖는 소리가 시작됐다. 망가뜨린 부엉이를 직접 보게 하려고 필사적으로 카펫에 달라붙어 있는 개를 강제로 잡아끌었다. 그러자 개는 애처롭게 눈물을 흘리면서 생각했다. '절 때리세요. 다만 이 집에서 내쫓지만 말아주세요.'

"부엉이는 오늘 당장 박제상에 보내도록 해라. 그리고 8루블 16코페이카를 줄 테니 뮤르 상점에 가서 쇠사슬로 된 개목걸이를 사오너라."

다음 날 개의 목에 폭이 넓고 번쩍거리는 개목걸이가 채워졌다. 거울을 들여다 본 순간 개는 크게 실망하여 꼬리를 축 늘어뜨리고는 어떻게 하면 트렁크나 상자에 부딪쳐 개목걸이를 벗겨낼까 궁리하며 욕실로 갔다. 그러나 곧바로 자신이 어리석었음을 깨달았다. 지나가 개에 사슬을 채워 오부호프 골목으로 산책을 나갔을 때였다. 처음에 개는 수치심에 사로잡혀 죄수처럼 그녀 뒤를 힘없이 따라갔다. 그러나 프레치스텐카 거리의 성당에 다다를 무렵에는 이 세상에서 개목걸이가 무엇을 의미하는지 확실히 이해하게 되었다. 길에서 만난 모든 개들이 엄청난 선망의 눈빛을 드러냈으며, 묘르트브이 골목에서는 꼬리가 잘리고 다리가 긴 잡종 개가 그에게 '귀족 지주의 상놈'이니 '다리가 여섯 개'라느니 하며 욕을 퍼부어댔던 것이다. 전찻길을 건널 때는 경찰이 개목걸이를 보고 만족과 존경의 눈빛을 보였으며, 아파트로 돌아왔을 때는 살면서 한 번도 본 적 없는 일이 일어났다. 수위 표도르가 자기 손으로 직접 아파트 출입문을 열어 샤리크를 통과시켜주면서 지나에게 이렇게 말하는 것이었다.

"아니, 필리프 필리포비치께서 멋진 털북숭이 개를 구하셨군요. 살이 아주 통통하게 올랐네요."

"그럼요. 혼자서 6인분을 먹어치우는데요."

평소보다 아름다워 보이는 지나가 설명했다.

'개목걸이가 신사용 서류가방과 같군그래.' 개가 속으로 빈정거리고는 마치 제가 주인인 것처럼 궁둥이를 흔들며 2층으로 올라갔다.

개목걸이의 가치를 알게 된 샤리크는 지금까지 자신에게 출입이 엄격하게 금지되었던 천국의 중요한 공간, 바로 요리사 다리야 페트로브나의 왕국을 처음으로 방문했다. 다리야의 왕국에 비하면 아파트 전체도 아무런 가치가 없었다. 위쪽이 시커멓고 겉에 타일을 붙인 화덕 속에서는 톡톡 튀는 소리를 내며 맹렬한 불길이 온종일 타올랐다. 페치카 속의 빵 굽는 오븐에서는 탁탁 튀는 소리가 났다. 다리야 페트로브나의 얼굴은 빨갛게 타오르는 불기둥 속에서 끊임없이 계속되는 뜨거운 열기의 고통과 채워지지 않은 열정으로 활활 타올랐다. 얼굴은 기름기가 번지르르하면서 반짝반짝 빛나고 있었다. 그녀는 금발 머리를 귀까지 내려서 바구니 같은 모양으로 뭉친 최신 헤어스타일을 하고 있었고, 뒤통수엔 인조 다이아 스물두 개가 빛나고 있었다. 벽에 박혀 있는 갈고리못에는 금색 냄비들이 걸려 있고, 부엌 안은 온통 좋은 냄새로 넘쳐났으며, 뚜껑이 덮인 냄비 속에서는 뭔가 쉭쉭 소리를 내며 끓고 있었다……

"저리 가!"

다리야 페트로브나가 소리쳤다.

"저리 가, 이 떠돌이 좀도둑 녀석아! 이곳에 넌 필요 없어! 부지깽이로 이놈을 그냥!"

'당신 왜 이래요? 뭐라고 떠드는 거죠?' 개가 이해할 수 없다는 듯이 눈을 가늘게 떴다. '내가 좀도둑이라뇨? 이 개목걸이가 당신 눈엔 안 보이나요?' 개가 옆으로 슬금슬금 기어서 부엌문 쪽으로 가더니 코로 문을 열었다.

샤리크라고 불리는 개는 사람들의 마음을 끄는 자기만의 어떤 비밀을 가지고 있었다. 이틀이 지나자 샤리크가 이미 석탄통 옆에 누워서 다리야 페트로브나가 일하는 모습을 쳐다보고 있어도 뭐라 하는 사람이 없었다. 그녀는 폭이 좁고 날카로운 칼로 힘없이 늘어진 들꿩의 머리와 발을 잘랐다. 그러고는 마치 격분한 사형집행인처럼 뼈에서 살을 발라냈다. 그 다음엔 내장을 파내고 고기 다지는 기계를 돌렸다. 그동안 샤리크는 들꿩의 머리를 잡아뜯고 있었다. 다리야 페트로브나는 우유가 담긴 접시에서 부드러워진 흰 빵 조각들을 건져내어 도마 위에 올려놓고 고기를 간 것과 같이 섞었다. 그런 다음 크림을 넣고 소금을 뿌린 뒤 도마 위에서 반죽을 하여 커틀릿을 만들었다. 주방 화로 속은 마치 불이 난 것처럼 굉음을 내고, 프라이팬에서는 뭔가 지글지글 끓고 거품이 생기고 탁탁 소리를 내며 튀어올랐다. 쾅 소리를 내면서 화덕문이 열리자 불꽃이 온갖 색깔로 변하면서 타오르는 무서운 지옥이 보였다.

저녁이 되자 아궁이 속에 불이 꺼졌다. 부엌 창문을 반쯤 가린 흰 커튼 위로 짙게 드리워진 프레치스텐카의 장엄한 밤하늘에 외로운 별 하나가 홀로 빛나고 있었다. 부엌 바닥엔 습기가 차 있고, 냄비는 신비롭고 은은한 빛을 발했으며, 식탁 위에는 소방관 모자가 놓여 있었다. 샤리크는 대문을 지키는 사자처럼 따뜻한 화덕 위에 편안하게 누워 있었다. 그는 호기심에 한쪽 귀를 쫑긋 세우고 반쯤 열린, 지나와 다리야 페트로브나의 방문 뒤에서 검은 콧수염을 기르고 넓은 가죽허리띠를 찬 사내가 다리야 페트로브나를 포옹하는 것을 지켜보았다. 죽은 사람처럼 분칠이 된 코를 제외한 그녀의 온 얼굴이 고뇌와 열정으로 인해 뜨겁게 타오르고 있었다. 문틈 사이로 새는 불빛이 검은 콧수염 사내의 상반신을 비추었는데, 그의 몸에 부활절 장미꽃 장식이 대롱대롱 매달려 있었다.

"악마처럼 귀찮게 하는군요."

어스름 속에서 다리야 페트로브나가 속삭였다.

"떨어져요! 곧 지나가 와요. 그런데 당신, 젊어지는 처방을 받은 거예요?"

"우린 그런 것이 필요 없잖소."

검은 콧수염의 사내가 자신의 감정을 억제하지 못하고 쉰 목소리로 대답했다.

"당신도 뜨겁게 타오르고 있잖아!"

밤이 더욱 깊어지면 프레치스텐카 밤하늘의 외로운 별은 두꺼운 커튼 뒤로 몸을 숨겼다. 볼쇼이 극장의 《아이다》 공연이나 전(全)러시아 외과의사 협회 회의가 없는 날이면 우리의 신과 같은 인물은 서재의 커다란 안락의자에 몸을 맡겼다. 천장의 전등은 꺼져 있고 책상 위의 녹색 갓을 씌운 램프만이 켜져 있었다. 카펫에 생긴 그림자 위에 누운 채 눈을 떼지 않고 있던 샤리크가 무서운 광경을 목격했다. 코를 찌르는 강한 악취를 풍기는 탁한 액체가 담긴 유리 용기 속에 인간의 뇌가 들어 있었다. 소매를 팔꿈치까지 걷어 올린 신의 손은 붉은 고무장갑을 끼고 있었고, 미끈거리는 뭉툭한 손가락들은 뇌의 주름을 헤집고 있었다. 이따금씩 그는 반짝거리는 메스를 들고 탄력 있는 노란색의 뇌를 주의깊게 잘랐다.

"나일 강의 신성한 강변을 향하여…… (베르디의 오페라 《아이다》)"

신께서 입술을 깨문 채 볼쇼이 극장의 황금빛 내부 장식을 떠올리며 낮은 목소리로 흥얼거렸다.

이때 보일러 관이 최대 온도까지 올라갔다. 보일러관에서 나온 열기는 먼저 천장을 향해 올라갔다가 다시 내려오면서 온 방으로 퍼져나갔다. 개의 털 속엔 필리프 필리포비치의 빗질에도 떨어지지 않았던 마지막 벼룩 한 마리가 살아 있었으나 이미 그 운명은 정해져 있었다. 카펫이 아파트에서 나는 모든 소리를 흡수했다. 잠시 뒤 바깥 출입문 여는 소리가 멀리서 들려왔다.

'지나가 영화관에 가는군.' 개는 생각했다. '그녀가 돌아오면 틀림없이 저녁을 줄 거야. 오늘 메뉴는 송아지 고기로 만든 커틀릿일 텐데.'

생각하기조차 무서운 그날 아침부터 샤리크는 이상한 예감에 가슴이 진정되지 않았다. 그로 인해 샤리크는 갑자기 울적해졌고, 아무런 식욕도 없이 귀리죽 반 그릇과 어제 남은 양고기 뼈를 아침밥으로 먹었다. 개는 우울한 기분으로 환자대기실에 가서 그곳 거울에 비친 자신의 모습을 보고 낮게 으르렁거렸다. 그러나 지나가 샤리크를 데리고 가로수 길에 산책을 다녀온 뒤인 오후부터는 하루가 평상시처럼 흘러가고 있었다. 오늘은 환자가 찾아오지 않았다. 그도 그럴 것이 화요일에는 환자를 받지 않기 때문이다. 우리의 신께서는 여러가지 색깔로 그림이 그려진 두툼한 책들을 책상 위에 펼쳐놓고 서재에 앉아 있었다. 식사 시간이 기다려졌다. 샤리크는 오늘 식사의 두 번째 메뉴가 칠면조라는 생각에 조금 생기를 되찾았다. 그 자신이 부엌에서 보고 이미 알고 있었다. 샤리크는 복도를 지나다가 필리프 필리포비치의 서재에서 갑자기 전화벨 소리가 기분 나쁘게 울리는 것을 들었다. 필리프 필리포비치가 수화기를 들고 온 신경을 집중해 듣더니 갑자기 흥분하기 시작했다.

"잘 됐어."

그의 목소리가 들렸다.

"바로 가져오게, 지금 당장!"

갑자기 분주해진 그가 방금 전에 돌아온 지나에게 벨을 눌러 즉시 식사를 대령하라고 지시했다.

"식사! 식사! 식사!"

곧 식당에서는 그릇 부딪히는 소리가 나고, 다리야 페트로브나가 아직 칠면조 요리가 준비되지 않았다고 투덜거리는 소리가 들리자 지나가 급히 부엌으로 뛰어갔다.

개는 생각했다.

'난 아파트 안이 무질서한 것은 좋아하지 않아.' 샤리크가 그 생각을 하자마자 그 무질서는 더욱 불쾌한 상황으로 전개되었다. 그것은 무엇보다도 언젠가 샤리크에게 물린 적이 있는 닥터 보르멘탈리의 등장 때문이었다. 그는 뭔가 역한 냄새를 풍기는 커다란 트렁크를 가지고 들어오더니 옷도 벗지 않은 채 복도를 지나 곧장 진찰실로 뛰어들었다. 필리프 필리포비치가 다 마시지도 않은 커피를 내팽개치고 보르멘탈리를 맞이하러 뛰쳐나왔다. 지금까지 그가 커피를 다 마시지 않고 일어서거나 보르멘탈리를 맞이하러 뛰쳐나오는 일은 결코 없었던 일이었다.

"언제 사망했나?"

그가 소리치며 물었다.

"세 시간 전입니다."

눈이 쌓인 모자도 벗지 않고 트렁크 뚜껑도 열지 않은 채 보르멘탈리가 대답했다.

'대체 누가 죽은 거야?' 개가 낯짝을 찌푸리고 언짢아하면서 사람들의 발밑을 얼쩡거렸다. '이번에 건드리면 가만있지 않을 거야.'

"발밑에서 얼쩡거리지 말고 저리 나가! 빨리, 빨리, 빨리!"

필리프 필리포비치가 사방으로 소리를 질렀는데, 개에게는 그것이 마치 모든 벨이 한꺼번에 울리는 것처럼 들렸다. 곧 지나가 달려왔다.

"지나! 다리야 페트로브나에게 전화를 걸라고 해, 아무도 들여보내서는 안 된다고! 그리고 넌 나를 도와다오. 닥터 보르멘탈리, 제발 부탁이네, 빨리, 빨리, 빨리!"

'아무래도 마음에 안 들어, 정말 마음에 안 들어.' 샤리크가 모욕이라도 당한 것처럼 낯짝을 잔뜩 찌푸린 채 복도를 어슬렁거렸다. 그러는 동안에도 진찰실의 소동은 점점 커져가고 있었다. 지나가 수의 비슷한 하얀 가운을 입고 와서 진찰실과 부엌 사이를 뛰어다니기 시작했다.

'뭔지 모르겠지만 가서 그냥 먹어버릴까? 이 양반들이야 될 대로 되라지.' 샤리크가 이런 생각을 굳히려는 순간 갑자기 뜻밖의 소리가 들려왔다.

"샤리크에게 아무것도 먹여선 안 돼."

쩌렁쩌렁 울리는 명령 소리가 진찰실에서 울려나왔다.

"개를 잘 감시해."

"아예 가둬놔."

그래서 샤리크는 자물쇠까지 채워져 욕실에 감금당했다.

'정말 치사하군.' 샤리크는 어두컴컴한 욕실 속에 앉아서 생각했다. '이렇게 바보같은 짓을……'

15분쯤 욕실에 있는 동안 샤리크는 몹시 화가 나거나 아니면 무거운 절망감에 빠지는 등 이상한 기분에 휩싸였다. 모든 것이 답답하고 불분명했다……

'그래, 좋아요. 존경하는 필리프 필리포비치, 내일 당신의 덧신이 어떻게 되어 있는지 한번 보시죠. 이미 두 켤레는 사지 않으면 안 되는데다 이제 한 켤레를 더 사야 할 겁니다. 다시는 개를 가둬두지 못하게 말이에요.'

그런데 그의 맹렬한 분노가 불현듯이 사라져버렸다. 갑자기 어린 시절의 기억이 또렷하게 떠오르는 것이었다. 프레오브라젠스키 관은 근처에 땡볕이 내리쬐는 넓은 마당, 버려진 병 속에 비치는 태양의 파편들, 깨진 벽돌, 제멋대로 돌아다니는 들개들……

'안돼. 무슨 소릴 하는 거야. 이제 어떤 자유를 준대도 난 여기서 떠나지 않을 거야. 속마음을 감출 이유가 없어.' 샤리크가 한숨을 내쉬면서 우수에 잠겼다. '난 이미 이곳 생활에 익숙해졌어. 이제 난 귀족 개야. 지식계급에 속하는 존재지. 이곳에서 이미 더 나은 삶을 보았어. 그래, 그 자유란 게 대체 뭐냔 말이야? 그건 연기, 신기루, 허구에 지나지 않아…… 그런 건 불운한 민주주의자들이 지껄이는 헛소리일 뿐……'

잠시 뒤 샤리크는 어두컴컴한 욕실이 무섭게 느껴져 울부짖기 시작했다. 그러고는 욕실 문에 몸을 부딪치면서 마구 할퀴기 시작했다.

"우—우—우!"

마치 나무통을 두드렸을 때 같은 소리가 온 아파트로 퍼져나갔다.

'부엉이를 다시 물어뜯어버릴까.' 샤리크는 제정신이 아닌 상태로 맥없이 생각했다. 그러고는 힘이 빠져 바닥에 드러누웠다가 다시 일어났을 때 갑자기 욕실 안에서 증오에 불타는 늑대의 눈이 반짝거리고 있는 것을 본 개는 온몸의 털이 곤두서는 느낌에 사로잡혔다.

샤리크의 고통이 최고조에 이르렀을 무렵 욕실 문이 열렸다. 밖으로 나온 샤리크는 몸을 부르르 흔든 뒤 우울한 표정을 지으며 부엌으로 가려고 했지만 지나가 개목걸이를 힘껏 잡아당겨 진찰실로 끌고 갔다. 개의 간담이 서늘해졌다.

'대체 무슨 일로 내가 필요한 거지?' 개는 뭔가 미심쩍었다. '옆구리는 다 아물었잖아. 도무지 이해할 수가 없군.'

샤리크는 진찰실에 들어갈 때 늘 그랬던 것처럼 마룻바닥에 미끄러지듯 질질 끌려서 옮겨졌다. 진찰실에 들어서자 지금까지 한 번도 본 적 없는 불빛에 깜짝 놀랐다. 천장에 달린 하얀 전구가 눈이 시릴 정도로 빛나고 있었다. 그 불빛 속에 어떤 신관(神官)이 서 있는데, 그의 입에서 '신성한 나일 강변' 노래가 흘러나오고 있었다. 어렴풋한 냄새만으로도 그가 필리프 필리포비치임을 알 수 있었다. 짧게 깎은 흰 머리카락이 총주교의 둥근 모자를 연상시키는 하얀 모자 속에 감춰 있었다. 우리의 신께서는 머리에서 발끝까지 온통 흰색에 싸여 있었고, 흰 옷 위에는 마치 승려의 법복처럼 생긴, 고무 앞치마를 꼭 끼게 두르고 손에는 검은색 장갑을 끼고 있었다.

개에게 물렸던 의사도 모자를 쓰고 있었다. 곧 기다란 테이블을 놓고 그 옆에 다리가 반짝거리는 사각형의 조그만 탁자를 끌어다 붙였다.

무엇보다 샤리크는 자기가 발을 물어 버린 사내가 싫었다. 그중에서도 오늘 의사의 눈빛이 특히 증오스러웠다. 평소에는 용감하고 직선적이던 시선이 오늘은 개의 눈을 피해 여기저기로 달아나고 있었다. 그의 눈은 뭔가 경계하는 위선적인 눈이었으며, 그 깊숙한 심연에는 범죄라고까지는 할 수 없지만 뭔가 좋지 않은 추악한 것이 숨겨져 있었다. 샤리크는 불쾌하고 음울한 눈초리로 사내를 쳐다보고는 구석으로 슬금슬금 몸을 피했다.

"지나, 개목걸이를 풀어줘……"

필리프 필리포비치가 나지막한 소리로 말했다.

"개를 흥분시키면 안돼."

순간 지나의 눈빛이 개에게 물린 사내처럼 혐오스러운 눈빛으로 변했다.

그녀는 샤리크에게 다가와서 무척이나 부자연스럽게 개를 쓰다듬었다. 샤리크는 슬픔과 경멸의 눈초리로 그녀를 바라보았다.

'대체 무슨 일이죠…… 당신들은 세 명이나 되면서. 원하시면 날 가져요. 하지만 부끄러운 줄 아세요…… 대체 나를 어쩔 셈인지 알 수 있으면 좋으련만……'

지나가 개목걸이를 벗겼다. 그러자 샤리크가 머리를 흔들면서 으르렁거렸다. 개에게 물린 의사가 다가와 개 앞에 서자 그의 몸에서 구역질 나는 아주 고약한 냄새가 풍겨왔다.

'으으, 토할 것 같아…… 도대체 왜 이렇게 속이 메스꺼운 거지……' 샤리크는 그렇게 생각하면서 의사에게서 몇 걸음 뒷걸음질을 쳤다.

"자, 빨리, 의사선생."

필리프 필리포비치가 참지 못하고 소리쳤다.

곧 코를 찌르는 달콤한 냄새가 방 안에 퍼졌다. 개에게 물린 사내는 경계하는 험악한 시선을 떼지 않은 채 등 뒤에 감추었던 오른손을 잽싸게 내밀어 샤리크의 코에 축축한 솜뭉치를 갖다댔다. 순간 놀란 샤리크는 정신이 멍해지면서 머릿속이 빙글빙글 돌기 시작했다. 그러나 아직은 껑충 뛰어올라 상황을 벗어날 수 있었다. 그러자 개에게 물린 사내도 덩달아 껑충 뛰어오르더니 갑자기 솜뭉치로 샤리크의 입을 틀어막았다. 곧 샤리크는 호흡곤란에 빠졌지만 한 번 더 뿌리치며 빠져나올 수 있었다. '이런 악당 같은 놈……' 샤리크의 머릿속에 이런 생각이 스쳐 지나갔다. '뭣 때문에?' 그때 솜뭉치가 샤리크의 입을 다시 한 번 틀어막았다. 그러자 갑자기 진찰실 한가운데 호수가 나타났고, 호수의 보트 안에는 분홍색 개들이 유쾌한 표정으로 보트를 젓고 있었다. 곧 샤리크의 다리에 힘이 빠지더니 아래로 꺾였다.

"테이블로 옮겨!"

어디선가 흥분한 듯한 필리프 필리포비치의 밝은 목소리가 높이 울리더니 오렌지색 흐름이 되어 사방으로 퍼져 나갔다. 이제 두려움은 사라지고 기쁨으로 바뀌었다. 샤리크는 2초가량 반죽음 상태에서 전에 자기가 문 사내에 대해 애정을 느꼈다. 잠시 뒤 온 세상이 거꾸로 뒤집히고, 차갑긴 하지만 기분 좋은 손이 자신의 배를 받치고 있음을 느낄 수 있었다. 그러나 그 다음에는 아무것도 느껴지지 않았다.

좁은 수술대 위에 길게 누운 개 샤리크의 축 늘어진 머리가 하얀 기름천을 씌운 베개에 힘없이 부딪혔다. 배에 난 털은 이미 전부 깎여 있었다. 닥터 보르멘탈리가 숨을 몰아쉬면서 샤리크의 머리털 깊숙이 이발 기계를 집어넣은 뒤 서둘러 깎았다. 수술대에 손을 짚고 몸을 의지하고 있던 필리프 필리포비치가 금테 안경처럼 반짝이는 두 눈으로 이 과정을 지켜보더니 흥분해서 말했다.

"이반 아르놀리도비치, 가장 중요한 순간은 내가 뇌하수체가 얹혀 있는 터키 안장*10을 삽입할 때네. 부탁하는데, 재빨리 점액샘을 건네주고 즉시 꿰매도록 하게. 만약 그때 출혈이 시작되면 우리는 시간을 잃게 되고, 모든 것을 잃을 수밖에 없네. 어차피 이 녀석에겐 살아날 기회가 전혀 없겠지."

필리프 필리포비치가 말을 멈추고 눈을 가늘게 떴다. 그러고는 조롱하듯 눈을 반쯤 뜨고 있는 개를 쳐다보더니 이렇게 덧붙였다.

"이 녀석이 불쌍하군. 생각해보게, 나도 그동안 이 녀석에게 정이 들었나 봐."

그는 불행한 개 샤리크의 영웅적인 희생에 축복이라도 내리려는 듯이 두 손을 들어올렸다. 그는 자기가 끼고 있는 검은색 장갑에 아주 작은 먼지 하나라도 들러붙지 않게 하려고 애를 썼다.

털이 제거된 개의 하얀 살갗이 번뜩이고 있었다. 보르멘탈리가 이발 기계를 내던지고 면도칼을 들었다. 그는 힘없이 늘어진 개의 머리에 비누칠을 한 뒤 면도질을 시작했다. 면도날 밑에서 버석거리는 소리가 나더니 여기저기서 피가 배어 나왔다. 면도질을 마치자 개에게 물린 의사는 알코올에 적신 솜으로 샤리크의 머리를 깨끗이 닦았다. 그런 다음 개의 배가 드러나도록 길게 늘어뜨린 뒤 숨을 가쁘게 몰아쉬며 말했다.

"준비됐습니다."

지나가 세면기 위의 수도꼭지를 틀자 보르멘탈리는 서둘러 손을 씻기 시작했다. 지나가 작은 유리병에 담긴 알코올을 그의 손에 부었다.

---

*10 두개골 접형골체의 상면에서 정중선을 횡으로 가로지르는 함요를 지칭하는 의학용어. 뇌하수체가 일명 '터키안장' 또는 '말안장'이라고 하는 뼈 구조물 위에 얹혀 있는 형상을 하고 있다. 라틴어로 sella turcica(터키 안장)라고 한다.

"저는 나가 있어도 될까요, 필리프 필리포비치?"

깨끗이 면도된 개의 머리를 힐끔거리던 지나가 겁에 질려 물었다.

"그렇게 해."

지나가 재빨리 밖으로 사라졌다. 보르멘탈리는 계속 바쁘게 돌아다녔다. 그는 가벼운 거즈 천으로 샤리크의 머리를 덮었다. 그러자 이제껏 아무도 본 적 없는 개의 민머리 두개골과 이상한 턱수염의 낯짝이 베개 위에 놓여 있었다.

그때 우리의 신관이 몸을 부르르 떨었다. 그는 자세를 바로잡은 뒤 개의 머리를 쳐다보면서 말했다.

"오, 신이시여, 이 개에게 축복을 내려주소서! 자, 메스를 주게."

보르멘탈리가 작은 탁자 위에 번쩍번쩍 빛을 내며 수북이 쌓여 있는 금속성 기구 속에서 볼록 솟은 조그만 메스를 꺼내어 신관에게 건넸다. 그러고는 자신도 신관과 같은 검은색 장갑을 꼈다.

"깨진 않았지?"

필리프 필리포비치가 물었다.

"잘 자고 있습니다."

필리프 필리포비치는 이를 악물고 눈을 찌를 듯이 날카롭게 번쩍거리는 메스를 들어 샤리크의 배를 정확하고 길게 그어 내렸다. 곧 살갗이 벌어지고 피가 사방으로 솟구쳤다. 보르멘탈리가 정신없이 달려들어 거즈 뭉치로 샤리크의 상처 부위를 압박했다. 그런 다음 설탕 집게처럼 생긴 핀셋으로 상처 가장자리를 압착하자 피가 멎었다. 보르멘탈리의 이마에 구슬 같은 땀방울이 맺혔다. 필리프 필리포비치는 샤리크의 배를 다시 한 번 가르기 시작했고 개의 몸은 갈고리, 가위, 클립 같은 것으로 둘로 갈라지기 시작했다. 분홍색과 노란색의 조직이 피를 튀기며 튀어나왔다. 필리프 필리포비치가 메스로 그것을 몸속에 밀어넣은 뒤 큰 소리로 외쳤다.

"가위!"

가위가 마치 마법사의 손에서 놀듯이 보르멘탈리의 손에서 번쩍거렸다. 필리프 필리포비치가 샤리크의 몸 속에 손을 깊숙이 집어넣어 몇 번 회전시키더니 지스러기가 붙은 정낭을 떼어냈다. 열정과 흥분으로 온몸이 홀랑 젖은 보르멘탈리가 유리병 쪽으로 황급히 달려가서 밑으로 축 늘어진 다른 정낭을 꺼냈다. 짧고 축축한 선들이 툭툭 튀면서 교수와 조수의 손에 감기기 시작했다. 등이 굽은 바늘이 소리를 내면서 클립에 고정되고 정낭이 샤리크의 몸 속에 연결되었다. 우리의 신관께서 상처 부위에 거즈 뭉치를 밀어넣고 지시를 내렸다.

"의사 선생, 빨리 상처를 꿰매도록 하게."

그러고는 커다란 흰색 벽시계를 바라보았다.

"14분 걸렸습니다."

보르멘탈리가 꽉 다문 이빨 틈새로 말을 내뱉고는 굽은 바늘을 샤리크의 늘어진 피부에 찔러넣었다. 잠시 뒤 두 사람은 뭔가에 쫓기는 살인자들처럼 흥분하기 시작했다.

"메스!"

필리프 필리포비치가 외쳤다.

메스가 마치 스스로 찾아가듯 필리프 필리포비치 손 안에 들어가자 그의 얼굴이 무섭게 변했다. 그가 금니가 섞인 하얀 치아를 살짝 드러내 보이더니 단 한 번의 칼질로 샤리크의 이마에 빨간색 왕관 모양의 표시를 만들었다. 이미 털이 제거된 샤리크의 머리 가죽을 벗겨내자 두개골이 드러났다. 필리프 필리포비치가 소리쳤다.

"톱!"

보르멘탈리가 그에게 손잡이가 구부러진 송곳 같은 것을 건넸다. 필리프 필리포비치는 입술을 깨문 채 샤리크의 두개골에 송곳을 찔러넣은 뒤 1센티미터 간격으로 작은 구멍들을 뚫었다. 그 구멍들은 두개골 주위에 원처럼 연결되었다. 구멍 하나를 뚫는 데 5초도 걸리지 않았다. 그런 다음 괴상하게 생긴 톱을 들어 톱 끝 부분을 가장 먼저 뚫은 구멍에 집어넣은 뒤 마치 부인용 수공예품 상자를 만드는 것처럼 톱질을 시작했다. 두개골이 떨리면서 낮은 쇳소리가 났다. 3분 정도가 지나서 샤리크의 두개골 뚜껑이 열렸다.

그러자 푸르스름한 힘줄과 불그스레한 반점들이 있는 반구형의 회색빛 뇌가 드러났다. 필리프 필리포비치가 가위를 찔러 넣어 뇌막을 자르기 시작했다. 가느다란 분수처럼 피가 솟구쳐올라 교수의 모자 위에 튀어 하마터면 눈에 들어갈 뻔했다. 핀셋을 들고 있던 보르멘탈리가 먹이에 달려드는 호랑이처럼 달려들어 출혈부위를 틀어막았다. 얼굴에서 땀이 줄줄 흘러내려 고깃덩이처럼 얼룩이 생겼다. 그의 눈길이 교수의 손과 수술용 기구가 놓인 탁자 위의 접시 사이를 바쁘게 왔다 갔다 했다. 필리프 필리포비치는 이제 완전히 무서운 모습으로 변해 있었다. 코에서는 쉭쉭 거리는 소리가 났으며, 잇몸이 다 드러나도록 입술이 벌어졌다. 그는 뇌막을 벗긴 뒤, 두개골에서 대뇌 반구를 들어올려 어딘가 깊숙이 손을 집어넣었다. 그때 보르멘탈리의 얼굴이 창백해지더니 한 손으로 샤리크의 가슴을 잡은 채 쉰 목소리로 말했다.

"맥박이 급격히 떨어지고 있습니다……"

필리프 필리포비치가 야수 같은 눈빛으로 그를 노려보고는 뭔가 중얼거린 뒤 손을 더 깊이 집어넣었다. 보리멘탈리가 '딱' 하는 소리와 함께 유리 앰풀을 따서 내용물을 주사기로 빨아올린 뒤 교활한 표정을 지으며 샤리크의 심장 어딘가에 재빨리 찔렀다.

"이제 터키안장으로 들어가네."

필리프 필리포비치가 으르렁 짖듯이 말을 내뱉고는 피범벅이 되어 미끄러운 장갑을 낀 손으로 샤리크의 머리에서 희누르스름한 색깔의 뇌를 꺼냈다. 그가 샤리크의 낯짝을 힐끗 곁눈질하자, 보르멘탈리가 노란 액체가 든 두 번째 앰플을 따서 기다란 주사기로 빨아올렸다.

"심장에 찌를까요?"

그가 조심스럽게 물었다.

"자네 또 질문을 하는가?"

교수가 매섭게 소리쳤다.

"어차피 저 녀석은 자네 손에 다섯 번이나 죽었는데 무슨 상관이야. 찌르게! 못 하나?"

그렇게 말하는 순간 그의 얼굴은 마치 의욕에 찬 강도처럼 변했다.

용기를 얻은 젊은 의사가 개의 심장에 주삿바늘을 찔러 넣었다.

"간신히 목숨은 유지하고 있습니다."

그가 겁먹은 듯이 낮은 목소리로 중얼거렸다.

"지금은 죽고 살고를 얘기할 때가 아니야."

필리프 필리포비치가 무서운 얼굴로 쉰 목소리를 내며 말했다.

"난 터키안장을 봐야겠네. 어차피 죽을 거지만…… 이런, 젠장…… '신성한 나일강변을 향하여……' 뇌하수체를 이리 주게."

보르멘탈리가 교수에게 유리병을 건넸다. 유리병 액체 속에는 실에 꿰인 흰색의 작은 덩어리가 이리저리 흔들리고 있었다. '오, 하느님, 전 유럽을 통틀어 저런 전문가는 없을 거야……' 보르멘탈리가 어렴풋이 생각했다. 필리프 필리포비치가 한 손으로는 흔들거리는 작은 덩어리를 꺼내고, 다른 한 손으로는 늘어진 두 개의 대뇌반구 사이 어딘가 깊숙한 곳에서 똑같이 생긴 작은 덩어리를 가위로 잘라냈다. 그는 샤리크의 뇌에서 나온 덩어리를 접시에 던져놓은 뒤, 기적을 행하는 정교하고도 부드러운 짧은 손가락들을 이용해 새 덩어리를 샤리크의 뇌 속에 집어넣은 다음 호박색 실로 교묘하게 잘 묶었다. 이렇게 작업을 마친 그는 샤리크의 머리에서 클립과 핀셋을 제거하고 뇌를 원래대로 집어 넣은 다음 몸을 뒤로 젖히고는 이제 평온해진 목소리로 물었다.

"이미 죽었겠지, 그렇지?"

"극히 희미하지만 맥박이 있습니다."

보르멘탈리가 대답했다.

"아드레날린 주사를 한 번 더 놓게."

교수는 뇌막을 뇌에 씌우고 톱으로 잘라낸 두개골 뚜껑을 주의깊게 제자리에 얹은 다음 머리 가죽을 그 위에 덮고 나서 소리쳤다.

"봉합하게!"

보르멘탈리가 5분 동안 꿰매면서 바늘을 세 개나 부러뜨렸다.

잠시 뒤 피로 물든 베개 위에 둥근 원모양으로 상처가 남은 샤리크의 죽은 듯이 생기 없는 낯짝이 드러났다. 필리프 필리포비치는 피를 잔뜩 빨아먹고 만족한 흡혈귀처럼 물러나 한쪽 장갑을 벗었다. 땀을 억제하는 가루 같은 것이 장갑에서 잔뜩 떨어졌다. 다른 한쪽 장갑도 벗어서 바닥에 내던지고는 벽에 달린 벨을 눌렀다. 곧 문지방에 지나가 나타났다. 그녀는 피투성이가 된 샤리크를 보지 않으려고 고개를 돌렸다. 우리의 신관께서 하얀가루가 묻은 손으로 피 묻은 모자를 벗고 큰 소리로 말했다.

"지나, 지금 당장 퀼런을 다오. 속옷도 새것으로 준비하고 목욕 준비를 해 놔."

그가 허리를 굽혀 수술대 모서리에 턱을 얹고 손가락 두 개로 샤리크의 오른쪽 눈꺼풀을 벌린 다음 명백히 죽어가고 있는 개의 눈동자를 들여다보며 중얼거렸다.

"이런, 제기랄! 아직 죽지 않았어. 뭐, 어차피 죽게 되겠지만, 아, 닥터 보르멘탈리, 가엾군. 교활한 놈이었지만 귀여운 데도 있었는데."

5

실험에 사용한 개, 대략 두 살 정도. 얇고 큰 편지지. 보르멘탈리의 필체로 가득 채워져 있다. 처음 두 페이지는 정확하고 세밀하면서도 분명한 필체로 기록되어 있으나, 뒤로 가면서 흥분한 탓인지 글씨가 흐트러지고 잉크 얼룩이 군데군데 묻어 있다.

1924년 12월 22일 월요일, 진찰 기록

약 두 살 가량의 실험용 개. 수컷. 품종—잡종견. 이름—샤리크. 털이 엉성하고, 윤기없는 갈색에 짙은 반점들이 있음. 꼬리는 우유 색깔을 띠고 있음. 오른쪽 옆구리에는 완전히 아문 화상자국이 있음. 교수에게 오기 전엔 영양실조였으나 온 지 일주일 만에 통통하게 살이 오름. 몸무게는 8킬로그램(감탄부호). 심장, 허파, 위장, 체온……

12월 23일 저녁 8시 30분. 프레오브라젠스키 교수에 의해 유럽 최초의 수술이 실시됨. 클로로포름으로 마취한 뒤 샤리크의 고환을 제거하고 부고환과 정낭이 달린 남성 고환을 이식함. 그 고환은 수술 4시간 4분 전에 사망한 28세 남성의 몸에서 적출한 것으로, 교수의 지시에 따라 멸균 생리액 속에 보관해 두었던 것임.

그 수술에 바로 뒤이어 두개골을 여는 개두술(蓋頭術)을 실시하여 내뇌분비선, 즉 뇌하수체를 제거하고, 상기 언급된 남성의 뇌하수체를 이식함.

클로로포름 8세제곱센티미터를 사용하여, 캠퍼 주사[11] 1회, 아드레날린 주사 2회가 심장에 투여됨.

이 수술의 목적—뇌하수체와 고환의 이식을 결부하여 뇌하수체의 활동력성과 그것에 따른 인간 유기체의 노화방지에 미치는 영향 문제를 밝히기 위

---

*11 강심제 주사. 혈관운동을 자극하여 혈압을 높이고 호흡을 원활하게 하는 데 도움을 준다.

한 것.

수술을 집도한 것은 프레오브라젠스키 교수.

닥터 보르멘탈리가 수술을 보조함.

수술 당일 밤 무섭게 반복되는 맥박수의 감소. 치명적인 결과가 예측됨.
교수의 지시에 따라 상당량의 캠퍼를 투여함.

12월 24일. 아침, 상태가 호전됨. 맥박이 두 배로 빨라지고 체온은 42도.
캠퍼와 카페인 피하주사.

12월 25일. 다시 악화. 맥박이 간신히 느껴지고 사지가 차갑게 식어가며
동공이 반응을 보이지 않음. 교수의 지시에 따라 심장에 아드레날린을, 피하
에 캠퍼를 투여함. 정맥에는 생리 용액을 주입함.

12월 26일. 다소 호전. 맥박 180, 호흡 92, 체온 41도. 캠퍼와 자양관장.

12월 27일. 맥박 152. 호흡 50, 체온 39.8도. 동공이 반응을 보임. 캠퍼
피하주사.

12월 28일. 현저히 호전. 정오 무렵에 갑자기 비 오듯이 땀을 흘림. 체온
37도. 수술 상처는 전과 동일한 상태. 새 붕대로 교체함. 식욕이 생김. 유동
식을 제공함.

12월 29일. 갑자기 이마와 옆구리 털이 빠지기 시작함. 자문을 위해 피부
병학 교수 바실리 바실리예비치 분다레프와 모스크바 수의학 전문학교 교장
을 초빙함. 두 사람은 지금까지 문헌에 나온 적이 없는 예라고 얘기함. 진단
결과는 분명. 체온.

(연필로 쓴 기록.)

저녁에 처음으로 개 짖는 소리가 들림(8시 15분). 음색의 급격한 변화와
낮은 소리가 우리의 주의를 끔. 짖는 소리가 단어 '멍―멍' 대신 '아―오'

하는 음절로 바뀜. 신음 소리 같지는 않음.

12월 30일. 전체적으로 탈모의 일반적인 현상이 관찰됨. 체중을 측정하니 30킬로그램의 예상치 못한 결과가 나옴. 뼈의 성장 때문임. 누워있음.

12월 31일. 왕성한 식욕.
(노트에 잉크 얼룩이 있고 그 뒤로 급히 쓴 필체가 이어짐.)
오후 12시 12분에 개가 '트스라트'라는 단어를 분명하게 말함.
(노트에 공란이 있고, 그 뒤로는 흥분으로 인한 실수가 분명해 보이는 기록이 있음.)

12월 1일. (글씨를 지우고 바르게 정정함.)

1925년 1월 1일. 아침에 사진촬영. 개가 기쁨에 겨운 듯 큰 소리로 반복해서 확실히 '트스라트'라고 말함. 오후 3시에는 개가 웃었음(큰 글씨로 표기됨). 이로 인해 하녀 지나가 기절하는 소동이 벌어짐. 저녁에는 '트스라트 루이교' '토스라트'라고 여덟 번이나 되풀이 함.
(연필로 비스듬히 기울어진 글씨체.) 교수가 '트스라트 루이교'라는 단어를 해독했는데 그것은 '어류 트라스트'라는 의미였음…… 이런 기괴한 일이 ……

1월 2일. 개가 웃을 때 플래시를 이용하여 사진촬영. 침대에서 내려와 뒷발로 선 채 30분이나 확실히 버팀. 거의 내 키만큼 자랐음.
(노트에 삽입된 쪽지에)
러시아 과학은 하마터면 슬픈 손실을 입을 뻔함.
F.F. 프레오브라젠스키 교수에 대한 진료 기록.
1시 13분—프레오브라젠스키 교수가 심한 실신 상태에 빠짐. 쓰러지면서 의자 다리에 머리를 세게 부딪침.
나와 지나가 지켜보는 가운데 개가(만약 그것을 개라고 부를 수 있다면) 프레오브라젠스키 교수에게 쌍욕을 퍼부음.

(기록에 공란이 있음.)

1월 6일. (연필로 쓴 곳도 있고, 보라색 잉크로 쓴 곳도 있음.)
오늘 그의 꼬리가 떨어져나간 뒤 그는 매우 명료하게 '맥줏집'이라는 단어를 발음함. 녹음기가 기록하고 있음. 도대체 이게 무슨 일인가!
어찌할 바를 모르겠음.
교수의 진료가 중단됨. 오후 5시부터 이 생물이 돌아다니고 있는 진찰실에서 저속한 욕설과 "두 병 더!"라는 말이 선명하게 들려옴.

1월 7일. 그는 '마부' '자리 없어' '석간신문' '아이들에게 가장 좋은 선물' 그리고 러시아어 사전에 있는 온갖 욕설 등 아주 많은 단어를 발음함.
개의 모습이 이상해짐. 머리, 턱, 가슴에만 털이 남음. 나머지 부분은 털이 다 빠지고 피부가 축 늘어짐. 생식기 영역은 남성의 모습을 갖추고 있음. 두개골이 현저히 확대됨. 이마는 낮게 기울어짐.
하느님 맙소사, 내가 미치겠군!

필리프 필리포비치는 여전히 건강이 좋지 않음. 관찰은 거의 내가 도맡고 있음. (녹음기, 사진기.)

온 모스크바에 소문이 퍼지고 있음.

그로 인해 수많은 사태가 발생함. 오늘 낮에는 온 골목이 할 일 없이 노는 자들과 노파들로 가득 찼음. 구경꾼들이 이제 창문 밑에까지 와서 서 있음. 조간신문에 놀라운 만한 기사가 실렸기 때문. '오부호프 골목에 화성인이 나타났다는 소문은 전혀 근거 없는 얘기다. 수하레프 시장상인들에 의해 소문이 퍼졌으며, 그들은 엄중한 처벌을 받게 될 것이다.' 웬, 화성인? 온몸의 털이 곤두서는 것 같군.

더욱 놀라운 것은, 바이올린을 연주하는 어린 아기가 태어났다는 기사가 석간신문에 실린 것임. 바이올린 스케치와 내 사진이 박힌 기사, 그 밑에

'산모에게 제왕절개 수술을 한 프레오브라젠스키 교수'라고 적혀 있음. 이건 정말 뭐라고 설명할 수도 없는…… 그는 '경찰관'이라는 새로운 단어를 발음함.

날 짝사랑하고 있던 다리야 페트로브나가 필리프 필리포비치의 앨범에서 내 사진 한 장을 슬쩍한 사실이 밝혀짐. 내가 기자들을 쫓아냈는데 나중에 그중 한 명이 몰래 부엌으로 숨어들어온 것임.

진료 시간에 엄청난 소동이 일어남! 오늘은 벨이 여든두 번이나 울렸음. 전화기는 선을 뽑아버렸음. 자식을 갖지 못한 부인들이 미친 듯이 찾아오고 있음……

주택관리위원회의 모든 위원들이 위원장 시본제르를 앞세우고 방문함. 방문 이유는 자신들도 모름.

1월 8일. 늦은 저녁에 진단이 내려짐. 필리프 필리포비치는 진정 학자다운 태도로, 자신의 실수, 즉 뇌하수체 이식이 유기체를 젊어지게 만드는 것이 아니라 완전한 인간(세 번이나 강조됨)으로 만들어 버리는 것임을 인정함. 그것은 나의 충격적인 발견의 가치를 조금도 해치지 않았음.

샤리크는 오늘 처음으로 집 안을 걸어다님. 복도에서 전기 램프를 쳐다보고 웃기도 함. 그 뒤 나와 필리프 필리포비치와 함께 서재로 감. 뒷발로 굳건히 버티고 서서(뒷발이라는 글자가 지워져 있음)…… 서 있는 모습이 발육이 좋지 않은 왜소한 남자의 인상을 줌.

서재에서도 그는 웃고 있었음. 부자연스럽고 기분 나쁜 미소. 잠시 뒤 뒤통수를 긁고는 주위를 둘러보더니 '부르주아'라는 새로운 단어를 분명하게 발음하고 내가 그것을 받아적음. 욕설을 내뱉음. 그의 욕설은 끊임없이 이어졌지만 전혀 의미 없이 내뱉는 것으로 보임. 그것은 어느 정도 녹음기 성격을 지님. 전에 어디선가 욕설을 듣고 그것을 뇌에 잠재의식적으로 저장해두었던 것을 마구 뱉어내는 것으로 보임. 하지만 난 정신과 의사가 아니기 때문에 그런 것에는 관심 없음.

무슨 이유인지 욕설은 필리프 필리포비치에게 무척이나 고통스러운 기분을 불러일으킴. 그는 이 새로운 현상을 신중하고 냉정하게 관찰하다가 인내심을 잃는 경우가 종종 발생함. 그럴 때는 갑자기 신경질적으로 소리를 지름.

"그만해!"

그러나 이 말은 아무런 효과가 없었음.

서재에서 할 일 없이 빈둥거리던 샤리크를 모두 달려들어 간신히 진찰실로 옮김.

그 뒤에 필리프 필리포비치와 둘이서 회의를 함. 그토록 자신만만하고 놀랍도록 지혜로운 분이 당황하는 모습을 처음 보았다는 사실을 인정하지 않을 수 없음. 교수는 여느 때처럼 노래를 읊조리더니 나에게 "이제 우리가 어떻게 해야 할까?" 질문을 던짐. 그러고는 "모스크바 재봉사, 그래…… '세비야에서 그라나다까지.' 모스크바 재봉사, 친애하는 의사 선생……" 이렇게 스스로 대답함. 그게 무슨 뜻인지 내가 전혀 이해하지 못하자 "이반 아르놀리도비치, 개에게 속옷과 바지와 신사복을 사주게"라고 분명하게 말함.

1월 9일. 오늘 아침부터 5분마다(평균적으로) 새로운 단어와 어구들을 익힘으로써 어휘가 풍부해지고 있음. 마치 의식 내부에 얼어붙어 있던 어휘들이 녹으면서 밖으로 나오는 것처럼 보임. 밖으로 나온 단어는 사용되기 시작함. 어제 저녁부터는 '밀지 마' '나쁜 놈' '계단에서 내려와' '본때를 보여주마' '미국의 승인' '석유난로' 등의 말들이 녹음기에 의해 확인됨.

1월 10일. 드디어 옷을 입힘. 속셔츠 입는 것을 기꺼이, 심지어 즐겁게 웃으면서 순순히 승낙함. 그러나 속바지 입는 것만은 거부함. 쉰 목소리로 "줄 서, 개새끼들, 줄 서!" 외치면서 항의를 표시함. 결국 그는 옷을 입음. 양말은 너무 큼.

(개의 다리가 인간의 다리로 변형되는 과정을 특징별로 묘사한 듯한 개략적인 그림들이 노트에 그려져 있음.)

발꿈치가 길게 늘어남. 손가락도 늘어나면서 커짐. 발톱.

반복적이고 체계적인 화장실 사용법 훈련. 하녀들은 완전히 질려버림.

그러나 이 생물의 이해력에 주의를 기울일 필요가 있음. 상황은 아주 순조롭게 진행되고 있음.

1월 11일. 아주 순순히 바지를 입음. '담배 줘, 네 바지는 줄무늬 바지'라는 긴 문장을 재미있다는 듯이 발음함.

머리털이 부드럽고 연한 비단 같음. 사람의 머리털과 거의 구별이 가지 않음. 정수리에는 갈색털이 그대로 남아 있음. 오늘은 귀에 있던 마지막 솜털이 빠짐. 왕성한 식탐. 청어를 정신없이 먹어치움.

오후 5시의 놀라운 사건 : 주변의 현상에 반응을 나타내는 말을 처음으로 내뱉음. 교수가 "먹다 남은 찌꺼기를 바닥에 버리지 마" 지시하자, 뜻밖에도 "내버려둬. 쓸데없는 간섭하지 말고!" 이렇게 대답함.

몹시 놀란 필리프 필리포비치가 정신을 가다듬고는 "만약 내게 혹은 의사에게 한 번만 더 그런 건방진 욕을 하면 혼날 줄 알아"라고 말함.

그 순간 나는 샤리크를 사진촬영 함. 그가 교수의 말을 알아들었다는 것을 내가 보증함. 샤리크의 얼굴에 음울한 그림자가 드리워짐. 무척 화난 듯이 눈을 치켜뜨고 힐끗힐끗 보았으나 곧 잠잠해졌음.

만세! 그가 말귀를 알아듣는다!

1월 12일. 바지 주머니에 손을 집어넣음. 우리는 그가 욕을 하지 못하도록 교육함. 〈오, 사과〉라는 노래를 흥얼거림. 대화에 끼어듦.

몇 가지 가설 중에서 젊어지게 하는 실험은 지금 생각할 필요가 없을 것 같다. 그보다 훨씬 더 중요한 다른 일이 있기 때문이다. 프레오브라젠스키 교수의 놀라운 실험이 인간 뇌의 비밀 중 하나를 해명했기 때문이다. 이제 뇌의 부속물인 뇌하수체의 비밀스러운 기능이 밝혀지게 되었다. 그것은 인간의 외모를 결정한다. 따라서 뇌하수체 호르몬이 유기체에 있어서 가장 중요한 외모 호르몬이라고 할 수 있다. 과학의 새로운 분야가 열렸다. 파우스트의 증류기 없이 작은 인간이 창조되는 것이다. 외과의사의 메스가 새로운 인간에게 생명을 불어 넣은 것이다. 프레오브라젠스키 교수, 당신은 창조주입니다. (잉크 얼룩.)

그런데 내 애기가 잠깐 옆길로 새버렸다…… 이제 그는 대화에 참여하고
있다. 내 예상으로 현재 상황은 다음과 같다. 즉, 이식한 뇌하수체가 개의
뇌 속에 언어 중추를 개발하여 단어들이 물밀듯이 쏟아져 나오고 있는 것이
다. 내 생각에, 지금 우리 앞에 있는 것은 새로 창조된 뇌가 아니라 죽음에
서 되살아나 발전하고 있는 뇌이다. 오, 진화론의 놀라운 확증! 오, 개와
화학자 멘델레예프는 진화라는 위대한 사슬로 이어져 있다! 나의 또 다른
가설—샤리크의 뇌는 그가 개로 존재하던 시기에 수많은 개념들을 축적하지
않았나 하는 것이다. 그가 처음으로 사용한 단어들은 모두 거리에서 들을 수
있는 저속한 단어들로, 그는 그 단어들을 듣고 뇌 속에 잘 감추어두었던 것
이다. 요즘 나는 거리에서 마주치는 개들을 신비롭고 두려운 시선으로 바라
본다. 그들의 뇌속에 무엇이 숨겨져 있는지는 하느님만 알고 계신다.

샤리크가 글을 읽었다. 읽는 법을 알고 있다(감탄부호 세 개). 나는 그렇
게 추측한다. '어류 트라스트' 하나만 봐도 명백하다. 그는 단어를 끝에서부
터 거꾸로 읽었던 것이다. 게다가 나는 이 수수께끼의 해답을 개의 시신경의
특별한 성격 속에서 찾을 수 있다는 것도 알고 있다.

요즘 모스크바에서 벌어지고 있는 일들은 인간의 머리로 도저히 이해하기
가 힘들다. 이미 수하레프 시장 상인 일곱 명이 볼셰비키 세상을 파멸시키려
하고 있다는 소문을 유포한 죄로 체포되었다. 이 소문은 다리야 페트로브나
가 전해주었는데, 심지어 정확한 날짜까지 언급되어 있다고 했다. 1925년
11월 28일, 순교자 사제 스테판 축일에 지구가 천체의 축과 충돌한다는 것
이다…… 몇몇 사기꾼들은 세계의 종말에 이미 강연을 하고 돌아다닌다. 뇌
하수체를 만들어낸 우리로서는 그런 건 정말 말도 안 되는 소리다. 다만 혹
시라도 그렇게 된다면 어떻게 해서 이 집에서 달아날지 생각하는 정도일 뿐
이다. 나는 프레오브라젠스키 교수의 부탁으로 그의 집으로 이사를 와서 샤
리크과 함께 진찰실에서 지낸다. 진찰실이 응접실로 변해버렸다. 결국 시본
제르가 옳았다. 주택관리위원회는 남의 불행을 기뻐하고 있다. 개가 껑충껑
충 뛰어오르는 바람에 장식장 유리가 하나도 남질 않았다. 우리는 아직도 개
의 나쁜 버릇을 고쳐 놓지 못하고 있다.

필리프 필리포비치의 기색이 뭔가 이상하다. 샤리크를 아주 높은 수준의 인격체로 발전시킬 수 있을지 모른다는 나의 희망과 가설에 대해 애기했을 때, 그는 입속으로 우물거리면서 대답했다. "흠, 자넨 정말 그렇게 생각하는가?" 그의 어조에서 좋지 않은 예감이 들었다. 정말 내가 틀린 걸까? 노인은 뭔가 생각하고 있었다. 내가 진료 기록에 매달려 있는 동안 그는 우리가 뇌하수체를 떼어낸 그 남자의 과거 기록을 열심히 읽었다.

(노트에 삽입지가 있음.)
클림 그리고리예비치 추군킨, 25세, 미혼. 비당원, 공산당의 동조자. 세 번의 체포와 기소. 처음엔 증거 불충분, 두 번째는 출신성분이 고려되어 형을 면하고, 세 번째는 강제노동 15년의 집행 유예 받음. 절도죄. 직업은 선술집 발랄라이카[12] 연주자.

작은 키, 빈약한 체격. 간장비대(알코올 때문). 사망 원인—맥줏집(프레오브라젠스키 관분 근처의 '스톱—시그널')에서 칼로 심장을 찔림.

노인은 줄곧 앉아서 클림의 질병 기록을 계속 들여다보고 있다. 무슨 일인지 난 잘 모르겠다. 그는 추군킨의 시체를 병리해부학적으로 충분히 검시하는 것을 사전에 미처 생각지 못한 것에 대해 뭐라고 투덜거렸다. 뭐가 문제라는 건지 알 수가 없다. 누구의 뇌하수체건 마찬가지가 아닌가?

1월 17일. 유행성 독감에 걸려 며칠간 기록을 못함. 이 기간 동안 샤리크의 외모가 완전히 형성됨.
a) 신체구조 완전한 인간
b) 몸무게, 약 50킬로그램
c) 작은 키
d) 작은 머리
e) 흡연을 시작하다

---

*12 보통 세 줄로 구성된 러시아 현악기.

f) 인간의 음식을 먹다

g) 타인의 도움없이 스스로 옷을 입다

h) 자유롭게 얘기할 수 있다

이건 다 뇌하수체 덕분. (잉크 얼룩.)

이것으로 진료 기록을 마치기로 한다. 이제 우리 앞에는 새로운 유기체가 있으며, 처음부터 그를 관찰할 필요가 있다.

첨부 : 대화 속기록, 녹음기의 녹취, 사진.

서명 : F.F. 프레오브라젠스키 교수의 보조 의사 보르멘탈리.

6

겨울 저녁이었다. 1월 말. 저녁 식사 전, 야간진료 시간이 되기 전이었다. 진찰실 출입문 옆의 기둥에 필리프 필리포비치가 직접 손으로 쓴 흰 종이 한 장이 붙어 있었다.

'아파트 안에서 해바라기씨 까먹는 것을 금지함. F. 프레오브라젠스키.'

보르멘탈리가 파란색 연필로 쓴 커다란 글씨도 있었다.

'오후 5시부터 오전 7시까지 악기 연주를 금지함.'

그 다음은 지나의 메모.

'돌아오시면 필리프 필리포비치에게 말해주세요. 그가 어디로 갔는지 전 모릅니다. 표도르 말로는 시본제르와 함께 있다고 합니다.'

프레오브라젠스키의 메모.

내가 유리 수선공을 백 년이나 기다려야 하는가?'

다리야 페트로브나의 메모(활자체).

'지나가 그를 데려오겠다 말하고 상점에 갔어요.'

석고 갓이 씌워진 전등 덕분에 식당 안은 완전히 저녁 분위기였다. 찬장 유리에 반사된 불빛은 두 개로 굴절되어 비추고 있고, 유리에는 한 모서리에서 다른 모서리로 비스듬한 십자가처럼 종이테이프가 대각선으로 붙어 있었다. 필리프 필리포비치는 책상에 기댄 채 신문을 크게 펼쳐놓고 빨려들 것처럼 들여다보고 있었다. 그의 얼굴에 번개같은 빛이 번뜩이고 입에서는 신음하는 듯 툭툭 내뱉는 중얼거림이 들려 왔다. 그가 읽고 있던 기사는 다음과 같은 것이었다.

'이 사람이 그의 사생아 (타락한 부르주아사회에서 사용되고 있는 표현처럼)인 것은 조금의 의심도 없다. 자, 우리의 사이비 부르주아 학자께서 어떤 도락에 빠져 있는지 보시라! 정의의 시퍼런 칼날이 머리 위에서 붉은 빛으로 번뜩인 뒤에도 그가 방 일곱 개를 모두 차지할 수 있을 것인가! S.'

두 개의 벽 너머에서 언제 끝날지 모르는 능수능란한 발랄라이카 소리가 시끄럽게 울리고 있었다. 〈스베치트 메샤츠〉*13의 교묘한 변주 소리가 필리프 필리포비치의 머릿속에서 신문기사 내용과 함께 혐오스러운 죽처럼 뒤섞였다. 그는 신문을 다 읽은 뒤 고개를 돌려 헛기침을 한 번 하고는 기계적으로 낮은 소리로 흥얼거리기 시작했다.

"'달빛이 비치네…… 달빛이 비치네…… 달빛이 비치네……' 이런, 빌어먹을 멜로디가 입에 붙어버렸군!"

그가 벨을 눌렀다. 커튼 사이로 지나가 얼굴을 내밀었다.

"이제 5시가 됐으니 연주를 그만하라고 해. 그리고 그자를 이리 오라고 해."

필리프 필리포비치는 책상을 향해 안락의자에 앉아 있었다. 왼쪽 손가락 사이에는 갈색 시가 꽁초가 삐죽 나와 있었다. 커튼이 쳐진 문 옆의 기둥에 기분 나쁘게 생긴 작은 사내가 다리를 꼬고 서 있었다. 사내의 머리카락은 뿌리째 뽑힌 들판의 관목처럼 뻣뻣하고 얼굴에는 깎지 않은 솜털이 잔디처럼 자라고 있었다. 이마는 놀랄 정도로 좁았다. 쓰다 버린 붓처럼 생긴 검은 눈썹 바로 위쪽에서부터 짙은 머리숱이 시작되었다.

왼쪽 겨드랑이 밑이 뜯어진 신사복에는 지푸라기가 잔뜩 붙어 있었고, 줄무늬 바지의 오른쪽 무릎은 찢어져 있었으며, 왼쪽 무릎 위는 연보랏빛 페인트로 얼룩져 있었다. 목에는 가짜 루비 핀이 꽂힌 짙푸른색 넥타이를 매고

---

*13 러시아 민속노래이며, '달빛이 비치다'라는 의미를 가진다.

있었는데, 그 색깔이 어찌나 선명하던지 이따금 피로한 눈을 감으면 필리프 필리포비치는 암흑에 싸인 천장이나 벽면에서 푸른색 후광을 띠며 타오르는 횃불이 보이는 것 같았다. 눈을 뜨면 바닥에서 흰색 각반이 달린 에나멜을 칠한 한 구두가 부채꼴 모양의 빛을 내뿜는 바람에 다시 아무것도 보이지 않았다.

'마치 덧신을 신은 것 같군.' 필리프 필리포비치는 달갑지 않은 생각이 들어 한숨을 내쉰 뒤 숨을 크게 들이켜 꺼져가던 시가를 깊이 빨아들이기 시작했다. 문가에 서 있던 사내는 흐릿한 눈으로 교수를 쳐다보면서 와이셔츠 가슴팍에 재를 털며 담배를 피우고 있었다.

들찡 나무장식 옆에 있던 벽시계가 5시를 알렸다. 필리프 필리포비치가 얘기를 시작하려던 바로 그때 벽시계 속에서 신음하는 듯한 소리가 흘러나왔다.

"부엌 의자 위에서 자지 말라고 내가 두 번이나 말한 것 같은데, 특히 낮에는 말이야?"

사내가 목구멍에 가시라도 걸린 것처럼 쉰 소리로 기침을 한 다음 대답했다.

"부엌이 더 편한데요."

사내의 목소리가 이상할 정도로 낮았지만 그러면서도 마치 작은 나무통에서 들려오는 것처럼 잘 울렸다.

필리프 필리포비치가 고개를 저으면서 물었다.

"그 허섭스레기는 대체 어디서 난 건가? 넥타이 말이야."

사내는 필리프 필리포비치가 가리키는 손가락을 눈으로 따라가면서 입술을 삐죽 내밀고 눈을 흘기더니 넥타이를 황홀한 듯 바라보았다.

"뭐가 '허섭스레기'라는 거죠? 멋진 넥타인데. 다리야 페트로브나가 선물해 줬지요."

"꼴사나운 그 넥타이가 다리야 페트로브나의 선물이란 말이지. 그 구두도 그래, 뭐가 그렇게 번쩍거리는 건가? 대체 어디서 샀어? 내가 뭐라고 했어? 좀 얌전한 구두를 사라고 했지. 그런데 이게 뭔가? 정말로 닥터 보르멘탈리가 이런 물건을 골랐단 말이냐?"

"내가 그에게 에나멜 구두를 사달라고 명령했죠. 뭐, 내가 다른 인간들보다 못나기라도 했나요? 쿠르네츠키 거리에 한번 가봐요, 죄다 에나멜 구두를 신었는데."

필리프 필리포비치가 고개를 절레절레 흔들더니 단호하게 말했다.

"부엌 의자에서 자는 건 금지야, 알겠어? 이 무슨 뻔뻔하고 무례한 행동이야! 그곳엔 여자들이 있고 넌 방해만 될 뿐이야."

사내의 얼굴빛이 어두워지더니 입술을 삐죽 내밀었다.

"여자들이라…… 자, 생각해봐요, 그들이 대체 어떤 부인이기에 그러십니까. 그저 평범한 하녀 주제에 마치 정치위원 부인처럼 거만하게 군다니까요. 이건 모두 진카*14가 일러바친 거겠지요."

필리프 필리포비치가 엄격한 눈길로 노려보았다.

"지나를 진카라고 부르지 마. 알았어?"

사내는 입을 다물었다.

"알았느냐고 내가 묻잖아?"

"알았어요."

"그 볼썽사나운 그 물건을 목에서 떼. 너…… 자신의 꼴이 어떤지 거울을 한번 들여다 봐, 뭘 닮았는지, 어릿광대하고 똑같아. 담배꽁초를 바닥에 버리지 말라고 수없이 당부했지. 아파트 안에서 더 이상 욕지거리가 들리지 않게 하라고 했지! 그리고 아무 데나 침을 뱉어선 안돼! 여기 침 뱉는 통이 있잖아. 오줌을 누는 것도 변기에 정확하게 하란 말이야. 그리고 지나와의 대화를 일절 금지하겠어. 지나가 고통을 호소하고 있어. 자네가 어둠 속에 숨어서 몰래 훔쳐다 본다고 말이야. 두고 보겠어! 환자로 온 손님에게 '개가 그런 걸 알겠어?' 하는 불량한 언사를 쓰는 데가 어디 있냔 말이야? 도대체 너는 이곳이 정말 술집이라도 되는 줄 아는 거야?"

사내가 갑자기 울먹거리며 말했다.

"아버지, 날 너무 심하게 구박하시는군요."

필리프 필리포비치의 얼굴이 시뻘겋게 달아오르고, 안경이 번쩍거렸다.

"누가 네 아버지란 말이야? 그게 무슨 주제넘은 태도야? 난 더 이상 그런 말 듣고 싶지 않아! 날 부를 때는 제대로 이름과 부칭을 써(러시아인의

---

*14 지나의 애칭. 애칭은 원래 가까운 사람들이 친근하게 부르는 말.

이름은 이름, 부칭, 성의 세 가지로 구성되며, 이름과 부칭으로 부르는 것은 정중한 호칭이다)!"

그러자 사내의 얼굴이 불손한 표정으로 홱 바뀌었다.

"그래, 당신은 늘 잔소리만 했어…… 침 뱉지 마라. 담배 피우지 마라. 거기 가지 마라…… 이게 정말 뭐야? 여기가 전차 안이라도 되나? 어째서 날 못살게 구는 거지? 그리고 '아버지'라고 부르지 말라 하지만 그건 억지야. 내가 수술해달라고 했나, 내가 언제 부탁했어?"

사내가 흥분해서 짖어대기 시작했다.

"그래, 정말 멋들어진 일이지! 나 같은 동물을 잡아다가 메스로 머리를 이리저리 칼집을 내놓고 이제 와서 이렇게 경멸한단 말이지. 난 수술을 허락한 적이 없어. 마찬가지로…… (사내가 무슨 간단한 공식이라도 기억해내려는 듯 천장 쪽으로 눈을 돌렸다) 내 친척들도 허락한 적이 없어. 따라서 난 고소할 권리가 있단 말이야."

필리프 필리포비치는 눈이 휘둥그레져서, 손에 들고 있던 시가를 바닥에 떨어뜨렸다. '이 녀석은 정말 위험한 놈!'이라는 생각이 그의 머릿속을 스쳐 지나갔다.

필리프 필리포비치가 가늘게 실눈을 뜨고 물었다.

"너를 인간으로 만들어준 게 불만이란 말이군? 그렇다면 예전처럼 구정물통이나 뒤지며 떠돌아다니기를 원하는 건가? 개구멍 속에서 얼어죽고 싶다는 거지? 내가 진작 알았더라면……"

"왜 당신은 구정물통, 구정물통 하면서 날 꾸짖기만 하는 거지? 난 먹고 살 빵 조각을 구하려고 한 것뿐이야. 만약 내가 당신 메스에 죽었다면? 당신은 이걸 뭐라고 설명할 거지, 동지?"

화가 치밀어오른 필리프 필리포비치가 버럭 소리를 질렀다.

"필리프 필리포비치라고 불러! 그리고 난 너 같은 녀석에게 동지가 아니야! 정말 어처구니가 없군!"

필리프 필리포비치는 '악몽, 정말 악몽!'이라는 생각이 들었다. 사내가 꼬고 있던 한쪽 다리를 풀고 우월감에 찬 모습으로 비꼬듯이 말했다.

"아, 물론이지, 어떻게 우리가…… 이해하고말고. 어떻게 우리가 당신에게 동지가 될 수 있겠어? 우린 대학교육도 못 받았고, 욕실이 딸린 방 열다섯 개짜리 아파트에 살아본 적도 없는데. 하지만 이제 그런 생각을 버려야 할 때가 됐어. 이 시대엔 모든 사람이 각자의 권리를 가지고……"

필리프 필리포비치는 창백해진 얼굴로 그가 떠드는 얘기를 듣고 있었다. 사내가 말을 멈추더니 이빨로 씹어 쭈글쭈글 해진 궐련을 손에 들고 마치 시위라도 하는 듯 재떨이 쪽으로 걸어갔다. 걸음걸이가 비틀거렸다. 그는 '이러면 되는 거지, 응?' 하는 듯한 표정을 지으며 재떨이에 한참 동안 꽁초를 비벼 껐다. 담뱃불이 꺼지자 제자리로 돌아오다가 갑자기 이빨로 딱딱 소리를 내더니 자신의 겨드랑이 밑에 코를 쑤셔박았다.

그러자 필리프 필리프비치가 격분하여 소리를 질렀다.

"이는 손가락으로 잡으란 말이야! 손가락으로! 정말 이해할 수 없군. 도대체 이를 어디서 옮아오는 거야?"

사내가 화가 나서 말했다.

"아니 무슨, 내가 이를 까기라도 한다는 거야? 하긴 뭐 분명한 건, 이들은 확실히 날 좋아한다는 사실이지."

그러고는 손가락을 소매 속으로 집어넣어 겨드랑이 밑의 안감을 뒤적거리더니 새빨간 가벼운 솜 같은 것을 밖으로 끄집어냈다.

필리프 필리포비치는 천장의 꽃 장식 쪽으로 시선을 돌린 채 손가락으로 책상을 두드리기 시작했다. 마침내 사내가 이를 다 죽이고는 자리를 옮겨 의자에 앉았다. 그때 그는 양복 깃 있는 데까지 손을 올리고 손목을 구부려 축 늘어뜨린 채 마룻바닥 위의 바둑판무늬를 곁눈질했다. 그는 구두의 장화를 유심히 쳐다보고 있었는데, 이것이 그에게 무척이나 만족감을 주는 것 같았다. 필리프 필리포비치는 강렬한 빛을 내며 반짝거리고 있는, 코가 뭉툭한 구두를 보더니 눈을 가늘게 뜨고 말하기 시작했다.

"내게 또 말하고 싶은 용건이 있는가?"

"용건이라! 뭐, 단순한 용건이지요. 필리프 필리포비치, 내겐 신분증이 필요해요."

필리프 필리포비치의 얼굴이 살짝 일그러졌다.

"흐음…… 어이가 없군! 신분증이라! 그래, 사실…… 흐음…… 그런 것이 없어도 어떻게든 살 수 있을 텐데……"

그의 목소리는 어딘지 자신감이 없고 우울하게 들렸다. 그러자 사내가 확신에 찬 목소리로 대답했다.

"무슨 소리, 당치도 않아. 어떻게 신분증이 없이 가능하단 말이야? 미안하지만, 당신도 알다시피 신분증이 없는 사람은 존재 자체가 엄격하게 금지되어 있어요. 첫째, 주택관리위원회가……"

"왜 갑자기 주택관리위원회가 나오는 거지?"

"왜라뇨? 만나기만 하면 그들은 '실례지만, 당신은 언제 등록할 거요?' 하고 묻는단 말이에요."

필리프 필리포비치가 슬픈 듯이 소리쳤다.

"오, 네가, 맙소사! 그들을 만나면 너에게 질문을 한단 말이지. 네가 뭐라고 대답할지 상상이 가는군. 내가 쓸데없이 돌아다니지 말라고 하지 않았나!"

깜짝 놀란 사내는 정의감에 불타 얼굴이 벌겋게 달아올랐다.

"아니, 내가 죄수라도 됩니까? '쓸데없이 돌아다니다니', 어떻게 그런 말을? 당신의 말은 아주 모욕적이군요. 모든 사람들이 다니듯이 나도 그렇게 다니는 것뿐이란 말이오."

그는 에나멜 구두를 신은 발로 마룻바닥을 쾅쾅 굴렀다.

필리프 필리포비치는 잠자코 시선을 옆으로 돌렸다. '어쨌든 참아야 한다' 이렇게 생각하며 그는 찬장 쪽으로 다가가서 물 한 컵을 단숨에 들이켰다.

"좋아."

마음을 좀 가라앉힌 필리프 필리포비치가 다시 말을 시작했다. "하지만 문제가 말투에 있는 건 아니니까. 그건 그렇다 치고, 자네의 그 매력적인 주택관리위원이 뭐라고 하던가?"

"그들이 무슨 말을 할 수 있겠습니까…… 그런데 당신은 매력적이니 뭐니 하면서 그를 욕하는 거요? 그는 이익을 지켜주고 있단 말이오."

"그럼 말해보게. 누구의 이익을 지켜준다는 거지?"

"누구의 이익인지는 이미 알려진 사실이오. 바로 노동자의 이익이니까."

필리프 필리포비치가 눈을 부릅떴다.

"그럼 자네가 노동자란 말인가?"

"당연하지 않소. 난 부르주아가 아니고 네프만*15도 아니니까."

"으음, 알겠네. 그런데 자네의 그 혁명적 이익을 지키기 위해 주택관리위원회가 필요로 하는 것은 뭔가?"

"두말하면 잔소리죠. 내가 거주등록을 하는 거요. 모스크바에 거주등록 없이 사는 자를 본 적이 있냐고 하더군요. 그게 첫 번째이고, 사실 가장 중요한 것은 병적등록 카드지요. 난 병역 의무를 회피하는 사람이 되고 싶지는 않아요. 그것 말고도 노동조합, 직업소개……"

"내가 어떻게 자넬 등록해야 할지 알려주겠나? 이 식탁보로? 아니면 내 여권으로 증명할까? 특수한 상황이란 걸 고려해야지! 그리고 이걸 잊지 말게, 자넨 말이야…… 에…… 음…… 말하자면, 자넨 갑자기 나타난 존재, 실험실에서 만들어진 존재란 말이야."

필리프 필리포비치가 점점 자신이 없는 투로 말했다.

반면 사내는 우월감으로 가득 찬 채 잠자코 있었다.

"좋아. 그렇다면 자네의 그 주택관리위원회의 요구를 충족시키려면 결국 필요한 것이 뭔가? 자넨 이름이나 성도 없는데?"

"그건 당신 잘못이에요. 난 이름 정도는 완전히 자유롭게 스스로 선택할 수 있고, 그 이름을 신문에 인쇄해버리면 그걸로 끝이란 말이오."

"그래서 이름을 뭘로 하고 싶은가?"

사내가 넥타이를 고쳐 매고 대답했다.

"폴리그라프 폴리그라포비치."[16]

"바보 같은 소리 하지 마."

필리프 필리포비치가 얼굴을 찌푸리며 대답했다.

"지금 난 자네하고 진지하게 대화를 하고 있어."

사내의 콧수염이 독살스러운 냉소로 인해 살짝 일그러졌다.

"이해할 수가 없군."

사내가 즐거워하며 의미심장하게 말하기 시작했다.

"난 욕을 해도 안 돼, 침을 뱉어도 안 돼…… 그런데 당신에게 '바보, 바보'라는 소리만 듣고 있으니. 아마도 러시아 공화국에선 교수들에게만 욕이 허용되는 모양이군."

필리프 필리포비치의 얼굴이 시뻘게졌다. 그는 물을 따르려다가 컵을 떨

---

[15] 1921~27년의 소련 신경제정책에 의해 벼락부자가 된 사람을 의미한다.

[16] '폴리그라프'는 러시아어로 '복사기'라는 의미를 가진다.

어뜨려 깨뜨려버렸다. 다른 컵에 물을 따라 마시고 나서 그는 생각했다. '조금 더 지나면 이 녀석이 날 가르치려 들겠군. 그리고 그의 말이 완전히 옳은 것처럼 되겠어. 도저히 감당할 수가 없군.'

필리프 필리포비치가 사내 쪽으로 돌아와 과장스럽게 고개를 숙이더니 강철처럼 굳은 의지로 말했다.

"미안하네만, 내가 신경이 많이 쇠약해졌네. 내겐 자네 이름이 무척 기묘하게 여겨진단 말이야. 대체 그런 이름을 어디서 찾아냈는지 궁금한데."

"주택관리위원회가 도와줬지요. 달력을 보고 찾으면서 어떤 이름이 좋으냐 묻기에 내가 이 이름을 선택했죠."

"그 어떤 달력에도 그런 이름은 없을 텐데."

"정말 놀라워요."

사내가 희미하게 웃었다.

"당신의 진찰실에 걸려 있는 달력에서 그 이름을 발견했으니까요."

필리프 필리포비치가 앉은 채로 벽지 위의 스위치를 누르자 지나가 나타났다.

"진찰실 달력을 가져오너라."

잠시 뒤 지나가 달력을 가져오자 필리프 필리포비치가 물었다.

"어디에 있지?"

"3월 4일……."

"보여주게…… 음…… 빌어먹을…… 지나, 이걸 불 속에 던져 넣어, 지금 당장."

깜짝 놀라 눈이 휘둥그레진 지나가 달력을 들고 밖으로 나가자 사내가 비난하는 눈초리로 고개를 저었다.

"그럼 성(姓)은 어떻게 되지?"

"부모에게 물려받은 걸 그대로 쓰기로 했지요."

"뭐? 부모에게 물려받아? 도대체 뭔데?"

"샤리코프."*17

---

*17 '샤리크'라는 이름에 러시아 성을 만드는 어미(-OB)를 붙여 '샤리코프'가 만들어진 것.

가죽재킷을 입은 주택관리위원회 시본제르 위원장이 서재 책상 앞에 서 있었다. 닥터 보르멘탈리는 안락의자에 앉아 있었다. 추위로 빨개진 볼에는 (그는 지금 막 돌아왔다) 옆에 있는 필리프 필리포비치와 마찬가지로 당황한 기색이 역력했다.

그가 참지 못하고 물었다.

"어떻게 쓰면 되겠소?"

시본제르가 말하기 시작했다.

"이게 말이죠, 어렵게 생각하실 필요가 없습니다. 증명만 해주시면 되니까요, 교수님. 이게 그, 말하자면 이러저러해서 이 서류를 휴대한 자는 샤리코프 폴리그라프 폴리그라포비치이며, 음…… 그는 당신의 아파트에서 탄생했다는……"

안락의자에 앉아 있던 보르멘탈리가 당황하여 몸을 살짝 움직였다. 필리프 필리포비치는 콧수염을 잡아당기고 있었다.

"음…… 이런 젠장! 이보다 멍청한 짓거리는 상상도 할 수 없어. 그자는 전혀 태어난 것이 아니란 말이오, 그냥…… 한마디로 말해서……"

"그건 이쪽이 알 바가 아닙니다."

시본제르가 태연한 목소리로 짓궂게 말했다.

"태어났건 아니건 간에…… 모든 점에서 보건대 당신이 실험을 한 건 사실이니까요, 교수님! 당신이 시민 샤리코프를 창조한 겁니다."

"그것도 아주 간단히 말이죠."

샤리코프가 책장 근처에서 지껄였다. 그는 거울에 비친 자신의 넥타이를 들여다보고 있었다.

필리프 필리포비치가 엄격한 목소리로 말했다.

"내가 누누이 말했지! 남의 대화에 끼어들지 말라고. 자넨 함부로 '아주 간단히'라고 말하지만, 이건 그리 간단한 일이 아니었단 말이야."

"어째서 내가 끼어들면 안되죠?"

샤리코프가 불만인 듯이 투덜거렸다. 그러자 시본제르가 즉시 그를 지지하고 나섰다.

"미안합니다만, 교수님, 샤리코프 씨의 말이 전적으로 옳습니다. 이건 그의 권리입니다. 그 자신의 운명, 특히 신분증명서와 관련이 있기 때문에, 자신의 운명을 논의하는 데 참여하는 것은 당연한 권리죠. 신분증명서는 이 세상에서 가장 중요한 것입니다."

이때 귀청이 떨어질 정도로 요란한 전화벨 소리가 울려 대화가 중단되었다. 필리프 필리포비치가 수화기에 대고 "네······" 말하더니, 이내 얼굴이 시뻘개져서 소리치기 시작했다.

"그런 사소한 일로 나를 귀찮게 하지 마시오. 그게 당신과 무슨 상관이란 말이오?"

그러고는 뿔 모양의 고리 위로 수화기를 힘껏 내던졌다.

시본제르의 얼굴에 묘한 기쁨의 미소가 번졌다.

온 얼굴이 적자색으로 변한 필리프 필리포비치가 소리를 질렀다.

"어서 이 문제를 끝냅시다."

그는 수첩에서 종이 한 장을 찢어내어 몇 글자를 휘갈겨 쓴 다음 신경질적인 목소리로 읽었다.

"'이것을 보증한다······' 제기랄 이게 무슨 일인지······ 음······ '이 서류를 지닌 자는 두뇌절개수술에 의한 실험으로 창조되었으며, 신분증명서를 필요로 한다······' 빌어먹을! 난 정말 이런 바보 같은 서류를 발급하는 것에 반대야. 서명─'프레오브라젠스키 교수'"

그러자 시본제르가 화를 내며 말했다.

"정말 이상하군요, 교수님! 어째서 당신은 신분증을 바보 같다고 하는 거죠? 신분증 없이, 게다가 경찰에 병적등록도 되지 않은 주민은 이 아파트에 거주할 수 없습니다. 게다가 갑자기 제국주의 약탈자들과 전쟁이라도 나면 어쩐단 말입니까?"

갑자기 샤리코프가 얼굴을 찡그리며 책장을 향해 신음했다.

"싸우기 위해서라면 난 아무데도 가지 않겠어!"

잠시 어리둥절해진 시본제르가 금방 정신을 차리고 샤리코프에게 다가가서 부드럽게 말했다.

"샤리코프 씨, 당신은 상당히 무책임하게 말하는군요. 병적등록은 반드시 해야 합니다."

"병적등록은 하겠어. 하지만 싸움질은─엿이나 먹으라지."

샤리코프가 목에 맨 나비 리본을 고쳐 매면서 불쾌한 듯이 대답했다.

그러자 이번엔 시본제르가 당황할 차례였다. 필리프 필리포비치와 보르멘탈리는 서로 당황한듯 침울한 눈빛을 교환하면서 '도덕심이 전혀 없군' 하고 생각했다. 보르멘탈리가 의미심장하게 고개를 끄덕였다.

샤리코프가 얼굴을 찡그리며 말했다.

"수술 중에 심한 중상을 입었단 말이야. 보시오, 그들이 날 어떻게 만들어 놨는지."

그러고는 자신의 머리를 가리켰다. 최근의 수술 자국이 이마에 선을 그은 것처럼 남아 있었다.

시본제르가 눈썹을 치켜세우며 물었다.

"당신은 무정부주의자 입니까, 개인주의자입니까?"

샤리코프는 그의 질문에 대답하지 않고 이렇게 말했다.

"내겐 병역면제증을 줘야 해요."

놀란 시본제르가 대답했다.

"뭐, 좋소이다. 아직은 중요한 문제가 아니니까. 중요한 것은, 우리가 교수의 확인서를 경찰에 보내면 당신에게 등록증이 발급된다는 것이오."

갑자기 필리프 필리포비치가 말을 가로막았다. 그는 어떤 생각 때문에 괴로워하고 있음이 틀림없었다.

"그건 그렇고…… 이 아파트에 혹시 남는 방은 없소? 내가 구입할 용의가 있소이다."

시본제르의 갈색 눈에 노란 불꽃이 번뜩였다.

"아뇨, 매우 유감이지만 없습니다, 교수님. 앞으로도 기대할 수 없는 일이지요."

필리프 필리포비치는 입술을 깨물며 아무 말도 하지 않았다. 다시 전화벨 소리가 요란하게 울렸다. 필리프 필리포비치가 더 이상 전화를 받으려 하지 않고 말없이 수화기를 집어던졌다. 그 바람에 수화기가 잠시 빙글빙글 돌다가 푸른색 전화줄에 대롱대롱 매달렸다. '노인네가 신경이 곤두섰군!' 보르멘탈리는 그렇게 생각하고 시본제르는 눈을 번뜩이며 인사를 하고 밖으로 나갔다. 샤리코프가 구두를 삐걱거리면서 시본제르 뒤를 따라갔다.

교수와 보르멘탈리 둘만 남았다. 잠시 침묵하고 있던 필리프 필리포비치가 가볍게 머리를 흔들더니 입을 열었다.

"이건 정말 악몽이야. 자네 봤는가? 맹세컨대, 난 지난 14년 보다 최근 2주일 동안에 더 지쳐 버렸네! 정말 위험한 녀석이야. 게다가……."

그때 멀리서 유리창 깨지는 소리가 희미하게 울렸다. 이어서 비단을 찢는 듯한 여자의 비명 소리가 짤막하게 들리더니 금방 사그라졌다. 악마가 복도 벽을 따라 우당탕거리며 진찰실 쪽으로 향하더니, 뭔가에 쿵 부딪치고는 수식간에 되돌아서 날듯이 달아났다. 쾅 하는 문소리가 나고, 부엌에서 다리야 페트로브나의 낮은 비명 소리가 들려왔다. 잠시 뒤 샤리코프가 울부짖기 시작했다.

"오, 이건 또 무슨 일이야!"

필리프 필리포비치가 문 쪽으로 달려가며 소리쳤다.

"고양이다."

직감으로 알아차린 보르멘탈리가 그의 뒤를 따라 잽싸게 뛰어 나갔다. 그들은 복도를 따라 현관 쪽으로 쏜살같이 나가서 화장실과 욕실 쪽으로 향하는 복도로 구부러졌다. 그때 부엌에서 지나가 뛰쳐나오더니 필리프 필리포비치와 충돌했다.

"내가 고양이를 들이지 말라고 몇 번이나 말했어!"

필리프 필리포비치가 미친 듯이 소리쳤다.

"그놈은 어디 있어? 이반 아르놀리도비치, 우선 대기실의 환자들부터 안심시켜주게, 제발!"

"욕실에, 바로 욕실 안에 그 저주스러운 악마가 있어요."

숨을 헐떡이며 지나가 소리쳤다.

필리프 필리포비치가 달려가 욕실 문을 열려고 했으나 열리지 않았다.

"어서 열어!"

그러나 문이 열리는 대신에 뭔가가 욕실 벽을 따라 뛰어오르는 소리가 들리고, 곧이어 세면대가 부서지는 소리와 샤리코프의 사나운 목소리가 문 너머에서 신음하듯이 들려왔다.

"이놈을 당장 죽여버리겠어……."

수도 파이프를 따라 물 쏟아지는 소리가 요란하게 들려왔다. 필리프 필리포비치가 달려들어 욕실 문을 힘껏 잡아당기기 시작했다. 땀범벅이 된 다리야 페트로브나가 일그러진 얼굴로 부엌 문지방에 나타났다. 잠시 뒤 욕실 천장 바로 밑에서 부엌으로 연결된 유리창에 금속성 소리를 내며 균열이 생기더니 유리 조각 두 개가 떨어져 내리고, 뒤이어 호랑이 줄무늬에다 마치 순경처럼 푸른색의 나비 리본을 목에 맨 커다란 고양이가 아래로 떨어졌다. 고양이는 탁자에 놓인 기다란 접시 위에 털썩 떨어져서 접시를 세로로 두 동강을 낸 뒤 다시 바닥으로 떨어졌다. 그런 다음엔 뒤로 돌아 세 발로 서서 마치 춤을 추듯 오른쪽 앞발을 흔들어대더니 계단 뒤쪽의 좁은 틈 속으로 기어 들어갔다. 그러자 틈이 넓게 벌어지면서 어느새 고양이가 사라지고 대신 두건을 쓴 노파의 얼굴이 나타났다. 흰색 물방울무늬 치마를 입은 노파가 부엌에 나타났다. 노파는 푹 꺼진 자신의 주둥이에 엄지와 집게손가락을 대고, 크게 열린 날카로운 눈으로 부엌을 둘러본 뒤 호기심에 찬 목소리로 말했다.

"오, 하나님!"

얼굴이 창백해진 필리프 필리포비치가 부엌에 들어 와서 위협하듯이 노파에게 물었다.

"댁은 무슨 일이오?"

"말하는 개를 꼭 보고 싶어요."

노파가 눈치를 보며 대답하고는 성호를 그었다. 얼굴이 더욱 창백해진 필리프 필리포비치가 노파에게 바싹 다가가더니 목소리를 죽이며 속삭였다.

"당장 부엌에서 꺼지시오!"

노파가 문 쪽으로 뒷걸음치며 화난 목소리로 말했다.

"상당히 불손하군요! 교수님."

"꺼지라고 하잖소!"

필리프 필리포비치가 반복해서 말했다. 그의 눈은 부엉이 눈처럼 둥그레져 있었다. 노파가 나가자 그는 자기 손으로 직접 뒷문을 쾅 닫아버렸다.

"다리야 페트로브나, 내가 누누이 말했지!"

다리야 페트로브나가 팔뚝을 걷어올린 주먹을 불끈 쥐고 몹시 상심한 목소리로 대답했다.

"필리프 필리포비치. 저보고 어쩌란 말씀이세요? 온종일 들끓는 사람들 때문에 모든 걸 내팽개치고 싶을 정도예요."

욕실 안의 물은 여전히 둔탁하고 무서운 소리를 내고 있었지만, 샤리코프의 목소리는 더 이상 들리지 않았다. 그때 닥터 보르멘탈리가 들어왔다.

"이반 아르놀리도비치, 흠…… 저쪽에 환자가 몇 명이나 있는지 좀 알려 주겠나?"

"열한 명입니다."

보르멘탈리가 대답했다.

"모두 돌려보내게. 오늘은 진료를 하지 않겠네."

그러고는 손가락뼈로 문을 두들기면서 소리쳤다.

"당장 나와! 왜 문을 잠그고 있는 거야?"

"우우―우우!"

불만에 찬 샤리코프의 대답 소리가 흐릿하게 흘러나왔다.

"이런 젠장……! 소리가 안 들리니 물을 잠가."

"멍! 멍!"

"물을 잠그란 말이야! 대체 무슨 짓을 한 건지 알 수가 없군……"

극도로 흥분한 필리프 필리포비치가 소리를 질렀다. 지나와 다리야 페트로브나가 부엌문을 열고는 얼굴을 빼꼼 내밀었다. 필리프 필리포비치가 다시 한 번 주먹으로 욕실문을 쾅쾅 두들겼다.

"저기 있어요!"

부엌에서 다리야 페트로브나가 소리쳤다. 필리프 필리포비치가 그쪽으로 쏜살같이 달려갔다. 천장 밑의 깨진 유리창을 통해서 부엌 쪽으로 내민 폴리그라프 폴리그라포비치의 얼굴이 보였다. 얼굴은 일그러지고 눈물이 글썽글썽했으며, 콧등을 따라 생긴 생채기에서 새빨간 피가 점점 짙게 흐르고 있었다.

"자네 미쳤어? 왜 안 나오는 거야?"

필리프 필리포비치가 물었다. 슬픔과 두려움에 가득 찬 샤리코프가 주위를 둘러보면서 대답했다.

"갇혔단 말이에요."

"그럼 자물쇠를 열란 말이야. 자물쇠를 본 적도 없나?"

"안 열려요, 빌어먹을 놈의 자물쇠가!"

겁에 질린 목소리로 폴리그라프가 대답했다.

"애고머니! 그가 자물쇠 안전장치를 잠갔나봐요!"

지나가 두 손을 마주치며 외쳤다.

"거기 작은 단추가 있지!"

필리프 필리포비치가 물소리보다 더 크게 소리를 내려고 힘껏 외쳤다.

"그 단추를 누르란 말이야…… 밑으로 눌러! 밑으로!"

샤리코프의 모습이 사라지더니 금방 다시 창문에 나타났다.

"깜깜해서 아무것도 안 보여요."

잔뜩 겁을 먹은 샤리코프가 창문에 대고 울부짖었다.

"그럼 전등을 켜. 녀석이 완전히 정신이 나갔군!"

그러자 샤리코프가 대답했다.

"망할 놈의 고양이 새끼가 전구를 깨뜨렸어요. 그래서 내가 그 추악한 놈의 다리를 잡으려다 그만 수도꼭지를 비틀었는데, 그걸 찾을 수가 없어요."

세 사람 모두 놀라서 두 손을 마주 치고는 그 상태로 멍하니 있었다.

5분쯤 지난 뒤에 보르멘탈리, 지나 그리고 다리야 페트로브나는 욕실 문지방 곁에 둥그렇게 말아 놓은 젖은 카펫 위에 나란히 앉아 엉덩이로 욕실 문틈을 막고 있었다. 수위 표도르가 다리야 페트로브나의 혼례용 초에 불을 붙여 든 채 나무 사다리를 타고 지붕창으로 기어올라갔다. 잿빛 줄무늬 바지를 입은 커다란 엉덩이가 어른거리더니 이내 창문 속으로 사라졌다.

"우……구─구!"

시끄러운 물소리 사이로 뭔가 소리치는 샤리코프의 목소리가 들렸다.

곧이어 표도르의 목소리가 들렸다.

"필리프 필리포비치, 어쨌든 문을 열어야겠어요. 물이 넘치게 한 다음 부엌 쪽에서 퍼내시죠."

"열게!"

필리프 필리포비치가 화난 목소리로 외쳤다.

카펫 위에 앉아 있던 세 사람이 자리에서 일어나자 세찬 물결이 복도를 향해 쏟아져 나왔다. 물결은 복도에서 세 갈래로 갈라져 한 갈래는 복도 맞은편 화장실로 다른 한 갈래는 오른쪽 부엌으로, 나머지 갈래는 왼쪽 현관으로 곧장 흘러갔다. 지나가 물을 헤치며 껑충껑충 뛰어 가더니 현관문을 쾅 닫았다. 물이 복사뼈까지 차오르자 표도르가 알 수 없는 미소를 지으며 욕실 밖으로 나왔다. 그는 방수복을 입고 있었지만 온몸이 홀랑 젖어 있었다.

"겨우 틀어막았어요. 수압이 너무 높아서요."

그가 상황을 설명했다.

"녀석은 어디 있지?"

필리프 필리포비치가 이렇게 묻고는 욕설을 내뱉으며 한쪽 다리를 들었다.

"나오기가 두려운 모양입니다."

표도르가 바보 같은 웃음을 지으며 말했다.

"날 때릴 건가요, 아버지?"

욕실에서 울먹이는 샤리코프의 목소리가 흘러나왔다.

"바보 같은 놈!"

필리프 필리포비치가 짧게 대답했다.

치마를 무릎까지 걷어올린 맨종아리의 지나와 다리야 페트로브나, 그리고 바지를 걷어올린 맨발의 샤리코프와 표도르가 젖은 걸레로 부엌 바닥을 훔친 다음 더러운 양동이와 세면대에 대고 비틀어짰다. 아무도 관심을 두지 않았던 페치카에서 윙윙거리는 소리가 났다. 물은 현관문을 통과해 계단 쪽으로 소리를 내며 빠져나가더니 곧장 계단 틈 사이로 스며들어 지하실로 흘러내렸다.

보르멘탈리는 현관 마룻바닥에 생긴 물웅덩이 속에 뒤꿈치를 들고 서서 잠겨 있는 채 살짝 열린 문틈 사이로 환자들에게 얘기하고 있었다.

"오늘 진료는 없습니다. 교수님께서 몸이 편치 않으세요. 부탁입니다만, 문에서 좀 떨어지세요. 집의 수도 파이프가 터져서……"

그러자 문 너머에서 묻는 소리가 들려왔다.

"그럼 진료는 언제 합니까? 다만 1분만이라도……"

보르멘탈리가 구두 앞축에서 뒤축으로 옮겨선 뒤 대답했다.

"어쩔 수 없습니다. 교수님이 누워 계시고 수도 파이프는 터졌어요. 내일 오세요. 지나! 지나! 이쪽에도 물을 닦아야겠다. 안 그러면 정문 계단 쪽으로 넘치겠어."

"걸레로는 안 되겠어요."

표도르가 대답했다.

"이제부터는 컵으로 퍼냅시다. 당장."

계속해서 전화벨이 울려댔다. 보르멘탈리는 아예 발바닥을 대고 물속에 서 있었다.

"그럼, 수술은 언제 하죠?"

어떤 환자가 집요하게 물으면서 문틈으로 얼굴을 들이밀려고 애쓰고 있었다.

"수도파이프가 터져서…"

"난 덧신을 신고 있어서 괜찮은데요……"

푸르스름한 사람 그림자가 다시 문 너머에 나타났다.

"불가능합니다. 내일 오세요."

"난 예약을 했습니다만."

"내일 오세요. 수도 파이프에 큰 문제가 생겼습니다."

표도르가 의사의 발 근처에 생긴 물웅덩이 속에 웅크리고 앉아서 컵으로 물을 퍼내고 있었다. 한편 생체기투성이의 샤리코프는 새로운 방법을 궁리했다. 그는 커다란 걸레를 둥글게 말더니 물속에 배를 대고 엎드려 그것을 현관에서 화장실 쪽으로 굴려 물을 밀어내기 시작했다.

화가 난 다리야 페트로브나가 말했다.

"뭐야, 이 도깨비야, 아파트를 온통 물 천지로 만들려는 거니? 어서 세면대에 물을 짜란 말이야."

샤리코프가 흙탕물에 젖은 걸레를 손으로 움켜쥐며 말했다.

"뭐하러 세면대에 짜. 물이 현관에서 바깥으로 빠지고 있는데."

필리프 필리포비치가 삐걱거리는 소리를 내며 복도에서 의자를 내오더니, 푸른색 줄무늬 양말을 신은 발로 균형을 잡으면서 그 위에 똑바로 올라섰다.

"이반 아르놀리도비치, 이제 손님 응대는 그만하고 침실로 가게. 내가 슬리퍼를 내주겠네."

"괜찮습니다, 필리프 필리포비치. 별거 아닙니다."

"그럼 덧신이라도 신게."

"괜찮습니다. 어차피 발이 젖어서 소용없습니다."

"오, 어떻게 이런 일이!"

필리프 필리포비치가 불쾌한 표정으로 말했다.

"정말 해로운 동물이지요!"

갑자기 샤리코프가 이렇게 말하고는 접시를 손에 들고 밖으로 기어 나왔다.

보르멘탈리가 문을 쾅 닫더니 더 이상 참지 못하고 웃음을 터뜨렸다. 필리프 필리포비치의 콧구멍이 부풀어 오르고 안경에서 불꽃이 일었다.

"자네 누구 얘길 하는 거지? 말해보게."

그가 의자 위에서 내려다보며 샤리코프에게 물었다.

"고양이 말이에요. 정말 나쁜 놈이죠."

샤리코프가 눈을 힐끗거리며 대답했다.

"샤리코프, 난 정말 자네보다 뻔뻔한 놈은 본 적이 없어."

필리프 필리포비치가 숨을 깊이 들이쉬면서 말했다.

보르멘탈리가 낄낄거리며 웃기 시작했다. 필리프 필리포비치가 말을 이었다.

"자넨, 정말 뻔뻔한 놈이야. 감히 어떻게 그런 말을 할 수 있나? 이 모든 일을 자신이 저질러놓고도 또 그렇게…… 안돼! 도대체 이게 뭐란 말이야!"

이번엔 보르멘탈리가 묻기 시작했다.

"샤리코프, 내게 말해봐. 앞으로 얼마나 더 고양이를 쫓아다닐 건지? 부끄러운 줄 알아! 이건 정말 추태야! 야만인!"

샤리코프가 얼굴을 찌푸리며 대답했다.

"내가 왜 야만인이오? 난 야만인이 아니오. 고양이가 집 안에 있는 건 참을 수가 없단 말이오. 녀석은 늘 도둑질거리나 찾으러 다니지. 다리야의 부엌에서 고기나 훔쳐 먹고 말이야. 그래서 내가 놈의 버릇을 가르치려 했던 거요."

그러자 필리프 필리포비치가 말했다.

"너 자신이나 가르쳐! 거울 속에 비친 네 얼굴을 보란 말이야."

"하마터면 눈을 잃을 뻔했군."

샤리코프가 더러운 젖은 손으로 한쪽 눈을 만지며 음울하게 대꾸했다.

물기를 먹어 까맣게 변했던 마룻바닥이 어느 정도 말라가고 있었다. 난로 때문에 모든 거울마다 수증기가 뽀얗게 덮여 있었고, 벨 소리도 더 이상 울리지 않았다. 필리프 필리포비치는 붉은 염소가죽 슬리퍼를 신고 현관에 서 있었다.

"자, 약소하지만 받게, 표도르."

"감사합니다."

"당장 옷을 갈아입도록 하게. 그리고 다리야 페트로브나가 만든 보드카를 한 잔 마시게."

표도르가 잠시 망설이더니 이렇게 말했다.

"정말 감사합니다. 그런데 아직 한 가지가 더 있습니다, 필리프 필리포비치. 죄송합니다만, 이런 말씀드리는 건 정말 죄송하지만, 7호실 유리창 값을 …… 샤리코프 씨가 돌을 던지는 바람에……"

"고양이에게?"

필리프 필리포비치가 어두운 표정으로 얼굴을 찌푸리며 물었다.

"집주인에게 던졌나봅니다. 그가 고소하겠다고 으름장을 놓았습니다."

"빌어먹을!"

"샤리코프가 그 집 하녀를 껴안자 집주인이 그를 내쫓으려고 했죠. 그 바람에 싸움이 시작됐습니다."

"부탁이네! 이런 일이 생기면 자넨 항상 바로 나에게 알려 주게. 그래, 얼마가 필요한가?"

"1루블 50코페이카입니다."

필리프 필리포비치가 반짝반짝 빛나는 반50코페이카짜리 은화 세 닢을 꺼내어 표도르에게 주었다.

"저런 파렴치한 놈 때문에 1루블 반이나 지불하게 되셨으니…… 이건 그가 직접……"

낮은 목소리가 복도 쪽에서 들려왔다.

필리프 필리포비치가 뒤로 돌아서더니 아무 말 없이 입술을 깨물고 샤리코프의 멱살을 잡아 환자대기실 안에 집어넣은 뒤 문을 잠가버렸다. 곧 샤리코프가 안에서 주먹으로 문을 쾅쾅 두드리기 시작했다.

"감히 문을 두드려!"

필리프 필리포비치가 명백하게 환자 같은 목소리로 소리를 질렀다.

"어휴, 이건 정말…… 내 평생 이렇게 뻔뻔한 녀석은 본 적이 없어."

표도르가 의미심장하게 말했다. 그때 보르멘탈리가 갑자기 나타났다.

"필리프 필리포비치, 걱정하지 마십시오."

혈기왕성한 젊은 의사가 환자대기실 문을 열고 안으로 들어갔다. 곧 안에서 그의 목소리가 들려왔다.

"넌 도대체 어떻게 된 놈이야? 독방에 처넣어야 정신 차리겠어?"

"그렇지…… 바로 그거야…… 귀싸대기를 갈겨야지……"

단단히 혼내주실 바랐던 표도르가 말했다.

"표도르, 자네……"

필리프 필리포비치가 슬픈 목소리로 중얼거렸다.

"용서하십시오, 필리프 필리포비치. 교수님이 안 돼 보여서 그럽니다."

7

"아니, 아니, 안돼! 냅킨을 제대로 착용해."

보르멘탈리가 완고하게 말했다.

"꼭 그렇게까지 할 필요가……"

샤리코프가 불만스럽다는 듯 투덜댔다.

"고맙네, 의사 선생. 난 이제 잔소리하기도 지쳤다네."

필리프 필리포비치가 부드럽게 말했다.

"어쨌든 냅킨을 제대로 착용하지 않으면 식사를 허락하지 않겠어. 지나, 샤리코프의 마요네즈를 치우도록 해."

"'치우다'니, 어째서?"

샤리코프가 분개했다.

"알았소, 당장 냅킨을 착용하리다."

샤리코프는 왼손으로 지나가 음식을 치우지 못하게 감싸고, 오른손으로 옷깃 안으로 냅킨을 집어넣었다. 그러자 그 모습이 마치 이발소 손님 같은 느낌이었다.

"그리고 포크를 사용해."

보르멘탈리가 덧붙여 말했다.

샤리코프가 길게 한숨을 내쉬더니 진한 소스 속에 담긴 용상어 조각들을 건지기 시작했다.

"보드카를 한 잔 더 마셔도 될까요?"

샤리코프가 물었다. 그러자 보르멘탈리가 대답했다.

"그만 마시면 안되겠나? 요즘 자네는 보드카에 너무 의지하고 있어."

"보드카가 아까운 거요?"

샤리코프가 되물으며 눈을 흘겼다.

"바보 같은 소리……"

필리프 필리포비치가 단호하게 끼어들었다. 그러자 보르멘탈리가 그의 말을 가로막았다.

"걱정 마세요, 필리프 필리포비치, 제가 하겠습니다. 샤리코프, 자네는 쓸데없는 소리를 지껄이고 있어. 게다가 더 불쾌한 것은 그 헛소리를 아주 뻔뻔하게 두말하지 말라는 듯이 하는 거야. 물론 나는 보드카 따위 아깝지 않아. 더구나 그건 내 것이 아니라 필리프 필리포비치의 것이야. 사실 보드카는 몸에 해로워. 이게 첫 번째고, 두 번째는 당신은 보드카를 마시지 않고도 예의없는 행동을 하는데, 그걸 마셨다가는 무슨 짓을 저지를지 몰라."

보르멘탈리가 유리에 종이를 붙여 둔 찬장을 가리켰다.

"지나, 내게 생선 요리를 더 다오."

교수가 말했다.

그사이 샤리코프가 손을 뻗어 목이 긴 술병을 잡더니 보르멘탈리를 곁눈질하면서 술잔에 따랐다. 그러자 보르멘탈리가 말했다.

"그럼 다른 제안을 하겠어. 먼저 필리프 필리포비치에게 따르고, 다음엔 내게, 그리고 마지막으로 자네 잔에 따라."

샤리코프는 비웃는 듯한 미소를 살짝 지으면서 각각의 술잔에 보드카를 따랐다.

"여기선 모든 게 마치 열병식을 하는 것 같군요. 냅킨은 저리로, 넥타이는 이리로, '미안합니다' '그러시죠—감사합니다', 그런데 진실을 들여다보면 그렇질 않죠. 당신들은 마치 황제 시대 때처럼 자신들을 괴롭히고 있어요."

"'진실을 들여다본다'는 건 어떤 거지? 대답해보게."

샤리코프가 필리프 필리포비치의 질문에는 아무 대답도 하지 않고 술잔을 들어 올리더니 말했다.

"그럼 여러분의 건강을 위하여……"

"자네의 건강도."

보르멘탈리가 다소 비꼬는 투로 대답했다.

샤리코프가 술잔에 담긴 보드카를 한입에 툭 털어넣고 얼굴을 찡그렸다. 그러고는 빵 조각을 코에 갖다대고 냄새를 맡은 뒤 꿀꺽 삼켰다. 그 바람에 그의 눈에 눈물이 가득 찼다.

"의사 노릇한지도 오래 됐어!"

필리프 필리포비치가 갑자기 생각난 것처럼 불쑥 말했다.

보르멘탈리가 이상한 듯이 곁눈질하면서 말했다.

"죄송합니다만……"

"정말 오래 했어!"

필리프 필리포비치가 반복해서 말하고는 괴로운 듯이 고개를 가로저었다.

"어쩔 수가 없군. 이건 클림이야."

보르멘탈리가 비상한 관심을 가지고 필리프 필리포비치의 눈을 날카롭게 바라보았다.

"그렇게 생각하십니까, 필리프 필리포비치?"

"생각이 아니라 확신하네."

"하지만……"

보르멘탈리가 말을 시작해놓고는 샤리코프를 곁눈질하더니 말을 멈췄다. 그러자 샤리코프가 뭔가 의심스럽다는 듯이 얼굴을 찌푸렸다.

"제터(Säter)*18……"

필리프 필리포비치가 나지막한 소리로 말했다.

"굿(Gur)*19."

조수가 대답했다.

잠시 뒤 지나가 칠면조 요리를 가지고 들어왔다. 보르멘탈리가 필리프 필리포비치에게 적포도주를 따른 다음 샤리코프에게도 권했다.

"싫소. 난 보드카가 더 좋아요."

곧 샤리코프의 얼굴이 번들거리기 시작하고, 이마엔 땀이 났으며, 기분이 좋아졌다. 필리프 필리포비치도 포도주를 마신 뒤에 마음이 좀 누그러졌다. 눈이 맑아진 그는 샤리코프의 검은머리가 하얀 크림 속에 빠진 파리처럼 흰

*18 독일어로 '나중에'라는 뜻.
*19 독일어로 '좋다'는 뜻.

색 냅킨과 대조적으로 반짝거리는 모습을 좀더 호의적인 시선으로 바라보았다.

보르멘탈리도 식사를 마친 뒤 기운이 좀 나는 것 같았다.

"자, 오늘 저녁에 우린 어떤 계획을 세울까?"

그가 샤리코프에게 물었다. 샤리코프가 눈을 깜박이며 대답했다.

"서커스 보러 갑시다. 그게 가장 좋아요."

"내 생각에, 매일 서커스를 보는 건 너무 지겨운 일이야. 내가 자네라면 한 번쯤 극장에 다녀왔을 거야."

필리프 필리포비치가 부드럽게 말했다.

"극장엔 안 가요."

샤리코프가 적의 어린 목소리로 대답을 하고는 자신의 입을 향해 성호를 그었다. 그러자 보르멘탈리가 기계적으로 주의를 주었다.

"식사 중에 딸꾹질은 다른 사람의 입맛을 떨어뜨려. 그리고 미안하지만…… 자네는 극장이 왜 싫은 건가?"

샤리코프가 마치 망원경을 보듯이 빈 술잔을 들여다보면서 잠시 생각을 하더니 입술을 삐죽 내밀었다.

"바보짓이죠…… 배우들이 대사를 읊고 또 읊지만…… 오로지 반혁명적인 내용뿐이란 말이오."

필리프 필리포비치는 고딕식 의자 등받이에 몸을 기대고 입을 크게 벌리며 웃기 시작했다. 그 바람에 입속에서 금니가 반짝거리는 것이 보였다. 보르멘탈리는 그저 고개를 저을 뿐이었다. 잠시 뒤 그가 제안을 했다.

"무슨 책이든 좀 읽으면 좋을 텐데. 안 그러면……"

"아, 이미 읽고 있어요, 읽고 있어요……"

샤리코프가 대답하고 나서 갑자기 탐욕스럽게 잽싼 동작으로 보드카를 반잔쯤 따랐다. 그러자 필리프 필리포비치가 당황해서 소리쳤다.

"지나! 보드카를 치워라. 더 이상은 필요없다. 그래, 자네가 읽고 있는 것은 뭔가?"

필리프 필리포비치의 머릿속에 갑자기 그림 한 장면이 아른거렸다. 무인도, 종려나무, 짐승 가죽을 걸치고 모자를 쓴 사내.

'《로빈슨 크루소》 같은 내용이나 나오겠지……'

"그 책이…… 그게 뭐더라…… 엥겔스와 그의 왕복서한인데…… 그러니까 그래, 카우츠키…… 아, 카우츠키의 왕복서한."

보르멘탈리가 포크로 하얀 고기조각을 찍어올리다 멈췄고, 필리프 필리포비치는 그만 포도주를 엎지르고 말았다. 샤리코프가 그 사이를 놓치지 않고 약삭빠르게 보드카를 꿀꺽 마셔 버렸다.

필리프 필리포비치가 식탁에 팔꿈치를 짚고 샤리코프를 가만히 쳐다보면서 물었다.

"그래 자네가 읽은 책에 대해 감상을 말해 주겠나?"

샤리코프가 어깨를 으쓱하면서 말했다.

"난 동의하지 않아요."

"누구? 엥겔스? 아니면 카우츠키?"

"둘 다요." 샤리코프가 대답했다.

"정말 멋지군. 어느 누구도 그런 식으로 말하지는 않아…… 그렇다면, 자네는 어떤 의견을 가지고 있나?"

"의견은 말해서 뭐하죠……? 그들은 기록하고, 또 기록하고…… 대표자 회의, 독일인들…… 머리가 아플 지경이에요. 그냥 모두 거둬서 나누면 되는 것을……"

"내 생각도 그래, 나도 똑같은 생각을 했어."

필리프 필리포비치가 식탁보를 손으로 내리치며 큰 소리로 말했다.

"그럼 자네는 어떻게 하면 되는지 그 방법을 알고 있나?"

흥미가 발동한 보르멘탈리가 질문했다. 그러자 술기운이 도는지 말수가 많아진 샤리코프가 설명했다.

"맞아요. 어떤 방법이 있냐 하면, 문제는 간단합니다. 이를테면 이런 건 어떻게 생각하십니까? 어떤 사람은 방을 일곱 개나 차지하고 바지를 마흔 벌이나 가졌는데, 다른 사람은 집도 없어 빈둥거리며 쓰레기통에서 음식 찌꺼기나 뒤지고 있어요."

"방 일곱 개에 대한 얘기는, 물론 나를 두고 하는 얘기겠군?"

필리프 필리포비치가 눈을 가늘게 뜨고 거만한 표정으로 물었다.

샤리코프는 어깨를 으쓱하고는 아무 말도 하지 않았다.

"뭐, 좋아, 난 평등한 분배를 반대하지는 않으니까. 의사 선생, 어제 돌려

보낸 환자가 몇 명이나 되는가?"

"서른아홉 명입니다."

보르멘탈리가 바로 대답했다.

"음…… 390루블이라. 그럼 세 남자에게 책임을 물어야겠군. 지나와 다리야 페트로브나는 셈에서 빼고 말이야. 샤리코프, 자넨 130루블을 가져오게."

"무슨 소리죠, 뭣 때문에 그런 돈을 내야 하는 거죠?"

샤리코프가 깜짝 놀라서 말했다.

"수도꼭지와 고양이!"

그때까지 비꼬는 투로 말하던 필리프 필리포비치가 갑자기 언성을 높여 소리쳤다.

"필리프 필리포비치!"

보르멘탈리가 걱정스러운 목소리로 말했다.

"가만있게, 의사 선생. 이건 말이야, 샤리코프, 자네가 저지른 추태로 인해 환자 진료를 하지 못했기 때문에 내야 하는 거야. 이건 정말 참을 수가 없어! 마치 원시인처럼 온 아파트를 뛰어다니질 않나, 수도꼭지를 망가뜨리질 않나. 폴라수헤르 부인의 고양이는 누가 죽인 거지? 누가……"

"샤리코프, 자네는 지난 3일에 계단에서 그 부인을 물었지?"

보르멘탈리가 급히 끼어들어 물었다.

"자넨 아직도……"

필리프 필리포비치가 소리를 질렀다.

"아니, 그 여자가 먼저 내 낯짝을 갈겼어요. 내 낯짝은 동네북이 아니란 말이에요!"

샤리코프가 날카롭게 소리쳤다.

"그건 자네가 그녀의 젖가슴을 꼬집었기 때문이잖은가 자네는 아직……"

보르멘탈리가 술잔을 비우고 나서 큰 소리로 말했다. 그러자 필리프 필리포비치가 더 큰 소리로 외쳤다.

"자넨 아직 가장 낮은 발달 단계에 있어. 지적인 면에서는 이제 겨우 형성되어가는 미약한 존재일 뿐이야. 자네의 모든 행동은 동물의 행동과 다를 게 없어. 자넨 지금 대학 교육까지 받은 우리 두 사람 앞에서 정말 참아주기 힘들 정도로 무례하게 분배 문제를 어떻게 할지에 대해 아주 장황하고도 어리석은 충고를 하고 있어…… 그러면서도 동시에 가루 치약을 마구 삼키고 있으니……."

"그저께 있었던 일입니다."

보르멘탈리가 확인했다. 그러자 필리프 필리포비치가 쩌렁쩌렁 울리는 소리로 말했다.

"그렇군. 자네, 잘 기억해두게…… 그런데 코에 바른 아연 연고는 왜 닦아 낸 거야……? 자넨 말이야, 사람들이 자네에게 무슨 말을 하는지 잠자코 잘 들어야 해. 그리고 조금이나마 이 사회주의 사회의 적절한 구성원이 되기 위해 배우고 노력해야 한단 말이야. 그건 그렇고 자네에게 그런 책을 읽게 한 악당은 누군가?"

"당신들에겐 모두가 악당이군요."

양쪽에서 공격을 받아 정신이 혼미해진 샤리코프가 깜짝 놀라서 대답했다.

"그게 누군지 나는 알 것 같네."

증오심으로 인해 얼굴이 붉어진 필리프 필리포비치가 큰 소리로 말했다.

"그래요. 시본제르가 빌려 줬어요. 하지만 그는 악당이 아니에요…… 나를 더 발전시키려고……"

"자네가 카우츠키를 읽은 뒤에 어떻게 발전했는지 퍽이나 잘 보이는군."

얼굴색이 노래진 필리프 필리포비치가 날카로운 목소리로 외치더니 무서운 기세로 벽에 붙어있는 벨을 눌렀다.

"오늘 일이 그것을 무엇보다 확실하게 증명해 주고 있어. 지나!"

"지나!"

보르멘탈리도 소리쳤다. 겁에 질린 샤리코프가 덩달아 소리쳤다.

"지나!"

지나가 새파란 얼굴로 뛰어왔다.

"지나, 저기 환자대기실에 가서…… 그 책이 환자대기실에 있지?"

"네, 환자대기실에 있어요. 황산염처럼 녹색 표지예요."

샤리코프가 순순히 대답했다.

"녹색 표지라……."

샤리코프가 절망적으로 소리쳤다.

"아, 불태워버리려고 해! 그 책은 도서관에서 빌려온 거란 말이에요."

"왕복서한, 제목이 뭐라더라…… 엥겔스와 빌어먹을 어쩌고저쩌고…… 페치카 속에 처넣어버려!"

지나가 재빨리 밖으로 나갔다.

"정말이지, 시본제르란 놈의 목부터 매달아버려야겠어."

필리프 필리포비치가 칠면조 날갯죽지를 거칠게 물어뜯으며 소리쳤다.

"이 아파트 안에 쓰레기 같은 놈 하나가 마치 곪은 종기처럼 들어앉아 있어. 그 녀석은 신문에다 온갖 무의미한 비방 글을 써대는 것으로도 모자라서 ……"

샤리코프가 증오를 드러내며 야유하듯이 교수를 째려보기 시작했다. 그러자 필리프 필리포비치도 그에게 싸늘한 시선을 보내면서 입을 다물어버렸다.

'아, 이 집에선 이제 좋은 일은 전혀 없을 것 같군' 보르멘탈리는 갑자기 그런 예감이 들었다.

지나가 커피주전자와 오른쪽 반은 검붉은색, 왼쪽 반은 주홍색인 럼케이크를 둥그런 접시에 담아가지고 왔다.

"난 그런 것 먹고 싶지 않아."

샤리코프가 위협적이고 적의 어린 목소리로 선언했다.

"아무도 부탁하지 않았어. 예의 바르게 행동해. 자, 보르멘탈리, 어서 들게."

침묵 속에서 저녁 식사가 끝났다.

샤리코프가 주머니에서 구겨진 궐련을 꺼내 불을 붙였다. 커피를 다 마신 필리프 필리포비치는 자신의 회중시계를 들여다보았다. 그가 시간 알림 장치를 누르자 8시 15분을 알리는 음악 소리가 부드럽게 울렸다. 필리프 필리포비치는 여느 때처럼 고딕식 의자에 몸을 깊숙이 묻고 작은 탁자 위에 놓인 신문을 집으려고 손을 뻗었다.

"보르멘탈리 선생, 그와 함께 서커스에 다녀오게. 다만 프로그램에 고양이가 나오는지는 꼭 살피게."

"아니, 어떻게 그런 더러운 짐승을 서커스에 들여보내는 거죠?"

샤리코프가 얼굴을 찌푸리더니 고개를 가로저으며 말했다.

"서커스에 들여보내는 건 고양이만이 아니야."

필리프 필리포비치가 모호하게 대답했다.

"그래, 서커스 프로그램에 어떤 것들이 있는가?"

보르멘탈리가 프로그램을 읽기 시작했다.

"솔로몬 서커스단에는, 이게 뭐지? …… 'USMS와 사선을 헤매는 인간'이 있습니다."

"그 USMS라는 게 뭔가?"

필리프 필리포비치가 궁금해하며 물었다.

"글쎄요. 이 단어는 처음 봅니다."

"그렇다면 니키친 서커스를 보는 게 무난하겠군. 아니, 반드시 그걸 봐야 해."

"니키친…… 니키친 서커스에서는…… 음…… '코끼리와 인간의 곡예의 한계'라는 프로그램이 있습니다."

"그렇군. 샤리코프, 자넨 코끼리에 대해 어떻게 생각하나?"

필리프 필리포비치가 신뢰할 수 없다는 표정으로 샤리코프에게 물었다. 샤리코프는 모욕을 당했다는 표정을 지었다.

"뭐죠, 내가 뭘 모른다는 건가요? 고양이와는 달라요, 코끼리는 유익한 동물이죠."

"그래, 아주 좋아. 유익한 동물이라니 가서 보도록 하게. 그리고 이반 아르놀리도비치의 말을 잘 들어야 해. 식당에서는 어떤 대화에도 끼어들어서는 안 돼! 이반 아르놀리도비치, 제발 샤리코프에게는 맥주를 권하지 말게."

10분 뒤에 이반 아르놀리도비치가 오리 부리처럼 생긴 모자에 옷깃을 세운 두꺼운 외투를 입은 샤리코프를 데리고 서커스장으로 떠났다. 집 안이 조용해졌다. 필리프 필리포비치는 서재에 들어갔다. 그가 두꺼운 녹색 갓을 씌운 스탠드에 불을 켜자 널찍한 집무실 안이 아주 평화로워 보였다. 그가 규칙적인 보폭으로 방 안을 왔다 갔다 하기 시작했다. 시가 끝부분이 푸르스름한 불빛을 발하며 오랫동안 뜨겁게 타올랐다. 교수는 바지 주머니에 손을 찔러 넣고 거닐었다. 무겁고 괴로운 상념에 시달리고 있음이 그의 지적인 넓은 이마에 확연히 새겨져 있었다. 그는 입술을 부딪쳐 입맛을 다신 뒤 "신성한 나일 강변을 향하여……" 이렇게 흥얼거리고는 뭔가 웅얼거리는 소리를 냈다. 마침내 그가 시가를 재떨이에 내려놓고 온통 유리로 된 장식장 쪽으로 다가갔다. 스위치를 켜자 천장에서 내려오는 세 개의 강한 전구가 서재 전체를 환하게 비췄다. 필리프 필리포비치가 장식장의 세 번째 유리 선반에서 목이 가는 병 하나를 꺼내더니 얼굴을 찌푸린 채 불빛에 비춰보며 살피기 시작했다. 샤리코프의 뇌에서 추출한 작고 희끄무레한 덩어리 하나가 투명하고 짙은 액체 속에서 바닥에 가라앉지 않고 둥둥 떠다니고 있었다. 필리프 필리포비치는 어깨를 으쓱하며 입술을 일그러뜨리고 뭔가 중얼거리면서 병속의 덩어리를 뚫어지게 쳐다보았는데, 마치 가라앉지 않고 둥둥 떠다니는 이 하얀 덩어리로부터 프레치스텐카 거리에 있는 이 집의 삶을 완전히 뒤집어엎은 이 놀라운 사건의 원인을 찾아내려는 것 같았다.

위대한 학자인 그가 그 원인을 찾아내는 것은 충분히 가능한 일이다. 어쨌든 그는 뇌의 부속물을 충분히 살펴본 다음 병을 장식장 속에 숨기고 열쇠로 잠근 뒤 조끼 주머니 속에 열쇠를 넣어두었다. 그리고 목을 움츠리고 두 손을 양복 주머니 속에 깊숙이 찔러넣은 뒤 가죽소파에 몸을 던졌다. 그는 두 번째 시가를 맨 끝부분까지 씹어가며 오랫동안 피웠다. 완전한 고독 속에서 마침내 그는 백발의 파우스트처럼 푸르스름한 얼굴로 외쳤다.

"그래, 결심했어."

그의 말에 대답하는 사람은 아무도 없었다. 아파트 안에는 정적만이 가득했다. 밤 11시의 오부호프 골목에는 늘 그렇듯 인적이 끊긴다. 아주 가끔씩 늦게 집에 돌아가는 사람의 발소리가 멀리서 들려오지만, 어디선가 덧문을 노크하는 소리가 들리고 나면 그마저도 이내 사라져버린다. 서재 안에서는 호주머니 속에 찔러 넣은 필리프 필리포비치의 손가락 밑에서 시계가 째깍거리고 있다…… 교수는 닥터 보르멘탈리와 샤리코프가 서커스에서 돌아오기를 초조하게 기다렸다.

8

필리프 필리포비치가 무슨 결심을 했는지는 아무도 몰랐다. 그는 다음 한 주 내내 특별한 행동을 전혀 하지 않았는데, 어쩌면 그의 별다른 활동이 없었기 때문에 아파트 안이 여러 사건들로 넘쳐난 건지도 모른다.

수돗물과 고양이 사건이 있은 지 엿새쯤 지나자 주택관리위원회로부터 한 젊은이가 샤리코프를 찾아왔다. 여성으로 밝혀진 그 젊은이가 샤리코프에게 서류를 건네주자, 샤리코프는 즉시 그것을 호주머니에 집어넣더니 곧바로 닥터 보르멘탈리를 불렀다.

"보르멘탈리!"

"안돼, 그렇게 부르지 말고 부칭을 붙여서 제대로 부르란 말이야!"

보르멘탈리가 험악한 표정으로 그렇게 대답했다. 지난 엿새 동안 의사 선생은 자신의 환자인 샤리코프와 여덟 번이나 실랑이를 벌여야 했으며, 그 바람에 오부호프 골목에 있는 이 아파트 안의 분위기는 금방이라도 폭발할 것처럼 답답했다.

"그럼, 날 부를 때도 이름과 성을 쓰시오!"

샤리코프가 아주 당당하게 대답했다.

"안 돼!"

필리프 필리포비치가 문 앞에서 호통을 쳤다.

"내 아파트 안에서 이름과 부칭으로 자넬 부르는 건 허락할 수 없어. 만약 '샤리코프'라고 부르는 것을 원치 않는다면, 나와 닥터 보르멘탈리는 자넬 '샤리코프 씨'라고 부르도록 하겠네."

"난 '샤리코프 동무'이지 '샤리코프 씨'가 아니야, '씨'자를 붙일 수 있는 신사들은 모두 파리에 있죠!"

샤리코프가 무례하게 지껄여댔다.

"시본제르의 작품이군!" 필리프 필리포비치가 소리쳤다.

"좋아, 내가 그 악당 놈을 언젠가 끝장내고야 말겠어. '동무' 같은 건 어느 누구도 내 아파트에 발을 들여놓을 수 없어. 내가 이곳에 있는 한! 그렇지 않으면, 여기서 내가 나가든지 자네가 나가든지 해야 해. 물론 정확하게 말하면 내가 아니라 자네가 나가는 거야. 하지만 오늘 내가 신문에 광고를 냈으니 틀림없이 자네가 살 방을 구할 수 있을 거야."

"흥, 내가 여기서 나갈 만큼 그렇게 바보인 줄 아시오?"

샤리코프가 아주 분명하게 대답했다.

"뭐가 어째?"

필리프 필리포비치가 얼굴빛이 변해 물었다. 그러자 보르멘탈리가 급히 달려가 걱정스러운 듯 그의 소매를 부드럽게 잡았다.

"그런 뻔뻔한 행동은 그만둬, 므시외(Monsieur)[20] 샤리코프!"

보르멘탈리가 목소리 톤을 무척 높여서 말했다. 그러자 샤리코프가 뒤로 물러서더니 푸른색, 노란색 그리고 흰색의 종이 세 장을 호주머니에서 꺼내 손가락으로 가리키며 말했다.

"보시오. 이건 거주증명서요. 프레오브라젠스키 아파트 5호의 책임임차인으로부터 12평방미터가 내게 제공되어야 한단 말이오."

샤리코프가 잠시 생각한 뒤, '좋을 대로 하시오' 하고 덧붙였는데 보르멘탈리는 샤리코프가 처음으로 사용한 이 말을 기계적으로 뇌리에 새겨넣었다.

필리프 필리포비치는 입술을 깨물더니 입을 그다지 벌리지 않고 조심성 없이 중얼거렸다.

"그 시본제르란 놈을 반드시 쏴죽이고 말겠어."

샤리코프가 이 말을 극도로 주의 깊고 예민하게 받아들이고 있는 것이 역력히 보였다.

"필리프 필리포비치, 포어지히티히(vorsichtig)[21]

보르멘탈리가 조심스럽게 주의를 주었다. 필리프 필리포비치는 흥분하여 러시아어로 소리쳤다.

"이건, 알다시피…… 아주 비겁한 짓이야……! 잘 생각해 봐, 샤리코프 …… 씨, 만약 자네가 한번만 더 그런 파렴치한 행동을 한다면, 내 집에서 자네에게 식사를 비롯한 모든 음식을 중단시키겠네. 12평방미터의 권리는 인정하겠어. 하지만 이따위 하찮은 종이 쪼가리 때문에 내가 자넬 먹여살려야 할 의무는 없어!"

깜짝 놀란 샤리코프의 입이 살짝 벌어졌다.

"음식도 없이 어떻게 살라는 거야? 이제 난 어디서 먹어야 하지?"

샤리코프가 혼잣말로 중얼거렸다.

"그러니 예의 바르게 행동하란 말이야!"

두 의사가 한목소리로 외쳤다.

샤리코프가 눈에 띄게 얌전해졌다. 그날은 자기 자신을 제외하곤 어느 누

─────────────

[20] 프랑스어로 남성에 대한 경칭으로 '…씨, 님, 귀하' 또는 '신사'라는 뜻.

[21] 독일어로 '조심하라'는 뜻.

구에게도 해를 끼치지 않았다. 자기 자신에게 끼친 손해란, 보르멘탈리가 잠시 자리를 비운 사이에 그의 면도기로 수염을 깎다가 턱을 베어버려 오랫동안 눈물을 흘리며 엉엉 울었고, 결국 필리프 필리포비치와 닥터 보르멘탈리가 상처를 꿰매주게 된 것을 말한다.

다음 날 밤, 교수의 서재에는 푸른빛이 감도는 어스름 속에 필리프 필리포비치와 그의 충실하고 헌신적인 보르멘탈리가 앉아 있었다. 아파트 안에는 이미 모두 깊은 잠에 빠져 있었다. 필리프 필리포비치는 푸른 가운에 붉은 슬리퍼를 신고 있었고, 보르멘탈리는 루바시키*22에 파란색 멜빵을 메고 있었다. 두 의사들 사이에 놓인 둥근 탁자 위에는 두꺼운 앨범, 코냑 한 병, 레몬 한 접시 그리고 시가 상자가 놓여 있었다. 두 학자는 방 안에 연기가 자욱하도록 시가를 피워가며 최근의 사건에 대해 열띤 토론을 벌이고 있었다. 바로 그날 저녁에 샤리코프가 필리프 필리포비치 서재의 문진 밑에 놓여 있던 10루블 지폐 두 장을 훔쳐 아파트에서 사라진 뒤 밤늦게 만취 상태로 돌아온 사건이 발생한 것이다. 그런데 그게 다가 아니었다. 낯선 사내 두 명이 샤리코프와 함께 나타났는데, 그자들은 정문 계단까지 올라와 샤리코프 방에서 하룻밤 묵어가게 해달라면서 소란을 피웠다. 결국, 그 소란에 표도르가 속옷에 가을 외투만 걸치고 달려와서 제45경찰 지부에 전화를 건 뒤에야 사내들도 멀어졌다. 그들은 표도르가 수화기를 내려놓자마자 눈 깜짝할 사이에 달아나버렸다. 낯선 사내들이 떠난 뒤에 현관 거울 옆에 있던 공작색 재떨이와 필리프 필리포비치의 비버 털모자 그리고 지팡이가 어디로 사라졌는지 자취를 감추고 말았다. 지팡이에는 금문자로 '친애하는 필리프 필리포비치께 주임의사들이 감사의 마음을 담아 ⋯⋯'라고 씌어있고, 그 뒤에 로마 숫자 'X'가 표시되어 있었다.

"그자들은 대체 누군가?"

필리프 필리포비치가 주먹을 불끈 쥐고 샤리코프를 몰아세웠다.

샤리코프는 비틀거리다 옆에 있던 옷걸이의 외투에 매달리며, 자긴 그 사내들을 잘 모르지만 그래도 개새끼들이 아니라 좋은 사람들이라고 웅얼웅얼거리며 말했다.

---

*22 품이 넉넉한 러시아식 전통 상의.

"무엇보다 놀랄 일은, 그자들이 둘 다 술에 취한 상태였는데…… 어떻게 그걸 훔쳐갔을까?"

한때 생일 선물로 받은 지팡이가 놓여 있던 우산꽂이를 바라보면서 필리프 필리포비치가 놀라워했다.

"전문가들입니다."

표도르가 수고비로 받은 1루블을 주머니에 넣고 다시 잠을 자러 나가면서 말했다.

사라진 20루블에 대해 샤리코프는 아파트 안에 혼자만 있었던 게 아니라는 등 뭔가 알아들을 수 없는 얘기를 지껄이며 완강하게 시치미를 뗐다.

"아하, 그렇다면 닥터 보르멘탈리가 그 돈에 손을 댔겠군그래?"

필리프 필리포비치가 낮고 조용하지만 무시무시한 목소리로 물었다.

샤리코프가 몸을 휘청거리더니 완전히 흐리멍덩해진 눈을 크게 떴다.

"그럼, 지나가 훔치지 않았을까요……"

"뭐라고……?"

그 순간 지나가 마치 유령처럼 문가에 나타나더니 단추도 잠그지 않은 블라우스의 젖가슴을 손으로 가리며 소리를 질렀다.

"아니, 어떻게 그런 말을……"

필리프 필리포비치 목덜미의 핏줄이 꿈틀했다. 그가 지나에게 손을 내밀며 말했다.

"진정해, 지나. 흥분하지 마라. 우리가 모든 걸 밝혀 낼 테니."

지나가 대성통곡을 하면서 젖가슴 위의 쇄골 위에 놓여 있던 손을 가늘게 떨기 시작했다.

"지나, 부끄럽지도 않니? 누가 감히 널 의심한다고 그래? 어허, 이 무슨 창피야!"

보르멘탈리가 당황해서 말했다.

"이런, 바보로구나, 지나. 이제 그만해라."

필리프 필리포비치가 달래려고 했다. 지나가 울음을 그치자 곧이어 침묵이 찾아왔다. 샤리코프의 상태도 안 좋아지기 시작했다. 갑자기 그가 벽에 머리를 쾅 부딪치더니 '이'도 아니고 '예'도 아닌 '에에에!' 하는 소리를 지르기 시작했다. 얼굴이 창백해지고 턱에 경련이 일어났다.

"이 녀석에게 빨리 진찰실 양동이를 가져다줘!"

모두가 샤리코프를 돌보느라 이리저리 바쁘게 뛰어다녔다. 잠시 뒤 샤리코프를 재우러 데려갈 때, 그는 보르멘탈리의 팔 안에서 몸을 비틀거리면서 잘 돌아가지 않는 혀로 매우 희미하지만 리드미컬하게 쌍스러운 단어들을 내뱉으며 욕을 해댔다.

그 소동이 가라앉은 것은 새벽 1시경이었고, 이제 3시가 되었는데도 두 의사는 서재에서 레몬을 곁들인 코냑을 마셨다. 그들은 흥분으로 인해 눈이 붉게 타오르고 있었다. 담배를 얼마나 많이 피워댔던지 짙은 담배 연기가 층을 이루며 천천히 움직이다가 나중엔 아예 미동조차 하지 않았다.

창백한 얼굴의 보르멘탈리가 아주 단호하게 결심한 눈빛으로 잠자리처럼 다리가 가는 술잔을 위로 치켜 올리더니 감정을 주체하지 못하고 큰 소리로 말했다.

"필리프 필리포비치. 굶어죽기 직전의 대학생이었던 제가 교수님께 찾아 왔을 때 연구실에 자리를 마련해주신 일을 저는 평생 잊지 않을 겁니다. 믿어주십시오, 필리프 필리포비치. 당신은 제게 스승이나 선생님보다 훨씬 더 큰 생명의 은인이십니다…… 저의 무한한 존경을 당신께 바치오니…… 당신께 입맞춤할 수 있도록 허락해 주십시오, 교수님."

"얼마든지, 나의 소중한……"

필리프 필리포비치가 당황하여 뭐라고 중얼거리더니 일어나서 두 팔을 벌렸다. 보르멘탈리가 그를 포옹하고 담배 때문에 누렇게 된 덥수룩한 콧수염에 입을 맞췄다.

"믿어 주십시오, 필리프 필리……"

"이렇게 기쁠 수가, 정말 기쁘네…… 자네에게 감사하네."

필리프 필리포비치가 말했다.

"수술 중에는 수없이 자네에게 고함을 쳤지. 이 노인네의 불같은 성격을 용서하게나. 사실 난 정말 외롭다네…… '세비야에서 그라나다까지……!'"

"필리프 필리포비치, 부끄럽지 않으십니까? 저를 모욕할 생각이 아니라면 더 이상 그런 말씀은 말아주세요……"

감동에 사로잡힌 보르멘탈리가 진심어린 목소리로 크게 외쳤다.

"그래, 고마워…… '신성한 나일 강변을 향하여……' 고마워 …… 난 자네를 유능한 의사로서 사랑한다네."

"필리프 필리포비치, 교수님께 드릴 말씀이 있습니다······!" 보르멘탈리는 열정적으로 소리 높여 말하다가 갑자기 일어나서 복도로 통하는 문을 단단히 닫은 다음 다시 제자리로 돌아와서 목소리를 낮춰 말을 계속 이어갔다.

"이게 유일한 해결책입니다. 물론, 당신께 감히 제가 충고를 드릴 수 있는 입장은 아닙니다. 하지만 필리프 필리포비치, 자신을 한번 보세요. 교수님은 완전히 지치셨어요. 정말, 이런 상태에서 더 이상 일하는 것은 안됩니다!"

"그래, 절대로 불가능한 일이지."

필리프 필리포비치가 한숨을 내쉬며 맞장구를 쳤다.

그러자 보르멘탈리가 속삭이는 소리로 말을 이어갔다. "그래요, 이건 있을 수 없는 일입니다. 지난번에 교수님은 제가 걱정된다는 말씀을 하셨어요. 교수님, 그때 그 말씀에 제가 얼마나 감동했는지 아마 모르실 겁니다. 저도 이제 아이가 아닙니다. 이 일이 정말로 무서운 결과를 초래할 수 있다는 생각을 스스로도 상상할 수 있습니다. 그러나 제가 깊이 확신하는 것은, 다른 해결책이 없다는 겁니다."

필리프 필리포비치는 자리에서 벌떡 일어나더니 그에게 손사래를 치며 큰 소리로 말했다.

"유혹하지 말게, 아예 말도 꺼내지마." 교수는 자욱한 담배 연기를 휘저으면서 방안을 왔다 갔다 하기 시작했다.

"더 이상 듣지 않겠네. 우리가 체포된다면 무슨 일이 일어날지 자네도 알고 있을 거네. 아무리 초범이라 해도 자네의 출신 성분도 그리 내세울 만한 것이 아니잖은가! 우리의 출신 성분을 고려하여 특전을 베푸는 일은 절대 없을 테니까, 석방을 기대할 수 없어."

"그렇지 않습니다! 제 아버지는 빌리노 법원의 판사셨으니까요." 보르멘탈리가 코냑 잔을 비우면서 슬픈 어조로 대답했다.

"그것 보게, 내 말이 맞지. 그게 바로 악성유전이란 것이지. 이보다 더럽고 추악한 것은 생각도 할 수 없어. 그런데, 미안하지만, 그런 점에선 내 상황이 더 나빠. 아버지가 교회 사제장이셨으니까. 메르시(고맙네). '세비야에서 그라나다까지······고요한 밤의 어스름 속에서······' 에잇 빌어먹을!"

"필리프 필리포비치, 교수님은 세계적으로 중요한 학자이십니다.

그런데 그 따위, 이런 표현을 써서 죄송합니다만, 돼지들 때문에…… 아니, 그자들은 교수님에게 손가락 하나 건드리지 못할 겁니다!"

"그렇다면 난 더더욱 그런 일은 하지 않겠네."

필리프 필리포비치가 걸음을 멈추고 유리 장식장을 쳐다보며 우울하게 반대의 뜻을 밝혔다.

"아니, 왜요?"

"왜냐하면 자네는 아직 세계적으로 유명한 학자가 아니기 때문이야!"

"그야 물론, 저 같은 건……"

"바로 그게 문제야. 이런 최악의 상황에 동료를 내팽개치고 나만 세계적인 명성을 이용하여 안전한 곳으로 달아나다니…… 미안하네만…… 난 적어도 모스크바의 학자야, 샤리코프가 아니란 말이야."

필리프 필리포비치는 자랑스러운 듯이 의기양양하게 어깨를 으쓱하고는 고대 프랑스 왕과 비슷한 자세를 취했다. 보르멘탈리는 슬픈 듯이 외쳤다.

"아아, 필리프 필리포비치…… 그러니까, 뭐죠? 이제 당신은 저 부랑배 녀석이 진짜 인간이 될 때까지 기다리시겠다는 겁니까?"

필리프 필리포비치는 손을 들어 그의 말을 끊더니 술잔에 코냑을 따라서 꿀꺽 마신 뒤 레몬을 빨고 나서 다시 얘기를 시작했다.

"이반 아르놀리도비치, 자네가 보기에 내가 인간의 뇌기관과 관련한 해부학이나 생리학에 대해 뭘 좀 안다고 생각하는가? 자네는 어떻게 생각하나?"

"필리프 필리포비치, 무슨 당치도 않은 질문을 하십니까?" 보르멘탈리는 감동에 휩싸여 두 팔을 벌렸다.

"좋네. 억지로 비하할 것도 없지. 나 또한 모스크바에서 내가 이 분야의 최악은 아니라고 생각하니까."

"제 생각엔 모스크바뿐만 아니라 런던이나 옥스퍼드에서도 교수님이 최고십니다!"

마음이 몹시 격해진 보르멘탈리가 그의 말을 가로막고 말했다.

"뭐, 좋아. 그렇다고 치세. 그런데, 미래의 교수 보르멘탈리, 이 일은 아직 어느 누구도 성공하지 못한 건 사실이야. 물론이고말고. 물어볼 필요도 없어. 내 경우를 보란 말이야. 나, 프레오브라젠스키는 이미 선언했네. 한계에 이르렀어. 클림 탓이야!"

필리프 필리포비치가 갑자기 장엄한 목소리로 소리치자 장식장이 희미하게 떨며 거기에 응답했다.

"보르멘탈리, 자넨 나의 첫 번째 제자이고, 내가 오늘 확신했듯이 나의 친구라네. 그래서 친구로서 자네에게만 비밀을 말해주겠네. 물론, 나는 알고 있네. 자네가 나를 두고 늙은 당나귀 프레오브라젠스키가 이번 수술에서 마치 의대 3년생처럼 실수를 저질렀다는 식으로 모욕하지는 않으리라는 걸 말이야. 사실, 그 때문에 새로운 발견을 얻은 건 사실이네. 그게 어떤 발견인지는 자네도 알고 있지."

그때 필리프 필리포비치는 슬픈 표정을 지으며 두 손으로 창문의 블라인드를 가리켰는데, 그것은 모스크바를 암시하고 있음이 분명했다.

"그러나, 이반 아르놀리도비치, 이건 꼭 염두에 두게. 이 발견의 유일한 결과는 바로 이곳에 우리가 샤리코프를 갖고 있다는 사실이라는 것을 말일세."

프레오브라젠스키가 중풍에 걸린 것처럼 굵고 짧은 목을 손으로 두드리더니 흥분한 표정으로 얘기를 계속했다.

"하지만, 걱정 말게! 만약 누군가가 이곳에 날 때려눕히고 채찍질을 하려 한다면, 맹세코 나는 그에게 50루블을 지불할 거야! '세비야에서 그라나다까지……' 이런 빌어먹을…… 나는 지난 5년 동안 뇌하수체를 꺼내 연구를 계속해 왔어…… 자넨 알고 있을 거야, 내가 어떻게 일을 해왔는지. 이건 그냥 이해될 수 있는 일이 아니야. 그런데 지금 자네에게 묻겠네만 그건 무엇을 위한 일이었을까? 어느 날, 너무나 가엾은 개 한 마리를 데려와서 저런 쓰레기 같은 인간으로 만들어버리기 위해서였다니, 정말 온몸의 털이 거꾸로 서는군."

"이번 일은 뭔가 예외적인 상황입니다!"

"자네 말에 전적으로 동의하네. 자, 의사 선생, 만일 연구자가 자연을 느끼면서 자연의 이치에 따라 연구를 진행하는 대신, 억지로 문제를 조작하고 강하게 밀어붙이기만 한다면 어떤 결과가 되겠는가? 보게, 샤리코프 같은 놈이나 태어나는 거지. 그런 놈은 죽에 갈아 넣어 마셔 버려야 해."

"필리프 필리포비치, 만약 스피노자의 뇌였다면 어땠을까요?"

"그래!"

필리프 필리포비치가 소리를 질렀다.

"그래! 만약 이 불행한 개가 내 메스로 인해 죽었다면 어떻게 됐을까? 자넨 이번 수술이 어떤 수술이었는지 보았잖은가. 한마디로 말해서, 나, 필리프 프레오브라젠스키가 평생토록 이보다 더 어려운 수술은 해본 적이 없네. 물론, 스피노자의 것이든 누구의 것이든 뇌하수체를 이식해서 개를 아주 고상한 존재로 만들 수도 있겠지. 하지만 '도대체 무엇을 위해서'라는 문제가 있네. 자, 내게 설명해보게, 평범한 아낙네라면 누구라도 언제든지 스피노자 같은 인물을 낳을 수 있는데, 무엇 때문에 인공적으로 스피노자를 만들어야 할 필요가 있는지 말이야. 사실, 로모노소프의 어머니도 홀모고르이에서 그 유명한 학자를 낳지 않았나! 자네, 인류 스스로가 이런 문제를 염두에 두고 있으며, 또한 해마다 진화론적인 질서 속에서, 온갖 쓸모없는 대중들과는 별개로, 이 세상을 아름답게 장식하는 수많은 천재들을 끊임없이 창조해내고 있네. 자, 의사 선생, 이제 왜 내가 샤리코프의 진료 과정에서 내린 자네의 결론을 못마땅해하는지 이해가 되겠지. 자네도 열심히 도와주었지만 지금 자네가 맡고 있는, 악마나 물어가면 좋을 나의 발견이란 것이 찌그러진 동전 한 닢의 가치도 없다는 걸…… 아, 논쟁 하려 들지는 말게, 이반 아르놀리도비치. 난 이미 똑똑히 알고 있네. 사실 이론적으로는 매우 흥미로운 일이긴 하지. 뭐, 좋네! 생리학자들은 좋아서 어쩔 줄 모를 테고, 모스크바는 미쳐 날뛰겠지…… 그런데 실제로는 뭔가? 지금 우리 앞에 있는 게 누구란 말인가?" 프레오브라젠스키는 손가락으로 샤리코프가 잠들어 있는 진찰실쪽을 가리켰다.

"아주 교활하고 뻔뻔한 놈입니다."

그러자 교수가 소리쳤다.

"대체 그가 누군가? 바로 클림, 클림이야. 클림 추구노프(추군킨의 잘못). (그 말을 듣고 보르멘탈리가 입을 딱 벌렸다.) 자, 보게. 전과 2범, 알코올 중독, '평등 분배'를 위해 털모자와 20루블이 사라졌네. (필리프 필리포비치는 기념할 만한 선물인 지팡이를 떠올리고는 얼굴이 붉어졌다.) 인간 쓰레기에다 돼지…… 내가 꼭 지팡이를 찾아내겠어. 한마디로 말해서 뇌하수체는 인간의 타고난 개별 특성을 결정짓는 비밀의 암실이지. 타고난 특성 말이야! '세비야에서 그라나다까지……'" 필리프 필리포비치가 눈알을 희번

덕거리며 계속 소리쳤다. "모든 인간의 공통적 특징은 아니야. 그건 뇌 자체를 축소한 거란 말일세. 하지만 내게 그런 뇌는 필요 없으니 돼지들에게나 줘버려. 난 전혀 다른 문제에 대해 고민하고 있었네. 우생학이나 인간 개량 같은 문제에 대해서 말이야. 그런데 인간을 젊어지게 하려다 이런 결과를 얻고 말았어. 자넨 설마 내가 돈 때문에 수술을 한다고 생각하는 건 아니겠지? 적어도 난 학자란 말일세."

"위대한 학자시죠, 정말입니다!" 보르멘탈리가 코냑을 삼키며 중얼거렸다. 눈에 핏발이 서 있었다. "내가 2년 전에 처음으로 뇌하수체에서 성호르몬을 뽑아낸 이후에 작은 실험을 하나 하고 싶었을 뿐이네. 그런데 도대체 어떤 결과를 얻게 되었는가? 오, 맙소사! 뇌하수체 속의 그 호르몬이, 오 하느님…… 의사 선생, 지금 내 앞에는 암울한 절망만이 있을 뿐이네. 난, 정말, 모든 희망을 잃어버리고 말았어……"

보르멘탈리가 갑자기 소매를 걷고 시선을 밑으로 내리면서 말했다.

"그럼, 이렇게 하시죠, 교수님. 만약 교수님께서 직접 하실 마음이 없다면, 제가 위험을 무릅쓰고 직접 그에게 비소를 먹이겠습니다. 어떻게 되든 상관없습니다. 제 아버지가 예심판사라는 건 별로 중요치 않습니다. 결국 그 자는 당신의 실험으로 창조된 인간이니까요."

그러자 갑자기 맥이 풀린 필리프 필리포비치가 안락의자에 흐느적흐느적 몸을 던지며 말했다.

"아니야, 난 자네에게 그런 짓을 허락하지 않겠네. 이제 내 나이 예순이니 자네에게 충고해도 되겠지. 대상이 누구건 범죄는 절대로 안돼. 깨끗한 손으로 노년까지 살아야지."

"하지만 필리프 필리포비치. 만약 시본제르가 또다시 그를 마음대로 조종한다면 어떻게 되겠습니까? 오 하느님, 그 샤리코프가 어떤 인간이 될지 저는 이제야 깨닫기 시작했습니다!"

"아하! 이제야 깨달았군 그래? 난 수술 후 열흘 만에 알았는데. 그런데 문제는, 그 시본제르가 가장 멍청한 놈이라는 거야. 그자는 샤리코프가 나보다 자신에게 훨씬 더 위협적인 존재라는 걸 모르고 있어. 지금은 날 어떻게 해보려는 생각에 온갖 방법을 동원하여 샤리코프를 선동하고 있지만, 만약 누군가가 거꾸로 그쪽에서 시본제르를 잡기 위해 샤리코프를 선동한다면 아무엇도 남아나는 게 없으리란 걸 생각도 못하면서 말이야."

"물론입니다! 고양이들에게 하는 것만 봐도 분명합니다! 샤리코프는 개의 심장을 가진 인간이니까요."

"오, 그건 아니야, 아닐세."

필리프 필리포비치는 노래하듯이 천천히 말을 이어갔다. "자네 아주 큰 실수를 하고 있어. 부탁이니 개를 비방하지는 말게. 고양이 문제는 일시적인 현상일 뿐이야. 그건 한 이삼 주일 훈련하면 해결될 문제야. 내가 보증하겠네. 앞으로 한 달 정도만 지나면 고양이에게 달려드는 것도 그만둘 걸세."

"왜 지금은 안 되는 거죠?"

"이반 아르놀리도비치, 그건 초보적인 문제야…… 도대체 자네가 묻고 싶은 게 뭔가? 뇌하수체가 허공에 걸려 있는 것도 아니고, 어쨌든 개의 뇌에 이식되었으니. 완전히 뿌리를 내릴 때까지 좀 기다려보세. 지금 샤리코프의 행동은 아직 개의 잔재를 드러내고 있을 뿐이야. 그러니 알아두게, 고양이 문제는 샤리코프의 모든 행동 가운데 가장 하찮은 행동이라는 것을. 가장 끔찍한 것은 그가 이미 개가 아닌 인간의 심장을 가졌다는 사실이네. 이 자연계에 존재하는 모든 것 가운데 가장 추악한 심장을 말이야!"

극도로 흥분한 보르멘탈리는 여윈 손으로 단단히 주먹을 쥐더니 어깨를 추켜올리며 굳게 맹세했다.

"물론 제가 그 녀석을 죽여버릴 겁니다!"

"그건 절대로 안돼!"

필리프 필리포비치가 단호하게 대답했다.

"무슨 말씀을……"

그때 필리프 필리포비치가 갑자기 긴장한 표정으로 위를 가리켰다.

"잠깐만…… 발소리가 들렸네."

두 사람이 귀를 기울였으나 복도에서는 아무 소리도 나지 않았다.

"소리가 난 것 같았는데."

필리프 필리포비치는 그렇게 말한 뒤 그때부터 독일어로 열을 올리며 얘기하기 시작했다. 독일어에 섞여 '형사사범'이라는 러시아 단어가 여러 차례 발음되었다.

"잠깐만요."

갑자기 보르멘탈리가 귀를 세우더니 문쪽으로 걸어갔다. 분명히 발소리가 들렸고, 그 소리가 서재 쪽으로 다가오고 있었다. 발소리와 함께 투덜거리는 목소리도 들렸다. 보르멘탈리가 문을 활짝 연 순간 깜짝 놀라 뒤로 껑충 물러났다. 필리프 필리포비치도 너무 놀란 나머지 몸이 얼어붙은 것처럼 안락의자에서 조금도 움직이지 않았다.

복도 속 불빛 아래에 잠옷용 셔츠 하나만 걸친 다리야 페트로브나가 분노로 얼굴이 벌겋게 달아올라 싸울 기세로 서 있었다. 교수도 의사도 그녀의 무서운 모습에 압도되어 겁을 먹은 나머지, 두 사람의 눈에는 그녀가 몸에 아무것도 걸치지 않은 것처럼 보였을 정도였다. 다리야 페트로브나는 튼튼한 두 팔로 뭔가를 끌고 왔는데 그 뭔가는 주저앉듯 엉덩이를 뒤로 빼고 완강히 버티며, 까만 솜털로 뒤덮인 발로 마룻바닥 걷어차고 있었다. 물론 그 뭔가는 샤리코프로 밝혀졌다. 그는 여전히 취한 상태로 몹시 의기소침했으며, 머리털이 헝클어진 채로 속옷만 걸치고 있었다.

거대한 몸집의 벌거숭이 다리야 페트로브나가 샤리코프를 마치 감자자루처럼 마구 흔들어대면서 말했다.

"얼마나 꼴불견인지 보세요, 교수님, 우리 방의 불청객 텔레그라프 텔레그라포비치(텔레그라프는 러시아어로 전신(電信))를요. 저야 결혼한 몸이라 괜찮지만, 지나는 순결한 처녀란 말이에요. 다행히 제가 잠을 깼기에 망정이지."

말을 마친 다리야 페트로브나가 자신이 알몸이나 다름없는 상태에 있다는 걸 깨닫고 두 손으로 젖가슴을 가린 뒤 비명을 지르며 달아났다.

"다리야 페트로브나, 정말 미안하네."

얼굴이 시뻘게진 필리프 필리포비치는 다시 정신을 차리고 그녀의 뒷모습에 대고 소리쳤다.

보르멘탈리는 와이셔츠 소매를 살짝 걷어 올리더니 샤리코프에게 다가갔다. 필리프 필리포비치는 보르멘탈리의 눈을 들여다보고 몸서리를 쳤다.

"자네 뭘 하려는 건가, 안 돼⋯⋯"

보르멘탈리가 오른손으로 샤리코프의 목덜미를 움켜잡고 마구 흔드는 바람에 셔츠가 찢어져버렸다.

필리프 필리포비치가 보르멘탈리를 말리려고 다가서 단단히 틀어쥔 외과

의사의 손아귀 속에서 맥없이 비실거리는 샤리코프를 빼내기 시작했다.

"당신은 날 때릴 권리가 없어!"

목이 졸려 숨도 제대로 못 쉬는 샤리코프가 바닥에 주저앉은 채 취기가 좀 가시는 듯 소리쳤다.

"보르멘탈리!"

필리프 필리포비치가 울부짖듯이 소리쳤다.

보르멘탈리가 정신이 조금 돌아오는지 샤리코프를 놓아주자 샤리코프가 훌쩍거리며 울기 시작했다. 보르멘탈리가 씩씩거리면서 말했다.

"뭐, 좋습니다. 내일 아침까지 기다리죠. 이 녀석이 술에서 깨어나면 제가 특별교육을 시킬 테니까요."

잠시 뒤 잠을 재우기 위해 샤리코프의 겨드랑이를 잡고 질질 끌어서 진찰실로 데려갔다. 이때 샤리코프가 다리로 걷어차며 반항을 시도했으나, 다리가 말을 듣지 않았다.

필리프 필리포비치가 두 다리를 넓게 벌리고 서자 푸른 가운 앞자락이 벌어졌다. 그는 두 손을 쳐들고 복도 천장에 매달린 전등을 쳐다보면서 중얼거렸다.

"그래, 좋아……"

9

다음 날 아침, 폴리그라프 폴리그라포비치가 집에서 사라져버리는 바람에 닥터 보르멘탈리가 약속한 샤리코프의 특별교육은 실현되지 않았다. 보르멘탈리는 크게 낙담했다. 그는 현관문 열쇠를 숨겨놓지 않은 자신을 멍청이라고 욕하면서, 이번 일은 절대 용서할 수 없는 일이라고 소리치고는 끝내 샤리코프가 버스에나 깔려죽었으면 좋겠다는 말로 끝을 맺었다. 필리프 필리포비치는 서재에 앉아 머리카락을 쥐어뜯으면서 이렇게 말했다.

"이제 거리에서 무슨 일이 벌어질지 상상이 되는군…… 예상이 돼. '세비야에서 그라나다까지', 오 하느님."

"놈이 또 주택관리위원회에 갔을지도 모릅니다."

보르멘탈리가 격분하여 어디론가 달려나갔다.

그가 주택관리위원회에서 시본제르 위원장에게 욕설을 하자 시본제르는,

자기는 프레오브라젠스키 교수의 양자를 지키는 파수꾼이 아니며, 하물며 폴리그라프니 뭐니 하는 작자가 보통 사기꾼이 아니라는 것을 어제야 깨달았다면서 협동조합에서 책을 사겠다느니 하며 주택관리위원회로부터 7루블을 가져갔다고 욕을 퍼붓고는 하모브니체스키 지구의 인민재판소에 고소장을 쓰기 시작했다.

샤리코프를 찾는 일로 3루블을 받기로 한 표도르가 아파트 전체를 위아래로 샅샅이 뒤졌다. 하지만 그 어디에도 샤리코프의 흔적은 보이지 않았다.

다만 한 가지 밝혀진 사실은, 새벽녘에 폴리그라프가 모자를 쓰고 손에 머플러를 감은 뒤, 외투를 입고 찬장에서 술병 한 개를 챙겨서 떠났다는 것이다. 다리야 페트로브나와 지나는 샤리코프가 더 이상 돌아오지 않을 거라는 희망과 기쁨을 숨기지 않고 드러냈다. 그런데 전날 밤에 샤리코프가 다리야 페트로브나에게서 3루블 50코페이카를 빌려갔다는 것이다.

"아니, 어쩌자고 돈을 빌려주었나!"

필리프 필리포비치가 주먹을 부르르 떨며 고함을 질렀다. 하루 종일 전화벨이 울렸고 다음 날도 마찬가지였다. 두 의사는 평상시와 달리 아주 적은 수의 환자들만 받았다. 사흘째가 되자 교수의 서재에서는 모스크바의 혼란 속에서 어떻게 샤리코프를 찾을 것인가라는 문제와 경찰에 이 사실을 알려야 할지에 관한 문제가 진지하게 의논되었다.

그런데 '경찰'이라는 단어가 발음되는 그 순간, 오부호프 골목의 경건한 정적을 깨뜨리는 화물차 경적이 요란하게 울리더니 아파트 창문이 떨리기 시작했다. 잠시 뒤 아파트 벨 소리가 당당하게 울렸다. 이어서 폴리그라프 폴리그라포비치가 갖은 폼을 잡으며 안으로 들어오더니 아무 말도 하지 않고 모자와 외투를 벗어 옷걸이에 걸었다. 곧 그의 새로워진 모습이 드러났다. 그는 중고 가죽점퍼와 닳아빠진 가죽바지를 입고, 무릎까지 끈으로 매는 영국제 장화를 신고 있었다. 아주 지독한 고양이 냄새가 온 현관을 따라 퍼져나갔다. 프레오브라젠스키와 보르멘탈리 두 사람은 마치 구령이라도 내린 것처럼 팔짱을 끼고 현관문 옆에 서서 폴리그라프 폴리그라포비치의 첫 통보를 기다렸다. 그는 뻣뻣한 머리카락을 쓰다듬고 나서 헛기침을 하며 주위를 둘러보았다. 당혹스러운 마음을 무례한 태도로 감추려는 것이 역력했다. 마침내 그가 입을 열었다.

"필리프 필리포비치, 나는 공직에 임명되었소."

두 의사가 목구멍에서 쉰 듯한 분명치 않은 소리를 내면서 몸을 꿈틀거렸다. 먼저 평정심을 되찾은 프레오브라젠스키가 손을 내밀면서 말했다.

"증서를 보여주게."

증서에는 다음과 같이 적혀 있었다.

'이 증서의 소지자인 폴리그라프 폴리그라포비치 동무를 모스크바 공공사업국에 소속된 모스크바 시 유기동물(고양이 등) 처리반장으로 임명한다.'

필리프 필리포비치가 어렵사리 말을 꺼냈다.

"그런데, 누가 자네에게 일자리를 주었나? 아하, 내가 직접 맞혀 보겠네."

"그래요, 시본제르가 주었소."

샤리코프가 대답했다.

"그런데 왜 자네에게서 이렇게 고약한 냄새가 나는지 궁금하군."

샤리코프가 신경이 쓰이는 듯 가죽점퍼에 코를 대고 냄새를 맡았다.

"이게 뭐 어떻다고 그러시오…… 알다시피, 직업상 그런 거요. 어제 고양이들을 죽이고 또 죽이느라……"

필리프 필리포비치가 몸을 부르르 떨며 보르멘탈리를 쳐다보았다. 보르멘탈리의 눈은 샤리코프를 향해 조준된 두 개의 검은 총구를 연상시켰다. 갑자기 그가 아무런 예고도 없이 샤리코프에게 달려들어 그의 모가지를 움켜잡았다.

"살려주세요!"

샤리코프는 얼굴이 새파랗게 질려 우는 소리로 애원했다.

"의사선생!"

"절대 바보짓거리는 하지 않겠습니다, 필리프 필리포비치. 걱정 마세요."

보르멘탈리가 쇳소리를 내며 대답한 뒤 큰 소리로 외쳤다.

"지나! 다리야 페트로브나!"

두 사람이 현관에 나타났다. 보르멘탈리는 샤리코프의 목을 옷걸이에 걸려 있는 털외투 쪽으로 더 바싹 밀어붙이며 말했다.

"자, 따라해요, 샤리코프. 저를 용서해주세요……"

"그래, 알았소. 따라하겠소."

샤리코프가 놀라서 갈라진 목소리로 대답하더니 갑자기 크게 숨을 들이쉰 뒤 몸을 바르르 떨면서 살려달라고 소리치려 했으나 소리가 바깥으로 나오지 않고 머리가 완전히 외투 속에 파묻히고 말았다.

"선생님, 제발 부탁이에요."

샤리코프가 더 이상 반항하지 않고 시키는 대로 따라하겠다는 의미로 고개를 끄덕였다.

"……저를 용서해 주세요, 다리야 페트로브나 그리고 지나이다……"

"프로코피예브나."

지나가 깜짝 놀라면서 중얼거렸다. 그러자 완전히 목이 쉰 샤리코프가 숨을 헐떡이며 따라했다.

"응, 프로코피예브나…… 나는……"

"술에 취해 밤중에 비열한 행동을 저질렀습니다."

"술에 취해……"

"다시는 그런 행동을 하지 않겠으며……"

"하지 않겠으며……"

"이제 그를 놔주세요. 그만 놔줘요, 이반 아르놀리도비치. 그러다 숨이 멎겠어요."

두 여자가 동시에 간청하기 시작했다.

보르멘탈리가 샤리코프를 풀어주고 나서 물었다.

"화물차가 지금 자네를 기다리고 있나?"

"아뇨. 나를 데려다만 준 겁니다."

폴리그라프가 공손하게 대답했다.

"지나, 차를 돌려보내라. 그리고 샤리코프, 자네는 내가 하는 말을 잘 생각하고 대답해. 필리프 필리포비치의 아파트로 다시 돌아올 생각인가?"

"내게 갈 곳이 또 있나요?"

샤리코프는 눈을 불안하게 굴리면서 소심하게 대답했다.

"좋아. 그렇다면 이제부터 좀 더 얌전하게 굴어야 할 거야. 안 그러면 추악한 행동을 할 때마다 지금처럼 혼이 날 줄 알아. 알겠나?"

"알겠어요."

샤리코프가 대답했다.

필리프 필리포비치는 샤리코프가 혼나는 동안 계속 침묵을 지키고 있었다. 웬일인지 불쌍한 모습으로 복도에 서서 마룻바닥을 쳐다보며 손톱을 물어뜯고 있었다. 그러다가 갑자기 눈을 들어 샤리코프를 바라보면서 낮은 목소리로 툭 내뱉듯이 물었다.

"자넨 그…… 죽인 고양이들을 가지고 뭘 하지?"

"외투를 만들어요. 그걸로 외투를 만들어서 노동자들에게 할부로 파는 거죠."

그 뒤 아파트에는 정적이 찾아왔고, 그 정적은 거의 이틀 동안 계속되었다. 폴리그라프 폴리그라포비치는 아침에 화물차를 타고 나갔다가 저녁에 나타나서 필리프 필리포비치, 보르멘탈리와 함께 조용히 식사를 했다.

보르멘탈리와 샤리코프는 환자대기실에서 함께 지내면서도 서로 말을 하지 않고 있었다. 먼저 지루해진 사람은 보르멘탈리였다.

이틀 뒤에 눈 화장을 하고 크림색 스타킹을 신은 삐쩍 마른 아가씨가 아파트에 나타났다. 그녀는 아파트의 웅장하고 화려한 모습에 몹시 당황해하는 기색이었다. 낡아빠진 외투를 걸친 그녀는 샤리코프를 따라 들어오다가 현관에서 교수와 마주쳤다.

교수가 망연자실하여 걸음을 멈추더니 눈을 가늘게 뜨고 물었다.

"누군지 말해주겠나?"

"나와 결혼할 여자지요. 우리 타이피스트인데, 이제부터 함께 살 겁니다. 보르멘탈리를 환자대기실에서 내보내야 해요. 그자에겐 자기 아파트가 있잖아요."

샤리코프는 얼굴을 찌푸리고 강한 적개심을 드러내며 분명하게 말했다.

필리프 필리포비치가 얼굴이 빨개진 아가씨를 쳐다보면서 눈을 깜박이며 잠시 생각하더니 매우 정중하게 그녀에게 말했다.

"잠깐 내 서재에 와 주겠소?"

"나도 그녀와 함께 가겠어요."

샤리코프가 미심쩍다는 표정으로 재빨리 말했다.

그때 보르멘탈리가 마치 땅에서 솟아난 것처럼 나타나서 말했다.

"미안하지만, 교수는 이 부인과 대화를 나누시고, 자네는 나하고 여기서 얘기하세."

"싫소."

필리프 필리포비치와 부끄러워 얼굴이 빨개진 아가씨의 뒤를 따라가려고 하면서 샤리코프가 적의에 찬 목소리로 대답했다.

"미안하지만, 안 돼."

보르멘탈리는 샤리코프의 손목을 잡고 진찰실로 데려갔다.

5분 동안 서재에선 아무 소리도 들리지 않더니 갑자기 아가씨가 흐느껴 우는 소리가 낮게 들려왔다.

필리프 필리포비치는 창가에 서 있었고, 아가씨는 더러운 레이스 손수건을 얼굴에 대고 울고 있었다.

"그 사람은 전쟁에서 부상을 입었다고 말했어요."

아가씨가 흐느껴 울면서 말했다.

"거짓말이오."

필리프 필리포비치가 확고하게 대답했다. 그는 고개를 저으며 얘기를 계속했다.

"난 아가씨가 참으로 안타깝구려. 하지만 직장 일로 처음 만난 사람과 결혼을 약속하는 건 있을 수 없는 일이지…… 이보시오, 아가씨, 이건 정말 말도 안 되는 짓거리요…… 그러니……" 그는 책상서랍을 열어 30루블짜리 지폐 세 장을 꺼냈다.

"전 독약을 먹고 죽어버릴 거예요." 아가씨가 울면서 푸념했다.

"식당에서 매일 소금에 절인 고기만 먹고 있어서…… 게다가 협박을 하는 통에…… 자기가 붉은 군대의 사령관이었다면서 …… 호화로운 아파트에서 같이 살자고…… 매일 파인애플에다가…… 저보고 심성이 착한 여자라고 했어요. 자기는 고양이를 증오한다고 했어요. 그가 기념이라면서 내 반지를 가져갔는데……"

"그래요, 그래, 심성이 착한 여자…… '세비야에서 그라나다까지.'"

필리프 필리포비치가 혼잣말로 중얼거렸다. "참고 견뎌야 해요. 당신은 아직 이렇게나 젊은데……"

"이렇게 거지나 다름없는 생활을 하더라도 말인가요?"

"자, 이 돈을 받으시오. 어려울 땐 서로 도와야 하지 않겠소."

필리프 필리포비치가 큰 소리로 말했다.

잠시 뒤 장엄하게 문이 활짝 열리더니 필리프 필리포비치의 요청에 따라 보르멘탈리가 샤리코프를 데리고 들어왔다. 샤리코프가 불안한 듯 눈알을 뒤룩뒤룩 굴렸다. 머리털은 마치 구두솔처럼 빳빳하게 위로 치솟아 있었다.

"더러운 놈!"

화장 가루분이 묻어 줄무늬가 생긴 코와 눈물로 얼룩진 눈을 번뜩이며 아가씨가 말했다.

"그 이마의 상처는 어떻게 생긴 거지? 이 아가씨에게 설명해주게."

필리프 필리포비치가 계략적인 의도로 물었다.

샤리코프는 억지로 태연한 척하며 말했다.

"콜차크 전선에서 부상당한 겁니다."

아가씨가 자리에서 벌떡 일어나 큰 소리로 울부짖으며 밖으로 나갔다.

"잠깐만! 잠깐만 기다려요."

필리프 필리포비치가 그녀의 뒤에다 대고 소리쳤다.

"어서 반지를 내놓게."

그가 샤리코프를 보며 말했다.

샤리코프는 에메랄드가 박힌 싸구려 반지를 순순히 손가락에서 빼내더니 갑자기 적의에 찬 목소리로 말했다.

"그래, 좋아. 기억해둬, 내일 널 해고해버릴 테니까."

"그를 두려워하지 마요. 그가 아무 짓도 못하도록 하겠소."

보르멘탈리가 그렇게 말한 뒤 돌아서서 샤리코프를 노려보자, 샤리코프가 뒷걸음질을 치다가 장식장에 뒤통수를 세게 부딪쳤다.

"아가씨의 성이 뭔가?"

보르멘탈리가 샤리코프에게 물었다.

"성이 뭐냐고!"

그가 소리치더니 갑자기 거칠고 무섭게 변했다.

"바스네초바."

샤리코프가 어디 숨을 곳이라도 찾는 듯 눈을 굴리며 대답했다.

보르멘탈리는 샤리코프의 점퍼 앞깃을 꽉 움켜잡고 말했다.

"바스네초바가 해고됐는지 아닌지 내가 날마다 유기동물 처리반에 직접 확인해볼 거야. 만약 당신이 그녀를 해고한 사실을 내가 알게 되면, 난 자네를…… 여기서 내 손으로 쏴죽이겠어. 조심해, 샤리코프. 나는 분명히 러시아어로 말했어!"

샤리코프는 꼼짝도 하지 못하고 보르멘탈리의 코를 쏘아보았다.

"나도 어디서든 권총 한두 자루쯤 구할 수 있는데……"

샤리코프는 힘없이 혼잣말로 중얼거리다가 갑자기 기회를 포착하고는 문쪽으로 달아났다.

"조심해!"

보르멘탈리의 외침 소리가 샤리코프의 뒤를 쫓으면서 울려퍼졌다.

그날 밤부터 이튿날 오전까지 아파트 안에는 태풍이 몰아치기 직전의 먹구름 같은 고요한 정적이 흘렀다. 모두들 잠자코 침묵하고 있었다. 그리고 아침부터 불쾌한 예감에 가슴이 두근거리던 폴리그라프 폴리그라포비치가 우울한 얼굴로 화물차를 타고 직장에 출근했을 무렵, 프레오브라젠스키 교수는 전혀 예정에 없던 시간에 예전 환자들 가운데 한 명의 방문을 받았다. 그는 뚱뚱하고 키가 컸으며 군복을 입고 있었는데, 끈질기게 교수와의 면담을 요청한 덕에 승낙을 얻어냈다. 그는 서재 안에 들어와 발을 모으고 정중하게 인사했다.

"다시 통증이 시작되었소?"

얼굴이 핼쑥해진 필리프 필리포비치가 물었다.

"자, 앉으시오."

"감사합니다. 그런 건 아닙니다, 교수님."

손님은 책상모서리에 철모를 내려놓으면서 대답했다.

"교수님께 깊이 감사드리고 있습니다…… 음…… 오늘 제가 찾아온 것은 다른 일 때문입니다, 필리프 필리포비치…… 늘 무척 존경하고 있지만…… 음…… 경고해 드릴 일이 있어서요. 명백한 헛소리지요. 순전히 그 비열한 녀석이……"

손님은 가방 속을 뒤지더니 서류 한 장을 꺼냈다.

"다행입니다, 제가 직접 보고를 받아서……"

필리프 필리포비치가 코안경을 덧붙여 끼고 서류를 읽기 시작했다. 그는 얼굴색이 시시각각으로 변하면서 한참 동안 혼잣말로 중얼거렸다.

'……또한 주택관리위원회 위원장인 시본제르 동무를 죽여버리겠다고 위협했다. 이런 사실로 보아, 그가 총기를 보유하고 있음이 분명하다. 그리고 반혁명적 언사를 일삼으며, 심지어 하녀인 지나이다 프로코피예브나 부니나를 시켜 엥겔스의 책을 페치카 속에 처넣어 태워버리라고 명령했으며, 아파트에 거주등록도 하지 않고 비밀리에 살고 있는 조수 보르멘탈리 이반아르놀리도비치와 함께 명백히 멘셰비키*23처럼 행동했다.

유기동물 처리반장 P.P. 샤리코프의 서명.

위와 같이 증명함.

주택관리위원회 위원장 시본제르, 서기 페스트루힌.'

"이 서류를 내게 줄 수 있겠소? 아니면, 미안하지만, 혹시 법적 조치를 위해 필요하시오?"

얼굴이 벌겋게 달아오른 필리프 필리포비치가 물었다.

"미안합니다만, 교수님."

환자가 무척 화가 난 듯 콧구멍을 벌렁거렸다.

"저희들을 상당히 멸시하는 듯한 말투시군요. 저는……."

그가 거드름을 피우기 시작했다.

"미안하오, 정말 미안하오! 용서하시오, 당신을 모욕할 뜻은 정말 없었소. 화내지 마시오. 내가 그 녀석에게 너무 시달리는 바람에……"

필리프 필리포비치가 당황하면서 말했다. 그러자 환자도 태도가 누그러져서 말했다.

"어쨌든 매우 불쾌한 작자입니다! 그를 한번 보고 싶어지는군요. 지금 모스크바에는 당신에 대한 전설 같은 얘기들이 떠돌고 있습니다……"

필리프 필리포비치는 절망적으로 손을 내저을 뿐이었다. 그때 환자는 교수가 최근에 등이 굽었고, 머리가 하얗게 세어 백발이 되었음을 알아차렸다.

---

*23 소비에트 혁명을 주도했던 러시아 사회민주노동당의 비(非)레닌주의 당파. 지도자 중심의 엄격한 당을 만들자는 주장에 반대하여 개인적 활동의 자유와 점진적인 혁명을 주장했던 자유주의적 온건파. 10월 혁명을 성공시켜 권력을 장악하게 된 레닌은 1918년 3월 당 대회에서 당명을 정식으로 러시아공산당이라 고쳐 무시무시한 독재체제를 굳히게 되었고, 따라서 당내 우파인 멘셰비키 지도자들은 피의 정치적 보복을 당하게 된다.

***

범죄란, 기회가 무르익으면 돌이 위에서 툭 떨어지듯이 간단하게 일어나기 마련이다. 폴리그라프 폴리그라포비치는 매우 불안한 마음으로 화물차를 타고 집에 돌아왔다. 필리프 필리포비치가 그를 진찰실로 불렀다. 의아해하면서 진찰실에 들어간 그는 희미한 공포를 느끼면서 보르멘탈리의 얼굴을 먼저 쳐다보고 이어서 필리프 필리포비치를 바라보았다. 조수의 주위에는 먹구름이 잔뜩 끼어 있는 것 같았고, 담배를 든 왼손이 분만용 안락의자의 번쩍이는 손잡이 위에서 희미하게 떨리고 있었다.

필리프 필리포비치는 침착하지만 매우 적의를 띤 목소리로 말했다.

"지금 당장 짐을 싸게. 바지나 외투 등 필요한 건 모두 다 가지고 이 집에서 나가주게!"

"그게 무슨 말씀이죠?"

샤리코프가 진정으로 놀라서 물었다.

"오늘 안으로 이 집에서 나가란 말일세."

필리프 필리포비치가 실눈을 뜨고 자신의 손톱을 바라보면서 좀 전과 같은 어조로 말했다.

뭔가 사특한 악마의 영혼이 폴리그라프 폴리그라포비치에게 스며들었다. 파멸이 이미 그를 지켜보고 있었고, 예정된 운명이 그의 어깨 뒤에 다가와 있었다. 그는 피할 수 없는 죽음의 품속에 스스로 뛰어들어 악의에 찬 말들을 띄엄띄엄 내뱉었다.

"아니, 정말 이게 무슨 소리야! 당신의 말을 거역할 권리가 내겐 없는 줄 알아? 나는 이곳에 12평방미터만큼의 공간에서 살 권리가 있고, 난 나가지 않을 거예요."

"이 집에서 나가주게!"

필리프 필리포비치가 거친 숨을 몰아쉬면서 중얼거렸다.

샤리코프는 자신의 죽음을 자초하기 시작했다. 그는 왼손을 들어 상처투성이에 역겨운 고양이 냄새가 나는 손으로 외설적인 모양을 만든 뒤 필리프 필리포비치를 향해 내밀었다. 그러고는 주머니에서 권총을 꺼내 자신에게 위협적인 인물인 보르멘탈리를 겨냥했다. 순간 보르멘탈리의 손에서 담배가 유성처럼 떨어졌다. 몇 초 뒤, 유리 깨지는 소리에 놀란 필리프 필리포비치

개의 심장 583

는 공포에 사로잡혀 장식장에서 소파 쪽으로 급히 달려갔다. 소파 위에는 유기동물 처리반장이 사지를 늘어뜨린 채 쉰 목소리를 내며 누워 있었고, 외과의사 보르멘탈리가 그의 가슴팍을 타고 앉아 조그만 흰색 베개로 숨통을 죄고 있었다.

몇 분 뒤, 딴사람 같은 얼굴을 한 보르멘탈리가 현관문 쪽으로 걸어가더니 초인종 바로 옆에 다음과 같은 내용의 메모를 붙였다.

'오늘 교수님이 편찮으신 관계로 환자를 받지 않습니다. 초인종을 눌러 번거롭게 하지 마십시오.'

번쩍거리는 펜나이프로 초인종 선을 잘라버린 그는 마구 할퀴어 피투성이가 된 얼굴과 소매가 찢어지고 가늘게 떨고 있는 팔을 거울에 비춰보았다. 잠시 뒤 그는 부엌문 앞에 가서 바짝 긴장하고 있던 지나와 다리야 페트로브나에게 말했다.

"교수님께서 아파트 밖으로 절대 나가지 말라고 합니다."

"알겠어요."

지나와 다리야 페트로브나가 오들오들 떨면서 대답했다.

"그리고 내가 뒷문을 잠그고 열쇠를 가져갈 수 있도록 해주시오."

보르멘탈리는 문 뒤에 얼른 몸을 숨기고 손으로 얼굴을 가리며 말했다.

"이건 당신을 못 믿어서가 아니라 임시로 그렇게 하는 거요. 만약 누가 찾아와서 문을 두드리면, 혹시 정 견디기 어려우면 그냥 문을 열어줘요. 하지만 절대 우릴 방해해선 안 돼요. 우린 무척 바빠질 거니까."

"알겠습니다."

대답을 마친 두 여인의 얼굴이 창백해졌다. 보르멘탈리는 뒷문과 앞문을 차례로 잠근 뒤 복도에서 현관으로 통하는 문도 잠가버렸다. 곧 그의 발소리가 진찰실 안으로 사라졌다.

고요한 정적이 온 아파트를 뒤덮고 구석구석 스며들기 시작했다. 곧 땅거미가 내려앉았다. 추악하고 불길한 긴장감이 도는, 한 마디로 말해서, 암흑이 찾아온 것이다. 사실, 나중에 마당 건너편에 사는 이웃 사람들은 다음과 같이 말했다. 그날 밤 마당 쪽으로 난 프레오브라젠스키 교수의 진찰실 창문에는 모든 불이 환하게 켜져 있었고 그중에는 교수의 하얀 모자까지 봤다는 사람도 있었다…… 하지만 그것을 증명하기는 어렵다. 게다가 모든 상황이 끝났을 때 지나마저도, 보르멘탈리와 교수가 진찰실 밖으로 나온 뒤 서재 벽난로 근처에서 이반 아르놀리도비치를 보고 놀라 죽는 줄 알았다는 둥, 보르멘탈리가 서재 안에 쭈그리고 앉아서 환자들의 질병 내역이 적힌 진료 기록 꾸러미에서 파란색 노트를 꺼내 자기 손으로 직접 벽난로 속에 넣고 태워버린 것 같다는 둥, 그때 의사의 얼굴은 완전히 녹색인 데다 온통 할퀸 자국투성이였으며, 필리프 필리포비치도 그날 밤에는 전혀 다른 사람 같은 얼굴이었다는 등 쓸데없는 소리를 떠들어댔다. 하기는 프레치스텐카의 아파트에 살고 있는 이 순진한 아가씨가 거짓말을 하고 있는 건지도 모른다……

어쨌든 한 가지는 단언할 수 있다. 그날 밤 그 아파트 안에는 공포를 품은 완벽한 정적이 지배하고 있었다는 것이다.

에필로그

오부호프 골목에 있는 프레오브라젠스키 교수의 진찰실에서 사투가 벌어진 지 열흘이 지난 그날 밤, 현관에서 날카로운 벨 소리가 울렸다.

"강력계 형사와 검사입니다. 문을 여십시오."

곧 서두르는 발소리가 나기 시작하더니 사람들이 안으로 들어왔다. 전등이 환하게 켜지고 새로 끼운 장식장 유리에 불빛이 반사되어 번쩍거리는 환자대기실에 눈 깜짝할 사이에 많은 사람들이 모여들었다. 두 형사는 제복을 입었고, 검사는 검은색 외투에 서류가방을 들고 있었다. 그 외에도 남의 불행을 즐기고 있는 듯한 창백한 얼굴의 시본제르 위원장, 남자처럼 보이는 젊은 여성, 수위 표도르, 지나, 다리야 페트로브나, 넥타이를 매지 않은 목 부위를 부끄러운 듯이 가린 보르멘탈리도 그 자리에 있었다.

서재 문이 열리고 필리프 필리포비치가 안에서 나왔다. 그는 모두가 잘 알고 있는 푸른색 가운을 입고 있었는데 지난 일주일 사이에 그가 놀라울 만큼 건강이 회복되었음을 모두들 금방 확인할 수 있었다. 예전처럼 관록과 활기를 되찾은 필리프 필리포비치는 위엄에 찬 거동으로 밤의 불청객들 앞에 나타나 자신이 가운을 입고 있는 것에 대해 양해를 구했다.

"괜찮습니다, 교수님."

양복을 입은 검사는 매우 당황한 목소리로 대답한 뒤 주저하는 기색으로 말을 이었다.

"아주 좋지 않은 일입니다. 우린 가택 수색영장을 가지고 왔습니다. 그리고……"

그가 필리프 필리포비치의 콧수염을 흘끗 곁눈질하더니 다음과 같이 덧붙였다. "그 결과에 따라 당신을 체포할 수도 있습니다."

그러자 필리프 필리포비치가 눈을 가늘게 뜨고 물었다.

"죄목은 무엇이고, 또 누굴 체포한다는 건지 답해 주겠소?"

검사는 뺨을 한번 긁더니 가방에서 영장을 꺼내 읽기 시작했다.

"모스크바 공공사업국의 유기동물 처리반장 폴리그라프 폴리그라포비치 샤리코프 살해용의로 프레오브라젠스키, 보르멘탈리, 지나이다 부니나, 그리고 다리야 페트로브나를 고소한다."

지나가 울음을 터뜨리는 바람에 마지막 말은 거의 알아들을 수가 없을 정도였다. 사람들이 웅성거리는 동요의 움직임이 일었다.

"무슨 소린지 전혀 이해할 수가 없군요."

필리프 필리포비치는 마치 왕처럼 근엄하게 어깨를 으쓱거리며 대답했다.

"그 샤리코프라는 자가 누굽니까? 아하, 미안하오만, 내 개를…… 내가 수술한 개를 말하는 겁니까?"

"교수님, 죄송합니다만, 그는 개가 아니라 이미 인간이었습니다. 바로 그것이 문제란 말이죠."

"그럼, 그 개가 말을 했다는 말씀이군요?" 필리프 필리포비치가 물었다.

"그렇더라도 그것이 인간이 되었다는 것을 의미하지는 않아요. 어쨌든 중요한 건 그게 아니지요. 샤리크는 지금도 살아 있으며, 아무도 그를 죽이지 않았소."

"교수님!"

검은 외투를 입은 사내가 깜짝 놀라 눈썹을 치켜 올렸다.

"그렇다면 그를 보여주셔야 할 겁니다. 그가 사라진 지 열흘이나 된 데다, 미안합니다만, 매우 불리한 증거가 확보되어 있으니까요."

"닥터 보르멘탈리, 검사님에게 샤리크를 보여주게." 필리프 필리포비치가 수색영장을 읽으면서 지시했다.

닥터 보르멘탈리가 일그러진 미소를 지으며 밖으로 나갔다.

그가 환자대기실로 되돌아오면서 휘—익 휘파람을 불자, 바로 뒤쪽 서재에서 기묘한 개 한 마리가 튀어나왔다. 개의 몸엔 군데군데 털이 빠져 얼룩이 져 있고, 얼룩 위로 털이 조금씩 자라고 있었다. 개는 마치 잘 훈련된 서커스 개처럼 뒷발로 서서 걸어나오더니 바닥에 네 발을 내려놓고 주위를 둘러보았다. 무덤과 같은 침묵이 환자대기실 안을 지배하자, 그것은 곧 젤리처럼 차갑게 굳었다. 이마에 붉은 상처가 남아 있는 기분 나쁜 개가 앞발을 들고 벌떡 일어서더니 빙그레 웃으며 안락의자에 가서 앉았다.

그러자 두 번째 형사가 놀라면서 성호를 크게 긋고 뒷걸음질치다가 지나의 발을 밟고 말았다.

검은 외투를 입은 사내는 입을 다물지도 못한 채 다음과 같이 말했다.

"이게 어찌된 일이지……? 그는 분명히 유기동물 처리반에서 일했는데……"

"그곳에 근무하게 한 건 내가 아니오. 그에게 추천장을 써준 자는 아마 시본제르인 것 같은데."

필리프 필리포비치가 말했다.

"뭐가 뭔지 정말 모르겠군요."

검은 외투를 입은 사내가 당황해서 중얼거리더니 첫 번째 형사에게 물었다.

"이 개가 그 자가 맞소?"

"맞습니다. 분명히 그가 맞습니다." 형사가 기어드는 목소리로 대답했다.

"그자가 틀림없어요. 빌어먹을 놈! 다시 털북숭이가 되었어."

표도르의 목소리가 들렸다.

"그는 말을 했는데…… 콜록…… 콜록……"

"지금도 말은 하지요. 다만, 말수가 적어지고 있소. 그러니 지금 기회를 이용하시오. 곧 아무 말도 못하게 될 테니."

"어째서 그런 거죠?"

검은 외투를 입은 사내가 조용히 물었다. 필리프 필리포비치는 어깨를 으쓱했다.

"과학은 아직 동물을 사람으로 변화시키는 방법을 발견하지 못했소. 내가 시도해보긴 했소만, 보다시피 실패하고 말았소. 처음에는 조금씩 말을 했지만 곧 원래의 상태로 돌아가버렸어요. 결국 격세유전이라고나 할까."

"이상한 소리 하지 마."

갑자기 개가 큰 소리로 외치며 안락의자에서 벌떡 일어났다.

검은 외투를 입은 사내가 갑자기 얼굴이 창백해져서 들고 있던 가방을 떨어뜨리며 옆으로 쓰러지자, 형사가 그를 옆에서 부축하고 표도르가 뒤에서 그를 받쳤다. 곧 대소동이 발생했다. 그 혼란 속에서 다음 세 사람의 말만은 무엇보다 선명하게 들렸다.

필리프 필리포비치 : "신경안정제를 가져와. 그는 기절했어."

닥터 보르멘탈리 : "시본제르 녀석이 프레오브라젠스키 교수님 아파트에 다시 나타나면 내 손으로 교수대로 보내버리겠어!"

시본제르 : "이 말들을 조서에 기록해두시오."

＊＊＊

잿빛 아코디언 같은 스팀관이 소리를 내고 있었다. 프레치스텐카 밤하늘에는 별이 하나 외롭게 떠 있고, 창문의 커튼이 그 어둠을 가리고 있었다. 숭고한 존재이자 개의 은인은 안락의자에 앉아 있고, 개 샤리크는 가죽소파 옆의 카펫 위에 네 개의 다리를 쭉 뻗고 엎드려 있었다. 3월의 안개 때문에 개는 아침마다 머리에 남아 있는 둥그런 봉합자국을 따라 죄어드는 듯한 두통에 시달렸다. 그러나 스팀이 따뜻하게 나오는 저녁 무렵이면 두통이 사라졌다. 그리고 지금은 기분이 좋아져서 개의 머릿속에는 즐겁고 온화한 생각들만 오가고 있었다.

'난 참 운이 좋아, 정말 행운이었어.' 개가 꾸벅꾸벅 졸면서 생각했다. '정말이지 말로 표현할 수 없을 만큼 운이 좋았어. 이제는 죽을 때까지 이 아파트에서 살아야지. 내 혈통이 깨끗하지 않은 건 확실해. 뉴펀들랜드산 개인 건 틀림없어. 내 할머니는 분명 바람둥이였을 거야. 사실, 이유는 모르겠지만 사람들이 내 머리를 피가 나도록 채찍으로 때린 건 확실해. 하지만 내가 장가가기 전까진 다 아물 거야. 그러니 쳐다볼 필요도 없어.'

멀리서 유리병이 둔한 소리를 내고 있었다. 개에게 발을 물린 적이 있는 사내는 진찰실 안의 유리장식장을 정리하고 있었다.

백발의 마법사는 앉아서 노래를 흥얼거리기 시작했다.

"신성한 나일 강변을 향하여……" 개는 무서운 장면을 보고 있었다. 위엄에 찬 인간이 미끈거리는 장갑을 낀 손을 유리 용기 속에 푹 담그더니 뇌를 끄집어내는 것이었다. 이 불요불굴의 집요한 인간은 뇌에서 끊임없이 뭔가를 찾아내려고 한참을 애쓰더니 마침내 그것을 잘라냈다. 그러고는 그것을 주의 깊게 살펴본 뒤 눈을 가늘게 뜨고 노래를 불렀다.

"신성한 나일강변을 향하여……."

1925년 1월~3월 모스크바

반(反)카니발 역설적 시대의 빛

반(反)카니발 역설적 시대의 빛

불가코프 탄생 문학의 길

《거장과 마르가리타 *Masteri Margarita*》(1966~67)로 널리 알려진 불가
코프는 20세기 러시아 작가로 1891년에 태어나 1940년에 세상을 떠났다. 그
가 글을 쓰기 시작한 것은 1920년대부터이므로 그의 생애에 주어진 문필생
활은 너무나 짧았다고 할 수 있다. 게다가 이 작가가 쓴 대부분의 작품은 생
전에는 많은 사람들에게 알려지지 않고 끝났다.

한 작가에게 자기가 쓴 글이 활자가 되지 못하는 것만큼 괴로운 일이 또
있을까. 이윽고 불가코프는 구소련이 공인하는 문학사에서 말살되고 잊혀
졌다.

러시아문학은 19세기 소설의 황금시대를 맞아 투르게네프, 도스토옙스키,
톨스토이를 비롯 대작가들이 잇따라 등장함으로써 그 장편소설의 전통을 20
세기 소련시대까지 이어갔다. 20세기 러시아 문학을 대표하는 장편소설로는
숄로호프 《고요한 돈 강》, 보리스 파스테르나크 《닥터 지바고》, 솔제니친
《수용소 군도》 그리고 망명 작가 블라디미르 나보코프 《선물》 등이 있다. 그
중에서 오늘날까지도 변함없는 인기를 누리며 높이 평가받고 있는 작품이
《거장과 마르가리타》이다.

이 작품은 30개 국어로 번역되어 널리 알려졌으며 사회적으로 큰 반향을
불러일으켰다. 《거장과 마르가리타》는 문학으로만 머무르지 않고 연극 영
화, 발레, 오페라로도 만들어졌다. 이 책에 등장하며 실제로 미하일 불가
코프가 살았던 키예프의 사도바야 거리 50호실에는 신도들이 성지를 순례
하듯 거장과 마르가리타를 사랑하는 독자들의 발길이 끊이지 않는다. 생가
외벽은 이 소설과 작가를 칭송하는 낙서들로 빼곡히 채워지면서 기념관 분
위기를 자아냈다. 그 뒤 미하일 불가코프가 태어난 집은 정식으로 박물관
이 되었다.

불가코프(1891~1940)

미하일 아파나시예비치 불가코프는 1891년 5월 15일 우크라이나 키예프에서 신학대학 교수의 아들로 태어났다. 보리스 파스테르나크, 블라디미르 마야콥스키, 마리나 츠베타예바, 세르게이 에세닌, 오시프 만델스탐, 이사크 베베구, 보리스 시클로프스키 같은 러시아 혁명의 역동 속에 청춘을 불태우고, 이윽고 시대의 비극성을 경험하는 시인, 작가들과 거의 동시대 사람이다. 1916년 키예프 의과대학을 우수한 성적으로 졸업한 미하일은 스몰렌스크에서 외과의사로 근무하다가 1918년 키예프로 돌아와 개업의가 되었다.

러시아 혁명 바로 뒤 키예프에는 독일 지원을 받은 우크라이나·카자흐스탄의 파우로 스코로파드시키, 우크라이나 민족주의 페틀류라, 그리고 자위대(반혁명군) 데니킨 등 여러 세력들이 복잡하게 뒤섞여 있었다.

키예프로 돌아온 불가코프는 러시아 혁명 뒤에 벌어진 시민전쟁의 모습을 빠짐없이 목격하게 된다. 독일의 꼭두각시로 전락한 백위군(白衞軍) 장군 페틀류라를 수령으로 하는 우크라이나 민족세력과 러시아 혁명을 지지하는 붉은군대, 적군(赤軍).*¹ 잦은 정권 교체 속에 불가코프는 많은 친구들과 형제들처럼 백군의 군의관으로서 블라디카프카스에 부임한다. 불가코프 자신이 쓴 문장에 따르면 "1919년 가을도 깊어가던 어느 날 밤, 덜컹거리는 열차 안 석유병에 꽂은 촛불 밑에서 나는 최초의 단편을 완성했다."고 한다. 그곳에서 불가코프는 처음으로 신문에 시사만평을 기고하고 자신이 쓴 희곡을 무대에 올리기에 이른다. 그 뒤 백군이 후퇴함에 따라 동생들은 외국으로

---

*¹ 러시아 혁명을 지지하는 세력들의 군대를 적위군 또는 붉은군대, 적군(赤軍)이라 하며 혁명에 반대하는 세력을 백위군(白衞軍) 또는 백군(白軍)이라 한다.

성 블라디미르 조각상 드네프르 강이 내려다보이는 언덕 위에 그리스도교를 국교로 한 블라디미르 공의 조각상이 서 있다. 성 블라디미르 교회는 서구적·사실적인 그리스도교 그림과 예루살렘을 떠올리게 하는 지형이 《거장과 마르가리타》 속의 예루살렘을 탄생시켰다.

망명하지만 불가코프는 심한 장티푸스에 걸려 동생들을 뒤따르지 못한다. 망명을 포기한 불가코프는 의사로서의 삶을 버리고 혁명정권 아래의 블라디카프카스에서 문학, 연극활동을 시작한다. 그때의 블라디카프카스는 모스크바 및 페트로그라드(상트 페테르부르크의 옛 이름)와의 교류가 활발하여 보리스 필리냐크 알렉산드르 세라피모비치, 만델리시탐과도 알게 된 불가코프는 혁명위원회의 문학부와 연극부의 책임자가 되어 〈카프카스〉 신문에 단편을 발표하고, 지역극장에서 네 편의 희곡을 상연한다. 그러나 결국 혁명위원회의 문예정책을 수용하지 못하고 1921년 끝 무렵 모스크바로 떠난다.

'아주 눌러 앉을 생각으로, 땡전 한 푼 없이 달랑 옷 한 벌만 걸친 채 모스크바로 갔다'고 자서전에서 고백했듯이, 그가 창창한 미래를 꿈꾸며 모스크바행을 결심한 것은 아니다. 풍자 작가인 불가코프는 늘 '혁명이 나아가는 길에 대한 깊은 회의'를 품고 있었다. 그러나 전쟁이 끝나고 신경제정책, 이른바 네프(NEP)[2]가 도입되면서 소련에도 자유로운 분위기가 생겨났고

---

*2 1921~27년 레닌 주도로 시행된 경제정책. 혁명과 내전으로 저하된 국내 경제력 회복을 위해 잉여농산물 자유판매와 경영권 인정 등 자본주의요소를 일부 도입해 약간의 성공을 거두었다.

모스크바의 불가코프 하우스

문화정책도 비교적 자유로워졌다.

불가코프는 생계를 이어나가기 위해 닥치는 대로 칼럼을 기고했다. 그는 모스크바에서의 생활을 자서전에 이렇게 말하고 있다. '모스크바에서는 오랫동안 고생했다. 호구지책으로 신문 르포와 시사극 평론을 쓰며 (의사면허와는 달리) 우수한 성적으로 표창받는 일도 없는 나의 신분을 증오하기만 했다. 편집자들까지 모두 증오스러웠다. 지금은 물론 죽을 때까지 그들을 증오하리라.' 혁명 직후였던 1924년, 그 무렵에 쉽게 할 수 있는 말이 아니다.

그때 그가 모스크바에서 신문 기사를 쓰는 일은, 물론 볼셰비키 정권 아래 발행되는 무산계급을 위한 것으로 이렇게 나서서 가혹한 일이었음을 공언하는 건 위험한 행동이었다.

그는 철도노동자를 위한 신문 〈기적(汽笛)〉에서, 실제 불가코프처럼 작가가 되기를 꿈꾸고 도시로 상경한 젊은이들—올레샤, 카타예프, 그리고 나중에 둘이서 팀이 되어 인기풍자 작가로 유명해지는 일프와 페트로프 등—과 함께 활동했다. 한 가지 예로 올레샤는 이 〈기적〉에서의 일이 작가로서 사회를 이해하는 데 얼마나 유익했는지 뒤에 감사하는 마음으로 회상했다. 이러한 사회 분위기에서 불가코프의 그런 솔직한 행동이 얼마나 세간의 이목을 끌었을지는 쉽게 짐작할 수 있다.

1922년으로 접어들자 베를린에서 발행되고 있었던 작가 알렉세이 톨스토이를 편집장으로 하는 러시아어신문 〈나카누니에(그 전야)〉의 〈문예부록〉에 발표한 《소맷부리에 적은 메모》 제1부와 《치치코프의 편력》《붉은 왕관》 등의 단편으로 주목을 받는다. 1924년에는 중편 《악마의 서사시》와 키예프에

키예프에 있는 불가코프 박물관

서 겪은 혁명 뒤의 내란을 그린 자전적 장편소설《백위군 *Belaya gvardiya*》
(1925)이 일부 출간되었다. 하지만 점차 이데올로기적 통제를 강화해 가는
소련사회는 불가코프에게 너무도 가혹하게만 느껴졌다. 초기 대표작인《백위
군》은 32세인 1923년부터 집필을 시작했는데, 혁명에 휘말린 어느 의사 집안
의 운명을 그린 작품이지만, 혁명의 폭풍이 몰아치는 키예프에서 혁명과 반혁
명 사이에서 흔들리고 있었던 불가코프 자신의 체험과 결부되어 있다.

　이제까지 아무런 불편이 없는 풍요로운 생활을 보내고 모두가 높은 교양
을 지닌 투르빈가의 장남인 젊은 의사, 그 누이동생과 동생은 혁명의 소용돌
이에 휩쓸려 평화와 가정의 행복과 문화의 파괴자로서의 볼셰비키에 증오를
품고 백위군에 가담한다. 혁명 후의 복잡하게 뒤얽힌 상황 속에서 혁명 에너
지의 고양과 그것에 맞서 허무하게 소모되어 가는 에너지와의 대립을 축으
로 투르빈가의 사람들과 그 집에 드나드는 백위군장교들의 몰락을, 실험적
인 문체, 영화적인 수법, 또는 다큐먼트풍의 구성을 취하면서 다이내믹하게
묘사해 내었다.

　뒤에 보리스 파스테르나크《닥터 지바고》를 우선하는 '혁명과 지식계급'

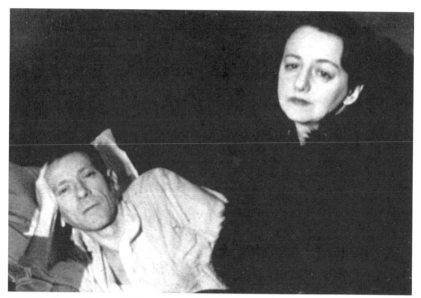

병상에 누워 있는 불가코프와 부인 옐레나　죽음의 순간까지 병상 옆에 앉아 그의 말을 받아 적어 《거장과 마르가리타》 퇴고를 도와주었다. 여주인공 마르가리타의 모델이라 추측되는 옐레나의 헌신적 내조가 없었다면, 불가코프의 작품은 태어나지 못했을 것이다.

주제를 정면으로 다룬 대담한 작품이라는 사실만으로 반혁명세력에 대해 동정적이라는 비난을 받게 된다. 이 작품은 1925년, 제1부와 제2부가 《러시아》지 4호, 5호에 게재되었는데 이 사이 레지네프가 편집하는 동시가 당시 공산당의 문예정책과 대립해 폐간이 되었기 때문에 전편의 발표는 안 되고 더구나 이 장편이 반혁명의 진영을 동정적으로 묘사한 것으로 받아들여졌기 때문에 단행본으로서 출판하는 것도 불가능했다.

　장편 《백위군》 제1부를 완성한 뒤, 《악마의 서사시》, 《운명의 달걀》, 《개의 심장》 세 중편을 거의 2년 사이에 잇따라 써냈다. 이 세 작품은 각각 독립된 것이기는 하지만 '모스크바 3부작'이라고 불릴 때도 있는 것처럼 공통된 특징을 가지고 있다. 모두 현실의 모스크바를 무대로 하면서 우연히 일어난 사건에 의한 일상성의 파괴를 그리는 주제를 가지고, 독자들을 현실과 환상이 교차하는 세계로 끌어들이는 작가의 뛰어난 구상력은 분방한 상상력과 기괴한 기법에 힘입어 풍자와 쓴 웃음으로 현실을 비판하면서 나중의 《거장과 마르가리타》로 이어지는 모티브가 된다.

《악마의 서사시》에 수록된 작품은 문단에서 안드레이 벨리, 예브게니 자마친, 고리키 등의 대가들에게 높은 평가를 받고 미래에 기대를 걸게 했다. 그러나 혁명 뒤 소련 현실에 대적하는 반동작가로서 불가코프에 대한 평가는 점점 악화되었다.

1925년에는 중편 《운명의 달걀 *Rokovye yaitsa*》을 냈으며, 《운명의 달걀》과 《악마의 서사시》를 한데 엮은 작품집 《악마의 서사시 *Dyavoliade*》(1925)를 출간하기도 했다.

1925~26년에는 시골의사의 눈으로 세상

불가코프의 동상
공원으로 둘러싸인 러시아 총대주교 연못의 끝에 불가코프의 동상이 있다.

을 본 《젊은 의사의 수기 : 모르핀》을 의학 잡지에 연재했다. 그러나 불가코프가 세상의 주목을 받는 동시에 혁명 뒤의 러시아 사회에 대한 신랄한 풍자 때문인지 1924년에 쓴 《개의 심장》의 검열불가를 시작으로 국가 정치 보안부의 가택수색과 조사를 받고 《악마의 서사시》의 《개의 심장》은 모두 발매금지처분을 받는다.

불가코프는 《백위군》을 희곡으로 각색해 달라는 모스크바 예술부의 문예부장이었던 바벨 마르코프의 제안을 계기로 연극계에도 진출한다. 그의 말대로 '산문과 희곡은 나에게 피아니스트의 왼손과 오른손 같은 것'이었기 때문에 이는 '올 것이 오고야 만' 일이라 할 수 있으리라. 《백위군》을 각색한 희곡 《투르빈 가족의 나날 *Dni Turbinykh*》은 1926년에 상연되어 큰 성공을 거두었다(스탈린이 이 연극을 몹시 마음에 들어 하여 15번 넘게 관람한 것으로 유명하다. 스탈린이 불가코프의 작품 활동을 억압하던 이 시기에도 그를 감싸는 듯한 모습을 보인 이유가 여기에 있을지도 모른다). 같은 해 바흐탄코프 극장에서 《조야의 아파트》도 상연되었고 1928년에는 카메르니 극장(푸시킨 극장의 옛 이름)에서 러시아 혁명과 검열을 풍자한 《적자색 섬》을 무대에 올렸다.

그러나 이러한 성공도 1929년 네프 정책의 끝을 알리는 스탈린의 공업화 선언과 함께 막을 내리게 된다. 그때부터 불가코프의 희곡들은 사실상 모두 상연이 금지되고 그의 소설들 또한 같은 운명을 맞게 되었다. 가까스로 마지막 리허설까지 마친 《도망 *Beg*》(1928)이 금지되었고 《드 몰리에르 씨의 생애 *Moliere*》(1932)는 1932년에 모스크바 예술극장에서 상연하기로 계약했음에도 1936년이 되어서야 무대에 올릴 수 있었다. 그러나 그조차 7차례 상연에 그치고 말았다.

그동안 의사의 체험을 바탕으로 《젊은 의사의 수기》(1925~1927)로서 정리될 일련의 단편이 《의료관계자》지에 게재되었는데 이것은 생전에 불가코프의 활자로 된 마지막 작품이었다.

작가로서 활동의 장, 나아가 생계수단을 빼앗겼다고 느낀 불가코프는 1929년과 1930년 두 차례에 걸쳐 정부에 망명허가를 요청하는 탄원서를 제출했다. 두 번째 탄원서를 제출했을 때 스탈린은 직접 불가코프에게 전화를 걸어 망명을 단념하는 대신 모스크바 예술극장에서 조연출로 일하도록 설득했다. 기회를 얻은 불가코프는 고골리의 소설 《죽은 혼》을 각색하고 연습에도 가담한다. 디킨스 원작 《피크비즈 페이퍼즈》의 상연 때에는 단역이나마 배우로 무대에도 섰다. 1932년에는 《투르빈 가족의 나날》을 다시 무대에 올릴 수 있게 되었고 이는 1941년까지 계속되었다. 극장을 사랑하고 연극활동에 정열을 불태우고는 있었지만 자신의 작품을 무대에 올리지 못하는 것은 못내 아쉬운 점이었다. 1931년 5월 그는 스탈린에게 편지를 보냈으나 답장은 없었다.

그 뒤, 예정되어 있었던 모스크바 예술극장에서의 《도망》과 《위선자의 음모

《거장과 마르가리타》 소장본 속표지

바흐탄코프 극장에서의 《최후의 나날 푸시킨》의 상연을 레퍼토리 위원회는
허가하지 않았다. 불가코프는 실의 속에 집에 틀어박혀 발표할 곳도 없이 밀
실의 작업에 전념해 침묵을 지키고, 언젠가 반드시 승리할 것이다, 라는 〈문
학〉의 힘을 믿고 1940년 세상을 떠날 때까지 조연출 자리에서 물러나 볼쇼
이 극장 오페라 작가로 활약하게 된다. 이런 어려운 상황에서 만들어진 작품
이 바로 《거장과 마르가리타》이다. 불가코프는 이 무렵 연극계에서 활동한
경험을 바탕으로 장편 《극장 로망》도 쓰고 있었으나 완성하지는 못했다. 사
람들은 《극장 로망》이 완성되었다면 《거장과 마르가리타》를 뛰어넘는 걸작이
탄생했으리라 말한다. 하지만 1920년대 끝 무렵부터 1940년에 작가가 사망
할 때까지 쓴, 그의 대표적 장편소설 《거장과 마르가리타》조차 그가 살아있
는 동안에는 활자가 되어 세상에 나오지 못했다. 불가코프가 작가로 알려진
것은 죽고 나서 사반세기 뒤의 일이다. 즉 《거장과 마르가리타》가 1966년부
터 1967년에 걸쳐 소련 문예지에 발표되고 나서이다.

　《거장과 마르가리타》에 나오는 악마 볼란드의 '원고는 불타지 않는다'는 말이 맞았다는 걸 증명하는 대목이다. 불가코프는 자신이 죽은 뒤 이런 일들을 예상했던 것일까.

1939년 병세가 급격히 악화된 불가코프는 시력을 잃고 만다. 이듬해 1940년 그는 아버지와 같은 병원에서 세상을 떠난다. 지금 그는 모스크바 노보제비치 수도원의 공동묘지에 잠들어 있다.

불가코프는 세 번 결혼했다. 첫 아내 타티아나 니콜라예브나 라파(1892~1981)와는 학생 때 결혼하여 1923년부터 1924년까지 격동의 시기를 함께 보냈다. 계속 침묵해 오던 그녀는 만년에 이르러서야 인터뷰에 응해 불가코프와의 추억을 이야기했다.

1924년부터 1932년까지 결혼생활을 함께한 두 번째 아내 류보프 에브게니예브나 베로젤스카야(1895~1987)는 독특한 이력을 지니고 있는데, 프랑스 망명 시절 파리 뮤직홀에서 발레리나로 활동하다 남편이 아닌 작가 알렉세이 톨스토이와 함께 귀국한 적이 있다. 그녀의 독특함은 불가코프의 작품에 많은 영감을 주었다. 그녀는 1969년 《아아, 추억의 그대여》를 통해 불가코프와의 추억을 적극적으로 이야기했다.

그와 마지막까지 함께했던 세 번째 아내 옐레나 세르게예브나 실롭스카야(1893~1970)는 마르가리타의 모델로 작가의 든든한 조력자였다. 불가코프가 실명한 뒤에는 그가 말하는 것을 받아 적으며 집필을 도왔고, 남편이 죽고 난 뒤 작품들을 세상에 내놓았다. 그녀의 일기(1990년 출간)는 불가코프에 대해 잘 알 수 있는 귀중한 자료이다.

20세기 고전에 오른 《거장과 마르가리타》

악마를 찬양하라! 타오르는 태양이 내리쬐는 소비에트 정권 하의 모스크바. 자칭 흑마술 전문가라는 외국인 교수 볼란드와 그 일당이 나타나면서 시내에는 일대 소동이 벌어진다. 문학협회의 회장인 베를리오즈는 볼란드의 예언대로 목이 잘려 나가고, 일당을 추적하는 젊은 시인 이반은 정신병원에 실려 가며, 바리에테 극장의 간부들이 줄줄이 사라진다. 게다가 볼란드 일당이 극장에서 흑마술을 공연하면서 가짜 돈과 옷, 구두를 뿌리는 바람에 모스크바 시민들은 대혼란에 빠진다. 한편 정신병원에 수용된 이반의 옆방에는 자신을 '거장'이라고 소개하는 사내가 살고 있다. 작가였던 그는 예수와 본디오 빌라도에 관한 작품을 썼다가 문단의 혹평을 받고 크게 좌절한 뒤, 사랑하는 연인을 떠나 정신병원에 자신을 유폐했다. 볼란드 일당은 '거장'의 연인이자 그와 재회하기만을 꿈꾸는 마르가리타에게 손을 뻗기 시작하는데 …….

《거장과 마르가리타》는 공상과학소설, 미스터리, 만화, 연극 등 다양한 장르의 매력이 뒤섞인 초현실적이면서도 현실적인 대장편소설이다. 롤링 스톤스 〈악마에 대한 연민〉에 영감을 주었으며, 20세기 러시아문학 최고 걸작으로 손꼽힌다.

소설이란 거대한 건축에 비견

영어판 《거장과 마르가리타》 표지

할 수 있을 것이다. 그렇다면 《거장과 마르가리타》야말로 그 전형이다. 기괴한 사건, 마술사, 그리스도 죽음의 속내와 같은 이미지가 하나하나 겹쳐지며 소련이라는 이름의 장대한 착오의 건축물이 드러난다. 이야기 속 소련은 지금의 한국이며, 미국이며, 세계 전체이다.

《거장과 마르가리타》는 거장이라 불리는 작가와 그 애인 마르가리타의 이야기를 하나의 축으로 하고 흑마술 교수인 악마 볼란드와 그 일당인 작은 악마들의 모스크바 파괴를 또 하나의 축으로 하여, 파트리아르흐 연못 근처에 문학가 둘이 등장하면서 시작된다. 유대총독 폰티우스 필라투스와 예수를 주제로 한 소설을 쓴 거장은, '그리스도를 찬미하는 작가'로서 작품도 발표하지 못한 채 편집자, 비평가로부터 맹렬한 공격을 받고, 점차 공포에 사로잡혀 소설 원고를 스스로 불속에 던져넣은 뒤 애인과도 헤어지고 정신병원에 수용된다.

어느 봄날 저녁, 모스크바에 볼란드 교수가 나타나자, 마치 거장을 파멸시킨 자들에게 복수라도 하는 것처럼, 모스크바에 기괴한 사건들이 연달아 일어난다. 교수가 예언한 대로 편집장이 전차에 치여 죽고 그것을 목격한 시인이 발광하는 것을 시작으로, 행방불명이 되거나 정신착란에 빠지는 자가 잇따르고, 극장의 천장에서는 지폐가 쏟아지고, 강물이 범람하고, 화재가 잇따르는 등, 그야말로 숨 돌릴 새 없이 기상천외한 사건들이 전개되는 작품세계는, 시공의 개념을 파괴하여 환상과 현실을 교차시키면서 30년대의 소련사회의 실체를 파헤칠 뿐만 아니라, 광기 내지 비합리에 지배되는 러시아의 고유한 의식구조에 날카롭게 메스를 찌른다. 악마에 의해 농락당하고 조소당하는 모스크바가 공포 시대의 그 모스크바와 대비되고 있는 것은 말할 것도 없다.

그러나 이 작품은 단순히 30년대 소련사회의 현실에 대한 비판과 고발로 끝나지 않은 것에 주목해야 한다. 거장이 쓴 '소설' 자체가 눈길을 끄는 것이다.

거장은 볼란드의 도움으로 정신병원에서 탈출하여 애인과 재회하고, '원고는 불타지 않는다'는 볼란드의 말과 함께 거장의 '소설'도 잿속에서 되살아난다. 볼란드의 이러한 말은 아주 상징적인 의미를 풍기고 있다. 즉 정치와의 대결 속에서도 진실을 추구하며 독자적인 세계를 구축하여 자립한 작품은 어떠한 정체의 억압에 의해서도 사멸되지 않는다는 것이다.

장편 속에 삽입되어 있는 거장의 '소설'은, 2천 년전의 예루살렘을 무대로, 무죄임을 알면서도 예수를 처형한 필라투스의 고뇌를 그리고 있다. 필라투스의 고뇌는 권력기구 속에 있는 자의 고뇌와도 중첩된다. 그래서 그는 부하에게 명령하여 이스카리오테의 유다를 겟세마네에서 암살하게 하지만 그래도 불안과 고뇌는 사라지지 않는다. 골고다 언덕에 앉아 계속 잠을 자면서 보름달이 뜰 때마다 악마에게 시달리는 필라투스의 이미지는 강렬하다.

그러나 인생의 모든 것에 환멸을 느끼고 이 '소설'에 대해 증오마저 품게 된 거장은 필라투스에게 소리친다. "너는 자유다! 자유다! 그(예수)가 너를 기다리고 있다!"고. 이 문장으로 '소설'은 완성되고, 필라투스는 2천 년의 고뇌에서 해방되며, 거장도 마르가리타와 함께 영원한 집으로 사라진다. 불가코프 자신이 이 작품의 완성과 함께 영원한 자유를 얻은 것처럼. 그것은 한 작가의 죽음이 그의 작품의 죽음을 의미하지 않는다는 것은 그리스도의 죽음이 진리의 죽음을 의미하지 않는다는 것과 마찬가지라는 것을 굳게 믿고 작품을 꾸준히 써나갔던 불가코프 자신의 문학적 확신 그것이다.

그러나 모스크바에 살아남은 자들은 어떻게 될까? 필라투스와 거장처럼 자유도 영원도 얻지 못한 자들은 어떻게 해야 하나? 악마를 만나고 편집장의 죽음을 목격한 뒤 정신병원에 들어간 시인은 폐인이 되어, 그 옛날의 필라투스처럼 보름달이 뜰 때마다 악몽에 시달린다. 이 시인을 마지막에 다시 등장시킴으로써, 불가코프는 아직 약속되지 않은 자유를 구하며, 자유 때문에 고뇌하는 저주받은 현대의 인간들을 암시하고, 그 지점에서 시작되어야 하는 창조의 의미와 창조의 근거를 제출하여 20세기 문학의 과제를 작품화하는 데 성공한다.

이와 같이 자각적인 방법의식으로 구축된 불가코프의 작품세계는 일상성을 모조리 부정하는 비일상적인 세계를 부각시켜 읽는 사람의 의식에 충격을 주고, 일상성의 틀 속에 숨어있는 위기를 새삼 발견하지 않을 수 없게 만든다. 현실이 비일상적인 것으로 표현된 불가코프의 세계는, 정치의 두꺼운 벽을 넘어서고 시간의 검증을 견디며, 점차 선명한 빛을 비추면서 현대에 문제를 던지고 있다.

이 작품의 배경이 되는 곳은 옛날에 '산양의 늪'이라 불렸는데 17세기에 피라레트 총주교(파트리아르흐)의 마을이 있었기 때문에 파트리아르흐 연못으로 이름을 바꾸었다. 산양과 총주교란 이름이 붙은 그곳은 악마와 신에 대한 논의가 이루어지기에 가장 알맞은 장소였기 때문에 그곳에는 이미 악마가 나타날 수밖에 없는 필연성이 깃들어 있다. 또한 러시아어에는 '악마'라는 단어가 있다. 이는 욕설의 하나로, 예를 들어 '악마가 알고 있다'는 '그까짓 거 알게 뭐야'라는 의미이며 '악마에게 잡혀가다'는 '빌어먹을' 또는 '귀신은 뭐하나 저런 놈 안 잡아가고' 정도의 뜻으로 일생생활에서 아무렇지 않게 쓰이는 말이지만 이 작품에서만큼은 그냥 지나칠 수 없는 말이다. 볼란드를 세상으로 불러낸 것이 바로 그 '악마'의 말이었다고 할 수 있으며 평소에 '악마'라는 말을 달고 살았던 공연위원회 위원장 프로호르 페트로비치가 양복에서 사라진 계기도 마찬가지로 '악마'였다. '악마'라는 말은 악마 스스로도 사용하지만 문자 그대로의 뜻을 생각하면 비꼬는 듯한 재미가 있다.

그 반대로 평소에 아무렇지도 않게 사용되는 '신'에 대한 말들도 나온다.

'신께 영광 있으리'는 '감사하다'이고 '그리스도를 위하여'는 '제발 부탁이니'라는 의미이지만 여기서는 의식적으로 사용되고 있다고 볼 수 있다. 또한 볼란드 패거리가 머물게 되는 사도바야 거리 302-B번지(비즈)에도 악마라는 단어가 숨어 있다. 우크라이나어로 '비즈'는 악마를 뜻한다. 또한 러시아어로 '비즈'는 '앙코르, 한 번 더'라는 의미이므로 (3+0+2)×2=10이 되는데, 이는 실제로 불가코프가 살았던 10호실과 연관지을 수 있다. 주소로는 어울리지 않는 '비즈'에는 이러한 장치들이 마련되어 있다. 불가코프는 숫자를 가지고 놀거나 숫자에 의미를 부여하는 재주가 있었다.

철의 장막 탄압 속 피어난 낭만주의적 걸작

《거장과 마르가리타》 원고 끝부분에 1929년이라 표시되어 있으나 실제로 불가코프가 이 작품을 쓰기 시작한 것은 그 전 해라고 알려져 있다. 적어도 1928년에는 《거장과 마르가리타》를 구상하기 시작했다고 한다.

1929년 네드라 출판사에 K. 투가이라는 필명으로 《Furibundus(광기어린)》이라는 제목의 원고를 가져간 적이 있었다. 또한 2월에는 불가코프가 몰래 장편소설을 쓰고 있다는 제보가 OGPU(합동 국가정치보안부)에 전달되어 지금까지 보관되어 있다. 그 밖에도 《흑마술사》《발굽을 지닌 기술자》 등 여러 차례 제목이 바뀌었다.

이러한 초고들은 1930년 희곡 《위선자들의 카발라》의 상연금지 소식을 듣고 불가코프 스스로 불태워 버렸다. 1931년에 다시 원고를 쓰기 시작했는데 거기에 마르가리타와 이름도 없는 그녀의 동반자가 등장한다. 1932년 원고를 새로 고치면서 그것이 완결본이 되었다. 초고 때의 제목들 말고도 《총독》《사탄》 등의 제목이 있었고 '낭만주의적 장편'이라는 부제를 붙였다. 제3고(4고라는 이야기도 있다)는 1936년 후반부터 쓰기 시작하여 1938년에는 원고를 타이핑하였다. 그때 제목은 《어둠의 공작》이었으나 1938년 끝 무렵에 이르러 지금의 제목이 되었다. 그 뒤로는 타이핑된 원고를 바탕으로 퇴고가 이루어졌으며 앞이 보이지 않게 되고부터는 아내 옐레나에게 받아 적게 하였다.

구술은 죽기 직전(적어도 4주 전)까지 계속되었다. 안타깝게도 고친 문장을 기록한 노트 중 한 권이 분실되었는데 아직까지 찾지 못하고 있다. 작가

에게 시간이 얼마 남지
않았던 데다 분실까지
겹쳐 소설에는 몇 군데
모순된 점이 남게 되었
다. 예를 들어 13장에
서 거장이 들려주는 이
야기에는 알로이지 모
가리치가 나오지 않는
데, 그러면 24장과 내
용이 이어지지 않는다.
30장에서 마르가리타와
거장은 현실세계에서는
죽었는데도 에필로그에
서는 행방불명으로 처
리되어 있다.

《거장과 마르가리
타》는 몇 단계에 걸쳐
창작되었는데 소설의
배경이 되는 '시대'는
언제나 그보다 조금
앞선 미래로 설정되어
있었다(예를 들어

《거장과 마르가리타》의 삽화
마왕 볼란드와 악마단이 그려져 있다. 파우스트의 역설을 재연하는
악당들. 장난과 마술을 사용해 인간들의 어리석음을 통쾌하게 폭로
한다.

1929년 시점에서는 1935년으로, 1932~33년에는 1945년으로 설정되었다).
결국 시대적 배경은 마차와 택시의 혼재, 트롤리버스(1934년에 생겨남), 건
축가회의(1937년) 등 1920년대 후반(신경제정책)부터 30년대(스탈린의 대
대적인 숙청)까지의 분위기를 자아낸다.
불가코프는 가택수색의 위험을 느끼고 원고를 불태웠다. 그 뒤 정치적으
로 예민한 부분을 삭제당한 것으로 추정되는데, 그럼에도 불구하고 완성본
을 살펴보면 정치적으로 예민한 부분에 대해 제법 뚜렷하게 이야기하고 있
다. 50호실에서 주민들이 하나하나 사라지는 과정은 숙청의 피바람이 일던

그때의 긴박한 현실을 나타낸다. 이렇듯 실제로 일어나는 상황들을 작품의 모티프로 삼아 희화화해 버리는 대담함에 불가코프의 낭독회에 모인 지인들조차 충격을 받았다. 또한 거장이 들려주는 이야기(13장)에는 10월 중순부터 1월 중순까지가 비어 있다. 1월 중순에 거장이 '단추가 떨어진 외투'를 입고 있는 걸로 보아 그 사이 경찰에 잡혀 감옥에 갇혔다고 추측할 수 있다.

모스크바를 무대로 벌어지는 이야기에서는 그리스도의 수난주간인 수요일부터 부활절(러시아어로 빠스하) 전날 밤에 걸친 사건들에 대해 다루고 있다. 에필로그에서 해마다 이반을 불안하게 만드는 것은 '봄의 축일에 떠오르는 보름달'이라고 나와 있는데 여기서 축일은 부활절을 가리킨다. 부활절은 해마다 날짜가 달라지는데 춘분이 지나 달이 꽉 차오른 첫 일요일에 부활제가 치러진다. 악마의 무도회는 수난주간의 금요일에 열리는 것이 관례인데 볼란드는 그날을 몇 번인가 '축제의 밤'이라 표현한다. 20세기에 들어선 뒤 30년 넘게 흐르면서 실제로 수난주간의 수요일부터 5월에 들어선 경우는 1929년밖에 없다고 한다. 그때 부활절은 5월 5일이며 수요일은 5월 1일로 노동절과 같은 날이 된다. 이반이 쓴 그리스도에 대한 시는 노동절 어느 집회에서 낭독할 시였는지도 모른다. 볼란드는 수난주간인 수요일에 모스크바에 나타나 금요일에 사탄의 무도회를 열고 예수가 부활한 일요일이 되기 전 토요일 해질녘에 거장과 마르가리타를 데리고 모스크바를 떠난다.

《거장과 마르가리타》 안에는 거장이 쓴 소설도 실려 있다. 어느 때는 이반의 꿈으로 소개되고 어느 때는 마르가리타가 읽기도 한다. 그리고 무엇보다 그 소설이 진실한 이야기이기 때문에 악마 볼란도의 입을 빌려 서술된다. 이러한 '소설 속의 소설'은 예수가 처형될 때의 예루살렘을 무대로 유대력 니산 달 14일 유월절 축제(러시아어로는 부활절과 같은 '빠스하'이다)날 벌어진 사건을 다루고 있다. 유월절 축제는 유대인들이 이집트를 탈출한 것(출애굽)을 기념하여 니산 달 14일 밤부터 7일 동안 계속된다. 태양력으로는 3월 하순에서 4월에 해당한다. 이 소설과 '소설 속의 소설'은 두 개의 '빠스하'와 날씨 묘사(후덥지근한 더위, 뇌우)를 통해 평행선을 그리다가 절정 부분에 이르러 거장 일행이 다른 세계로 이동함으로써 같은 차원으로 합쳐지게 된다.

'소설 속의 소설'에서는 전통적인 그리스도교 용어가 철저하게 배제되어 있다. 러시아는 그리스 정교를 이어받은 러시아 정교가 국교인 나라로 본디 로마 가톨릭과는 다른 용어를 사용한다. 예수는 이수스, 마태는 맛페이, 예루살렘은 이예루살림이다. 그러나 소설에서는 그와도 다른 단어를 사용한다. 예수는 예슈아, 마태는 마트웨이, 제사장 카야파는 카이파, 갈리옷의 유다는 키리아트의 유다로 표기되어 있다. 지명인 예루살렘도 예르샬라임이라 부른다. 십자가와 책형*3은 '기둥형'이나

루카스 크라나흐의 〈그리스도의 책형〉
사상범 예수의 사형 모습을 신화적 색채를 배제하고 철저하게 보이는 그대로 그려져 있다. 《거장과 마르가리타》에선 성모와 요한이 아닌 마태가 예수의 죽음을 슬퍼한다.

'매달다'로 바꿨다. 특히 고유명사에 대해서는 불가코프가 역사가들의 서적들을 꼼꼼히 조사하여 골라냈다. 문학작품으로서 예수와 그 시대를 재구성하려는 의도가 엿보인다. 불가코프에게는 복음서조차 문학의 소재였던 것이다. 그러나 이런 흐름 속에서도 빌라도만은 빌라도 그 자체로 등장한다. 이 소설이 '빌라도'에 대한 이야기이기 때문이다.

예르샬라임의 등장인물들은 라틴어와 그리스어 및 그때 유대사회의 일상 언어였던 아람어를 구별하여 썼다. 러시아어에는 2인칭 단수가 두 가지 있는데, 정중한 표현의 '당신'은 Вы, 친한 사이에서는 Ты를 사용한다. 후자

---

*3 죄인을 기둥에 묶고 창으로 찔러 죽이던 형벌. 십자가형이라고도 한다.

는 때때로 속된 말이 되기도 한다. 그러나 신을 부를 때는 ТЫ를 사용한다. 소설 속에서 아람어와 그리스어로 이야기할 때는 상대를 부를 때 ТЫ를 쓰고 있으나 라틴어일 때는 둘 다 사용한다. 빌라도는 부하들에게 정중한 표현을 쓰고 있다. 그 무렵 라틴어는 2인칭 단수가 하나밖에 없었으나 불가코프는 거기에 현대 러시아어를 가져옴으로써 빌라도 성격의 한 부분을 드러내려 했다고 여겨진다.

비옥한 문학적 토양 위에 세워진 거목

《거장과 마르가리타》는 비옥한 문학적 토양 위에 세워졌다. 러시아 작가 푸시킨, 그리보예도프, 톨스토이(《백위군》은 지나치게 톨스토이적이라며 비판받았다), 도스토옙스키(이반이 자기분열을 일으켜 다른 이반과 논쟁하는 부분은 《카라마조프 가의 형제들》의 이반이 꿈속의 악마와 대화하는 장면을 떠올리게 한다) 등은 작품 속에 이름이 분명히 기록되어 있다. 책의 첫머리에는 괴테의 《파우스트》에서 인용한 구절이 적혀 있다. 그밖에 고골(거장은 다름 아닌 작가 자신을 표현하고 있으나 그 풍모나 행동을 보면 고골의 모습이 겹쳐진다), 호프만, 단테의 《신곡》 등, 이 소설에 영향을 준 것들을 꼽아나가자면 거의 모든 세계문학에 이를 정도이다. 그중에서도 가장 눈에 띄게 영향을 받은 작품은 괴테의 《파우스트》일 것이다.

《파우스트》의 메피스토펠레스에게서 볼란드를 생각해냈음은 분명하다. 특히 볼란드라는 이름은 메피스토펠레스가 스스로 이름을 밝힐 때 말한 Foland에서 따온 것이다. 불가코프는 《파우스트》의 러시아어판에서 볼란드라는 이름을 가져왔다.

첫머리의 인용구는 불가코프가 직접 러시아어로 번역한 것이다. 또한 마르가리타의 모델은 세 번째 부인 옐레나이다. 그녀에게는 그레트헨 역할이 주어져 자신이 사랑하는 사람을 구하게 된다. 마르가리타는 아이를 죽였다는 죄책감에 사로잡힌 프리다를 해방해 주는데, 《파우스트》의 그레트헨도 같은 죄를 저지르고 있다. 마르가리타는 프리다가 자신을 닮았기 때문에 그냥 두고 볼 수가 없었다. 또한 마르가리타에게 프리다의 해방은 자신의 문학적 원천이 해방된 것을 의미한다.

이처럼 《거장과 마르가리타》에서는 여러 문학작품에서 받은 영향들을 찾아볼 수 있다. 그런데 불가코프에게 문학이란 음악과 연결되므로 그는 문학을 시각적·청각적인 것으로 받아들인다. 괴테의 《파우스트》에서 한 장면을 예로 들어보자. 불가코프의 작품에서는 구노의 오페라를 통해 형상화된 메피스토펠레스가 연상된다. 더 정확히 말하자면 메피스토펠레스를 연기하는 샬랴핀의 모습이 떠오른다. 푸시킨의 《예브게니 오네긴》 《스페이드의 여왕》도 이야기 속에서는 차이코프스키의 오페라로 연주된다.

《거장과 마르가리타》 원작을 각색한 연극의 포스터
2000년, 작가의 60주기를 맞아 모스크바 무대에 올려졌다.

문학협회 마솔리트 이사장인 미하일 베를리오즈의 이름은 소설 속에서 스트라빈스키(이 또한 작곡가 이름이다) 교수가 헷갈려 했던 것처럼 엑토르 베를리오즈에서 따왔다. 베를리오즈의 《환상교향곡》에서는 주인공이 자신의 연인을 죽인 죄로 단두대에서 목이 잘린다. 주인공의 장례식에서 마녀들이 모여 파티를 여는데, 그곳에서 주인공은 옛 연인의 모습을 찾아낸다. 마솔리트의 이사장은 그 이름이 바로 베를리오즈이기 때문에 처음부터 목이 잘려 죽는 것과 악마의 무도회를 목격하는 것으로 운명지어졌다. 그밖에도 왈츠와 재즈 그리고 그 무렵의 유행가 등 《거장과 마르가리타》에는 음악이 풍성하게 흐르고 있다.

주인공에 대해서도 살펴보자. 13장이 되어서야 느릿느릿 등장하는 주인공에게는 이름도 없어서 그는 이반에게 자신을 '마스테르MacTep'라고 소개한다. 이는 연인 마르가리타가 붙여준 애칭으로 '문학의 거장'을 의미할 것이다. 거장은 고유명사가 아니기 때문에 타이틀 말고는 대문자로 표기되지 않는 단어이다(물론 문장 첫 글자는 예외이다). 마스테르는 영어의 master, 독일어의 Meister와 어원이 같으며 '나의 주 그리스도'라는 뜻도 있다. 실제로 거장과 예슈아 사이에는 비슷한 면이 있는데, 그것은 바로 제자가 한 사람 있다는 것이다(예슈아에겐 레비 마트웨이, 거장에겐 이반 베즈돔니). 이런 점에서 볼 때 거장에게는 예슈아의 이미지가 투영되어 있음을 알 수 있다. 한편 볼란드의 머리글자는 W인데 W를 거울에 비추면 M이 된다. 여기서 천상의 지배자와 어둠의 지배자를 대립된 모습을 찾아볼 수 있다.

《거장과 마르가리타》는 작가 생전에는 빛을 보지 못한 작품이다. 그러나 집안에서 이루어진 일이긴 하지만, 불가코프가 살아있을 때 낭독회를 열어 전편을 직접 낭독하기도 했다.

망각의 어둠 속에서 불가코프가 부활하는 계기가 되는 것은 스탈린이 죽은 뒤 열린 1945년 제2회 소비에트 작가동맹대회에서 작가 벤야민 카베린이 불가코프의 이름을 거론한 일이었다. 1966년 《백위군》《극장》《젊은 의사의 수기》를 포함한 산문집이 간행되었고, 《거장과 마르가리타》는 그로부터도 한참 뒤인 1966년 월간지 〈모스크바〉 12호와 1967년 1호에 연재됨으로써 겨우 세상에 나올 수 있었다. 그러나 이는 내용의 7분 1이 삭제된 불완전한 작품이었다.

1969년 프랑크푸르트의 포세프 출판사가 처음으로 완성본을 출간했다.

소련에서 무삭제판이 출간된 것은 1973년의 일인데 포세프 출판사의 책과는 다른 부분이 많다. 그 뒤로 소련에서 출판된 많은 책들은 모두 1973년도 판을 바탕으로 하고 있다. 단행본으로 발간된 《거장과 마르가리타》는 소련 내에서는 경이적인 성공을 거뒀을 뿐 아니라 세계 각국에서 잇따라 번역되어 그때까지 소련에서는 금지되어 있던 작품들도 국외에서 러시아어로 발표되고 그 번역도 추진되었다.

고르바초프의 페레스토로이카 정책*4이 도입된 1989년부터 1990년에 걸쳐

---

*4 고르바초프가 표방한 정책 표어로 경제, 사회 및 모든 영역에서의 개혁을 말한다. 법제도와 관리 체계를 근본적으로 재검토한 이 개혁으로 개인기업, 자유 시장, 임금격차, 기업 책임제 등 자본주의적 요소가 대거 도입되었다.

5권으로 이루어진 불가코프 선집이 출판되었다. 이 선집에 실린 《거장과 마르가리타》는 리디야 야놉스카야가 엮은 것으로(그 전에 도니예프로 출판사에서 두 권짜리 선집에 수록되었다) 이 책이 출간되고부터 불완전한 원본에 대한 불신과 의심이 해소되었다.

원본에 대해서는 러시아 국내에서도 의견이 엇갈린다. 포세프 판은 1967년에 세 번째 부인 옐레나가 출국허가가 떨어지자마자 가지고 나온 원고를 바탕으로 출판되었기 때문에 가장 신뢰할 만하다는 의견들이 있다. 그러나 5권짜리 선집과 포세프 판은 줄 바꿈 등 형식적으로는 차이가 많이 있으나 내용면에서는 큰 차이가 없다고 판단되어 5권짜리 선집을 기본으로 번역하고 필요에 따라 포세프 판을 참고했다.

불가코프는 나이 채 쉰도 못 돼서, 그의 예술적 재능이 원숙기에 달한 그때에 죽었다. 그것은 그의 최후의 작품인 장편 《악마와 마르가리타》가 충분히 증명하고 있다. 《악마와 마르가리타》는 마치 작가가 이것이 그의 마지막 작품이라는 것을 예감하고 그 속에 풍자적 눈의 날카로움 전부를, 분명한 환상과 심리적 관찰력의 전부를 쏟아넣으려고 했던 것처럼 씌어 있다. 불가코프가 자기의 로망의 진기한 건물을 축조하면서 거리낌 없이 행하고 있는 이러한 짓은 이 작품을 읽어나갈 때 군데군데 지나친 느낌을 갖게도 하고 풍자에서 심리적 산문으로 또 심리적 산문에서 환상으로의 이행은 때때로 이야기라는 직물의 이음매처럼 느껴지기도 할 만큼 날카롭다. 이 작품에는 그 어떤 무절제함, 마음속 깊이 자기의 목숨이 얼마 남지 않음을 느끼는 죽음 전의 그 어떤 예술적 재능의 찬란함이 있어 우리는 이 작품에서 불가코프의 모든 것을 읽게 된다.

고르바초프의 개혁정책 페레스트로이카 이후 불가코프와 관련된 출판물은 셀 수 없이 방대해졌다. 1981년 불가코프 탄생 100주년을 맞아 1984년부터 5월에 상트페테르부르크에서 2년마다 불가코프 강좌를 열었다. 1997년까지 8차례 개최되어 러시아는 물론 미국, 영국, 독일 등 세계 9개국의 연구자들이 모여들어 학술발표를 했다. 마침내 냉전의 벽이 허물어지며 불가코프 연구에서도 같은 토대에서 서로의 연구성과를 나눌 수 있게 되었다. 새로운 발견과 분석이 늘어나 지금껏 자세히 알려지지 않았던 부분들이 차츰 밝혀지고 있다. 불가코프 연구성과 뒤에는 1970년대부터 꾸준히 연구를 발표해 온 마리에타 추다코바의 노력이 있었음을 지적하고 싶다. 불가코프에 대한 관심은 요즘 들어 더욱 높아지고 있다. 지금이야말로, '20세기 최고의 고전'이라 평가받는 《거장과 마르가리타》를 새로운 시각으로 가슴 설레며 읽기에 가장 좋은 때가 아닐까.

모스크바 3부작

불가코프의 대표작 중 1920년대 중반의 작품은 《악마의 서사시》, 《운명의 달걀》, 그리고 《개의 심장》처럼 풍자성 강하고 괴기한 환상적·SF적 소설이다. 이들 세 작품은 밀접하게 관련되어 '모스크바 3부작'으로 일컬어지며, 불가코프 문학적 유산을 이해하는 데 아주 중요한 의미를 지닌다.

《악마의 서사시》는 1923년에 집필됐고 《운명의 달걀》은 1924년에 집필됐는데, 각각 문집과 잡지에 처음 발표되었으며, 1925년에 《악마의 서사시》라는 제목으로 불가코프가 직접 엮은 작품집(모스크바, 네드라 출판사)에 수록되었다. 모두 다섯 편의 중단편을 담은 이 작품집은 1926년에 나온 가벼운 시사풍자적 유머 작품집 두 권까지 계산에 넣어서 불가코프가 생전에 출판할 수 있었던 유일한 완성된 형태의 단행본이다. 지금은 20세기 러시아를 대표하는 문학가로서 높이 평가받는 작가이지만, 결국 이것밖에 출판되지 않았다는 것은 다시 생각해도 놀라운 사실 아닌가?

세 중편소설은 주제에 있어서 반유토피아적이며 환상적 혹은 공상과학적 소설이라는 유사성 외에도 그로테스크 서술기법이라는 공통점을 지닌다. 불가코프 작품에 나타나는 그로테스크는 그로테스크의 일반적인 속성(과장, 환상, 풍자, 코믹 등)뿐만 아니라 고골이나 살티코프-셰즈린의 작품에 나타나는 사실성과 환상성의 결합, 정신계와 비정신계의 대조, 교훈성 등을 담고 있으며, 또한 다른 작가들과 구별되는 불가코프만의 특징을 지니고 있다. 비평가 멘글리노바는 불가코프적인 그로테스크의 가장 두드러진 특징으로 '신빙성'을 언급한다. 여기서 신빙성이란, 그로테스크의 과장성이나 환상성을 약화함으로써 그로테스크한 이야기를 사실적 이야기로 받아들이게 만드는 것을 의미한다. 예를 들어, 《개의 심장》에서 개가 인간으로 바뀌었다가 다시 개로 환원되는 그로테스크한 이야기를 읽으면서 독자들은 그것이 전혀 과장되거나 환상적이라고 느끼지 못하는 것이다

《악마의 서사시》의 무대는 1921년 모스크바의 성냥공장이다. 이곳에서 일하는 평범한 사무원 코로트코프에게 일어난 기괴한 사건을 몽환적으로 그린 다소 긴 단편 내지 중편이다. 월급 대신 현물로 대량의 성냥(그것도 대부분 불량품)을 지급받는 부조리한 상황에서 코로트코프는 새로 부임한 공장장에게 갑자기 해고된다. 달걀처럼 민숭민숭한 머리의 새 공장장을 쫓아 온 모스크바를 뒤지고 다니는 사이에 공장장의 모습도 코로트코프 본인의 의식도 분열하기 시작한다. 결국 벼랑 끝에 몰린 코로트코프는 빌딩 옥상에서 몸을 던진다. 높은 관리로 변신한 자신의 '코'를 쫓아 돌아다닌다는 기괴한 고고리의 단편 《코》를 연상시키는 작품이지만, 혁명 직후의 혼란스러운 모스크바가 무대인 만큼 비참한 삶과 만연한 관료주의에 대한 통렬한 풍자가 끝내 비극적인 결말로 이끈다.

한편, 《운명의 달걀》은 SF적 요소가 강한 중편으로, 과학에 의한 생물개조라는 면에서는 이 다음 작품인 《개의 심장》과 공통되는 면이 많다. 무대는 1928년(즉, 가까운 미래)의 모스크바. 페르시코프라는 동물학자가 생물을 비정상적으로 증식·거대화하는 적색광선을 발견한다. 어떤 지방의 '국영농장'(소프호스)에서는 이 광선을 양계업에 이용하려고 하지만 실수로 적색광선이 뱀과 타조의 알에 쏘아지고, 부화한 거대한 공룡 같은 괴물들이 무리를 이루어 모스크바를 공격한다……. 생물의 거대화를 다룬 SF작품으로는 H.G. 웰스의 《신들의 양식》이 유명하지만, 웰스의 작품이 더 일반적인 문명 비평을 담고 있고 불가코프의 괴기한 풍자에는 러시아혁명 뒤의 소련사회라는 명확한 타깃이 있었다. 이 작품은 생물학적 SF를 가장하여 노골적인 정치적 비평은 하지 않지만, 당시 상황을 고려해 볼 때 단순히 과학의 남용에 의한 생물개조의 위험을 호소한 작품이 아님은 명백했다. 누구나 금방 암묵적으로 이해한 것은, 혁명이라는 사회 실험을 통해 국가를 강제로 급속히 발전시키려다 보면 무시무시한 괴물들을 차례로 낳을 수 있다는 위험성을 이 소설이 암시하고 있다는 점이다. 그런 무리한 실험의 리더라는 점에서 동물학자 페르시코프는 혁명의 지도자 레닌과도 비교할 수 있을 것이다.

역설적인 시대의 빛 《개의 심장》
불가코프의 흥미로운 초기 작품 가운데 가장 중요하고 완성도 높은 작품이 바로 이 《개의 심장》이다. 대담한 풍자와 재미있는 줄거리 면에서는 《거장과 마르가리타》와 충분히 겨룰 만한 작품이며, 이 작품이 없었다면 《거장과 마르가리타》는 결코 태어나지 못했으리라고 생각되는 요소가 짙게 깔려 있다. 그리고 무엇보다도 작품 자체가 러시아혁명 직후인 1920년대 혼란스러운 소련사회의 거칠고도 창조적인 에너지로 가득한 역설적인 시대의 빛을 발하며 저력을 과시한다.

　장편이라고 부를 만한 길이의 본격적인 소설이지만, 1925년 1월부터 3월까지 거의 단숨에 완성했다고 한다. 같은 해 3월에는 두 번에 걸쳐서 문학 모임에서 불가코프가 직접 낭독하여, "이것은 자기 자신을 드러내는 용기 있는 최초의 작품이다. 일어난 일(러시아혁명)에 대한 태도를 현실로 표현할 때가 이제 온 것이다" 등 이 작품의 용기를 높이 평가하는 목소리도 들었다. 작가 베레사예프도 이것을 두고 "훌륭한 소설"이라고 칭찬했다. 이듬해인 1926년에는 이 작품을 희곡화하여 모스크바 예술극장에서 상연하자는 이야기가 나왔다(물론 실현되지는 못했지만). 그러나 작품 낭독회에는 OGPU('통합국가정치국'＝당시 소련의 정치경찰)의 첩보원도 참석하여 '아주 위험하고 유해한 작품'이라는 취지의 자세한 밀고서를 작성했다. 실제로 반소련적 문학에 대한 단속을 강화하고 있던 검열당국은 이 작품의 출판을 허가하지 않았다. 그뿐만이 아니다. 1926년 5월 7일에 불가코프는 OGPU의 가택수색을 받고 《개의 심장》의 원고를 압수당하고 말았다. 사태가 이 지경에 이르자 불가코프도 《개의 심장》의 출판은커녕 자칫하다가는 신변까지 위험할 수 있음을 자각했다. 이후 그는 이 작품의 출판을 완전히 포기해야 했다. 압수당한 원고가 작가에게 되돌아온 것은 1930년이 되어서였다.

　한 가지 이상한 점은, 이렇게 대담무쌍한—지금 생각해도 당시 소련당국은 절대로 허용하지 않았을 것 같다—작품을 불가코프가 어떻게 감히 그 시절에 썼냐 하는 것이다. 아직 다양한 의견의 공존이 어느 정도 허용됐던 1920년대 중반에는 수많은 문학적 실험도 통렬한 세태 풍자도 일정 정도는 가능했다. 소련의 볼셰비키 체제도 아직 완성되지 않았고, 향후 다시 뒤집어질 가능성이 아주 없는 것도 아니었다. 작가로서 실력을 쌓아 자신감을 얻은 불가코프는 아마 지금이라면 혁명에 대한 자신의 '대답'을 내놓을 수 있으리라고 생각하지 않았을까? (하지만 앞서 말했듯이, 이것은 완벽한 오산이었다.)

물론,《개의 심장》은 단순한 반혁명적 세태 풍자가 아니다. 중의적인 내용과 그에 상응하는 중의적인 줄거리 덕에 깊이 있는 매력적인 소설 세계가 펼쳐진다. 분명히 이 시기 불가코프의 대표작으로 불릴 만하다. 소설은 신음과 독백으로 갑작스럽게 시작되며 독자를 사로잡는데, 이는 떠돌이 개 샤리크의 1인칭 독백이다. 최하층에서의 시점으로 먼저 모스크바의 현실이 묘사되는데, 이는 도스토옙스키에게서 물려받은 생리학적 리얼리즘의 세계라고 할 수 있을 것이다(《지하실의 수기》를 떠올리는 독자도 있을지 모르겠다). 그에 이어지는 3인칭 부분에서는 젊어지는 연구 분야에서 권위 있는 의사 프레오브라젠스키 교수를 축으로 이야기가 전개된다. 그는 다쳐서 죽어가는 개 샤리크를 거둔 뒤, 죽은 지 얼마 안 되는 주정뱅이 남자의 뇌하수체와 정낭을 이 개에게 이식하는 실험을 한다. 그 결과 놀랍게도 개는 인간의 모습으로 변신하고 인간의 말도 하게 된다. 그러나 이렇게 만들어진 '개인간'은 상스럽고 천박하기 짝이 없으며, 혁명정권의 수하인 아파트관리위원 시본데르와 함께 구체제의 지식인인 프레오브라젠스키 교수와 대립하는 구도가 명확히 그려진다. 소설에는 교수의 조수 보르멘탈리에 의한 수술과 그 뒤 경과를 기술한 일기도 삽입되어 있는데, 의학 다큐멘터리의 요소도 첨가해 SF적인 분위기를 물씬 느끼게 한다. 또, 소설은 연극을 연상시키는 다성적인 에필로그로 막을 내린다. 이러한 복수 요소의 혼재는 러시아의 문예이론가 바흐친이 《도스토옙스키의 시학》에서 상술한 '메니페어'(메니포스식 풍자) 특유의 성격이다.

'반카니발' 문학으로서의 《개의 심장》

　이렇게 보면, 이 작품에서는 크게 나눠 세 가지 요소가 복잡하게 얽혀 있음을 알 수 있다. 먼저, 혁명 직후 소련사회의 활기롭지만 추잡하고 천박한 세태가 생생하게 묘사되어 있다. 1920년대의 소련은 '네프'(신경제정책)를 도입하고 시장 시스템의 재도입을 꾀함으로써 혁명과 뒤따른 내전으로 황폐해진 경제를 재건하려고 했지만, 그 결과 속칭 '네프만'이라는 기업가와 벼락부자가 활개를 쳐서 풍자문학에 좋은 소재를 제공했다. 불가코프의 작품도 넓은 의미에서는 이 네프 시대의 세태를 통렬하게 풍자한 작품(그중에서도 가장 유명한 작품은 일리프와 페트로프의 장편 《열두 개의 의자》(1928))

에 속한다.

한편, 《운명의 달걀》과 마찬가지로 이 작품에는 생물학적 SF의 측면이 농후하다. 생물개조라는 주제에 관해서는 웰스의 《모로 박사의 섬》(1896)의 계보를 잇는다고도 할 수 있을 것이다. 소설의 주요 소재인 생식기관의 이식이나 유전학적인 방법으로 인간을 개선하고자 하는 우생학에 대한 논의는 당시 유행하던 화제 중 하나였다. 불가코프 자신이 의사였기 때문에, 이 작품을 집필할 때도 지인이나 친척 의사의 자문을 구해 과학적 신빙성을 갖도록 노력했다(물론, 가능한 범위에서 한 것이지, 불가코프도 이러한 이식수술이 현실성이 있다고는 생각하지 않았을 것이다). 워낙 소련의 1920년대는 문학적으로 '환상'의 시대이기도 하여 SF, 안티유토피아, 비리얼리즘적 환상의 성격을 띠는 주목할 만한 작품이 속속 등장했다. 《개의 심장》도 자먀틴의 《우리》(1920~21 집필), 차야노프의 《농민 유토피아국 여행기》(1920), 에렌부르크의 《트러스트DE》(1923), 카타예프의 《에렌돌프 섬》(1924)과 같은 동시대 작품의 흐름 속에 놓아볼 수 있을 것이다. 참고로, 이 시기 소련에서는 SF 작가들도 장르로서의 SF를 왕성하게 개척하기 시작했으며, 소련 최초의 직업적 SF 작가로 불리는 알렉산드르 베랴예프의 생물학적 SF의 고전적 걸작 《드웰 교수의 목》이 출판된 것은 1926년의 일이다.

그리고 마지막으로 《개의 심장》은 혁명 뒤 소련에서 진행된 사회변혁을 통렬하게 풍자한 '반카니발'적 문학으로서 읽을 수 있다. 그 배후에는 러시아 혁명 뒤 볼셰비키 정권에 의해 진행된 '새로운 인간'의 창조라는 이데올로기적 과제가 있었다. 구체제하에서 살았던 부르주아적인 낡은 인간의 잔재를 청산한 '새로운 인간'이 혁명에 의한 새로운 사회를 책임지고 창조해야 한다는 생각은 레닌의 정치적인 언설에서 프롤레타리아파 문학작품에 이르기까지 당시 소련사회의 다양한 국면에서 높이 울려 퍼졌다. 그것을 배경으로 했을 때, 《개의 심장》의 강렬한 비평정신은 명확해진다. 평범한(학대받고 괴롭힘 당하지만 착한 구석도 있는) 개에게 추잡한 인간의 뇌하수체와 정낭을 이식시켜 탄생한 기괴한 '개인간'은 당시 혁명에 의해 만들어지던 '새로운 인간'을 패러디한 것이기 때문이다.

여기서 주의해야 할 점은, 이 이야기에서는 인간이 개의 성격을 따라 야비해지는 것이 아니라, 원래 착했던 개에게 저급한 인간의 성격이 옮아간다는 것이다. 제목이 《개의 심장》이라 헷갈리지만('개의 심장을 가진 인간'을 시사하는 것처럼 보일 수 있으므로), 사실 초고에서는 '개의 행복'이라는 제목이었다가 나중에 '개의 심장'으로 바뀐 것이다. 인기작가 쿠프린의 '개의 행복'이라는 완전히 똑같은 제목의 우화적 단편(1896년작. 개장수에게 잡힌 떠돌이 개들이 '개의 행복'이란 무엇인가에 대해 나누는 이야기)이 있었기 때문에 중복을 피해 바꾼 것이 아닐까 하는 추측도 된다. 또한, 러시아어 속어로 '개의 행복'이라고 하면 싸구려 소시지(개나 좋아하며 먹을 만한 것)를 가리키기도 한다. 그렇다면 '개의 심장'이라는 제목이 어디에서 왔느냐 하는 것이 문제가 되는데, 일설에 의하면 당시 선술집에서 가수들이 부른 노래에서 따온 것이라고 한다. "메인요리인 파이에 / 든 것은 개구리 다리에 / 파와 피망 / 그리고 개의 심장"이라는 가사로, 요컨대 도저히 요리라고 볼 수 없을 정도로 쓰레기 같은 음식을 빗댄 노래라고 한다.

다시 카니발 이야기로 돌아가자. 바흐친이 《프랑수아 라블레의 작품과 중세·르네상스의 민중문화》에서 분명히 말했듯이, 카니발에서는 일상적인 가치체계가 전도되어 일반인이 일시적으로 왕이 되었다가 다시 그 왕위를 박탈당하는 과정이 민중적인 웃음의 의식으로서 전개된다. 러시아혁명도 일종의 '카니발적 전도'를 가져온 것이었다. 구체제하에서 특권적인 삶을 살던 사람들이 밑바닥으로 떨어지는 대신, 사회의 하층에서 핍박받던 노동자가 권력을 쥔다. 그와 마찬가지로, 《개의 심장》에서는 개가 인간이 되어 구체제 인텔리겐치아의 대표인 프레오브라젠스키 교수를 협박하지만, 마지막에는 다시 개로 돌아가고 만다. 즉, 소설을 통해 '개인간'의 카니발식 전도가 묘사되는 것이다.

등장인물의 이름과 시대 설정에도 그러한 작가의 의도가 잘 반영되어 있다. 개를 수술한 의사의 성 프레오브라젠스키는 '변용'을 의미하는 명사 '프레오브라제니예'에서 온 것인데, 이 단어는 사회용어에서는 특히 '그리스도의 변용'이라는 종교적인 의미를 갖는다. 개에게 수술을 한 뒤 인간으로의 '변용'이 완성되는 시기가 크리스마스 시기(엄밀히 말하면, 가톨릭의 크리스마스에서 정교력에 따른 크리스마스까지)와 정확히 일치하는 것도 물론 우연은 아닐 것이다. 한편, 개의 이름은 원래 '샤리크'였는데, 이는 어원적으로 '작은 구슬'을 의미하며 러시아에서는 개에 잘 붙이는 이름이다(우리나라로 치자면 '누렁이'나 '백구' 같은). 그것이 인간화되었을 때 이 '개인간'은 샤리크에 성을 의미하는 어미가 붙어 '샤리코프'가 되었을 뿐만 아니라, '폴리그라프 폴리그라포비치'라는 이름과 부칭까지 갖게 된다. 그러나 '폴리그라프'는 '복사기, 등사판' 따위를 의미하는 명사이므로 인간의 이름은 될 수 없다(러시아혁명 뒤 소련에서는 인명이나 조직명으로서 종래에 사용하지 않았던 특이한 어형이 많이 시도되었는데, 그런 세태를 패러디한 것이라고 할 수는 있다). 따라서 이것은 러시아어로서는 기괴하고 우스꽝스러운 이름이라 러시아인이라면 듣기만 해도 웃음을 터트릴 것이다.

"원고는 불타지 않는다"

이처럼 《개의 심장》은 소련사회의 부조리를 그로테스크하게 풍자했을 뿐만 아니라, 웃음을 터트리게 하는 카니발적 활력까지 겸비했다. 그러기에 지금 읽어도 당시 소련사회의 문맥을 넘어 여전히 신선할 수 있는 것이리라. 다만 주의할 점은, 바흐친이 카니발을 민중적 상상력이 분출되는 장으로서 긍정적으로 본 것에 반해, 《개의 심장》의 카니발성은 두렵고도 불길한 것으로 제시된다는 것이다. 따라서 이것은 카니발적 전도의 예술적인 가능성을 충분히 활용했다는 의미에서는 카니발적 문학이지만, 그와 동시에 사상적으로는 혁명에 의한 카니발적 전도의 폭력성·비인간성을 비판한 '반카니발 문학'의 양상도 보이게 된다. 이 작품의 깊이와 평가의 어려움은 바로 이 이율배반적인 과제를 불가코프가 분명하게 수행하는 데에서 오는 것이 아닐까 생각한다. 불가코프의 선행자인 예브게니 자먀친이 '반유토피아의 서'로서 이름 높은 《우리》를 결국 당시 소련에서 출판하지 못하고 어쩔 수 없이 망명길에 오른 것과는 대조적으로, 《개의 심장》은 마찬가지로 끝내 생전에 출판되지 못했을지언정 불가코프 자신은 스탈린의 배려(변덕?)로 소련 국내에 남을 수 있게 되었다. 불가코프의 세 번째 아내인 엘레나 세르게브나의 회상에 따르면, 1930년 4월 18일에 불가코프는 스탈린의 전화를 받고 그의 직접적인 배려에 따라 모스크바 극장에서 일자리를 보장받게 되었다고 하는데, 그때 이런 대화가 오갔다.

불가코프 : "요즘 계속 생각했습니다. 러시아의 작가가 조국을 떠나 살 수

있을까 하는 것을요. 그럴 수 없을 거라고 생각합니다.”

　　스탈린 : “맞소. 나도 그렇게 생각하오.”

　　그러나 조국에 남은 불가코프에게 이것은 계속 살아가기 위한 새롭고도 괴로운 세월의 시작이기도 했다. 그것은 삶이라기보다는 사후의 삶을 생각나게 하는 것이었을지도 모른다. 권력자 스탈린과의 복잡한 관계는 반역과 양면적인 성격을 가질 수밖에 없었고, 이것은 죽기 직전까지 집필한 《거장과 마르가리타》에도 복잡한 형태로 각인되어 있다. 이것은 권력비판의 책인 동시에 권력에 타협하는 인간의 나약함을 모티브로 한 작품으로도 읽을 수 있기 때문이다.

　　《개의 심장》이 처음으로 활자화된 것은 1968년이었다. 서독에서 발행되던 망명 러시아인의 반소련적 잡지 《그라니》에 게재된 것이지만, 이는 아주 불완전한 텍스트였다. 소련 국내에서 발간된 것은 페레스트로이카가 한창이던 1987년이었지만(《즈나먀》 같은 해 6월호), 이것 역시 잘못이나 왜곡이 많은 텍스트였다. 결국 완전한 텍스트가 처음으로 출판된 것은 1989년이었다. 페레스트로이카가 한창 활개를 치던 소련에서 《개의 심장》의 출판은 커다란 문학적 사건으로 다뤄졌다. 1987년에는 모스크바 청소년관객극장에서 알렉산드르 체르빈스키의 각색으로 희곡판이 상연되었고, 1988년에는 블라디미르 보르트코 감독에 의해 영화화되었다.

　　작품이 쓰인 지 60년 이상이 지난 뒤의 부활이었다. “원고는 불타지 않는다”는 말이 옳았음이 여기서 다시 한 번 입증된다.

미하일 불가코프 연보

1891년   1891 5월 15일(러시아 구력 5월 3일) 키예프에서 3남 4녀
              중 맏아들로 태어나다. 아버지는 신학자 아파나시 이바노비
              치 불가코프, 어머니는 신부(神父)의 딸인 바르바라 미하일
              로브나.
1901년(10세)   키예프 제1김나지움에 입학. 불가코프는 성적은 평범했지만
              문학작품을 많이 읽었다.
1907년(16세)   3월 14일 아버지가 신장 경화로 세상을 떠남.
1908년(17세)   8학년 여름, 사라토프에서 온 열다섯 살 소녀 타티야나 라파
              를 만남.
1909년(18세)   김나지움을 졸업하고, 키예프 대학 의학부에 입학.
1913년(22세)   타티야나 라파와 결혼.
1914년(23세)   제1차 세계대전이 일어난 이해 여름, 아내의 고향 사라토프
              방문. 장모가 운영하는 병원에서 부상자를 치료하며 첫 의료
              활동을 시작한다. 대학 학업을 마치기 위해 가을에 키예프로
              돌아옴.
1916년(25세)   대학 졸업. 카메네츠-포돌스키, 체르노비츠 등 여러 전선의
              야전병원에서 근무. 적십자에서 스몰렌스크 지방 소도시 니
              콜스코예로 발령.
1917년(26세)   혁명 발발. 모스크바 근교 소도시 뱌지마로 옮김, 니콜스코
              예에서의 체험을 토대로 자전적 단편들을 쓰기 시작.《초록
              색 뱀》,《제1의 색》등.
1918년(27세)   건강상 이유로 전역. 아내와 키예프로 돌아옴. 그 무렵 키예
              프에서는 볼셰비키(붉은 군대)의 영향력이 가장 컸으며 이후
              독일군, 우크라이나 민족주의자, 백위군의 뒤얽힌 참혹한 싸

움이 이어짐.

1919년(28세) 뱌지마에서 쓴 단편들을 토대로 《현(顯) 의사의 습작》과 단편 《병》, 《개화》 집필. 키예프를 둘러싼 격렬한 싸움에 휘말려 우크라이나 인민공화국, 붉은 군대, 백위군의 군의관으로 거듭 징집됨. 11월, 백위군과 함께 남부 캅카스로 향함. 블라디캅카스의 군 병원에서 일하다가 그만 두고 지역 신문기자로 일함. 이때부터 의사를 그만두고 작가로 살기로 결심. 블라디캅카스 문단 출입.

1920년(29세) 건강을 이유로 군의관 퇴직. 지역 신문에 단편 《환희의 대가》, 《카페에서》 발표. 이 무렵 백위군이 블라디캅카스에서 퇴각하여, 불가코프는 소비에트의 지배하에 남겨짐. 혁명위원회 예술지국 책임자가 됨. 연극 《자위(自衛)》, 《투르빈 형제들》 상연. 부르주아적·반혁명적 시각을 가졌다는 이유로 공직에서 갑자기 해임됨.

1921년(30세) 희곡 《파리 코민뉘스트들》 집필. 5월 블라디캅카스를 떠나 바쿠, 티플리스, 바툼 등을 거쳐 9월 고향 키예프로 돌아감. 10월에 모스크바 정착 뒤 상업산업신문 편집부 근무. 블라디캅카스에서의 문학 활동을 토대로 한 자전적 단편 《소맷부리에 적은 메모》 집필.

1922년(31세) 상업산업신문 폐간으로 극심한 생활고를 겪음. 2월 1일, 어머니 바르바라 미하일로브나 세상을 떠남. 산업기술위원회 출판부 책임자가 됨. 신문 〈기적(汽笛)〉에 르포르타주 《쿠르스크 사람들》 발표. 이후 《어느 젊은 의사의 수기》, 《소맷부리에 적은 메모 1부》, 《붉은 왕관》 등 단편 6편 발표.

1923년(32세) 잡지 〈러시아〉에 《소맷부리에 적은 메모 2부》 발표. 고향 키예프 내전 경험을 바탕으로 한 《백위군》 집필 시작.

1924년(33세) 신문 〈전야〉 편집국 신년 모임에서 뒷날 두 번째 아내가 되는 류보비 예브게니예브나 벨로제르스카야를 처음 만남. 잡지 〈네두라〉에 《악마의 서사시》 발표. 4월, 타티야나 니콜라예브나와 이혼. 단편 《적자색 섬》, 중편 《운명의 달걀》 등 67

편에 이르는 작품과 칼럼을 씀.

1925년(34세) 중편《개의 심장》을 쓰지만 검열을 통과하지 못함. 잡지 〈러시아〉에《백위군》발표. 59편의 칼럼과 단편을 씀. 4월 30일 류보비 예브게니예브나와 재혼. 앞서 출간된 중단편들과 신작《중국인 이야기》등을 모은 첫 작품집《악마의 서사시》출간. 이 무렵부터 소비에트에 적대적인 위험한 작가라는 비판을 받게 됨. 희곡《백위군》,《조야의 아파트》집필.

1926년(35세) 작품집《악마의 서사시》제2판 출간. 5월 7일, 국가보안국 가택수색으로《개의 심장》원고와 일기 등을 압수당함. 오랜 논쟁과 수정·심의 끝에《투르빈 가족의 나날(《백위군》의 제목·내용 수정)》과《조야의 아파트》가 상연됨. 초연과 함께 반동분자, 인민의 적(敵)으로 불림.

1927년(36세) 《모르핀》,《습관》발표. 파리 콩코드 사에서 소설《백위군》제1권 출간(2권은 1929년).

1928년(37세) 희곡《질주》완성. 레퍼토리 총국이 불가코프의 여러 희곡 상연 금지 결정. 고리키의 참석하에《질주》에 대한 회의가 열림. 그 예술성을 높이 평가받아 상연 허가가 내려지지만, 고리키가 모스크바를 떠나자 곧바로 다시 상연이 금지됨.《거장과 마르가리타》쓰기 시작.

1929년(38세) 2월 28일, 마지막 아내가 될 엘레나 세르게예브나를 만남. 연극이 상연 중지되고 건강이 나빠짐. 스탈린과 당 중앙위원회 의장 칼리닌, 예술국 의장 비데르스키, 그리고 고리키 앞으로 외국 망명 요청 편지를 보냄. 자전적 소설《비밀 친구에게》, 비극《위선자들의 음모》쓰기 시작.

1930년(39세) 노동청년극장 자문위원을 맡음. 거듭 외국 망명을 요청하자 스탈린이 직접 전화를 걸어 와 설득, 스탈린의 지시로 모스크바 예술극장의 조연출로 일하게 됨. 고골의《죽은 혼》을 각색.

1931년(40세) 노동청년극장 자문위원에서 물러남. 희곡《아담과 이브》완성하나 상연되지 못함. 연극 상연 제재를 줄여 줄 것을 요

청. 톨스토이의 《전쟁과 평화》 각색. 앞서 태워버렸던 소설
(《거장과 마르가리타》) 다시 쓰기 시작. 고리키의 제안으로
제목과 내용을 일부 수정한 희곡 《몰리에르》 완성.

1932년(41세) 《투르빈 가족의 나날》이 다시 모스크바 예술극장에서 공연
이 허가되어 1941년까지 이어짐. 《죽은 혼》 상연. 극작가 몰
리에르의 전기인 《몰리에르의 생애》 쓰기 시작. 류보비 예브
게니예브나와 이혼하고 엘레나 세르게예브나와 결혼.

1933년(42세) 《몰리에르의 생애》 완성하지만 마르크시즘적 역사관에 부합
되지 않는다는 이유로 편집국에서 수정 요구. 불가코프가 이
를 거절하여 결국 출판되지 못함.

1934년(43세) 작가 베사레예프와 희곡 《알렉산드르 푸시킨》 공동 집필 시
작. 전체 37장으로 이루어진 소설((《거장과 마르가리타》) 1
차 원고 완성. 아직 제목을 짓지는 않음. 《행복》을 완성하나
극장 상연은 못함.

1935년(44세) 베사레예프와 의견이 맞지 않아 《알렉산드르 푸시킨》 혼자
서 완성. 희곡 《이반 바실리예비치》 상연 허가.

1936년(45세) 모스크바 예술극장에서 〈몰리에르〉 초연되나, 거센 비판을
받으며 8회 공연 뒤 무대에서 내려짐. 소설 《극장 로망》 집
필 시작. 《거장과 마르가리타》 집필 이어감(이 무렵의 제목
은 '어둠의 공작'이었음). 모스크바 예술극장 일을 그만 두고
볼쇼이 극장의 리브레토 작가, 문학 자문위원을 맡음.

1937년(46세) 리브레토 《흑해》 완성. 세르반테스 《돈키호테》 각색. 《극장
로망》 집필 포기. 몰리에르 희곡 《수전노》, 《서민 귀족》 번
역. 《미완의 장편》 집필.

1938년(47세) 《거장과 마르가리타》라는 제목을 처음 사용, 6월 24일 최종
판본 완성. 편집인 안가르스키로부터 출판은 불가능하리라는
말을 듣지만 타자본을 만들고 수정을 계속함. 희곡 《돈키호
테》 집필.

1939년(48세) 젊은 시절 스탈린을 주인공으로 한 희곡 《바툼》 집필. 시력
의 악화로 고혈압성 간장경화증 발견. 아내 엘레나가 글을

읽어 주고 그것을 들으며 《거장과 마르가리타》 원고 수정, 에필로그 첨부.

1940년　병 치료를 위해 이탈리아행이 허가되지만 이미 불가코프는 자리에서 일어날 수조차 없을 만큼 건강이 나빠짐. 끝내 그토록 원했던 해외여행은 이루지 못함. 3월 10일 세상을 떠남. 소비에트 작가협회회관에서 시민장이 치러지고 모스크바 노보데비치 수도원에 안장됨.

옮긴이 노현우

국립러시아 미술아카데미(Repin Academy) 졸업. 상트페테르부르크 예술문학
연구수학. Exhibition Center Saint Petersburg Union of Artist. 겸제진경미술
대전특선. 단원미술대전특선. 옮긴책 곤차로프《오블로모프》등이 있다.

World Book
234

Михаил Афанасьевич Булгаков
МАСТЕР И МАРГАРИТА / СОБАЧЬЕ СЕРДЦЕ
거장과 마르가리타/개의 심장
미하일 불가코프/노현우 옮김
1판 1쇄 발행/2015. 1. 12
발행인 고정일
발행처 동서문화사
창업 1956. 12. 12. 등록 16-3799
서울 강남구 도산대로163(신사동, 1층)
☎546-0331~6 (FAX) 545-0331
www.dongsuhbook.com
*

사업자등록번호 211-87-75330
ISBN 978-89-497-0834-8 04080
ISBN 978-89-497-0382-4 (세트)